道光光绪壶关县志校注

王林茂　主编　　张润棠　校注

山西出版传媒集团
山西人民出版社

图书在版编目（CIP）数据

道光光绪壶关县志校注 / 王林茂主编；张润棠校注．
— 太原：山西人民出版社，2022.10
　ISBN 978-7-203-12408-5

Ⅰ．①道… Ⅱ．①王… ②张… Ⅲ．①壶关县—地方志—清代　Ⅳ．① K292.54

中国版本图书馆 CIP 数据核字 (2022) 第 167172 号

道光光绪壶关县志校注

主　　编：王林茂
校　　注：张润棠
责任编辑：吕绘元
复　　审：刘小玲
终　　审：梁晋华
装帧设计：樊周侠

出 版 者：山西出版传媒集团·山西人民出版社
地　　址：太原市建设南路 21 号
邮　　编：030012
发行营销：0351—4922220　4955996　4956039　4922127（传真）
天猫官网：https://sxrmcbs.tmall.com　电话：0351—4922159
E—mail：sxskcb@163.com　发行部
　　　　　sxskcb@126.com　总编室
网　　址：www.sxskcb.com

经 销 者：山西出版传媒集团·山西人民出版社
承 印 厂：长治市印美新浪印业有限公司

开　　本：787mm×1092mm　1/16
印　　张：39
字　　数：800 千字
版　　次：2022 年 10 月　第 1 版
印　　次：2022 年 10 月　第 1 次印刷
书　　号：ISBN 978-7-203-12408-5
定　　价：268.00 元

如有印装质量问题请与本社联系调换

《道光光绪壶关县志校注》编委会

主　　任　　张宏方　李　杰
副 主 任　　郭红亮　郭太国
委　　员　　陈晋峰　秦元忠　李立堂　李建芳　翟　睿
　　　　　　朱隆基　高雅亭　秦建霞　张君平　王林茂

主　　编　　王林茂
副 主 编　　贾永刚
校　　注　　张润棠
审　　校　　董剑云
工作人员　　琚梅芳　秦春利　秦　臻　秦慧艳　秦晓宁
　　　　　　付军靓　姜翠红　韩艳辉

方志文化事业的新成果（序一）

清代道光《壶关县志》和光绪《壶关县续志》是我县档案馆存留的最早的本地志书。2019年，左满明同志从海外复印回清康熙版残志及乾隆版和道光版县志。在已知志书中，道光版和光绪版县志内容最丰富，保存最完整。虽说20世纪80年代初曾经对这两部县志进行过翻印，并对原文加了标点，但又过了40年，复印本已几无存量。因此县委、县政府做出了校注两部县志的决策。对这两部县志的校注出版发行，是壶关县地方志编修工作与方志文化事业的一项新成果。

壶关历史悠久，为千年古县。秦王政二十六年（前221）秦统一六国，置上党郡，壶关县为上党郡所辖县之一。据明万历《山西通志》载："秦置壶关县，属上党郡。"明万历《潞安府志》载："壶关自秦建县，常为上党郡治。"壶关为战略要地，居天下之脊之顶端，素有"东南锁钥""太行咽喉"之称，以至"壶关之兴衰，国之兴替所繇也"。壶关为风景名胜之枢，元朝兵部尚书李惟馨遍历大江南北，赞道："山水佳丽，武夷为最，次则太行东南壶关、陵川也。"壶关为道家名山，战国时庄子隐于抱犊山（唐代以来称紫团山）中，此后众多道家隐士，如葛洪、嵇康、孙登、杜光庭、王寀等前来隐居修行，使紫团山名扬天下。壶关为楷书源地，三国时钟繇少时在紫团山观天地之象，品行云流水，临摩崖古籀，赏红叶传情，学书三载，创立楷书字体，世称"楷书鼻祖"。壶关还是一片红色的沃土，是太南抗日根据地的门户，时称"抗战时局的晴雨表"。现代壶关人民承古萌新，开发与保护并行，有3处国家文物保护单位，6处省级文物保护单位，12处市级文物保护单位以及1个国家5A景区、3个国家4A景区，这些都在无声地诉说着壶关的历史悠久和山河壮丽。

编修志书是中华民族的优秀文化传统。壶关历史上多次编修县志，曾于明洪武十七年（1384）、嘉靖五年（1526）、嘉靖四十年（1561），清顺治十一年（1654）、康熙十七年（1678）、乾隆三十四年（1769）、乾隆三十五年（1770）、道光十四年（1834）、光绪七年（1881），先后9次编修。中华人民共和国成立后,又于1983年、1997年、2021年3次编修。

《壶关县志》综合记载了壶关县的政治、经济、文化、社会、自然、地理等历史状况及其变迁,是壶关县的百科全书和一方全史,是中华民族的宝贵历史文献,也是我县不可多得的精神财富。随着时间的推移,明代版县志已散失,清代版县志或因保护不善而霉烂,残缺不全;或因抄录、重版再刻而以讹传讹,失去原意;或个别字词不清;或"章句相混,上下谬乱"等。为了使旧志能够得到更好的保护和利用,通过整理,补其残缺,纠正谬误,恢复原貌,是很有必要的。

2021年4月,县委、县政府提出"聚焦打造全国著名的生态旅游目的地、中国北方优质农产品供应基地、全省创新驱动绿色转型发展高地的'三地'目标,蹚出转型新路"的总体工作思路,加强文化强县建设,积极开展各种历史文化典籍的挖掘、收集、整理、收藏工作,把开发利用旧志文化资源,作为全县工作的重要内容和任务之一。重新校点清道光《壶关县志》和光绪《壶关县续志》,并加以注释很有必要。校注工作由中共壶关县委党史研究室(壶关县地方志研究室)具体负责,聘请县籍百尺镇五集村文史专家、陕西省宝鸡市文物局原局长、西北大学文博学院兼职教授张润棠进行校注,由中共山西省委党史研究院(山西省地方志研究院)方志编研四室主任董剑云进行审校。校注书稿呈送山西人民出版社,第三策划室主任吕绘元老师担纲责任编辑,精心审核和厘正。

这部《道光光绪壶关县志校注》的出版发行,标志着我县地方志编修工作已经迈上了发掘旧志宝库、抢救方志资料,为文化强县服务的征程。随着旧志整理工作的逐步开展和修志工作者的不断努力,年代悠久、内容丰富的壶关历史文化资源,必将在打造"三地"目标、蹚出转型新路中绽放鲜花,凝结硕果。

是为序。

中共壶关县委书记 张宏方

壶关县人民政府县长 楚

2022年8月

壶关县旧志整理结硕果（序二）

壶关县位于"上党天下脊"的晋东南地区。晋东南是中华民族的重要发祥地，钟灵毓秀，人文荟萃。这里是山西最古方志《上党记》的诞生地，方志文化浓郁，明清以来府州县志编修不辍。

以壶关县为例，自洪武至光绪，明清时期九修县志，为山西县志编修最多的县份之一。其中，道光志、光绪志为最晚出，且在现存各版县志中最有特色。

道光《壶关县志》始修于道光十一年（1831），知县茹金时掌壶关，与邑绅商举修志之事，延乡宦申瑶主其事，广询博访，旁搜载籍，正讹补阙，增加新者，于道光十四年（1834）成书并付梓，记事也止于当年。列沿革、疆域等九门五十二目，门目在现存壶关旧志中称最，字数约 21 万，比康熙、乾隆两志总和尚多。头绪纷繁，内容赅博，保存了大量珍贵历史资料，民国版《续修四库全书总目提要》评之"此编纲举目张，眉目清晰，内容丰富，对旧志多有增补，使之更加精详完善"，因而在山西地方志发展史上有重要地位。

光绪《壶关县续志》始修于光绪五年（1879），七年（1881）付梓。该志遵循光绪时期山西县志续修成式，记事不贯通古今，而是接续前志，上起道光志之末，下止光绪五年。由清代方志大家杨笃纂修，体例谨严，考核精详，文笔简括，取舍得当，也反映了杨笃很多有积极意义的修志主张。例如，他讲求实用，对"摹绘景物，界画楼台，无关实政者悉不登"；重视绘图特别是疆域图，认为"史不必图，志则非图不明"，与道光志仅有县境、县城、县署、县学等四幅图且均为示意绘制相比，光绪志则绘有县境、东乡、西乡、南乡、北乡、平顺独立后之县境、平顺独立后之东乡、平顺独立后之北乡等八幅疆域图，有总有分，计里画方，并标以特别符号，地图科学性大大增强；重视考证，单设纠误门，有关于壶关地理之考证三千余字；重视金石，单设金石目，全文收录隋唐宋金元碑十六通，均附小考，均为康熙、乾隆、道光三志所未收。该志杨笃手订之特点鲜明，洵为山西名志。

20 世纪 80 年代，壶关县志编纂委员会将县档案馆庋藏的道光志、光绪志以标点、简体形式加以翻印，使两志在新方志编纂和经济社会建设中发挥了重要作用。但四十年过去，翻印本几无存量，重加校注，实属必要。

王林茂先生早年毕业于山西师范大学历史系。我与其相识于十数年前合作编纂《太行山大峡谷志》之时，深感其古文功底深厚，史学基础扎实。2019年秋林茂先生膺任中共壶关县委党史研究室（壶关县地方志研究室）主任后，重视旧志整理，常思重校两志。当年10月，获知长期在陕西工作的文史专家、邑人张润棠先生回乡，即与之商议校注事宜。润棠先生毕业于西北大学历史系，自宝鸡市文物局局长任上退休后，究心文史，纂辑村志，在使用旧县志资料时常为讹误困扰，再行校对并予注释的想法与林茂先生不谋而合。

此次校注以1983年县志编纂委员会翻印本为底本，参以壶关县馆藏的道光、光绪两志原刻本及2019年复制自海外的康熙、乾隆、道光三志，对于错别字、避讳字、异体字以及书名、篇名之省称、异名，基本径改。为方便一般读者使用，对原文中典故、官职、古词语、生僻字等作了注释，词条达2560多条。个别碑文，对照本县现存碑刻实物作了校注或抵替，如《新修潞州壶关县慈云院碑铭并序》《乐氏二女父母墓碑》《重修玉皇七佛庙记》等。原书对典籍引文多有删节改写，则参照乾隆《潞安府志》和康熙、乾隆《壶关县志》等文献作了补正。还附录了乾隆、道光两志失载的康熙志中的九十首诗赋。校注者之构思别具一格，用力至勤至苦，令人心有戚戚焉。

旧志乃一方之全史、一地之瑰宝，整理旧志对于抢救珍贵遗产，发掘历史智慧，更好地发挥地方志"存史、资政、教化"功能具有重要意义。本书行将付梓，欣逢中办、国办印发《关于推进新时代古籍工作的意见》，强调"做好古籍工作，把祖国宝贵的文化遗产保护好、传承好、发展好，对赓续中华文脉、弘扬民族精神、增强国家文化软实力、建设社会主义文化强国具有重要意义"，各方踊跃响应。笔者谬膺省方志院旧志整理之责，喜见壶关同仁踵事增华，再结硕果。遂不揣谫陋，遵林茂先生之嘱，援笔数语，既以感佩壶关诸先生再造乡邦文献之热忱，也为后来者劝。

是为序。

董剑云
2022年7月于并州

作者为中共山西省委党史研究院（山西省地方志研究院）方志编研四室主任

校注说明

县志是一个县的百科全书,是重要的历史文化遗产。1980年,中共壶关县委部署编写县志,"并决定重印旧志,以便衔接和参阅"。县志编纂委员会翻印清道光《壶关县志》和光绪《壶关县续志》时,组织"对原文加了标点,并采用已简化的汉字"。1983年,《壶关县志》翻印本完成。这是壶关地方志工作的一大成果,对存史和参阅多有裨益。然而,在翻印时对"原文中的一些遗误和不确的地方,未加校正和注释"。加之版式仍为竖排,原文系文言文且典故多,甚或难以理解。有鉴于此,很有必要重新校注道光版和光绪版两部县志,以助读者理解原文含义,增加文史知识。

盛世修志,功在千秋。党的十八大后,中央高度重视传承和弘扬中华优秀传统文化。习近平总书记强调:"要系统梳理传统文化资源,让收藏在禁宫里的文物、陈列在广阔大地上的遗产、书写在古籍里的文字都活起来,让中华文明同世界各国人民创造的丰富多彩的文明一道,为人类提供正确的精神指引和强大的精神动力。"为此,壶关县委、县政府加大县域文化资源的开发和利用,决定对清代两部县志重新校注。

校注旧志,是地方志工作的重要任务之一,又是一项专业性非常强的工作。2019年,中共壶关县委党史研究室(壶关县地方志研究室)聘请县籍百尺镇五集村文史专家、陕西省宝鸡市文物局原局长、西北大学文博学院兼职教授张润棠独担此任。张润棠先生以1983年《壶关县志》翻印本为基础,开始着手工作。后来随着流失海外的清康熙、乾隆、道光《壶关县志》复印回壶,校注时"参互考订"的原始资料更加丰富。2021年,县志校注工作正式立项,当年12月完成终审稿。

这次校注,谨遵先贤"考核而补辑之"之嘱,重点做了以下工作:

一、悉心校正。首先将1983年翻印本竖排文字转录为横排电子版稿。在完成校注第一稿后,对令人费解的字、词、句等,分别与道光、乾隆、康熙三个版本"参互考订",厘正舛误达900余处。比如翻印本和道光版之《上武帝讼太子冤书》中"出一旦之令,戴罪建章阙下"、《追封扶风郡伯马氏之先德碑记》中"召为宗政府郎中""不置死者十有余人,皆得木减",令人不明就里;而以乾隆版"出一日之命,戴罪建章阙下""召为宗正府郎中""不置死者十有余人,皆得末减"正之,则使读者立明其意。再如翻印本和道光版所录《玉峡关铭》《虹梯关铭》,作者姓名未署,而列于杜敩《上郭丞凿池》诗后,以致转录者将其纳入《杜敩诗七首》,经查乾隆版为"玉峡关铭·明·夏言""虹梯关铭·明·夏言"。此外,对翻印本中句读不确处,予以梳理调整;鉴于原文不分段落,为便于阅读,据文意适当分段。

二、认真注释。①旧志所使用的帝王年号、庙号以及地名甚多,在原文首次出现时注释之。②对书中的生僻字、古词语及典故等予以释义,对一些重要词语予以今译。③对书中的专业用语予以解释。④对原书中所引用的文献书目,予以注释。⑤对原志中出现的职官名,予以解释。⑥《艺文志》在原志书中所占篇幅颇长,也最为难懂,是注释的重点和难点。因而采用分篇注释的办法,介绍作者生平及生僻字词义和典故出处。诗句、文章中间出现的注释引用原志注释的,将其字体、大小有别。⑦一些在《词源》《辞海》《中华字海》《汉语大词典》无法查到的字,进行合成造字,以便于排版时参照。⑧对纪年、朝代有明显错误的予以纠正。

三、编校审定。鉴于对两部旧志的校注作为一册出版,为便于读者查阅,特将道光《壶关县志》目录和光绪《壶关县续志》目录及诗文题目,一并置于校注目录之下。又因康熙《壶关县志》(残本)中近百首诗词失载于乾隆、道光《壶关县志》,遂予照录而附后,力避遗珠之憾。校注书稿前后历经三年,县委宣传部悉心指导,县财政局鼎力支持出版。校注书名为《道光光绪壶关县志校注》,书稿委托陕西省岐山彩色印刷厂设计排版,经中共山西省委党史研究院(山西省地方志研究院)方志编研四室主任董剑云审校,呈报山西人民出版社出版。本书付梓之际,县委书记张宏方、县长李杰欣然联袂作序。我们相信,《道光光绪壶关县志校注》问世后,除能使文史工作者参阅外,并可使具有中等以上文化水平的人不需要借助其他工具书而读懂,真正成为一部认识和传承壶关历史文化的教材。

本书粗疏错漏之处,敬请读者指正,并期后贤"继起以匡不逮"!

中共壶关县委党史研究室
壶关县地方志研究室
2022年8月

目 录

道光《壶关县志》

重修《壶关县志》序 …… 茹 金	3	公署 ……	66
旧序一 …… 张 铎	7	学校 ……	67
旧序二 …… 朱 辅	9	书院 ……	68
旧序三 …… 章 经	10	社学 ……	69
旧序四 …… 杨 宸	11	兵防 ……	69
旧序五 …… 秦之柄	12	坛庙 ……	69
姓氏 ……	14	寺观 ……	83
目录 ……	18	里甲 ……	85
绘图 ……	19	坊巷 ……	85
凡例 ……	25	镇集 ……	86
卷一 沿革志 ……	27	村庄 ……	86
卷二 疆域志 ……	33	桥梁 ……	87
疆域 ……	33	卷四 食货志 ……	89
形胜 ……	34	田赋 ……	89
铺递 ……	35	丁徭 ……	89
关隘 ……	35	户口 ……	90
堡寨 ……	36	仓储 ……	91
山川 ……	36	税课 ……	91
古迹 ……	45	盐引 ……	92
物产 ……	50	卷五 官师志 ……	95
风俗 ……	52	官制 ……	95
纪事 ……	55	封爵 ……	110
遗事 ……	62	名宦 ……	111
卷三 建置志 ……	65	卷六 选举志 ……	119
城池 ……	65	征辟 ……	119

仕进	119	重修玉皇七佛庙记	韩仲元 205
进士	121	增修宣圣庙记	张时髦 206
举人	123	仪石碑阴记	张时髦 208
贡士	127	新塑文庙十哲记	王天祐 209
例仕	133	重修真泽二真人祠记	宋 渤 210
例贡	137	拙庵看山图序	李惟馨 211
武举	138	灵显观记	马之美 213
武仕	139	东关壁村创建永济桥碑记	
封赠	139		程秉直 214
孝廉方正	140	张时髦举河南儒学提举札付	214

卷七 人物志 …… 141
　名德 …… 141
　循良 …… 147
　忠烈 …… 155
　乡饮 …… 156
　孝义 …… 158
　流寓 …… 164
　仙释 …… 165
　方技 …… 168
卷八 列女志 …… 171
卷九 艺文志上·文类 …… 189
　上武帝讼太子冤书 … 令狐茂 189
　文词雅丽策 …… 苗晋卿 191
　太师苗晋卿谥议 …… 独孤及 193
　唐丞相故太保赠太师韩国公苗公墓志铭
　　…… 李 华 195
　河南府法曹参军卢府君夫人苗氏墓志铭
　　…… 韩 愈 198
　太原府参军苗君墓志铭 … 韩 愈 199
　静轩记 …… 范 钺 200
　乐氏二真人封号记 … 李元儒 201
　赠朝列大夫同金太常礼仪院事骑都尉
　追封扶风郡伯马氏之先德碑记
　　…… 张起岩 202

　太祖谕山西潞州壶关县儒士杜敩
　　…… 215
　太祖谕四辅官杜敩等制 …… 215
　太祖谕四辅官杜敩等制 …… 216
　太祖谕四辅官王本杜祐龚敩杜敩赵民
　望吴源制 …… 216
　英宗敕山西太原府潞州壶关县民郭麟
　杨庆路俊王代升王英牛聚良王仕亨阎
　节路庆等 …… 217
　重修神农庙记 …… 杜 敩 217
　新筑南池记 …… 杜 敩 218
　丽泽斋记 …… 杜 敩 219
　拙庵记 …… 张文振 220
　拙庵记 …… 张伯安 221
　《拙庵集》序 …… 叶 盛 223
　壶关三老茂墓碑 …… 刘 龙 225
　拙庵老人传略 …… 吴源性 227
　重修文庙学宫记 …… 吕 柟 227
　重修庙学记 …… 宿 椿 228
　重修县城记 …… 张 铎 230
　重修文庙记 …… 张 铎 231
　游紫团山记 …… 栗应宏 233
　重修凿龙雨池记 …… 武有备 234
　西林草堂记 …… 文征明 235

友松亭小记	杨四重 236	重修三老墓记	章　经 280
六息亭记	杨四重 238	捐置义冢记	章　经 281
邑令奈西田去思碑	杨承勋 239	修社学记	章　经 281
题名碑记	张　铎 240	改南关水道记	章　经 282
重修摩云寺梵宇记	张　铎 241	鼎建凤山塔记	章　经 283
日中碑	方应明 243	重修章公堰记	马　溥 284
治壶论	方应明 245	创建龙王庙记	冯文止 285
书郡乘山川志后	周一梧 246	紫团拾遗记	冯文止 286
西林自制草堂记	张　铎 247	重修乌泉山广慈寺记有序	
牧羊说	牛　恒 248		冯士翘 288
杨参政墓志	王　华 250	佩德记	钱国玺 292
张西林墓志	栗应麟 251	鼎建章公堰记	张瑞锦 293
杨惟谦墓志	陈　音 254	窗中望五龙山记	牛　俊 295
郭宗周墓表	张　铎 255	真泽二真人庙记	杨　宸 296
杨蓁夫墓表	龚用乡 256	磊庵张夫子墓志铭	杜又密 297
杨东之墓志	郭　鋆 257	杜母李孺人墓志铭	牛　俊 298
杨汝中墓志	牛　恒 258	向明府修学记	冯文止 300
张邦靖墓志	赵时春 259	章公堰改修石池劝捐序	李元镛 302
郭汝学墓志	孔天允 260	述堰池记	李元镛 302
郭汝静墓志	路王道 261	补修庙池建南石岸记	张惟忠 304
杨文田墓志	张慎言 263	重修永济桥碑记	王遐龄 305
杨会一墓表	周再勋 264	增修永济桥碑记	栗祖望 306
杨侍御墓志	弟四易 266	重修黉宫暨文昌宫落成碑记	
重修学宫记	朱　辅 268		茹　金 307
建文昌阁碑记	朱　辅 270	重修天池村后土庙关帝庙及建魁星楼	
重修关帝庙记	朱　辅 271	各社工碑记	申　瑶 308
复修三老祭祀并立祠记	朱　辅 272	重刊元余忠宣公《青阳集》序	
重修社学记	朱　辅 273		申　瑶 309
南关创建准提阁记	周再勋 274	明金宪任复庵先生《山海漫谈》序	
重修玉皇宫记	章　经 276		申　瑶 311
重修城隍庙碑记	章　经 277	李苇庄制义序	申　瑶 313
重修县北城碑记	章　经 277	邢家掌村创修关帝庙碑记	
重修县南城碑记	章　经 278		王华浙 315
重建启圣祠记	章　经 279	大河口村重修求子阁记	侯祖铝 317

篇目	作者	页码
西柏林重修北极庙记	王应凤	318
西柏林村仰止亭记	李本立	319
西林杜氏创修塔河坡记	平天秩	320
济旱池碑记	张步载	321
补修奎楼碑记	王华龄	322
壶邑考	王华龄	323

卷十 艺文志下·诗类 …… 325

篇目	作者	页码
苦寒行	武帝	325
赐崔日知往潞州	李隆基	326
奉和圣制早登太行山中言志	苗晋卿	326
游灵显观	吕岩	327
壶关道中作	韦庄	327
紫团山三十六景诗	王寀	327
宝岩僧舍	宗道	332
北极山	连縈	332
和前题	江受益	333
游东苑诗	高皇帝与四辅	333
紫团山	沈宪王	334
应召上京	杜敩	334
题紫团山二仙庙	梅之尹	335
寄壶关县丞郭柏	杜敩	335
送致道先生诗三首并引	申甫	336
送致道杜先生应召赴京	张肃	339
喜雨篇送杜致道先生赴召有引	梅之尹	339
送杜征君先生致道赴京	任理	340
前题	马文渊	341
前题	牛景凤	341
前题	程亮	342
前题	李惟馨	342
前题	郭柏	343
受官	杜敩	343
辞秩	杜敩	344
紫团山	杜敩	344
题杜四辅	刘钦顺	344
中书省与吴伯宗唱和	郭翀	345
闻壶关寇平侍臣勘功寄赠	李梦阳	346
题江村鱼乐图卷	杜敩	346
谢友送菊二首	杜敩	347
杖	杜敩	347
赠卜者张云溪	杜敩	348
赠道士	杜敩	348
上郭丞凿池	杜敩	349
玉峡关铭	夏言	349
虹梯关铭	夏言	350
紫团八景有序	张铎	351
佛耳摩云二首	茅坤	353
前题	张铎	354
前题	茅坤	354
前题	杨溉	354
前题	杨湘	355
前题	张镇	355
前题	朱云凤	356
北极灵迹二首	陈霆	356
前题	刘麟	357
游紫团山	孔荫	357
过壶关	孔荫	358
翠微仙洞	顾应祥	358
佛耳山	刘麟	358
县居诗有序录四首	牛恒	359
送紫团山人归山，山人能诗，每梦与李白游	王云凤	359
登宝岩寺观金灯	崔士荣	360
同贾廉父游紫团山四首	周一梧	362
题风穴	郭恬	364

约游紫团山 …………… 郭 恬 364	朝玉阶·前题 ………… 周 骧 377
登栲栳山 ……………… 郭 恬 364	锦堂春·题亦隐斋壁 …… 寿恒成 378
游紫团慈云寺 ………… 郭 忻 364	醉花阴·问心轩同九逸诸子填词
送人还壶关 …………… 明 周 365	…………………… 郑瑞南 378
友松亭 ………………… 杨四易 365	亦隐并序 ……………… 章 经 378
题宝岩寺 ……………… 程之珨 365	问心轩 ………………… 章 经 379
游紫团山 ……………… 朱 辅 366	冬日壶关郊行 ………… 章 经 379
玉峡 …………………… 牛 倬 367	庚子九日登佛耳山 …… 周再勋 380
宿宝岩寺 ……………… 牛 倬 367	壶口旧关 ……………… 章 经 380
送马令璨赴任壶关 …… 汪由敦 367	亦隐 …………………… 张瑞锦 380
乌泉寺 ………………… 章 经 368	十八盘 ………………… 徐 贲 381
河交道中 ……………… 章 经 368	翠微仙洞 ……………… 陈 霆 381
题澹宁堂壁 …………… 章 经 368	苦旱得大雨 …………… 王 达 382
登升仙台 ……………… 章 经 369	西林杜氏修塔河坡咏义诗
福岩寺 ………………… 章 经 369	…………………… 杨体信 382
登抱犊山同诸子各赋 … 章 经 369	前题 …………………… 原凤诏 383
登抱犊山 ……………… 周 骧 369	前题 …………………… 张天宠 383
春日登壶关城作 ……… 周 骧 370	前题 …………………… 张天宠 384
福岩寺 ………………… 周 骧 370	前题 …………………… 冯士翘 384
集饮章公堰 …………… 寿恒成 370	前题 …………………… 王步月 384
登栲栳山 ……………… 马 溥 371	前题 …………………… 冯士甄 385
紫团山杂吟有序 ……… 李之华 371	前题 …………………… 冯文止 385
登龙溪山 ……………… 牛 俊 373	前题 …………………… 陈虞斋 386
赋得日中静无事 ……… 王华浙 373	前题 …………………… 王朝卿 386
佛耳摩云 ……………… 李天植 374	鲍斋杨老父母招饮友松亭感赋
北山雪霁 ……………… 李天植 374	…………………… 傅景星 387
紫团山 ………………… 马士桂 374	同鲍斋静斋两年兄松峰秋眺
濯缨溪 ………………… 马士桂 375	…………………… 李萃秀 387
翠微洞 ………………… 马士桂 375	乙丑夏日无待杨社兄邀集友松亭
杜四辅祠堂 …………… 冯士翘 375	…………………… 宋 荃 388
佛耳山 ………………… 冯士翘 376	紫团杂咏录二十四首 … 冯文止 389
摩云寺 ………………… 冯士翘 376	西塔夕阳 ……………… 郎克谦 393
凤山徐真人祠 ………… 冯士翘 376	山路晴岚 ……………… 郎克谦 394
好事近·问心轩 ……… 周 骧 377	忆抱犊山 ……………… 郎克谦 394

壶关早发	郎克谦 395	七里栈忆七盘关咏怀	王华龄 410
元日得雪志喜	郎克谦 395	福岩寺吊古	王华龄 410
己巳秋定襄赋别归里	侯祖锟 396	柏林怀古	王华龄 410
喜雨	侯祖锟 397	佛耳山吊古	王华龄 411
重游泮宫	侯祖锟 398	道光八年重修文庙忆历代前辈	
天中节前二日游紫团山二仙庙			王华龄 411
	茹 金 399	团峰倚秀	王泰魁 411
壶林学署写怀	邢 铨 400	佛耳摩云	王泰魁 412
游述堰池	邢 铨 400	玉峡通天	王泰魁 412
夏日登北寺山消暑	邢 铨 401	北极灵迹	王泰魁 412
春日壶林写怀	张鼎铭 401	翠微仙洞	王泰魁 413
翠微仙洞	王宣政 402	梵宇金灯	王泰魁 413
风穴秋音	王宣政 402	风穴秋音	王泰魁 413
燕池浮碧	王宣政 402	乌泉夕照	王泰魁 413
团峰倚秀	王宣政 403	琳宫仙笔	王泰魁 414
佛耳摩云	王宣政 403	燕池浮碧	王泰魁 414
乌泉夕照	王宣政 403	西林草堂	王泰魁 414
北极灵迹	王宣政 404	过三老墓	王泰魁 414
玉峡通天	王宣政 404	过灵显观忆纯阳祖师并用原韵	
琳宫仙笔	王宣政 404		王泰魁 415
梵宇金灯	王宣政 405	鸦门山	王泰魁 415
团峰倚秀	赵咸正 405	壶林书院杂咏	王泰魁 415
佛耳摩云	赵咸正 405	玉带桥	王鼎魁 416
翠微仙洞	赵咸正 406	雨后登高望山	王鼎魁 416
风穴秋音	赵咸正 406	团峰倚秀	王震魁 417
乌泉夕照	赵咸正 406	燕池浮碧	王震魁 417
燕池浮碧	赵咸正 407	玉峡通天	王震魁 417
北极灵迹	赵咸正 407	游章公堰	阎庭芳 417
玉峡通天	赵咸正 407	燕池浮碧	阎庭芳 418
琳宫仙笔	赵咸正 408	狮石歌	连国珠 418
梵宇金灯	赵咸正 408	前题	申青桂 419
游紫团山	王华龄 408	前题	任炳章 419
贺申秦先生恭逢道光皇帝五旬万寿盛典		前题	任炳章 420
	王华龄 409	前题	孙希绅 420

狮子岭杂咏外三首 ……… 吴应杰 421		摩崖碑籀书歌 ………… 王令德 423	
和前题 …………… 吴守钰 422		前题 ………………… 王佩莲 424	
初伏游风亭 ……… 李燮元 422		咏孤山 ……………… 李德制 425	
佛岭殿角得无字碑 ……… 李燮元 423			

光绪《壶关县续志》

序 …………………………… 胡燕昌 429
姓氏 ………………………………… 431
绘图 ………………………………… 433
目录 ………………………………… 446

卷　上

疆域志 ……………………………… 449
　山川 ……………………………… 449
　纪事 ……………………………… 451
　祥异 ……………………………… 452
　遗事 ……………………………… 453
建置志 ……………………………… 455
　书院 ……………………………… 455
　兵防 ……………………………… 458
　坛庙 ……………………………… 458
　寺观 ……………………………… 461
　桥梁 ……………………………… 461
　城池 ……………………………… 462
　牌坊 ……………………………… 462
　仓廒 ……………………………… 463
食货志 ……………………………… 465
　田赋 ……………………………… 465
　户口 ……………………………… 467
　仓储 ……………………………… 467
　杂税 ……………………………… 468
　盐引 ……………………………… 468

　旧章节寿季规原额 ……………… 469
官师志 ……………………………… 471
　官制 ……………………………… 471
　名宦 ……………………………… 473
选举志 ……………………………… 475
　进士 ……………………………… 475
　举人 ……………………………… 475
　贡生 ……………………………… 475
　例仕 ……………………………… 476
　武举 ……………………………… 476
　武仕 ……………………………… 476
人物志 ……………………………… 477
　名德 ……………………………… 477
　循良 ……………………………… 478
　孝义 ……………………………… 478
　耆善 ……………………………… 480
　方技 ……………………………… 481
烈女志 ……………………………… 483
艺文志・文类 ……………………… 493
　孝子杨承上小传 ………… 佚　名 493
　塔河坡修路碑记 ………… 杜　枢 494
　重修宋堡桥碑记 ………… 向　郈 495
　重修婴儿冢记 …………… 申　瑶 496
　重修灵泽王庙碑记 ……… 冯文止 496
　十小里免一切杂项碑记 … 牛　俊 498
　重修圣帝庙记 …………… 王　极 499

重建壶关县大安桥碑记 … 秦之柄 500		人物 …………………………… 519	
环山阁记 ……………… 刘　锳 501		杂记 …………………………… 520	
禁赌碑记 …………… 杨相文 502		**艺文·文类** ………………………… 523	
店坡修路碑记 ……… 粟英魁 503		壶关县志序 ………… 周再勋 523	
重修乐善桥黄柏坡碑记 … 郝世俊 503		**艺文·诗类** ………………………… 525	
喜雨记 ……………… 吴辉珇 504		宝岩纪行 …………… 元好问 525	
重修龙尾桥碑记 …… 郝世俊 505		骐谷圣灯 …………… 元好问 526	
驱蝗记 ……………… 吴辉珇 505		游宝岩寺诗 ………… 马锦堂 527	
禁赌碑记 …………… 郝世俊 506		又题水陆殿 ………… 马锦堂 528	
重修宋堡桥碑记 …… 胡燕昌 507		游紫团山 …………… 尹　梁 528	
重修义学碑记 ……… 万宗敏 508		和张君八景诗录三首 … 郭　恬 529	
巡抚部院李禁传呈碑记 … 万宗敏 508		诗十首并序 ………… 马丕瑶 529	
爵抚部院曾禁非刑碑记 … 万宗敏 509		**纠误** ……………………………… 533	
移建书院并增膏火重修义学记		**经籍** ……………………………… 539	
……………………… 胡燕昌 510		**金石** ……………………………… 541	
重捐书院经费碑记 … 万宗敏 511		吉布 …………………………… 541	
重筑西池碑记 ……… 鹿学典 512		隋造像记 …………… 佚　名 541	
戊寅秋迎铁牌灵验记 … 陈裕新 513		唐王府君墓志 ………………… 542	
艺文志·诗类 ……………………… 515		赠太师韩国公苗公墓志铭 …… 543	
佛耳山 ……………… 陈裕新 515		乐氏二女父母墓碑 ……□　瑜 543	
前题 ………………… 陈　霆 515		宋再修壶关县二圣庙记 … 张仪凤 545	
前题 ………………… 吕蒙义 515		新修潞州壶关县紫团山慈云院碑铭并序	
前题 ………………… 俞　章 516		……………………… 董　淳 549	
玉峡关 ……………… 茹　金 516		静轩记 ………………………… 553	
桃花洞 ……………… 茹　金 516		乐氏二真人封号记 …………… 553	
		王寀三十六景诗刻 …………… 553	
卷　下		金慈云院僧清真修造记 … 僧清真 554	
		福岩寺石刻 ………… 信　悰 555	
补遗 ……………………………… 517		福岩寺补刻岑彦休游 ………… 556	
沿革 …………………………… 517		元重修真泽二真人庙记 ……… 557	
山川 …………………………… 517		重修玉皇七佛庙记 …………… 557	
古迹 …………………………… 518		内王村大觉院兴修记 …… 韩仲元 557	
纪事 …………………………… 518		新塑文庙十哲记 ……………… 558	
官制 …………………………… 519		重修灵泽王庙记 …… 王天利 559	
选举 …………………………… 519			

清凉院重修卢舍那像记 … 陈野民 561	寿圣寺钟识 ………………… 571
重修广慈寺记 ……… 韩仲元 562	壶关三老茂墓碑 …………… 571
慕容庙碑 …………… 李克明 565	重修庙学记 ………………… 571
警宵亭记 …………… 王天利 567	重修摩云寺记 ……………… 571
广禅侯庙碑 ………… 元惟一 568	重修县城记 ………………… 572
灵显观记 …………… 马之美 569	邑令奈西田去思碑 ………… 572
增修宣圣庙记 ……………… 571	日中碑 ……………………… 572
明仪石碑阴记 ……………… 571	新凿龙雨池记 ……………… 572
重修神农庙记 ……………… 571	前壶关令汝南方公生祠记 … 572
新筑南池记 ………………… 571	垒石山佛寺碑 ……………… 572

附：康熙《壶关县志》拾遗

卷之四　艺文·诗 ………… 575	前题 ………………… 宋之光 582
紫团山二仙庙 ……… 杜　敩 575	前题 ………………… 鲍　奇 583
紫团山 ……………… 杜　敩 575	前题 ………………… 平万心 583
闻张壶关政声有感 … 刘　龙 575	题壶关八景 ………… 朱　辅 583
过壶关 ……………… 孔　荫 576	友松亭 ……………… 李萃秀 585
佛耳摩云 …………… 陈　霆 576	鸾山访先子读书处二首 … 周再勋 586
前题 ………………… 顾应祥 576	陪同朱邑侯祭三老墓 … 牛　倬 586
前题 ………………… 吕崇义 577	紫团倚秀 …………… 章　经 587
佛耳摩云 …………… 杨　湘 577	佛耳摩云 …………… 章　经 587
北极灵迹 …………… 顾应祥 577	翠微仙洞 …………… 章　经 587
县居诗二首 ………… 牛　恒 578	濯缨清溪 …………… 章　经 587
游南碛崇云寺三首 … 张　铎 578	北极灵迹 …………… 章　经 588
佛耳摩云 …………… 张　铎 579	风穴秋音 …………… 章　经 588
邑主邀游乌泉寺 …… 张　铎 579	乌泉夕照 …………… 章　经 588
题风穴 ……………… 郭　恬 580	凤塔凌霄 …………… 章　经 589
游紫团慈云寺 ……… 郭　忻 580	燕池浮碧 …………… 章　经 589
同贾廉父游紫团山三首 … 周一梧 580	东港烟波 …………… 章　经 589
感风穴漫赋 ………… 杨四重 581	北山雪霁 …………… 章　经 590
前题 ………………… 杨四重 581	署斋荒隘捐俸建静深堂成漫赋
前题 ………………… 申尚德 582	…………………… 章　经 590

前题 …………………… 章　经 590	燕池浮碧 …………………… 张瑞锦 596
亦隐 …………………… 章　经 590	东港烟波 …………………… 张瑞锦 596
问心轩 ………………… 章　经 591	北山雪霁 …………………… 张瑞锦 596
暮宿河交道中 ………… 章　经 591	静深堂成纪颂 ……………… 张瑞锦 597
谒二仙庙 ……………… 章　经 591	问心轩坐月小饮 …………… 张瑞锦 597
登升仙台 ……………… 章　经 592	王岭 ………………………… 牛　倬 597
谒三老祠墓 …………… 章　经 592	凤塔凌霄 …………………… 刘芳猷 598
玉带桥观水 …………… 章　经 592	燕池浮碧 …………………… 刘芳猷 598
昭韵 …………………… 章　经 593	东港烟波 …………………… 刘芳猷 598
前题 …………………… 章　经 593	北山雪霁 …………………… 刘芳猷 599
再登抱犊山 …………… 章　经 594	静深堂成纪颂 ……………… 周　骧 599
玉皇宫 ………………… 章　经 594	亦隐 ………………………… 周　骧 600
春日四郊劝农见妇子馌耘怀古之作	静深堂成纪颂 ……………… 寿恒成 600
……………………… 章　经 594	亦隐 ………………………… 寿恒成 600
秋日东堰观雨 ………… 章　经 595	冬日壶关郊行和韵 ………… 郑瑞南 601
中秋夜偕诸子登凤山塔玩月	乌泉寺 ……………………… 郑瑞南 601
……………………… 章　经 595	登抱犊山 …………………… 郑瑞南 601
九日同尚纲秀衡子方诸子登凤凰山三首	静深堂成纪颂 ……………… 郑瑞南 602
……………………… 章　经 595	亦隐 ………………………… 郑瑞南 602
凤塔凌霄 ……………… 张瑞锦 596	静深堂赋 …………………… 郑瑞南 602

道光《壶关县志》

道光甲午冬鐫

壺關縣志

官衙藏板

重修《壶关县志》序

茹 金①

考《周礼·春官》②：小史掌邦志，外史掌方志。后世师其遗义，而郡邑志之作由此昉③。盖邑之有志犹国之有史，志疆域而形胜昭，志沿革而废兴见，志官师可以验政治之得失，志科目可以识人才之盛衰，志风俗之淳浇④而人心知观化⑤，志户口之登耗⑥而赋役有定额，以及忠孝节义，变异灾祥；先哲之嘉言懿行、文士之吟咏赠答，凡足资劝惩、备文献者，莫不灿列胪陈⑦，其事虽囿⑧于一域，然从此采之辂轩⑨，藏之石渠⑩。国家大一统之志，即于是取之。则邑志一书所关甚巨已。

壶关居太行脊，为古黎侯国。至汉置县，兼有黎潞之地。水深土厚，俗俭民淳，犹有唐魏遗风。形胜则紫团抱椟⑪，秀绝人寰；人物则三老⑫四辅⑬，彪炳古今。诚冀域⑭之奥区⑮，上党⑯之要地也。余向读《通志》⑰及《广舆记》⑱诸书，不禁神切向往，而惜未获目睹，于心歉焉。戊子月届小阳，奉简命⑲宰莅斯邑，窃幸实获我心。甫下车，取邑志而详览之。因知壶志之历来已久。其创始于前明邑太史张君铎，而规模略具。其继修于邑令朱君辅、章君经，而体制尚简。继又修于邑令杨君宸、秦君之柄，考核渐详矣。而版章率多漫漶，不免残缺失次。且距今六十余年，其间天时人事，屡经更变。故典新猷⑳，悉待搜罗。倘或听其放失，将所见异词、所闻异词，甚非所以培名教励风俗也。慨然有志补辑。而以观政之初，诸务皆需更张，于此尚云有待也。阅岁辛卯㉑，幸际圣天子重熙累洽㉒，时和年丰，爰与邑中诸先达，及美秀能文而急公好义者，商举其事。金曰："修废举坠，莫大于是。"同襄盛举踊跃，诸公而属秉笔于余。余尝谓作志无异作史，必才学识三者悉备，非可率尔操觚㉓，自顾技陋雕虫，学微辨鼠㉔，何足以绍往哲而示来兹。见固辞弗获。因念一张一弛，守土之责。知我罪我，圣训堪师。于簿书之暇，取前志旧有之规模，加以广询博访，繁者芟㉕，减者增，凌疏失次者详为订正，字画谬讹者细为雠校，可否悉采诸舆论，是非不恭以己见。阅两寒暑，排纂成集，付之剞劂㉖，用垂不朽。因不敢自附于作者之林，而点窜[27]失真，或可无讥焉。异日充国家之典籍志在斯，存壶林之文献者亦在斯。莫为之后，虽盛弗传。以质之创始诸公，庶几其许我乎！若夫采访未备，沧海岂无遗珠；固陋弗文，润色尚资博物。是所望后之渊雅[28]君子，继起以匡不逮，则幸甚。

时道光岁次甲午[29]仲夏月之吉。

赐进士出身[30]，敕授文林郎[31]知壶关县事，汉南[32]茹金撰并书。

注释：

①茹金：字元浦，汉阴厅（今陕西省汉中市汉阴县）人，清嘉庆十八年（1813）举人，清道光六年（1826）丙戌进士，授知县。幼厚重，寡言笑，甫髫龄，名噪艺苑，邑宰、郡守咸器重之。使从安康董诏、洋县岳震川诸先辈游，讲明宋元明诸儒之学。各体验于心血，是以学有渊源，远近宗仰，负笈者至舍不能容。常仿安定分斋教士法，随其材而教授之，虽讲括帖，亦必责以躬行实践。历任山西壶关、四川乐山知县。岩邑蛮疆，均称难治。茹金身兼官师，抚字教养，风俗丕变，及去任，皆卧辙以留，并立德政教泽碑，其得民心如此。以丁忧归乡，后贫不能赴任，教授石泉池河义学，殁祀乡贤祠。著有《衣江宦迹录》，又有《诗文集》若干卷待梓，撰《汉阴厅志》。

②《周礼》：亦称《周官》或《周官经》，儒家经典之一，收集有周王室官制和战国时代各国制度，添附儒家政治理想，增减排比而成。春官为官职名，即宗伯，颛顼氏时的五官之一，掌理礼制、祭祀、历法等事。

③昉：起始；起源。

④淳浇：淳厚和浇薄。

⑤观化：观察变化；观察造化；观察教化。

⑥登耗：增减。

⑦胪陈：逐一陈述。

⑧囿（yòu）：局限；拘泥。

⑨辀轩：古代使臣乘坐的一种轻车；古代使臣的代称。西汉扬雄《答刘歆书》："尝闻先代辀轩之使，奏籍之书皆藏于周秦之室。"

⑩石渠：西汉时期皇室图书典藏与编修机构，后以天渠、天禄代之。

⑪紫团抱犊：紫团山在山西省壶关县东南60公里的树掌镇，又名翠微山、抱犊山。东晋葛洪《抱朴子》："天下佳山者南五夷，北抱犊。"北抱犊指的就是这里。因山腰有一形成于30万年前的天然溶洞，坐东面西，每天日出日落时，从洞口喷出团团紫气，所以宋代御旨改名为紫团山。

⑫三老：此指汉代壶关（今山西省长治市壶关县）人令狐茂，汉武帝时为壶关三老。三老为乡官。东汉班固《汉书·高帝纪》："二年二月，令举民年五十以上、有修

行、能帅众为善，置以为三老，乡一人。择乡三老一人，为县三老，与县令、丞、尉，以事相教，复勿徭戍。"

⑬四辅：此指元末明初壶关（今山西省长治市壶关县）人杜敩，明太祖时敕封四辅官兼太子宾客。四辅，官职名。古代君王的四位辅佐大臣，朝代不同，其官称也不一样。《礼记·文王世子》："设四辅及三公。"

⑭冀域：州名，指古九州之一的冀州。《尚书·禹贡》记载，大禹分天下为九州，其中即有冀州，位列九州之首，包括今北京、天津、河北、山西、河南北部及辽宁与内蒙古部分地区。

⑮奥区：腹地；深处。南朝宋范晔《后汉书·班固传上》："防御之阻，则天下之奥区焉。"李善注："奥，深也。言秦地险固，为天下深奥之区域。"

⑯上党：山西东南部的一个古地名，位于古潞、泽、辽、沁四州一带，是由群山包围起来的一块高地，今天更多实指长治市（即潞州），《荀子》称为"上地"。《国策地名考》曰："地极高，与天为党，故曰上党。"

⑰《通志》：系南宋郑樵著纪传体通史，古代"三通"之一。全书200卷，有帝纪18卷、皇后列传2卷、年谱4卷、略51卷、列传125卷。

⑱《广舆记》：明万历陆应阳辑，清康熙时蔡方炳增订，内容更加完备、准确，是一部以图记名之的古代中国地图集，同时也是研究明清地图史的重要版本。

⑲简命：选派任命。元柯丹丘《荆钗记·堂试》："简命分专邦甸，报国存心文献。"

⑳新猷：新的谋略，指建功立业而言。清黄六鸿《福惠全书·莅任·查交代》："其何以振新猷而彰誉问乎？"

㉑辛卯：即清道光十一年（1831）。

㉒重熙累洽：国家接连几代太平安乐。东汉班固《东都赋》："至乎永平之际，重熙而累洽。"张铣注："熙，光明也；洽，合也。言光武既明，而明帝继之，故曰重熙累洽。"

㉓操觚：执笔作文。觚，木简。西晋陆机《文赋》："或操觚以率尔，或含毫而邈然。"

㉔鼯鼠：此是序作者自谦，学问微如鼠技，亦即雕虫小技。《荀子·劝学篇》："飞蛇无足而飞，梧鼠五技而穷。"

㉕芟（shān）：❶割（草）。❷除去。

㉖剞劂（jī jué）：雕刻用的弯刀；雕版；刻书。《楚辞·严忌（哀时命）》："握剞劂而不用兮，操规榘而无所施。"洪兴祖补注引应劭曰："剞，曲刀；劂，曲凿。"

㉗点窜：修整字句；润饰。西晋陈寿《三国志·魏志·武帝纪》："他日，公又与遂书，多所点窜。"

㉘淹雅：宽宏儒雅。北齐魏收《魏书·乐志》："卫军将军、尚书右仆射臣高肇器度淹雅，神赏入微。"

㉙道光岁次甲午：即清道光十四年（1834）。

㉚进士出身：科举考试自隋朝开始，到了明清时期，科举考试已非常成熟。举子们经过重重选拔，殿试录取考生三等，称三甲。一甲三人，依次为状元、榜眼、探花，称进士及第；二甲若干（清朝时一般为七人），称进士出身；三甲称同进士出身。世人统称录取者为进士。

㉛文林郎：不是职官，而是散官，清朝时为正七品文官所授的散官。散官用来定级别，明清时知县为正七品。

㉜汉南：即汉阴，县名，始于唐至德二年（757），时治所设汉江南岸，山南为阳，水南为阴，故名。清乾隆五十五年（1790），改置汉阴厅，属兴安府。

旧序一

张 铎①

予读书中秘②，县尹③三原张公④以志托，且属予同馆浚谷赵公为之序。未几，张解任去，余亦外补，其事遂寝。宦游奔走，校阅未遑⑤，自归田后窃有志焉。顾一枝林栖，距城邑为远，每遇田赋之重征，丁徭之暴集，事出不经，莫如之何。嘉靖己未⑥腊月，覃怀何侯⑦来牧吾邑，至属审编。于时，清裁赢余，去无丁之役者十之四五，已而条陈民瘼⑧缕缕，当道悯壶之差繁役重，地瘠民贫，昭然于公案者甚详。今辛酉岁⑨，侯慨然以邑志属余，余不获辞。日殚心力，咨之耆旧，索之家乘，搜之碑碣，参之簿牒，质之经史，事以类例，久远不遗，为凡例有七，为纲有四，为目三十有四。曰地理，则疆域、山川、形胜、城池、户口、里甲、田赋、物产、徭役、祠祀、公署、桥铺、坊巷、村市、寺观、冢墓、古迹系之；曰职官，则县学、邑属系之；曰人品，则勋业、科贡、征荐、节义、贞烈、褒赠、耆寿、侨寓、吏仕、例授系之；曰艺文，则御制诗文系之。昼辑夜思，再阅月而志完。事若粗备而词则俚，言若过直而情则核。虽不敢附于作者之例，而芟讹厘正，宣利剔弊，开卷足征。倘由此以轸忧民者之念，疲癃⑩庶少苏乎！张公昔日之托，予数十年未酬之志，今成于何公。知我罪我，所不敢辞。

嘉靖四十年辛酉五日邑人西林张铎撰。

注释：

①张铎：字邦敷，号西林，壶关（今山西省长治市壶关县）人，明嘉靖四年（1525）乡试举人；五年（1526）中进士，选翰林院庶吉士，授陕西三原（今陕西省咸阳市三原县）知县，擢兵部郎中；十九年（1540），出任湖州府知府。著有《西林集》《警心要言》《全唐律诗》《明律诗选》《湖州府志》《壶关县志》。

②中秘：❶中书省和秘书省的合称。❷宫廷珍藏图书文物之所。

③县尹：一县之长。春秋时楚国置，省称尹。《左传·襄公二十六年》："此子为穿封戍，方城外之县尹也。"

④张公：即张友直，明正德十四年（1519）任壶关县知县。辑县志未就，升任去。
⑤未遑：没有时间顾及；来不及。
⑥嘉靖己未：即明嘉靖三十八年（1559）。
⑦覃怀何侯：即知县何永庆，籍覃怀（在今河南省焦作市武陟县以西、孟州市以东地区。清陈廷炜《姓氏考略》载："夏有地名覃怀，居者以地为氏为覃氏"），又曰怀庆人。
⑧瘝：病；疾苦。北宋薛田《成都书事百韵》："政经旋考尤多僻，民瘝深求尚未痊。"《诗经·大雅·皇矣》："监观四方，求民之瘝。"
⑨今辛酉岁：原文为"今辛丑岁"。经考，该序是辛酉年所撰，故厘正之。
⑩疲癃：曲腰高背之疾，指年老多病。

旧序二

朱 辅①

壶邑居上党之巅，地瘠民瘵，幸民俗俭朴，勤于稼穑，犹有陶唐氏之遗风焉。余莅任八载，公余浏览前志，修于嘉靖朝西林张公。简而核②，质而文③，创始之功宜归之矣。国朝定鼎，百度维新。较之昔日，赋役有重轻矣，户口有增减矣，人文有盛衰矣，风俗有淳漓④矣。今昔不相及，因革不相沿，可无重辑以备𬨎轩之采乎？乃不揣固陋，考之文献，酌之前史，勿以善小而不录，勿以单寒而见遗，勿钩奇而不经，勿组绘而掩实。碑珉残也勿敢弃，爱憎纷也勿敢徇，博咨绅士，可否允协。复恳秀源周先生总裁而鉴定之。阙可疑，存可信，比类征词，务折衷于至当。虽不敢曰定本，而大概已犁然⑤矣。若夫风俗胡以维，赋役胡以均，户口胡以数宁，人文胡以培养。有流有源，有利有弊，是在司牧者早见。熟图、审时、观变，即记载以资考证而非必恃记载以为治也。良医不执方，治疾是在良有司善为之矣。

顺治十八年辛丑仲夏壶关县知县浙水朱辅书。

注释：

①朱辅：字泉庵，浙江崇德（今浙江桐乡市崇福镇）人，府志作秀水（在今浙江嘉兴市北），贡生，清顺治十一年（1654）任壶关县知县。为政慈祥，兴废举坠，多善政，后升四川简州知州。

②简而核：简要翔实。

③质而文：❶谓其资质具有文德。❷实质内容与外在形式。❸质朴与华美。

④淳漓：厚与薄，多指风俗的淳厚与浇薄。南宋陆游《独酌》："已于醉醒知狂圣，又向淳漓见古今。"

⑤犁然：犹释然，自得貌。《庄子·山木》："孔子穷于陈蔡之间，七日不火食，左据槁木，右击槁枝，而歌猋氏之风，有其具而无其数，有其声而无宫角，木声与人声，犁然有当于人之心。"陈鼓应今注引焦竑曰："犁然，如犁田者，其土释然也。"

旧序三

章 经①

邑志之作所以彰往察来，昭劝垂戒，以备太史䡨轩之采也。凡邑之疆域、山川、户口、田赋、文德、武功、忠孝、节义与夫地方风俗、岁时灾祥，巨细毕陈，后之人可一览而无遗焉。壶为古黎侯国，重关雄峻，险要扼守，历代相仍，至今河山不改，而简编亡失竟无志书，自故明弘治乙卯②州守马公以郡乘③略载邑事。后嘉靖间，覃怀何侯属庶常邑人西林张公辑志，咨访搜讨，芟讹厘正，为纲有四，为目三十有四，已较若列眉矣。

国朝顺治辛丑岁④，秀水⑤朱侯复为重修，颇无缺略，今又二十载矣。虽壶邑士尚气节，民多朴厚，务农重谷，崇俭抑浮，风气未甚变易。然其间天时人事，迭更不同。余莅任三载，政暇之余，常欲增修是志，深以鄙陋自惭。乃询之绅士，咨之父老，广稽慎择，务求至当，详核名实，允协舆论。其旧存者仍之，缺者补之，遗者续之，疑信者考正之，庶展卷无挂漏之憾。亦无阑入⑥之失云尔。

康熙二十年辛酉季夏壶关县知县富春章经书。

注释：

①章经：号理斋，浙江富春（今浙江省杭州市富阳区富阳街道）人，贡生，清康熙十七年（1678）任壶关县知县。章经清正慈惠，宽宏端雅，课士爱民，兴废别弊，远近歌颂。修治城池，随地势高下，筑堰障水。民共为立石，名章公堰，利泽冠于他池。作品有《重修玉皇宫记》《重修城隍庙碑记》《重修县北城碑记》《重修县城南碑记》《重修启圣祠记》《重修三老墓记》《捐置义冢记》《修社学记》，详细记载了当时壶关的民风民情。

②弘治乙卯：即明弘治八年（1495）。

③郡乘：此指《潞安府志》。

④顺治辛丑岁：即清顺治十八年（1661）。

⑤秀水：今浙江省嘉兴市秀水区。

⑥阑入：擅自进入不应进去的地方；掺杂进去。

旧序四

杨 宸[①]

壶志始辑于前明张太史西林先生之手。先生讳铎，本邑人也。迨至我朝，邑宰朱泉庵续修于顺治辛丑年间。越二十载，康熙辛酉富春章理斋治此，复修辑之，以传于今。乾隆乙酉[②]冬，余自北平教授[③]来令于壶，距章公八十余年，未有谋及于此者。顾余民社[④]初膺，事多未谙，又何敢遽谋重辑。蒙郡宪潜斋张公，念我壶志年代久远，宜更修辑。且新汰平顺，隶新兴十里，亦宜编入，以昭信守。余因集邑之绅士，告以公意，闻者莫不踊跃从事，惟恐修之不亟而成之不早也。爰即据旧志及平顺志与夫新采事实，条分缕析，补缺略，删繁复，存其实，不增其华。始役于戊子[⑤]孟冬，脱稿于己丑暮春，成书十八卷，为目二十有三。事绩辞简，犁然不支。虽言之无文，未足行远，而是非曲直一本公论，亦庶几无负郡宪荫庇下邑之惠，稍尽余承乏于斯之责云尔。

乾隆三十四年己丑孟夏壶关县知县杨宸书。

注释：

①杨宸：字榆眠，原籍江苏武进县（今江苏省常州市武进区）人，举人，清乾隆三十年（1765）任壶关县知县，撰有《真泽二真人庙记》。

②乾隆乙酉：即清乾隆三十年（1765）。

③教授：学官名。宋代除宗学、律学、医学、武学等置教授传授学业外，各路的州县学均置教授，掌管学校课试等事。元代诸路散府及中州学校和明清的府学亦置教授。

④民社：民间祭祀土神，指任职知县。《礼记·月令》："（仲春之月）择元日，命民社。"

⑤戊子：即清乾隆三十三年（1768）。

旧序五

秦之柄①

先是杨君榆眠宰是邑。承郡伯张潜斋公命，谓壶志之未修者，阅数十年。此数十年中，凡陵谷土疆之异，赋役户口之更，官师人物之贤，文章著作之雅，皆不可以不志也，因为修辑。已有成书，以事去官，未及授梓。己丑②春，柄奉简命，承乏③兹邑。抵任伊始，适杨君以所辑志稿见示。余以初莅事，未遑谋剞劂也。既越岁，以受杨君谣诼④，且此举所系者大，亟欲蒇⑤其事。又虑杨君所编辑者或有未尽，聚邑之人士面咨之，复多为示以逮远，所恐往迹残简，潜德轶事，未遍搜罗。迟之数月，以俟举报而应者寥寥。又余每以事行所部，必留意采访，迄无所得。间有人闻见者悉稿中所有，然后知杨君之有事于此者已三年矣。当其锐然操觚，固已极为采掇⑥，夫岂有欲成裘而反舍腋，欲大冶而反弃矿者哉。长夏公余，辄取其稿，稍为参订，大抵语尚夫质，事取其核，体例求其当。无关义要，虽文人韵士之著述可去也。有裨风教，虽荛夫⑦野老之传说可存也。不设成见，不参私意，订伪阙疑⑧，删芜补缺，杨君之已事如是。以余之谫陋⑨，又安能有加于是哉。

夫壶邑之名，在昔之所隶属者自广。而以今治言之，则固弹丸也。然邑志即古闾史，原以备辐轩之采。故考其山川形胜，可以知保障；财赋徭役，可以循成法；土宜物产，可以悉民隐；先哲闻人，幽贞懿行，可以使人感发而兴起。即凡所列词章，亦可使人征文考献，摛藻⑩擩⑪华，咏歌舞蹈于不自禁。斯其资夫化理，而关乎人心风俗者，凡志皆然。壶虽小邑，僻处山陬⑫，而其濡沐我国家重熙累洽之化，凡典章文物之盛，盖有倍蓰⑬于畴曩⑭者。譬之耽山水者，即尺涧部娄，亦必穷其幽胜，蕲无匿景。此杨君所为兢兢搜择，沿旧益新，而必使一邑之事，了如指掌也。独愧余以雕虫之技，谬为续貂，殊无当于大雅，聊借手以观兹事之成焉耳。

乾隆三十五年庚寅七月既望赐同进士出身文林郎知壶关知县事秦之柄

谨序。

注释：

①秦之柄：湖北汉川（今湖北省孝感市汉川市）进士。

②己丑：即清乾隆三十四年（1769）

③承乏：暂任某职的谦称，摄官承乏。《左传·成公二年》："敢告不敏，摄官承乏。"

④諈诿（zhuì wěi）：❶繁重貌。❷嘱托。

⑤蒇（chǎn）：完成；解决。

⑥掇（duō）：拾取。

⑦芫夫：打柴草的人。芫，柴火。

⑧阙疑：把疑难问题留着，不下判断。

⑨谫陋：浅薄。北宋刘攽《为傅学士谢除直昭文馆启》："致兹谫陋，骤尔甄收，谨当勉懋初心，坚持壹意。"

⑩摛藻（chī zǎo）：铺陈辞藻，施展文才。东汉班固《答宾戏》："虽驰辩如涛波，摛藻如春华，犹无益于殿最也。"

⑪擩（rǔ）：通"濡"。唐韩愈《清河郡公房公墓碣铭》："目擩耳染，不学以能。"

⑫山陬：山角落，借指山区偏僻处。

⑬倍蓰：亦作"倍屣"。倍，一倍；蓰，五倍。《孟子·滕文公上》："夫物之不齐，物之情也。或相倍蓰，或相什百，或相千万。"

⑭畴曩：往日；旧时。东晋葛洪《抱朴子·钧世》："盖往古之士，匪鬼匪神，其形器虽冶铄于畴曩，然其精神布在乎方策。"

姓　　氏

鉴辑

山西潞安府知府①加五级记录十次　　　　　　　马绍援

山西潞安府清军粮盐总捕分府②　　　　　　　　寅　恭

纂修

山西潞安府壶关县知县③加五级记录十次　　　　茹　金

参辑

山西潞安府壶关县教谕④　　　　　　　　　　　吕鸣岐

署山西潞安府壶关县训导⑤　　　　　　　　　　邢　铨

署山西潞安府壶关县训导　　　　　　　　　　　张鼎铭

监刊

山西潞安府壶关县典史⑥　　　　　　　　　　　周玉麟

同修

己酉科进士⑦　　　　　　　　　　　　　　　　申　瑶

庚午科举人⑧　　　　　　　　　　　　　　　　侯祖锠

岁贡生⑨　　　　　　　　　　　　　　　　　　王华龄

分辑

孝廉方正⑩　　栗成林　　　戊寅科举人　　吴应杰

壬辰科举人　　段廷浚　　　壬辰科举人　　王信贤

壬辰科举人　　郭椿龄　　　甲午科举人　　王令德

缮修

　　丙子科副贡⑪　　陈继虞　　　　丙子科副贡　　原　浦
　　辛巳科副贡　　　刘三元　　　　壬辰科副贡　　吴守钰
　　癸酉科选拔　　　郭人麟

订正

　　岁贡　平　发　　岁贡　王　炳　　岁贡　秦　钲　　职员⑫　郭　端
　　职员　侯柏年　　廪生⑬　任昌第　　廪生　王泰魁　　生员⑭　阎廷芳
　　监生⑮　张文焕　　邑廪⑯　王廷魁　　邑庠⑰　任成章　　邑庠　王培莲
　　邑廪　平高振　　邑庠　张景文　　廪生　张德华　　邑庠　秦秉义

采访

　　贡生　王道平　　职员　王廷杰　　贡生　李玉干　　武举⑱　李鹏年
　　职员　王汉光　　职员　王占魁　　监生　马九德　　邑庠　李树德
　　廪贡⑲　郭金维　　监生　郭洪誉　　监生　徐德懋　　职员　刘耕之
　　邑庠　李德制　　监生　陈　儒　　监生　吕相文　　邑庠　冯汝光
　　邑庠　崔效平　　邑庠　陈三纲　　邑庠　盖士杰　　邑庠　任　淳
　　邑廪　崔凤峦　　监生　路步云　　邑庠　陈汝训　　武生⑳　陈建彬
　　武生　吴映斗　　邑庠　李懋言　　邑庠　张九德　　监生　陈　铎
　　监生　陈静远　　监生　王发政　　武生　张师保　　武生　程登第
　　武生　陈建标　　邑庠　平锡成　　邑庠　阎汝舟　　邑庠　秦资明
　　邑庠　王旋乾　　生员　王绍曾　　监生　郎锦玉　　监生　王廷宾
　　生员　郭晋奎　　职员　王进江　　职员　王　适　　职员　王余庆
　　邑庠　马超群　　儒童㉑　任继宗　　儒童　宋开基　　邑庠　李树敏

注释：

　①知府：掌一府之政令，总领各属县，凡宣布国家政令、治理百姓、审决讼案、稽查奸宄、考核属吏、征收赋税等一切政务皆为其职责。知府相当于现今一个地级市的市委书记兼市长。

　②军粮盐总捕分府：旧时知府下面专管盐务的同知。

　③知县：唐代出现雏形，称佐官代理县令为知县事；宋代正式确立，常派遣朝官为

县的长官,管理一县行政,称知县事,简称知县;元代县的主官改称县尹;明清沿袭宋代的知县制度,以知县为一县的正式长官,正七品。

④教谕:学官名,宋代开始设置,负责教谕生员。

⑤训导:古代文官名,在清朝之位阶约为从七品。训导通常辅佐知府,为基层官员编制之一,主要负责教谕方面的事务。

⑥典史:明清时期知县下面掌管缉捕、监狱的属官。典史属于未入流(九品之下)的文职外官,但在县里的县丞、主簿等职位裁并时,其职责由典史兼任。因此典史职务均由吏部铨选、皇帝签批任命,属于朝廷命官。

⑦进士:隋唐科举考试设进士科,录取后称进士。明清时,举人经过会试及殿试录取后称进士。

⑧举人:被荐举之人。汉代取士,无考试之法,朝廷令郡国守相荐举贤才,因以"举人"称所举之人。唐宋时有进士科,凡应科目经有司贡举者,通谓之举人。至明清时,则称乡试中试的人为举人,亦称大会状、大春元。

⑨岁贡生:科举时代,挑选府、州、县生员(秀才)中成绩或资格优异者,升入京师的国子监读书,这些读书人统称为贡生,意为贡献给皇帝的人才。明清两代,贡生有不同的称呼:明代有岁贡、选贡、恩贡和纳贡,清代有恩贡、拔贡、副贡、岁贡、优贡和例贡。

⑩孝廉方正:清代特诏举行的制科之一。自雍正时起,新帝嗣位,诏直省府、州、县、卫各举孝廉方正,赐六品章服,备召用。乾隆以后,定荐举后送吏部考察,授知县等官职及教职。

⑪副贡:由副榜录取的贡生。明嘉靖年间(1522—1566),乡试就有副榜,名字在副榜的,准做贡生,称为副贡。清沿明制,也有乡试列于录取名额以外的备取副榜,名字在副榜的可以直接进入国子监学习。这样录取的学生就叫副贡生。

⑫职员:担任行政和业务工作的人员。

⑬廪生:明清两代称由公家给以膳食的生员,又称廪膳生。明初生员有定额,皆食廪。

⑭生员:科举制时代,在太学等处学习的人统称生员。唐代指在太学学习的监生,明清指通过最低一级考试,入府、县学的人,俗称秀才。

⑮监生:除贡生外,在国子监学习的人就称监生。贡生由考试直接升入。监生指不经考试进入国子监读书的人,有四类:恩监、荫监、优监、例监。

⑯邑廪:本县廪膳生员。

⑰邑庠:明清时对县学的称呼。

⑱武举:我国古代科举考试制度中的武科,目的是选拔军事人才。武周长安二年(702)开始推行,考试内容包括箭、弓、刀、石等。以后宋、明、清等朝都有武举。相对于文科考试,中武举者称为武举人,武举第一名称为武状元。

⑲廪贡:以廪生的资格而被选拔为贡生者。

⑳武生：明朝建立后，设置武学、武科举，在京师以及卫所设置武学，训导军官子弟。凡10岁以上可承袭军职的子弟应入学学习，教材为《武经七书》。地方青年可以通过考试获得武学学生资格，号为武生，与文科举生员相同。

㉑儒童：明清科举制度，凡应秀才考试的士子，不论年龄大小，皆称童生，别称儒童或文童。清末民初赵尔巽等撰《清史稿·选举志一》："儒童入学考试，初用《四书》文、《孝经》论各一。"

目 录

绘图
凡例
卷一　沿革志
卷二　疆域志
　　疆域　形胜　铺递　关隘　堡寨　山川　古迹　物产　风俗　纪事
　　遗事
卷三　建置志
　　城池　公署　学校　书院　社学　兵防　坛庙　寺观　里甲　坊巷
　　镇集　村庄　桥梁
卷四　食货志
　　田赋　丁徭　户口　仓储　税课　盐引
卷五　官师志
　　官制　封爵　名宦
卷六　选举志
　　征辟　仕进　进士　举人　贡士　例仕　例贡　武举　武仕　封赠
　　孝廉方正
卷七　人物志
　　名德　循良　忠烈　乡饮　孝义　流寓　仙释　方技
卷八　列女志
卷九　艺文志上·文类
卷十　艺文志下·诗类

绘 图

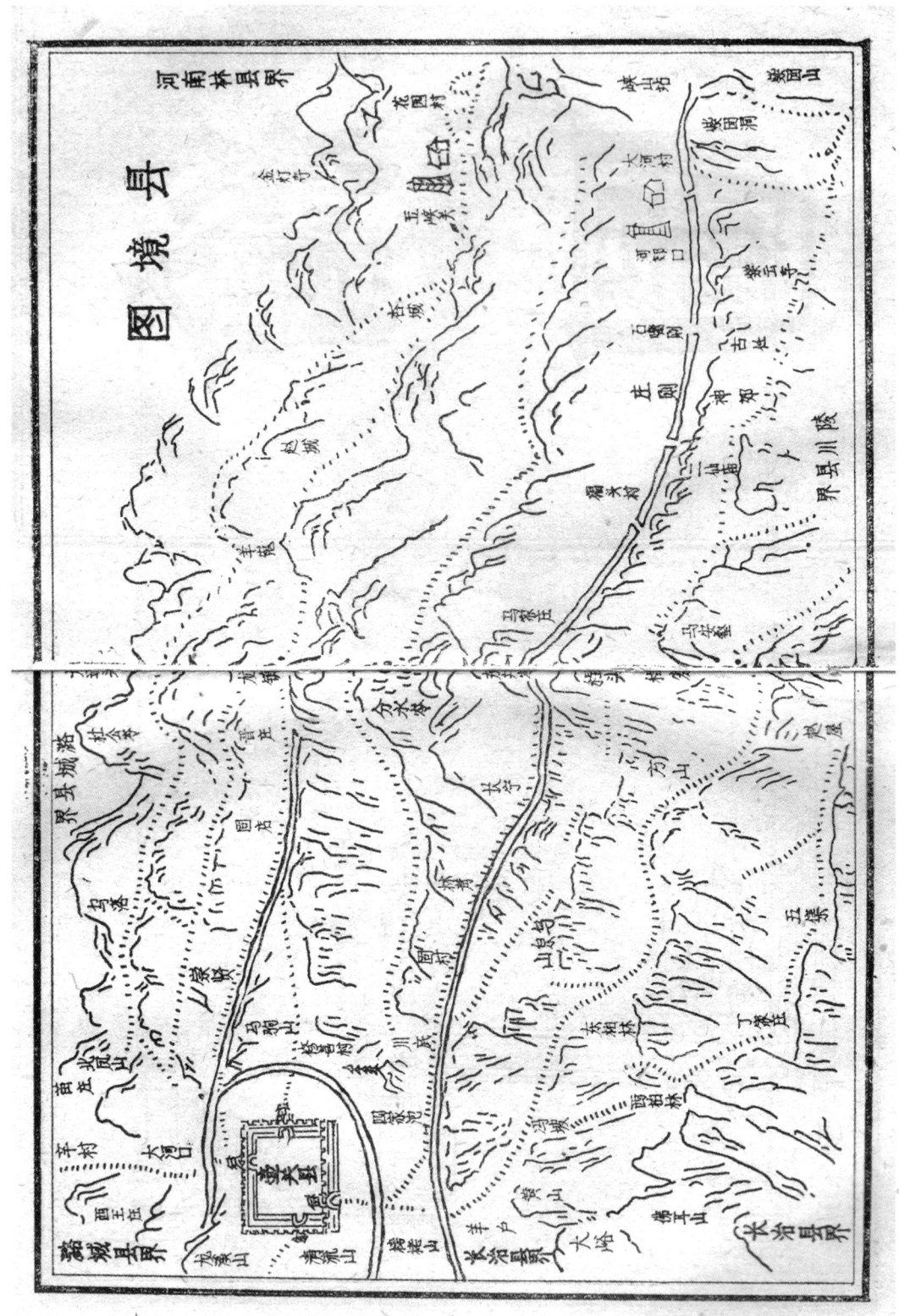

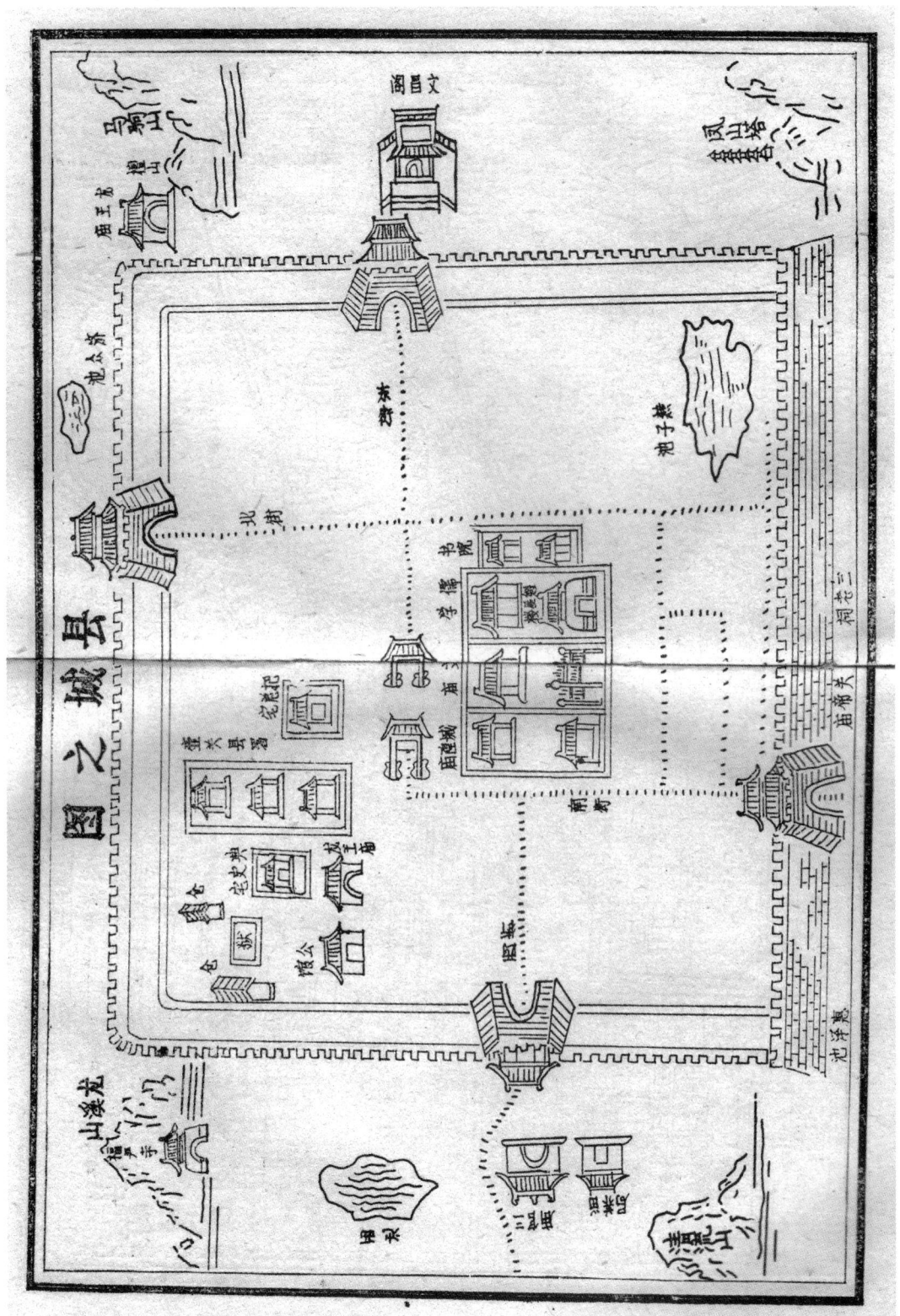

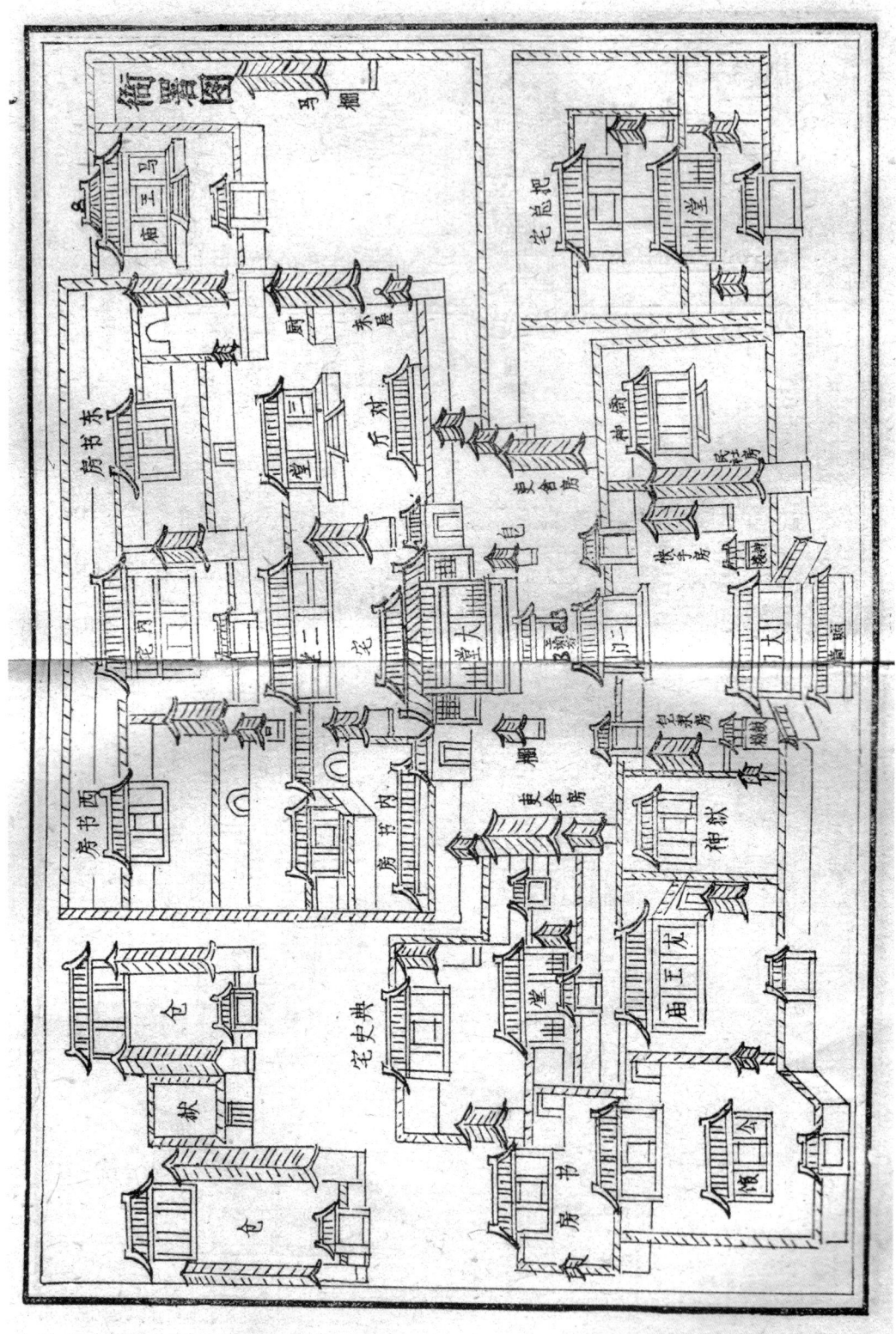

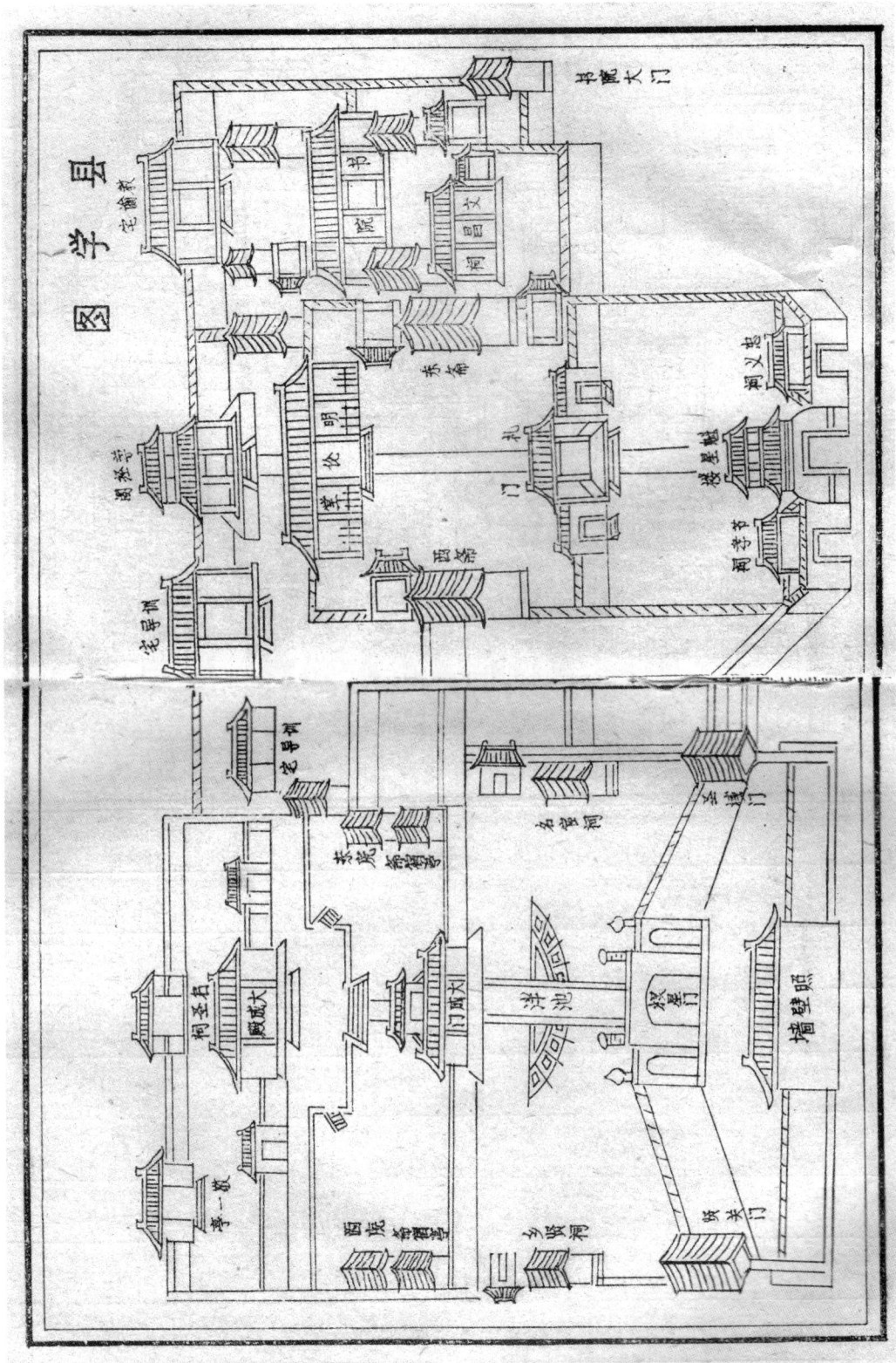

真泽宫,位于壶关县树掌镇神北村,始建于唐乾宁初年,宋、元、明、清均有修葺,至清乾隆三十年(1765)形成五进院建筑格局,现存三进院。2006年公布为全国重点文物保护单位

凡 例

一、志郡邑者，必载分野①。壶关治居晋上党。郑注《周礼》曰：实沈，晋分也。《汉书·地理志》《帝王世纪》《春秋纬元命苞》曾云：赵地，昴毕②分野，上党远韩近赵，主昴毕分。《晋书·天文志》《文献通考》则为上党入舆鬼③二分。明天文志图画编又谓潞安参井④分野。讫无定论也。惟《唐书·天文志》以两戒⑤之说分南北纪，谓自汉之河东⑥及上党、太原，尽两河之地，上应天关。其南曲之阴在晋地众山之阳，南曲之阳在秦地众山之阴，阴阳之气并，故与东井通。河东诸地皆东井之分，参伐为戎索⑦为武政，当河东尽大夏之墟。上党次居下流，与赵魏接，实主觜觿⑧，其说核矣。但地处偏隅，于千余里中，其入分之杪⑨甚微。况郡志考辨极详，再为敷陈，犹公家言也。旧志⑩缺，今仍之。

二、文庙诸祀之位次，祭享之乐章，垂于会典，非一邑所得专。故志乘多不载。然山陬僻壤，囿于见闻，详列诸编，庶习礼之士有所折衷云。

三、郡邑志每类篇目用冒⑪，前志有，旧志略，今仍增入，所以遵体裁而清眉目，非敢以示淹雅。

四、旧志名德、循良、忠义、孝友各条，统曰人物，颇欠分晰。兹逐类相次分列，庶免紊淆之弊。至先忠烈、次孝义者，遵史例也。

五、旧志山川、风俗、物产诸条，事多挂漏，文亦太简。兹悉照通志郡志采入，一邑风土人情，庶乎备焉。

六、旧志列辩证于编后，阅者每难查核。兹分注于某人某事之次。既便搜罗，于文亦似繁实省。

七、凡志必有纪事。旧志以武事、遗事括之，于纪月编年之义似属未协。兹据历代史传，详为胪列，较前颇觉分明。

八、列女传始于汉之刘向，历代史家因之。盖统以列女，则慈孝、节烈，无事分门。旧志遵用之，今仍其例。

九、艺文凡有关地治、民风、山川、典故者，始得登载。其余如风云月露、祝赠哀挽之作，各有专集，无庸⑫繁称博引。盖地志非家乘也。

十、斯志虽经广询博访，而科目人物祥异歌咏篇章，耳目恐有未逮，证据难必尽确。所望博雅君子考核而补辑之，幸甚。

注释：

①分野：古人按天上星辰的位置，把地面划分为12个区域，叫分野。

②昴毕：昴宿与毕宿。

③舆鬼：鬼宿，二十八宿之一，南方七宿之第二宿。共四星，今属巨蟹座。

④参井：参星和井星，位在西南方。

⑤两戒：唐代僧人一行提出我国地理现象的特点有两戒：一是北戒，以限戎狄，也称胡门，相当于今青海、陕北、山西、河北、辽宁一线；二是南戒，以限蛮夷，也称越门，相当于今四川、陕南、河南、湖北、江西、福建一线。后遂用为咏地理现象之典。

⑥河东：古代指山西西南部，即晋南，是《尚书·禹贡》所谓九州中的冀州之地，史籍也称大夏、夏墟、唐之地。华夏文明的摇篮，上古尧舜禹时代的都城皆在河东。

⑦戎索：戎人之法。

⑧觜觿（zī xī）：星座名，觜宿的早期名称。

⑨杪（miǎo）：❶树梢。❷末尾；末端。

⑩旧志：指乾隆《壶关县志》。

⑪冒：旧志凡例为"冒论"，指篇目之序言。

⑫无庸：毋庸；无须。

卷一　沿革志

志地者多先分野。考历代天文志，惟唐最精，两戒之说，以为观两河之象，与云汉所始终，而分野可知。河东尽大夏之墟，上党次居下流，与赵魏接，则觜觿之分实主其地，兹于千里中不过数杪耳。度既从同，不敢泛及也。惟考壶邑旧地，自汉以来，实兼黎潞。自后或省入郡，且画为三，裁割裒益①，以渐而狭。然即今统幅员而计之，南北尚逾三舍②，东西且过三百。非长才远驭③，未易言指臂使也。溯其废兴，综其分合，作沿革志。

注释：

①裒益（póu yì）：减少和增加。裒，❶聚集；聚辑；聚敛。❷减少。
②三舍：古代一舍30里，三舍为90里，泛指距离远。
③长才远驭：同"长辔远驭"，用长缰绳远远地驾驭拉车的马，比喻远距离操纵，控制另外的人或物。

唐虞夏①为冀州②之域。按：《路史》③黄帝封炎帝后于潞④。后别为赤白之狄⑤。于唐虞时，九州属冀，十二州属并。

商为黎国。《尚书》⑥"西伯戡黎"即此。《尔雅》⑦九州，盖商制也，地属冀，有黎国。《后汉志》谓壶关有黎亭。殷季都朝歌，为畿内地。《北魏志》壶关有微子⑧城。相传微子之封在焉，今属潞城。

周属黎国，为冀州域。《职方氏》⑨河内曰冀州，其川漳，其浸汾。潞地固冀州之域，周初长子为辛甲封国。其东北则黎侯地也。

东周属晋。黎后为赤狄潞子所逐，时黎侯失国而寓于卫。杜预释文曰："黎在上党壶关县。晋灭潞，立黎侯，后并于晋。"

秦属上党郡。始皇并天下，分天下三十六郡，置上党郡。《后魏书》⑩谓秦治壶关城。《水经注》谓治长子。姑存以俟考。

汉始置县，曰壶关，属上党郡。汉兴，因秦制度。至武帝，兼夏周之制,凡十三部,置刺史,治上党郡,属并州。统县十四,所属有壶关县。吕后元年⑪立孝惠子武为壶关侯是也。

东汉后汉因之。尉睦侯王嘉⑫,于后汉末,曾移县治于上党郡北。

魏晋为壶关县,属并州上党郡。后汉建安十八年⑬,并州省入冀州。后又分上党立乐平郡。魏黄初元年⑭,复置并州。晋武帝既平孙氏,凡十九州。并州上党郡治潞县及壶关等十县。惠帝⑮时,刘渊⑯僭号平阳⑰,地皆为汉有。至刘曜都长安,地入石勒,以上党诸郡为赵国。及慕容儁破冉闵,地入于燕。上党治安民城,后徙治壶关城。苻坚灭燕,地入于秦。及慕容永据长子,所统郡八,为慕容垂所破。北魏皇始⑱初,遂属北魏,置县治于颖阳冈,仍属上党郡。

北魏因之。

北齐因之。

后周为壶关县,属潞州上党郡。后周灭齐,多有省废。通计州二百一十一。建德七年⑲,分上党郡置潞州。大象元年⑳,以潞州上党郡为代国㉑。

隋初,县废,继改为上党县,后省入上党郡。隋文帝开皇三年㉒,废诸郡。寻以户口滋多,析置州县。炀帝并省,改州为郡,置司隶刺史相统治。凡郡一百九十。上党郡隶冀州刺史,统十县,废壶关。开皇初,郡废,有壶关县。开皇中,又分置上党县。大业㉓初,复置郡,以壶关县并入。

唐复置壶关县,属潞州上党郡。高祖改郡为州,太守为刺史。太宗分天下为十三道,潞州上党郡属河东道。武德四年㉔,析上党置壶关县于高望堡。贞观十七年㉕,移县治于清流川,即今治。天宝元年置郡㉖,壶关属焉。

五代为壶关县,属潞州。唐自僖昭㉗以来,日益割裂。后唐庄宗㉘初起并代,有州三十五,潞州在焉。梁末帝㉙时,属梁,改曰匡义。及唐灭梁,改曰安义,晋复曰昭义。汉周因之,俱治潞州,所属有壶关县。

宋因之。

金元因之。

明为壶关县,初属潞州,继改州为府,属潞安府。洪武㉚初,仍元制。嘉靖八年㉛,升州为府,增置平顺县,析黎城、壶关、潞城三县地益之。

国朝因之。乾隆二十九年㉜裁平顺县仍还壶关旧地名曰小十里。按:旧志云，壶关本商黎侯国，《尚书》"西伯戡黎"即此，盖据蔡传而言。又云：即黎侯失国而寓于卫之黎，据杜预释文而言。《水经注》云：漳水经壶关县故城西，又屈迳其城北，故黎侯国也。有黎亭县，有壶口关，故曰壶口矣。《括地志》云：故黎城黎侯国也，在潞州黎城东十八里，《尚书》云：西伯戡黎是也。是皆以戡黎与寓卫之黎皆此黎。然上党壶关，忽郡忽县，更迭易名。今长治古亦云壶关，安在今壶关即古黎国乎。但严氏粲云：黎，上党之东，即卫之附庸。今按：羊肠坂通河南辉县，是卫与黎本接壤，其以今壶关为黎国者近是。又县之西南二十余里有黎岭，故老相传，即古黎侯国，去羊肠坂不远，去今黎城县则六七十里。《吕氏春秋》谓武王封帝尧之后于黎城，是黎城之名自古有之，恐非此黎国也。《地理今释》乃云：黎国，今山西潞安府黎城平顺二县地。或以黎城汉晋以来皆属上党，故大略近之与，盖不可考其实矣。旧志。

注释：

①唐虞夏：唐，指唐尧时代。尧姓祁，名放勋，古唐国（今山西省临汾市尧都区）人，中国上古时期部落联盟首领，"五帝"之一。虞，指虞舜时代。舜是中国上古时代的部落联盟首领，被后世尊为帝，"五帝"之一。传说姓姚，名重华，字都君。出生地在诸城，治都蒲坂（今山西省运城市永济市）。受尧的禅让为有虞氏首领，尊号有：帝舜（舜帝）、大舜、虞舜。夏，指夏朝（约前2070—前1600），是中国史书记载的第一个世袭制朝代。据史书记载，禹传位于子启，改变了原始部落的禅让制，开创中国近4000年世袭的先河。因此中国历史上的家天下，是从夏朝的建立开始。

②冀州：原志中"冀州、并州"并列，据光绪《壶关县续志·纠误》："沿革云唐、虞、夏为冀州、并州之域。按：《尚书·禹贡》止九州。《尚书·舜典》云十二州。王肃谓冀州之北太广，分置并州，盖本马融之说。据《周礼》《职方式》并州山曰恒山，川曰滹池，乃今忻、代以北地。上党在十二州，仍当为冀州之域，其属并州乃汉制，不可以例上古。"故予删除。

③《路史》：由南宋罗泌撰。罗泌，字长源，号归愚，孝宗时庐陵（今江西省吉安市）人。《路史》共47卷，成书于乾道年间（1165—1173）。该书上述上古至三代诸国姓氏、地理，下逮两汉之末。

④潞：春秋国名，为赤狄的一支，故址在山西省长治市潞城县东北。

⑤赤白之狄：神农炎帝时期赤冀和白阜的后裔在商周别为赤白之狄。

⑥《尚书》：追述古代事迹著作的汇编，分为《虞书》《夏书》《商书》《周书》。因是儒家五经之一，又称《书经》。

⑦《尔雅》：最早著录于东汉班固《汉书·艺文志》。书中收集了比较丰富的古汉语词汇。它不仅是辞书之祖，还是典籍十三经中的一种，是汉族传统文化的核心组成部分。

⑧微子：商末周初朝歌人，本名开，汉时称启，帝乙之长子。因母贱，不得嗣，封于微。微是微子的封国，原在今山西省长治市潞城县东北，后微子又迁到山东梁山西北，所以那里也称为微。

⑨《职方氏》：《周礼·大司马》中的一篇。职方氏，周代官职名，掌天下地图与四方职贡。

⑩《后魏书》：隋魏澹等撰，计107卷。隋文帝以为六朝南北政权参错对峙，各以本朝为正统；魏复分东西，隋实上承北周、西魏，而魏收《魏书》则以东魏为正统，故诏澹与颜之推、辛德源重撰。

⑪吕后元年：即公元前187年。吕后是中国历史上有记载的第一位皇后和皇太后。

⑫王嘉：新朝大臣。王莽建立新朝，封他为尉睦侯。

⑬建安十八年：即213年。

⑭黄初元年：东汉献帝建安二十五年（220）三月改元延康元年，十二月十日东汉献帝刘协被逼禅位，曹丕称帝，改国号为魏，改延康为黄初。

⑮惠帝：即晋惠帝司马衷，晋武帝司马炎次子，西晋的第二位皇帝，290—306年在位。在他统治期间发生了八王之乱，西晋走向灭亡。

⑯刘渊（？—310）：字元海，匈奴人，属匈奴铁弗部。父亲死后，接掌部落事务。八王之乱时，他割据并州地区，河东、平阳二郡相继陷落，即位为王，国号曰"汉"，追尊汉朝皇帝。西晋永嘉二年（308），正式称帝，年号永凤。

⑰平阳：古代地名，今山西省临汾市。

⑱皇始：北魏道武帝年号（396—398）。

⑲建德七年：即578年。

⑳大象元年：即579年。

㉑代国：为鲜卑族拓跋部所建国家。

㉒开皇三年：即583年。

㉓大业：隋炀帝杨广的年号，历时14年（605—618）。

㉔武德四年：即621年。

㉕贞观十七年：原志为"贞观中"，据乾隆《壶关县志·沿革》："贞观十七年，移治清流川。"故正之为"贞观十七年"。

㉖天宝元年置郡：原志为"开元十七年置郡"。据后晋刘昫《旧唐书·卷四十三·地理志》："开元十七年，以玄宗历职此州，置大都督府，管慈、仪、石、沁四州。天宝元年，改为上党郡。"故改为"天宝元年"。

㉗僖昭：即唐僖宗、唐昭宗，这两朝实际上是唐朝统治的最后一个历史时期。

㉘后唐庄宗：即李存勖（xù），本姓朱邪，字亚子，应州金城县（今山西省朔州市

应县）人，沙陀族。五代时期后唐开国皇帝，后唐太祖李克用之子。

㉙梁末帝：即朱友贞，又名朱锽、朱瑱，宋州砀山（今安徽省宿州市砀山县）人。后梁末代皇帝，梁太祖朱温第三子。

㉚洪武：明太祖朱元璋年号，时间为1368—1398年。

㉛嘉靖八年：嘉靖是明朝第十一位皇帝明世宗朱厚熜的年号，嘉靖八年即1529年。

㉜乾隆二十九年：即1764年。

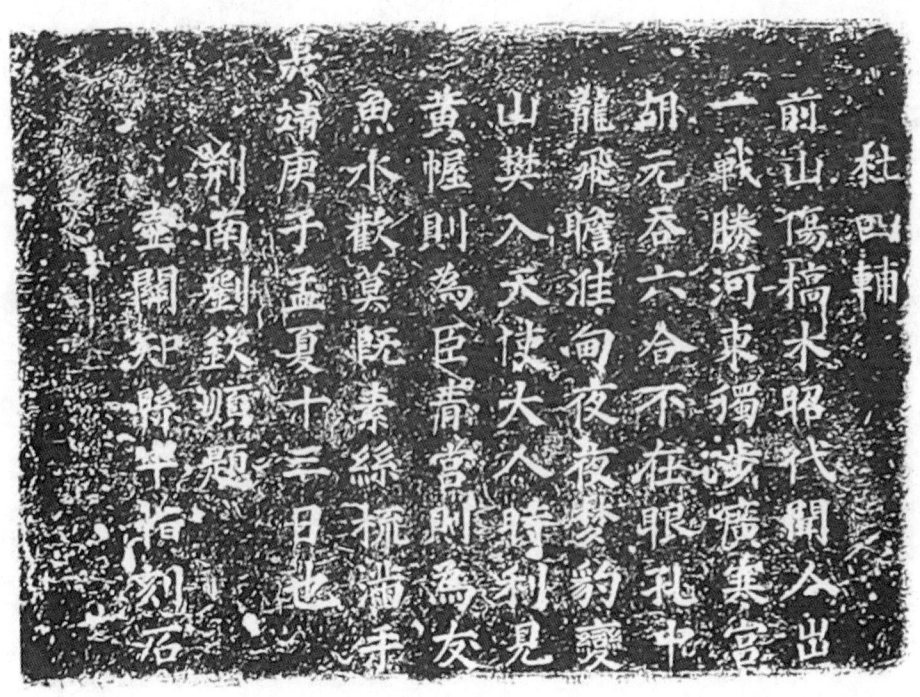

《杜四辅》碑，明嘉靖十九年（1540）刻石，现存壶关县店上镇麻巷村西山。碑拓载《三晋石刻大全·长治市壶关卷》（张平和主编，三晋出版社2014年版）第56页。道光《壶关县志·艺文志下·诗类》名为《题杜四辅》

五集石棺，位于壶关县百尺镇五集村南的磨沟北崖上，系整块砂岩的外露部分，呈长方体，雕琢而成，当为北魏时。2014年3月，省、县文物部门拨款修建石棺护坡

卷二　疆域志

环治皆山也。太行东跨中州，西控上党，绵亘数郡，延袤千里，皆分其支秀。而惟壶关一县全据其脊，诚东南一保障也。我国家休养生息，山窅①泉悬之区，刀耕火种，到处有人；狗吠鸡鸣，传闻无间。自清野令行，而崖居穴处者安于不识而不知，星罗棋布者莫不相保而相爱。民际斯时，真有"山静似太古，日长如小年"②之乐矣。综其道路，详其里居，作疆域志。

注释：

①窅（yǎo）：其本义是眼睛眍（kòu）进去，喻深远。唐韩愈《本政》："茫乎天运，窅尔神化。"

②此诗句出自北宋唐庚《醉眠》："山静似太古，日长如小年。余花犹可醉，好鸟不妨眠。世味门常掩，时光簟已便。梦中频得句，拈笔又忘筌。"

疆　域

壶关县在府治东南三十里，至省会太原府四百八十里；由潞黎入河南界，经直隶顺德府，至京师一千四百里。

东西广一百五十里，南北袤一百二十里。

东至河南彰德府林县界八圪塔村一百四十里。

西至长治县界沙河村十里。

南至泽州府陵川县界后河村九十里。

北至潞城县界北干村四十里。

东南至河南彰德府林县界嘴则上村一百六十里。

西南至长治县界璩寨村四十里。

西北至潞城县界东县村三十里。

东北至潞城县界王庄村六十里。

东至河南彰德府林县治一百八十里。

西至长治县治二十五里。

南至泽州府陵川县治一百五里。

北至潞城县治六十里。

东南至河南卫辉府辉县治三百里。

西南至泽州府高平县治一百二十里。

西北至襄垣县治一百五里。

东北至黎城县治一百三十里。

东经崇贤村十五里，固店十里，晋庄村五里，常家池村五里，龙畛村十五里，羊鬼村十三里，赵城村十三里，杏城村十三里，玉峡关十三里，花园村三十里，又八里至八圪塔村入河南彰德府林县界。

东南经四家池村、禾登村、固村胥十里，长宁村二十里，三郊口村二十里，马家庄十里，福头村五里，柏坡村十里，盘底村三十里，玉皇庙五里，桥上村各三里，大河村七里，杨家池村十里，冯家湾五里，峡山站五里，至嘴则上村入河南彰德府林县界。

南经宋堡村十五里，自阳护村至柏林村二十五里，寨河村十五里，方山村十五里，马安銎十里，至后河村入泽州府陵川县界。

西南经小山村十里，宋堡村五里，好牢村二十里，大峪镇五里，至璩寨村入长治县界。

西经程村五里，又五里至沙河村入长治县界。

西北经大河口村五里，集店村三里，长井铺二里，至西长井村入长治县界。

北经坛后村五里，睢庄村七里，辛村八里，苗庄村十里，又十里至北干村入潞城县界。

东北经南凰村至大返头，又五里至王庄村入潞城县界。

形　胜

壶关县以其地形似壶，汉尝于此置壶县。面紫团玉峡之胜，背龙溪凤岭之奇，左萦风穴返头之险，右据马鞍佛耳之雄。万嶂回环，诸峰罗列，宛然一壶，故名壶口。又唐玄宗诗"壶关宠旧林"[①]，因又名壶林云。

注释：

①此句出自李隆基《赐崔日知往潞州》："潞国开新府，壶关宠旧林。"

【壶关十景】

团峰倚秀　佛耳摩云　北极灵迹　翠微仙洞　玉峡通天

乌泉夕照　风穴秋音　琳宫①仙笔　燕池浮碧　梵宇神灯

按：旧志载壶关之景十二　割入他境，多未确凿。因删其无据者，仅存其十，今仍其旧。

注释：

①琳宫：仙宫，亦为道观、殿堂之美称。

铺　递①

在城总铺在县前。

长井铺通长治。

注释：

①铺递：指驿站。元脱脱等《金史·世宗纪》："朕尝欲得新荔枝，兵部遂于道路特设铺递。"

关　隘

羊肠坂在县东南一百六里。《汉书·地理志》：壶关有羊肠坂，长三里，曲盘如羊肠然。通典、文献通考、舆地考皆同。

榔林隘，在县东南一百二十里羊肠坂上。山径仅容人行，通河南辉县。战国蔡泽谓应侯曰："决羊肠之险，塞太行之道。"又赵收天下以伐齐，苏厉为齐说赵王曰："秦尽韩魏之上党，则地与国都邦属而壤挈者七百里。秦以三军强弩坐羊肠之上，即地去邯郸二十里。且齐以三军攻王之上党而危其北，则勾注①之西，非王之有也。"又《史记正义》②：秦上党郡，今泽潞仪沁等四州之地，兼相州之半，韩总有之。至七国时，赵得仪沁二州之地，韩犹有潞州及泽州之半，半属赵魏。沁州在羊肠坂之西，仪并代三州在勾注山之南。秦以三郡攻赵之泽潞，则勾注之南赵无地。又后汉魏郡，赵国常山中山增六百一十六坞③，河内通谷冲要增三十三坞，是缘太行诸郡县而立坞以守也。

十八盘隘，在县东南八十五里。山径仅容人行，通河南林县杨家石塘口。《上党记》东山在城东南，晋申生所伐。含名无皋。

正梯隘，在县东一百一十里，路通林县，形险似梯，一名梯头隘。

龙盘山，在县东北二十里，有大小二岭，鸟道崎岖，岭西尤险。东傍羊肠，西临峭涧。康熙二十八年④，平顺知县杜之昂自大渠村西至龙盘山，又西至羊井铺，修道广六七尺，筑拦马墙。

玉峡关，在新兴二里花园村西，高山峻岭，名风门脑，下通河南林县，两山峭立，若玉峡然。旧置巡检，今裁。有营房一所，驻兵五名。

注释：

①勾注：山名，即雁门山，在今山西省忻州市代县西北。因山形勾转，水势流注而得名，为古代九塞之一。勾，亦写作"句"。

②《史记正义》：唐代张守节所撰。原为单行本，共30卷，按照条目加注释（正义）的形式进行注解。后来宋朝初年被有意拆散，附于西汉司马迁《史记》有关正文下面，亡佚颇多，遂割裂散乱，非复旧本。

③坞：小障蔽物，防卫用的小堡；地势周围高中间凹的地方。

④康熙二十八年：即1689年。

堡　寨①

崇贤堡，周围一百二十五丈四尺，四面高崖，深十丈，旧称险固。今废。

辛村寨，周围一百二十丈七尺，四面高崖，深九丈。今废。

好牢寨，周围一百五十丈，四面高崖，深十丈。今废。

注释：

①堡寨：围以土墙木栅的战守据点。

山　川

太行山，在县东南。府志①云：太行山麓壶关与河南林县分界。又云：

千里一片石举，上党之山，皆太行山也。按：上党居太行之巅，而壶关又居上党之巅。凡壶境之上，皆太行之支脉。朱子所称"河北望之如黑云在天半"者，即今花园梯一带是也。

紫团山，在县东南百六十里，高二十五里，盘踞二百二十里，连太行山，接林县界。古紫团真人修真②地，有翠微洞，洞前有白云潭。巅常有紫气团，阒如盖。山麓瀑布如喷玉，如垂虹。溪如环，如箭。深谷之中有殷雷，绝巅之上有烈日。昔产紫团参，后绝。宋政和③中，王寀④三十六景诗刻，有迎旸峰、倚秀峰、碧萝峰、老人峰、金屋山、鸱尾山、天杠、摩崖山、仙翁崖、东华表、西华表、濯缨溪、南极园、驻云亭。

周一梧⑤诗又有二仙、翠微二洞，白龙潭，白云、崇云、云盖三寺。又谓紫团山峭拔翠耸，俯瞰云烟，中间瀑布流泉，霞城洞府，求之海内不可多得。诸刹又创自隋唐，而云盖先为坠崖所压，仅得摩崖一碑。至慈林有辅道三十六咏，而已亡其十四。舟车不通，人迹罕至。地主乏九方之识，而山灵负盐车之泣。此语殊悲，宜勒山铭。

栗应宏⑥《游紫团山记》⑦：穿林木而上，十里及慈云寺。观宋人三十六景诗碣，由慈云石磴诘屈，攀岩而下，为云盖寺。山势四壁巉兀，西连王屋，东俯林虑⑧，诸峰南北相拱带，跨青莲白泉之胜，为太行枢要。复由东峰入屏山遮地，即为参园。历西笔峰，复西转，观瀑布，采药饮泉而归。数日，复陟⑨西峰石局。

云盖峰在紫团山，以云盖寺名。又山畔有慈云寺，胥名刹。

翠微洞，紫团真人面壁地也。洞口劣狭，容一人佝偻入。转身而下，侧足而行，高低宽隘倏变。山水与人间无异，水源如缕如线、如盏如碗。石髓上腾为钟乳，如槟榔、葡萄。穗垂地，如玉柱，巨至合抱。坐如瞿昙，立如阿修罗，虎豹游龙，闪烁变幻。旁穴歧径，旋转即迷，深暗，或烛不能燃，莫穷其际。相传直透太行外数百里云⑩。

凤台山，在紫团山西二十里，乐氏二仙冲举⑪于此。

周一梧志：西来诸山，至此忽变，庄严峭拔，翱翔飞舞，至于山巅，万壑梳风，群峰冒日，一望海天，杳然无际。

樱桃掌，在紫团乡。

注释：

①府志：即《潞安府志》，后同。

②修真：道者中，学道修行，求得真我，去伪存真为修真。

③政和：宋徽宗年号（1111—1118）。道光《壶关县志·山川》原文为"元致和"，经查乾隆《壶关县志·山川》亦为"元致和"，而后文俱有"元人三十六景诗碣"。此两志之"元"，皆误。"致和"系元泰定帝年号，仅一年即1328年。道光、乾隆《壶关县志·艺文志》所载王寀三十六景诗文，皆书"政和六年"。"政和"为宋徽宗年号，其"六年"为1116年，故校订为"宋政和""宋人"。

④王寀（cǎi）：字辅道，一字道辅，号南陂，江州德安（今属江西省九江市德安县）人，王寀登第后，官校书郎、翰林学士、兵部侍郎。因病迷惑，好神仙道术，北宋重和元年（1118）召入宫中延神，为林灵素所陷，下狱弃市，年41岁。

⑤周一梧：字唐圭，潞安府长治（今山西省长治市上党区）人。明万历二十年（1592），登进士，授户部主事，历员外郎、郎中，出为归德府、常州府、苏州府知府，不久引疾归，居家修府志。

⑥栗应宏：字道甫，号太行，潞州（州治上党县，即今山西省长治市）人。嘉靖乙酉（1525）弱冠举于乡，任南阳通判。累试南宫不第，耕读太行山中。著有《山居集》6卷，有《游紫团山记》。

⑦《游紫团山记》：此系节录，全文见道光《壶关县志·艺文志上·游紫团山记》。

⑧林虑：古县名。东汉延平元年（106）改隆虑县置，治今河南省林州市。金贞祐三年（1215）升为林州，蒙古太宗七年（1235）降为林虑县。后又复林州、林虑县、林州。明洪武二年（1369）改州为县。

⑨陟（zhì）：本义是从低处走向高处，后也指抽象的升高，如登上帝位、提拔升迁等。

⑩直透太行外数百里云：此句系摘自周一梧《书郡乘山川志后》，全文见道光《壶关县志·艺文志上》。

⑪冲举：飞天成仙。

抱犊山，在县南四十里，高十三里，盘踞七十五里。五朝志：上党县有羊头山、抱犊山。《文献通考》《金史》胥谓在壶关境内。按：隋志：上党县有抱犊山。是时壶关并入上党，应在壶关境内。潞安旧志云：为陵川县所割。河南林县志又云：在大头山之西，即林虑之峤岭抱犊固也。按：大头山在鲁班门西北，鲁班门即虹梯关，旧属壶关，则今玉峡、虹梯一带，当即古之抱犊山。旧志云：林县在紫团之东，陵川在紫团之南，与壶关中隔大山，争引抱犊，俱为未确。紫团山秀绝人区，何以汉唐以来绝无游赏，地志亦未及此。府志以为宋以后之紫团，疑即唐以前之抱犊，其说近是。

羊肠坂，在东南一百六里，盘如羊肠然。按：《战国策》《史记》《前汉书》《地理志》，魏武帝诗、刘长卿诗，俱在上党。惟《隋书》炀帝据皇甫士安①《地书》云：在太原北九十里。后世学者因不细考，而不知太原北乃羊肠山，而非羊肠坂也。《史记·赵世家》苏厉遗赵王书云：秦以三郡攻王之上党羊肠之西。魏武帝诗云：北上太行山，艰哉何崔巍。羊肠坂诘屈，车轮为之摧。时帝北征，将拔壶关时作也。若以羊肠在太原之北，则自太行山至太原，中隔霍山，安能相达。又刘长卿太行苦热行云：朝辞羊肠坂，夕望贝丘郭。漳水斜绕营，常山遥入幕。夫清漳浊漳皆发源于上党，与太原风马牛不相及。按图索骥，未可淆也。

东山，在县东二里，递高三里，盘踞十八里。《上党记》②东山在城东南，晋申生所伐，今名无皋③。

注释：

①皇甫士安：即皇甫谧，三国西晋时期学者、医学家、史学家，幼名静，字士安，自号玄晏先生，安定朝那（今甘肃省平凉市灵台县朝那镇）人。

②《上党记》：是山西最早的地方志书，古籍征引又或作《上党郡记》。此书早已亡佚，撰者已难查考，残篇散见于类书等古籍，故历史上学者对其多有研究，并收集整理佚文30条，其书或撰于魏晋之际。《上党记》及其佚文对研究晋东南地方史及其相关问题具有较重要的意义。通过历代著录征引情况来考查，《上党记》或亡佚于南宋初。

③无皋：余无之戎，古族名。一说为余吾、无皋二戎之合称。在今壶关县和屯留县有无皋、余吾二城，即其居地。为狄鬼方的一支，商太丁时，为周王季历（文王之父）所破，族衰。

马驹山，在县东十里，高五里，盘踞三十五里。唐志上党有马驹山，相传石勒时有人获一石，形似马驹，因名。

窟窿山，在县东南庄则村，土人烧石以通林县之道，约八九十步，如洞穴然，其中黝昧，骑者必下，勃窣①蹒跚②以行，约半里③许。

注释：

①勃窣（sū）：亦作"勃崒"，匍匐而行；跛行。

②蹒跚（pán shān）：❶腿脚不灵便，走路缓慢、摇摆的样子。❷行走缓慢，往来徘徊的样子。

③约半里：清光绪年间（1875—1908）再次制定度量衡，以五尺为一步，两步为一丈，180丈为一里，一尺相当于现代的0.32米，一里就等于576米。

靖林山，在县东七十里。

龙山，在县东南五里，递高三里，盘踞二十里。

凤山，在县东南五里，递高三里，盘踞三十一里，上有凤山浮屠①。

龙石山，在县东南七里，递高八里，盘踞三十五里。山巅石上有龙形，祈雨多应。

紫岩山，在县东南十三里，递高三里，盘踞三十五里。岩石紫，土人名石岩头。

乌泉山，在县东南三十里，递高八里，盘踞六十三里，山半有泉伏流，土色黑，因以名山。

安公山②，在县东南七十里，接陵川界，递高九里，盘踞六十四里，相传比丘安公隐此，未期年③卒。俄尔巅出石棺④，里人收葬之。

注释：

①浮屠：亦作"浮图"。古人因称佛教徒为浮屠，后并称佛塔为浮屠。

②安公山：此山当为1999年版《壶关县志》所载开花山，位于百尺镇赵村南，海拔1257米。

③未期年：不满一年。

④巅出石棺：百尺镇五集村坐落于壶关县城东南，与陵川县接界。村南的磨沟，又称石棺材沟，长约5里，是荫（城）林（州）古道的一段，东口是牢村，西口在五集村南。石棺材沟北崖上古有石棺一具，系整块砂岩的外露部分，呈长方体，棺上方中间有明显突起，有如鱼鳍，确为雕琢而成。2008年10月，本志校注者撰写《五集村志》时前往考察，今五集石棺所处山岭系开花山西之余脉。石棺外露部分长2.6米，高1.46米，宽1.9米。石棺口为西南向，外口高0.98米，净宽0.92米，里高0.72米；棺内容积宽0.58米，高0.87米，长2.16米。2013年，发现五集村西佛爷庙遗址乃北魏时石窟，石棺雕琢时代当与之同期。

麦积山，在县东南七十里，以形似名。

五指山，在县东南八十里，递高二十里，盘踞一百十二八里，连太行山，接林县界。

赤崖，在县东南九十里。

龙泉山，在县南二十里，递高三里，盘踞十八里。山脊青石，中有砂石五丈。

黄山，在县南二十八里，递高八里，盘踞四十二里。山色黄。明崇祯六年生白脂，民取以食，名黄山面。

石鱼坂，在黄山后。天新雨，上辄有五色鱼现。

楼峰，在县南三十里，黄台绝顶，邑南境最高峰，乃冯坡之亥山也。昔人尝以多宝崇寿名之。相传古有高楼，址存。

佛耳山，在县南四十里，接长治界柏林镇，递高十一里，盘踞六十二里。邑人张铎摩云寺记：粤惟佛岭，秀出壶关。视地无垠，与天为党。萧萧阴壑，郁郁乔林。绝顶难攀，纤尘不到。若为登百仞之峤，遂将渺万井之区。信潞境之具瞻，太行之支秀也。

鸾山，在佛耳山迤东一里许。山岭有北极祠。

赵屋岭，在县南六十里，上有铁矿，又产赤白石脂。

赤壤山，在县南六十里，递高八里，盘踞三十五里。《魏书·地形志》壶关有赤壤川，其地寒而早霜。

神山，在县城西南一里，递高二里，盘踞二十二里。

高望山，在县西南一里，递高三里，盘踞二十五里，即南坛山。唐武德四年，置壶关县于高望堡。

黎岭，在县西南二十里①，相传即黎侯国旧地。

注释：

①黎岭，在县西南二十里：原志为"在县东北二十里"。据光绪《壶关县续志·纠误》："按清顾祖禹《读史方舆纪要》黎亭在潞安府西南三十五里黎侯岭上，相传黎侯所筑。应劭曰：'黎亭，黎侯国也。'然则黎岭与县西诸山相接，不得云在县东北。"故据之改。

栲栳山，土名革栳山，在县西南四里，递高五里，盘踞二十五里，形似栲栳。

大峪岭，在县西南三十里，上有铁矿。

北凤凰山，在县北十五里，递高五里，盘踞三十五里。魏太平真君九年①二月，西幸上党，诏于壶关东南大王山②，累石为三封，又斩其北凤凰山之南足以断之。

注释：

①太平真君九年：即北魏太武帝拓跋焘太平真君九年（448）。

②壶关东南大王山：原志为"壶关东北大王山"。据光绪《壶关县续志·纠误》：

"今大王山在县东南二十三里。"故正之。

壶关山，在县西北五里，接长治界，递高三里，盘踞二十二里。山形似壶。《通典》有壶山。

龙溪山，近壶关山，上建玉皇庙。

檀山，在县东北三里，递高三里，盘踞二十五里。唐徐王元礼①为潞州刺史，常逐白鹿至此。

注释：

①徐王元礼：即李元礼，唐宗室大臣。唐武德四年（621），封郑王；唐贞观六年（632），出任郑州刺史，迁徐州刺史，册封徐王；唐永徽四年（653），授司徒之位，与太尉长孙无忌、司空李绩并为三公，兼任潞州刺史，增强宗室对朝堂的影响力。

风穴山，在县东北二十里，递高十里，盘踞七十里。西有石窍，深不可测，听之，常有风气。详坛庙。

纯山，在邑东十五里崇贤村，耸然特立，四无联络，又名孤山，乃风穴庙岸山也。周围村庄恃为屏障，历奉官禁，立有碑记。

卧虎山，在地南头村。山有青草泉数道，涓涓时出，虽大旱不竭。

三壅山，在县东南九十里，递高二十五里，盘踞二百四十五里。山势壅障者三，下有水名壅水，东南入林县界。《魏书·地形志》：刘陵有三壅山。

铁鼓山，《魏书·地形志》：壶关有羊肠坂、静林山、微子城、铁鼓山、五马门、令狐征君墓。

鸦门子山，在东南乡，山最高，人迹罕至。上有废寺，旧有铜佛像十余，尽为土人攫去。又绕山有堡寨遗址。

清凉山，在安善一里，山上建清凉寺，故名。

北珏山，在县北二十里。山西北南三面连长治、潞城、平顺，层峦秀耸。中峰祖师庙，东椒石狮突起，昂首拔出峰上，四足作盘蠖欲前之状，尾纤山麓，背脊宛具。每值雨霁，云霞罩霭，极为奇观，数里外了了可见。

大王山，在县东南二十三里，高十五里，周八十五里，即高欢屯兵处。北齐纪：魏真君中，内学者奏上党有天子气，云在壶关大王山。武帝南巡以厌之，垒石为三封，斩其北凤凰山。后上党人居晋阳，号上党坊，神武实居之，及神武请就食山东，舍大王山六旬而进。后唐太宗亦潜龙于此。

狮子岭，在县西北八里北庄村。岭半有赤石如狮子形。邻村恶有吞噬之状，谋潜击之。夜率百余人，令数人往击，余聚岭下以拒村人。击者于火光中宛见血迹，众亦若闻有鸣金呐喊声，惧而归。其实无有，村人皆不知也。相传其灵异如此，因以名岭。

杜公岭，旧名龙盘山。有大小二岭，鸟道羊肠，致为崎岖。康熙二十八年，平顺知县杜之昂，捐资雇匠，属役自大渠村至龙盘山，又至羊井铺，约三十余里，修治山径。欹①者平之，窄者宽之，曲者直之，缺者补之。其岭西尤为险阻，道仅尺许，东傍山腰，西临深涧。且垒垒顽石，斧斤难克。杜令亲为踏勘，指点工人，凿石开道，阔六七尺不等。临崖立拦马墙，行者不患倾跌。士民感颂，立碑以志，名曰杜公岭。又虑自县至羊井铺五十里，人烟稀少，泉源缺乏，行人多渴。乃捐俸于岭东置买民中下地十二亩一分、中地二亩，属土人耕种，使收地之利施茶。给以朱批印照，粮则官办，立石为记。

壶谷。汉灵帝时谏议大夫刘陶上疏曰："方今三郡之民，皆以奔亡，南出武关，北徙壶口。"章怀②注，三郡，河东、冯翊、京兆也。壶谷，壶关之谷，在上党也。府志。

淘清河，出县东南东井岭。西北流，汇南境出涧及长治东南山外诸水，过宋堡村入长治界。府志。

石子河，一名壶水，起县东七里村，西经崇贤村，又西经马驹山北，又西经城北，纳清流川曰大河口，又西流入长治县界。府志。

渠头沟，在县南三里，当要道之冲，今改道于龙塘河。

清流川，一名进流川，在县西南三里，汇西山诸水，注城南惠泽池，由城隍而东注，又东北至大河口入石子河。

瓮水，出三瓮山下，东流入河南林县界。

壶水，在县西北二里壶关山下发源，北流经长治县西北，注浊漳。后涸。

盈盈水，源出紫团山，东流出太行，入林县界，曰合涧口。

五指河，源出县东南东井岭，东流经马家庄，东至紫团山南，名五指河。又东经庄则村、盘底村，又东南至河郊口，北会后山沟水，又东南经大河村，津道稍阔。又东南至冯家湾，入河南林县界。府志。

沾水，汉地理志：壶关有沾水，东至朝歌入淇。按：旧志引汉志在此。

但《水经注》云：清漳水出上党沾县西北少山大黾③谷，南过县西，又从县南屈注。又云：汉分沾县为乐平郡，治沾县。水出乐平郡沾县界。今乐平属平定州，秦汉则隶上党郡。上党壶关汉时无专名，故有沾水之说与。至云"东至朝歌入淇"。《水经注》云：淇水出沮如山，又东北，沾水注之。水出壶关县东玷台下，石壁崇高，昂藏隐天，泉流发于西北隅，与金谷水合。金谷，即玷台之西溪也。东北会某水，又东流注沾水。此云"沾水入淇"，殆不可晓。旧志。

桃花水，出县东花园村山麓，水石相激，潺湲有声，东流入林县界。

乌泉，迤东有松林一带，斜阳照之，则山石皆赤，所谓乌泉夕照也。因土色黑，故名。山半有泉伏流。

赤崖流泉，在县东南九十里。岩有石洞，深一里，内出炉甘石。洞口有泉，以土色赤名。

好水泉，在新兴二里羊围子，以水甘故名。

濯缨溪，在紫团山。

黄山村泉，在县南二十八里黄山村北山麓下出，流注于本村石桥下。村人汲饮之，其味甚佳。

桥楼淙，在紫团山。山径峭绝，下视深壑，众流奔汇。

苍龙洞，在新兴二里，深半里，有灵湫。

五龙井，在县西五里程村山顶。五井相连，深不及丈，水清味甘，大旱不竭。每逢祷雨，取水于此辄应。

延泽池，在县西北八里北庄村。因为村之来龙，欲其泽延远，故名。

沿道平井，在北庄村石子河，有数井，水甚甘，祷雨立应。

济旱池，在固村。修池碑记详，载艺文。

龙雨池，武有备④记，县境北方则龙溪山也。山形偏西，故左向建龙须桥，桥东为龙雨池。水门即山麓，石级叠浪，宛若天造，周计五亩余，深计三丈许。详艺文。

西池，在县西门外，康熙年间凿。

章公堰，在东北城壕。康熙二十年，知县章经捐资筑堰障水。士民德之，立石以名。

燕子池，在县治东南隅，即甘泉池，明景泰初，知县兰兴浚。绿苹满地，四季常碧，他池则无，所谓燕池浮碧是也。

李郭井，在甘泉池侧，共四井。

惠泽池，在南门外。壶关地高峻，凿井甚难。明洪武九年，县丞郭柏⑤浚，知县张鲲继修。至国朝顺治间，久湮。知县朱辅创开。康熙年，知县章经重修。勒石为记，载艺文。按：壶地居上党之东偏，无濒河之田，冈峦亘互。沟浍溉灌之利，固未易言。即民间饮啄漱浣，亦苦难给。盖地处高燥，河涨而易涸，井深而难浚。一经岁旱，绠汲之艰，难以言状。然易之蒙象云："山下出泉。"白虎通云："水之阴气，在黄泉之下，任养万物。"岂壶邑独异于古所云耶？近今各处村庄相形凿池，设计蓄水，于井养不穷之义，颇为得之。旧志谓"在司牧者谕导有方"。信哉。

注释：

① 欹（yī）：倾斜；歪向一边。

② 章怀：即李贤，字明允，唐高宗李治第六子，女皇武则天次子，卒谥章怀太子。曾召集文官注释东汉班固《后汉书》，史称章怀注，具有较高的史学价值。

③ 黾（měng）：蛙的一种。东汉许慎《说文解字》："黾，鼃（wā）也。从它，象形。"

④ 武有备：壶关（今山西省长治市壶关县）人，明万历壬午科（1582）中举，崇信知县。

⑤ 郭柏：字永龄，福建闽县进士。明洪武年间（1368—1398）任壶关县丞。存心仁恕，政教以行。

古　迹

令狐征君隐城东山中。令狐终，即为冢焉。诸生尊为师法，陪葬者三百余家。松千株，大皆数十围，高四五十丈。今俗名其山为令狐墓。上党郡记。按：府志：茂姓令狐，自当以后汉郡国志注为据，不必近取唐人墓志。且所云"夹辅周室"及"封为三老"之二语殊俚谬，恐系伪撰。汉上党治长子，故城在今长子之西南。据《上党记》云：茂隐城东山中，卒葬其地，去郡六十里，则非崇贤之纯山明矣。姑存以俟考。

抱犊山，在壶关县上党东南，地高七十丈，有石城高十丈，方一里。南角有草，名玉枝，冬生花，高五六尺，味颇甘。取其叶末服之，方寸二三日不饥。宜五谷，多食物，无恶毒，寇贼不至。俗云：后魏葛荣乱，民抱犊入此山。道书福地记①。

檀山，在县东北三里。唐徐王元礼兼潞州刺史，猎于檀山下，逐白鹿至县东二里许，隐于穴中，因立白鹿观于此。

　　阳护城，在县南二十六里，今阳护村。慕容永据长子时筑。

　　益阳城，在县东南六十里，今城头村。慕容永筑以拒慕容垂。址湮。

　　皋落②氏故墟。《上党记》：东山，在壶关城东南，晋申生所伐，今名无皋。又乐平县东南三十里亦有皋落村。

　　颖阳冈县治。后魏尝置县，址存。

　　羊肠坂，《汉志》《北魏志》胥云：在壶关县。

　　五马门，《北魏志》：壶关有五马门。

　　高望堡，唐武德四年，析上党县，置壶关县于此。贞观十七年，移于清流川，即今治。

　　二仙庙碑，在神郊村。旧庙在南山麓，水侵蚀坏。庙近居民移于北山麓。碑刻颇多，其随庙移者过半，大者弃田中，文字尤佳。府志。

　　赤壤川，《北魏志》：其地寒而早霜。

　　参园，即南极园，在紫团山，石间生参似人形，一名人衔，一名神草。大者径尺，小者六寸。旧传有服参飞仙者。本草亦云紫团参为上。今园已垦而田矣。

　　黎亭，《汉志》：壶关县有黎亭。

　　静轩，在县治厅事东。宋县尉陈留范钺③建，熙宁四年七月一日撰记。今碑石现存县署二门壁间。

　　驻云亭，紫团山三十六景之一，宋王辅道有诗。

　　王辅道紫团山诗石碣，以拓本累僧，碎之埋于山麓。后人踪迹掘之，止得八石，嵌于慈云寺壁间。后止存四石。县令朱辅移置学宫，今又亡其三，惟有一石嵌壁间。邑训导吕天培④有跋，邑人王遐龄⑤书，详载艺文。

　　摩崖碑，三十六景之一，悬崖上镌古籀书。宋王辅道有诗，在云盖寺西崖。按：张铎紫团八景诗序，王辅道诗半存，得景二十有二，取其尤彰彰者列为八景。桥楼淙，即辅道仙翁崖也；云盖寺，即驻云亭也；照壁山即屏墙山也；倚秀峰，乃照壁前山最高而秀者，辅道所著，今名无称焉。濯缨溪，辅道所著，名摩崖碑，旧名与今同。将军峰，东西二华表也。其诗云："招提依绝壁，门拱二将军。"即此。

　　樱桃掌，在紫团乡。宋大观三年，李元儒⑥《乐氏二真人封号记》，北于寺之东南幽谷间曰樱桃掌，得真人父母之墓，其碣乃乾宁甲寅岁所作。是时真人之亲丧久矣。真人降神于巫，命改此兆，符验之应，其事有五，虽纪父母讳氏，而不及其他。按：冲惠冲淑二仙由陵川移居紫团乡益阳里。按：府志载，冲惠冲淑二仙，由陵川移居紫团乡益阳里，与县志载屯留人，其先世居陵川之说小异。

照城，土名赵城，在县东七十里，慕容永筑以拒慕容垂者。

拙庵，在县南紫团乡。洪武初，邑人杜敩依山筑以自居，因扁斯名。有记纪其事。

丽泽斋，在县境，潞州学正邑人申甫筑，为游息之所。杜敩为作记。

勤政堂，在县治后，明天顺二年知县杨动建。

吕仙笔，在灵显观。世传吕纯阳游此书，系平顺并入。

【周】

华阳君冯亭墓，在壶关城西五里。冯衍⑦显志赋："瞰太行之嵯峨兮，观壶口之峥嵘。悼丘墓之芜秽兮，恨昭穆之不荣。"章怀注：太行山在上党南，壶口山在上党东。衍之远祖冯亭，为韩上党守，以上党降赵，赵封亭三万户，号华阳君。死因葬上党，其墓在今潞州上党县西。衍在关中遥相望之，即序所谓"通视千里，览见旧都"者也。通志。

【汉】

三老令狐茂⑧墓，在县东二十里崇贤村。明刘龙⑨有墓碑，知县朱辅及章经重修。

太尉周亚夫⑩墓，在三老墓前。按：《史记》：亚夫，周勃次子，河南卷人，封条侯，下廷尉，不食死。墓不应在此。土人得石碑，知为亚父墓。府志不载，旧志未知何据。

【唐】

苗氏茔，左相苗晋卿⑪自为父撰碑文。有鹊巢碑上，贼入上党，焚荡略尽，而苗氏松槚独无伤。

太师苗晋卿墓，在龙溪山北。

霍处士墓，在城南七十里。名良，河东霍邑人。子孙于此聚族，故名霍村。

【元】
廉访马绳武墓，在县北二里龙溪山下，有翁仲、碑文。
秘书张时髦⑫墓，在县南一里，有碑记。
王孝妇刘氏墓，在县白沙村。王天祐⑬妻。
段志元墓，在县南二十里安县村。

【明】
四辅杜敩墓，在县东南林青村。
榜眼郭翀墓，在县西柏林村。
翰林张铎墓、知府杨能墓、参政杨奇墓，胥在县西柏林村。
郭端孝墓，在紫岩山下。

【国朝】
御史杨四重⑭墓、同知杨四易⑮墓，胥在县西柏林村。

注释：

①福地记：即《洞天福地记》，唐、五代道家杜光庭所著，通过讲述洞天福地来体现思想。本书很受历世医家推崇，对我国中医脉学的发展和普及发挥了巨大的作用。

②皋落：即皋落氏，亦作皋落狄，或简称皋，春秋时赤狄的一支。初分布于成周西北、晋都绛东南，即今山西省运城市垣曲县一带，与晋紧邻，威震晋都，有"狄之渠帅"之称。周惠王十七年（前660），遭到晋太子申生的攻击，兵败于稷桑（一说为今山西省运城市闻喜县）。为避开晋军的侵袭，遂向东北方向迁徙，旧牧地被晋国侵占。先迁至壶关（今山西省长治地区），再迁于乐平（今山西省晋中市昔阳县一带）居牧，与赤狄诸部共衰亡。

③范钺：陈留（今河南省开封市陈留镇）人，北宋熙宁三年（1070）十二月任壶关县尉，著有《静轩记》。

④吕天培：解梁（今山西省运城市盐湖区）举人，清乾隆四十九年（1784）任壶关训导。

⑤王遐龄：字宜亭，号远峰，壶关南关（今山西省长治市壶关县南）人，清乾隆癸卯（1783）科举人，官四川中江（今四川省德阳市中江县）知县，后署打箭炉同知，卒于官。

⑥李元儒：济源（今河南省济源市）人，徽宗时任壶关县令，著有《乐氏二真人

封号记》，以碑刻留之。

⑦冯衍：字敬通，京兆杜陵（今陕西省西安市东南）人，两汉之际在世，著名学者。

⑧令狐茂：壶关（今山西省长治市壶关县）人，西汉武帝时，为壶关三老。征和年间（前92—前89），武帝宠臣江充专权，群臣不齿，卫太子起而杀之。武帝欲加罪太子，太子遂举兵反。武帝益怒，发兵讨之，太子兵败逃亡。令狐茂仗义执言，作《上武帝讼太子冤书》力陈是非。武帝读后始悟，乃诏太子，太子已卒。武帝悔恨不已，诛灭江充全族，作思子之宫，赐令狐茂所在村为崇贤。

⑨刘龙：字舜卿、凤仪子，襄垣（今山西省长治市襄垣县）人，进士。及第授翰林编修，历修撰中允学士，充经筵，日讲进谦以履盛、约以持盈之说。世宗嘉纳，褒谕宠赉。典乡会试，俱称得人，升礼部侍郎。章太后欲谒庙，公执以为不可。转南京礼部尚书，改吏部、兵部，致仕。卒，谥文安，赐葬祭。

⑩周亚夫：西汉著名将军，沛郡（今江苏省徐州市丰县）人，绛侯周勃次子，平定了七国之乱，后蒙冤死于狱中。周勃及周亚夫墓地在陕西省咸阳市杨家湾，该地也称周氏坡。

⑪苗晋卿：字符辅，潞州壶关（今山西省长治市壶关县）人，唐朝宰相。苗晋卿出身儒学世家，进士及第，历任修武县尉、奉先县尉、徐州司户参军、万年县尉、侍御史、兵部员外郎、吏部郎中、中书舍人、吏部侍郎、安康太守、魏郡太守、河东太守、工部尚书、宪部尚书。安史之乱爆发后，苗晋卿因不肯出镇陕郡，被勒令致仕。长安失陷，苗晋卿逃奔金州，被唐肃宗召赴凤翔，拜为宰相。他两次担任侍中，进封韩国公，并开创宰相奏对延英殿的先例。唐广德元年（763），以太保致仕。唐永泰元年（765），苗晋卿病逝，追赠太师，赐谥懿献，改谥文贞。大历年间（766—779）配享肃宗庙庭。

⑫张时髦：壶关（今山西省长治市壶关县）人，进士。元科年失考，授吉州判官，历壶关、潞城县尹，河南、江北儒学提举，秘书监丞。

⑬王天祐：潞州（今山西省长治市）人，字国卿，元皇庆中（1312—1313）以潞州知州进阶致仕。

⑭杨四重：字凝之，壶关（今山西省长治市壶关县）人。十二龄应童子试，登明崇祯戊辰（1628）进士，任河南宜阳知县。有声，调洛阳令，拜南京江西道御史，巡视江漕，多所献替。国朝以原官征用，授江西道御史，督理漕储。未几，解任卒，著有《柏林征献录》。生平恬静，不事繁华。与弟四易终身，不析匕箸。

⑮杨四易：壶关（今山西省长治市壶关县）人，字会一，杨四重之弟。明崇祯时贡士，任城固（今陕西省汉中市城固县）令，升松江府同知。

物　产

昔先王辨天下土地之宜而布其利，于是任地作贡。壶关居万山之中，物产之富，固未易言。然地处高寒，而近今来牟之利渐广。丝筐①入贡，而在野蚕桑之种无闻。盖昔之所有，或为今之所无，不可拘也。今据所有，以著于篇。

谷之属

黍、稷、粟、小麦、大麦、荞麦、麻、黑豆、豌豆。

果之属

桃、杏、枣、榛、梨、花红、李、柰。

蔬之属

茄、芫荽、芥、瓜、瓠、白菜、萝卜、韭、葱、蒜、菠菜、芹、扁豆。

草之属

葵、萱、茴香、紫草、荻、苇。

木之属

杨、柳、松、柏、榆、槐、楸、桑、檀。

禽之属

山鸡、雉、石鸡、鸦、雀、鹊、鸽。

兽之属

兔、狼、狐。

药之属

人参紫团山出，今无。赤石脂、白石脂、桔梗、苍术、藁本、半夏、黄精、天南星、防风、柴胡、前胡、贯仲、茅香、款冬花、黄芩。

货之属

丝、绵、铁、炉甘石赤崖山出、粗瓷器、煤。

旧志②，壶邑气候高寒，麦五六月始熟，比刈麦种他谷，则时已过。种荞则畏早霜，种菜艰于灌溉，通较不若种他谷，故种者殊少。夫粒烝民者惟来牟③，故春秋无麦禾必书，而壶邑不收麦之利，此生计所以薄也。所恃者惟春耕秋收之谷。幸遇顺成，民犹稍可自给。不幸而遇旱干、冰雹之灾，秋成无望，直待来秋。此一年之中，民其何以生活哉！然则祷雨、御雹之方，固官斯土者所宜讲求。而一经偏灾，为蠲④为赈，尤宜恳切以为民请者也。

且他产亦无珍异，凡志所载，皆邻境所俱有，又或为古有而今无。记风土者，不过循旧例书。如必按志以索，则斯志适以病民矣。且如程村，进流业磁烧缸盆粗碗之类。南乡业煤炭，大峪、冯坡等处业铁劚矿石石熔为生铁再熔为熟铁之类，乃贫民至苦生计。今地产渐微，路多险巇，商贾鲜集，其为利也几何！闻前此有倡为按窑加税之说者，慎勿仍之，以重困瘠土之民也。旧志。

按：壶邑物产，类多，古有今无，旧志以为"循旧直书，则斯志适以病民"。旨哉言乎。今详考之，谷之属，豌豆不出。即来牟二麦，近来其种渐广，获利也丰。然惟平畴有之，岗峦硗瘠之地不能也。果之属，梨与花红、李、柰不出。蔬草之属，仅有萝卜、荻、苇，而所产无多。木之属，楸与桑、檀不见。药之属，人参、茅香无有。货之属，载有丝、棉，而壶邑并无桑、枳。所办黄丝，购于他邑，惟在官知之，于民无与焉。详书篇后，并附人参汇说，以免斯民他日之累云。

注释：

①筐：古时盛东西的一种竹器。
②旧志：指乾隆庚寅年镌《壶关县志》，后文系知县秦之柄撰。
③粒烝民者惟来牟：《诗经·周颂·思文》："思文后稷！克配彼天。粒我烝民，莫匪尔极。贻我来牟，帝命率育，无此疆尔界，陈常于时夏！"粒，粮食。烝，众；烝民，民众。贻，赠。来牟，即"来麰"，来是"麦"字，即小麦，麰是大麦。后因以"粒我烝民"为用粮食拯救百姓之语。
④蠲（juān）：除去；免除。

人参汇说

考方书①，人参种类甚多，惟产上党紫团山者，为紫团参，最为上品。旧传，昔有服食飞升者。历代入贡，逮明初，高帝②诏止之。唐韩翃③《送客之上党》诗曰："官柳青青匹马嘶，回风暮雨入铜鞮④。佳气别在春风里，应是人参五叶齐。"周繇⑤《以人参遗段成式》诗曰："人形上品传方志，我得真英自紫团。惭非叔子空持药，更请伯言审细看。"宋苏东坡《紫团参》诗："谽谺⑥土门口，突兀太行顶。岂惟紫团云，实自俯倒影。刚风被草木，真气入茗颖⑦。旧为人衔芝，生此羊肠岭。"据此，则紫团参之为古今珍重可知。然今其园既垦而田，求之高崖绝壁亦不多见。阛阓⑧间所市者，皆黎城种参，而壶邑则无之。即有亦不过蔓草之类耳。按名索实，失之远矣。

注释：

①方书：❶官府文书；案牍。❷史书；史册。❸医书。❹古代医术与方术同出一源，故亦指方术之书。

②高帝：明朝开国皇帝朱元璋，庙号太祖，谥号高帝。

③韩翃：字君平，南阳（今河南省南阳市）人。登唐天宝十三载（754）进士第，淄青侯希逸、宣武李勉相继辟幕府。建中初，以诗受知德宗，除驾部郎中、知制诰，擢中书舍人卒。翃与钱起、卢纶辈号大历十才子。

④铜鞮（tóng dī）：古县名，在今山西省长治市沁县南。

⑤周繇：字为宪，池州至德县（今安徽省池州市东至县）人，晚唐诗人，咸通十哲之一。

⑥谽谺（hān xiā）：山谷深的样子。

⑦苕颖（tiáo yǐng）：草花和禾穗，泛指植物的花、穗及茎。

⑧阛阓（huán huì）：❶街市；街道。❷借指店铺；商业。❸借指民间。阛，环绕的墙。阓，通告市场的门。

风　俗

考程之珆①《潞志拾遗》：上党地居韩赵，化习唐虞，土瘠水深，风淳俗厚，由来远矣。而晋川怀白两志已谓渐趋奢侈，惟壶关尚有不尽然者，盖安贫守俭，力田务本，瘠土好义，斯邑号为近古。其它岁时伏腊②吉凶之仪，与各属则略相同。书不云乎："惟上所令，从厥攸好。"况逢国家化民成俗，道一风同，自不难骎骎③乎还淳而返朴矣。详录风气，著于篇。礼仪，凡朝贺祭祀，迎春乡饮，载在会典者，不具录。

注释：

①程之珆（1634—1698）：字二漳，号什袭，长治（今山西省长治市）人，正绪子，清康熙乙丑（1685）科岁贡。先生博学，工古文诗赋，兼通岐黄术，著作宏富，潞志拾遗考，核精详鉴，古者尤资采摘，著有《舌耕堂诗赋》12卷、《词》3卷、《潞志拾遗》24卷，《古文随手录》《续乘徐录》《潞安诗选》《程氏人物考》《金刚经集解》《医海勺波》等共百余卷，其遗作《潞安诗钞》研究壶关历史文化、风土人情，影响深远。

②伏腊：古代两种祭祀的名称。伏在夏季伏日，腊在农历十二月。

③骎骎（qīn qīn）：形容马跑得很快的样子，比喻事业进展得很快。

冠礼

久废。

婚礼

初议婚，婿家求亲友为媒，往来通言，间亦用三姑六婆。

订婚日，各将婿妇所生年月日时支干，书诸绛帛或纸，设席宴媒，令其往来相易，先男后女，谓之取四柱，亦古问名之遗意也。庶民或送钱数千，或首饰一二事。士大夫之家则牵羊送酒果盒鸡禽之类。

纳币，巨室费不逾百金，贫民仅钱数千。至期，婿家主婚者亲诣女氏，具柬拜送。女氏主婚者拜受。是日，冰人姻亲毕会，女氏设席礼宾，尽欢而罢。

婚之期，亲迎，以贫富为分别。富者多行亲迎礼，贫者多不能亲迎。两家或各浼①一妇，盛服乘舆，先后新妇，谓之娶送女客。他若告祠、醮命、奠雁、合卺诸仪，颇近于古。

注释：

①浼（měi）：恳托。

丧礼

送死多厚于奉生，颇合慎终之义，含殓、窆、赗①、旌、志、画翣②，遵古礼者六七。惟浮屠阴阳之说，未能尽革。富室用梨园送殡，今犹有沿其旧者。

注释：

①赗：拿财物帮助人办丧事。
②画翣：有彩画的棺饰，古代出殡时用之。

祭礼

士大夫家，建立家祠，四时分至致祭。元旦、端午、中秋、重九各荐时食。逢忌辰、诞辰皆特祭。清明则墓祭，皆遵文公家礼。庶民每值令节，或祀于寝，或祀于墓，岁时不废。

宴会

乡党序齿①，惟远宾别序。俗从俭，不为非时之举。

注释：
①序齿：按年龄大小排序。

庆吊

嘉则有庆，行馈仪。凶则有吊，行赙仪。各随厚薄相助，其俗尚为近古。

附岁时

立春。迎春、鞭春及春盘、春饼，海内俱同。

元旦。春帖、钟馗、桃符、爆竹、椒酒、拜贺，俱与海内同。

五日。送穷，虽韩子辩之甚悉，然鄙俗不能革。

人日。送彩胜，游宴。

上元。蒸面茧以祀蚕姑，作粘穗以祀谷神。其元宵灯火与海内同。

添仓。在二十五日，仓庾庖厨，燃灯添供，俗令也。

中和节。二月一日，出谷。

引龙。二日，俗谓龙抬头，以秣粉煎饼馈女氏。

花朝。士人宴游，亦与海内同。

社日。多造社酒、社糕，城中士女也以此日走社。

三月三日。俗以此日为祓除。殊失上巳故典。

寒食。晋俗为介子推断火一月，老幼不能堪。周举为并州刺史，移书介庙，断火三日。魏武帝以太原、上党、西河皆寒冱①，不堪断火，尽除寒食，而今尚留其名。

拜扫。在清明，墓祭也。民间有秋千、纸鸢之戏。

浴佛。四月八日，僧寺设净水法筵，香火甚盛。

端阳。艾虎、角黍、长命缕，与海内同。更以麦面为白团，与角黍相馈送。妇女剪彩缕金为花草鸟虫相问遗。

六月六日。曝衣，与海内同。牧养之家，祀享于羊马牧中。

伏日。为避暑饮。

七夕。乞巧，与海内同。

中元。荐麻谷于先祖，以楮帛制为寒衣，焚化之。或修斋诵经，曰追荐。造面羊以馈女氏。

中秋。设瓜果，拜月，与海内同。

社日。禾稼将登，士女走社，视春更盛。

秋日。报赛，村中各演剧酬神，大社庄兼有抬阁之戏，以华丽奇巧相角胜负。虽俗近奢靡，然于报本返始之义尚近。

重阳。登高、赏菊，与海内同。造面为节糕相馈。

下元。十月初一日，俗以是日与清明、中元为三鬼节，皆祭先祖。士人家亦祭族属。农家于是劳农休息，曰闭场门。

冬至。俗缺拜贺之礼。

腊月五日。吃五豆，同后腊八粥。

腊八。腊月八日也，取肉汁煮白粲，加枣、栗、榛、杏以为糜，曰腊八粥。以秫粉煎饼祀先祖，相问遗。

祀灶。腊月二十三日也，饧②祭，与海内同。

除日。守岁，与海内同。俗于是日多婚娶，以新旧交承无忌，非也。以上七县略同，照府志载入。

按：旧志，壶地居太行之巅，土燥而风劲，故其人性急心直，鲜优柔和易之风。其君子重然诺，其小人好斗轻生，易见德怨；勤于持家而俭以自奉，有《唐风·蟋蟀》之遗。故丈夫出而行贾，健妇持门，必耕而自食。食极粗粝，如豆叶、麦麸之类，得饫即以为足。牧斯土者，苟能悯其俭而养之以惠，因其质而进之以文，移风易俗，校之奢靡浇漓之习，固未可以等级言矣。旧志。

注释：

①寒冱（hán hù）：严寒冻结；极寒。

②饧（táng）：同"糖"。

纪　事

志郡邑者，必有纪事。盖仿纲目之例，直书其事，而予夺自见，亦纪月编年之意也。而纪事之大，无过兵戎。至灾祥之书，以天道之盈虚，验政治之得失，其事亦有不可略者。壶关居上党上游，当三晋两河之冲，为历代用武所必争，故武事载于史册为最详。虽灾祥自元明以前，不无缺略，然搜诸典故，访诸传闻，姑就可考者合著于篇，不亦信而有征乎。作纪事。

【商】

封同姓为黎侯，纣为黎之蒐①，西伯戡黎。旧志壶关有黎亭。春秋时，赤狄夺黎侯地，为潞子婴儿国。

【汉】

阳朔二年秋，关东大水，流民入壶关口②。旧志无。

建安七年，袁尚将郭援囚绛州守贾逵于壶关。祝公道夜盗出之。

曹操围壶关，降之。操围壶关，下令曰："城破，皆坑之。"曹仁谏，以为围城必开其生路，今许之必死，将卒畏死固守，非善计也。操从之，遂降其城。

十年冬十月，高干以并州叛，执上党太守，守壶关口。十一年正月，曹操遣李典、乐进攻之，未下，遂亲征，克壶关，干走荆州，上洛都尉王琰捕斩之。

【晋】

永兴元年，刘渊遣子聪及石勒寇壶关，刘琨遣护军黄秀救之。勒败秀于白田，秀死之，遂陷壶关。

永嘉二年，王弥与刘聪共攻上党，围壶关，以石勒为前锋都督。晋并州刺史刘琨遣护军黄肃、韩述来救，聪败述于西涧，败肃于封田，皆杀之。会晋王旷兵复败于长平，上党太守庞淳以城降。

太和四年，燕散骑侍郎郝晷、给事黄门侍郎梁琛相继如秦。侍中太尉皇甫真疏言："苻坚有窥上国之心，洛阳、太原、壶关皆宜选将益兵，以防未然。"尚书左丞申绍亦言："宜移戍并土，控制西河，南坚壶关，北重晋阳。"燕主暐俱不省。

太和五年六月乙卯，秦王坚送王猛于灞上曰："今委卿以关东之任。当先破壶关，平上党，长驱取邺，所谓疾雷不及掩耳也。"七月，秦王猛攻壶关，杨安攻晋阳。王猛克壶关，执上党太守南安王越，所过郡县皆望风降附，燕人大震。九月，杨安攻晋阳。晋阳兵多粮足，久之未下。王猛留屯骑校尉苟苌戍壶关，引兵助安攻晋阳。

【秦】

幽州刺史王永进屯壶关，遣使迎苻丕于邺。时丕为慕容垂所围，永亦为垂将所败。永率众三万屯壶关，招丕。丕率邺城男女六万如潞川（壶口关西）。秦将张蚝、王腾迎苻丕于上党，据晋阳，即僭位，留苻冲守壶关。

苻丕使杨辅守壶关。丕欲转兵西据平阳，故留将守壶关及晋阳。

元兴元年③，后魏天兴五年，太祖征姚兴，次晋阳，遣左将军莫题率众三千，讨上党群盗秦颇、丁零、翟都于壶关。上党太守捕颇，斩之。都走林虑。题搜山穷讨，尽平之。宋将刘彦之遣其部将姚纵夫济河攻冶坂。魏世祖虑更北入，遣平南将军公孙轨屯壶关。会上党丁零叛，轨讨平之。

【宋】

元嘉二十五年④，诏于壶关大王山，累石为三封，又斩其北凤凰山之南足。时望气者言，上党有王气。穷之，在此山，遂累石厌之，且斩其翼。则前所诛叛民，亦惑于此说也。

【梁】

大通二年，魏高欢统众就食山东，舍大王山，六旬而行。初葛荣众流入并肆二十余万，为契胡陵暴，贫极，屡反，虽诛之不能止。尔朱兆患之，问计于欢。欢曰："六郡反残，不可胜诛，宜选心腹统之。有犯直罪其帅。"将自戢，兆即以属欢。时兆醉，欢恐醒后事变，即传令部分军士，又以岁歉，请就山东食，从之。路遇尔朱荣妻乡郡长公主自洛阳来，马三百匹，尽夺易之。兆怒，自追至襄垣，水涨桥断，欢隔水拜曰："马备山东盗耳，愿度而受死，则此众便叛。"兆轻渡，与欢盟誓留饮去。欢舍大王山，六旬，始出滏口，号令严明，兵势遂盛。

高欢遣高隆之据壶关。高欢将兵自壶关趋蒲津侵魏。

【隋】

改潞州，复为上党郡，以襄垣东属，改壶关为上党县。

【唐】

武德二年，刘武周取长子、壶关。刘武周已据并州也。

九年，析上党县，复置壶关。

建中二年七月癸未，河东节度使马燧、昭义节度使李抱真、神策先锋都知兵马使李晟大破田悦于临洺。时悦攻临洺，李抱真告急于朝。诏马燧将步骑二万与抱真讨悦。燧等军未出险，先遣使持书谕悦，为好语。悦谓燧畏之，不设备，燧与抱真合兵八万，东下壶关，军于邯郸，击悦支军，破之。进军至临洺，悦悉众力战，大败。悦引兵夜遁，邢州围亦解。

【宋】

建炎元年，都统制王彦等渡河，大败金人于新乡，进次太行。金人围之，彦兵溃，走保其城。张所使彦率岳飞等十一将部七千人渡河，至新乡，金兵甚盛，彦不敢进。岳飞独引所部鏖战，夺其纛而舞，诸军争夺，遂复新乡。明日，又战于侯兆川，飞身被十余枪。会食尽，诣彦乞粮，不许。飞乃引兵益北，与金人战于太行山，擒其将拓跋乌。居数日，又与敌遇。飞单马刺杀其将黑风大王，金人败走。飞知彦不悦己，遂帅所部复归宗泽。泽复以为统制。

嘉定十六年，金上党公张开及元兵大战于壶关，胜之。

【金】

泰和三年，有大鸟集壶关之北山，其羽五色灿然，赭冠雉顶，尾阔而修，状若鱼尾，高可逾人。九子差小，禽鸟万数从之，皆成行列，首皆北向，自东南来，势如连云，声若殷雷，林木振动，留一日而去。

【元】

至正十七年，曹州贼入太行，陷冀宁、大同路。陕西行省左丞察罕帖木儿遣关保虎林赤击之。合上党县尹郭从善兵，大破贼于壶关。

十九年，蝗，禾稼草木俱尽，民饥相食。

【明】

洪武四年，赐壶关县举人郭翀进士及第⑤。初开科也。

潞州遣官贡人参，诏止之。上曰：朕闻人参得之甚难，岂不劳民。今后不必进，如用，当遣人自取。

十三年，征壶关儒士杜敩为太子宾客、四辅官。

成化十年，雨雹，秋无禾。

弘治九年，丰稔⑥。比年⑦大稔，斗粟十钱。

正德六年，饥。蓟寇由壶关南界入境，至潞州雄山乡，焚掠而去。

嘉靖七年，饥。潞城民陈卿作乱，拒杀官兵。合三省兵讨平。诏兵科给事中⑧夏言覆功罪，区处善后事宜。设兵备道，升州为潞安府。以州版籍置长治县，割壶关、黎、潞另置平顺县。

二十二年，有秋。

二十九年，禾稼折枝。

三十二年，岁大饥。讹言采选童女，民间女十三四以上行婚配，远近哗然。

三十四年，地大震。

三十五年丙辰及丁巳戊午，连岁有秋，斗粟二十钱。

三十九年庚申及辛酉，岁稍祲⑨，斗粟百钱。

四十三年夏，冰雹如鸡子。

四十五年，斗米百二十钱。

隆庆六年，岁有秋。

万历十六年，岁祲，斗粟百五十钱。秋八月，雹如鸡卵。是冬，米价如常。

崇祯五年，流贼⑩由陵川至长治南界，焚掠雄山乡及壶关、平顺。初，流贼紫金梁、老回回等在河北修武为官兵追剿，遂逾太行，自柳树口至陵川南马、附城。于十月初四日，突至西火、桑梓、荫城一带，焚杀甚惨。蔓延壶关、平顺，盘踞数十村。乡民扶携老幼奔避郡城，城中登陴严守。同知焦浴率阳和兵至，逐之，后仍往来东南乡。

六年夏，大旱不雨，斗粟银三钱。黄山之东坡有白土，如白石脂。居民取以为食，时谓黄山面。

十三年夏，大旱，苗不能穗，穗亦不实。岁大饥。冬，斗米银三钱。明年春，斗米银七钱。民掘草根、剥树皮以食，死者不计其数。人相食，犬豕鸡三物村落几绝。凶岁之状，未有若此之甚者。

十五年六月初四日，地震。初八日，东乡崇贤一里冰雹如碗，厚尺许。邑令检踏，赈之。

十七年，闯贼李自成伪将刘芳亮拥兵取潞安。守臣先遁，郡城不守。入城，分置伪官，遣张弦至壶。

【国朝】

顺治四年，雨雹。

六年，叛贼沈烈、许守信、乔炳、胡国鼎诈称姜瓖兵寇屯留，遣伪官胡宓至壶。交城贼乘大同总兵姜逆之乱蠢动，潞汾诈称姜总兵。

八年，雨雹，大如拳。黄山迤南，一粒未收，亦异常之灾也。

十三年，大旱，饥，斗粟千钱。

十四年，巡抚⑪白如梅疏免潞属荒亡地丁钱粮。

十五年五月，雨雹。

十六年四月，雨雹。

康熙四年，雨雹，伤禾。勘查，免粮有差。

七年冬十月，雨雹。

十五年，雨雹，伤稼。

十八年八月望日，大雨，至九月望日方止。官舍民房倾塌无数，城垣倒颓殆尽。知县章经修筑完固。

雍正九年，黄野齐村民马之璧妻李氏一产四男。

乾隆二十九年，奉部文裁汰平顺县，以十里甲分归壶关。

四十三年七月，严霜陨禾，饥。

五十年，饥。

五十七年，饥。

六十年，岁大稔。

嘉庆十年，岁大饥，斗米八百八十钱，面百斤五千五百钱。

十一年六月二十九日，雨雹，大如鸡卵。狼伤人无数，白昼伤人。路途往来，各带器械防身。县令程率同城官吏，虔祷城隍及当山土地诸神，其患始息。

十五年七月初五日，学宫槐树无故自焚，其臭异常，内有枯骨无数。

十八年十二月十九日，地震。是年，河南滑县不靖。自九月至十一月，壶关河郊口、玉峡关等处戒严。邑令汪请兵团练乡勇防御。凯旋后，阖邑为悬"绥靖蒙庥⑫"匾额于大堂。

二十年，有狼患。邑令汪率同城官吏虔祷，患息。

二十一年，狼为患。署县令顾率同城官吏祷，旋息。

二十五年四月二十九日，大风折木。秋，大雨。民房倾塌甚多，魁楼前岸崩，楼上四柱悬空，邑士鸠工修理。岸外复砌以石，高二丈余。或谓城柱空悬而楼未倾，亦神奇也。碑载艺文。

道光五年，雨雹，伤禾。

六年，西域喀什噶尔不靖，奉文购解骆驼十三只，每只发银二十二两，交曲沃县侯马镇验收。

七年至八年，岁连稔，斗粟价百二十钱，面百斤二千二百钱。

十年闰四月二十二日，地大震，有声。天色昏暗，官舍民房倾塌无数，人民间有压毙者，四城垛俱倾。后间日一震，或连日频震，两月方止。县令茹补修城垣完固。

十一年冬，大雪，深至三四尺，数月方消。

十二年至十三年，江南、湖北大水，流民男女错杂，一行或八九十人，或百余人，阅过州县，诉其困苦状。沿途村庄，俱量力周济。邑令茹给散口粮，饬役善为护送，赖以差安。

十四年，大有秋。

注释：

①蒐（sōu）：同"搜"，春天打猎。此指商纣王为了逼各诸侯多进贡，在黎国举行了一次盛大的阅兵仪式，但东夷首领拒贡赋而叛离商。《左传·隐公五年》："故春蒐，夏苗，秋狝，冬狩。"

②流民入壶关口：文后注"旧志无"。光绪《壶关县续志·纠误》："兹增易其文为壶关口，非。""志概引为县地，亦非。"今留原文，特予注。

③元兴元年：原文为"隆安十一年"。经核查，东晋安帝司马德宗第一个年号为隆安，计5年（397—401），而元"隆安十一年"。由于该年与下文"后魏天兴五年"为同一年，当为安帝的第二个年号永兴，其仅为一年即402年。因此，校正为"元兴元年"。

④元嘉二十五年：原志为"元嘉二年"。光绪《壶关县续志·纠误》："按：此及北魏世祖太平真君九年事也。北齐魏收《魏书·地形志》谓上党郡于真君初治壶关，与移县有颖阳冈当是一时事，乃更革之最要者，而系之于宋元嘉，殊为疏略。且真君九年，实宋元嘉二十五年，谓为二年，尤谬。夫南北朝无统，前人辨之已详。"当正之。

⑤及第：指科举考试应试中选，因榜上题名有甲乙次第，故名。隋唐只用于考中进士，明清殿试之一甲三名称赐进士及第，亦省称及第，另外也分别有状元及第、榜眼及第、探花及第的称谓。

⑥稔（rěn）：❶庄稼成熟。❷年；一年，古代谷熟为一年。❸熟悉（多指对人）。
⑦比年：也说"比岁"，❶近年。❷每年；连年。
⑧给事中：明代设吏、户、礼、兵、刑、工六科，与六部相对，每科设都给事中、左右给事中。以稽查六部百司之事，成为监察机关。品秩低，但权颇重。
⑨祲（jìn）：古代迷信称不祥之气；妖气。
⑩流贼：四处流窜的盗贼。此处为对明末李自成、张献忠等领导的农民起义军的蔑称。
⑪巡抚：明清两代地方官名。明代是派往地方巡视监察的官员。清代正式定为省级高级职位，掌握全省军政大权，地位在总督之下。
⑫庥（xiū）：荫也，庇护。

遗　事

【汉】

河东曹季文，当宣帝①时，采药抱犊山，于岩穴中得金箱《九都龙真经记》，乃武帝时河东太守张纯所上者，以示侍臣云："武帝尝玩读，遗命随入梓宫，不知何以至此？"典经郎中曰："此经乃太阴炼形之术，得之上元夫人。夫殡葬而出，真异事也。世传武帝解羽化，理或然与？"府志。

【魏】

钟元常名繇，初与关枇杷学书抱犊山，师曹喜、刘得升，后得韦诞家所藏书，遂过于师，无以为比。其源始于蔡中郎邕，于嵩山石室中得八角垂芒之秘，遂为书家之祖。后传崔瑗子玉、韦诞仲将及其女文姬。姬传繇，始与关枇杷学于抱犊山。繇传庾征西翼、卫夫人、李式及其犹子会。卫夫人传晋右将军王羲之。由是历代相传，不绝于世。

【晋】

王烈与嵇叔夜②友善。烈登抱犊山，入一石室，见《素书》③两卷，读之莫识其字，不敢取，但暗记数十字，以示叔夜。叔夜尽识之，因与同往，不得石室处。又尝上太行山，闻山裂如震声响。视之，石裂中有青泥流出如髓。丸之，即凝如粳米。乃合数丸，归示叔夜，已成青石矣。亦与同往，山合如故。烈私语弟子曰："叔夜未合得道故也。"

【隋】

《隋书·五行志》：开皇④中，上党有人宅后每夜有人呼声，求之不得。去宅一里许，但见人参一本，枝叶俊茂。因掘去之，其根五尺，具人体状，呼声遂绝。

【唐】

苗晋卿困于名场。一年似得，复落第。春景暄妍，策蹇驴出都门，赍酒一壶，借草而坐。醺醉而寐，久之既觉，有老父出其旁。因揖叙，饮以余杯。老父愧谢曰："郎君萦悒耻，宁要知前事耶？"苗曰："某应举已久，有一第分乎？"曰："大有事，但更问。"苗曰："某困于穷变，一郡宁可及乎？"曰："更向上。"曰："廉察乎？"曰："更向上。"苗公乘醉猛问："将相乎？"曰："更向上。"苗怒，全不信，因肆言曰："将相上，天子乎？"老父曰："真者即不得，假者也得。"苗都以为怪诞，揖之而去。后果为将相。及德宗升遐，摄冢宰三日。《幽闲鼓吹》⑤。

张延赏夫人苗氏，父晋卿，宰相。翁嘉贞，宰相。夫延赏，以节度使拜相。子宏靖，宰相。婿韦皋，以宰相兼西川节度。自古妇人之贵，无如张夫人者。

【后梁】

开平二年⑥，使其将李思安攻潞州，营于壶关，伐木为栅。破一大木，木中朱书文六字曰："天十四载石遟⑦。"思安表上之。其群臣皆贺，以为十四年必有远夷贡称宝者。其司天少监徐鸿独谓其所亲曰："遟右无之字为犀。号者上天符命，岂缺文乎？吾以为丙申之岁，当有石氏王此地者。移四字中两竖画置天字左右，即丙字也。移四字外围，以十贯之，即申字也。"后至丙申岁，晋高祖⑧以石姓起并州，如鸿言。《稽神录》⑨。

壶关柏林西山有古北极祠，幽僻，人不敢夜入。郭翀未第时，与友人贾敏、李素约取神筊。二友先令人潜神座后恐吓翀。其人忽听神云："郭状元借筊。"翀至取筊，见神立授之。后翀开科胪唱⑩第一。及登殿，太祖⑪从烛影下见其眇⑫，曰"真榜眼"。因易第二名，人犹称郭状元云。

凤扇娘娘庙，在清流村东。有地不盈一尺，以石击之，地下有声如鸡，亦异事也。

注释：

①宣帝：即西汉宣帝刘询，原名刘病已，字次卿，汉武帝刘彻曾孙，公元前73—前48年在位。

②嵇叔夜：即嵇康（224—263，一作223—262），字叔夜，谯国铚县（治所在今安徽省）人，三国时期曹魏思想家、音乐家、文学家。嵇康与阮籍等人共倡玄学新风，主张"越名教而任自然""审贵贱而通物情"，成为竹林七贤的精神领袖。

③《素书》：❶古人以白绢作书，故以称书信。❷兵书名。相传秦末黄石公撰，北宋张商英注。以道、德、仁、义、礼五者为主旨，取老子之说为注释。因其文及注文多如出一手，或疑为张商英伪托。❸泛指一般的道书。

④开皇：隋朝开国皇帝隋文帝杨坚年号（581—600）。

⑤《幽闲鼓吹》：唐张固撰，1卷，25篇。张固，清河（今属河北省）人，历任金部郎中。该书多记宣宗朝遗事，间及宪宗、武宗等朝，所记晚唐时局、社会状况、宫廷逸闻等，较为切实可信。

⑥开平二年：开平是后梁朱温年号，907年朱温废唐哀帝，自行称帝，国号为梁，是为开平元年，开平二年即908年。

⑦遲（zhì）：等待。

⑧晋高祖：即石敬瑭，太原（今山西省太原市）人，五代十国后晋开国皇帝。

⑨《稽神录》：宋代志怪小说集，共6卷，徐铉撰，称"自乙未岁（935）至乙卯（955），凡二十年"撰此书。然此书为入宋以前所作，全部收入北宋李昉等《太平广记》，大多写鬼神怪异和因果报应故事。

⑩胪唱：科举时代，进士殿试后，皇帝召见，按甲第唱名传呼，称胪唱。其制始于宋。

⑪太祖：即明太祖朱元璋。

⑫眇（miǎo）：瞎了一只眼睛，后亦指两眼俱瞎。此处指郭翀眼盲。

卷三　建置志

壶关旧治，肇于汉代，其间废兴不一。逮唐中叶，始移今治。简册记载，亦觉阙如①。可考者，自前明以迄我朝著述，讵②可忽耶？况制作渐备，诸务鼎新，城池时有增修，祠祀亦多创设，及桥梁之利济，塾舍之义捐，不一而足焉。综其大凡，用垂不朽，作建置志。

注释：

①阙如：没有；不存在。阙，❶本指皇宫门前两边供瞭望的楼，后转指帝王的住所，即宫殿。❷泛指门户。❸同"缺"。

②讵（jù）：副词，难道；岂。

城　池

壶关，汉置县。唐贞观十七年，迁于清流川，即今治，始建今城。明洪武二年重修，周围二里二百四十步，东南北三门。景泰初，知县兰兴补修。嘉靖十一年，知县邱铠劝富民张弦新辟西门，扁曰通政寻塞。二十二年知县李用敬劝谕捐金，甃①以砖坯，计高三丈五尺，垛口八百四十有五，张铎为记。崇祯间，知县刘士英塞垛口，存其半。东南隅、西北隅各建角楼一，巡铺十六。国朝顺治十三年，知县朱辅重修，复辟西门，勒石以记。逮康熙十八年，久雨，北城圮，南门阐阁坏，敌楼亦倾。知县章经捐修，自为记。十一年②，知县王达③补修。城壕向不聚水，惟南关外稍聚水，然不旋踵亦涸，地高峻故也。康熙二十年，知县章经捐资买石，于东北城壕间，随其高下，筑堰障水，士民感其惠，共为立石，名章公堰。嗣城壕久淤，独堰屡经淘补，规模依旧，汲取不竭，至今赖之。

道光十年④四月二十三日，地大震。城垣如故，垛口倾圮⑤殆尽。义劝各里捐金重修。现在东南北三门门楼三座，西门平房三间，城角平房四座，敌楼八座，垛口计七百四十三个，俱臻完固。

注释：

①甃（zhòu）：❶井壁。❷用砖砌（井、池子等）。
②十一年：清乾隆十一年，即1746年。
③王达：镶蓝旗举人，清乾隆八年（1743）任壶关县知县。
④道光十年：即1830年。
⑤倾圮（qīng pǐ）：坍毁；倒塌。

公　署

县署，在城西北隅敬惠坊，唐贞观年建。五代宋金元悉因之。明洪武二年，县丞陈钦建。永乐间，知县孔阳修。中为大堂，堂前为戒石坊，坊左右为皂役棚。两廊为书吏办事房。坊之前为二门，二门外左庙祀衙神，右庙祀狱神，二间。外甬道前为大门，左右为钟鼓亭。大堂左右为门役房，堂后为二堂。二堂后楼五间，为住宅。大堂东为藏恕堂，前令施是彝、吴之锜，署令徐廷飓相继修葺悬匾。对面为三堂，三堂后为幕厅。又东厢房为号件所，又南为厨役房，又东北为马神庙，庙外为马棚。庙西新建斗室二间。宅门内厢房二间为门房，大堂西为书房，对面为内书室。书室后若干间为捕役房。县署自国朝康熙二十年知县章经，逮雍正十三年知县颜肇亮修葺之后，圮坏已多。乾隆三十年知县杨宸莅任，以次修建，稍复旧制。嘉庆年知县程安重修，知县汪勋于三堂东创建内宅一院，计房共十三间。寅宾^①馆，乾隆三十五年知县秦之柄修。今废。

典史署，在大堂西，典史祝志远修。

外委^②署，在县署大门东，乾隆三十二年，知县杨宸修。

公馆，在县署西，上房三间，东西内厢房各二间。西小院一所，北房五间，内宅门一间，东西耳房各一间。正厅三间，厨房三间，东客厅三间，外厢房东西各三间。二门一座，门房二间。大门一座，三间。乾隆三十二年知县杨宸建，嘉庆年知县汪勋补修。历任入交代册。按：旧志有县丞宅、主簿宅、察院行署、按察分司行署，俱废。存察院、演武场地八亩，今为学田。

僧会司，在县西门外福岩寺。

道会司，在城内城隍庙。

阴阳学，医学。

注释：

①寅宾：恭敬导引。

②外委：清代武官职名。初为额外委派，后成定制。外委千总，正八品；外委把总，正九品；额外外委，从九品。

学　校

壶关县为中学额，入文学十二名，武学十二名，廪生二十名，增生①二十名。学宫在县东南，元至元间县尹郅朗重建。延祐间县尹张德，明洪武间知县吕士安、沈溥、马成，永乐间知县张著、马兴，成化间知县任式，嘉靖间知县张友直、段锦、何永庆，万历间知县张祥、方应明②，天启间知县杨学程，次第修葺。知府刘公复初相度阴阳，建泮池③、尊经阁，体制焕然矣。

庙制，中为大成殿，旁为东西庑，前为大成门。旧名戟门。门外为泮池，池左为名宦祠，右为乡贤祠。泮池前为棂星门④，门左右参天两地坊，教谕王执蒲建。殿后为启圣祠，祠西为敬一亭⑤。庙东为明伦堂，堂前两廊为日新时习、居仁由义斋。东为文昌祠，直前为礼门。去礼门数十步，东南城隅为魁星⑥楼。左为忠义祠，右为节孝祠，知县杨宸建。明伦堂后为尊经阁，左为教谕宅，右为训导宅。国朝顺治十三年，知县朱辅重修。十五年，生员杨振豪独力捐修庙学，准贡。康熙十七年，知县章经、教谕张瑞锦⑦捐俸重修。乾隆五年，知县刘汝翼领帑修理。二十四年，训导卫勤修建敬一亭。三十一年，知县杨宸、教谕王执蒲、训导孙悉、典史祝志远协力重修，改建启圣祠、敬一亭。

文庙、文昌宫、学署。乾隆四十七年，知县向峬次第重修。道光六年，知县张文鳞补修文庙、泮池，较昔费功既多，规模巩固，芹藻⑧交映，四时不涸，宫墙美富，称伟观焉。事俱详碑记。

注释：

①增生：系生员之一。生员又有分廪膳生员、增广生员、附学生员、廪生、增生，有名额限制，凡初入者皆是附学生员。凡生员经科试后，均可参加省城3年一次的乡试，中试者举人。举人第二年可进京参加会试与殿试，中试了就称进士。

②方应明：光州（今河南省信阳市光州市）进士，明万历年间（1573—1619）任壶关县令。廉明公正，断狱如神，多所兴革，尤以建商友书院（即壶林书院）开壶关

县学之先河，民立祠祀之，后调洪洞令，著有《日中碑》《治壶论》诸刻。

③泮池：古时学校前的水池。位于戟门正前方，半月形，是官学的标志。诸侯建的学宫，只能东西方向通水，生员入学时都要绕泮池走一圈儿，因此也叫入泮。

④棂星门：文庙中轴线上的牌楼式木质或石质建筑，古代传说棂星为天上文星。

⑤敬一亭：据清张廷玉等《明史》记载，明嘉靖五年（1526）"颁御制《敬一箴》于学宫"。《敬一箴》是嘉靖帝撰写的一篇箴言，要求天下恪守孔子的圣人之道。各地学宫纷纷将这篇箴言刻于石碑，建亭供奉，所建之亭遂称敬一亭，成为文庙标志性建筑。

⑥魁星：通"奎星"，星名，中国古代神话中主文运、文章。

⑦张瑞锦：临汾（今山西省临汾市）人，清康熙十六年（1677）任壶关县教谕。

⑧芹藻：水芹和水藻，比喻贡士或才学之士。《诗经·鲁颂·泮水》："思乐泮水，薄采其芹。……思乐泮水，薄采其藻。"

书　院

壶林书院，明万历年邑令方应明所建也。旧名尚友书院，在儒学东，岁久倾圮。逮乾隆二十一年，邑令马璨劝邑绅杜枢、王锡琠、郭恒等重为捐修，未蒇事而去。知县陈诚继为落成，始改今名。计大门一座，二门一座，北厅三楹，东西耳房四楹，厢房十楹，厨房二楹。督工者邑庠郭昆。惟时膏火①之费尚阙如也，乡耆秦学珍慷慨乐施，捐纹银一千两。又历年积利银六百四十两零，并交当商，按月一分五厘生息，每年得利银二百九十五两八钱一分四厘，四季支交。嘉庆戊辰，邑令汪因念前项生息不敷，与贡生王长龄等续捐元银一千七百一十两零。除书院一切花费外，净余纹银一千零六十两零，发当商按月一分二厘五毫生息，每年得利银一百五十两零，夏冬两季支交。二宗每年共得利银四百五十两零，向系署内经管，自嘉庆八九年后歇业，当铺交付本金致有亏短，失去十二铺本金，共纹银三百三十余两。经邑绅禀催在案。因该房经手经书业已亡故，无从察查抵补。现在实存旧新本金共二千三百七十四两九钱二分，每年共得利银三百九十四两七钱一分，择邑绅之公正者经管，署内礼房均不经手。所有一年师生修膳膏火及院内一切花费若干两，余银若干两，年终开列清册，交署过朱发房，以备查考。书院地十四亩半，在睢庄村，每年收租钱四千文。至掌教修金膳仪节礼，生童膏火数目，俱详碑记，兹不备载。

注释：
①膏火：灯火。旧时晚上读书，需掏钱打油点灯，故用膏火指读书的费用。膏，灯油。

社 学①

　　社学之设，养而兼教，法至良也。天之生才，不限资格。古来名公巨卿，往往由寒微而致通显，今岂异于古所云耶？若子产不毁乡校②，文翁③兴学化蜀，皆此物此志也。考邑乘④，旧有社学，在县治北门。日久社仓既废，学亦俱废。后起之秀，何以观感？然有治人，无治法，修举废坠，是在莅斯土者鼓舞而振兴之。

注释：
①社学：明洪武年间（1368—1398）下诏在各地乡村成立的教学机构，后也成为绅耆讲睦之所。明清两代，社学成为乡村公众办学的形式，带有义学性质，多设于当地文庙。
②子产不毁乡校：出自《左传·襄公三十一年》。对于乡人聚会议政的乡校，郑国大夫然明主张毁掉，子产不同意，他说："其所善者，吾则行之；其所恶者，吾则改之，是吾师也。"
③文翁：西汉时蜀郡守，在成都创办了中国历史上第一家地方政府开办的公立学校，大兴教谕。此举使蜀地风气大开，出现"学徒鳞萃，蜀学比于齐鲁"的盛况。
④邑乘（yì chéng）：县志；地方志。乘，春秋时晋国史书称乘，后通称一般史书，多指地方志。

兵 防

壶关县分防潞泽营，外委把总一员驻县城，战守步兵十名，官马一匹。
分汛①一处大河营，即今河郊口，驻兵三名，本城外委管辖。
分隶玉峡关营讯兵五名，仍属分防平顺旧城外委管辖。

注释：
①汛：旧时军队驻防的地方。

坛 庙

　　文庙，在城内县治东南。详学校碑记。正殿两庑位次，谨遵《会典》，录列于后。

正殿

至圣先师孔子神位，正中南向。

四配

复圣颜子《孔子家语》：字子渊，鲁人。

述圣子思子

在殿内东旁，西向。

宗圣曾子《孔子家语》：字子舆，南武城人。

亚圣孟子赵岐《孟子题辞》：邹人也。《汉书注》：字子车，一字子舆。

在殿内西旁，东向。

东西序

先贤闵子名损。《孔子家语》：字子骞，鲁人。

先贤冉子名雍。《孔子家语》：字仲弓。郑康成云鲁人。

先贤端木子名赐。《孔子家语》：字子贡，卫人。

先贤仲子名由。《孔子家语》：字子路，鲁卞人，一字季路。

先贤卜子名商。《孔子家语》：字子夏，卫人。

先贤有子名若，字子若。乾隆三年，升列东哲之次。

在殿内次东旁，西向。

先贤冉子名耕。《孔子家语》：字伯牛，鲁人。

先贤宰子名予。《孔子家语》：字子我，鲁人。

先贤冉子名求。《孔子家语》：字子有。郑康成云鲁人。

先贤言子名偃。《孔子家语》：字子游。《史记》：吴人。

先贤颛孙子名师。《孔子家语》：字子张，陈人。

先贤朱子名熹。《本传》：字元晦，一字仲晦，徽州婺源人。康熙五十一年，升配大成殿十哲之次。

在殿内次西旁，东向。

东庑

先贤蘧瑗《史记》：字伯玉，卫人。

先贤澹台灭明《孔子家语》：字子羽，鲁武城人。

先贤原宪《孔子家语》：字子思，宋人。郑康成云鲁人。

先贤南宫适《史记》：字子容，鲁人。《孔子家语》：南宫绦。《通典》《通志》

《文献通考》皆作南宫子容。

先贤商瞿《孔子家语》：字子木，鲁人。

先贤漆雕开《孔子家语》：字子若，蔡人。《史记》：字子开。郑康成云鲁人。

先贤司马耕《史记》：字子牛。孔安国云宋人。《孔子家语》：司马黎耕。

先贤梁鳣一作鲤。《孔子家语》：字叔鱼，齐人。

先贤冉孺《史记》：字子鲁。《孔子家语》：冉孺，字子鱼，鲁人。

先贤伯虔《孔子家语》：字楷。《史记》：字子析。

先贤冉季《孔子家语》：字子产，鲁人。

先贤漆雕徒父《孔子家语》：作漆雕从父，字子文，蔡人。

先贤漆雕哆《史记》：字子敛。郑康成云鲁人。《孔子家语》：侈。

先贤公西赤《孔子家语》：字子华，鲁人。

先贤任不齐《孔子家语》：字子选。《史记》：字选，楚人。

先贤公良孺《孔子家语》：字子正，陈人。

先贤公肩定《史记》：字子中。郑康成云鲁人，或曰晋人。《孔子家语》：公肩，字子仲。

先贤邬单《孔子家语》不载。《史记》：字子家。

先贤罕父黑《孔子家语》：字子索。《史记》：字子素。

先贤荣旂《孔子家语》：作荣旗，字子祺。

先贤左人郢《史记》：字行。郑康成云鲁人。《孔子家语》：左郢，字子行。

先贤郑国《史记》：字子徒，秦人。

先贤原亢《史记》：原亢籍。《孔子家语》：名抗，字子籍。

先贤廉洁《孔子家语》：字子曹，卫人。《史记》：字庸。

先贤叔仲会《孔子家语》：字子期，鲁人。郑康成云晋人。

先贤公西舆如《史记》：字子上。《孔子家语》：舆如，鲁人。

先贤邦巽《史记》：字子敛。《孔子家语》：选，字子敛，鲁人。

先贤陈亢《孔子家语》：字子亢。《史记》：字子禽，陈人。

先贤琴张《通志》：琴张、琴牢。注云牢即张。《孔子家语》：琴牢，卫人，字子开，一字张。

先贤步叔乘《孔子家语》：字子车，齐人。

先贤秦非《孔子家语》：字子之，鲁人。

先贤颜哙《孔子家语》：字子声，鲁人。

先贤颜何《史记》：字冉。郑康成云鲁人。

先贤县亶《孔子家语》：字子象，一字县丰。

先贤乐正克

先贤万章

先贤周敦颐字茂叔，北宋，道州营道人。

先贤程颢字伯淳，北宋，河南人。

先贤邵雍字尧夫，北宋，河南人。

先儒公羊高东周末，齐人。

先儒伏胜字子贱，济南人，秦，博士。

先儒董仲舒字宽夫，西汉，广川人。

先儒后苍字近君，西汉，东海郯人。

先儒杜子春东汉，河南缑氏人。

先儒诸葛亮字孔明，季汉，南阳邓县人。

先儒王通字仲淹，隋，龙门人。

先儒陆贽道光六年从祀。

先儒范仲淹字希文，北宋，苏州人。

先儒欧阳修字永叔，北宋，庐陵人。

先儒杨时字中立，北宋，南剑将乐人。

先儒罗从彦字仲素，北宋，南剑州人。

先儒李侗字愿中，北宋，南剑州剑浦人。

先儒吕祖谦字伯恭，北宋，婺州金华人。

先儒蔡沈字仲默，北宋，建阳人。

先儒陈淳字安卿，一字北溪，南宋，漳州龙溪人。

先儒魏了翁字华父，南宋，邛州浦江人。

先儒王柏字会之，字鲁斋，南宋，婺州金华人。

先儒赵复字仁甫，元，德安人。

先儒许谦字益之，元，婺州金华人。

先儒吴澄字幼清，元，抚州崇仁人。

先儒胡居仁字叔心，明，余干人。

先儒王守仁字伯安，明，余姚人。

先儒罗钦顺字整庵，明，太和人。

先儒黄道周字幼平，号石斋，明，浦漳人，道光五年从祀。

先儒汤斌字潜庵，国朝，河南人，道光二年从祀。

西庑

先贤林放鲁人。

先贤宓不齐《孔子家语》：字子贱，鲁人。

先贤公冶长《孔子家语》：字子长，鲁人。《史记》：齐人。范宁云字子芝。

先贤公皙哀《孔子家语》：字季沉，齐人。《史记》：字季次。

先贤高柴《孔子家语》：字子燕，齐人。郑康成云卫人。

先贤樊须《孔子家语》：字子迟，鲁人。郑康成云齐人。

先贤商泽《孔子家语》：字子秀，一作子季。

先贤巫马施《史记》：字子旗。郑康成云鲁人。《孔子家语》：字子期，陈人。

先贤颜辛《孔子家语》：字子柳，鲁人。《史记》《文献通考》作颜幸。

先贤曹恤《孔子家语》：字子循。

先贤公孙龙《史记》：字子石。郑康成云楚人。《孔子家语》：宠，卫人。

先贤秦商《孔子家语》：字丕慈，鲁人。《史记》：字子丕。郑康成云楚人。

先贤颜高《史记》：字子骄。《孔子家语》：颜刻。

先贤壤驷赤《孔子家语》：字子从。《史记》：字子徒，秦人。

先贤石作蜀《史记》：字子明。《孔子家语》：石子蜀，成纪人。

先贤公夏首《史记》：字乘。《孔子家语》：守，字子乘，鲁人。

先贤后处《史记》：字子里。郑康成云齐人。《孔子家语》：石处。

先贤奚容蒧《史记》：字子晳。《史记·正义》：卫人。《孔子家语》：奚蒧，字子偕。

先贤颜祖《史记》：字襄。《孔子家语》：颜相，字子襄，鲁人。

先贤句井疆《孔子家语》：字子疆，卫人。

先贤秦祖《孔子家语》：字子南，鲁人。郑康成云秦人。

先贤县成《孔子家语》：字子横。《史记》：字子祺。郑康成云鲁人。

先贤公祖句兹《史记》：字子之。《孔子家语》：公祖兹，鲁人。

先贤燕伋《史记》：字思。《孔子家语》：伋，字子思，鲁人。《陕西通志》：燕伋，字子思，秦人。

先贤乐欬《史记》：字子声，鲁人。《孔子家语》：乐欣，秦人。

先贤狄黑《孔子家语》：字晳之，卫人。《史记》：字晳。

先贤孔忠《史记》《通志》《孔子家语》：孔弗，字子蔑，孔子兄之子。

先贤公西葴《孔子家语》：字子尚。郑康成云鲁人。

先贤颜之仆《孔子家语》：字子叔，鲁人。《史记》：字叔。

先贤施之常《孔子家语》：字子恒，鲁人。

先贤申枨《史记》：党，字周。《史记·正义》：鲁人。《孔子家语》：绩，注以为即枨。

先贤左丘明中都人。《授经图》：鲁人，楚左史倚相之后。

先贤秦冉《史记》：字开，蔡人。

先贤牧皮

先贤公都子

先贤公孙丑

先贤张载字子厚，北宋，眉县人。

先贤程颐字正叔，颢弟。

先儒谷梁赤东周末，鲁人。

先儒高堂生谢承云秦季有高堂伯，则伯是其字。

先儒孔安国字子国，西汉，孔子十一世孙。

先儒毛苌西汉，赵人。

先儒郑元字康成，东汉，北海高密人。

先儒范宁字武子，东晋，顺阳人。

先儒韩愈字退之，唐，南阳修武人。

先儒胡瑗字翼之，北宋，秦州海陵人。

先儒司马光字君实，北宋，涑水人。

先儒尹焞字彦明，一字德充，北宋，洛人。

先儒胡安国字康侯，北宋，建宁崇安人。

先儒张栻字敬夫，北宋，绵竹人。

先儒陆九渊字子静，南宋，金溪人。

先儒黄干字直卿，南宋，闽县人。

先儒真德秀字景元，更字景希，南宋，蒲城人。

先儒何基字子恭，南宋，婺州金华人。

先儒陈澔字可大，元，昌县人。

先儒金履祥字吉甫，元，兰溪人。

先儒许衡字仲平，元，河津人。

先儒薛瑄字德温，明，河津人。
先儒陈献章字公甫，明，新会人。
先儒蔡清字介夫，明，晋江人。
先儒刘宗周字起东，号念台，明，山阴人，道光三年从祀。
先儒吕坤字叔简，号新吾，明，宁陵人，道光六年从祀。
先儒陆陇其字稼书，国朝人，雍正二年从祀。
先儒孙奇逢字启泰，号钟元，国朝，容城人，道光八年从祀。

启圣公祠，旧在文庙西北。乾隆三十二年，知县杨宸因祠偏处西北隅，且坏，重建于正南向之敬一亭为祠，即于祠西旧址改建敬一亭。详学校。

后殿

肇圣王木金父，正中南向。
裕圣王祈父，东一室，南向。
诒圣王防叔，西一室，南向。
昌圣王伯夏，东二室，南向。
启圣王邹邑大夫叔梁纥，西二室，南向。

配位

先贤颜氏名无繇，字季路，回之父。
先贤孔氏名鲤，字伯鱼。
在殿内东旁，西向。
先贤曾氏名点，字晳。
先贤孟孙氏名激公。
在殿内西旁，东向。

东庑西向

先儒周氏名辅成，周子敦颐之父。
先儒程氏名珦，字伯温，封永年伯，二程子颢颐之父。
先儒蔡氏名元定，字季通，蔡子沈之父。

西庑东向

先儒张氏名迪，张子载之父。
先儒朱氏名松，字乔年，朱子熹之父。

文庙春秋祭仪注

△前期二日，承祭各官均在本衙门致祭。二日，斋宿于外。

△前期二日，用白纸糊板，黄纸镶边，墨书祝文。本学教官具补服亲捧祝板①，礼生前导，送至正殿中案上安设。一跪三叩首，退。

△前期一日，承祭各官具蟒袍补服监视宰牲，并瘗②毛血。赞礼生引承祭官诣正殿，视祝板，上香，一跪三叩首，退立两庑，亲视演礼。

△正祭日五鼓，各官朝服齐集，入戟门内。赞礼生引各官至台阶下立，唱"执事者各执其事""分献官就位""陪祭官就位""承祭官就位"。赞礼唱"启户""启牲馔盖""迎神"，唱"神降""参神"。各官俱行三跪九叩首礼，兴。赞礼唱"行奠帛初献礼"，引承祭官诣盥洗所，盥洗净巾。诣酒祭所，司尊者举鼏酌酒；司帛者捧帛诣至圣先师孔子神位前跪，唱"奠帛""献帛"；唱"奠爵""献爵"；"叩首""兴"。唱"诣读祝位，跪"，众官皆跪。读祝文毕，"叩首""兴"。赞礼唱"分献礼，诣复圣颜子位前"。唱"跪""奠帛""献爵""叩首""兴"。次诣宗圣曾子位前，次诣述圣子思位前，次诣亚圣孟子位前，奠帛，献爵，俱如前仪。其十二位哲两庑，分献官奠帛献爵，俱照承祭官行礼。唱"复位"，承祭官、分献官各官复位立。赞礼唱"行亚献礼"，唱"诣酒尊所"，执爵升坛如初献仪。唱"复位"，承祭官、分献官各官复位立。赞礼唱"行终献礼"，唱"诣酒尊所"，执爵升坛如亚献仪。唱"诣饮福受胙位""跪""饮福酒""受福胙""三叩首""兴""复位"。赞礼唱"送神"，承祭官、陪祭官、分献官俱行三跪九叩首礼，兴。赞礼唱"辞神""撤馔"。司尊者捧尊，司帛者捧帛，各诣燎③所。唱"诣望燎位""焚祝帛""望燎""复位"，唱"阖户"，礼毕，撤班，各退。

注释：

①祝板：祭祀时粘贴祝文的方板。

②瘗（yì）：掩埋；埋葬。

③燎（liào）：古代烧柴祭天。东汉班固《白虎通义·封禅》："燎祭天，报之义也。"

崇圣祠春秋祭仪注

△正祭日，赞礼生引承祭各官，俱朝服，先祭后殿，诣肇圣王、裕圣王、诒圣王、昌圣王、启圣王位前，奠帛献爵，读祝俱如前殿仪，行三跪九

叩首礼。分献诣先贤颜氏、先贤曾氏、先贤孔氏、先贤孟孙氏位前，奠帛献爵也如前殿。四配仪，亚献、终献如初献仪。送神，复行三跪九叩首礼，兴。赞礼唱："捧祝""捧爵"，各恭诣燎所，唱"诣望燎位""焚祝帛""望燎""复位"。礼毕，各退。

△乾隆九年，奉部颁发祭正殿至圣先师祝文曰："惟先师德隆千古，道冠百王。揭日月以常行，自生民所未有。属文教昌明之会，正礼和乐节之时。辟雍钟鼓咸格，荐于馨香，泮水胶庠①益致严于笾豆。兹当仲春/秋，祗率彝章②，肃展微忱，聿将祀典。以复圣颜子、宗圣曾子、述圣子思子、亚圣孟子配，尚飨。"

△祭后殿肇圣王、裕圣王、诒圣王、昌圣王、启圣王祝文曰："惟王奕叶钟祥，光开圣绪。圣德之后，积久弥昌。凡声教所覃敷，皆循源而溯本。宜肃明禋③之典，用申守土之忱。兹届仲春/秋聿将祀典。配以先贤颜氏、先贤曾氏、先贤孔氏、先贤孟孙氏，尚飨。"

注释：

①胶庠：周代学校名。周时胶为大学，庠为小学，后世通称学校为胶庠。

②彝章：常典；旧典。

③禋（yīn）：从示，从垔（yīn），升烟祭天以求福。示，本指祖先，转指向祖先表达。垔，本指西部黄土高原，转指高地。"示"与"垔"联合起来表示在高地上燃火放烟，向天上的祖先表达。

礼　器

簠百十五盛黍稷。	簋百十五盛稻粱。	牺尊六贮终献酒。
象尊十贮亚献酒。	大尊二	壶尊六
山尊二	著尊二	罍二
爵百十八	坫二十八	龙勺二十八
笾二百四十八	豆二百四十八	登六
俎一百三十三	篚二十用以承币。	云雷尊贮初献酒。
铏①用荐和羹。	鼎	枕板高九寸，阔一尺二寸。

注释：

①铏：器物。《广韵》：祭器。《玉篇》：羹器也。《周礼·天官·亨人》："祭祀共大羹铏羹。"

乐 器

麾①幡②一麾生执起乐止乐。　　应鼓③每奏乐一句，以槌击者三。
鼗鼓④用以应鼓节乐。　　笛四　　箫四
搏拊⑤二击以节乐。　　柷⑥一击以起乐。　　敔⑦一击以节乐。
编磬十六玉振之也。　　编钟十六　　笙六
排笙二　　琴六　　瑟二
簴⑧二　　埙
节⑨执立于东西两阶以导舞。　　翟⑩四十八右手执之以舞。
籥⑪四十八左手执之以舞。
歌生笏六　　琴六　　瑟四
楹鼓一　　应鼓一　　金钟十六
玉磬十六　　搏拊二　　鼗鼓二
田鼓二　　笙六　　迎神送钟一
迎神送鼓一　　凤箫四　　埙一
簴一　　洞箫六　　龙笛六
柷一　　敔一　　麾幡二
旌节二　　琴桌六　　迎送神提炉二
迎送神宫灯二　　瑟架八　　左舞籥十八
右舞翟十八　　左舞翟十八　　右舞籥十八
楹鼓架一　　单楹鼓伞一　　悬金钟龙头架一
悬玉磬凤头架一　　搏拊架二　　鼗鼓架二
田鼓架一　　迎送神钟架一　　迎送神鼓架一
金钟架须二　　玉磬架须二　　洞箫须六
龙笛须六　　麾幡架二　　旌节架二
高灯架十二　　籥翟朱漆桶二
正执事乐舞生葵花补红袖衣服九十八　　提炉罩锦缎一丈

二尺

按：上载礼器、乐器陈设，悉照文庙考略录入。但查邑庙中，自钟鼓而外，凡陈设器具以及磬管柷敔，咸无有也。现在议设乐舞生，并购制乐器、礼具，庶几煌煌乎明备之体焉。

注释：

①麾（huī）：❶古代指挥军队的旗子。❷指挥（军队）。

②幡（fān）：用竹竿等挑起来直着挂的长条形旗子。

③应鼓：古代乐器名；小鼓。《周礼·春官·小师》："大祭祀登歌，击拊，下管，击应鼓。"

④鼗鼓：一种摇鼓，俗称拨浪鼓。

⑤搏拊（bó fǔ）：古乐器名。《尚书·益稷》："夏击鸣球、搏拊、琴瑟以咏。"

⑥柷：通"祝"，乐器名，即柷敔。东汉荀悦《汉纪·武帝纪》："木曰柷敔。"

⑦敔（yǔ）：古乐器，形如伏虎，以竹条刮奏，用于历代宫廷雅乐，表示乐曲的终结。

⑧篪（chí）：古代的竹管乐器，像笛子，有八孔。

⑨节：拍板一类的乐器。

⑩翟（zhái）：姓。翟（dí）：❶古书上指长尾的野鸡。❷古代用作舞具的野鸡的羽毛。❸姓。

⑪籥（yuè）：古乐器，形状像箫，雅乐乐舞的重要舞具，主要用于祭祀乐舞。

名宦祠，在文庙左。

乡贤祠，在文庙右，并详学校。

忠义祠，雍正五年，知县陈如平建。乾隆三十二年，知县杨宸移建儒学前。

节孝祠，在儒学前，乾隆三十二年，知县杨宸建。

文昌阁①，在明伦堂东南面，康熙二十年，知县章经修葺，详学校。

文昌庙②，一在儒学前，一在南关厢。祭期同上丁。

关帝庙③，在县南关厢。知县徐行以庙貌弗称，路巷窄隘，迁于正南崔府君庙，塑像易以冕旒。祭期，春秋仲月上巳④日。万历二十年，知县赵汝梅修。顺治十三年，知县朱辅易民田开扩之。俱有碑记。

城隍庙⑤，在城内敬惠坊。洪武二年，县丞陈钦建今制。岁以春秋二仲月上巳日，合祭于风云雷雨山川坛寝宫牌坊。道光十一年，知县茹金重修。

先农坛⑥，在县南门外一里，雍正五年，知县陈如平建。

社稷坛⑦，在城外西北一里，明洪武二年，县丞陈钦建。雍正十二年，知县颜肇亮修今制。岁以春秋二仲月上戊日⑧致祭。

风云雷雨山川坛，在城外西南一里，洪武二年建。雍正十二年，知县颜肇亮修今制。岁以春秋二仲月上巳日致祭。

邑厉坛⑨，在县北三里，洪武八年建今制。岁以清明日、七月十五日、十月初一日致祭。

大禹庙，在辛村，元延祐六年建。府志云，大禹治水经历之所也。

唐太宗庙，在县南七里四家池，有司岁以六月二十四日致祭。

魁星楼，在儒学二门内，后移于燕子池西南城隅。乾隆间，知县向崶始建。今楼高崇数仞，足以壮观瞻而启人文。凤山旁峙，萍水环流，诚一方名胜也。

李卫公⑩庙，在县北关厢，元至元十六年建。

五龙祠，《魏书·地形志》：壶关有五龙祠。今不知其处，或谓即今盘陀底村五龙庙是。每年四月十九日有司致祭，里人亦虔奉之。

元武庙⑪，在县南二里高望山顶，亦名神山庙，内两旁东崔府君，西子孙娘娘，再西三峻神，每年六月六日有司致祭。南关厢、东河、韩村、清流各村共襄祀事。

东岳庙⑫二，一在县东南五里秦庄村，有司以三月二十八日致祭。一在迁善村。

风穴庙，在县东北二十里王岭村风穴山下，前对孤山。庙西有石窍，深不可测。其中时有风声，土人以为神，立庙奉祀，创自宋淳化间。历代修葺，各有碑记。每岁四月初四日，有司亲诣致祭。至国朝嘉庆年间，邑人李燮元⑬倡众重修。于庙旁又得一新穴，风声不息，每日巳午未时更大。依山构亭，焕然改观，亦邑景之甚佳者。

崔府君⑭庙，在南关厢。顺治十六年，县令朱辅徙建西南山。

东岳天妃庙，在北关，顺治十七年重修。

玉皇庙，在沙窟村，元初建。每逢岁旱，同郡各属祷雨立应。年久庙倾，康熙二十年，知县章经重修，有碑记。

北极庙⑮，在县南四十里柏林村。邑人杨奇为碑记。

三峻庙⑯，在县西三里程村，元至大四年重修。

龙王庙三，一在县署西，乾隆三十二年，知县杨宸建，邑人冯文止[17]记。一在福岩寺，一在东关。

真泽二真人庙，在县东南八十里神郊村。按：二真人乐氏女，微子之后，本屯留李村人，后徙紫团乡益阳里。因采灵芝，遇风而升。土人立祠，祈祷悉应。祠东南幽谷间曰樱桃掌，有真人父母墓。其碣署唐乾宁甲寅岁，纪父母姓氏。时真人降神于巫，命改茔兆[18]。宋大观三年秋旱，守臣祷之而雨，丐奏仙号，以旌嘉应。政和辛卯夏四月丙辰，敕封真人之号。长曰冲慧，次曰冲淑，庙额曰真泽。大建祠宇，凡百余楹，县令李元儒撰修号记。金末[19]倾圮。元至元五年重修，上党宋渤[20]撰记。金陵川赵时安二仙祠记：宋崇宁间，西夏弗靖，军旅乏食，忽二女子鬻饭救度。钱无多寡，皆令餍饫[21]。军将举奏，遂加封号。

风王庙[22]，在迁善里。

明山大王庙[23]，在安善里。

神农庙[24]，在安化里，邑人杜敩有碑记。

文昌庙，一在儒学前，一在县南关厢，祭期同上丁。

药王[25]庙，在县东南三里秦庄村凤凰山，明正德间邑人郭修重建，有邑人杨鸿碑记。

二郎庙[26]，在安善里。

八蜡[27]庙，在邑治南坛，康熙二十年，知县章经重修。

三老祠，在南关厢，顺治十八年，知县朱辅移建城中。康熙二十年知县章经、雍正八年知县许溥重修。

四辅杜公祠，在林青村，邑人张铎有记。

白马祠、刘公祠，《魏书·地形志》：壶关城有二祠。今废。

注释：

①文昌阁：供奉文昌帝君的楼阁。文昌原为星官名，又名文曲星、文星，被人神化为主宰功名、禄位的神，向为读书人所崇祀。

②文昌庙：又名文昌宫、文昌祠。

③关帝庙：为供奉三国时期蜀国大将关羽而兴建。关帝庙已经成为中华传统文化的一个主要组成部分，与人们的生活息息相关，并与后人尊称的文圣人孔夫子齐名，被人们称为武圣关公。

④上巳：古时以夏历三月的第一个巳日称为上巳。魏晋后为了方便和统一，将上巳节定在三月初三。

⑤城隍庙：用来祭祀城隍神的庙宇，城隍是中国民间和道教信奉守护城池之神。他是冥界的地方官。

⑥先农坛：古代祭祀先农神之所。

⑦社稷坛：祭祀土地神、五谷神之处。

⑧戊日：道教术语，也是道观诸多讲究之中最为重要的日子，也是仙道的禁忌，俗称戊日或逢戊。每月的戊日是戊子、戊寅、戊辰、戊午、戊申、戊戌，均不事耕作。

⑨邑厉坛：无祀鬼神之祭坛。明制，自京师至乡里皆设。

⑩李卫公：即李靖（571—649），字药师，雍州三原（今陕西省咸阳市三原县）人，隋末至初唐时期杰出的军事家。唐贞观九年（635），统军西破吐谷浑，封卫国公，世称李卫公。

⑪元武庙：唐开元十九年（731）唐玄宗为表彰并祭祀历代名将所设置的庙宇，它以周朝开国太师、军师姜尚（姜子牙）为主祭，以西汉留侯张良为配享，并以历代名将十人从之。

⑫东岳庙：供奉的是东岳大帝，也就是泰山山神。

⑬李燮元：号面山，壶关县（今山西省长治市壶关县）崇阳乡王岭村人。幼补弟子员，端方自持，尝著十警以自励。事继母以孝著，力行善事。村中有风穴庙，里人因倾颓谋修葺之，费用不继，出家资以藏事，前后经营17年，工将竣，感疾而逝。

⑭崔府君：中国民间信仰的神仙之一，姓崔名珏，字子玉。唐太宗时授长子县令，后历任滏阳县（今河北省邯郸市磁县）令、卫县（故治在今河南省鹤壁市浚县卫贤镇）令、蒲州（今山西省永济市）刺史兼河北二十四州采访使。在任期间，屡有异政，时称治行第一。唐贞观二十二年（648）十月十日卒于任上，葬于滏阳县鼓山西侧和村。安史之乱后，唐玄宗封护国显应侯。北宋景祐二年（1035），加封为护国显应公。北宋元符二年（1099）改封为护国显应王。相传金兵南下时，崔珏显圣挡驾，泥马渡康王。南宋高宗加封护国显灵真君，金章宗封亚岳之神，元成宗封灵惠齐圣广佑王。

⑮北极庙：旧称北极阁、北极台，又称真武庙，也叫北庙，祀道教北方神真武大帝。

⑯三嵕庙：供奉的神灵为神话传说羿射九日中的羿神。百姓之所以修建三嵕庙，是因为三嵕老爷为雨神，百姓到庙里虔诚求雨，无不灵验。

⑰冯文止：字子静，号东山，壶关（今山西省长治市壶关县）人。清乾隆己卯（1759）科解元，辛巳（1761）大挑授平陆县教谕，癸未（1764）成进士，补河东运学教授，著有《东山堂制艺》3卷、诗文4卷，《傅岩集》《雄山集》《紫团拾遗》《唐诗选》《声小题十则》《山居危言》等书行世。先生生而颖异，至能言时尚记初生时事，嘉庆初举孝廉，方正亦不就，其人品学问所在推服，识者谓有宋五子（周敦颐、程颢、程颐、邵雍、张载，他们既是著名的哲学家，又是著名的易学家）之才。

⑱茔兆（yíng zhào）：墓地；坟墓。

⑲金末：当为金天兴三年（1234）。

⑳宋渤（约1341—1370）：字彦齐，上党（今山西省长治市）人，元代诗人、书法家。元至正年间（1341—1368），曾任湖南按部，官至集贤殿学士。

㉑餍饫（yàn yù）：❶形容食品极丰盛。❷尽量满足口腹需要；感到饱足。

㉒风王庙：为祭风神之所。据传，天旱时风自谷出，为百谷病，因为之祭。又传女娲为风姓，风王庙为祭女娲氏之庙。

㉓大王庙：得名于金龙四大王（大王爷），且主供大王爷。金龙四大王，原名谢绪，祖籍今浙江省杭州市钱塘县。明朱元璋打天下，惯用神道之手段，利用各地民间信仰，诡称受神灵佑护，从而取信于民也为常事。

㉔神农庙：为缅怀和瞻拜中华民族先祖神农大帝而修建。

㉕药王：中国民间对古代名医的尊称，或称医王。随时代、地区不同，药王所指人物亦不同。其中，著名的有春秋时期的扁鹊，东汉邳彤，唐代孙思邈、韦慈藏、韦善俊、韦古道（韦老师）等。后世这些名医不断被神化，被不同地区的民间奉为药王，并设庙祭祀，统称为药王庙。

㉖二郎庙：供奉二郎神的道教庙宇。

㉗八蜡：八种与农业有关的神祇。中国民间仍视八蜡为除虫抗灾御患的神祇，祭祀于八蜡庙。

寺　观

福岩寺，在县北二里龙溪山，金大定二十六年建。明洪武间，置僧会司，并洪福、圣寿、胜泉、大明四寺入焉。

大觉寺二，一在县南七里四家池，一在新兴里消军岭。

洪福寺，在县东十五里崇贤村。

金山寺，在县北十五里黄陀村，元释子晏建。寺无水，晏嘿祝，巽岩甘泉涌出。

广慈寺，在东南三十里乌泉山。

多宝寺，在县南四十里东柏林村，隋开皇年建。

宝相寺，在县东南七十里城寨村。

云盖寺，在紫团山下，即驻云亭也。宋王寀，明张铎、周一梧皆有诗。寺旁有参园，即南极园，昔有服参飞仙者，西有摩崖碑。

崇云寺，在县东南百三十里南河椒南碪底，张铎、周一梧有诗。

白云寺，在紫团山上，昔紫团真人修真冲举于此。元道荣亦隐此。寺前有将军峰，即东西二华表也。

慈云寺，在县东南百里紫团山畔。

竹岩寺，在县东南百六十里，土人名山崇寺。

乌泉寺，在乌泉山。

祥鹿观，在县东北三里修善村，唐乾封元年建。相传徐王元礼为潞州刺史时，猎于檀山，逐白鹿至此，隐穴中，因建观，赐金额。明洪武十五年，置道会司，并灵显、丹阳、归真三观入焉。

孤松观，在县南四十里。旧志无，增入。

吉祥观，在县南三里。

冯善寺，在迁善里。

清凉寺，在安善一里清凉山，元延祐四年建。释慧冲居此。明崇祯五年，僧寂慧募修。

大明寺，在县东南十五里东归善村。

福兴寺，在新兴里。

龙虎寺，在新兴二里。

宝岩寺，在新兴二里太行山顶。一名金灯寺。寺胥石室石像，北周芊上人修此。土人传寺僧坐禅，夜有金灯数盏，由南山飞入佛前后，僧童持帚扑地，及视之，乃树叶也。自是金灯不常见，有诚祈者，止现崖畔。崔士荣①游山涧中，夜见五灯，有诗。

清源寺，在安善里。

龙泉寺，在新兴里，有龙泉水洞。

灵显观，在安善里孝文村。世传吕纯阳题诗壁间。元至元二十二年，道士牛志信重修，进士马之美②撰记，并刻吕仙诗石。按：壶关旧志亦有灵显观，而不言其所。是指平顺未分时言之，非此外别有一灵显观也。诗记见艺文。

注释：

①崔士荣：字传甫，河南彰德府安阳县（今河南省安阳市安阳县）人。国子生，治《易经》，年32岁。曾祖升布政司右参政进阶中奉大夫，祖铣南京礼部右侍郎赠尚书谥文敏，父汲鸿胪寺序班。河南乡试第四十四名，会试第八十一名，殿试明万历十一年（1583）癸未科第三甲第一百二十五名，授汾州知府。

②马之美：壶关（今山西省长治市壶关县）人，进士。

里 甲[①]

三老乡七里

永平三里、好义三里、永兴二里、永兴五里、太平一里、太平二里、长兴一里。

紫团乡五里

安伏一里、代林一里、代林三里、代林五里、长林二里。

崇阳乡五里

修善二里、永林二里、崇贤一里、清林二里、林青一里。

通润乡七里

黄中一里、眉受一里、长兴二里、长兴三里、长兴四里、崇受一里、永安一里。

新安乡十里

新兴一里、新兴二里、新兴三里、新兴四里、安化一里、迁善一里、迁善二里、安善一里、安善二里、安善三里。

常平仓，在县署西，乾隆三十一年，知县杨宸重修，又添建六间，共五十八间。

社仓，一在冯坡村，一在程头村，一在晋庄村，一在长宁村。今俱废。

义仓，一在城北关厢，一在辛村，一在树掌村，一在东柏林村，一在固村，一在龙镇村，一在乌落村。今俱废。

注释：

①里甲：明清时，县以下基层机构为乡、里、甲。乡辖十里，里辖十甲。在城曰坊，近城曰厢。

坊 巷

敬惠坊、聚贤坊、澄清坊，以上俱废。宣化坊、儒林坊、城隍坊、迎恩坊，在北门外。三老坊，为汉三老令狐茂立，乾隆十三年邑人程贵重修。四辅坊，为四辅杜敩立。翰林吉士、司马大夫、进士坊，俱为张铎立，在县衙前。东郡太守，为知府杨能立。两浙大参，为参政杨奇立，以上俱在柏林。先朝元老，在林青村，为敉四世孙钗立，兵备副史彭大有书。**锦衣坊**，在县前，为锦衣卫镇抚杨纲立。进士镒之叔祖也。人以镒物故，且家于京师，辄改坊匾为忠爱，不知何所取义，失表杨之初意也。**榜眼坊**，知县赵汝梅为洪武初开科榜眼郭翀立。**进士坊**，一为成化辛丑杨奇立，一为嘉靖壬辰杨镒立，俱在县北街；一为嘉靖丙戌张铎立，在县南街。**科第坊**，为永乐甲午科靳斐立，在儒学巷东口。**鹏程坊**，为永乐丁酉阎节立，在县东。**蟾桂坊**，为正统九年张能立，在县北门内街东。**世科坊**，在吉坊前，为天顺己卯杨能、成化庚子杨奇父子立。**观光坊**，为成化辛卯杨鸿立。**乡荐坊**，为弘治辛酉科程瀚立。**夺锦坊**，弘治甲子科郭份自立。**七俊坊**，为牛澄、郭希、杨镒、杨河、杨洛、张镇、张铎七人立。**亚魁坊**，为戊子科宋朝纲立，今废。**经魁坊**，为辛卯郭忻立。**龙跃坊**，甲子科阎希思自建于门。**联璧坊**，为张镇、张铎兄弟立。**尚义坊**，正统六年，奉敕旌表义民郭麟，孙郭荣建。**义民坊九**，为郭麟、杨庆、路俊、王代升、王英、牛聚良、王仕亨、阎节、路环立。**贞节坊**，一为王观妻程氏立，洪武十九年；一为生员杨昱妻吕氏立，嘉靖十二年。

考旧志，科第坊、尚义坊不下二十余所，皆所以表扬前徽，激励后人也。今俱废，所存者惟三老、四辅与夺锦耳。然坊虽废，而志犹载之，是废而不废也。我朝捷南宫①，登贤书，科第联辉，不殊于古，何建坊者少也？岂习俗不尚与？抑今人绌于财，不及古之丰盈与？夫习俗不尚与绌于财，皆可慨焉。附而书之，以待后之振兴者。

儒林巷、东井巷、城隍巷、郭家巷、阎家巷、牛家巷、韩家巷。

注释：

①南宫：进士在礼部会试。元脱脱等《宋史·欧阳修》："举进士，试南宫第一。"

镇　集

大峪，半属长治。冯坡、固村、辛村、杏城、赵城、花园、古任。

村　庄

三老乡在县西南计三十村。

清流、韩村、秦庄、内村、四家、石道、阳护、宋堡、靳庄、沙窟、紫南、新寨、神后、常家、黄山、南掌、北掌、山头、宋壁、好牢、冯坡、西柏林、大峪、庄头、南河、东柏林、南村、南底、魏家、高家。

紫团乡在县东南计四十村。

赵屋、五集、水台、马鞍、韩庄、白沙、葛家庄、西坡、程寨、程头、方山、沙堰、东井、琚家、神郊、大会、上河、崔家、刘宅、王宅、百尺、百浮屠、绿池、长宁、牛居、琚壤、郭家、林青、石井会、西岭、北对川、禾登、桥头、大安、西堡、郭堡、东韩、西韩、固村、洪掌。

崇阳乡在县东计二十六村。

修善、石门、水池、上煤、下煤、阳家庄、东归、西归、川底、三望、山后、迎落、塔地、池后、畅村、孤店、晋庄、山佳、山桑、料窑、西崇贤、河南、常平、侧井、王岭、王掌。

通润乡在县北计一十六村。

东庄、南凰、北凰、土河、东关壁、西关壁、长井、三家、天池、西旺庄、李掌、睢庄、即店、程村、骞堡、石桥。

桥　梁

进德桥，在北门外。元延祐六年，县尉宋赛因不花始建，弘治初，义官阎子升重修。

太平桥，在南门外。弘治年间，义官郭荣建。

龙溪桥，在县西北二里许福岩寺旁，元至元二年建。

长井桥。

合峪桥，邑举人杨河为之记，明正德癸酉乡民李思恭建。

陡沟桥，在县南三十里，僧普来募缘为之，尚亏一篑。

黄山桥，在黄山村。桥下有泉东流，冬夏不竭，知县朱辅捐俸，令乡耆王家栋等重修。

观光桥，在柏林。

大安桥，在大安村中，通紫团及陵川路。

永济桥，邑进士郜秉诚为之记。

石桥，方侯应明有记。

章公堰，在东北城壕。康熙二十年，知县章经建，阖县士民立石。

玉带桥，在南关厢外。康熙二十年，知县章经建。乾隆三十一年，知县杨宸重修。

藏龙桥，在大觉寺西。汉光武因王莽追之急，藏于桥下，故名。

落丝桥，在迁善里，因水细故名。路通上党。

龙腾桥，在新兴里，俗传桥下起龙，故名。

柏桥，在迁善里，以柏木结构而成，历久弥坚。

新增桥梁

金龙桥，在辛村。

乐善桥，在下内村，乡耆秦学珍建。

秦公桥，在石岩头村。

秦公桥，在店坡，秦学珍建。

通便桥，在修善村。

德风桥，在程村。

普通桥，即卜通桥，在修善村。嘉庆二十五年，村人王枢等倡众重修，易土为砖，较旧宽敞，往来行旅人甚便之。枢子监生发政有句云："我喜亲心惬，人忘客路难。"

神掌桥，在马驹村。嘉庆二十五年，易土为石，上建文昌阁三间。

关帝桥，在川底村，旁建有庙故名。

西平桥，在东庄村。

永济桥，在常平村。

养济院，在城北关厢，房屋三间，额设孤贫三名。

普济堂，在城西门外三官庙旁，与留养局同院，共屋八间。

育婴堂，在城北关厢，房三间。

卷四 食货志

《禹贡》则壤成赋①,《周礼》兴锄利甿,什一②行而颂声作,自古为昭已。壶邑虽地瘠民贫,然际③国家重熙累洽,岁庆丰登,而犹恤荒之诏屡下,蠲赈之恩频颁。生斯际者,何其幸也。况户口之减增,丁徭之多寡,均关经画之大焉。详核之,以见取民有制,俾安耕凿④者,蹈德⑤咏仁于无穷云。

注释:
①则壤成赋:根据土地的上中下三等来确定征收财物赋税。
②什一:❶十分之一。❷古代赋税制度,十分税一。
③际:❶交界或靠边的地方。❷适逢其时;正当。
④耕凿:为耕田凿井,泛指耕种务农。后常用"耕凿"形容人民辛勤劳动,生活安定。
⑤蹈德:谓以歌舞褒扬德政。南朝宋范晔《后汉书·班固传下》:"下舞上歌,蹈德咏仁。"

田 赋

壶关县原额实在上中下四则共熟地三千七百五顷五十四亩六厘零。上地九百四十七顷六十亩九分四厘,中地二千四百四十六顷八十亩一分六厘零,下地三百顷一十二亩九分五厘零,更名田下下地一十一顷。

以上共征地银二万八千六百两五钱五分二厘,内有免耗匠价银九十四两五分,遇闰加征起解银四两四钱。酒科银三十两五钱。

丁 徭

康熙五十二年,钦奉恩昭,以康熙五十年审定丁册,定为常额。续生人丁,永不加赋。

壶关原额下上下中下下三则，共丁二万二千七百六十七丁。下上则二十六丁，下中则三千二百三十九丁，下下则一万九千五百二丁，以上共征丁银三千一百二十六两九钱六分。

通共地丁匠价酒课共银三万一千七百五十八两一分三厘，遇闰加征起解银四两四钱。本色米一石三斗六升零。

乾隆二十九年，裁平顺县，田赋并入壶关原额实在上中下三则共熟地四百五十九顷三十六亩九厘零。上地一百四十八顷二十亩七分五厘零，中地二百六十顷二十三亩一分六厘零，下地五十顷九十二亩一分七厘零，以上共征地银三千一百五十五两三钱九厘零。又匠价银二两四钱五分二厘零，遇闰加征银四两八分三厘零。酒课银六钱。

平顺县丁徭并入壶关，原额下中下下二则共丁三千二百六十九丁。下中则八十四丁，下下则三千一百八十五丁，以上共征丁银六百三十七两七分。

通共地丁匠价酒课共银三千七百九十五两四钱三分一厘零，又潞黎二县移关地丁银一十一两九钱六分三厘零，共银三千八百七两三钱九分五厘零。遇闰加征起解银四两八分三厘零。

以上田赋合并上中下及更名田，共地四千一百六十四顷九十亩一分五厘零，共征地银三万一千七百五十五两八钱六分一厘零。又匠价银二两四钱五分二厘零，又酒课银三十一两一钱，又潞黎二县移关地丁银一十一两九钱六分三厘零。四项共银三万一千八百一两三钱七分七厘零，遇闰加征起解银八两四钱八分三厘零。

以上丁徭合并三则共丁二万六千三十六丁，共征丁银三千七百六十四两三分。合计两县地丁钱粮匠价酒课并潞黎移关地丁银两，通共征银三万五千五百六十五两四钱七厘零，遇闰加征起解银八两四钱八分三厘零，内起运银三万四千五百四十七两七钱五厘，存留银一千一十七两三厘。

户　口

定例五年清查一次，现在编审，道光年分实计：壶关县共二万八千五百二十六户，分隶平顺县五千八十九户，共三万三千六百一十五户。

壶关县共男六万七千五百丁，女四万九千八百七十三口。分隶平顺县，共男一万七千八百二十四丁，女一万一千五百六十九口。

以上共男八万五千二百三十四丁，女六万一千四百四十二口。

仓　储

常平仓，中、正、和、仁、义、礼、智、信廒共八座，现共实贮谷一万五千六百四十四石零。贵时存七粜三，价平存七借三，加一收息。遇七分以下年岁免息，八分年岁加息。

社仓，旧志载四处。今可查者，晋庄村，旧贮谷三百一十七石零。余皆废。

义仓，旧志载七处。今可查者，北关厢，旧贮谷六百一石零；固村，旧贮谷三百二十七石零；乌落村，旧贮谷六十四石零。余皆废。

按：社义二仓，民间自为备荒而设也。据府志，社仓四处，共贮谷三千九百九十余石。义仓七处，共贮谷三千一百一十余石。旧规俱系每岁借五存五，择里中公正者膺仓正、仓副经理。法良意美，前人计之至审。厥后仓正、副不得其人，出入每多不公，不免就中侵蚀。即有一二正直，又复避劳避怨。历久天雨连绵，仓廒浸坏，谷多霉烂。各村殷实之户，一闻接充，非远扬以避，即钻营移祸，是利民适以病民耳。嘉庆年，邑令汪求妥处法，义仓粜去东林、树掌、辛村、龙镇四处，社仓粜去冯坡、程头、长宁三处，邑中豪强或借以肥私囊。名为除害，却非善策。其余各仓，经理无人，亦多霉烂无存。古人云，有治人无治法，岂虚语哉！

税　课

田房正税[①]，共银三两九钱三分九厘，盈余尽收尽解。

牲畜正税，共银五两九钱四分五厘，盈余尽收尽解。

牙帖[②]税，银一十六两。

当税，银四百二十五两。按：此亦无定额，视典铺多少为率。

黄丝、黄丝木柜铺垫[③]等项，每年共银二百六十四两零。俱系在官捐廉[④]批解[⑤]。

解绢绸、呈文纸张等费，每年共银一百七十五两零。俱系在官捐廉批解。

平好二铁，每年共银五百六十两零。俱系在官捐廉批解。

注释：

①正税：旧时指田赋、丁税等主要税收。

②牙帖：旧时牙商或牙行的营业执照。明清牙商营业须呈请官府批准领取牙帖方可。官府发给牙帖时收取帖费，亦称牙税。帖费一般按资本或营业额分为上中下三等。乾隆时帖费最高，为银三两。

③铺垫：此指打通宫廷关节的财物。

④捐廉：旧谓官吏捐献除正俸之外的养廉银。

⑤批解：解送犯人或货物的公文。

裁骡行记①

骡行之设，州县多有之。名为便公，而实则病民。差遣非人，往往借官为名，沿途把持。往来行旅，任其需索。此律所以有关津留难②之禁也。

壶邑与豫省接壤，虽非险要关津，而留难则一。闻前有骡行，每岁二三月，民间养骡马一头，贴大钱一千七八百文不等，发给执照以为凭，未完者票唤当差，其弊不一而足。嘉庆年，知县汪③以地非冲途④，因为裁革⑤。自养马匹，以备公用，民甚便之。金⑥甫⑦历任，有禀请复设者。严行批驳存案，永著为例。附记于此，后之司牧⑧，庶得有查考云。

注释：

①裁骡行记：此文系知县茹金所撰。

②留难：无理阻止；故意习难。

③知县汪：此指知县汪勋，清嘉庆十三年（1808）任。

④冲途：犹通衢；大路。

⑤裁革：裁汰革除。

⑥金：此指本文作者知县茹金。

⑦甫：刚刚；才。

⑧司牧：管理；统治。《左传·襄公十四年》："天生民而立之君，使司牧之，勿使失性。"

盐　引①

壶关县原额盐引三千六百六十九道，符引九十二道。乾隆十一年，复准蒲夏二县拨入壶关余引二十四道。乾隆二十九年，裁平顺县，拨回额引五百八十八道，符引十五道。嘉庆十八年，奉文加吉兰泰②拨运活引七名三十七引，共八百七十八道。

注释：

①盐引：古代官府在商人缴纳盐价和税款后，发给商人用以支领和运销食盐的凭证。始于宋代。

②吉兰泰：系内蒙古自治区阿拉善左旗下辖镇，境内已探明地下矿藏有盐、铜、铁、金等，其中盐储量1.14亿吨。

《重修真泽庙记》，宋渤撰书，元至元七年（1270）勒石。在道光《壶关县志·艺文志上·文类》中名为《重修真泽二真人祠记》。碑拓载《三晋石刻大全·长治市壶关卷》（张平和主编，三晋出版社2014年版）第22页

卷五　官师志①

古者分茅胙土②，诸侯世国，各君其民。至郡县制③立，而守令专司地治，封君惟享国租。然既有其名，不可没也。壶邑地僻土瘠，受封此地者，史少概见。至一张一弛，令行禁止，教化④之废兴，恒视司牧之贤否。自汉以来，最重守令。惜书阙有间，远而无征，书其人自北齐始，封爵附焉。作官师志。

注释：

①官师志：记述壶关县历代官吏。
②分茅胙土：古时天子分封诸侯，用白茅包些土给他，表示分封土地。
③郡县制：指对中国古代实行的中央集权体制下，郡县二级政权的地方行政制度（类似于行政区划）的总称。
④教化：儒家所提倡的政以体化，教以效化，民以风化，也指环境影响。《诗经·周南·关雎》："美教化，移风俗。"

官　制①

壶关县历代官制，设县令②一员，丞③二员，主簿④一员，尉⑤一员，典史一员，教谕一员，训导⑥二员，阴阳训术⑦一员，医学训术一员，僧会司僧会⑧、道会⑨司道会各一员。元设达鲁花赤⑩，位在知县上，明废。万历间，裁主簿。天启间，裁县丞、训导各一员。国朝因之。

注释：

①官制：政权机构的一个重要组织制度。清朝是中国历史上最后一个封建王朝，为加强中央集权，削弱、分化大臣权力，以防权臣篡位，建立了一套有别于以前各朝的官制。清朝官制有九品十八级，分中央官职和地方官职两类。
②县令：战国时期，三晋（魏赵韩）和秦称县的行政长官为令。秦汉时期，人口万户以上的县，县官称县令，万户以下的称县长。至宋代，县令只存虚名，以京朝官任其职，称知某县事，因而有知县的名称。元为县尹。明清时期，以知县为正式官名。

③丞：即县丞，始置于战国时期，为县令之佐官。秦汉相沿，主要负责文书、仓库事务。历代所置略同，唯晋及南朝宋无，或以主簿兼任。明朝规定，方圆不及20里者不设县丞。清代多不设。

④主簿：各级主官属下掌管文书的佐吏。魏晋以前主簿广泛存在于各级官署中，隋唐以后主簿是部分官署与地方政府的事务官，重要性减少。

⑤尉：此职起于秦汉时期，为县令佐官，掌治安捕盗之事。隋朝，改县尉为县正，随后恢复县尉称呼。唐初，再次改县尉为县正，不久重新恢复县尉称呼。宋辽金元时期，承袭唐制。明代，废除县尉职务。

⑥训导：在清朝之位阶为从七品。训导职能通常为辅佐府教授、州学正或县教谕，主要功能为负责教育方面的事务。

⑦训术：元明两朝注重阴阳学研究，在地方设立学校，学习天文与术数。明朝，地方设立阴阳学官。府级称正术，州级称典术，县级称训术。

⑧僧会：管理一县僧尼事务的僧官。清官修《清会典·礼部十一·祠祭清吏司》："凡僧官道官皆注于籍。"原注："直省僧官，府曰僧纲，州曰僧正，县曰僧会。"

⑨道会：清朝县级道教机构。清末民初赵尔巽等撰《清史稿·职官志三》："府道纪司都纪、副都纪、州道正司道正、县道会司道会，各一人。"

⑩达鲁花赤：蒙古语，原意为掌印者。由成吉思汗设立，广泛通行于大蒙古国和元朝，也就是督官。在元朝的各级地方政府里面，均设有达鲁花赤一职，掌握地方行政和军事实权，是地方各级的最高长官。

【北齐】

县　令

裴谒之详名宦。

【唐】

县　令

姚孝孙 陕郡人。　　　　　郑　巩 荥阳人，李抱贞妻父，见义阳王墓志。

【宋】

县　令

李元儒 济源人，徽宗时任，有乐氏二真人封号记。旧志入元县令，误。

县　尉

范　钺陈留人，有《静轩记》。　　武　栋见碑记。

【金】

县　令

温迪罕赛也见五龙山祷雨碣。

主　簿

王　宥本邑林青里人。

【元】

达鲁花赤

宋宁宗嘉定五年，蒙古置达鲁花赤，位在县尹上，犹华言掌印官也。

换　只至元年任。　　　　　　　怯　来见王天利碑记。
塔里赤延祐年任。　　　　　　　忽　仙监县，见张时髦碑记。
晁仲璧都监，见王天祐碑记。　　郭　成都监，见王天利碑记。

县　尹

王　全见玉皇庙碑记。　　　　　郅　朗肥乡人，至元间任，详名宦。
牛天麟至元间任。　　　　　　　郅　明至元间任。
魏　郁见王天利碑记。　　　　　张　德泽州人，延祐初为主簿升本县尹。
崔　显延祐年任。　　　　　　　孙达卿见碑记。
张时髦本县进士，见碑记及旧志。

教　谕

程秉直见碑记。　　　　　　　　韩仲元至元十七年任。
郭国维见王天祐碑记。　　　　　郭祖仪大德六年任。

主 簿

叶仲和至正间任。　　　　　　　劫思恭见王天祐碑记。
淳　祐至元年任。　　　　　　　贺　福至元十八年任。
石天瑞见王天利碑记。　　　　　韩思齐延祐年任。
郭　璋主簿兼尉。　　　　　　　仲　贤见张时髦碑记。
耿致道　　　　　　　　　　　　张　德见上。

县 尉

按　坦见王天利碑记。　　　　　宋赛因不花

典 史

刘舜元　　程孝卿　　刘抟霄　　杨仲丙　　李思温俱见碑记。

办课官

纥　解见碑记。

【明】

知 县

吕士安以字行，洪武初任。　　　张　鲲
沈　溥洪武年任。　　　　　　　马　成洪武年任，详名宦。
孔　阳永乐年任。　　　　　　　张　著永乐年任。
马　兴永乐年任。　　　　　　　张　敏宣德年任。
靳　清　　　　　　　　　　　　兰　兴正统年任，增修城垣。
杨　劲陕西三原人，举人，天顺年任，详名宦。
刘　仪成化年任。　　　　　　　杨　训成化年任。
王　祐山东金乡监生，成化十四年任，详名宦。
任　式浙江慈溪人，成化二十三年任，详名宦。
朱　锦顺义举人，弘治年任。
刘　铉任丘监生，由序班升，弘治十五年任。

张　激汲县举人，弘治十八年任。

曹　纪西安举人，正德三年任。

吴　方完县举人，正德九年任，详名宦。

张友直三原举人，正德十四年任，详名宦。

江　东霸州人，嘉靖七年任。

屈守直东光县举人，嘉靖八年任。

杨时中故城监生，由判官升，嘉靖九年任。

邱　铠乾州举人，嘉靖十一年任，详名宦。

牛　恒陕西武功进士，嘉靖十六年任，详名宦。

吴　杰河南杞县举人，嘉靖二十年任，详名宦。

李用敬山东益都进士，嘉靖二十一年任，详名宦。

段　锦山东恩县进士，嘉靖二十七年任，详名宦。

王宏兆锦衣卫举人，由教谕升，嘉靖三十一年任。

徐　行西安举人，嘉靖三十五年任，升四川涪州知州。

何永庆怀庆仪卫司进士，嘉靖三十八年任，升兵部主事，官至通政，继辑邑志，见旧志序。

张　白青城举人，嘉靖四十一年任。

奈邦奇凤翔举人，隆庆元年任，详名宦。

李逢时涉县举人，隆庆三年任。

王允中固安举人，万历三年任，升汉中府通判，详名宦。

胡　锭光山举人，万历七年任。

李　翠泽县人，由恩贡任，升归德通判。

刘　宪益都举人。

骆无逸河南举人。

张　祥潞县举人。

赵汝梅铁岭举人。

刘华鲁掖县人，由选贡任。

梁云梯太康举人，万历二十三年任。

文运际三水人，由选贡任。

胡惟观桃源人，由选贡任，碑作胡惟觐。

王正修河南洛阳举人。

方应明光州进士，详名宦。

齐君荣山东信阳进士，调长治。

边　檑任丘举人。

郭维宁洛阳举人，万历四十年任，升石屏知州。

智　健元氏人，选贡，万历四十七年任。

杨学程陕西西乡举人，天启二年任，详名宦。

衡佳际河南贡士，天启五年任。

张绳皋云南举人，崇祯元年任，详名宦。

栾应期辽东贡士，崇祯四年任。

谢　价山东朝城举人，崇祯七年任，升太原府西路同知。

刘士英陕西咸宁举人，崇祯十一年任，升怀庆府同知。

黄元经广东南海进士，崇祯十四年任。

郭朝凤陕西安化拔贡，崇祯十五年任。

县　丞 天启四年裁

陈　钦洪武元年任，详名宦。

郭　柏闽县进士，洪武三十年任，详名宦。

王　行正统年任。

徐　昌真定人。

朱　伟宣德年任，旧志无此下三人，从碑记增入。

庞　通宣德年任。

秦　能宣德年任。

潘　经成化年任，见碑记。

张　经嘉靖年任。

钱　杰　　　　祁鹤龄　　　　李　然

王东周肤施人。

杨思礼徽州人。

赵　鸾宁海州人。

魏　昊渭源人。

郭　礼渭南人。

裴　瑀宣府龙门卫人，升永寿知县。
黄　谨浙江建德人，升工正。
夏　相济宁州人，嘉靖四十二年任，旧志无，照题名碑增入。
李时用余姚人，嘉靖年任。
张　芳沧州监生，隆庆二年任。
王　礼完县人，详名宦。
王嘉成醴泉人，隆庆五年任。
成　文齐东岁贡，万历元年任。
高　远醴泉贡生，万历三年任。
谷　峦丰润监生，万历五年任。
牛　林千阳选贡，万历七年任。
何景贤甘州贡生。
杜　楠陕西监生。
袁希旦武昌吏员。
赵　衡临洮选贡。
聂精白安县选贡。
崔　科河南睢州贡士，直介不畏强御，升州判。
胡宗宏辽东金州选贡，万历三十年任，旧志无，照题名碑增入。
韩丞勋顺天岁贡。
杨化民贡士。
吴瑞隆广东贡生。

教　谕

张　维祥符举人，正统元年任，详名宦。
李得春武功监生，天顺间任，以理学自励，改榆次教谕。
曹　兰咸宁举人，弘治年署，详名宦。
赵雍熙武功举人。
步　纪成化间任，见碑记。
许　琦咸宁举人，正德九年任，详名宦。
马　景南皮人，高平训导升任。

胡　渊卢龙人，嘉靖四年，由西安训导升。

韩居明淄川岁贡。

鲁　经顺天岁贡。

葛　惠永年人，升太原教谕。

王　宸永丰举人，升平原知县。

齐　锦博野县人。

郭　涞长安举人，升抚宁知县。

刘承芳费县人，升孟县知县。

王东山邹县人，升代府教授。

王朝润交城人，万历二年任。

杨于庭冠县人，万历十四年任。

韩　铣孟县人。

张邦彦安邑人。

刘应书获鹿人，万历二十年任。

杨应麟辽州举人，升安丘知县。

李　橘代州举人，万历二十四年任。

马　桢太原人，万历四十一年任。

梁国华密云人，万历四十五年任。

王　义繁峙人，天启二年任，升真定府教授。

秦廷柱曲沃举人，天启五年任。

张美益沂州人，崇祯元年任。

谢　价山东朝城举人，崇祯二年任，升本县知县。

赵一鹤邹县人，崇祯六年任，升潞安教授。

王三辅翼城人，崇祯十一年任，升真定教授。

训　导天启年裁一员

王进诚　　　　　　　　曹九龄

王克仁洪武年任。　　　王　宾本县人，解元，洪武初年任。

卢　庸见碑记。　　　　朱　木正统年任。

彭　卓安福儒士，景泰四年任。　张　冈南宫人，成化年任。

周岱纪见碑记。　　　　　　　　　　令　誉正德元年任。
韩　英　　　　　　　　　　　　　　焦　浩
钱　纪蕲县人。　　　　　　　　　　崔　源新城人。
李　昂广宗人。　　　　　　　　　　上官楷沔池人。
张　铨长葛人，嘉靖年任，见碑记。　陈　厚鸡泽人，嘉靖年任。
李世荣山东人。　　　　　　　　　　孙光表景州人。
韩　升商南人。　　　　　　　　　　薛东儒宜阳人。
王　京孟津人。　　　　　　　　　　国　寿滨州人。
马体云泰州人。　　　　　　　　　　赵孝祖齐东人。
唐　华宁羌人。　　　　　　　　　　任守成郐阳人。
王振武文水人。　　　　　　　　　　秦世光崞县人。
高应魁大同人。　　　　　　　　　　韩廷聘洪洞人。
宋延龄安邑人。　　　　　　　　　　霍朝纲马邑人。
武　备文水人。　　　　　　　　　　李起凤衡水人。
李　维荣河人。　　　　　　　　　　郝　邢祁县人。
薛邦玉河津人。　　　　　　　　　　迪民性稷山人，万历二十三年任。
高　柏保定人，二十三年任。　　　　贾昌麟舞阳人，万历二十四年任。
张汝阶广平人，四十年任。　　　　　马载图文水人，四十四年任。
郑文熺平阳人，天启元年任。　　　　刘日示徐沟人，天启三年任，升和顺教谕。
樊育奇临汾人，三年任，升崇信教谕。常应龄芮城人。
张　桂岚县人，崇祯三年任，升崞县教谕。
兰道芳岢岚人，崇祯五年任，升沁源教谕。　张思聪大同右卫人。
解州俊稷山人，崇祯十一年任，升崞县教谕。莫尔齐平胘人，崇祯十二年任。
李　岩解州人，崇祯十四年任。

主　簿万历年裁

杨文彬　　　　　　　　　　　　　　李传心
梅之尹以上洪武年任。　　　　　　　高　魁见碑记。
扈　恪见碑记。　　　　　　　　　　潘　钱以上正统年间任。
李应举成化年任。　　　　　　　　　陈　谟正德元年任。

李茂华褒城人，正德年任。　　　徐　环恩县监生，嘉靖年任，升绛州州判。
王　溥　　　　　　　　　　　马　伟开封人。
谭　润　　　　　　　　　　　李尧相濮州人，宽平廉靖，职业修举，升万泉县丞。
屈　迪　　　　　　　　　　　邵宗舜
罗　相德州监生。　　　　　　乔　岳章丘人。
武　相临城监生，嘉靖四十年任。　冯继祖赵州人，嘉靖四十四年任。
刘鹤征新安监生，隆庆二年任。　　程　范郿城监生，五年任。
丁嗣基诸城人，万历二年任，碑作王嗣基。
刁尚质威县岁贡，万历五年任。　　翟世瞻鸡泽人。
谢　楷徐州人。　　　　　　　　　王从谏延安人。

典　史

崔好古洪武元年任。　　　　　马遵道
高　坚见碑记。　　　　　　　王　昭以上洪武时任。
伊　俊成化年任。　　　　　　苗　秀正德年任。
贺　泰　　　　　　　　　　　赵孟吉
吴　淮以上正德时任。　　　　郭　杰阜城人，嘉靖年任。
朱　汉宁夏人。　　　　　　　王　怀
师　瑞浙州人，疑应作浙江人。　张　现
张继芳　　　　　　　　　　　袁　礼浙江奉化人，吏员。
成添禄　　　　　　　　　　　钱　谷霍邱人。
李应辉通州人，碑作王应辉。　　任　时乾州人。
冯慎动新乡人。　　　　　　　魏良相兰州人。
孙　实富平人。　　　　　　　徐汝俊余姚人。
谷　宾延庆州人。　　　　　　方好公寿光人。
田　松以下三人，见题名碑。　　李宗正
黄学相　　　　　　　　　　　赵三乐新野人。
龙翔云湖广人。　　　　　　　何天衢广西人。
王化新江西人。　　　　　　　方之哲湖广人。
黄应甲南直人。　　　　　　　周　绳陕西人。

党时振陕西人。　　　　　　王溪诰陕西人。
陈三策福建人。　　　　　　傅际圣陕西人。

【国朝】

知　县

郭腾跃高阳举人，顺治元年任，行取刑部主事。
王者相山东恩县选贡，顺治三年任。
薛胤隆陕西韩城进士，顺治四年任，详名宦。
袁秉铨江南金坛进士，顺治五年任。
王鼎臣真定进士，顺治七年任，正直宽平，以目疾去，士民惜之。
朱　辅浙江崇德副贡，顺治十一年任，详名宦。
钱国玺丹徒拔贡，顺治十八年任，升本府通判。
王弘道镶红旗人，康熙十年任。
曹有光江南绩溪进士，康熙十二年任，详名宦。
章　经浙江富春贡监，康熙十七年任，详名宦。
薛　侯陕西三原举人，康熙二十三年任。
钱世泷浙江仁和贡生，康熙二十五年任。
施是彝上海例监，康熙二十八年任。
张永宁河南洧川贡生，康熙三十年任。
张逸少丹徒进士，康熙四十一年任。
安于仁直隶祁州进士，康熙四十二年任，详名宦。
吴之锜浙江仁和进士，康熙四十七年任，详名宦。
冯云燡金坛贡生，康熙五十八年任，详名宦。
万绳祐湖广麻城进士，雍正元年任。
陈如平四川雅州举人，雍正二年任。
许　溥直隶长垣举人，雍正八年任。
朱礼陶江西高安贡生，雍正十年任，详名宦。
颜肇亮曲阜贡生，雍正十一年任。
詹绍文四川筠连拔贡，乾隆二年任。
刘汝翼贵州黄平举人，乾隆四年任，详名宦。

王　达镶蓝旗举人，乾隆八年任。
李维榛尉氏进士，乾隆十三年任。
宋　熙胶州进士，乾隆十五年任。
马　琛贵州贵筑进士，乾隆十八年任，详名宦。
陈　诚福建莆田举人，乾隆二十一年任。
熊暄吉江西新昌举人，乾隆二十三年任。
刘延芳祥符举人，乾隆二十五年任。
李文彬奉天锦县举人，乾隆二十七年任。
李文汉江西金溪人，乾隆二十九年任。
杨　宸顺天举人，原籍江苏武进，乾隆三十年任。
乔应发河南嵩县举人，乾隆三十四年二月任。
秦之柄湖北汉川进士，乾隆三十四年四月任。
向　峈四川涪州举人，乾隆四十三年任，详名宦。
李元镳江苏举人，乾隆五十四年任，详名宦。
程　安顺天人，祖籍安徽，嘉庆六年任。
汪　勋安徽监生，嘉庆十三年任，详名宦。
顾麟趾陕西临潼监生，嘉庆十七年署任，详名宦。
张文鳞湖北罗田举人，道光元年任，详名宦。
茹　金陕西汉阴厅人，进士，现任。
刘应昌奉天举人，现署任。

教　谕

李元泰石楼人，顺治二年任，升太原教授，品行端洁，与物无竞。
武作龄大同人，顺治四年任。
崔　珩绛县人，顺治年任，详名宦。
何太奇大同人，顺治十年任，升太原府教授。
常　在高平举人，顺治十二年任。
张瑞锦临汾人，康熙十六年任。
姚　玟康熙二十八年任。
郝之芳汾阳人，康熙三十一年任。

郑昆瑄康熙三十四年任。

王　汧乡宁人，康熙四十四年任。

岳　桓岢岚人，康熙四十六年任。

卢兆麟阳曲人，康熙五十六年任。

黄　鉴闻喜人，雍正五年任。

于奋麟盂县人，雍正六年任。

王乾震汾县人，雍正八年任。

黄旌略襄陵人，乾隆十年任。

程廷湖岚县人，乾隆十八年任。

王善应清源人，乾隆二十年任。

王执蒲平定人，乾隆二十七年任。

齐继吕乾隆四十六年任。

胡其敬

张　梅乾隆五十九年任。

张维忠嘉庆七年任。

石家绍翼城选贡，嘉庆二十年任。

张　芳太平副贡，道光三年任。

吕鸣岐汾阳举人，现任。

训　导

郝　檀大同右卫人，顺治三年任。

张五礼蒲州人，顺治四年任。

王甲根繁峙人，顺治九年任，力学敬事，士皆悦服，升为大宁教谕。

侯　咨浮山人，顺治十三年任，多士矜式。

高廷选天镇人，康熙五年任。

王　毕保德人，康熙九年任，升建昌县丞。

韩　正康熙二十四年任。

薛加贵芮城人，康熙二十七年任，府志作薛如贵。

李景泰朔州人，康熙二十八年任。

陈子雅隰州人，康熙二十四年任。

范复铉威远卫人，康熙四十一年任。

康　晃康熙五十二年任。

乔　晄洪洞人，康熙五十六年任。

刘　杲大同蔚州人，雍正四年任。

黄正芳大同人，雍正九年任。

李　霖汾阳人，乾隆七年任。

卫　勤临汾人，乾隆十年任，府志作卫动。

赵　绅左云人，乾隆二十六年任。

孙　悉凤台人，乾隆三十二年任。

吕天培乾隆四十九年任，详名宦。

王鸿儒嘉庆六年任。

陈　滏举人，嘉庆十六年任。

裴　铭举人，道光元年任。

蔡师齐神池人，道光五年任。

邢　铨忻州人，署任。

张鼎铭洪洞人，现署任。

宋　藩临汾岁贡。

玉峡关巡检今裁，见平顺志，附入。

李　杰江南高邮州人，顺治十三年任。

薛以伸大兴人，康熙元年任。

高　湛山阴人，康熙十一年任，廉俭惠民，恪尽其职。

刘世琏慈溪人，康熙二十五年任。

王名标河南祥符人，康熙三十一年任。

张天安江南青阳人。

陈　煜江南德化人。

高玉麟浙江钱塘人。

典　史

胡式训宛平籍，浙江人。

杨日泰霸州人，升江南瓜埠巡检。

魏济满岐山籍，临潼人，顺治十三年任。

袁学闻杭州人，顺治十八年任。

杨绍业宝鸡人，康熙五年任。

丁弘基绍兴人，康熙八年任。

周习正华州人，康熙十三年任。

易见龙会稽人，吏员，康熙二十三年任。

胡　浚会稽人，康熙二十六年任。

古有义富平人，吏员，康熙四十六年任。

夏云凤

戴士达山阴人，康熙五十四年任。

张大观历城人，雍正十年任。

祝志远山阴人，乾隆七年任。

潘凤来山阴人，乾隆三十四年任。

吕仕正芜湖籍，大兴人，乾隆三十五年任。

何学易乾隆四十三年任。

赖　桐嘉庆十一年任。

程廷楷嘉庆十五年任，详名宦。

周玉麟浙江萧山人，现任。

驻防城守外委把总

张付昌解州人。

田增福平阳人，嘉庆年间阵亡，其子世袭守备。

王金玉　　　　　　　　　许　德临汾人，现任。

阴阳训术

郭　谅邻之子，成化年。　　　　郭　收荣之子。
闫　恩举人希思父，勤俭朴雅，礼重儒绅，襄垣尚书刘龙志其墓。
程天德顺治十五年任。　　　　　王君辅乌落村人。
王　璋　　　　　　　　　　　　王廷仕
王廷臣　　　　　　　　　　　　王　讲
王锡安

医学训术

郭　经弘治年任。　　　　　　　赵时昌
赵　璨　　　　　　　　　　　　赵昆璜
赵克敬　　　　　　　　　　　　苗沃培
林开甲　　　　　　　　　　　　王　乔
王名发乔之子，现任。

僧　会

性　环现任。

道　会

晋思旺现任。

封　爵

【商】

黎，《尚书孔传》：黎，近王畿之诸侯，在上党东北。《史记正义》曰："黎国，汉之上党郡，壶关所治黎亭是也。"

微子，《魏书·地形志》：壶关有微子城。《尚书孔传》：微，圻[①]内国名，子爵。《史记正义》曰："微国，在畿内，先儒相传为然。"按：今潞城有微子岭，距壶关五十里。

注释：

①圻（qí）：❶名词，畿；京畿，指天子直辖之地，亦指京城所领的地区。❷量词，方圆千里之地。

【周】

黎，《左传》杜预注：黎氏，黎侯国。《文献通考》：侯爵，国在上党壶关县。后为狄人所逐，弃其国而寄于卫。黎之臣子作《式微》《旄邱》二诗。

皋落氏，《左传》：晋太子申生伐皋落氏。《后汉书·地理志》：壶关县下注云《上党记》：东山在城东南，晋申生所伐，今名无皋。

【汉】

壶关侯刘武，孝惠养子，孝惠元年四月封。六年晋淮阳王。

名　宦

朱邑①桐卿，栾公②齐社，民怀遗爱，即瞽宗③盛典也。壶关名宦，北齐后崇祀者，仅得郅杨而下五六人。然自元明及今，其间修坠举废，泽在生民，虽未尽列名禋，亦足系人讴思。书于册，俾后之牧斯土者，览斯编而慨然兴曰："此皆前人抚字之苦心，留于口碑而垂范不朽者也。"愿为良吏，不愿为能吏。④其设施必更有进于是者。甘棠遗爱⑤，自是益远矣，作名宦志。

注释：

①朱邑：字仲卿，庐江舒县（今安徽省巢湖市庐江县）人，西汉官员。朱邑初任桐乡（今安徽省安庆市桐城市）啬夫，掌管一乡的诉讼和赋税等事务。他处处秉公办事，不贪钱财，以仁义之心广施于民，深受吏民的爱戴和尊敬。数年后升任卒史（官署中的属吏），朱邑兢兢业业协助太守发展生产，处理日常事务，显示出卓越的才干。汉昭帝时，朱邑被举荐担任大司农丞。汉宣帝时，升任北海太守。西汉地节四年（前66），朱邑因政绩、品行第一，入任大司农，掌管全国租税、钱谷、盐铁和财政收支，可谓朝廷重臣。西汉神爵元年（前61），朱邑去世。

②栾公：即栾布，西汉梁国人，政治家。因为彭越收尸、据理力争而被汉高祖看重，汉景帝时吴楚七国之乱，栾布以击齐之功，封鄃侯，出任燕相，西汉中元五年（前145）逝世。燕齐的乡民祭拜栾布为土地神，都为他立社，号栾公社。

③瞽宗：商朝的学校名称，除庠、校、序以外，还出现学、大学、瞽宗等称谓。西周的大学也称为辟雍，也叫学宫，其四面有四座教学建筑：东为东序，西为瞽宗，北为上庠，南为成均。

④愿为良吏，不愿为能吏：古人云"能吏寻常见，公廉第一难"，道出既廉且能的良吏之可贵。

⑤甘棠遗爱：旧指颂扬官吏的政绩。甘棠，即棠梨树。遗，留。爱，恩惠；恩泽。唐刘禹锡《答衢州徐使君》诗："闻道天台有遗爱，人将琪树比甘棠。"

【北齐】

裴谒之，字士敬。其先闻喜人，徙居解县。士敬少有志节，好直言。齐文宣末年昏纵，朝臣罕有言者。谒之上书正谏，言甚切直，文宣将杀之。白刃临颈，谒之辞色不变。帝曰："痴汉何敢如此！"杨愔曰："望陛下杀以取后世名。"帝投刃叹曰："小子望我杀尔，取后世名。我终不成尔名。"遣人送出。齐亡，卒于壶关令。

【宋】

苗时中，字子居。其先壶关人，家宿州。以荫入官，为潞州司法参军事①。郡守欲入一囚于死，执不可。守怒，责其峻。时中曰："宁归田里，法不可夺。"守悟而听之。熙宁中，为河东转运使。终户部侍郎。

【元】

郅朗，肥乡人。至元间任壶关县，政平讼简，整饬学校；遇旱蝗，祷雨辄应，蝗不为灾。升本州同知，入名宦。

【明】

陈钦，洪武初，任县丞，创建县署②及坛壝③铺舍。

郭柏，福建闽县进士。洪武初，任县丞。存心仁恕，凿惠泽池于南关，迄今赖之。碑详艺文。

马成，洪武二十四年任。兴学举贤，政绩可观。

张维，祥符人，正统初教谕。教有成绩，升浙江道监察御史。

杨动，陕西三原举人，天顺二年任。为政有方，民到今思之。入名宦。

王祜，金乡监生，成化十四年任。锄强扶弱，四民④乐业，后以忧⑤去，送者载道。入名宦。

曹兰，兰州人，弘治间教谕。学问赅博⑥，尤善启迪。后登进士，仕至山东巡抚。旧志作咸宁人。

许琦，咸宁举人，正德间教谕。讲学不怠，尝夜行黉舍，闻诸生有咿唔声，必手持酒果劳之，若子弟然。恩义勤笃，历升平阳府同知。

吴方正，完县举人，正德九年任。才识明敏，任事不避仇怨。

张友直，三原县举人，正德十四年任。舒徐温雅，辑县志，未就，升任去。

吴杰，字汉甫，杞县举人，正德二十年任。孤介廉洁，不苟同世俗。举于乡，犹躬耕自给。母亡，贫不能葬。流贼至，杰守母柩不去。及莅官，衣大布衣，食脱粟饭。甫四月，储仓谷二千余石。有故人稔其治行，欲荐诸朝。杰曰："使我贤耶，荐不必公；使我不贤耶，公不必荐。"后卒于官，至不能为殓。同官醵钱赙焉，其妻弗受，曰："吾夫生平不爱一钱，岂以死易哉？"闻者高之。旧志作吕杰，通志、府志俱作吴。又府志、旧志俱作嘉靖间任，今姑从《通志》。

辛应乾，安丘人，嘉靖间，以进士知壶关县。德量宽宏，颓废修举，升主事。按：府志，辛应乾，安丘进士，嘉靖间长治知县。德量宽宏，颓废修举，祀名宦。《通志》载作壶关知县，误，存以俟考。

邱铠，陕西乾州举人，嘉靖间任。有干济⑦才，百务振举，后升浑源州知州。

牛恒⑧，陕西武功进士，嘉靖间任。德量宽洪，仪度温雅，颓废俱兴。著《牧羊说》。十六年升户部主事。

李用敬，山东益都进士，嘉靖间任。性简易，不尚刻核，讼狱以片辞决之。有未服者，听其言颇直，悉心推鞫，不徇己见，质成之下，皆以为无冤。后入为给事中。累官至通政使。祀名宦。

段锦，山东恩县进士，嘉靖间任。严毅有威望，临民以庄，尝规人情土俗为科条揭通衢。宿猾巨奸，咸为慑伏。后擢陕西道御史，累官布政使参议。

王礼，完县人，嘉靖间任县丞。有执持，能自爱，数折疑狱。民程虎山者，尝杀人，藏其尸，以无左验，不坐罪。礼奉委往检，忽风起马前。礼曰："此冤气也。"随风迹之，果得尸，虎山论如法。后升周府纪善。

奈邦奇，凤翔举人，隆庆间任壶关。自给谏段侍御之后，渐成凋罢。公清俭持己，虚心接物，行之以恕，与民休息，不扰民而民惟恐违其意，还定安集，闾里为之改观。升同知，民恒念之。

王允中，直隶固安举人，万历间任。宽厚不扰，民赖以安，升通判。

方应明，光州进士，万历间任。廉明公正，断狱如神。多所兴革，民立祠祀之。著有《治壶论》《日中碑》诸刻。调洪洞令。

杨学程，陕西西乡进士，天启二年任。莅政明敏，持己谦洁。拓文庙学宫，诱掖士林，孜孜不怠，市里阛阓皆为改观。革仓役之累，民永便之。

张绳皋，云南举人，崇祯元年令壶关。不轻出一票以扰民。创建县宅，不劳民力，尤为得法。

注释：

①司法参军事：官职名。唐高祖武德初改司法行书佐置，为三都、六府法曹长官，执法理狱，督捕盗贼，迫赃查贿；上州置二员，中州置一员，下州置一员。宋朝诸州置，掌议法断刑。

②县署：县级行政单位执行公务的处所，俗称县衙。

③坛壝（wěi）：❶古代围绕祭坛或行宫的矮墙。❷筑土围墙。❸坛、埠的通称，也特指周围有矮垣的坛。

④四民：旧称士、农、工、商为四民。《尚书·周官》："司空掌邦土，居四民，时地利。"

⑤忧：即丁忧，遭到父母的丧事。古代官员的父母死去，官员必须停职守制。丁，遭逢；遇到。唐房玄龄等《晋书·袁悦之传》："始为谢玄参军，为玄所遇，丁忧去职。"

⑥赅博（gāi bó）：渊博。

⑦干济：❶犹言成就。❷谓办事干练而有成效。

⑧牛恒：陕西武功（今陕西省咸阳市武功县）进士，明嘉靖十六年（1537）任壶关县知县，后升户部主事。德量宽洪，仪度温雅，颓废俱兴，著有《杨汝中墓表》等。

【国朝】

薛胤隆，韩城进士，顺治四年任。飞蝗入境，斋宿以祷，蝗不为害。立品端亮，民咸敬之，以忧去。后补星子令，卒于官。

崔玪，绛县人，顺治间以举人任壶关教谕。姜逆之乱①城破，死之。按：崔玪，旧志作壶关人，岁贡，任绛县教谕。姜逆破城，死节。府志有岁贡崔玪，任绛州学正，而不云死节。《通志》则云绛县举人，任壶关县教谕，姜逆之乱死节。壶志则无教谕崔玪，而《通志》亦无别见。恐旧志误于传闻，抑省志笔误耶。事关忠孝，不敢辄删，故两存以俟考。旧志。

　　朱辅，浙江崇德人，顺治十一年任。为政慈祥，兴废举坠，多善政。升四川简州知州。入名宦。府志作秀水人。

　　曹有光，绩溪进士，康熙十二年任，卒于官。性淡泊，食不兼味。或以苞苴②竿牍③进，直斥之。政以严济宽，雅符国侨④、武侯遗意。椎埋⑤胠箧⑥胥敛迹。卒之日，图书数卷，几无以殓。邑童叟胥为流涕。入名宦。

　　章经，浙江贡生，康熙十七年任。清正慈惠，宽宏端雅，课士爱民，兴废剔弊，远近歌颂。修治城池，随地势高下，筑堰障水。民共为立石，名章公堰。利泽冠于他池，至今赖之。

　　安于仁，祁州进士，康熙四十三年抵任。性宽和，凡听民讼，霁色和声，不数语而解纷。劳于抚字，民至今德之。

　　吴之锜，仁和人，康熙四十七年以进士谒选任壶。明果有干略，剔弊厘奸，无所假贷。工书，尤善八分⑦。后以艰去⑧，惟图书数箧而已。

　　冯云燝，金坛人，康熙五十八年由例贡授壶令。善属文，而口绝不谈艺。同列或有以著作夸示者，乃如其各稿赓续之，挥毫立就，不加点窜。为治简静不生事以扰民。公余即登山远眺，吟啸终日。尝有句云"错落南山影，终朝在印床"。可想其概矣。

　　许溥，长垣举人，雍正八年由教谕升授壶令。爱民礼士，尤明于听断。民有疑佣工私其妾者，苦无据，乃攫其妾之缠臂金一具埋之畜圈下，覆以荐草。比讼之官，诘其实，则曰："畜圈下埋有某物，系某妾私予者。"问："何以知其处？"民乃语塞，逮佣鞫之，察其无他，乃谕之，曰："汝疑佣，即逐之耳，何为诬之？"民愧谢去，人以为神。又尝辨一枉抑，其家感之，至铸生铁像以祀。后以目疾去，人咸惜之。

　　朱礼陶，高安人，雍正十年任。民有罹法者，将予杖，必蹙额熟视。民呼吁急，即命释之，曰："民固无知，薄惩之足矣。"邑中一士语以郑子产水火之说，徐谓之曰："予省敲朴以待愿民⑨耳，至于巨憝⑩，如虎狼然，乃天地戾气所钟，岂因吾刑轻养成之乎！且彼苟犯吾法，未尝纵也。子奈何过计。"其人悦服。迄今人怀其惠，言及即感叹，至有陨涕者。

刘汝翼，黄平举人，乾隆四年令壶。持躬廉介，驭民宽厚。至于吏胥有过，则法一无所贷。在任五年，政和民又绰，有循声。

马璪，贵筑人，由进士选壶令。听讼最明察，奸顽慴遁。洁己爱民，至今人犹讴思。

秦之柄，湖北汉川进士，乾隆三十四年任。纂修县志，待绅士以礼。每接见，访民疾苦。民以事至县者，必谆谆劝谕。不纵役以滋扰，远迩称为家长。致政归，百姓攀辕，不忍去。其此书楹柱联云："数十年席帽毡衣，忆突烟常煮菜根，未可忘兹风味；百余里山纡谷邃，闻童叟例呼父母，何由副是称名。"今柱联已不存，尚为人传颂，其循迹可想见矣。

吕天培，系解梁举人，乾隆四十九年任训导。士林传其恬淡自守，最知贫士寒苦。其训诲勤恳，无异家塾，远近学者宗之。一时斋房黉宫，几不能容。刻有文稿行世。

向昴，四川涪州举人，乾隆四十三年令壶。性慈厚，多惠政，修理文庙、文昌宫、魁星楼，士民至今戴之。_{碑载艺文。}

李元镳[11]，江苏举人，乾隆五十四年任。性威严，有干济才。素不与人接，因公延请富民，寒暄外不假辞色。以故谨守理法，多所保全。邑旧有章公堰，废淤日久。公以民远汲为难，因其址修浚扩大之，增修龙王庙、乐水台及东西廊厢房数十间，为祷雨所。迄今甘和屡召，取汲甚便，旱魃[12]不能为虐，皆公力也。秩满，升河南通判。_{修堰碑记载艺文。}

汪勋，嘉庆十三年，由监生令壶。重士爱民，一政一令，悉惬舆情。其大者，裁骡柜[13]，禁包纳[14]，捐书院，本金付商生息于嘉惠士林之意，尤谆谆焉。

顾麟趾，嘉庆十七年署壶关县令，精明严肃。先邑市多无赖子，凌辱乡里，习以为常，商民苦之，至是，闻风敛迹去。会天旱，跣足往祷，归即甘雨应之。从者以雨衣进，却之曰："吾固欲其雨也。"摄篆[15]月余，风俗人情，遽为整饬。旋调他邑，去之日，商民饯送，自县至长邑界络绎不绝。

张文鳞，湖北罗田举人，道光元年任。公性强健。民以事至县，可保释即令保释，胥役不敢舞弊。逢县试，内外严密，所得皆真才。邑素古朴，流娼无所容。公抵任，有持荐书至者，严为惩逐，并出示晓谕。良家子弟，赖以保全。故在官名誉不著，去后人多追思之。

程廷楷，嘉庆十一年任壶关典史。温雅谦光，不以官骄火⑯。自奉俭素，恪守官箴，称贤尉焉。

注释：
①姜逆之乱：即姜瓖大同反正，又称戊子之变、姜瓖叛乱，是指南明时期在山西大同驻守的原明朝将领姜瓖降清后将兵反清复明。
②苞苴：蒲包，指赠送的礼物，引申为贿赂。
③竿牍：竹简为书，指书信，这里特指请托信。
④国侨：即子产，春秋时期著名政治家、思想家，姬姓，公孙氏（一说国、东里亦为其氏），名侨，字子产，历史典籍以子产为通称，亦称公孙侨、公孙成子、国侨等。
⑤椎埋：❶劫杀人而埋之，亦泛指杀人。❷盗墓。❸偷盗抢杀的恶徒或盗墓者。
⑥胠箧（qū qiè）：撬开箱箧，后亦为盗窃的代称。箧，小箱子。
⑦八分：即八分书，带有明显波碟特征的一种隶书，所以人们亦称分书或分隶。
⑧艰去：古人父母死亡，需要辞职归家守孝3年，不外出、不做官。去，去职；辞官。
⑨愿民：谨慎朴实之民。
⑩憨：❶怨恨；憎恶。❷灭亡。❸奸恶，亦指恶人。
⑪李元镠：江苏举人，清乾隆五十四年（1789）任壶关县知县，后升河南通判，有《章公堰改修石池劝捐序》《述堰池记》等。
⑫旱魃（bá）：旧时传说中引起旱灾的怪物。
⑬骡柜：亦称骡行，县衙组织赶牲口的脚户以便利城乡货物运输。久而生弊，脚户不堪其挠，对骡柜恨之入骨。
⑭包纳：即苞苴纳贿，谓受礼受贿。
⑮摄篆：代理官职，掌其印信。因印信刻以篆文，故名。
⑯火：暴躁或愤怒。

《新修潞州壶关县紫团山慈云院碑铭并序》，宋朝奉郎太常博士直史官权知潞州军州事柱国赐绯鱼袋董淳撰并书。碑拓载《三晋石刻大全·长治市壶关卷》（张平和主编，三晋出版社 2014 年版）第 19 页

卷六　选举志①

周礼宾兴②之典，为千古选举所自昉。至两汉多荐辟③，隋唐而后专重进士、明经④诸科。壶邑水深土厚，人文蔚起。以甲第致通显者，指不胜屈⑤。然古人不云乎"稷契⑥皋陶⑦所读何书？"是科目又不可以拘人也。或建勋业于他途，或衍簪缨⑧于世胄；武略则气壮修戈，吏才亦智侔夺璧，皆足以自见于世焉。作选举志。

注释：

①选举志：二十四史中志书的一种，《新唐书》《旧五代史》《宋史》《金史》《元史》《明史》《清史稿》中都有选举志。选举制度是培养、选拔、任用、考核官员的制度。
②宾兴：周代举贤之法，谓乡大夫自乡小学荐举贤能而宾礼之，以升入国学。
③荐辟：推荐和征召。
④明经：汉朝选举官员的科目，始于西汉武帝时期，至北宋神宗时期废除。被推举者须明习经学，故以明经为名。汉代设置这一科，为儒生进入仕途提供了渠道。
⑤指不胜屈：扳着指头数也数不过来，形容数量多。
⑥稷契：稷和契的并称，唐虞时代的贤臣。
⑦皋陶：亦作"皋繇"，传说为虞舜时的司法官。
⑧簪缨：古代达官贵人的冠饰，后借指高官显宦。

征　辟

【明】

杜　敩征拜太子宾客、四辅官。　　　张　谦举茂才，两当典史。详人物。
张　吉举明经，户部主事。

仕　进

【周】

凡未详出身及不由征辟科目仕者，统以仕进赅之。后仿此。

冯　亭上党守，赵封华阳君。府志未载何处人，事详人物。

【汉】
令狐茂三老，详人物，有传。

【魏】
侯　绍司徒。

【晋】
侯　凤骠骑将军。

【南齐】
王　游定远将军、荆州刺史、七州诸军事。
令狐芬大司成庐江太守。

【隋】
侯　瑜骁果校尉、朝散大夫。　王　贵游子，朝散大夫、扬州刺史。

【唐】
王　甡贵子，武城令，迁武连令。详人物，有传。
苗延嗣中书舍人、太原少尹。详人物，有传。
苗如兰晋卿兄，太子司议郎、汝州司尉。旧志无，从唐书增入府志，作永王府咨议参军。
苗含液河南法曹，年号失考，进士，旧志不载。从韩愈撰苗蕃墓志增入。
苗　丕发弟，河南少尹。
苗　粲丕弟，给事中。
苗　昌粲弟，户部员外郎。
苗　颖扬州录事参军。
苗　蕃太军参军。旧志无，从韩愈撰苗蕃墓志增入。

【宋】

苗时中其先壶关人，以荫仕至户部郎中。详人物，有传。

【金】

王　源本州节判，府志作王元。

【元】

马绳武廉访使、上都留守。详人物。　　张德邻南阳主簿。旧志无。

王　宥本县主簿。　　　　　　　　　任　志潞州元帅。详人物，有传。

王伯渊会福院判。详人物，有传。　　王　宣提领本州税课事。详人物。

马　琬许州、沁州吏目。　　　　　　马　锐昭仪帅府经历。

马懋祖太常郊祀署都监。

进　士

【唐】

乾封元年幽素科　　　　苗神容

开元七年　　　　　　　苗晋卿历官至左相、太保，封韩国公。详人物，有传。

太和二年贤良方正　　　苗愔

太和五年　　　　　　　苗恽

太和八年　　　　　　　苗恪

天祐三年　　　　　　　苗台符十六岁及第。

乾符二年　　　　　　　苗廷义

【元】

王天祐太常博士，知潞州。见十哲碑记。府志作潞州人。详人物，有传。

马之美撰《灵显观记》，见艺文。旧志无。　　裴直卿归善里人。

王　昂柏林人。　　　　　　　　　　　　　　秦　琮归善里人。

姜文秀南关厢人。　　　　　　　　　　　　　马　温

秦天爵旧志无，从王天利碑记增入。　　　　　刘高蟾南关厢人。

张时髦仕至秘书监丞。详人物，有传。　　　　郗秉诚西堡人。

【明】

洪武辛亥科吴伯宗榜

郭 翀 榜眼，吏部考功主事。详人物，有传。

贾 敏 累官监察御史，改国子监助教。

李 素 宜春县丞，与郭翀、贾敏友善，同时登第，人咸异之。

洪武乙丑科丁显榜

郭 炳　　　张 肃　　　姜 辅

成化辛丑科王华榜

杨 奇 能子，浙江参政。详人物，有传。

正德丁丑科舒芬榜

郭希愈 历官监察御史、庐凤巡按。详人物，有传。

嘉靖丙戌科龚用卿榜

张 铎 由翰林仕至潮州知府。详人物，有传。

嘉靖壬辰科林大钦榜

杨 镒 尚宝寺丞。

嘉靖己丑科陈谨榜

郭士髦 丹徒知县，迁太仓知州。

崇祯戊辰科刘若宰榜

杨四重 江西道御史。详人物，有传。

【国朝】

乾隆壬戌科金甡榜

马 溥 泽州府教授。

乾隆癸未科秦大成榜

冯文止 平陆教谕。详人物，有传。

乾隆辛卯科黄轩榜

郎克谦 历官德安县知县，升安州直隶州，历署大名、广平各府知府。详人物，有传。

乾隆己酉胡长龄榜

申 瑶 由兵部主事历员外郎、郎中，掌河南道监察御史，选授庐州府知府，调任安庆府、苏州府，奏署安徽、芜湖并庐凤兵备道。在皖任校刊元余忠宣公《青阳集》、明任佥宪《山海漫谈》，并同学本邑李苇庄孝廉《制义》。甲申旧里，校辑《冯东山先生遗集》，付梓。

嘉庆庚辰陈继昌榜

崔耀廷现任云南广通县知县。

举　人

【宋】

魏　靖

【金】

王　汝　　　　　郭安泰　　　　　李居中俱见晋氏墓表。

【元】

杜　敩解元，台州学正。详人物，有传。　　郭景真

元惟一　　　　　牛彦诚　　　　　李舜臣

李　晦　　　　　张　泰时髦子，汉阳通判。

【明】

洪武庚戌科

申　甫芜湖知县。详人物，有传。　　郭　翀见进士。

贾　敏见进士。　　李　素见进士。

洪武甲子科

王　宾解元，本县训导。　　郭　炳见进士。

张　肃见进士。　　姜　辅见进士。

洪武癸丑科

和　钧历官卢龙、山阳两县知县。

洪武丙子科

郭　鹏府谷教谕。　　韩　扩葭州学正。

司　谦潍州训导。　　张　亨

建文己卯科

秦　瓒监察御史。

建文壬午科

郝　凝临城训导。

永乐辛卯科

史　渊大名府同知。　　　　　　高　明吏目。

王　润南京兵马，迁大名府同知。　贾有年敏子，直隶获鹿县教谕。

永乐甲午科

靳　裴

永乐丁酉科

赵　炎　　　　　　　　　　　阎　肃福建按察司知事。

路　振邯郸县知县。　　　　　　王　让

宣德己酉科

秦　玉瓒弟，温县知县。

正统辛酉科

杜　矩敦孙，松江府推官。

正统甲子科

张　能耀州知州。

景泰癸酉科

路　庆日照知县。

天顺己卯科

杨　能东昌府知府。详人物，有传。

成化辛卯科

杨　鸿　　　　　　　　　　　杜　纶矩子，汉中府知府。

成化庚子科

杨　奇见进士。

弘治辛酉科

程　瀚宁波府通判。

弘治甲子科

郭　份霸州知州。详人物，有传。

正德癸酉科

牛　澄信阳知县。　　　　　　郭希愈顺天中式，见进士。

嘉靖壬午科

杨　河能子，肤施、荥阳两县知县。　　杨　洛单县、渭源两县知县。详人物，有传。

张　镇铎兄。

嘉靖乙酉科

张　铎镇弟，见进士。

嘉靖戊子科

宋朝纲金华府通判。　　杨　俨顺天中式。

嘉靖辛卯科

郭　忻详人物，有传。　　杨　镃顺天中式，见进士。

嘉靖甲午科关

关希思

嘉靖丁酉科

宋朝纪朝纲弟。　　郭　恬忩子，兖州府推官。详人物，有传。

嘉靖癸卯科

阎光祖巨鹿知县。

嘉靖己酉科

郭士髦见进士。　　贺　贡鱼台、武城知县。

万历壬午科

武有备崇信知县

万历丙午科

杨梦龙能裔孙，文安、平山两县知县。详人物，有传。

万历壬子科

杨四重见进士。

崇祯壬午科

杨呈彩历官临洮府推官、延安府同知，迁永平府知府

【国朝】

康熙丙午科

张羽翙考授知县。

康熙甲子科

姜遇周先考内阁中书，改授浙江龙泉知县，甲午科同考官。

康熙丁卯科

杨　铣

康熙己卯科

关永巩

康熙壬午科

张　琏

康熙丁酉科

王者相修仁知县。

雍正丙午科

梁肯堂贡生，宗灏子，平武知县。

乾隆辛酉科

王锡旂者相子，应州学正。　　马　溥见进士。

乾隆丁卯科

秦朝芝贡生，晢子。　　梁　销

乾隆庚午科

崔　政介宾，元超子。

乾隆癸酉科

王　极介宾，作霖子。

乾隆己卯科

冯文止解元，见进士。

乾隆庚辰恩科

王奇士霍州学正。

乾隆壬午科

平　梓介宾，如宜子，五台教谕，升陕西保安县知县。

乾隆戊子科

平　章奉天锦县籍。

乾隆庚寅科

郎克谦见进士。

乾隆己亥科

申　瑶见进士。

乾隆癸卯科

郭天重　　　　　　　　　　　　王遐龄 四川中江县知县。详人物，有传。

平腾蛟 历任右玉教谕、岢岚学正。

乾隆丙午科

刘青莲 顺天中式，历官蒲城、宁津、清苑知县，升西路、东路同知，署永平府知府。详人物，有传。

乾隆戊申科

张致远　　　　　　　　　　　　李一楷

乾隆己酉科

郭　辉 历署广东钦州知州、阳春知县。　　任步尹

乾隆壬子科

王修龄 举人，王极子。

嘉庆辛酉科

刘青兰 由本科拔贡中式，候选知县。

嘉庆庚午科

侯祖锠 由明经任定襄县教谕，登庚午贤书，解组归里，杜门不出。性嗜古，潜心经籍，博览子史，有《读诗今韵辨音》《字学笺》《表解易》行世。

嘉庆癸酉科

崔耀廷 见进士。

嘉庆戊寅科

崔凤皋 分发江西试用知县。　　　　吴应杰 拣选知县。

道光壬辰科

段廷浚 候选知县。　　　　　　　王信贤 候选知县。

郭椿龄 候选知县。

道光甲午科

王令德 候选知县。

贡　士

【明】

郭　炳　　　　　　　　　　　　梁　恕 光禄寺丞。

郭　溥 历官兵部员外郎、四川右参军。	徐　贞 甘肃行太仆寺丞。以上洪武年。
高　敏 镇远知县。	王　铎 麟游主簿。
韩　浚	皇甫福 金吾卫经历。
宋　隆	张　伟 府志作张杰。
郭　周	路　鉴
秦　玉 照碑记增入。	路　振 照碑记增入。
郭　寿 东昌府知事。	王　逊
郭　斌 以上永乐年。	王　珪 洪熙年。
崔　俊 密云教谕。	秦　焕 泾州卫经历。
马　载	孙　清
宋　赟 以上宣德年。	郝　侃
张　俊 府志作张聚。	张　秉 临漳主簿。
崔　通 大宁卫经历。	程　徽 登州卫经历。
牛　奇 以上正统年。	牛　顺
程　祥	王　玑 珪之弟，平凉府照磨。
李　素 河南卫经历。	张　绥
阎　凤 以上景泰年。	杨　清
高　信	牛　牧
张　昶 府志作张泉。以上天顺年。	张　伟 杭州府经历。
阎　瑛	王　良 长垣县丞。
姜　琛 邠州判官。	路　廉 蔚州卫经历，庆之弟。
王　政 燕山卫经历。	李　春
杨　鉴 延安府经历。	张　凯
赵　昴 神木知县。	李万增 甘肃行太仆寺主簿。以上成化年。
赵　惠 黎平府经历。	阎　理 利州经历。
姜　镒 怀柔知县。	陈　忠
张　俨 松潘卫经历。	贾　玲
张　林 能之子，上海知县。	马　健
申　虎 兴州左卫经历。	张　德 乐亭训导。以上弘治年。
万　龄 曲周县丞。	高景山
郭　仪 昌之子，滑县县丞，府志作清县知县。	

贾　琮玲之子，滨州判官，府志作滨州知州。
张　琪无极教谕。　　　　　李　昂府志作李昱
徐　行贞之曾孙，陈留训导，迁徽府纪善。
张　玑卫辉府经历。　　　　杨　瑶河间通判。详人物。
常　铭临川县丞。　　　　　常　伦铭子，信丰主簿。以上正德年。
王　绅三水教谕。以上三人见平顺旧志。
吕　僎　　　　　　　　　　杜　武
王　儒　　　　　　　　　　郭　仙
王　绅安阳训导。　　　　　高崇勋通许训导。
万克敬礼泉教谕。　　　　　吕崇义拔贡。
郭　乾　　　　　　　　　　杨　潜奇之子，邯郸主簿。
杨　溉潜之弟，新城训导。　杨　澍溉之弟，广宁卫教授。
张　潺陕州学正。　　　　　李云凤
姜　河夔州府推官。　　　　杨　冥嘉靖二十一年贡。
吴梦吉华阴教谕。　　　　　韩　激
郭　锽肃州教授。　　　　　张　瑚静海教谕。
杨　澜沧州学正。　　　　　王　文宝山知县。府志无。
栗善继　　　　　　　　　　张时敏沈丘教谕。
郭绳祖　　　　　　　　　　张时彦杞县县丞。
张时馨泾阳县丞。　　　　　牛继先陶馆训导。详人物。
杨昂霄晋州训导。以上嘉靖年。张凤梧
张应麟教谕。　　　　　　　郭永爵苑马寺监正，旧志作张永爵。
张　定狄道县丞。　　　　　张应翔榆林教授，旧志作任应翔。以上隆庆年。
郭光祖　　　　　　　　　　杨承勋洛之子，翼城训导、岚县教谕。
郭　铰垣曲训导。　　　　　徐增第选贡内丘知县、临洮通判。详人物。
贺明扬阜城县丞。　　　　　平　暹乡宁训导。
张　逵　　　　　　　　　　赵民望新野主簿。
杨承思能之曾孙，高平训导，肃府教授。
张　锻威远卫训导，迁武邑知县。武凤鸣太原训导。
张　引　　　　　　　　　　郭卫泽
郭尧相　　　　　　　　　　申汝弼涉县训导、马邑教谕。

张　逊远之兄，介休训导、内丘教谕。

平　章阳曲训导。
张　远远之弟，代州训导。

任应第
陈友徐泽州府训导。

刘大受
张宏道

贾朝正
郭三接兰州州判。

申汝炳弼之弟，临晋训导。
原士宏禹城训导、灵丘教谕、太原教授。

杨梦雄
张宏业霍州训导。

李志学
张我德曹县主簿。以上万历年。

董志奇华阴县丞，景泰年。
王家柱周至县丞，迁甘州卫经历。

武綮昌解州学正。
宋文汉沁州学正，迁真宁知县。

申惠民涿州训导。
张五彩赵城训导。

常懋修禹城训导。
陈　教赵城训导。以上天启年。

赵之璧
冯调鸾怀庆通判，详循良。

阎　历
张永耀定襄训导。

申汝焕汝弼弟，辽州训导。
阎伟震濮县教谕，迁玉田知县。

张令名崞县训导。
雷万里蒲州训导。

申志行汝弼子，安邑训导。
杨四易松江府知府。详人物，有传。

申德行汝弼子，太平训导。
李国华

崔　珩绛县教谕，详忠烈。以上崇祯年。

【国朝】

平万心恩贡，详人物。
张令闻恩贡。

王文灿
郭恒昌庚子科副贡。

贾应龙马邑训导。
郭亨征夏县教谕。

李昌运河津训导。
赵之郁拔贡，廷试授州判。

李向荣太平训导。
马之骏拔贡，廷试授州判。

杨坤生
牛　倬恩贡考通判，改新城县丞。

马建功赵城训导。
马伯瞻平陆训导。

马万里拔贡，内乡知县。详人物。
杨四清澜之曾孙，徐沟训导。

马显功
韩魏勋绛县训导。

杨振豪见孝义。
秦士俊

梁问孟 考授训导。
郭允征 以上顺治年。
陈 烈 临邑县丞。
陈友徐 泽州府训导。
杨振彩
平 良 拔贡。
张景载
杨振猷 沁源训导。
赵二鼎
张瑞印 介宾,鹏起子,河曲训导,署理县事。
王 玠
李树声
马 烈 广灵训导。
王文燡
赵元璧
梁 琛 考授训导。
阎呈杰
李 京
郝奇英
马联锡
马 骥
韩 方
宋 璜 乡宁训导。
段 重 定襄教谕。
阎 谓 拔贡。
吴 祺
王元志 恩贡。
张瑞璘
王 瑞
张 浦
陈斗枢

吴永兴 恩贡。
马之骥 由岁贡中甲午科拔贡。
张宏道 夏县训导。
杨 槚
李在公
赵一鼎 恩贡。
赵国蔺 新兴三里人。
申长民 新兴三里人。
王之鼎 迁善里人,考授训导。
马之琪 新兴里人,考授训导。
杨 灿 新兴里人,考授训导。
吴俊伟
张新印
平 翀
王之屏
王公礼 太原府训导。
王汝明
韩 赵
阎 诱
贾抚民
贾振民
李 杰
秦子述
平远章 恩贡。
牛近微 恩贡。
王之鼎 太谷训导。以上康熙年。
许天爵 拔贡。
平 翥
梁宗灏 荣河训导。
马调宇
马之骃

路　端
马　珍
马　玗
崔腾超恩贡。以上雍正年。
马中偀汾州府学训导。
马中佺
王　丰
李在公汾西训导。
秦朝芝甲子科副贡。
武懋德
宋屏臣
张　琠
张　健
牛克己
梁肯构考授训导。
武师庆拔贡。
宋翼之
王华浙静乐训导。
平大超
张　翯
郎克顺
郎克谦应宣子，拔贡，大同教谕。见进士。
韩　忠太原训导。
申尔卿
刘　铮考授训导。
任秉德拔贡，灵石教谕。
赵辅晋恩贡。
崔　权
李一楷优贡，见举人。
关天雯
郭　葆拔贡。

向克明朔州训导。
吴彭胜恩贡。
梁　销乙卯拔贡副贡榜，见举人。
宋国翰拔贡。
阎　铣
平若延
马之逸
张　晟
李如梅
平景超
王臣帝
王金绶
秦哲士恩贡。
阎超关恩贡。
牛　俊恩贡。
刘廷佐
雷　畅
郎应宣
郭又蘧
马　捷
刘　錂拔贡，考授教谕。
阎体仁
郭崇埔
王锡瓒
阎依仁
阎邦直
王　楫
王锡书恩贡。
张士奇
任步尹拔贡。
刘青藜恩贡，考授教谕。

张凤舞　　　　　　　　　　李一桂
王应凤　　　　　　　　　　王毓琳恩贡。以上乾隆年。
秦国典　　　　　　　　　　申　瑢
李　馨　　　　　　　　　　秦秀举恩贡，现在陵川教谕。
秦　麟　　　　　　　　　　郭　瑶
刘青兰拔贡。　　　　　　　吕　溥
张鸣凤恩贡。　　　　　　　郭兆麟
梁林宗　　　　　　　　　　牛种德恩贡。
张效渠　　　　　　　　　　王永龄
任　谭庚午科副贡。　　　　郭人麟拔贡。
程翠峰　　　　　　　　　　郭君都
阎　恂　　　　　　　　　　陈继虞丙子科副贡。
原　浦丙子科副贡。　　　　张行远恩贡。
申上达　　　　　　　　　　刘三元辛巳恩科副贡。
平启运以上嘉庆年。　　　　王锡旌恩贡。
平炜台恩贡。　　　　　　　平　发
程超峰　　　　　　　　　　冯汝诚
栗祖望拔贡。　　　　　　　阎瑞麟
平仪凤　　　　　　　　　　吴守钰壬辰科副贡。
王华龄　　　　　　　　　　秦　钲
王道平　　　　　　　　　　张　苾

例　仕

【明】

郭　昌白水主簿。　　　　　路　通平凉卫知事。
程　骁南京户部检校。　　　路　义通江主簿。
郝希道　　　　　　　　　　程　钦
杨　敷以上天顺年入监。　　牛　珣主簿。
程　贤主簿。　　　　　　　阎　鹤　　　　路乘辀
杨　森盐山主簿，迁肃府知事。详人物，有传。以上成化年入监。

郭　巍

杨　楚

马　冥崇明县丞。

张　潞

阎希渊县丞。以上正德年入监。

阎应宣安州吏目。

郭　恺

阎希尹吏目。

郭　悌新城主簿。

韩　璋甘肃经历。

阎希雍

郭　淮卫州府照磨。

阎　祚代府典宾。

郭三省

宋　洽以上隆庆年入监。

张懋德考授检校。

秦之玺详人物，有传。

郭毓秀

陈腾凤以上崇祯年入监。

李尚文由布政使吏授泾阳县丞。

朱　津由吏员授滦城典史。

梁　堪平凉府库官。

牛　杭临洛巡检。

程国忠文安主簿。

秦守己沅州驿丞，迁巩昌仓大使。详人物。

阎　璋义官。

阎　万义官。

郭　儒义官。

王　宾义官。

程　还义官。

张　绍

宋　儒

郭　玠

郭　瑶

郭　铢

陈　烈

张　熙镇江知事。

阎应荐肃府奉祀。

阎希孟

阎　基柏乡县丞。

张宗汾凤县主簿。

璩好之陕州同知。

阎　胤德州吏目。以上嘉靖年入监。

宋继萼

张我见张锻之子，莱州府经历。

牛列宿

吴永昌考授经历。

路　正

李　纶由都吏授山东文登县丞。

张　凝由知印任灵宝主簿。

李尚质由吏员授长安典史。

牛守寅沧州盐大使。

牛应麟崇贤一里人，通判牛倬之父。

马进德安塞大使，迁金波巡检。详人物。

郭　荣义官。

阎子升义官。

杨　俨义官。

郭　需邑庠，兖泉司掾。

张应魁义官。

郭　愤邑庠，藩府审理正。

杨　乔陇州同知。

阎应明 藩府奉祀正。　　　　　　　杨可栋 永平卫经历。详人物，有传。

【国朝】

冯　赤 考授州同。　　　　　　　冯克俭 考授同知。
王克凝 考授经历。　　　　　　　牛宗岳 考授县丞。
睢运昌 考授同知。　　　　　　　李　沛 考授县丞。
任昌纪 考授县丞。　　　　　　　阎　调 考授州同。
马　瓒 澄城县丞。　　　　　　　马双锡 考授州同。
申朝用 真定府经历。　　　　　　段成章 考授州同。
张调鼎 吏员，广东镇南司巡检。　王宏英 吏员，考授典史。
平若恂 考授州同。　　　　　　　平若冯 考授州同。
冯嘉冠 顺德县丞。　　　　　　　王　璿 略阳典史。
王均起 萧县典史。　　　　　　　牛晖远 考授从九品。以上康熙年。
郑洪勋 农官。　　　　　　　　　陈俊朝 静海典史。
崔现辉 农官。　　　　　　　　　李国典 八品农官。
牛振万 农官。　　　　　　　　　郭中贤 八品顶戴。
王　璨 考授州同。　　　　　　　李　璧 海澄海门巡检。
秦　铎 农官。　　　　　　　　　王运矗 考授从九品。以上雍正年。
梁　楷 农官。　　　　　　　　　阎　诩 农官。
路　灿 农官。　　　　　　　　　郭世钦 农官。
郭　楷 八品顶戴。　　　　　　　崔　立 八品顶戴。
牛麟玉 八品顶戴。　　　　　　　任起祥 八品顶戴。
关　绩 顺天蓟州中营巡检。　　　申廷宣 捐授吏目。
杜　枢 捐授教谕。　　　　　　　杜　模 捐授州同。
段可传 捐授县丞。　　　　　　　王金绂 候选县丞。
王　坤 考授州同。　　　　　　　王义士 选肇庆府经历。
刘正书 考授职员。　　　　　　　杨文芳 考授从九品。
靳辅直 考授吏员。　　　　　　　秦桂枝 考授从九品。
张建基 考授吏员。　　　　　　　魏　玢 考授吏员。
杨勋臣 考授未入流。　　　　　　王成谦 吏员，考授正九品。
刘邦荣 例选经历。　　　　　　　徐　矗 吏员，考授经历。

刘宗汉吏员，例选经历。
王　桐达州新宁典史，后拣发云南。
牛　受捐从九品。
郭高城由吏捐从九品。
苏起运从九品。
阎　绪从九品。
郭永新吏员。
王作宾州同。
王立业由吏捐从九品。
程　儒由吏捐从九品。
王魁元由监捐布理门。
王三元附贡捐主事，迁员外郎。以上乾隆年。
王锡琳恩赐八品职衔。
李今淳由吏捐从九品。
郭　岩署孔庙督粮厅。
陈硕锠布政使司理问，分发四川署成都通判。
王凤翱由附贡候补詹事府主簿。
王凤姿军功议叙县丞。
王　诏附贡加捐州同，军功议叙盐运提举。
王廷栋军功议叙县丞。
王廷辅军功议叙八品衔。
王玉和布政司照磨。
王鹏万由例贡布政司理问。
侯柏年军功议叙县丞。
吴应彪从九品。
崔九皋从九品。
王　敏从九品。
王作干按察司照磨。
吴继善候选训导。
王致远由都察院吏考授从九品。
宋万年考授从九品。以上嘉庆、道光年。

平　绅吏员，授从九品。
任加封附贡，顺天府照磨。
陈　敬从九品。
郭希圣从九品。
阎世凤由吏捐从九品。
徐振卿从九品。
雷辅君吏员。
陈明魁由吏捐从九品。
平蓝田由吏捐从九品。
韩克亮由吏捐从九品。
王凤仪直隶州州同。
王　俊恩赐正九品职衔。
张　淦由吏考授从九品。
王道凝由附监捐从九品。
平　桂河南鲁山典史。
胡瑞年未入流，分发福建。
马文远议叙县丞。
王凤翔由廪贡捐训导，军功议叙州判。
王调无议叙县丞。
王廷宾捐盐大使。
王宣政军功议叙同知，加捐盐运司运同。
王凤舞由布经军功议叙通判，加捐同知。
王汉光兵马司正指挥。
秦汝龙由贡捐州同。
郎　铣从九品。
郭　端由庠生加捐州同。
原文通从九品。
平上铨州同。
栗成章州同。
王化远从九品。
王　煦候铨都察院经历，诰授中宪大夫。

例 贡

【国朝】

王汝为 繁峙训导。详人物。 　　张　云
杜绍堂 　　杜　楫
张　劲 　　王金紫
王锡琳 　　王必用
郭　恒 　　秦永清
王锡琪 　　崔朝英
平天秩 贡生。 　　王伟栋 附生加贡。
陈　恪 附贡。 　　王长龄 廪生加捐。
王凤章 　　李中选
侯兆凤 廪贡，祖锠父。 　　张　善
许汝惠 廪贡。 　　阎里仁
王致中 　　吴继善 廪贡。
吴兆瑞 附贡。 　　冯嗣先
王廷栋 附生加捐。 　　侯祖锠 廪贡，见举人。
王宣政 　　王启元 附贡。
王允中 　　王凤翙 廪贡。
王金绥 　　郭　洁
王培元 附贡。 　　王天叙
平维都 附生加捐。 　　王廷赞
王懋学 附贡。 　　李作梁
陈硕画 　　杨三奇
张威远 　　秦儒龙
杜万铨 　　张承先
赵生秀 　　栗圣泽
张维尧 　　王　诏 附贡。
王廷辅 　　王近贤
马鸣銮 　　杨际昌 附生加捐。

王凤翔附贡。　　　　　　　　　段建基

王人魁附生加捐，举人修龄子。　　王遇亨

申　珩附生加捐。　　　　　　　王鹏万

许汝雯　　　　　　　　　　　　秦国柱

王　畅附生加捐。　　　　　　　冯汝龙附生加捐。

王余庆　　　　　　　　　　　　王桂林

王双承　　　　　　　　　　　　王汉光

李积善　　　　　　　　　　　　秦汝甡

李玉干　　　　　　　　　　　　郭金维廪生加捐。

李永昌　　　　　　　　　　　　王道隆

侯子周　　　　　　　　　　　　李培基

吴继善廪生加捐。

武　举

【元】

牛成元至元间任都统。

【明】

杨　纲锦衣卫镇抚。　　　　　　郭　修义官，举人忻父，捐潞州卫指挥。

张鹤鸣委署千总事。详人物。

【国朝】

顺治甲午科

陈洪范山东平山卫守备管左右厅事。

康熙己酉科

韩　芍　　　　　　　　　　　　平存礼

康熙辛酉科

平　谐广东阳江所千总，迁江南大河卫守备。　牛　元

康熙癸酉科

宋　铨

嘉庆戊午科

李鹏年

武　仕

【国朝】

杜可训考授千总，奉旨给兴守备札付。　　杜　耀考授把总。

王廷杰由军功议叙县丞捐游击将军。　　王　运捐千总衔。

马　斌议叙千总。　　许汝舟捐千总衔。

马威远捐千总衔。　　王　适由武生捐千总。

王占奎由武生捐千总。　　崔俊英由武生捐千总。

马万里捐千总衔。

封　赠

【唐】

苗袭夔晋卿祖，赠太子太师。

苗殆庶晋卿父，赠礼部尚书。

苗　发晋卿子，荫户部员外郎。一时与韩翃、钱起等齐名，号大历十才子。

苗　收晋卿子，荫通事舍人。

【元】

马维翰绳武父，赠太常礼仪院事、扶风郡伯。

任　存志子，荫潞州元帅。

任　成存侄，荫潞州长官。

任　立存子，荫潞州长官，泽州、陈州尹。

【明】

杨　能奇父，赠户部郎中。　　张　隆铎父，赠兵部武选司主事。

杨承上梦龙父，赠文林郎、平山县知县。

杨梦龙四重父，累赠文林郎、江西道御史。

【国朝】

平士英谐祖，赠怀远将军。　　平世清谐父，赠怀远将军。
关永利绩父，赠登仕郎。　　　杜永绪赠修职佐郎。
王作霖遐龄祖，赠文林郎。　　王　模遐龄父，赠文林郎。
冯世翔文止父，赠文林郎。　　平如宜梓父，赠文林郎。
秦哲士朝芝父，赠文林郎。　　王金紫奇士父，例赠文林郎。
申承烈瑶祖，貤赠朝议大夫。　申尔卿瑶父，累赠奉直奉政朝议大夫。
申　瑢瑶胞兄，赠朝议大夫。　申　璒瑶胞兄，赠奉政大夫。
申　瑶诰授朝议大夫。　　　　王化南信贤父，例赠文林郎。
王锡玺廷杰祖，赠武翼都尉。　王　会廷杰本生父，赠武翼都尉。
王　诰廷杰父，赠武义都尉。　王锡琳凤舞祖，貤赠朝议大夫。
王启元凤仪、凤舞父，赠儒林郎朝议大夫。　任嗣尹秉德父，赠修职郎。
王培元鹏万祖，貤封儒林郎。　郎仕楚克谦祖，赠奉直大夫。
郎应宣克谦父，赠奉直大夫。　郎克谦诰授奉直大夫。
侯兴隆祖锠祖，貤赠文林郎。　侯兆凤祖锠父，赠文林郎。
侯祖锠例授文林郎。　　　　　王宣政诰授朝议大夫。
郭兴堂辉父，累赠儒林征仕文林郎。　郭　葆椿龄父，例赠文林郎。
王　运诰授武德佐骑尉。　　　王凤仪诰授儒林郎。
王凤舞例授奉政大夫。　　　　王凤翙鹏万父，累赠仕郎儒林郎。
王凤威汉光父，诰封奉直大夫。王凤翮煦父，诰赠中宪大夫。
王凤翱例授征仕郎。　　　　　刘正典青莲祖，诰赠奉直大夫。
刘　锓青莲父，诰赠奉直大夫。刘青莲诰授奉直大夫。
王鹏万例授儒林郎。　　　　　王凤翔例授征仕郎。
王廷杰诰授武翼都尉。　　　　王汉光诰授奉直大夫。
吴仕魁应杰父，例赠文林郎。　吴应奎守钰父，例封征仕郎。
王秉铎令德父，例赠文林郎。　王　梓华龄父，南关厢人，例貤封修职郎。

孝廉方正

【国朝】

栗成林道光元年，举孝廉方正，赠六品衔。

卷七　人物志

上党为天下脊，壶林又为上党脊。水环山抱，钟毓厚焉。溯汉唐来，世家名阀，代不绝书。自时厥后，志经济者，悉功崇业广；乐丘园①者，克训俗型方。他若名流寄迹，曲学自鸣，虽一材一艺，亦足以见于世。统书诸册，丕彰久道之化，用征攸好之同。作人物志。

注释：

①丘园：乡村家园。

名　德①

【汉】

令狐茂，武帝时为三老。征和元年，巫蛊②起，二年七月卫太子兵败，亡不得，上怒甚，群下忧惧，不知所出。壶关三老上书白太子冤，待罪建章阙下。书奏，武帝感悟。田千秋复讼之，上遂族灭江充家，作思子之宫，为归来望思之台于湖。

按：令狐茂史失其姓，第云"壶关三老，茂"。颜师古引荀悦《汉纪》③称"令狐茂"，不知何据。及考《汉书·郡国志》，有"令狐征君④隐城东山中，去郡六十里，卒葬其山，即武帝时上书讼太子冤者也"。茂之姓令狐始悉。载艺文。

注释：

①名德：❶光明之德；美德。❷才德兼备的人。
②巫蛊（wū gǔ）：古代信仰民俗，即加害仇敌的巫术。起源于远古，包括诅咒、射偶人（偶人厌胜）和毒蛊等。
③《汉纪》：记载西汉历史的编年体史书，共30卷，由东汉荀悦（148—209）撰。
④征君：征士的尊称。南朝宋范晔《后汉书·黄宪传》："友人劝其仕，宪亦不拒之，暂到京师而还，竟无所就。年四十八终，天下号曰征君。"

【唐】

苗晋卿，字元辅，世以儒素称。擢进士第，调修武尉，累晋吏部郎中①、中书舍人、知吏部选事。选人多诉索，晋卿终日无愠颜。久之，进侍郎。方时承平，选常万人，李林甫以铨事委晋卿及宋遥。天宝二年，坐张奭事贬安康太守。明年，徙魏郡，充河北采访使。居三年，政化大行。常入计②，谒归壶关，望县门辄步，吏谏止，晋卿以公门当下，况父母邦乎！郡太守迎犒，使所属令行酒，酒至，必立饮白醨③。侍老有献，降西阶拜而饮，时美其恭。改河东郡，兼河东采访使，徙扶风郡，封高平县男，迁工部尚书、东都留守，召为宪部，兼左丞。天宝末，杨国忠忌其有望，奏东道贼冲，非大臣不可镇遏，授陕郡太守、陕虢防御使。以老辞，听致仕④。车驾入蜀，间道走金州。肃宗召赴行在，拜左相，封韩国公，食五百户，改侍中。既而，罢为太子太傅，寻复拜侍中，诏摄冢宰⑤。固让曰："稽宗祖故事，无冢宰之文。"不听，后数日，复诏摄冢宰，固辞乃免。乞间日入政事堂，代宗优之，听入阁不趋，为御小延英⑥召对。宰相对小延英自晋卿始。吐蕃⑦入，以病卧家，贼舆至，胁之，噤不肯语，贼不敢害。上还，拜太保，罢政事。永泰初卒，年八十一，赠太师。京兆少尹，护丧。谥曰懿献，改谥文贞。

晋卿宽厚，所至以惠化称。魏人为营生祠，立石颂美。再秉政，出入七年，小心谨畏，不甚斥是非得失，而练达事体。百官簿最，一省无遗，议者，比汉胡广⑧。肃宗欲以李辅国为常侍，奏曰："常侍近密，非贤不可，岂宜任此辈。"罢之。陈希烈等论死，晋卿曰："若得张通儒、安守忠、孙孝哲等，何以加罪？"不从。俄尔史思明再乱，尝自为父碑文，有鹊巢碑上。贼入上党，焚荡略尽，而苗氏松槚⑨独无伤。大历七年，配享肃宗庙廷。十子：发、丕、坚、粲、垂、向、吕、稷、望、咸。

苗氏诸贤，韩昌黎称苗贲皇之后，遂家壶关。《唐书·苗晋卿传》亦云壶关，而世系表独云长子有苗袭夔。袭未尝仕宦，有功业，何以独著？岂传系宋祁撰，表系欧阳公撰，故互异耶？抑别有所据耶？苗如兰表云，王府咨议参军，而昌黎云仕至太子司议郎、汝州司马，表有苗收，而传无其人；《通志》载：苗台符，天祐三年进士。而韩临邛云，大中八年表有廷艾，而韩作延，未知孰是，存以俟考。

注释：

①郎中：分掌各司事务，是仅次于丞相、尚书、侍郎的高级官员。

②入计：地方官向朝廷报告情况，接受考核。
③醮（jiào）：饮酒干杯。东汉班固《汉书·郭解传》："解姊子负解之势，与人饮，使之醮，非其任，强灌之。"
④致仕：交还官职，即退休。
⑤冢宰：周官名。为六卿之首，亦称太宰。《论语·宪问》："君薨，百官总已，以听冢宰三年。"
⑥延英：即延英殿。唐玄宗时官修《唐六典·尚书·工部》："宣政之左曰东上阁，右曰西上阁，次西曰延英门，其内之左曰延英殿。"肃宗时，宰相苗晋卿年老，行动不便，天子特地在延英殿召对，以示优礼。
⑦吐蕃（tǔ bō）：古代藏族在青藏高原建立的政权，自囊日论赞至朗达玛延续200多年（618—842）。唐天宝十五年（755）发生安史之乱，唐玄宗从长安逃到四川，由于唐朝抽调大量对付吐蕃的军队去平乱，使得西部防务空虚，吐蕃趁机占领了陇右、河西大唐的大片地区。
⑧胡广：字伯始，东汉王朝第一名臣，五卿七相，事六朝皇帝，生前死后荣宠，无人能及。
⑨槚（jiǎ）：楸树的别称。

【元】

王伯渊，字嘉甫，其祖在宋时有仕至司徒者，性谨恪，廉静有为。少充宿卫①选，历官会福院②判。至治二年③，以母老弃职就养。母殁后，优游里社，日与昆季及耆老相过从，怡然自得，识者羡之。后至元三年④十二月以疾终，年七十有八。儒士李景文为之志。

注释：

①宿卫：值宿宫禁，担任警卫。
②会福院：官署名。元朝置，掌大护国仁王寺及昭应宫财用。
③至治二年：即元英宗至治二年（1322）。
④至元三年：即元顺帝至元三年（1337）。

【明】

杜敩，字致道，世居壶之林青里。举元乡试第一，除高平教谕，迁台州学正。归家教授，除陕西儒学提举及省院辟，皆不就。敩通《易》①《书》《诗》三经，性深沉和谨，自号拙庵老人。先是，敩有门生，为太祖②侍从，好为容饰，敩遗书戒之，渐敛③饬④。太祖怪而问之，对曰："臣师杜敩之训也。"洪武十三年，征敩及杜祐等。召至，告之太庙，以为四辅官。敩主夏官，摄秋冬官，兼太子宾客，位公、侯、伯、都督之次，锡赍⑤稠渥⑥。尝侍燕游，联句赋诗，并幸其私第，曰："看卿安否？"敩顿首谢。隆以坐论之礼，命协赞政事，均调四时。又赐敕嘉勉。敩荐宋讷任国子助教，讷后卒为名臣。十五年致仕归。著有《四辅集》行世。

注释：

①《易》：《易经》简称，多指根据万事万物的变化过程，提炼出万事万物的变化规律，易是一种宇宙中相对性因果循环。《易经》里"易"的含义为：变易；简易；不易。《易经》基于河图、洛书，历经上古（伏羲先天八卦）、中古（文王后天八卦）和下古（孔子注释）而成书。

②太祖：即明太祖朱元璋。

③敛：敛容；敛足；收敛。

④饬：谨慎；守规矩。

⑤赍（jī）：❶把东西送给别人。❷怀着。

⑥渥：多；厚。

申甫，字维岳，髫年①力学，以文名。既冠②，负笈游秦中③，渐亲师友，所造益深。洪武庚戌开科，以易魁④于乡。官潞州学正，筑丽泽斋，与诸生讲习，四辅杜敩为之记。后迁芜湖知县。甫与敩同学友也。敩应召入都，甫赋《南坡》《太行路》《清时》三诗送之，反复规切，深得古人赠别之义。

注释：

①髫（tiáo）年：幼童时期。髫，古儿童尚未束发时自然下垂的短发，故称之，也称"发"。

②既冠：指已成年。

③秦中：古地区名，也称关中，今陕西中部平原地区，因春秋战国时属秦国而得名。

④易魁：明代的科举考试以《诗》《书》《易》《礼》《春秋》取士。每经的第一名为经魁。在乡试中，经魁是当然的前五名举人，合称五经魁，简称五魁。

郭翀，字子翔，洪武庚戌，举乡试第八。明年会试赐榜眼及第，官吏部考功主事。翀博学，治《春秋》，有名。每与友人贾敏、李素谈论，辄以第一人自许。廷试传胪果第一。高皇帝在烛影下，见其貌颇寝①，因以吴伯宗易之，而置翀第二。翀与伯宗等相唱和，有句曰："凤凰城阙紫霄间，历数丕承②王气还。"敏与素亦同登辛亥进士。

注释：

①颇寝：状貌丑陋短小，或谓状貌不扬。
②丕承：很好地继承。旧谓帝王承天受命，常曰丕承。

张铎，字邦敷，号西林，镇弟。嘉靖乙酉举人，丙戌进士，选翰林院庶吉士①，历兵部郎中、湖州府知府。鲠直豪迈，若不可绳以法度②，然生平大节，无一不中矩矱③。其与人接也，虽山翁野叟莫不尽其欢，退而叩其臧否④，当其意者无几人。所著有《西林集》《警心要言》《全唐律诗》《明律诗选》《湖州府志》《壶关县志》若干卷，行世。详见栗应麟⑤所撰志铭。

注释：

①庶吉士：亦称庶常。其名称源自《尚书·立政》篇中"庶常吉士"之义，是明清两朝时翰林院内的短期职位。从通过科举考试中进士的人当中选择有潜质者担任，为皇帝近臣，负责起草诏书，有为皇帝讲解经籍等责，为明内阁辅臣的重要来源之一。
②法度：❶法令制度；法律。❷行为的准则；规矩。
③矩矱（jǔ yuē）：规矩法度。
④臧否（zāng pǐ）：褒贬；评比；评定；评价；评介；评论等义。
⑤栗应麟：字仁甫，潞州（今山西省长治市）人，明嘉靖己丑（1529）进士，知河南陈州，历直隶顺德府同知，迁陕西佥事，解印绶归。负才名，好吟咏，诗词婉丽，文亦能成一家。以《易经》魁天下，缘宗亲例，不得为中朝官，洊历外任，以才见忌，卒不至大用。

【国朝】

杨四重，字凝之，能之裔孙，梦龙之子。十二龄应童子试①，登明崇祯戊辰②进士，任河南宜阳县知县，有声，调洛阳令，拜南京江西道御史，巡视江漕，多所献替。时逆闯③围汴，张献忠过天星盘踞豫章三楚，眈眈虎视。公昼夜河干，缉奸防变，以备不虞。甫得代，而山右、河北皆陷于贼，微服归，备罹闯毒。国朝以原官征用，授江西道御史，督理漕储。未几，解任卒。所著有《柏林征献录》。生平恬静，不事繁华。与弟四易终身不析七箸④。

注释：

①童子试：亦称童试，科举时代参加科考的资格考试，即科举中录取秀才的考试。清代科举制度包括四部分，分别是童试、乡试、会试、殿试。童试是清科举考试的第一部分，也是科举必走的一步。

②崇祯戊辰：即明思帝崇祯元年（1628）。

③闯：即李自成，又名李闯，号闯王。

④不析七箸：不分家。箸，筷子。七箸，不成对。

牛俊，字子杰，本韩氏子，养于母家，遂冒牛姓。幼好学，家贫无书，从邑中藏书者，悉借观之。其所著述皆于古人有悟入处。补弟子员①，食饩②。俊性鲠直，羞为趋鹜③之学，故蹭蹬棘闱④，而所交皆砥行之学士。其自吟有云："棋遣片时兴，诗吟一世穷。"其襟怀境遇可知矣。所著有《且庵诗古文集》十一余卷藏于家。以明经终。

注释：

①弟子员：汉对太学生、明清对县学生员的称谓。

②食饩（shí xì）：明清时经考试取得廪生资格的生员享受廪膳补贴。

③趋鹜：像鸭子一样成群跑过去，比喻很多人竞相追逐某一事物，此指争名利。趋，快走。鹜，鸭子。

④蹭蹬棘闱：科举考试屡受挫折。蹭蹬，为路途险阻难行，比喻遭遇挫折。棘围，贡院的别称。

冯文止，紫团乡人，字子静，号东山。乾隆己卯科解元，任平陆教谕。癸未①成进士，补河东运学教授。人品学问，所在推服，移疾归。旋檄②取知县，不就。设教长邑③，潜心性命之学④，造次⑤必循规矩，非道义一介不苟取。识者谓有宋五子⑥气象，一时从游者甚众。奖劝诱掖⑦，尝取古人见道⑧分明处，教以精思力行，讲时艺则以体认传注为主，不喜浮掠之谈，故成就极多。进士申南村、孝廉李苇庄、王宜亭昆季皆其门下士。先是，解铎归里时，诏各省孝廉方正，邑中咸以先生荐。寻奉上驳饬，令复行验看，先生力辞。探其意，深以呈身自媒为耻。论者谓是举也，猥琐⑨者即不足以应之，而名实相符如先生，又不肯稍微曲徇⑩，信乎其品高，而举之者非阿好也！所著诗与古文另载艺文，其制艺⑪二刻，大中丞纪晓岚、己卯同考官王竹崖两先生为之序。

注释：

①癸未：即清乾隆二十八年（1763）。
②檄：中国古代官府往来文书的下行文种名称之一。
③长邑：指长子县（即今山西省长治市长子县）。
④性命之学：儒家确立的两个人文修养原则：一要尽性，二要知命。尽性就是要充分发挥自己的本性良能，让它经历成长的磨砺、圣人的教化，才能恢复人天然的良善本性。同时，孔子说"不知命无以为君子"，又要知晓外在，也就是自然、历史、时代所赋予的使命。所以在儒家中，"命"有时反而成了一种积极的力量。
⑤造次：仓促；紧迫。
⑥宋五子：指周敦颐、邵雍、张载、程颢、程颐，对北宋哲学思想的发展起了重要作用。
⑦奖劝诱掖：奖励劝勉，引导扶持。
⑧见道：洞彻真理；明白道理。
⑨猥琐：（容貌、举动）庸俗不大方。
⑩曲徇：顺从；曲从。
⑪制艺：亦作"制义"，指古代在考试时作的文章。它的文体在科举考试中有明确规定。在明清两代，一称作八股文。

循　良①

【周】

冯亭，壶关人，见《泽州志》。昔靳黈为韩上党守。秦伐韩，韩请效②上党之地，以靳不从，韩使亭代黈，亭亦不欲以郡入秦。秦使白起伐之，拔野王③，上党归韩之路绝。亭与其民谋以十七邑归赵，赵封为华阳君，使平原君④受地。亭垂涕不见，曰："吾不处三不义也：为主守地不能死，不义一矣；入之秦不听主令，不义二矣；卖主地而食之，不义三矣。"

按：今涉县有冯亭故里碑记，即《东山集》辨冯氏渊源亦未云系壶关人，《泽州志》未知何据，即《潞安府志》谓墓在壶关，亦无所征。姑存以俟考。

注释：

①循良：官吏奉公守法；奉公守法的官吏。
②效：为别人或集团献出。
③野王：亦作"野"，古邑名，在今河南省沁阳市。

④平原君：即赵胜，战国四公子之一，赵国贵族。赵武灵王之子，赵惠文王之弟，因贤能而闻名。封于东武城（今山东省武城市德州县西北），号平原君。平原君礼贤下士，有食客数千人。

【唐】

王甡，贵之子，曹州武城县令。仪凤二年，迁武连县令，柏林人。《唐王府君墓志》略曰："君讳甡，字众仁，潞州壶关人也。高辛氏①之苗裔，王钟之后。人文肇备，王孙继轩冕②之晖；礼乐权舆③，公子袭襟居之美。祖游，父贵，隋朝散大夫、扬州别驾，并以逸茂翘英，金闺擢秀，雄图壮观，为善扬芳，固得辉映当时，缉熙④往帝。惟君耸凌云之状节，霜气横空；禀河岳之英灵，风情冠日。才砻⑤玉匣，吐纳金赢⑥，豹略⑦潜机，龙韬⑧挺睟⑨。以上元三年三月二十日诏授曹州武城令，仪凤二年六月五日又迁始州武连县令。可谓屈牛刀而下割，抑琴调以虚张，蝗越谣彰，雉驯⑩风著，春秋八十有二卒于私第，葬西柏林村。"

注释：

①高辛氏：即帝喾（kù），姬姓，名俊，华夏族。生于高辛（今河南省商丘市睢阳区高辛镇），故号高辛氏，黄帝曾孙。

②轩冕：古时卿大夫的车子和服饰，也指官位爵禄以及显贵的人。

③权舆（quán yú）：❶起始。❷萌芽；新生。

④缉熙：指光明，又引申为光辉。《诗经·大雅·文王》："穆穆文王，于缉熙敬止。"

⑤砻：❶去掉稻壳的农具，形状略像磨，多以木料制成。❷磨（mó）："造兹宝刀，既砻既砺。"

⑥金赢：储存黄金的竹器。

⑦⑧豹略、龙韬：泛指兵书、兵法，也指兵家权谋。

⑨睟（suì）：润泽。

⑩雉驯：地方官施行仁政，泽及禽鸟。南朝宋范晔：《后汉书·卓鲁魏刘列传·鲁恭》："汉鲁恭宰中牟，以德化民。时郡国螟蝗伤稼，独不入其境；有母雉将雏过童子旁，童子仁而不捕。"

苗延嗣，壶关人，袭夔子，中书舍人、太原少尹①。开元②时张嘉贞为相荐与吕太一、员嘉静、崔训皆位清要③，日与语政事。当时语曰："令君四俊，苗吕崔员。"见府志。

注释：

①少尹：唐代制度，凡州升为府者，其刺史称为府尹。下设少尹二人，为府尹之副职。府尹从三品，少尹从四品。

②开元：唐朝皇帝唐玄宗李隆基的年号，共计44年（712—755）。

③清要：清简得要，此谓地位显贵、职司重要，但政务不繁的官职。《尚书·周官》："夏商官倍，亦克用乂。"孔传："禹汤建官二百，亦能用治，言不及唐虞之清要。"

苗晋卿，由进士调修武尉，累晋吏部郎中、中书舍人、知吏部选事、充河北采访使。政化大行，改河东采访使，迁工部尚书，东都留守，兼右丞。肃宗朝，拜左相，封韩国公，诏摄冢宰。晋卿宽厚，所至以惠化称。魏人为营生祠，立石颂美。永泰初卒，年八十一，赠太师，谥懿献，改谥文贞。事详名宦。

苗粲，晋卿子，仕至郎中，终给事中。德宗①时，陆贽欲进粲官，帝不许，曰："晋卿往摄政，有不臣之言，粲等宜与外官。"贽奏："王者爵人必于朝，刑人必于市，言与众共之。若陛下以晋卿奸邪，粲等应坐，则当公议其罪。若知见诬，宜擢粲等以示天下。且晋卿起文儒，致位台辅，谦柔敦厚，为三朝所推，安肯为族灭计？虽甚狂险，犹不为之，况老臣乎？"帝然之，而粲官终不显。粲行事虽不概见，而陆宣公以为未竟其才，则其人亦可想见矣。

注释：

①德宗：即唐德宗李适（kuò），780—805年在位。

【宋】

苗时中，字子居，其先壶关人，后徙宿州，以荫主宁陵簿。古河久湮，请开导溉，为利甚溥①，人称苗公河。调潞州司法参军，郡守欲入一囚，时中力争，守悟而听之。熙宁中，以司农丞②密荐能吏十人，后皆进用，人莫之知。后以夷人犯边③，擢江西转运副使、河东转运使，累官至户部侍郎卒。

按：苗时中据《宋史》列传，其先自壶关徙宿州，则为宿州人矣。《通志》直云壶关人，则似时中始徙宿州，固未可据。旧志摘入侨寓，亦无此体例，姑阙疑，以俟知者。

注释：

①溥（pǔ）：本义为广大，引申为周遍。另外，"溥"又假借作"普"，指普遍。
②司农丞：北宋置一员，初为寄禄官，用以表示品级俸禄，北宋熙宁三年（1070），始为职事官，协助判寺，同判寺推行新法。
③夷人犯边：应是宋朝和西夏交战时。

【元】

王宣，提领本州税课事，宽严得中，时以为能。

王天祐，天资颖悟，有伟才，由进士累官太常博士，议大礼多见俞允①。皇庆间，以潞州知州进阶奉议大夫②。所著有《虚舟集》《十哲碑记》，载《艺文》。《潞安府志》《通志》俱作上党。

张时髦，以进士授吉州判官，升本县尹，充河南、江北等处行中书省儒学提举，官至秘书监丞。资性深纯，文章赡雅③。

马绳武，祖以吏业显名，及绳武，儒吏兼通，累官吏部郎中，以临事明敏，拜监察御史，历官江南浙江道廉访副使，同知上都留守司事。

注释：

①俞允：允诺之词，多用于君主。《尚书·尧典》："帝曰：'俞。'"
②奉议大夫：文散官名。金始置，正六品下，元升正五品。
③赡雅：广博而高雅。

【明】

张谦，举茂才，任陕西两当县典史，绰有政声。

杨能，字惟谦，姿仪环秀，有才识。天顺己卯举人，授东昌府同知，在任廉明，誉彻上下。时有妖言，连逮千余人皆抵死，能力辩得释。升本府知府，以干济称。能积德累功，以善贻子孙。其子若孙居官，皆克世其家学，族遂极盛。

杨奇，字秀夫，能之子，成化辛丑进士，授户部主事。弘治改元，上《裕国安民疏》，极言足食足兵之法，在端本澄源，语侵贵近，时论韪①之，进陕西司郎中。时甘肃弗靖，奇奉敕整督军饷，将行，上疏言备边七事，上嘉纳之。寻升嘉兴知府，改夔州，有惠政。民饮江水，远汲为难，凿井得美泉，夔人以姓命名之，感慕为作生祠。升两浙盐运使，剔弊讲利。改两淮，权两浙参政。

注释：

①韪（wěi）：是；对。

杨森，能之子，字蓁夫，以弟子员入监，例补直隶盐山簿，盐有被诬成死狱者，潜馈金求恤，森却金而释其诬。迁肃州卫知事。子河、洛同登乡荐。

郭份，字宗周，弘治甲子举人，任霸州知州。霸俗强悍，地居下流，屡被水患，盗贼繁起，份下车，首捕其巨猾，置于法，盗皆屏息，民赖以安。以不合于上官，艰归，遂不起。

杨河，字东之，森之子，嘉靖壬午举人，任肤施县知县，寻调荥阳县。河惠民课学，方正自持，奸胥猾吏不得逞其术。荥阳有恶少，诳其尉曰："某地有金若干，某私识其处，愿发之。"尉密白之，河戒以妄。尉自白上官，发丁掘金，无所得。于是素易河者，皆服其见明守洁云。

杨洛，森次子，河弟，嘉靖壬午举人，铨山东单县知县，廉平不扰。时游宦有周恩、单文彪者，贫而物故，洛为殡殓，且赒其家。县滨河，条备河策于上官，单人称便。改官渭源，父老送者至泣下。至渭，教民礼让，兴水利，弥虎患，士民爱之。有渭川八政之咏。以疾卒于官，邑人哭之，如私亲然。

张铎，由翰林庶吉士历兵部郎中、湖州府知府，人称其耿直豪迈。行谊①详名德。

注释：

①行谊：❶品行；道义。❷事迹；行为。

杨瑶，正德年贡，任怀柔、故城二县训导，迁邯郸教谕。清操自励，迁国子监典簿，清勤供职，节省浮费①，仕至河间府通判。

注释：

①浮费：不必要的开支。

牛应麒，崇贤一里人，牛倬①父。万历间，官济宁闸官，升蓬莱县典史。

致仕居乡，惠于乡里，里人念其德。

郭恬②，字汝静，份子，嘉靖丁酉举人，生而颖异，十三岁补弟子员，铨兖州府推官③，多所平反。自书厅壁曰："不为利屈，而为义出。"其自励如此。时有曲阜圣裔为旁宗所诬，勘者率模棱。恬廉得④其情，为直之。以刚疾恶为人所忌，遂移疾归。

注释：

①牛倬：壶关崇贤（今山西省长治市壶关县崇贤村）人，清顺治年间（1644—1662）恩贡，考通判，官新城（今河北省高碑店市新城县）县丞。其父牛应麟，万历间官济宁（今山东省济宁市）闸官，升蓬莱（今山东省烟台市蓬莱区）县典史。致仕乡里，里人念其德。

②郭恬：号壶山，壶关（今山西省长治市壶关县）人，明嘉靖丁酉（1537）举人，任兖州推官。

③推官：古代官名。唐朝始置，节度使、观察使、团练使、防御使、采访处置使下皆设一员，位次于判官、掌书记，掌推勾狱讼之事。五代沿袭唐制。宋朝时三司下各部每部设一员，主管各案公事。

④廉得：查考；访查。

徐增第，新兴里人，万历年选贡，任内丘令，迁临洮府通判。所至有惠政，而廉正不挠。府志作平顺人。

杨梦龙，字文田，能元孙，万历丙午举人，先任文安令，安邑近白沟河，为九江下流，堤善溃。龙躬先畚锸，经画尽瘁，其堤遂固。寻为贵倖所忌，罢之。父老扳舆塞路，至不能行。后复起为平山令，听讼平允。以子四重贵，晋封江西道御史。

马进德，新兴二里人，考授陕西安塞大使，选金波巡检，所至以称职闻。

马调鸾，进德四子，崇祯年贡。初任石城令，明于决狱，爱民如子。时流氛①横炽，鸾守御有方。迁怀庆府通判，去之日，老幼追攀不忍别，石民为立广爱祠、思爱祠。府志平顺人。

注释：

①流氛：寇乱。

【国朝】

杨四重，由进士任河南宜阳知县，有声，调洛阳令，拜南京、江西道御史，巡视江漕，多所献替①。国朝初，以原官征用，授江西道御史，督理漕储，未几解任卒。行谊详名宦。

注释：

①献替：即"献可替否"，省作"献替""献可"，进献可行者，废去不可行者。

杨四易，字会一，四重弟。明崇祯年岁贡，顺治间，授陕西城固令。时兵戈初定，民多转徙，易开诚抚字①，流亡归集。设法灌溉，废畦皆成沃壤，寻迁松江府同知，以疾归。

注释：

①抚字：抚养；对百姓安抚体恤。

姜遇周，字文生，康熙甲子举人，考授内阁中书，改补浙江龙泉令。持己以严，驭吏以法，为政不扰而事集①，民皆以为便。甲午分校浙闱，所取皆积学士。病卒于官，检其橐，无长物。

注释：

①事集：即"集事"，成事；成功。

郎克谦①，岁贡，应宣子，字六皆，号地山，天性高旷，为文奇雄浑浩，非他人所能学步。由乾隆乙酉拔贡选授大同教谕，庚寅举于卿，登辛卯进士，授江西德安县知县，有才力，不为因循苟且之治。邑旧有屯田数百顷，为风沙埋没，民苦课累，历任诉之不能去。公申请豁免，军民感之，立祠以祀。后以卓异升直隶安州知州。逾年，水灾骤发，平地深二三丈，民屋飘荡，呼号遍野，公悬赏格救援，复广觅舟舰以渡，多方抚慰，给以口粮。嗣因灾奉命赈济，躬亲巡视，不滥不遗，一时全活者甚众。又历署东路、北路厅及大名、广平各府同知，所至以干济称。署昌平州，卒于官。所著有《地山诗稿》，板藏家塾。

王遐龄，南关人，幼聪颖，善为文，工书法。乾隆癸卯举于乡，挑选四川知县，历署丹棱、青神等县，有政声。嘉庆己未，摄潼川中邑篆，甫数月，教养兼举，士民戴德。越明年，教匪滋事，中邑罹贼锋尤迩，士民相率赴省，恳请假我王明府为保障计。因奉檄星驰就道，民望见车，盖交相庆曰："明府至，吾侪无虑矣！"公下车，集同官绅士商守御策，谓："请兵则滋扰可虞，招募亦乌合之难恃，但使吾民协力同心，民即兵也，夫何患！"众踊跃听命。乃与修器械，浚城隍②，令远者结寨自卫，守望相助；近者分为十二团，置首领，朝夕训练，其险要处，暗藏精壮以为声援。部署甫毕，贼以拥一二万众由定远渡嘉陵江，蹂躏射洪等县，长驱中邑，盘踞数日，百姓扶老携幼入城避难，公内抚外捍，倡率坚守，不解衣带者数昼夜。擒奸细匡祖富立即正法，民因安堵。继大兵追及绵州，痛剿之，百姓稍稍返故里，而被胁之，民环集呼救者，尚不可胜数，公询其里居，设法护送，带壮勇搜山谷，以清余匪。先是，幕友等闻贼将至，挥泪问何以自处，公曰："君等去留可自为计，吾惟有一死以报君亲耳。"旬日须发半白，而公不知也。嗣上宪嘉守御功，奏补③中邑，邑为保达两路冲途，军务所需络绎不绝，公善为调停，择富饶而精明者，立局以主之。不奢不俭，未尝上负帑项④，下耗津贴。时民生方苏，房屋大半烧毁，公按部抚绥，缓征薄敛。又谓兵戎既息，文教当兴，建育英书院以养人才，师长脩金、膳仪，悉捐廉为之。继复延地方绅耆，劝捐多资为久远计。不一二年间，而师生之费裕如。公赋性忠诚，凡事不欲苟且。尝书对联于堂曰："推保赤以保民岂曰小补，本实心为实政不在多言。"其生平盖可知矣。莅任六年，卓异引见，民思甘棠而不忍忘。邑宦大理寺正乡孟邵，率合邑绅耆商民，绘公保城图像，又倡作保城诗纪，以志公之本末。诗载邑乘，甫月余，而公果奉上委署打箭炉同知去矣。

注释：

①郎克谦：字六皆，号地山，壶关（今山西省长治市壶关县）人，清乾隆乙酉（1765）科拔贡，庚寅（1770）举人，辛卯（1771）进士，授江西德安知县，以卓异升直隶安州知州，历任东路北路厅及大名广平各府同知，著有《地山诗稿》4卷。有吏才，所至以干济称。实惠及民，民皆立祠以祀。为文有奇气，非时贤所能学步。后署昌平州知州，卒于官。

②浚城隍：疏浚护城河作为防备。

③奏补：亦作"奏荫"，宋代父祖为高官，可以上奏请求授予儿孙官职，称为奏荫。

④帑项（tǎng xiàng）：国库里的钱财；款项。

刘青莲，秦庄人，少与其弟青兰以文齐名。乾隆丙午中顺天乡试，癸丑年应挑①典分发直隶知县，上游咸器重之。时值河西水灾流行，奉檄查察，兼理闸事，捍御有方。居民赖以安堵，当道嘉其能，委署武清、柏乡两县事，授蒲城知县，迁宁津，调清苑。嘉庆庚午，上幸五台，襄办大差称旨。升署磁州知州，授顺天西路厅直隶同知。十八年，教匪不靖，公设法剿捕，境内肃然。旋丁内艰归里，课子侄以为乐。以《春秋》繁多难读，选其典要，经二寒暑而成，名曰《春秋读本》。盖文章政事两兼之矣。服阕②，仍赴直隶，历署通州、济州、蔚州、定州知州。逾年，补顺天东路厅直隶同知，署永平府知府，卒于官。

注释：

①挑：即大挑。清乾隆以后定制，三科以上会试不中的举人，挑取其中一等的以知县用，二等的以教职用。6年举行一次，意在使举人出身的有较宽的出路，名为大挑。

②服阕（fú què）：指守丧期满除服。

忠 烈

【元】

任志，元木华黎略地至潞州，志首迎降，授以虎符，充元帅，收辑山寨，数与金兵战，有功。金尝得其长子如山以招之，曰："降则尔子生，不则尔子死。"志曰："我为帅，岂爱一子！"亲射其子，殪之。木华黎召议事，道过发武安，其县已反，志死之。木华黎悼惜，请于朝，以子袭元帅。府志作潞州人。

任存，志子。袭父职为潞州元帅，金将武仙攻潞，存战死。诏给其妻孥①家属廪赐居第，子立未能官，先官其侄成为本州长官。及立长，更之，佩金符，历泽州、陈州长官，卒。

注释：

①妻孥（nú）：妻子和儿女。

【明】

杨可栋，任永平卫经历，寇犯永平被执不屈而死。其族子四重《杨氏谱论》曰："经历七品散官，事权不属，顾以蝼蚁与强敌争旦夕之命，凛凛有生气焉。乃人卒以其官微而不一表章之、赠恤之，可胜惜哉。"

【国朝】

崔珩，崇祯年贡，顺治间任绛州教谕。姜逆之变，城破被执，不屈，死之。

按：府志云："《壶关县志》载：珩为壶关人，绛县教谕。死节。"府旧志则载："珩为绛州学正。"并不言死节，而《通志》乃云绛州举人，任壶关教谕。姜逆之乱死节。及考《通志》，则无教谕。崔珩通志亦无所见，未敢以忠孝大节辄行删去，特并存其说以俟考。旧志。

乡 饮①

宾

郭　荣	贺　仪	杜　叙	闫　怀	牛　仪	杨四易	郭亨征
李向荣	张新印	平　翀	阎　调	王公礼	郝奇英	关永巩
贾抚民	吴　祺	张　琏	平　谐	阎　诱	王文爆	韩　赵
平　良	梁　琛	李　京	秦子述	平远章	平　鬶	陈斗枢
阎　铣	张瑞璘	梁宗灏	王　瑞	平景超	崔腾超	吴彭胜
刘廷佐	宋屏臣	秦哲士	牛　俊	许天爵	杜　枢	郎应宣
平大超	郭又蓬	王华浙	武师庆	郭　恒	阎体仁	王　运
王培元	刘　铮	刘青藜	张鸣凤	王毓琳	秦秀举	张效渠
王永龄	郭君都	宋守约	程翠峰	程超峰	申上达	张　苾
王三凤	王伟栋	平　发	平仪凤	阎瑞麟	王华龄	王　炳

介

平万心	赵文郁	牛　倬	王作霖	姬焕元	牛　轼	马光裕
韩　苏	陈修吉	马　骍	马　驰	平　弼	段超凡	张　璠
牛象显	姜逢周	张其蛰	平若耿	梁栋材	王梦熊	赵永麟
王景镛	牛元弼	岳降英	牛天魁	韩师道	郭宜昆	马　骊
张昌裔	郎应宿	韩廷鉴	刘正琠	阎必擢	王玉璪	平宏基

陈 理	张硕彦	贾 伏	阎 楒	宋 伦	平如毕	吴澧胜
陈 璜	平景晏	陈 倬	张 礼	姬永龄	平如宜	陈益达
马凤翰	王天宣	陈 璸	吴城胜	张 萤	张鹏起	郭兴堂
阎文鉴	刘青万	阎继武	王青选	路行诚	崔 霈	武梦吉
郭 环	任 麓	苏占鳌	杜据德	陈万泰	栗信芳	王鲤臣
李 健	刘青浦	李含芳	宋尚德	阎 檀	王廷弼	王心一
王魁一	王化南	刘 炳	刘 焕	刘正琠	刘 鉽	吴承基
阎秉哲	张 霁	宗 义	杨廷枢	张继载	吴仕魁	张 兴
牛 宿	张希哲	陈 潜	赵伟勋	赵廷模	杨文渊	杨文涛
秦有孚	李 悦	李燮元	李作栋	郭维城	王致远	王名远
陈 升	崔显扬	韩克让	杜德卿	吴之瑛	秦万春	崔作栋
崔 谱	陈昌义	王德纯	郭步汾	秦万年	郭邦雄	申 玟
张世祥	陈 锦	王锡贵	牛黄中	马 铎	赵廷俊	陈昌期
陈 焕	宋毓樟	常 浚	杜宋德	李宗郜	赵 铣	马九德
王子龄	秦荣资	吴兆奎	秦德昌	陈 镇	王一桂	王 昙
皇甫德	崔元超	张瑞麟				

耆

段汝桂	牛养浩	李含华	牛守义	韩仲懿	王一爱	秦印正
平养聪	牛光奎	申保安	吴学纯	阎儒学	陈 陟	韩凤林
牛起松	申洪璞	管见芳	郭成资	李国才	王克齐	李拱斗
弓振邦	陈 灿	秦 瑹	程 钦	韩汝佐	贾允鹤	郑文灿
吴 耀	平廷智	王九皋	吴化贞	马 骥	杜忠贤	张连凤
张 冀	程加亮	牛新凝	郭加展	王 钦	王光先	路 灿
秦 玠	路遇师	牛鳞玉	李朝发	张会元	李 增	秦达士
赵君瑞	任起祥	王书升	张宏基	王 佐	盖瑞璘	牛克俭
秦学珍	张 耀	宋强达	秦杰士	王兆祥	牛新敬	关进朝
宋 仪	盖瑞珩	牛天玺	苏文才	张元善	关进海	王锡玺
吴帝相	武永廷	李子吉	吴天德	郭建堂	杨法泉	关 聪
阎金辅	杨 文	牛兆麟	李 瑄	郭 展	王万国	雷起吉
雷起和	吴加盛	冯守己	武增重	崔元超	张 昙	李生玉

李　坤	郭克诚	阎据德	阎世达	赵慎行	常国钦	王锡禄
王锡恩	李修己	阎子峰	任宗挚	吕世礼	李　楷	原发枝
徐振京	连辅廷	宋　智	阎继昌	平　瑾	郭万里	陈友赤
郭振魁	赵慎躬	郭　琳	杜建仁	董天极	陈　泽	吴　秀
阎兴业	李　民	阎增业	张进德	魏三奇	刘世祥	吴高魁
秦增会	郭魁秀	杜文远	杨　梓	王子和	璩永又	侯世炳
杜忠义	张习尧	王　学	平　林	崔绳训	王维珍	董天祥
牛可重	王　玉	苏　春	杜　魁	高步汉	杨立盛	张守基
王永安	王　润	王永增	盖景智	李　明	李永锡	李服众
郭永堂	冯　适	阎廷辅	原文炳	赵克礼	鲍相丞	平士骐
平兴台	盖永梅	郭汉林	张桂垣	郭邦丕	李庆安	靳天祥
李积善	阎经业	牛积善	宋　梓	张天保	张思泽	张广锠
李　廉	王　重	吴　镜	李兴邦	吕　魁	马　灿	任重春
杨九信	王学仁	吴守德	赵　玢	关　石	马　敦	任重顺
崔　何	崔　濬	栗添成	郭文润	郭文吉	张应凤	张束玉
丁守官	秦　钊	郭克诚	张致中	秦发善	杨　玲	王一沂
王凤章	关　玺	马　明	贾光润	秦久长	秦久成	吴永玺
马会绪	李子孝	苗继忠	冯有仓	冯业儒		

注释：

①乡饮：古代嘉礼之一，指乡饮酒礼。乡饮是古代一种庆祝丰收尊老敬老的宴乐活动，一般选德高望重长者数人为乡饮宾，与当地官吏一起主持此活动。

孝　义

【元】

杨玘，壶关人，捐千缗，建东关壁村石桥。邑人程秉直为之记。见府志补入。

【明】

陈德海，事鳌①母阎氏，抚幼弟德川，以孝友称。母遘疾②，兄弟二人寝食俱废，巡按③表其间焉。

牛继先，节妇路氏子。生七日父殁，比长，事母色养④备至。有司旌曰"母贞子孝"。后以明经任馆陶训导。

注释：

①嫠（lí）：寡妇。
②遘疾：遇病；碰上生病。
③巡按：唐天宝五年（746），派官巡按天下风俗黜陟官吏，巡按之名始此。
④色养：称人子和颜悦色奉养父母或承顺父母。

　　郭忻，易名端孝，字汝学。嘉靖辛卯①举人，父修，例授三品武职，被诬成狱。愤曰："吾父生儿不如缇萦②哉！"及领乡荐③，叩首谢天曰："是忻理父冤之日也。"极力营救，十年捐家资大半，父得出，年老目盲，而忻亦面鳖发脱矣。会当计偕④，中寒不果行而父殁，力疾悲号，水浆不入口，感重疾卒。

　　张宪、张实，俱仪宾⑤，慕断金⑥之遗，与潞州王龙等立为元吉会，相勉为善。

注释：

①嘉靖辛卯：即明嘉靖十年（1531）。
②缇萦：汉文帝时，有人上书告发淳于意受贿，按照刑法应当专车押送他向西到长安。淳于意有五个女儿，跟着（囚车）哭。淳于意很生气，骂道："生孩子不生男孩，危急时没有人能帮忙。"这时小女儿缇萦因父亲的话感到悲伤，就跟父亲向西到达长安，上书说："我的父亲担任官吏，齐地的人都说他清廉公平，如今犯法应当获罪受刑。我为（受刑而）死的人不能复生感到悲痛，而受过刑的人不能再长出新的肢体，即使想改过自新，也没办法了。我希望舍身做官府中的女仆来赎父亲的罪过，让他能改过自新。"她的书信被皇上看到后，为她感到悲伤，这一年废除了肉刑法。
③乡荐：应试进士，由州县荐举。
④计偕：汉朝时被征召的士人皆与计吏相谐同上京师，故称计偕。后世举人入京会试，也被称为计偕。计，计吏。偕，一同；偕同。
⑤仪宾：全称宗人府仪宾，是明朝郡主、县主、郡君、县君、乡君夫婿的封号。
⑥断金：即断金之交，指情深谊厚的朋友。《周易·系辞上》："二人同心，其利断金。"

　　王三聘，安兴里人，父病，百方医之罔效。三聘忧甚，一日梦中闻人语曰："尔父病，必获虎肉食之，始愈。"三聘跃起曰："虎肉可愈病乎？"已，乃泣曰："吾安得虎肉而进之？"复憬然悟曰："虎肉尚克愈病，矧①股肉乎？"遂割股肉以进，父病果立愈。万历四十五年，府道躬诣门给匾以旌。府志作平顺人。

孙田，安兴二里人，孙滔义子。滔疾笃，思肉食，田遂割股奉亲食之，疾愈。题请旌表②。府志作平顺人。

注释：

①矧（shěn）：另外；况且；何况；也。《诗经·小雅·伐木》："矧伊人矣，不求友生？神之听之，终和且平。"

②旌表：封建统治者用立牌坊或挂匾额等方式表扬遵守封建礼教的人。

牛应麒，崇贤一里人，通判牛倬之父。山东济宁闸官，升蓬莱典史。致仕归，惠于乡里，里人食其德。以寿终。

路俊、郭麟、王代升、杨庆、王英、牛聚良、王仕亨、阎节、路环，胥壶关人，正统间俱以输赈立石旌表。

马龛，赋性朴诚，设粥以活饥馁，施棺以掩暴露。万历庚戌大饥，输粟三百石助赈，邑令重之，延为耆宾。

李思恭，建合峪桥。

郭诚，麟之子。弘治年岁荒，出粟济民，官为立石，题义民碑。详见艺文。

武肤臣，修玉皇庙前大路。

李瑾，邑绅也。成化间以捐赈五百石旌表。

阎子升，修进德桥。

郭荣，麟之孙，建太平桥并修渠头沟。

秦守己，新兴里人，考授元州驿丞，迁巩昌府仓大使。居乡，值崇祯庚辰岁祲，出粟为粥，全活甚众。

秦之璧，守己长子，幼补弟子员，有文名，里巷贫乏者必倾囊济之。乐山水以终其天年。

秦之玺，守己次子，崇祯三年纳吏，值寇乱，与邑令竭力守城。

张鹤鸣，新兴里人。崇祯十三年大饥，民窃发扰乱。抚院①给札，委署千总②，任防守捕缉之责，鹤昼则巡御四境，夜则严守城池，贼氛潜消，民得安堵。

关书，崇祯末年岁祲，出粟赈饥。

注释：

①抚院：❶明清时巡抚例兼都察院右副都御史或右佥都御史衔，故称。❷巡抚衙门。

②千总：明代京营兵分为三大营，设千总、把总等领兵官，职位低下。

【国朝】

杨振豪，四易子，顺治年贡，雅饬自好，捐资独修学宫，士人皆高其其义。

吴名都，字辅三，甫六岁生母卒，即知号痛。继母平氏抚之。都父殁，哀号惨切，里人为之罢欢笑数日。少长，昼耕夜读，补邑弟子员。妻亡不再娶，虑分其力则母之甘旨不给。后继母以寿终，丧葬毕，都亦卒。至今里人称之。

雷震虔，康熙四十年间人。家赤贫，佣工以奉寡母，左右就养者三十余年。雍正十一年，其母死，虔殓母毕，号泣三日而卒。

平万心，顺治元年恩贡。孝友恭慎，退然若不胜衣①。研究经籍②，博览百氏③，从游之士不惮远笈④。选训导，因亲老未赴。

马万里，顺治间拔贡。居家极敦孝行，通达事务，仕至河南内乡县知县。

王汝为，康熙癸卯岁饥，出粟济人，村少流亡。子金紫、金绶、金绂，俱于乾隆己卯大旱出粟济合村，老幼计口授粮，乡人赖以存活，冬寒又施棉衣。郡守、郡丞奖之曰："义笃解衣⑤，惠流⑥切体。"

阎呈杰，雍正元年捐资赈饥。

陈伏和，节妇赵氏子。二岁而孤，事母孝谨，家不富而耻子自私。雍正初年大饥，倾囷倒廪⑦以救乡党，赖以全活者数十家。

王金汤，天池村人。因父失足落堑，遂投堑下救父，俱死。其妻苗氏亦世家女，因翁与夫俱死，哀痛不欲生，村人止之，乃乘夜投堑以死。

注释：

①不胜衣：谦恭退让貌。

②经籍：指经书，泛指古代图书。

③百氏：诸子百家。

④笈：学士所负书箱。
⑤解衣：❶脱衣。❷指"解衣推食"，形容对人热情关怀。
⑥惠流：即"流惠"，布施恩惠。
⑦倾囷倒廪（qīng qūn dǎo lǐn）：倾倒出粮仓中全部储藏，比喻倾其所有，尽其所知。

秦学珍，下内村人，四岁丧母，哀感如成人。十三岁父过桥失足坠水，学珍号呼投水抢救，漂流数里，父子俱在堤上，人咸以为孝感所致。继母常鞭挞之，惟自引咎无怨色，母死负土成墓。其父与族人世业厚，属①善视之。世业死，负汤阴王姓百金，学珍代偿。王氏父子俱殁，其孙不肯受，乃会里老言其故而予之。壶邑新修书院，倾千金以资膏火；修桥梁之圮坏者数处，费数千金。岁荒，合其子景行、景凤、景参，竭力赈给。每出，过党里，有宜相周②者，辄解骖③予之，徒步以归。考学珍幼孤贫，中年以行贾稍裕，今所为若此，非其天资有过人者与。乡人既敬爱之，举为乡饮介宾。乾隆三十二年，复以其孝行请于有司，详准题旌。

注释：
①属：同"嘱"，叮嘱；嘱咐。
②相周：相互救济。
③解骖：典出西汉司马迁《史记·管晏列传·晏平仲》："越石父贤，在缧绁中。晏子出，遭之涂，解左骖赎之。"晏子解下自己乘车左边的马，把越石父赎出来。后遂以"解骖"指解脱骖马赠人，谓以财物救人困急。

王锡琳，字美玉，贡太学，节孝任氏子。康熙年捐输义仓谷数百石，有司奏闻，恩赐八品顶戴。

王凤舞，字鸣冈，节孝任氏之曾孙。家饶于财，素行忠悃，与人重然诺，以周急恤贫为己任。少业儒，未就，由布政司理问议叙通判捐同知。嘉庆年，岁歉道殣相望，协有力者广为赈济，乡村赖以全活者数百人，乡人以"好行其德"扁其门。

王运，邑庠生。捐卫千总，两举乡饮大宾。嘉庆元年赐千叟宴，赐诗轴、寿杖、黄缎外褂、荷包等物。川楚军需输饷，并捐输文庙地十三亩零。

王凤翮，字健翮，邑优廪生。弱冠以文名，性至孝。父殁，三年不见齿①，不近内室。事继母未尝有忤色，母偶有不悦，欢颜愉色以奉之，必得欢心而后已。屡荐不第，遂弃功名。仰慕薛文清公②之为人，手录功过格③以自励。生平谨身寡过④，交人无贫富，见一长者辄佩服不忘。受业于中州李卫多先生，每以富而好礼许之。年未四十卒，闻者惋惜，谓壶邑少一人望⑤焉。

注释：

①见齿：指笑。笑则露齿，故云。

②薛文清公：即薛瑄，字德温，号敬轩，河津（今山西省运城市万荣县）人，明代著名思想家、理学家、文学家，河东学派的创始人，世称薛河东。薛瑄为明永乐十九年（1421）进士，官至通议大夫、礼部左侍郎兼翰林院学士。明天顺八年（1464）去世，赠资善大夫、礼部尚书，谥号文清，故后世称其为薛文清。明隆庆五年（1571），从祀孔庙。

③功过格：自记善恶功过的一种簿册。善言善行为功，记功格；恶言恶行为过，记过格。

④谨身寡过：整饬自身，少犯错误。

⑤人望：众人所属望，也指众望所归的人。

冯世全，少与其父登锯齿，父坠崖死，世全号泣随下，崖高万仞，卒无恙。晚年举子五，寿八十五岁而卒。人以为孝感所致。

李燮元，崇阳乡人，号面山。幼补弟子员，端方自持，尝著十警以自励。事继母以孝著，力行善事。村中有风王庙，里人因倾颓谋修葺之，费用不继，出家资以蒇事。前后经营十七年，工将竣，感疾而逝。其长子东旸、次子邑庠东璧，继成其志，遂成伟观焉。

杨启关，东关壁村人。生有至性，年少失恃①，事继母王氏，得其欢心。以家贫，未能多读书，为戚某理家务，日久嘉其敏慎，因令专督营运事宜，增畀②辛金，得以渐置田产。然积累由于艰苦，家虽小康，而节衣俭食丝毫不肯妄费。嘉庆二十三年其母年八十岁，启关乃出橐中金演剧、开筵、制锦，称觞③者接踵而至，五日不绝。与斯会者，见堂上人鹤发酡颜④，终日怡怡，咸以启关年逾六衮能为孺子，慕羡其无忝⑤所生，而或不尽知为继母也。无何，戚某即世，启关念代司管钥四十余年，寸丝粒粟出入无所假借，庶可共信，一旦时移势变，恐牵连掣肘，致有末路濡染之谤，力即辞去。在家五年而卒。卒之时六十九，远近呼曰杨孝子。子七，存者三人，四万春补邑诸生。

王廷杰，由议叙县丞捐游击⑥。嘉庆年间岁祲，赈济福字约五村，公悬"和善余庆"匾额。又于嘉庆、道光年间两次捐输文庙地十五亩、银一百两、钱一百缗，详碑记。

阎中鹤，邑庠生，晋庄村人。事亲孝敬无违。父卒，母病不能起，中鹤朝夕承欢，色养兼尽。每于外闻一事、见一景，必入告以博欢笑，如是者二十年。母卒，竭力营葬。尝举"君子不以天下俭其亲"之言以自励。葬毕，感痛泣血，不数日亦卒。里人咸为之垂涕。

注释：

①失恃：指死了母亲。《诗经·小雅·蓼莪》："无父何怙，无母何恃。"

②畀（bì）：给；给以。

③称觞：举杯祝酒。

④酡颜：饮酒脸红的样子，亦泛指脸红。

⑤无忝：不玷辱；不羞愧。《尚书·君牙》："今命尔予翼，作股肱心膂，缵乃旧服，无忝祖考。"孔传："无辱累祖考之道。"

⑥游击：武官职名，游击将军的简称。始于汉，自唐至清，仍沿用为武官官阶。

流　寓①

【魏】

钟繇，少时随刘胜往抱犊山，学书三年。比还，与曹操、邯郸淳、韦诞、孙子荆、关枇杷等议用笔法，见蔡邕笔法于韦诞座上，苦求不与。及诞死，阴令人盗开其墓以得之。故知多力丰筋者圣，无力无筋者病，一一从其消息而用之，由是更妙。繇曰："用笔者，天也；流美者，地也。非凡庸所知。"临终，探囊以授子会，曰："吾精思学书，学其用笔。若与人居，画地广数步②；卧画被穿过表③；如厕，至于忘归。每见万类，皆书象之④。"《用笔说》。

祝公道⑤，河南人。建安中，郭援破绛邑，捕得邑长贾逵，囚于壶关，闭著土窑中，以车轮盖上，使人固守。方将杀之，逵从窑中谓守者曰："此间无健儿耶？而当使义士死于此中乎？"时公道游壶关，与逵非故人而适闻其言，怜其守正危陷，乃夜盗往，引出，折械，遣去，不语名姓。援破，逵乃知前出己者为公道。后公道坐他事，逵救之，力不能解，为之改服⑥焉。

注释：

①流寓：在异乡日久而定居。
②若与人居，画地广数步：如果和别人在一起，我就在地上几步广的范围内书写。
③卧画被穿过表：躺卧时，我就在被子上速写，被子都被我画穿了。
④每见万类，皆书象之：常常观察万物的形态，通过书写文字，把那万物的形态表现出来。
⑤祝公道：即祝奥，字公道，三国时期侠客，曾蹈险牢狱，解救出素昧平生的魏国名臣贾逵，不语而去，为一时称颂。
⑥改服：祝公道因连坐而要被斩首，贾逵用了很多法子却不能把他救出来，最后只能在他死后亲自为他服丧。

【明】
张从恕，东光人。父仲素，仕元为长沙通判，从恕亦为元西总管。元亡，东归寓居壶关，遂为壶关人。子谦，举茂才，为两当典史。

【国朝】林大忠，福建莆田县人。康熙间为泽潞参将，后迁九江副将，署平阳总兵，遂家壶关。子端盛，太学生，善医。孙开甲遂为壶关医学，因世其业焉。

张琏，其先滏水人，始祖官于潞，遂卜居壶关中，康熙壬午科乡试。

王金玉，为壶关外委，后家居邑之东长井村。

仙　释①

【汉】

赵瞿，病垂死，有以药囊授之者，服百日果愈。后复过视曰："此松脂耳。"瞿炼服不辍。年七十，见彩女长二寸，游口鼻间。一年，女长如人，在其侧，尝闻琴瑟声。寿二百许，颜如童。后入抱犊山，不知所终。府志作上党人。

注释：

①仙释：仙佛。

【晋】

紫团真人，隐居紫团山，修真冲举。其遗诗曰："闭定天厨只一呼，天罡不动运阴符。流精郁勃归金鼎，炼出神丹满玉壶。"龙眉子①引以为金丹口诀。

注释：

①龙眉子：南宋嘉定年间（1208—1224）人，翁葆光再传弟子。著有《金液还丹印证图》一卷，收入明任自垣《道藏》洞真部。

【北周】

芉上人，修真宝岩寺，端居石室，猛虎自伏后。坐化，遗骨甚香。其徒建塔崇奉寺，在太行巅，俗名金灯寺。

【隋】

安真禅师，住多宝寺。隋开皇间赐号紫衣禅师，唐宋累加封号。

【唐】

安公①隐居壶关山中，素为土人顶礼。及卒，山出石棺，土人收葬之，即以安公名其山。

乐氏二仙女，屯留人。其先世陵川，商微子之后，父山宝，母杨氏，感仙光而娠，诞有奇德。继母吕氏遇二女甚酷，单衣跣足，冬使采菇。二女性至孝，泣血浸土，化为苦苣，其叶有赤斑，若血痕然。得一筐，以归奉母，母益怒。移家于壶关紫团山，又令拾麦于外，无所得，畏母捶楚②，仰天号诉。倏黄龙下降，少者先升，须臾黄龙又降，长亦升。胥易金缕、绛衣、凤冠、绣履，仙乐响空，天香馥路。土人立庙祀之。宋崇宁间，显灵边戍③，赐谥冲惠冲淑真人。道光十年，于河南荥阳县丕彰灵佑，水旱疾病祷者辄应，建庙立祠，请崇封典，移文壶关，备查原委以闻。

注释：

①安公：即比丘安公，唐代人，俗家姓安，云游至壶关山寺，圆寂后乡人葬之石棺。经考，该棺位于百尺镇五集村南石棺沟北崖上，此沟北有古寺双泉寺（后名双泉堂，民国时称寺上），安公修行当于此处。

②捶楚：杖击；鞭打。

③边戍：戍边；守卫边疆。

【元】

道荣，紫团僧。了悟①，能振宗风②，其弟子正宗兴教禅师，幼名张德，精内典③，听讲者云集，晚悟禅理④。后同大力士渡海，莫知所终。

慧冲，有道行⑤，延祐四年居清凉寺。

子晏，北黄村关天庆之子。幼即从清凉寺慧冲为徒，入定⑥通禅。后于凤凰山建立道场，即今金山寺是也。寺固无水，师嘿祝巽岩，甘泉涌出。又能分身赴会，同日俱至，衣履不殊，以此名闻京师。赐袈裟紫绦玉环，为宗门⑦师表⑧。

注释：

①了悟：领悟；明白。
②宗风：原指佛教各宗系特有的风格、传统，多用于禅宗。
③内典：指释迦世尊49年所说的一切法，也包括三藏十二部一切经典。因为佛法是心性内求的一门学问，所以称为内学。佛教徒称佛经为内典。
④禅理：佛学的义理。
⑤道行（dào héng）：佛徒或道徒修行的功夫。
⑥入定：即入于禅定，僧人修行的一种方法，端坐闭眼，心神专注。有时得道者的示寂，也称为入定。
⑦宗门：❶佛教语。禅宗的自称，而称其他各宗为教门。❷本门教派。
⑧师表：品德、学识上值得学习的榜样。

【明】

秦某，失其名，新兴二里人。伊兄因不务家业逐之，骑牛至壶关神头岭乞丐。有夜窥者，牛乃虎也。后坐化于村西佛堂。至今角殿尚有卧像。

寂慧，清凉寺僧。幼年云游寰区①，名山胜境，无处不到。崇祯五年归锡②，见寺宇倾颓，即立死关，募缘重修。明藩保定王嘉其苦志，碎关放出，施助百金，一新佛像梵宫。慧遂居清凉山巅，二十年不出户外，惟以施药济人为事。每言人祸福辄应。一日晨起，语徒众曰："予止四日在人间，至期宜环立念佛，不可悲涕。"及至第四日早，沐浴毕，盘膝端坐，鼻珠垂胸，无疾而逝。甲申岁，有访谒者题诗云："古刹商飚风飒飒，夜凉疏月影微微。寻幽避寂逢支遁③，欲脱樊笼借指归。"

注释：

①寰区：天下；人世间。

②归锡：回归本寺。锡，特指僧人的锡杖。住锡，谓僧人在某地居留。

③支遁：字道林，世称支公，也称林公，别称支硎，本姓关，陈留（今河南省开封市）人，或说河东林虑（今河南省安阳市林州市）人，东晋高僧、佛学家、文学家。

【国朝】

立禅，俗姓张，名加修，迁善二里南掌村人。幼即潜心内典。年三十余，于杜公岭为僧，后至五台山石穴中暗修①。有虎守门，僧人共异之，迎至寺中供养②。一日，忽自起击钟聚众，询之，乃云："汝辈速往山中视之。"众僧趋往，见一小僧，因取薪为虎所伤，其神照③若此。后遂不食不语，面壁④立修三年。康熙辛巳驾车五台，询其禅悟⑤，以笔对。因封为立禅祖师。谢恩后，即仆地，肉皆消落，惟骨存焉。僧众建塔瘗之。塔至今存。

注释：

①暗修：暗自修行砥砺，不为人所知。

②供养：指供给饮食、衣服、卧具、汤药、幡盖、燃灯、香、花、财宝等于佛、善知识，也指以饮食、衣服、卧具、汤药等供给僧侣助其修行。

③神照：精神的察照能力。

④面壁：佛教用语，面对墙壁默望静修。

⑤禅悟：领悟教义，洞达禅理。

方　技①

【元】

秦邦纪，邑人，号云岑子，善丹青②。至元间，以善画赐官待诏③，尝画五龙庙牧鹤图，见四辅杜公敩序。

王天利，邑人，精于阴阳术数④。为壶关阴阳教授，著《三元正经》《三元节要》行世。子履道、宏道，与父齐名。

按：旧志及府志皆云明代。今考《警宵亭碑记》则云"大元国天历三年庚午春三月壬子朔，龙溪东野仅庵阴阳教授王天利记"，则其为元人而非明人可知。

魏文昌，邑人，本农夫。元季时偶辍耕憩神祠，见梁端有书，取视，则风云变色。持归作地室习之，遂尽道遁甲⑤覆射⑥之术，能隐形变化。尝有事被逮，剪纸为兔，锄禾者竞逐得脱。川有桑挂其冠，手拔殆尽，迄今其地无桑。人以左慈⑦方之，或曰文昌后，亦尸解去。

注释：

①方技：也叫方术，旧时统称医药、卜卦、星占、相面之类的技术。

②丹青：丹即朱砂，青指石青（即蓝铜矿），都是中国古代绘画中常用的颜色。因此，古称绘画艺术为丹青。

③待诏：官职名，汉代以才技征召士人，使随时听候皇帝的诏令，谓之待诏。

④术数：泛指在中华文化中用以推算未来、趋吉避凶的各种方术系统。术数以卜筮、风水、命理、占梦等各种形态的预知方法，推算对象由人、事物、家居、先人墓地，以至地运、国运不等。术，指法术（方式方法）。数，指理数、气数（运用方法时的规律），即阴阳五行生克制化的运动规律。

⑤遁甲：古代道家预测学。其法以十干的乙、丙、丁为三奇，以戊、己、庚、辛、壬、癸为六仪。三奇六仪，分置九宫，而以甲统之，视其加临吉凶，以为趋避，故称遁甲。

⑥覆射：即"射覆"，古时的一种游戏。通常置物于覆器之下，让人猜测。

⑦左慈：字符放，庐江（今安徽省合肥市庐江县）人，自号乌角先生，东汉末年著名方士，少居天柱山，研习炼丹之术。明五经，兼通星纬；明六甲，传说能役使鬼神，坐致行厨。

《重修真泽宫碑记》现存真泽宫内，碑刻前半部分由冯文止撰文，后半部分由孟延祀撰写，于清乾隆十七年（1752）勒石。碑拓载《三晋石刻大全·长治市壶关卷》（张平和主编，三晋出版社2014年版）第157页

卷八　列女志

昔汉刘中垒①作《列女传》，史家自范蔚宗②以来因之。盖统以《列女》，则孝慈节烈咸备于斯矣。壶关俗尚勤俭，犹有陶唐氏遗风，故妇德女宗代不绝书。其最著者，或捐躯殉夫，抗贼全贞，至今犹有生气；或节萃③一门，嗣徽④奕世⑤，卓哉不愧完人！求诸前代，亦不多觏⑥。国家典重旌扬，屡勒淑问，异日輶轩下采，书诸史册，足以励风而维俗，非仅一邑一乡之荣也。作列女志。

注释：

①刘中垒：即刘向（前77—前6），刘邦弟刘交四世孙，历官谏议大夫、给事黄门侍郎、光禄大夫、中垒校尉，著名的历史学家、目录学家、文献学家。著有《说苑》《新序》《列女传》等，《列女传》是一部介绍中国古代妇女事迹的传记性史书，全书共7卷。

②范蔚宗：即范晔，字蔚宗，顺阳郡顺阳县（今河南省南阳市淅川县李官桥镇）人，南朝宋史学家、文学家。所著《后汉书》新增加了《党锢》《宦官》《文苑》《独行》《方术》《逸民》《列女》七个类传。范晔是第一位在纪传体史书中专为妇女作传的史学家。

③萃：通"崒"，引申为聚集；聚拢。

④嗣徽：帝王继承前人的盛美德业。《诗经·大雅·思齐》："大姒嗣徽音。"郑玄笺："徽，美也。嗣大任之美音，谓续行其善教令。"高亨注："嗣，继也。徽音，美誉也。"

⑤奕世：累世；代代。

⑥觏（gòu）：遇见。

【唐】

苗氏，张延赏夫人，宰相晋卿女。延赏累代①台铉②为女择婿，莫有入其意者。夫人有朗鉴，特选韦皋，以为必贵。既就婚，皋性度高旷，不拘小节，延赏悔之，至不齿③礼，一门婢仆渐见轻侮。夫人待之常厚，而抱不平。皋妻泣曰："韦郎，七尺之躯，学兼文武，岂有沉滞于兹，为尊卑见诮而虚掷光阴乎！"皋乃辞去。后权陇右军事。德宗幸奉天，西面之功独居其上。

帝旋，自金吾持节西川，以代延赏，诡名韩翱。去城三十里，有报延赏者曰："代相公韦皋，非韩翱也。"夫人曰："是必韦郎。"延赏笑曰："天下同姓同名何限，彼韦生应已委弃沟壑，安能乘吾位乎？"夫人曰："韦郎昔虽贫贱，气凌霄汉，以不屈媚相公因而见尤④。成事立功，必此人也。"次早入州，延赏尤愧曰："吾不识人！"遂潜去。皋待夫人过于布素⑤时。

注释：

①累代：历代；接连几代。
②台铉：犹台鼎。铉，鼎耳，以代鼎。鼎三足，有三公之象，故喻宰辅重臣。
③不齿：不屑一提，表示轻视、瞧不起。
④见尤：喻指受到指责。
⑤布素：❶布衣素服。布指质地，素指颜色，形容衣着俭朴。❷指卑微的地位或身份。❸借指平民。

【元】

郭氏，两李氏，俱王门妇。王为壶关甲族①，四世同爨②。夫宣提领本州税课，时以能称。宣殁，郭守节③四十年。宣从弟④宇，从侄英，俱早逝。宇妻李氏守节五十年，英妻李氏守节四十年，胥以寿终，一门三节。县尹郓朗上其事于中书，免徭役，加优恤。翰林国史院编修赵天麟为之志。载艺文。

刘氏，进士王天祐妻。祐将殁，嘱曰："我不幸早逝，汝善事我母，训我子，毋贻⑤我羞。"刘曰："夫，天也。言不可负。"既寡，啜粥⑥、面墨⑦、衣布、簪荆⑧，事姑⑨、教子。学正杨云为撰贤孝碑，在白沙村。

张氏，太常署都监马懋祖妻。夫卒，嫠居守节，闾里贤之。

注释：

①甲族：指世家大族。
②爨（cuàn）：❶烧火煮饭。❷灶。❸姓。
③守节：旧时指不改变节操，特指妇女受封建宗法强制或封建道德观念的影响，在丈夫死后不再结婚或未婚夫死后终身不结婚。
④从弟：堂弟或族弟。
⑤贻（yí）：本义是赠送，引申义为遗留。
⑥啜（chuò）：饮；喝。
⑦面墨：即"墨面"，脏黑的面容。西汉刘安《淮南子·览冥训》："美人挐首，墨面而不容。"

⑧簪荆：贫苦妇女的饰物。簪，用来绾住头发的一种首饰。荆，一种灌木，可制作钗，古代妇女买不起金银钗，只能以荆条当作钗。

⑨事姑：侍奉婆婆。

【明】

程氏，王观妻。年十九，夫亡，遗孤升平甫期。持丧三年，每诣夫茔，辄悲号几绝，哀动路人。父怜之，欲夺其志，乃以死誓。终身纺织以养舅姑①，洪武二十九年旌表，年八十余终。

吕氏，庠生杨昱妻。昱卒，吕自缢以殉。嘉靖十二年诏旌。

张氏，阎赟妻。弘治七年赟卒，张年二十一岁，遗子节。嘉靖九年，节亦卒。又抚其孙至于成立②。巡按陈、刘俱表其闾。

张氏，庠生郭恢妻。恢积学敦行，声名藉甚。年二十而卒，张守义三十年，内外无间言③。知县何永庆请于上官奏开旌之。

路氏，牛相妻。太学生乘辀女也，生子未弥月而相卒。路抚遗孤，奉舅姑，苦节三十余年而卒。子继先，后膺岁贡。知县徐行申请当道，旌之曰"母贞子孝"。

程氏，马汉妻。弘治十七年汉卒，氏方二十岁，守节四十七年。嘉靖二十九年，巡按陈给匾旌之。

张氏，平齐妻。正德十年齐故，氏二十岁，遗一女，守节三十余年卒。嘉靖二十九年，巡按陈给匾旌之。

张氏，平翊妻。正德十二年翊卒，氏二十一岁，遗二子，守节三十余年卒。嘉靖二十九年，巡按陈给匾旌之。

李氏，杨准妻。家贫，年少守志。夫殁时，二子俱在襁褓，纺织抚育，长子后列邑庠。享年八十二卒。万历六年知县、提学道俱旌其门。

万氏，陈设妻。年十九岁而寡，子方在抱。家贫苦不能自给，乃辟纩④纫织，以为生，子遂成立。守节五十六年以寿终。

宋氏，庠生阎钜妻。

吴氏，陈志高妻。

宋氏，郭江妻。

常氏，庠生陈霆妻。以上俱以节著。

杜氏，牛进宝妻。二十四岁，进宝故。苦节六十一年，寿八十五岁卒。

万历四十一年巡抚苏奏准旌表。

郭氏，姬守揖妻。夫早卒，矢节终身。万历四十二年巡按苏奏准旌表。

刘氏，梁钦妻。十八岁归梁，二十岁夫殁。遗男栋尚未周岁。刘励志守节，茹苦如饴，抚儿成立，任六合县驿丞。刘寿七十八岁而终。

王氏，吴栋妻。二十七岁守义，教二子从周、永兴俱入黉宫⑤。寿七十八而终。

秦氏，太学生宋洽妻。二十六岁守节至七十六，教子之光食饩于庠，抚院蔡给匾旌之。

杨氏，张弛妻。三十岁夫殁，遗子甫五龄，茹荼甘贫，教子永禄洎⑥孙勋悉列黉宫，不坠张秘书监丞家声者，杨氏之力居多也。寿七十终。

李氏，秦一卿妻。二十三岁守志，长子仕俊，年方四岁，次子尚未弥月。茹苦甘贫，供子就学。其膏火束脩⑦之费，皆自手指中营办。后子俊贡太学⑧，候选训导。寿七十九岁终。

李氏，韩天民妻。二十一岁守节至六十五岁，有一子之屏，妻牛氏，生男女各一。之屏又故，李氏同媳坚心苦节，抚养孙男孙女，以期不绝韩氏嗣续。

王氏，生员张朱妻。归张朱二载，夫殁，遗子一，孀居二十余载。崇祯壬申流贼之变，奔东掌村依母氏，栖悬崖土穴中，贼用火攻之，氏遂被执。骂贼不屈，竟为刺死。至今舆论犹怜之。

程氏，张斗熙妻，程宗道女，举人程于藩妹。崇祯五年十月，流贼焚掠西火镇，其父率氏偕姊适贾名卿者，妹适周基邠者，避难于县南高家陀之土穴中。贼至，围之用火攻，烟焰瘴天。匿者奔出，牵氏袂上马，氏不从，坠马，贼怒杀于河；其姊被掠，倒投厕死；妹跳崖，不死，又投缳焉。三女同日尽，士民咸痛惜焉。

注释：

①舅姑：公婆。

②成立：在古代也有成人、自立的意思。

③间言：非议之言。南齐王俭《褚渊碑文》："孝敬淳深，率由斯至，尽欢朝夕，人无间言。"

④辟垆（pī lú）：绩麻和练麻，谓治麻之事。

⑤黉宫（hóng gōng）：学宫，乡学之称。黉宫是传道、授业、解惑的庄严所在。

⑥洎（jì）：到；及。

⑦束脩：古代学生与教师初见面时，必先奉赠礼物，表示敬意，名曰束脩。早在孔子的时候已经实行，学费即是"束脩数条"，束脩就是咸猪肉。后来基本上就是拜师费的意思，可以理解为学费。

⑧太学：古代的最高学府。始于西周，汉以后是传授儒家经典、培养统治人才的场所。

【国朝】

向氏，刘加义妻。牛氏，刘加延妻。姜瓖之变，二氏同避荒野，为贼游兵所得，曳之上马，则投地大骂。贼露刃胁之，二氏延颈振发，夷然就戮，贼遂杀之。月余收其尸，形骸不毁，面色如生。牛倬吊以诗曰："露冷风寒泣暮蛩，哀猿啼处吊芳踪。双魂不逐铅华落，缥缈东泣第一峰。"贡生平万心亦以诗吊之："谁家村妇铁心肠，不避龙泉冷似霜。事到断头成我是，清风千载振纲常。"

晋氏，皇甫德妻。十八岁值姜瓖之变，举家逃难红岭。贼围之密，知不能脱，叩拜公姑，以死自誓。贼扶上马，三扶而三坠，竟不从，贼遂杀之。

牛氏，庠生姬屏周妻。年十九岁夫亡，守贞历三十余年。家最贫，备历艰辛，抚子升入黉宫。

宋氏，吴琏妻。夫亡，哀恸欲绝，自尽数次，为家人救苏，次日投井以殉。邑令章旌之曰"节烈芳标"。

郭氏，秦印昌妻。三十一岁守节，躬亲纺织，教子之干成名。七十一岁卒。

杨氏，庠生马问仁妻。三十一岁夫殁，躬亲纺织，孝事舅姑。遗孤长献图、次载图，氏训教并列黉序。孀居三十年始终如一。

申氏，王得能妻。三十岁夫殁，矢志柏舟①，教子召入泮食饩。苦节四十六年，寿七十六岁。邑令朱以"节孝流芳"扁其门。

王氏，张令教妻。孀居五十余年，寿九十岁卒。

李氏，生员段耀妻。耀故，李氏二十一岁，守节食贫，奉舅姑，抚遗子超凡成名，冰霜②坚凛，之死靡它③。苦节二十余载而卒。

马氏，王亲臣妻。夫亡，氏年二十三岁，家贫如洗，日咽糟糠，坚守苦节，又遭内变，屡受艰辛，不易其志，抚孤子融入庠。享年七十岁卒。

曹氏，庠生郭应会妻。会故，氏年十七，守志终身。当事旌之云："贞贯金石，节轶古今。"

赵氏，庠生秦殿抡妻。年十九，其夫感暴疾而亡，氏誓不改节。子承周未周岁，其伯翁之璧怜氏之志，抚训其子，后入泮。氏以苦节终。

阎氏，王加节妻。节亡，氏方二十，抚子克明亦少亡，遗幼累④。日赴田间剜苦菜、剥树皮以度日。守节五十年，孙得成立。

岳氏，郭世全妻。年二十三岁昆亡，遗孤未夫周岁，氏含荼茹苦⑤，教子入庠。乾隆十一年旌表。

赵氏，丁二则妻。二十六岁夫亡，自缢以殉。乾隆十三年旌表。

郝氏，李忠心妻。二十四岁夫亡，自缢以殉。乾隆二十一年，邑令马遣典史以羊豚并制文祭之，乾隆二十三年旌表。

王氏，姬继殷妻。二十六岁夫亡，遗孤女二岁。其夫既葬，乃谓弟妇等曰："汝辈善事翁姑。"家人不喻其意，乘隙自缢。

张氏，连克孝妻。二十一岁而寡，其兄欲其改适，氏则素衣簪荆，以兄言不义而远之。守节四十余年，人无间言。

宋氏，郭廷翰妻。十九岁守节，姑病常在床褥，氏侍奉不倦。及姑死，负土成坟，尽哀尽礼，亲见遗腹子生孙。有司闻而奖之。

张氏，武帝诰妻。二十七岁其夫死于非命，朝夕哀号，誓不复生。数日后，归省父母，回家即自缢。邑令旌之。

翟氏，马士成妻。二十八岁夫亡，俟夫殓毕，自缢以殉。

翟氏，雷起璧妻。二十六岁夫亡，遗薄田二亩、破屋一间。事孀姑三十余年，自食糠秕而养姑以滑甘⑥，及姑寿终，卖田供含殓⑦。葬时扶柩而擗⑧，男女观者无不坠泪。雍正元年入《通志》。

王氏，郭洪坤妻。乾隆三十二年夫亡，遂投崖求死，延数日而殒。

靳氏，秦文启妻。甫字⑨，夫殂，不食五日而死。

韩氏，廪生连冲霄妻。二十一岁夫亡，奉养孀姑恪修妇道，教子梓，食于庠。雍正四年请旌。

王氏，郭式妻。二十八岁夫亡，无子，翁姑衰老，念氏无依，心欲嫁之。氏曰："我若改嫁，翁姑谁侍？"因以死自矢⑩，嗣其侄。邻里高其节。

盖氏，郭代享妻。年二十一岁夫亡，二日自缢以殉。

刘氏，张珍妻。年二十二岁夫殁，孝事孀姑，教子瑞璘，以岁贡任孝义训导。诸孙俱列胶庠，入成均⑪。享年八十一岁。

李氏，冯君聘妻。年十七而寡，守节四十五年，迄如一日。

张氏，王廷显妻。年二十一岁夫卒，孝事孀姑，守志六十载，终始一节。有司扁旌。

曹氏，王金箱妻。少寡苦节，享年九十三岁。邑令安旌之。

牛氏，陈廷祐妻。少寡守义，教子彦卿游庠。邑令李扁旌。

罗氏，马之禄妻。年二十一岁夫殁，守志。家贫，能孝事翁姑，抚育孤子。享年七十二岁。

冯氏，刘万良妻。年二十一岁，夫亡，子偘尚未周岁，孝事嫠姑。子长游学，纴以助资斧⑫。迨其子入府庠，村中议举其贤行。氏止之曰："守节妇道之常。至尽孝舅姑，训子义方，万分未获其一。"众遂止。氏卒，乡里称之，以为有古淑媛风。

许氏，魏子琢妻。年二十四岁，夫殁于外，哀恸几绝。娣姒劝以夫尸未归，遗腹未辨，因饮水复苏。后果生子，奉舅姑，抚孤子，备尝诸艰，卒无怨言。

张氏，王瑾妻。年二十一夫殒，哀毁几不欲生。所亲责以宣抚藐孤⑬，乃尽屏向所服饰，荆钗布裙，足不逾阈者数十年。教子锡玺入太学，举耆宾，孙飞熊、开运俱入邑庠。

杨氏，丁太安妻。年二十一而寡，子方弥月。家无生计，挑野菜、拾枯柴以度日。父母欲夺其志，宁死不可。抚其子存既长，有劝其为子谋娶者，氏泫然曰："吾公姑及伯兄犹在浅土⑭，娶妇尚可缓也。"母子为人佣工，聚钱十余缗，卒营葬三丧云。

王氏，王可升妻。年二十二岁夫亡，无子，誓不改醮⑮，守节四十余年，继其族子以承祀。贡生王华浙⑯有诗云："无儿嫠妇更兼贫，不比寻常守义身。持定坚心同铁石，生成傲骨是松筠⑰。青年历尽含荼苦，白首只如断发⑱新。信道时穷方见节，柏舟诗后有斯人。"

任氏，王鼐妻。年二十一岁而寡，事姑最孝。每闻姑嚏咳声，虽午夜必起视抚摩。每食必躬奉盘盂以进，浣涤必亲，不假奴隶。家人或语以过劳，曰："吾妇职，宜如是。况代吾夫尽子道乎！"抚子锡琳贡太学，早世⑲。教其孙启元、培元，俱游邑庠。人以为节孝之报未艾也。逮嘉庆年间，家道益昌。以曾孙凤舞捐显秩，有司请于朝，赐任氏"节孝可嘉"匾额以荣之。题准旌表入祀。

陈氏，张孝妻。年二十岁孝殁，无子，氏誓守节以奉舅姑。其翁张世富卒于汴，氏亲往扶榇归里营葬，备历艰辛。事孀姑最孝谨，昼夜织纫以奉滑甘，而己常缺食。日侍姑侧，人未尝闻其叱咤声。乡里共称之。

吴氏，姜国忠妻。年二十二岁夫亡，家无资业。其翁失明，姑又多病，常卧床茵。氏以织纫营办，奉养维谨，抚孤子至于成立。党里咸称其节孝。

杜氏，许鼐妻。年二十六岁夫亡，子岐凤方五月，对日自誓。子稍长，喑[20]，其母兄云："若虽有孤儿，实一废人。"劝其改适。氏曰："吾子虽不能语，究不得谓吾夫无子也。"厥志不易。后为子娶妇宋氏，甫三年而其子又亡。妇宋氏念姑老无依，亦矢志守义，嗣族子。姑八十三岁，妇六十余岁，皆以完节终。

杜氏，杨在田妻。年二十一岁夫遘疾，语氏曰："我病必不起，以老母托汝，奈无子何？"氏痛夫病危，未及答而夫殒。乃断发指天以誓曰："所不终夫之托者，有如日！"家最贫，极力日供甘旨，凡漱浣必躬亲，嗣近族子。姑以寿终，丧葬尽礼。哀痛之声，闻者陨涕。

平氏，任加荣妻。年十八归任，其夫即远贾。氏勤织纫以奉翁姑，其翁喜宴客，氏百计具其酒食，问所从来，辄谬对曰："家之余资也。"姑有女善譖[21]，数被挞辱，卒无怨言。未几，其夫遇疾，性躁急，少失其意，即见凌辱。氏如不经意，调护愈笃。夫卒，氏痛不欲生。家既贫，其子又幼，翁姑料不能久留，待之少疏。氏见翁姑不悦，含泪不敢下，引孤嬉戏，必俟开颜乃止。其子成长，又不幸内丧，妻室所遗孙儿女，皆抚养。年虽老，纺砖[22]筬管[23]，昼夜不辍。盖一身而兼全四世也。

李氏，郭成妻。少寡守义，家最贫，或有周以粟者，氏正色拒之。居常日惟一醋[24]，甚至断炊。抚子瑜成长，卒完其节。

李氏，梁之翼妻。年二十六岁而寡，苦守志行，其继姑遇之少恩，氏奉事维谨，卒亦感悟。抚训二子，其次子渊成游邑庠。

毕氏，郭垒妻。年十八夫殒，氏谓所亲曰："吾志在必死，但念姑止一子，我又无所出，我死姑将谁依？"于是强为饮食。既而，其姑以氏年少无子，且家贫，劝之改适。氏泣曰："妇所隐忍不死者，为姑故耳。奈何不知我心？"乃谋继嗣于其家族，无昭穆[25]相当者，不得已，以姑之侄孙为己子。姑病且笃，嘱曰："以我累汝，我死汝益无依，盍自为计？"氏终不听，既葬其姑，为子娶妇。卒完其节。

陈氏，吴加富妻，二十三岁而寡，遗子女各一，亦相继夭。先是与其夫弟加成、加盛析箸，乃仍与同居。勤苦操作以佐家计。孀居五十年，始终不渝，乡里以贤节称。

注释：

①柏舟：指妇女丧夫后守节不嫁。南宋朱熹《与陈师中书》："朋友传说，令女弟甚贤，必能养老抚孤，以全柏舟之节。"

②冰霜：比喻坚贞的节操。

③之死靡它：到死也不变心，形容爱情专一，至死不变。之，到。靡，没有。它，别的。

④幼累：指年幼的儿女。

⑤含荼茹苦：形容吃尽辛苦。荼，苦菜。茹，吃。

⑥滑甘：古时用以给菜肴调味的佐料，也代指甘美的食物。

⑦含殓：古时将珠宝放于死者口中含之入棺，后以此泛称入殓。

⑧擗（pǐ）：❶捶胸。❷捶打。

⑨字：本义为妇人孕育。

⑩自矢：犹自誓，立志不移。

⑪成均：古代中央政府所设置的大学之一，位于辟雍之南。

⑫资斧：路费；盘缠。

⑬藐孤：幼弱的孤儿。

⑭犹在浅土：未正式安葬于深穴中。

⑮改醮：旧时称改嫁。

⑯王华浙：字光南，号侣松，壶关（今山西省长治市壶关县）人，清乾隆间（1736—1796）贡生，官静乐训导，著有《大中说约》2卷，增删《四书体注》6卷、《岳鸣编》44篇，《王氏家乘制艺诗集》各数卷。志洁行芳，有古君子风，任满归里，究心性命之学，诱奖后进，一时从游者甚众。年八十而卒，邑人士思其德，争作诗挽之。

⑰松筠：松树和竹子。《礼记·礼器》："其在人也，如竹箭之有筠也，如松柏之有心也。二者居天下之大端矣，故贯四时而不改柯易叶。"后以"松筠"喻节操坚贞。

⑱断发：古代断发一般作为惩罚。古代女子剪掉头发一般表示看破红尘或者断发绝念，也有夫妻离别而剪发留念。

⑲早世：过早地死去；夭亡。

⑳喑：嗓子哑，不能出声；失声。

㉑谮（zèn）：说别人的坏话；诬陷；中伤。

㉒纺砖：纺锤。《诗经·小雅·斯干》："乃生女子，载寝之地，载衣之裼，载弄之瓦。"《毛传》："瓦，纺砖也。"孔颖达疏："瓦，纺砖，妇人所用。"

㉓箴管：缝缀之事。箴，缝衣针。管，置针线之具。
㉔䥈（fǔ）：❶锅。❷古代量器名。
㉕昭穆：古代宗法制度规定宗庙次序，始祖庙居中，以下父子（祖、父）递为昭穆，左为昭，右为穆，坟墓以及子孙在祭祀祖先时均按此种规定排列，后也泛指宗族的辈分。

秦氏张新富妻	平氏新富之子达妻
冯氏秦振业妻	王氏振业之子学资妻
陈氏平廷选妻	吴氏廷选之子训妻
王氏王国士妻	陈氏国士之子存礼妻
李氏牛瑞妻	平氏瑞之子克宽妻
刘氏王匡佐妻	郭氏匡佐之子光前妻
雷氏阎允锡妻	吴氏允锡之子重妻
韩氏庠生董学诗妻	张氏宋学普妻
王氏张浩妻	马氏吴玉妻
王氏牛富妻	姜氏张昌泰妻
韩氏牛俊妻	陈氏牛星科妻
王氏郭永宁妻	阎氏宋大承妻
王氏石海仁妻	郭氏张某妻
李氏秦鉴妻	张氏王爱妻庠生恭己之母
秦氏牛星耀妻	李氏武帝琨妻
宋氏武永兴妻	牛氏郭景贤妻
李氏武懋尚妻	张氏赵启松妻
程氏梁之仕妻	阎氏平弘道妻
马氏牛顺妻	宋氏阎之法妻
李氏璩友彪妻	宋氏李林妻庠生赐麟之母
侯氏李如贤妻	张氏牛懋礼妻
赵氏李汉辅妻	张氏阎瑄妻
韩氏瑄之弟琬妻	裴氏阎琬妻
秦氏常文茂妻	刘氏平珩妻
王氏任加财妻庠生其政之母	李氏杜进义妻庠生嗣尹之母

杜氏庠生阎必用妻	程氏陈来斌妻
韩氏庠生雷世龙妻	平氏世龙之弟世仁妻
马氏王大才妻	秦氏庠生陈诰妻
李氏王君佐妻庠生哲士之母	万氏阎臣妻
平氏庠生吴恕妻	刘氏庠生李发元妻
晋氏崔楷妻	关氏阎洪妻
赵氏李增广妻庠生庆云之母	连氏程钧妻
阎氏程珠妻	秦氏平钧臣妻
关氏平文璇妻	马氏阎普妻
张氏王昌妻	刘氏贾文妻
张氏贾文之弟海妻	雷氏王正纲妻
张氏庠生平谨妻	秦氏赵哲妻
苏氏秦万敬妻庠生国干之母	万氏任友财妻
张氏吴天锡妻	高氏王辅全妻庠生潒之母
段氏阎宽妻庠生锡旌之母	赵氏陈所卫妻
张氏陈廷扬妻	张氏廷扬之弟廷柱妻
杜氏张万资妻	李氏崔瑞妻
吴氏程业灏妻庠生文采之母	万氏吴橘妻
陈氏吴国凝妻	李氏崔栋妻
郭氏张羽朝妻庠生文俊之母	张氏宋好仁妻
王氏张圣基妻	刘氏宋台臣妻
张氏阎忠妻	

以上诸氏，或节萃一门，或嗣徽奕世，旧志谓其事实大率相似，皆明从一之义，而矢靡它之贞者也。仿《通志》例统而书之，白颠①青镫②无憾事焉，今仍其旧。

注释：

①白颠：额有白毛，此指年龄大。
②青镫：即"青灯"，❶光线青荧的油灯。❷借指孤寂、清苦的生活。

郭氏，程世丰妻，庠生兆熊母之母，旧志称其以节著。
晋氏，平志士妻，年少失偶，上事公姑以孝，下抚子女以慈。矢志靡它，始终如一。邑令程给匾旌奖以彰节孝。王章村。

宋氏，儒童郭跻妻。乾隆三十六年夫亡，氏坠楼以殉，死而复生。县令秦给以"独昭奇烈"匾额，嘉庆十七年旌表入节孝祠。川底村。

张氏，王九经妻。十九岁夫亡，矢志柏舟，完节以终。里党称之。

申氏，廪生郭增妻。早岁孀守，誓以身殉夫。其翁涕泣劝慰，语以"两孙俱幼，死将谁托？且我复年迈，死者有知，能不痛心地下！不若留此躯，使老而孩者免填沟壑，此即所以报夫也。第曰一死，恐巾帼完人，尚不如氏！"氏感悟，恪遵不违。后翁卒，丧葬以礼，训二子同入邑庠。学宪①邹以"抚孤尽孝"旌其门。川底村。

丁氏，儒童冯世选妻。世选卒时，氏年甫二十，冰霜自励，远近以节孝称。

郭氏，庠生李越众妻。越众早卒，遗氏与妾王氏，各有子二。郭氏待妾以礼，抚妾子如己子。饮食教诲，有画荻②风。后妾子鹏年中嘉庆戊午科武举，余子亦俱成名。人以为非氏力不至此。向掌村。

李氏，庠生李东旸妻。年二十一岁而夫亡，氏抚遗腹子，教养兼施，以慈代严，教子成立。复得孙与曾孙，一堂绕膝。寿七十三岁卒。人以为积善余庆，信然。韩庄村。

李氏，王彬妻。早岁孀守，子幼姑老，家复赤贫。氏针指自给，抚孤尽孝，数十年如一日。邑令程以"节孝可嘉"旌之。南关厢。

平氏，庠生王耀魁妻。夫早亡，氏抚一幼女，之死靡它，里人重之。南关厢。

郭氏，张玉朝妻。二十一岁夫亡，遗子文俊甫三岁。家贫甚，悲恸欲绝，继以存孤为重，吞声饮泣，以纺织自给。后文俊入泮，孙缵载亦列诸生，氏愿始慰。一日，谓诸孙曰："吾始愿不及此，今将报尔祖于地下矣。"阅数月，无疾而卒。寿享七旬。学宪吕赐匾额以旌其节。固村。

申氏，盖廷楼妻，邑庠生申登鳌女也。于归旬余，夫殁。氏呼天号泣，触棺，几死者数次。或劝以"汝妙龄，何自苦如此。世以再醮生育男女者岂少哉！"氏怒唾其面，寻母家接归，氏托言欲视翁姑，回即自缢而死。固村。

郭氏，盖士仁妻。二十八岁孀守，家素贫。氏勤于女工，抚养二子成立。乡邻高其节，以为巾帼完人。固村。

赵氏，郭君彦妻。年幼孀守，后子媳俱毙，氏复抚养一孙，至成立。艰苦之状，人不能堪，氏处之淡如。年八十卒。固村。

杜氏，马士英妻。年二十三岁，夫卧病谓氏曰："我死须择胜我者嫁之。"氏曰："夫何出此言！妾惟有一死以报君耳。"夫疾将危，先自缢以其志，夫于翌日亡。修善村。

梁氏，马从云妻。二十六岁夫亡，野无寸垄，家徒壁立。氏日咽糟糠，苦守二十余年而殁。修善村。

盖申氏，赋性贞烈，族间子有以亵语③调之者，因自尽。邑令张悯其节烈，将其人按律惩治。照例请旌建坊入祀瞽宗④以昭旷典⑤。

宋氏，高秉玉妻。性严正，于归二载，秉玉卧病。氏左右侍养，日夜不懈。寻夫殁，自经以殉，姻族为请匾额。邑令张以"捐躯明志"应照例请旌，若仅予匾额，尚不足维风化而慰幽魂。贡生王华龄⑥有诗云："志节冰霜著，心肠铁石知。柏舟虽志美，尚觉死迟迟。"

秦氏，十九岁夫殁，遗子甫四月。氏矢志自守，抚孤成立，数十年苦节，远迩咸称。邑令张拟援例旌扬，先给匾额以彰贞淑。南青村。

赵侯氏，二十五岁而孀，一子方在襁褓。氏冰霜为心，教子自幼至长，循规蹈矩，毋贻寡母羞。邑令张以"青年失偶，皓首全节"旌其门。贾庄村。

平氏，阎景春妻，岁贡生平发之姊。二十二岁夫亡，衰姑年逾六旬，遗子未满两周。家甚贫，无升斗储。氏以一死未足塞责，含泪缝纫抚孤尽孝。姑去世，竭力营葬。子渐成立，为娶媳。氏方幸可报夫于地下，不料子复夭亡。茕茕⑦无依，较夫殁时为尤苦。呼天抢地，以为其死已晚，因立继嗣。奈厄运未满，而所继子又殁，氏终以先人之祀不可绝，再为续嗣。计氏一生辛苦，血泪交流，道路叹息。邑令茹以抚孤尽孝，现年七十七岁，守节五十余年，为请旌建坊入祀。北关厢。

吴氏，增广生阎汝谦妻。年二十余孀守，家贫无子，奉姑孝谨。性严峻，人不敢以他语进。现年六十四岁。北关厢。

苗氏，杨如意妻，婉娩⑧有至性。归杨月余，如意即随父贸易归化城⑨。氏事姑、处娣姒⑩，尽得其欢。逾年，父子俱客死。灵榇抵里，竭力营葬毕，若不甚哀戚者。人以其心莫测，方惊讶间，氏已投井死矣。出之，颜尚如生，时年二十一岁。监生张文焕有句云："不愿他年称未亡，惟求此日得同归。"

王氏，例贡生王廷赞妻。年十八归廷赞，克勤克俭，有古贤媛风。十载赞卒，氏明从一大义。盖青年守志，白首完贞三十年于兹矣。现详请旌表。河口村。

张氏，王谨妻。于乾隆年间题准旌表，入节孝祠。

韩氏，陈缵虞妻。夫十九岁卒，氏誓节自守，数年，以瘵⑪亡。人谓虽未克终其志，而淮阳孝妇⑫于氏则无愧云。

郭氏，宋鲤妻。夫夭亡，母劝改适，氏誓捐躯以殉。携夫遗物，登楼自缢。闾里重其节烈，以"视死如归"旌之。

王氏，李锦裕之母。年二十八夫亡，氏野无寸垄，室如悬磬⑬，赖十指为度日计，抚周岁子，艰苦之状，道路⑭伤之。守节五十余载，子现成立。县旌其门曰"贞垂彤管⑮"。

刘氏，路世泰妻。年二十而寡，奉衰姑孝敬无违。无子，抚嗣子如己出。守节三十余年，内外无间言。县旌其门"节孝兼优"。

王氏，申尔俊妻，庠生廷弼胞妹。与申尔珺妻王氏服属⑯妯娌，均青年矢志，里人谓之一门双节。尔俊早逝，氏年二十，遭变，茕茕惟一女，茹荼苦守，以夫弟尔瑗子芳为嗣。年垂老，尤斤斤⑰闺范⑱，其母家本同里，自父母殁后，竟年不轻诣也。乾隆二十三年，邑令杨以"节孝"印额旌其门。

王氏，邑庠生申尔珺继妻。本儒家女，素明大义。尔珺年甫三十而亡，氏青年矢志。孤丰，孩提而慧，稍长，画地教之作字。及能应试，不永其年。氏请于夫兄尔瑾，以季子缵为后。生平恪守壸范⑲，四十年如一日。孀居后，未尝一与近邻往还。闾里至今以苦节称。

王氏，王光衍妻。本儒家女，二十九岁夫殁，遗孤封镐、封雍，均在幼稚。氏食贫守节，昼作夜纺，篝灯课子读书，后镐游庠食饩，雍亦能辛勤持家。氏守节三十四年卒。

路氏，马瑞妻。年二十五岁夫亡，氏青灯自守，逾三十六年。嘉庆三年邑令李以"贞节"旌之。

申氏，西关壁村杨鸿妻。在室时，习闻⑳父封翁拙庵先生及母王太恭人之训，娴于女仪。于归后，惨遭夫鸿之变，忍泪茹荼，事媚姑杨抚弱息㉑克让，咸合礼法。嫂晋素婴㉒痰疾，代教二子无异所生。嫂疾屡发，未尝作诟谇语㉓，盖有以服其心也。邑令汪以"冰操㉔"旌其门。守节四十余载卒。

张氏，年十七为申功篪室。二十三岁夫亡，所生一子夭折，以嫡堂侄石麟为夫嗣。娶妇生子后又夭，遗孙甫襁褓，近族无可倚者，累经家难，田产荡然，糠粃且不可得。人或劝其改适，氏泣曰："如是呱呱者何！"乃抱孙为人佣爨，抚孙卒成立。矢节计四十年矣。

杨氏，马步云妻。二十八岁夫故，守节三十三年。嘉庆三年邑令李以匾额旌其门。

申氏，马嵩妻。及笄[25]归嵩，嵩婚甫逾月，即远贾数千里。久无音耗，艰窘万状，四十余年嵩始归骨。守节四十余年而卒。邑令向为旌其门。

郭氏，邑庠武生张天枢妻。二十三岁夫亡，誓以节自守。请于翁恩贡生鸣凤、夫弟天基择昭穆相当者以为嗣。嘉庆戊辰学宪黄按试[26]潞郡，旌以匾额。今守节四十余年矣。里党贤之。

李氏，国学生马九江妻，岁贡生李馨女。李本邑名宿[27]，累世书香。氏幼习女训，年十九岁归九江，恪遵妇道。九江亡，氏年二十八岁，孀姑年已垂白[28]，弱弟九德方负笈从师，未能朝夕侍养。氏所生男自贞甫离怀抱，氏矢志竭力上奉孀闱，训子不少姑息。逮自贞入邑庠，人咸叹息，以为节孝之报。未几自贞亦故，遗童孙续长。氏慈而兼严，即以训子者训孙，闾里绅耆胪列节略，请于县，为旌其门曰"陶贞欧范"，盖实录也。九江系马瑞胞侄马步云胞侄孙，妻李氏继胞祖姑杨氏、叔姑路氏贻徽，一门三节，尤里闬[29]所难。书诸邑乘，洵[30]足光简册而励风俗焉。

姜氏，吴温超妻。年十七归温超，二十一岁而寡，矢志守节。奉舅姑能得欢心，今抚胞侄宗诰为嗣，氏教育不啻[31]己生。享年七十以寿终。嘉庆十一年里人公请诸学广文[32]张以匾额旌其门。

晋氏，吴永兴妻。归永兴四年夫亡，遗腹生一子，善抚之以慰翁姑之志。嘉庆二十五年邑令汪以匾额旌之，氏年七十九，今尚存。

贾氏，吴永和妻。归永和时年甫十六，越十四年而永和卒。氏孝事孀姑，抚育孤子，备尝诸艰，晏如[33]也。现年七十九。

贾氏，吴京妻。归京十年而寡，氏事翁姑以孝闻，抚子永昌能继父志。享年八十岁，以寿终。

马氏，吴玉妻。夫卒时氏年甫十八，舅姑在堂，守节尽孝。抚堂侄来相为嗣，教育如己出。无何，儿、媳相继亡，遗孙仕魁。氏训课弥笃，贡成均、膺乡饮，其噪名儒林，皆氏力也。曾孙应杰，登嘉庆戊寅贤书[34]，应彪亦名列铨曹[35]。氏守节逾六十年，以寿终。里闬咸谓节孝之食报，正未有艾，乾隆三十三年邑令杨曾以匾旌之。

李氏，秦三多之母，以节孝著。学宪李旌之曰"冰清玉洁"。

马氏，王志昱之母，矢志励节，教子成立。学宪贺奖给"节孝可风"匾额。

秦氏，陈焕彩妻。年二十九岁而寡，子三纲未满一周，孀姑年迈，氏凭针指奉养，后三纲入邑庠。学宪黄旌以"亮节堪箴"匾额。守节五十五载终。先是，三纲七世祖母万氏，系陈设妻，旧有贞节坊，在南关厢，遗址犹存，监生张文焕赠联云："芒徽足魁二夫女，贞节远追六世姑。"秦庄村。

来氏，宋锡瑞妻。年二十三岁，立志孀守，始终如一，闾里称之。

栗氏，平士仁妻。年二十二岁夫亡，遗孤一元，甫数月。氏苦节自守，奉衰姑以孝闻，抚子成立，不愧阃内㊱完人。

郎氏，姜福妻。二十七岁夫亡，誓不复生，家人知之，防护甚严，乘隙自缢。邑令茹旌其门曰"贞义永垂"。

平张氏，青年励节，事翁姑色养备至。邑令茹以"贞扬彤管"旌之。

刘氏，国和村路根玉之母。二十岁夫卒，孀守，矢志贞洁。姑年迈，事之极得欢心。乡里至今称孝妇焉。邑令茹旌以匾额。

冯氏，大河口村廪生王凤翮之妻。年二十一岁而寡，无子，继胞弟詹事㊲主簿凤翱之子煦为嗣。煦甫二岁，氏抚育不异己出，迨今二十年。教子严，治家俭，尝训煦曰："尔父屡荐不第，且早不禄，尔其善绍前业，毋堕家声。"煦因谨受教，由太学生捐授都察院经历，加级请四品封典以承父志，兼报氏德云。

注释：

①学宪：即学政，全称提督学政，亦称督学使者，俗称学台。学政是清代地方文化教育行政官。

②画荻：用以称赞母亲教子有方。北宋欧阳修幼时，母郑氏以荻画地教子读书。

③亵语：污秽的语言。

④瞽宗：商代的大学。

⑤旷典：前所未有的典制。

⑥王华龄：壶关（今山西省长治市壶关县）人。

⑦茕茕（qióng qióng）：形容孤孤单单，无依无靠。

⑧婉娩：❶柔顺貌。❷柔美；美好。❸委婉含蓄。

⑨化城：指一时幻化的城郭。佛教用以比喻小乘境界。

⑩娣姒：古代同夫诸妾互称，年长的为姒，年幼的为娣。

⑪瘵（zhài）：本义病，多指痨病。

⑫淮阳孝妇：指汉代陈地（今河南省淮阳一带）的少年寡妇。淮阳太守以闻，汉文帝高其义，赐黄金40斤。

⑬悬磬：亦作"悬罄"，❶悬挂着的磬。❷形容空无所有，极贫。

⑭道路：本义指人马车通行的路，引申为路上的人，指众人。

⑮彤管：古代女史用以记事的杆身漆朱的笔。

⑯服属：❶顺从归属。❷五服内的亲族。

⑰斤斤：明察的样子，指过分用心于琐碎或无关紧要的事物。

⑱闺范：妇女应遵守的道德规范。

⑲壶范：妇女的仪范。南宋陆游《贺皇帝表》："伏以圣人有作，追参尧、舜、禹之盛时，壶范增光，上配姜、任、姒之至德。"

⑳习闻：常闻。

㉑弱息：幼弱的子女，专指女儿。

㉒婴：遭受；遇。明宋濂《怀远大将军于君墓志铭》："君以一书生，婴乱世，乃能倡义旅以捍乡邦。"

㉓谇语：斥责；责骂。

㉔冰操：高尚纯洁的操守。

㉕及笄：古代女子满15岁结发，用笄贯之，因称女子满15岁为及笄，也指已到了可以结婚的年龄。

㉖按试：❶查考。❷巡视考试事宜。

㉗名宿（míng sù）：素有名望的人，亦指出名的老前辈。

㉘垂白：白发下垂，谓年老。

㉙里闬（lǐ hàn）：里门，代指乡里。

㉚洵：❶水名，源出秦岭南麓沙罗悼，南流到两河关纳干佑河，在旬阳县入汉水。❷假借为"恂"，诚然；确实。

㉛不啻（bù chì）：无异于；如同。

㉜广文：唐天宝九年（750）设广文馆，设博士、助教等职，主持国学。明清时因称教官为广文，亦作广文先生。

㉝晏如：安定；安宁；恬适。

㉞贤书：《周礼·地官·乡大夫》："乡老及乡大夫群吏献贤能之书于王。""贤能之书"，谓举荐贤能的名录，后因以"贤书"指考试（合格）的名榜。

㉟铨曹：主管选拔官员的部门。

㊱阃内（kǔn nèi）：❶旧指家庭；内室。❷妻室。❸国内。

㊲詹事：官职名。秦始置，职掌皇后、太子家事。东汉废，魏晋复置。唐建詹事府，辽金元置詹事院。明清皆置詹事府，设詹事及少詹事，为三、四品官，其下有左右春坊及司经局等，备翰林官的升迁，无实职。

《汉壶关三老茂墓碑》于明嘉靖八年（1529）勒石。原存晋庄镇东崇贤村，现存壶林书院。碑残断三截，碑文多漫漶。碑拓载《三晋石刻大全·长治市壶关卷》（张平和主编，三晋出版社2014年版）第49页

卷九　艺文志上·文类

昔迁史①传儒林②，而不列艺文志。艺文者，始于班固作《前汉书》③，而艺文渐详。壶邑为名胜之区，素号文薮④。自汉令狐谠言悟主，唐苗文贞雅丽陈策，已开历代文章之宗；逮唐宋以迄我朝，著作如林，或言政治之废兴，或发忠孝之幽德，文献之征，于是乎在。至骚人逸士，登高作赋，即景吟诗，流风余韵，亦足使后世相见其为人。择雅搜奇以备博览，所系岂浅鲜哉！作艺文志。

注释：

①迁史：司马迁《史记》之别称。
②儒林：儒家学者之群。
③《前汉书》：即《汉书》，是中国第一部纪传体断代史，二十四史之一。由东汉时期史学家班固编撰，前后历时20余年，于建初年中基本修成，后唐朝颜师古为之释注。其中，《汉书》八表由班固之妹班昭补写而成，《汉书》天文志由班固弟子马续补写而成。
④薮：水边的草地；兽住的地方，比喻人或事物集中的地方。

【汉】

上武帝讼太子冤书①

令狐茂

臣闻父者犹天，母者犹地，子犹万物也。故天平地安，阴阳和调，物乃茂成。父慈母爱，室家之中子乃孝顺。阴阳不和，则万物夭伤；父子不和，则室家丧亡。故父不父则子不子，君不君则臣不臣，虽有粟，吾岂得而食诸！

昔者虞舜，孝之至也，而不申②于瞽瞍③。孝已被谤，伯奇放流④，骨肉至亲，父子相夷⑤。何者？积毁之所生也。由是观之，子无不孝，而父有不察。今皇太子为汉嫡嗣，承万世之业，体祖宗之重，亲则皇帝之宗子也。江充⑥，布衣之人，闾阎⑦之隶臣耳，陛下显而用之，衔至尊之命以迫蹴皇太子，造饰奸诈，群邪错谬，是以亲戚之路隔塞而不通。太子进则不得见上，退则困于乱臣，独冤结而无告，不忍忿忿之心，起而杀充，恐惧逋逃。子盗父兵以救难自免耳，臣窃以为无邪心。《诗》曰："营营青蝇，止于樊。恺悌君子，无信谗言。谗人罔极，交乱四国。"往者江充谗杀赵太子，天下莫不闻，其罪固宜。陛下不省察，深过太子，发盛怒，举大兵而求之。三公自将，智者不敢言，辩士不敢说，臣窃痛之。

臣闻子胥⑧尽忠而忘其号，比干⑨尽仁而遗其身，忠臣竭诚不顾铁钺⑩之诛以陈其愚，志在匡君安社稷也。《诗》云："取彼谮人，投畀豺虎。"惟陛下宽心慰意，少察所亲，毋患太子之非，亟罢甲兵，无令太子久亡。臣不胜惓惓⑪，出一日之命，待罪建章⑫阙下。

注释：

①上武帝讼太子冤书：该文载于东汉班固《汉书·武五子传》。

②申：本义电（闪电），泛指伸展、舒展，引申为延缓；延长；陈述；说明；禀报。

③瞽叟：古帝虞舜之父。相传瞽叟及继母、异母弟象，多次想害舜。事后舜毫不忌恨，仍对父亲恭顺，对弟弟慈爱。帝尧听说舜非常孝顺，有处理政事的才干，选定舜做他的继承人。

④伯奇放流：伯奇相传为周宣王时重臣尹吉甫长子，母死，后母欲立其子伯封为太子，乃谮伯奇，吉甫怒，放伯奇于野。伯奇"编水荷而衣之，采苹花而食之"，清朝履霜，自伤无罪而见放逐，乃作琴曲《履霜操》以述怀。吉甫感悟，遂求伯奇，射杀后妻。

⑤相夷：相互憎恶、仇视。孟子曰："势不行也。教者必以正，以正不行，继之以怒。继之以怒，则反夷矣。'夫子教我以正，夫子未出于正也。'则是父子相夷也。父子相夷，则恶矣。"

⑥江充：本名江齐，通晓医术，因其妹嫁与赵国太子刘丹，而成为赵敬肃王刘彭祖的上宾。后来刘丹怀疑他将自己的隐私告诉了赵王，派人追杀之。江齐逃入长安，更名江充，因告发刘丹奸乱，并交通郡国豪猾之事，汉武帝刘彻下令捕杀赵太子丹。江充官至水衡都尉，得武帝宠信。后欲陷害太子，刘据恐惧，发兵诛杀江充。汉武帝命丞相刘屈牦调兵平乱，太子兵败逃亡，在长安东边的湖县泉鸠悬梁自尽，史称巫蛊之祸。

⑦间阎：原指古代里巷内外的门，后泛指平民百姓。

⑧子胥：春秋楚国大夫伍员的字。楚平王杀其父奢兄尚，其经宋郑入吴，助阖庐夺取王位，整军经武。不久，攻破楚国，掘楚平王之墓，鞭尸三百。吴王夫差时，因力谏停止攻齐，拒绝越国求和，而渐被疏远。后夫差赐剑命其自杀，并以鸱夷革盛其尸浮于江上。

⑨比干：沬邑（今河南省新乡市卫辉市）人，封于比邑（今山西省吕梁市汾阳市），故称比干，也称王子比干。他是商纣王的叔父，与微子、箕子称殷之三仁，因谏纣不听而被杀。

⑩铁钺（fū yuè）：❶斫刀和大斧。❷腰斩、砍头的刑具。

⑪惓惓（quán quán）：深切思念；念念不忘。

⑫建章：宫殿名，创建于西汉太初元年（前104），在未央宫侧旁。

【唐】

文词雅丽策①

苗晋卿

陛下顷与三事大夫②议于朝，以计天下有奇才异行，含光而不扬其辉，诏诸侯咸举之。臣实至愚，不通大识，循才审行，不副高求。

臣闻《论语》曰："天何言哉？四时行焉，百物生焉。"《孝经》曰："王者则天③之明，因地之利，以顺天下。"是以其教不肃而成，其政不严而理。所谓天地设位，圣人成能而保大、定功④，勋业盖时也。逮金石斯缅，步骤不同，时有浇淳⑤，教随繁略，《桑扈》⑥《谷风》⑦之刺，三归⑧、八佾⑨之嫌，人用僭忒⑩，一至于此。陛下嗣守丕绪⑪，茂昭大德，能使百官承式⑫，万邦作乂⑬。所谓孕虞育夏，甄殷陶周，革弊移风，自前代未有也。陛下乃赐臣策曰"皇极之道未敷，谟明⑭之轨尚阙"者，岂不以采刍荛之义，诚考试之端，不幸其功，俯垂下问，实陛下谦德也，微臣何足以知之？

制策曰"至如视听貌言⑮，恒若时若，会极归极，作哲⑯作乂，一以贯之，何方而可"者。臣闻刘歆以为伏羲氏继天而王，受河图⑰，则而画之，《八卦》是也。禹理洪水，天赐洛书⑱，法而陈之，《洪范》⑲是也。故河图、洛书，相为经纬，《八卦》《九畴》⑳，相为表里。圣人行道，各保其真，若人有乖方㉑，数必征于错逆。政惟协雅，理必应于调和。考之咎征㉒，粲然著矣。陛下随阳泽以著恩,慎严霜以肃威。鹰隼未击,罻罗㉓不施;草木未零,山林不伐。足可使垂景星而降甘露,腾休气而漏醴泉。臣以为一以贯之,其道久矣。

制策曰"礼以饰情,情疏则礼略;乐以通感,感至则神和。理内为同,修外为异,同异之用,有昧其功。人俗未融,伫明斯要"者。臣闻六经之道同归,礼乐之用为急。《孝经》曰:"安上治民人,莫善于礼,移风易俗,莫善于乐。"董仲舒对策曰:"王者欲有所为,宜求其端于天。天道大者在于阴阳,阳之为德,阴之为刑。王者承天意以从事,故务德教而省刑罚。"陛下修先王之好生,存《大易》㉔之缓死,顷者省囹圄、去桎梏,此则修省刑罚之谓也。臣闻乐以理内为同,礼以修外为异;同则和亲,异则畏敬。和亲则无怨,畏敬则不争,二者并行,合为一体。揖让而理天下者,礼乐之谓也。适时之要,斯并存焉。

制策曰"《四时》《五德》,制自何君?《五行》《文始》,本之谁代?《昭德》《武德》,莫辨所尊。《昭容》《礼容》,未详所出。悉请以对,用释余疑"者。臣以为斯并汉主之乐,载于班氏之书。必使究其明征、考其敏博,既劳更仆,何易尽言?虽敢略而陈之,尚未臻其极也。臣闻《易》曰:"先王以作乐崇德,殷荐之上帝以配祖考。"古者制宗庙,太祝迎神于庙门,其义也。《四时》《五德》者,汉文所作以示天下之安和也,而《武德》奏于高庙焉。《五行》舞者,本之周武也。秦始皇二十五年,更为《五行》也。汉高祖六年,更名曰《文始》,以示不相袭也。《昭德》《盛德》,孝景、孝宣之所以尊宗庙。《昭容》《礼容》者,出《武德》《文始》《五行》之舞也。谨对。

注释:

①文词雅丽策:该文收录于《全唐文》第四卷三五三、《钦定四库全书·文苑英华》卷四百八十五、乾隆《潞安府志》卷二十九1090页。

②三事大夫:《诗经·小雅·雨无正》:"三事大夫,莫肯夙夜。"孔颖达疏:"三事大夫为三公耳。"东汉班固《汉书·韦贤传》:"天子我监,登我三事。"颜师古注:"三事,三公之位,谓丞相也。"

③则天:谓以天为法,治理天下。《论语·泰伯》:"巍巍乎唯天为大,唯尧则之。"

④保大、定功:武七德之二,其余为禁暴、戢兵、安民、和众、丰财。

⑤浇淳(jiāo chún):谓浮薄的风气破坏了淳厚的风气。

⑥《桑扈》：描写天子诸侯喜乐宴饮的诗。与《诗经·小雅》中的多数作品都被指为刺诗一样，这首诗也被《毛诗序》认为是"刺幽王"之作。但从诗的本身来看，似乎仅为周王会宴诸侯时助兴的一首乐歌，而与讽刺无关。

⑦《谷风》：《诗经》中的一首诗，描写弃妇诉苦之作，反映妇女悲惨遭遇，是中国古代弃妇诗中的名篇。

⑧三归：《论语·八佾》："子曰：'管仲之器小哉！'或曰：'管仲俭乎？'曰：'管氏有三归，官事不摄，焉得俭？'"此指三处采邑。

⑨八佾：古代天子用的一种乐舞，亦作"八溢"或"八羽"。古代只有天子才有资格使用的舞蹈规格，为八行八列，故称八佾。

⑩僭忒（jiàn tuī）：逾越常规；心有猜疑。

⑪丕绪：指国家大业。

⑫承式：效法。

⑬乂（yì）：治理，犹言天下大治。

⑭谟明：谋略美善。《尚书·皋陶谟》："允迪厥德，谟明弼谐。"

⑮貌言：虚伪文饰的话；假话。

⑯作哲：成为圣哲。

⑰⑱河图、洛书：是我国古代流传下来的两幅神秘图案，蕴含了深奥的宇宙星象之理，是中华文化、阴阳五行术数之源。《易经·系辞上》："河出图，洛出书，圣人则之。"河，黄河。洛，洛水。

⑲《洪范》：即《尚书·洪范》，提出治理国家必须遵循的九条大法。据说是周武王灭殷后，殷遗臣箕子与同武王陈述天人关系时提出的。

⑳《九畴》：❶指传说中天帝赐给禹治天下的九类大法，即《洛书》。❷泛指治理天下的大法。畴，类。

㉑乖方：❶违背法度；失当。❷反常。

㉒咎征：过失的报应；灾祸应验。

㉓罻罗：❶捕鸟的网。❷借喻法网。

㉔大易：即《周易》。西晋左思《魏都赋》："览《大易》与《春秋》，判殊隐而一致。"

太师苗晋卿谥议

独孤及①

太师禀天纯懿，为唐股肱，两朝当国，惟明惟允。论道赋政②，送往事居③，协恭秉彝④，动罔违德。惠和以懋⑤其事，明哲以保其身。昔尝悬衡⑥九流⑦，剖竹⑧四郡，刀尺⑨之下无滞用，襦袴⑩之内无贫民。洛阳居守，东夏辑睦。天宝之季，二京为戎，皇舆西狩，亿兆左衽。太师践危机不易心，处横溃不忘国，奋身拔迹于豺狼之口，道不污而节不夺，忠之大者。

至德、乾元中，天下多故，皇纲未张。肃宗修汉宣⑪故事，用刑名⑫绳下，而太师以曹参为师，持清静守职，励翼⑬王度，将顺⑭事典，人亦宁一，厥猷茂⑮焉。能知人，能官人，慎选乃僚，言刈其楚⑯。至有拔群萃而取公器，不五六年比肩衮职者，光映册府，当代荣之。汉史称胡广与故吏陈蕃并为三司，太师有焉。夫九德⑰咸事，宽为之首；百工惟时，哲则能惠。宜其享天眉寿，为国元老。

古者生以行观其志，没以谥易其名，字之美恶，视行之大小。后世或三字以表德，贞惠文子⑱是也。或二字以彰善，郑文终侯⑲、留文成侯⑳是也。盖其节大名盛，则礼优谥崇。太师德冠缙绅㉑，位侔周召，将加诔谥之制，宜以郑留为准。谨按《大戴礼》"体和居中曰懿，文贤有成曰献"。稽千载之令典，合二名以配德，请谥曰懿献。谨议。

注释：

①独孤及（725—777）：字至之，唐朝文学家、散文家、诗人，河南洛阳（今河南省洛阳市）人。天宝末，以道举高第，补华阴尉。代宗召为左拾遗，指陈时政，转太常博士，终常州刺史。善属文，长于议论，与李华、萧颖士等齐名，有《毗陵集》。

②论道赋政：谋虑治国的政令，分配或处理政务。

③送往事居：礼葬死者，奉养生者。往，死者。居，生者。

④协恭秉彝：勤谨合作，持执常道。

⑤懋：古同"茂"，盛大；勉励；鼓励，勤奋努力。

⑥悬衡：❶挂起秤。❷谓轻重相等，势均力敌。❸公布法度。❹指对法度的严格执行。

⑦九流：又分为上九流、中九流、下九流。❶上九流，一流佛祖二流仙，三流皇上四流官，五流阁老六宰相，七进（进士）八举（举人）九解元。❷中九流，一流秀才二流医，三流丹青（画家）四流皮（皮影），五流弹唱六流金（卜卦算命），七僧八道九棋琴。❸下九流，一流高台二流吹，三流马戏四流推，五流池子六搓背，七修八配九娼妓。

⑧剖竹：古代授官封爵，以竹符为信。剖分为二，一给本人，一留朝廷，相当于后来的委任状。

⑨刀尺：❶剪刀和尺，裁剪工具。❷喻品评进退人才的权力。
⑩襦袴：短衣与裤，亦泛指衣服。
⑪汉宣：即西汉宣帝刘询（前91—前49），原名刘病已，字次卿，在位24年（前73—前49）。刘询少时游历长安三辅，体察了解民情，深知百姓疾苦和吏治得失。在位期间，铲除霍光势力，重视选贤任能，贤臣循吏辈出，出现了"麒麟阁十一功臣"。励精图治，减轻人民负担，恢复和发展农业生产；重视吏治，认为治国之道应以"霸道""王道"杂治，反对专任儒术。对外关系上，西汉本始二年（前72）联合乌孙国大破匈奴，匈奴呼韩邪单于率众来朝称臣。西汉神爵二年（前60），平定西羌，设置金城安置降羌，设立西域都护府监护西域各国，正式将西域纳入大汉版图。西汉黄龙元年（前49），因病逝世。
⑫刑名：指战国时以管仲、李悝、商鞅、申不害为代表的法家学派，主张循名责实，慎赏明罚。后人称为刑名之学，亦省作刑名。
⑬励翼：勉力辅佐。
⑭将顺：顺势促成。
⑮猷茂：福气和事业一起蓬勃发达。猷，功业；事业。
⑯言刈其楚：言，语助词。刈，割。楚，又名荆，一种丛生灌木。原意为砍下荆条，用以作薪。《诗经·周南·汉广》："翘翘错薪，言刈其楚。"后比喻物尽其用，片善无遗。
⑰九德：古人指九种美德。在古籍中，所指随文而异。先秦《逸周书·常训》："九德：忠、信、敬、刚、柔、和、固、贞、顺。"《尚书·皋陶谟》："亦行有九德……宽而栗，柔而立，愿而恭，乱而敬，扰而毅，直而温，简而廉，刚而塞，强而义。"
⑱贞惠文子：即公叔文子，春秋时卫大夫，谥号贞惠文子。他的家臣巽有贤才，他就推荐巽和他做同等的官。《论语》记载，公叔文子之臣大夫巽与文子同升诸公，子闻之，曰："可以为'文'矣。"
⑲酂文终侯：酂是萧何的封地，在今河南省商丘市。侯是汉高祖刘邦赐给萧何的诸侯封号。萧何辅佐汉惠帝，惠帝二年（前193）七月辛未去世，谥号文终侯。
⑳留文成侯：张良协助汉王刘邦赢得楚汉战争，建立大汉王朝，帮助吕后之子刘盈成为皇太子，册封为留侯。晚年，跟随赤松子云游四海。张良去世后，谥号文成。
㉑缙绅：也作"搢绅"，古代称有官职的或做过官的人。

唐丞相故太保赠太师韩国公苗公墓志铭

李 华①

永泰元年②四月戊子，唐旧相太保韩国公薨③，天子辍朝，群臣出次④。

五月壬午，赠太师；七月丙子，诏使中谒者⑤莅祭，京兆少尹护丧；龙旗辂⑥车、卤簿⑦哀导，加于一等；园茔封树，碑版垂后，盛于当朝，葬我韩国公。夫人名本于宏才，非厄运不扬。元勋出忠烈百死之中，登日月九天之上，乾坤闭而复辟，钧轴折而再驾。故肃宗于行在见公曰："欲求良弼，其在兹乎！"

公讳晋卿，字元辅，上党壶关人。祖袭夔，赠太子太师；父殆庶，赠礼部尚书。公成童好学，弱冠工文，二登甲科，三入高等。始自郡邑台省之任，终乎廊庙台辅之器。至如牧四郡，使四道，在人为政之绝迹，于公能事之常格，故不足叙。天宝之末，胡羯乱常，公身在陷阱，心图辽廓。谒至尊于幕殿，议大计于辕门，天子壮之，拜为左相。公于时与兵部尚书汾阳郡王⑧经略大业，翊赞中兴。公抚于内，汾阳营于外，克二京、复九庙，尊先帝、返上皇，公之功也。乾元二年，元凶授首，陈希烈等四十八人议在殊死，公抗疏上论，以四方犹虞，罪当宽宥。三司质定，其事不行。於戏！庆绪之诛也，不用公议，使有思明之难。朝议之减，复行公计，果令天下大安，仁人之言不可以已。上元二年，玄宗升遐⑨，诏公摄政。肃宗违代⑩，令公当国。道合君臣，时契云龙⑪于二主；功高宇宙，德钟社稷于一身。夫平计之，勃安之，总有平勃⑫之勋；伊摄之，霍立之，再当伊霍⑬之任。人臣贵极，今古罕俦⑭。公晚婴⑮衰疾，属辞枢务，遂得特纡⑯；圣眷俯降臣礼，赤墀之下，杖策来朝；宣室之中，肩舆⑰入见。此则明主上德而屈礼，忠臣感恩而忘形，君臣之间，斯为盛矣。无何，有诏册授太保，军国大务仍咨访焉。公至和为心，太素⑱为体，以虚舟⑲应物，世累不能干其神；以公器济时，江海不能开其虑。故轩裳钟鼎，于我如浮云；大位遐年⑳，在生为逆旅㉑。享年七十有七，历任二十有四，顺如也。夫人韩国夫人，博陵崔氏，诗书之门，金玉其度，先公而殁，今则祔㉒焉。嗣子发、丕、坚、粲、垂、向、吕、稷、望、咸等，并强学懿文，保家继代。忠足以励行，孝足以扬名。叙德立铭，愿昭先烈，掌文之客，敢忘大猷？其词曰：

有唐宗臣，为国元老。清明淳粹，全德体道。磊落臣节，深沉庙谋。

智能逃难，忠则忘躯。幽蓟弄兵，咸秦振荡。举族南弃，拔身北向。

一见先皇，其言甚壮。指麾筹画，爰立作相。天地反正，苍生之望。

伊昔南狩，衣冠㉓下从。三司献议，万乘将同。谏书一出，天下称公。

二圣登遐，万方是荷。圣皇在暗，务辍宸坐。称政临朝，非公不可。彼苍不任，歼我鼎臣。天归说梦，岳降申神。嵯峨碑版，突兀封树。呜呼！相国韩公之墓。

注释：

①李华（715—766）：字遐叔，赵郡赞皇（今河北省石家庄市赞皇县）人，唐代文学家。唐开元二十三年（735），中进士。唐天宝二年（743），登博学宏辞科，拜监察御史，转右补阙。安禄山攻陷长安时，被迫接受凤阁舍人伪职。安史之乱平定后，贬为杭州司户参军。作为著名散文家，与萧颖士齐名，世称萧李，并与萧颖士、颜真卿积极共倡古义，开启唐代古文运动之先河，著有《李遐叔》4卷。

②永泰元年：即唐代宗永泰元年（765）。

③薨（hōng）：君主时代称诸侯或大官等的死。

④出次：为悼念死者而避开正寝，出郊外暂住。

⑤中谒者：汉官职名，为国君掌传达。

⑥輤（qiàn）：❶古代载柩车上用作装饰的覆盖物。❷载柩车。

⑦卤簿：古代帝王驾出时扈从的仪仗队。出行之目的不同，仪式亦各别。自汉以后亦用于后妃、太子、王公大臣。

⑧汾阳郡王：即郭子仪（697—781），唐朝华州郑县（今陕西省渭南市华县）人，祖籍山西太原，唐代著名政治家、军事家。郭子仪早年以武举高第入仕从军，积功至九原太守。安史之乱爆发后，郭子仪任朔方节度使，率军勤王，收复河北、河东，拜兵部尚书、同中书门下平章事。唐至德二年（757），郭子仪与广平王李俶收复西京长安、东都洛阳，以功加司徒，封代国公。唐宝应元年（762），太原、绛州兵变，郭子仪被封为汾阳王，出镇绛州。唐宝应二年（763），仆固怀恩勾结吐蕃、回纥入侵，长安失陷。郭子仪被再度启用，任关内副元帅，再次收复长安。唐建中元年（780），郭子仪被尊为尚父，进位太尉、中书令。次年，郭子仪去世，赐谥忠武，追赠太师。

⑨升遐：帝王死去的婉辞。

⑩违代：犹去世。

⑪契云龙：亦即云龙契合。龙行雨，先布云，所以龙云不可分，且契合在一起。

⑫平勃：汉代陈平和周勃的并称。两人都是汉高祖刘邦时的创业功臣，后又共平诸吕之乱。

⑬伊霍：商伊尹和汉霍光的并称。伊尹放太甲于桐，霍光废昌邑王，立宣帝。后常并称，泛指能左右朝政的重臣。

⑭罕俦：少可相比。俦，❶伴侣。❷等；辈。

⑮婴：遭受；遇。明宋濂《怀远大将军于君墓志铭》："君以一书生，婴乱世，乃

能倡义旅以捍乡邦。"

⑯纡（yū）：行动缓慢。

⑰肩舆：代步工具，由人抬着走。

⑱太素：《列子》曰："太素者，质之始也。"《庄子》曰："朴素而天下莫能与之争美！"

⑲虚舟：无人驾驭的船只，比喻胸怀恬淡旷达。

⑳遐年：高龄；长寿。

㉑逆旅：旅居，常用以喻人生匆遽短促。

㉒祔：❶古代祭名。送死者的神主入祖庙，与其先祖共享祭祀。❷合葬。

㉓衣冠：衣服和帽子；缙绅、名门世族。

河南府法曹①参军卢府君夫人苗氏墓志铭

韩 愈②

夫人姓苗氏，讳某，字某，上党人。曾大父夔夔，赠礼部尚书；大父殆庶，赠太子太师；父如兰，仕至太子司议郎、汝州司马。夫人年若干，嫁河南法曹卢府君讳贻，有文章德行，其族世所谓甲乙者，先夫人卒。夫人生能配其贤，殁能守其法。男二人于陵浑，女三人皆嫁为士妻。贞元十九年四月四日，卒于东都敦化里，年六十有九。其年七月某日，祔于法曹府君墓，在洛阳龙门山。其季女婿昌黎韩愈为之志。其词曰：

赫赫苗宗，族茂位尊。或毗于王，或二于藩。是生夫人，载穆令闻。
爰初在家，孝友惠纯。乃及于行，克媲德门。肃其为礼，裕其为仁。
法曹之终，诸子实幼。茕茕其哀，介介其守。循道不违，厥声弥劭。
三女有从，二男知教。闾里叹息，母妇思效。岁时之嘉，嫁者来宁。
累累外孙，有携有婴。扶床坐膝，嬉戏欢争。既寿而康，既备而成。
不欿于约，不矜于盈③。伊昔淑哲，或图或书。嗟咨夫人，孰与为俦。
刻铭寘④墓，以赞硕休。

注释：

①法曹：❶汉代掌管邮递驿传的官署。❷唐宋时地方司法机关；旧称司法官员及律师。

②韩愈（768—824）：字退之，河南河阳（今河南省焦作市孟州市）人，唐代文学

家、哲学家。因其常据郡望自称昌黎韩愈,故后世称之为韩昌黎;卒后谥文,世称韩文公。唐贞元八年(792)进士及第,先后为节度使推官、监察御史,德宗末因上疏时政之弊而被贬。唐宪宗时曾任国子博士、史馆修撰、中书舍人等职。唐元和十四年(819),因谏阻宪宗奉迎佛骨被贬为潮州刺史。穆宗时历任国子祭酒、兵部侍郎、吏部侍郎、京兆尹兼御史大夫。在政治上反对藩镇割据,在文学上主张文以载道,有《昌黎先生集》。

③不歉于约,不矜于盈:不矜持,不过分,形容把握有分寸。

④寘(zhì):同"置",安排;放置。

太原府参军苗君墓志铭

韩 愈

君讳蕃,字陈师。其先楚之族大夫,亡晋而邑于苗,世遂以苗命氏。其后有守上党者,惠于民卒,遂家壶关。曾大父延嗣,中书舍人。大父含液,举进士第,官卒河南法曹。父颖,扬州录事参军。君少丧父,受业母夫人,举进士第,佐江西使,有劳三年。使卒,后辟①,不肯留,独护其丧葬河南。选补太原参军假使,职狱平、货滋息,吏敛手不敢为非。年四十有二,元和二年六月辛巳,暴病卒。其妻清河张氏,以其年十二月丙寅葬君于洛阳平阴之原。男三人,执规、执矩、必复,其季生君卒之三月。君同生昆弟姊凡三人皆先死,四室之孤男女凡二十人皆幼,遗资无十金,无田无宫以为归,无族亲朋友以为依也。天将以是安施耶?

铭曰:

有行以为本,有文以为华。恭以事其职,而勤以嗣其家。位卑而无年,吁其奈何!

注释:

①后辟(hòu bì):指君主招来授予官职。

【宋】

静轩记

范 钺

熙宁三年十二月,来尉于壶关。始至之日,见其穷山荒嶂,环乎左右。视其官居,庳①污底滞,凡目之所及,莫不使人唏嘘。既而幡然曰:"是岂不足以居耶?九夷②居之,君子犹不以为陋,况潞距京师才数百里,而斯邑也,又在潞之左,是可处也。"居三月,得故材于厅事之东而屋之,自书曰静轩。列以图绘,缭③以简编,当其无事时,一写之于文字笔砚之间,顾不可嘉哉!而世之能文者,皆以诗遗静轩。然吾之为是轩,固非掇静之名,而欲徼于时也。盖以为天下之事,来也无穷,而其应甚烦。以我之甚烦,对彼之无穷,犹鞭快马决④积潦,疾驰大溃而不知止者。噫,亦惑矣。大抵人性无不静,有时而动者,物挠⑤之也,物挠之,则不得其静矣。故吾之为静者,将以御夫动也。然天下之物,吾不能以一己而胜之,使外物不足以撄⑥吾心,吾能以虚而待之矣。至于死生得失为累之大者,又奚能自必⑦哉!若夫巢乎深山之谷,钓于野水之滨,或耕之田,或筑之岩,此古之真静者,吾不得跂⑧而至焉。然坐于一轩之中,萧然自放。野鸟容与而上下,山云卷舒而去来,倚佳木而长吟,引清风而独啸,而吾之乐如此。与夫逍遥于自得之乡,而超出乎尘垢之表者,亦庶几耳。本年七月一日记。

注释:

①庳(bì):做名词时指两旁高中间低的房屋;做形容词时指土地低洼。

②九夷:❶古代称东方的九种民族。❷泛称少数民族。

③缭:本义缠绕,引申为考证。《仪礼·乡饮酒礼》:"弗缭,左绝末以祭。"

④决:水冲破堤岸;开口子。

⑤挠(náo):❶搅;搅动。❷扰乱;阻止。

⑥撄(yīng):纠缠;扰乱。

⑦自必:❶自己坚信;自以为必然。❷犹必然。

⑧跂(qǐ):通"蚑",虫爬行的样子,泛指爬行。

乐氏二真人封号记①

李元儒

大观三年，岁在己丑，秋七月祷旱于真泽之祠。至诚感通，其应如响。于是追述二女慕仙之意，请于府，丐奏仙号，以旌嘉应。府以事上于漕台，漕台核实，俾具灵迹。乃询邑民，得先后祷感应之状。复于漕台，旋蒙保奏，如县所请。既达宸听②，即赐俞旨③，太常④定议，禁掖⑤命词。越政和辛卯夏四月丙辰，敕封二女真人之号，长曰冲惠，次曰冲淑。于是县吏奔走，承命浃日⑥祭告，罔敢怠豫⑦。既而，伏思国家事神治民之事，厥有常典，明德恤祀，务极褒崇。名山大川，百神之祠，有功于民，咸秩无遗。锡以庙貌，宠以爵秩，不吝徽称，以答神贶⑧，以能相吾君仁民爱物之治故也。恭惟主上绍休圣绪，加惠元元，哀穷恤隐，罔不惟民之承。虽尧舜用心，何以加此！是以开真人之灵享，从有司之忱辞，而加爵命焉。县令之任，最为近民，职在承宣，孰敢不祗⑨若天子之休命？

谨按：二真人本乐氏子，图经⑩所载，丰碑所书，第云微子之后，皆略而不详。屡加博询，莫究其始。比于祠之东南幽谷间，曰樱桃掌，得真人父母之墓。其碣乃熙宁甲寅所作，是时真人之亲丧久矣。真人降神于巫，命改此兆。符验之应，其事有五，虽纪父母讳氏，而不及其他。至于真人仙去之由，亦莫得闻。乃喟然叹曰："真人灵感之迹如此，当时纪事之人不遇作者，使后世无所考焉，可为太息者也。"姑述真人显应昭著，孚⑪佑一方，与今主上钦修祀典，恻怛⑫为民之意，而书于石。纪实传信，庶无愧辞。政和元年六月初一日，县令通仕郎⑬济源李元儒谨撰。

注释：

①乐氏二真人封号记：记述二仙真人父母墓改葬于樱桃村，即今树掌镇森掌村之事。

②宸听：帝王的听闻。

③俞旨：表示同意的圣旨。

④太常：官职名，掌礼乐郊庙社稷事宜。

⑤禁掖：宫中旁舍，亦泛指宫廷。

⑥涓日：涓吉，选择吉祥的日子。

⑦怠豫：即"豫怠"，谓贪于安乐而怠惰。

⑧神贶（shén kuàng）：神灵的恩赐。

⑨祗：恭敬。

⑩图经：指附有图画、地图的书籍或地理志。

⑪孚：使人信服。

⑫恻怛（cè dá）：❶怜悯；悲悯；同情，类似于恻隐之心。❷恳切。

⑬通仕郎：官职名。北宋崇宁二年（1103）置为选人阶官，取代旧官县令、录事参军。

【元】

赠朝列大夫^① 同佥太常礼仪院事^② 骑都尉^③
追封扶风郡伯^④ 马氏之先德碑记

张起岩^⑤

泰定二年夏五月，余拜监察御史，时马君象先为同官。比达京师，象先佥中书事。明年，余为员外郎、为郎中，与象先同在左司⑥，情好最洽无间也。尔后，余以忧去，闻象先持宪⑦江浙，隔阔三年矣。冬，忽贻书曰："绳武衔哀茹痛，奉先妣太君之柩，自京师走葬先茔，祔于先人郡伯之墓。亦既襄事，自惟早承家训，始学及仕，以及今兹。推恩所天获沾渥⑧命者再，欲立石以表茔域，敢因同僚之私，属笔于子，涕泣再拜以请。"余览其书，知太君之丧，怅弗克躬奠也。其于铭叙，安敢以浅陋辞？

谨按：马氏为上党壶关人，上世习吏文，代为县史。高祖讳源，字仲渊，精于律义，公牒、文移⑨一出其手，郡县视以为式⑩。能以理谕解讼者，县赖以治。高祖妣董氏。曾祖讳锐，字世用，由其勇锐，仕昭义任帅府为元帅左监军，因掾⑪其府，辟充知事，以劳再迁帅府经历。曾祖妣杨氏，先卒。继杜氏，次杨氏、王氏。九子：琮、琬、珪，杜出也；瑗、瑛、瑜，杨出也；玘、瑾、璋，王出也。杜氏二女，长适管军千户杨庆，次适都监王政。祖讳琬，字仲玉，其第二子也。夙以直谅著闻，由平阳府吏选掾甘肃行省，历许州、沁州吏目，卒年七十有四。祖妣魏氏，躬勤俭端悫⑫，家人则之。考讳维韩，字安世，读书谨行，不乐仕进，为乡里敬服。至大二年十月五日，以疾终于家，享年六十。累赠朝列大夫同金太常礼仪院事骑都尉，追封扶风郡伯。妣王氏前卒，追封扶风郡君。近故妣王氏，淑懿慈惠，累封扶风郡太君，以建历二年十一月五日卒杭州官所，享年八秩。二子，长绳武；次懋祖字克中，仕太常郊祀署都监，娶张氏。懋祖之卒，张氏嫠居守节，宗戚贤之。

马氏先世葬壶关北之龙溪山，自祖吏目府君而下葬潞州城北，是为今茔。绳武，象先其字也，甫成童，勤学自立。挈家童来京国，躬淡薄勤苦，昼从事台府治事，日昃⑬归读圣贤书，至夜分乃寝。鸡鸣起盥，枻衣冠危坐灯下，复所诵书，日以为常。成庙时，有旨入充宿卫，至大二年，授左卫率府照磨兼管勾，以职官掾刑部，除佐转运司幕府，选为西台令史，转掾内台，遂掾都省西曹，调江淮茶运司经历，擢充户部主事，历刑部，改承事郎、中书省检校官，俄拜监察御史加承德郎，升奉直大夫、中书右司都事，进奉议大夫、刑部郎中。未期月，以奉政大夫同金通政院事，进中顺大夫、江南浙江道肃政廉访副使，召为宗正府郎中。丁内艰，不赴。娶赵氏、王氏，前卒，追封扶风郡君，再娶李氏，封扶风郡君。一子胤昌。象先通敏而明辨，其在掾省也，等其囚之轻重，详敷陈之，不置死者十有余人，皆得末减，诉讼之得直者不预⑭也。在江西除湖山无名茶课，岁为钞五千贯，弊革而事治者可知也。迨入左户部，所司集赆⑮不啻万余缗为馈，假词拒之，至宵遁以去，所自牧者可推也。为御史，弹击权要，纠言时事，无有避忌。金书通政时，奉旨南京整顿驿置，佥合物情。使还，上嘉其能，赐金织币衣。在浙宪日，弹劾诘治，不畏权势，审谳详密，雪其非辜。研究诬枉，而舞文挠法者，竟不以巧脱有罪，其材所施可验也。在友道，情义尤笃，死无所归，率钱贾棺椁⑯菆⑰以殡，虽盛暑躬临其傍，其诚于它事可信也。

象先俾余铭先世之碑，余因举象先之善以附，所以昭其考妣平昔教之，之有素也。太常先殁，不及见其子之大有成；太君康宁寿考，则既受其荣养也。存殁固有间矣，而并受封爵以享其报，世德有征也。计象先方向柄恩宠，有纶绰⑱加封，丰碑载刻将不一再而足也。然则余又当沘笔以俟铭曰：

马服之似，以封为氏。后封扶风，世望聿崇。历汉及唐，代为华胄⑲。奕奕清门，典则为旧。世家壶关，器韫弗施。官规恪守，蔚为吏师。历世相承，以文无害。监军佐藩，益昌以大。或掾以仕，或隐以居。出处裕如，绰然有余。庆钟伟人，先志能继。中外践扬，志节遒励。

纶命载锡，封爵炜煌。孝以忠致，于前有光。隆隆上党，天下之脊。郁郁佳城，有安其宅。穷石琢文，阅世永存。以显其亲，以贻其后昆。

注释：

①朝列大夫：文散官职名。金始置，原名奉德大夫，金天德二年（1150）改朝列大夫。

②同佥太常礼仪院事：官职名。元置，秩正四品，员额二人，为太常礼仪院的佐官。

③骑都尉：官职名。汉武帝始置，属光禄勋，秩比二千石，掌监羽林骑，无定员。晋以后历代沿置，相当于从五品。宋金沿置。元是从四品。

④郡伯：周代爵称，有天子、公、侯、伯、子男，伯是爵位。郡伯是原来少数民族政权（大约从金开始）的四品官，明清时期郡伯就是知府。

⑤张起岩（1285—1354）：字梦臣，祖籍章丘（今山东省济南市章丘市），移家禹城（今山东省德州市禹城市），元代著名政治家、史学家、文学家。元朝首届科举状元，仕宦40余年，先后在地方和朝中担任过许多重要职务，对元朝中期政治贡献很大，同时其史文学造诣极高，善篆隶书，有多种著作传世。

⑥左司：元并尚书省于中书省，元中统元年（1260）置左元右司，至元十五年（1278）分置两司，分掌中书省各房事务。

⑦持宪：执掌法令。唐韩翃《寄上田仆射》诗："仆射临戎谢安石，大夫持宪杜延年。"

⑧沾渥：浸润，亦比喻蒙受恩泽、宠遇。

⑨文移：也称移、移书，是针对内部不同意见而发，多用于晓谕和责备，文辞比较温和，重在改变对方看法。

⑩式：榜样或范式。

⑪掾：原为佐助之义，后为副职官员或官署属员的通称。

⑫端悫（duān què）：正直诚谨。

⑬日昃（rì zè）：太阳偏西。地支中的未时，相当于现在的13—15时。

⑭不预：没有事先通知、提醒。

⑮赆（jìn）：送别时赠给的财物。

⑯菅（jiān）：多年生草本植物，叶子细长而尖，花绿色，结颖果。

⑰菆（zōu）：❶麻秆。❷草席。

⑱纶绂（lún fú）：皇帝的诏令。

⑲华胄：贵族的后代。

重修玉皇七佛庙记①

韩仲元②

直③壶关县治之南二十五里所，有聚落曰沙窟，其西土山曰古圣，面炎帝之祠，背紫微④之埂。翠屏处其左，黄台处其右。诸峰环合，原野既平，每凭高寓目⑤，胜概⑥可尽，是诚一方秀绝之地。兵荒而后，本村都统牛成之甥路仲平，小字福童，泽州解庄人也，忘形落魄如为神所凭依者，日于其地处凿地运土，而不以为劳。岁余，得巨石高约一丈五尺，广阔如之，其下石室二所，东西相背，左玉皇，右七佛，石像俨然。于是饰以金碧，外则构以檐楹。凡乡民之祈请者，雨旸⑦疾疫，无不如愿。神异既著，香火踵来，至于邻邑及他郡仰其威灵，蒙其利泽者，皆置行祠⑧而奉事焉。

爰有本县前县令王公讳全，鸠工伐木，营建小殿于其侧。又别为屋数间，俾主庙者居之。国朝至元五年，洺州肥乡县郏公彦明来尹是邑，适以比岁洊⑨罹⑩蝗旱，常于祠下祷请，致膏雨应祈，蝗不为灾。深思所以酬神惠者，于石室之外，上栋下宇，以拥覆之。又视其故地狭隘，无以重神明之威，于次东百举武⑪，卜爽垲⑫之地，经营基址，肇立新庙，为岁时致祭之所。功未及完，而公移莅武安。迨至元十六年己卯，以承事郎同知潞州事，且以前功未竟为歉，又与敦武校尉壶关县尹牛天麟有平生之旧，遂同心协虑，谋于众而营茸之。人乐为之用，以资以力，未期年而厥功告成。轮焉奂焉，壮丽于昔日矣。又设玉皇七佛之像于其中，巍然尊大，极天人之相，不惟新一方之观望，抑亦使祈禳报本者有所依附。则数君子之敬以事神，义以使民，又可见矣。庙主元妙真等谒余曰："自路仲平得石像以来，五十余年于兹矣。初阶一篑之勤，终致有成之效，言念此事，上则官长尽规画之劳，下则乡社之人多所借力，将刻之于石以示后人，可乎？"余以乡里之故，不获终辞，且为直书其事云。至元十八年六月中功毕。

注释：

①重修玉皇七佛庙记：此碑记现存山西省长治市壶关县黄山乡沙窟玉皇七佛庙内。

②韩仲元：元至元十七年（1280）任壶关县教谕。

③直：介词，当……时候。西汉司马迁《史记·项羽本纪》："直夜溃围南出。"

④紫微：北极星，也是小熊座的主星。
⑤寓目：注目；过目。
⑥胜概：美景；美好的境界。
⑦雨旸：雨天和晴天。《尚书·洪范》："曰雨，曰旸。"
⑧行祠：临时的祠堂。
⑨洊：再；一次又一次。
⑩罹：遭遇；遭受。
⑪举武：举足；举步。元王恽《挽漕篇》："咫尺远千里，跬步百举武。"
⑫爽垲：高爽干燥。

增修宣圣庙记

张时髦

於戏！道之大原出于天，非圣贤无以传，故当元精①钟会之机，天必生其人以为是道寄，使人心传心授，以开天常而立人纪也。义轩云，邈孺先君子②论道统相传之次序，断自尧、舜、禹、汤、文、武、周公至于孔子，而后学者传焉。维时见知而得其宗者，莫颜子、曾子若也。颜子卒，其道无传，曾子以其传授诸圣孙子思，而道之精微益以著。后邹孟子出，扩充之而愈大其承。

夫自尧、舜至孔子，率五百岁而圣人生，自孔子而至孟子，百余岁间，一圣四贤③继作。世有先后，道之在人心者，亘古今犹一日也。故牗④我蒸民，以迪夫民彝⑤物则⑥，俾不沦胥⑦于禽兽者，其谁之力与？《传》曰"盛德百世"，《记》曰"有功于民则祀之"。吾夫子德不逊于禹、汤、文、武、周公，其功反有贤于尧舜，故自魏晋以降，由京师而郡县，崇广庙貌而通得祀者，惟孔子焉。则其祀事往圣，无以俾其大也。

稽诸《礼·释奠》，先圣先师未始有庙也。庙之设，肇于汉元。加孔子先圣，颜子先师，始定于开元。前宋复跻孟子与颜子并，虽百余年莫之或改。我元首尊孔子，列盛崇祀加谥，视昔为备。然时属造昧⑧，未遑稽古，中原庙祀犹古也。夫颜子学于孔子，孟子学于圣孙子思。弟子与师侍坐语道者，礼固有之，比肩并南面可乎？且由孟子而视子思，则师也，其视曾子则又师之也。弟子端居乎上，师降居于下，愚知二子必蹴然于冥冥中，不能妥其灵于一堂之上矣。设兹学庙，固将以明人伦，今兹礼法所从以寓，而逆置错陈若是，又奚以训天下后世乎？仁庙当阳，武弛文张，亟于继述，举厥未修之典。时则有若一二儒臣相与恢宏化本，讲求庙祀，佐享位次，乃以传道为尊，始定兖、郕、沂、邹四国公列位配侑⑨，东坐西向，实延祐三年著令也。

　　前政乃旷久不举，今泽之张德由簿升令，既五稔于斯矣。祗慎⑩所职，恒以丕阐教基为政务先，虽储需丛沓不暇给，其于文教未尝不留心焉。今年春，将厘正其位，粤瞻庙貌迫窄，慨然有志于增修。雇材用是阙，爰及监县忽仙、判簿仲贤、耿致道力协谋一，为士民倡。邑人竞劝捐资以相佣工儳役，其营构则缔结。故庙宏敞严邃，丹艧漆髹，于粲一时，始称其为素王⑪之居也。肪事于三月，毕工于七月。越八日，上浣丁巳前一日，奉安圣师于新宫，俨然南面独尊，复命改为曾师像，偕颜孟，次列诸左师弟祖孙，奠厥攸⑫居，秩然有序。乃祗会邑之良民、师儒、僚吏以修祀事。笾豆既嘉，牷牲既腯，凡入而预祭者，簪佩炜煌，瞻仰新庙。圣像森列，如对如临，礼行用币，罔不致虔。历代旷典，昭昭一时。佥曰："厥猷懋哉！一举而众善集，修废坠、尊国典也，尊圣师、崇明祀也，尚文教、敦化基也。有此三善，盍纪诸！"前文举掾高元善率众于予文勒诸石。予世家是邑，策名⑬春官⑭，尝为其邑大夫，义不容诿，遂撼其实以为记。

注释：

①元精：天地的精气、人体的精气。东汉王充《论衡·超奇》："天禀元气，人受元精。"

②先君子：对已故父亲的称呼。

③四贤：颜回、曾参、子思、孟轲。

④牖（yǒu）：会意字，本义为窗户，古建筑中室与堂之间的窗子，后泛指窗。也是通假字，通"诱"。《礼记·乐记》："天之牖民。"

⑤民彝：犹人伦，旧指人与人之间相处的伦理道德准则。彝，法度；常规。

⑥物则：事物的法则。

⑦沦胥：相率牵连。

⑧造昧：混沌蒙昧之状态，亦借指太古时代。

⑨配侑：配食；祔祭。

⑩祗慎：敬慎。

⑪素王：孔子众多称呼中的一个，有"千年礼乐归东鲁，万古衣冠拜素王"的

说法。

⑫攸（yōu）：所。

⑬策名：出仕；任官。

⑭春官：官职名，即宗伯，颛顼氏时的五官之一。春官以大宗伯为长官，掌理礼制、祭祀、历法等事务。

仪石碑阴记

张时髦

圣明更化，丕阐①治基，以钦天子民为首务，方夏②郡县择诸循良吏，俾司牧其民。洪武纪元之冬十二月乙丑既望二日，丞③若簿④聿⑤来为邑。时兵燹之余，民生寡遂，乃能志同谋协，收合离散，披荆棘、立官府，祗慎所职，体圣心图治以为心。岁再期，神人叶和⑥，民用小康，佳政裕如也。厅事前有亭一楹，石四尺许，盖昔之所谓仪石云。今年秋九月几望⑦，乃摘取古先哲王训迪百官之粹语，泐⑧诸石以树厥⑨中，扁曰警心。

於戏！二公⑩以智师人，于前王遗谟，固已识之精而虚之熟矣。然犹乃尔者，盖欲朝夕于斯目接心警，不致或忘，以副我皇上钦天子民之美意。洎夫妙选循良之嘉惠，伟哉，其宅心切而要也！由兹以往，小而发号施令，大而折狱致刑，克念克敬，服膺勿失，存天民于一心。岂徒是邑之所嘉赖，实朝廷之所深望也。后之继理者，尚监兹哉！克迈⑪乃迹，邻政闻风而兴起者，一是率由。俾兹举也，振今垂后，虽千百载犹一日也。彼疆尔界，犹一邑也；先政后政，犹一心也。若然，则邦家之庆，生民福泽庸有既乎！

注释：

①丕阐：犹言大显。

②方夏：指中国；华夏，与"四夷"相对。

③丞：即陈钦，洪武初，任县丞，创建县署及坛壝铺舍。本志《名宦》有记。

④簿：此指主簿，姓名失。

⑤聿：用在句首或句中，起顺承作用。

⑥叶和：和睦；和合；和谐。

⑦几望：称农历每月十四日。几，近。望，农历每月十五日。

⑧泐（lè）：❶同"勒"。❷书写。

⑨厥（jué）：❶文言代词，相当于"其"。❷文言助词，相当于"之"。
⑩二公：指前所言县主簿、县丞。
⑪克迈：能够超过、跨越。西晋陈寿《三国志·高堂隆传》："三王可迈，五帝可越。"

新塑文庙十哲记

王天祐

皇朝①鼓破竹之威，荡平诛除，禀气②食毛③罔不臣妾④。混文轨⑤、壹统类⑥，然未至于消烽灌燧，而终绥⑦之事未尝不留意焉。是以风动寰宇，自京师而下，郡县长吏承宣⑧之暇，莫不以增修文庙学舍为先务。岂天意未丧斯文而为之兆耶？是未可知也。

壶关庙学，兵燹后焚毁殆尽，惟正殿岿然独存。春秋释奠⑨行礼，薙⑩山布块而已。天运循环，无往不复，一旦杰阁⑪崇基巍巍峻峙，高门修屋奕奕有严⑫。洎讲堂斋舍，无非敕建宏敞壮严，甲于他县，始于县尹郐公彦明，润色于蒲城张侯子成，更二公之手仅能完备。甚矣，土木之兴作非易也。

迨至元己卯，县尹牛公讳天麟，自宁津移莅是邑。谒庙之日，祀香毕，徘徊周览久之。慨然叹曰："两廊诸儒，彩绘既毕，颜孟十哲反可阙乎？何昧夫先后缓急之次叙如此！"越明季春，县务清简，俟重修公署毕，及达鲁花赤换只、前簿尉郭璋询谋佥同，遂募工创修，补塑十二像。所费不给，命本邑师儒叶赞之，衣冠环侍，俨然一新。使峨冠博带入乎门者，旷然改视易听，毕兹能事，顾不韪与？噫！夫子之道，地纬天经、民彝人纪⑬。自微言绝响，一纷于诸子，再坑于孤秦，异端并兴，涂生民之耳目，迷惑没溺，反复沉痼，不可救药。至于衣儒之服、读儒之书，汩于功利，反随而波靡者有之，此道学所以不明于世也。士乎，士乎！固当培植义理，涵养心术，苟无讲明履践之实，不知由格物致知⑭，驯致⑮乎正心修身。徇⑯人欲而忘天理者，非惟得罪于圣人之门，抑亦负贤侯奖崇吾道之意耳，可胜叹哉！一日，典史李思温、焦德等来谒，曰："我辈历事官长非一，未有若公之处事精敏、明允、笃诚者，不为则已，为则必成，罕见其比，恳求为记。"仆以猥承青顾，虽辞丑义陋，不容以不敏拒，姑撮实而书其本末云，因以私自淑者。至元十八年冬十月初吉上党进士王天祐谨记。

注释：

①皇朝：此指元朝。

②禀气：人生来对气性的禀受。

③食毛：蒙受君恩，亦泛指起居生活。毛，泛指土地上生长的粮食、蔬菜等植物。

④罔不臣妾：没有不臣服我皇朝的。臣妾古代都是奴仆，臣为男性奴仆，妾为女性奴仆，引申为臣服；顺从。

⑤文轨：文字和车轨。古代以同文轨为国家统一的标志，引申为疆域。

⑥统类：纲纪和条例。

⑦绥：❶安抚；使平定。❷平安。

⑧承宣：继承发扬。东汉班固《汉书·匡衡传》："继体之君心存于承宣先王之德而褒大其功。"

⑨释奠：古代在学校设置酒食以奠祭先圣先师的一种典礼。

⑩薙（tì）：❶除去野草。❷同"剃"。

⑪杰阁：高耸的楼阁。唐韩愈《记梦》："隆楼杰阁磊嵬高，天风飘飘吹我过。"

⑫严：高峻。《左传·隐公元年》："制，严邑也。"

⑬人纪：人之纲纪，指立身处世的道德规范。

⑭格物致知：探究事物原理，从而从中获得智慧，或从中感悟到某种心得。

⑮驯致：亦作"驯至"，指逐渐达到。《易经·坤》："履霜坚冰，阴始凝也；驯致其道，至坚冰也。"

⑯徇：依从；曲从。

重修真泽二真人祠记①

宋　渤

《祀典》②：法施于民，以劳定国，能御大灾，能捍大患者，祀之。四方名山、大泽、林谷、丘陵为邦域之望，能出云为雨、生材资民者，宜有神守之，以血食③其土，尚矣④。

上党之俗，质直好礼，勤俭力穑，民勇于公役，怯于私斗，自昔称为易治。然独丰于事神，凡井邑、聚落之间，皆有神祀，岁时致享。其神非伏羲、神农、尧、舜、禹、汤，则山川之望也。以雩以禜⑤，先穑⑥陲畷⑦，皆于是奔走焉。岁正月始和，农事作，父老率男女数十百人会于里中祠下，丰牲洁，盛大作乐，置酒，三日乃罢。香火相望，比邑皆然，至十月农时毕乃止，岁以为常。

壶关县紫团山有两女仙祠，居人传，仙人姓乐，学道此山，得不死而去。相与率而奉祀之，灵应如响。宋大观中旱，守臣祷之而雨，请之有司，得庙额曰真泽，仙人号曰冲惠、冲淑，大建祠宇。金末丧乱，风雨倾圮，盖什三四。国朝至元五年，魏人郅朗来守邑，雩禜之请，应不逾夕，乃曰："沛泽敷惠，神明之职；兴滞补弊，守令之事也。"遂约里人杨端、张山、丁福，道士连信英辈，鸠工补完之。踵门⑧谒予，乞记其事。

予以中统三年秋七月西归，尝道出祠下，而止宿焉。峻岭峙前，重阜环后，茂林郁如，内外严邃。殿堂廊庑，凡百余间，如大邦君之居，信列仙之灵区，神明之伟观也，特列而直书之。至若仙人族世，雨旸灵异，具于政和诰词，县令李元儒之刻文详矣，此不复赘。七年七月壬寅，上党宋渤记及书。

注释：

①重修真泽二真人祠记：此碑记现在真泽庙内，碑名《重修真泽庙记》。
②《祀典》：记载祭祀仪礼的典籍。《国语·鲁语上》："凡禘、郊、祖、宗、报，此五者国之典祀也……非是，不在祀典。"
③血食：受享祭品。古代杀牲取血以祭，故称。
④尚矣：言久远。
⑤以雩（yú）以禜（yíng）：用雩礼在禜所祭祀。雩，古代求雨的祭礼。禜，祭名。古代以绳束茅圈地，作为临时祭祀之所。
⑥先穑：耕种稻谷的先人。
⑦畷（zhuì）：田间的小路。
⑧踵门：亲自上门。

拙庵看山图序

李惟馨①

山水佳丽，武夷为最，次则太行东南壶关、陵川之间也。

壶关县东南一舍里曰林青，即致道别业②，聚庐而托处者数世矣。乡曰紫团，乃太行绝顶，若武夷之幔亭峰也。世传神仙所宅，山曰紫团山，洞曰紫团洞，仙曰紫团师，所产人参曰紫团参。洞一名曰翠微洞，中有潭曰白龙，泓澄渟汇，其远近浅深皆不可测。盛夏，雷云出于其中。旧志云：乐氏二女，微子之后。采药于山中，常栖于洞，服食人参，得道仙去。宋政和间，敕赐冲惠、冲淑真人，庙额曰真泽。其他殊名异迹，不可胜记。东迤百里而近百丈原，康节③故居。稍南，孙登长啸④之所。少北，则隆虑⑤也，峰石岿灵，草木秀润；翠松苍桧，凌云千丈；修竹茂林，与山无穷；葱茜浓郁，拨拂云霞；蔽亏日月，名状罔极。群山竦立，芒角峭拔，森若剑戟。风清雨霁，乘兴登览，使人神移目眩，应接不暇。如瀑布水帘，垂虹喷日，天巧捷出。五岳三涂⑥，似难伯仲。但人迹罕到，未尝表丽其胜景也。大抵一溪一壑、一盘一曲，丹崖翠壁，叠嶂巘峰，上接霄汉，下瞰烟霭，试一临之，毛骨耸竖，虽洞天神府，无以加焉。致道每憩于兹，时令童仆挈榼⑦提壶，或吟咏云根，或独酌松下，因而诛茅结屋，扁曰拙庵。于是乎奇岩绝巘环列于轩户之外、几席之上。仍命工肖形，蜡屐幅巾，野服藜杖，自名曰拙庵看山图。谂⑧予为文。

大凡地有胜境，得人而后发。人有心匠，得物而后开，境心相遇，固有时耶？襄阳岘山，盖诸山之小者，而其状著于荆州，岂非羊叔子、杜元凯相继于此，以成其胜哉！至于流风余韵，蔼然被于江汉之间，是兹山待其人而后著。紫团山有待于致道以彰显也。

致道博学多闻，谦和儒雅；胸次洒落，襟怀夷敞，不为崖岸斩绝之行，近功小利未易以动。深明于《易经》，其吉凶消长、进退存亡之理，自有绳尺。尝为郡直学⑨，讲明传授，他人莫及。一领乡荐，以投牒自媒为耻，后不复出。门人登第者恒有本末。是时阃外⑩得专封拜，擢为陕西儒学提举，亦弗屑⑪就。古所谓爵禄庆赏有不可致之人，今复见矣。自是以来，年高而德劭，学富而力行，教授乡里，叮咛恳至，将以传其业也。虽尝觞咏于泉石间，但遣怀舒兴，非耽乐放浪如晋人无检束也。好乐于斯者，有安重坚实与己志同，安重坚实其道光明，予于致道见之矣。

注释：

①李惟馨：字庭芳，上党（今山西省长治市）人，元代进士，江淮驻军幕僚，元灭隐居故里。明洪武中，复召。后病辞，守雄山书院，建万松亭、知非斋、可已堂。

②别业：与"旧业"或"第宅"相对而言，业主往往原有一处住宅，而后另营别

墅，称为别业。

③康节：即邵雍，字尧夫，谥号康节，生于北宋大钟祥符四年（1011），卒于北宋熙宁十年（1077），享年67岁。他生于河北范阳（今河北省保定市定兴县固城镇），后随父移居共城（今河南省新乡市辉县），晚年隐居在洛阳，是北宋哲学大师。

④孙登长啸：唐房玄龄等《晋书·阮籍传》："（阮）籍尝于苏门山遇孙登，与商略终古及栖神导气之术，登皆不应，籍因长啸而退。至半岭，闻有声若鸾凤之音，响乎岩谷，乃登之啸也。"

⑤隆虑：山名，在今河南省安阳市林州市西北20里。西汉置隆虑县，即以此山为名。东汉改名林虑山。

⑥三涂：古山名，在今河南省洛阳市嵩县西南、伊河北岸。《左传·昭公四年》："四岳、三涂……九州岛之险也。"

⑦榼（kē）：古代盛酒或水的器具，泛指盒一类的器物。

⑧谂（shěn）：劝告。元脱脱等《宋史》："世忠以书来谂，飞复曰：'均为国家，何分彼此？'"

⑨直学：官职名，宋元时路、府、州、县等书院掌管钱谷者。

⑩阃外（kǔn wài）：京城或朝廷以外，亦指外任将吏驻守管辖的地域，与朝中、朝廷相对。

⑪弗屑：不认为值得（做）。

灵显观记

马之美

壶林艮方①去城一舍，曰孝文村。东山阿有观曰灵显，莫知创始。地灵山秀，泉甘土肥，幽阔辽迥，地势非常。孝文庙据其东，书案山峙其南，清凉山环其西，圣母庙屹其北。世传吕纯阳②昔游此，题诗壁间云："素衣丘壑寄生涯，相近茅衡共几家？卧听松音临水石，坐看山色老烟霞。林中有鹤窥来客，岩畔无人见落花。但把琴书消白昼，不须炉鼎炼丹沙。"虽年久岁湮，诗迹未泯。道士牛志信主是观，芟除营构，善信争助之。不数载，旧者新，倾者竖。有圣真殿、云侣斋，缭以垣墉，植以花木，足为一方游息地。志信卒，门人王从善曰："若不勒诸翠琰③，惧失吕真人之诗，且不知前人创修之难。"遂谒予为之记。

注释：

①艮方：方向位置，八个方位即震、离、兑、坎、巽、坤、乾、艮。东方属震，南方属离，西方属兑，北方属坎，东南方属巽，西南方属坤，西北方属乾，东北方属艮。

②吕纯阳：原名吕岩（另说本名吕煜），字洞宾，号纯阳子，著名的道教仙人，八仙之一、全真派北五祖之一，钟吕内丹派代表人物。

③翠琰：碑石的美称。

东关壁村创建永济桥碑记

程秉直①

上党太行脊，吾邑属焉。叠嶂崇峘②，于全晋为最，平衍之土什无二三。民于其间择隙地以耕，引驹随犊，朝往暮来，崎岖厄塞，莫不以艰行为苦焉。邑西北十里许曰东关壁村，其地南玉泉而西柏谷，凤凰倚东，白马峙北；虎牙杰立，鸟翅齐列，雨潦③湍激，深溪仄径，虽樵牧亦苦其难。

村东旧有土桥，岁久颓圮。本村杨玘等捐建石桥，高阔五仞，经始于至正辛卯春，落成于是年夏，凡费一千缗。于是蹄驰轮载，咸适其便，里人忻忻焉。予扁其桥曰永济。玘，乡人也，有一善之可书，故乐道其事以为记。

注释：

①程秉直：壶关（今山西省长治市壶关县）人。

②峘（huán）：高于大山的小山。

③雨潦：大雨积水。

张时髦举河南儒学提举札付

行中书省①陕西等处平章政事兼同知河南行枢密院事：尝谓维持风化，固学校之当先；仪范人才，尤师儒之是重。况武事方殷之日，正文教渐弛之时，苟不选贤，曷以资治？切见壶关县尹张时髦，天资笃厚，学问真纯，笔阵纵横，千人之军独扫；词源浩瀚，三峡之水倒流。确乎君子，卓尔俊髦②。将本官举充河南儒学副提举，匪惟作养其贤才，诚足裨益于治道。为此，除已咨定中书省照详外，仰照验依到任施行。

注释：

①行中书省：元朝中统、至元年间（1260—1294）实施的直属中央政府管辖的一级行政区，民间简称行省或省。

②俊髦：才智杰出之士。

【明】

太祖①谕②山西潞州壶关县儒士杜斅 洪武十三年

昔之驭宇内者，无倖位③、无遗贤，致时和而道泰，盖由善备耳聪目明之道，所以士人者乐从其游，辅之以德。间有非哲者处于民上，则倖位、遗贤亦备矣。今朕才疏，迷圣道良宗，是致贤隐善匿，民未康，世未泰。今尔博学君子，齿有年矣，符到，若精力有余，则策杖来朝；果可作为，加以显爵，与朕同游，故兹敕谕。

注释：

①太祖：即明太祖朱元璋。

②谕：皇帝的命令，又称上谕、谕旨、圣旨。明代皇帝的文书已称谕。

③倖位：谓侥幸得位，无德食禄。徒占官位，不尽职守者。

太祖谕四辅官杜斅等制①

昔有莘②之耕者为政，社稷永安；傅岩③之野者在朝，君仁民康。斯二贤迭出，成殷商，致君六百年之大业。是贤者虽处同出异，其忠君济民之道一。然朕政未施，访近臣而求士，召尔等来朝，命为四辅之官，兼太子宾客，位列公卿都府之次，必欲均调四时，德合天人。卿等慎之，同安盛世，故兹敕谕。

注释：

①制：圣旨，皇帝表达皇恩、宣示百官时使用。

②有莘：即有莘氏，亦作有侁氏、有姺氏，夏商方国，有莘故城在今山东省菏泽市曹县西北莘冢集。周代，有莘氏部落沿济水逐渐西迁，散布全国各地。

③傅岩：古地名，位于今山西省运城市平陆县东，相传商代贤士傅说在此从事版筑，故称。

太祖谕四辅官杜斅等制

四辅官谨听再制谕：卿等受斯重任，朕与卿等，民生系焉，可不重乎！且卿等作为庶民，命辅政以掌民命，出类拔萃以显父母，岂不交庆！於戏，慎哉！二仪①之敬，事理无乖，心常格神，言常履道。故兹再谕，想宜知悉。

注释：

①二仪：❶指天地。❷指日月。

太祖谕四辅官王本杜祐龚敩杜斅赵民望吴源制

古以三公四辅论道经邦①，理阴阳，顺四时。然当是时，间有阳顺阴乖、阴顺阳戾②者有之，是由道理而使然也。且任三公职四辅，非数人不居。凡数人使居是任，岂不善恶半之？善虽格天③，恶能违帝，是故人事不齐，天亦如之而应，此其所以阴阳驳杂也。当阴阳驳杂之时，所理者三公四辅，冢宰既多，各无司定节制，期其时而究，将问谁？假使上帝以一贤之善不能班驳其时，则恶人偷光饰己，又小人效之；所以班驳其时，虽在上帝不得不如是也。其天道人事，疾如影响为此也。朕今设四辅，恐上帝艰分善恶，累时序之不常，特以四季均职于四辅，又以上中下三旬各司之。设若上帝福善祸淫易为殃著，所司者比之浑淆，岂不利哉！特以四季所司明述于后，以验雨旸时若④也。

春三月：王本司春季三月，皆上旬十日；杜祐司春季三月，皆中旬十日；龚敩司春季三月，皆下旬十日。

夏三月：杜斅司夏季三月，皆上旬十日；赵民望司夏季三月，皆中旬十日；吴源司夏季三月，皆下旬十日。

注释：

①经邦：治理国家。

②戾（lì）：❶罪过。❷动词，违背；违反；破裂。

③格天：感通上天。《尚书·君奭》："在昔成汤既受命，时则有若伊尹，格于皇天。"

④时若：四时和顺。

英宗^①敕山西太原府潞州壶关县民郭麟杨庆路俊王代升王英牛聚良王仕亨阎节路庆等

国家施仁，养民为首，尔能出米一千一十余石，用助赈济，有司以闻，朕用嘉之。今特赐敕奖谕，劳以羊酒，旌为义民^②，仍免本户杂泛差役五年。尚允蹈忠厚，表励乡俗，用副朝廷褒嘉之意。钦哉！故敕。正统六年正月初四日。

注释：

①英宗：即朱祁镇，明朝第六任、第八任皇帝（1436—1449、1457—1464 年两次在位）。

②义民：贤人，笃义之民。

重修神农庙记

杜 敩

国家追崇祀典，示报功也。所在建庙岁享，示感德也。洪武三年庚戌六月，诏新天下名山大川及群神之号。辛亥命所司，凡圣帝贤王春秋祭祀，载于典，祭以时。

仰惟炎帝神农氏之庙，在在^①当祭。奈庙建荒僻，未获追崇。考诸庙址去城东南五十里许，里曰安华二里。山水环抱，神仪灵严，岁久罔知建始。世传帝尝百草经此，里人德之，建庙岁祭。时洪武癸丑，乡耆向明辈议于众曰："鸿荒^②之世，三皇纪录，五帝方兴。逮我炎帝，以火德王天下，民茹草木，未知粒食。帝则树以五谷，教以稼穑，农事兴矣。民有疾病，未知药石，帝则历尝百草，遂作方书，医道立矣。农时兴而民足食，医道立而民生寿。泽及当时，恩垂后世，其功德岂浅鲜也耶！吾辈坐视庙宇倾颓，垣墉沦没，神将安依，敬将安施？可乎？前人何感德而创之于前，后人何背德而弃之于后！兹惟岁时颇丰，贫者输力，富者输材，俾殿宇垣墉一举而新。感德之报，亦可少尽也。"众悉从之，乐事赴工，戒期^③不爽。正殿五楹，两庑各三楹，华以金饰，缭以墙垣，次第而成。遂请予记以垂悠久，予曰："追崇祀典，国家之公也；建庙岁享，里人之私也。公祀私享虽异，报功感德则一。非私创建淫祠以惑世诬民者也。"乃以其始末录之为记。

注释：
①在在：处处；到处；各方面。
②洪荒：指混沌蒙昧的状态，特指远古时代。
③戒期：定期。

新筑南池记

杜　敩

壶关踞太行巅，地高亢、土峭刚，独缺井泉利民。会有力者掘井，深九仞始及泉。虽水脉津津，汲挹曾弗满瓶。或乃积雪凿冰，给旦夕用，其民尚有饥渴之害。

洪武丙辰九月，三山郭公丞是县，兴利除害，政教以行，忧民饥渴，不啻由己。越明年丁巳春三月，乃会群吏属耆众而告曰："县之治南关故地，尔众向集雨潦，第以浣衣、饮畜，今洿①壤淤塞，弃同无用。我将即农隙，借民力，是凿是浚，雨自西郊轮流泓澄。唯供饮食，可乎？"众乃举手加额曰："何民生之幸！"于是上于司②，州而允其请。乃十日召集近县郭③民，畚锸齐兴，不旬日而池成。其湑④则护以木栅，而防崩啮之患；其岸则缭以垣堵，而限污秽之杂。坤隅为闸，两壁翼张，而环板横施，俟大雨流行则起之，以石峡注泻而入水；艮隅为门，两楹山峙而肩镐⑤。竖设令，众人汲挹则开之，由石级上。上而出水，广则呀⑥焉湟焉，廓其有容，殆如天造地设；深则瀇⑦焉滉⑧焉，渊其不测，宛若阴辟阳合。于以免往复远汲之劳，于以慰饥渴燥吻之思。众请其名，则曰惠泽，盖取《论语》云"因民所利，惠而不费"之谓。

於戏，旨哉！尝稽《易经·大象》⑨："泽无水则曰困，泽有水则曰节。"夫泽水有无，其卦则为困为节；犹地之废兴，其水则为洁为洿。今池转洿为洁，犹卦转困为节，既变通以尽利，复推行以为通。乃因天之泽为地之泽，以地之泽为民之泽，公可谓能体《易经》以利民者矣。夫古之为国者，唯水事为重，故障大泽者，勤其官而受封。公由是将为州为府而登庸于朝，泽加天下，其渊深、其流长，而或可以涯涘⑩哉？县之耆众某辈请文，刻石而纪绩，以示永久焉。公名柏，字永龄，由进士擢濛阳簿，今为壶关丞。

注释：

①洿（wū）：污秽；污染。

②司：官吏；方面之长。

③郭：古义，城池。今义，城外围着城的墙。

④漘（chún）：水边。

⑤扃鐍（jiōng jué）：❶门闩锁钥之类。❷关闭；锁闭。❸引申为隔绝。

⑥呀：本义张口貌，引申不空旷貌。

⑦瀇（wǎng）：水深广貌。

⑧滉（huàng）：水势浩大而宽广无边。

⑨《易经·大象》：《易经》之《象传》分为《大象传》和《小象传》。《大象传》64条，分别解释《周易》64卦的卦名和卦意；《小象传》386条，分别解释《周易》386条爻辞和用词。

⑩涯涘（yá sì）：❶水边；岸。❷边际；界限。❸引申为尽头。

丽泽斋记

杜 敩

丽泽斋者，吾友申氏维岳①颜②其游息之所也。夫自髫年力学强识，同辈鲜或之先。及冠③，担簦④、负笈，西走秦雍⑤，得师友渊源。后以魁《易经》举于乡，兹主教潞泮，惓惓以名斋，意励诸生。

其陂⑥以成，已波以及人，可谓深探吾夫子赞《易经》之旨矣。辱属为记，予弗获以浅陋辞，乃谓曰："圣人之道，画卦以示；圣人之蕴，因卦以发。象之所示者深，言之所传者浅，固也。先天卦图，兑位东南，其象为泽，以二阳实其下，一阴缺其上，所谓山泽通气是已。后天卦图，兑位正西，其德为说，以一阴见于二阳之上，所谓说⑦万物者，莫说乎泽是已。然则先天象兑为地之泽，其渟滀而弗流也。后天德兑为天之泽，其溥润而弗间也。孔子赞《易经》于兑《大象》曰：'丽泽兑，君子以朋友讲习，所以明乎伏羲之易。'两泽相丽，交相滋、互相溉，渊渊其渊，浩浩其天。既未易知其涯涘，又孰克泛观其澜哉！唯君子法之，同类以相会，同道以相资。讲之习之，所以浚性命道德之源，穷礼乐文章之委，有所不容已焉。且朋则两月以相依，友则两又以相附，取中卦义也。"讲曰："说论取其象也，习曰重习，亦重卦义也。观兑卦交相重之画，明丽泽交相滋之象，为君子交相益之学，不曰朋友讲习，谓之何哉！噫！每有良朋，诗人叹之。独学无友，君子戒之。世固有介然孤立于穷壤间，崖岸以为高，潢潦以为深，与世浮沉而甘于离群索居，自足泛泛之浅见，匪求浑浑之深识滔滔者天下皆是也。亦有同堂而居，共席而处，握手相誓，有如斯水，似可尚矣。然同流合污，而渐摩⑧之义弗闻，涉难行险，而陷溺之患立至。是皆于讲习之功无与也。呜呼！朋友，五伦之一，自天子至于庶人无不相须以成者，盍亦观夫丽泽之象义哉！若维岳兑以说诸心，泽以澡诸心，必伊洛是沿，洙泗是溯，而涵泳道涯，濡沐时雨，其于朋友讲习为有征也。韩昌黎有云'回狂澜于既倒，障百川而东之'，予将借其言以称之，则是斋为非虚器⑨。"

注释：

①申氏维岳：即申甫，字维岳。洪武庚戌（1370）开科，以《易经》魁于乡，官潞州学正，筑丽泽斋，与诸生讲习，四辅杜敩为之记，后迁芜湖知县。

②颜：题字于匾额或书籍封面上。清沈复《浮生六记·闺房记乐》："迁仓米巷，余颜其卧楼曰宾香阁，盖以芸名而取如宾意也。"

③及冠：指男子年满20岁，到了成年。冠，古代男子20岁举行冠礼，戴上成人戴的帽子。

④担簦：❶背着伞。❷奔走；跋涉。

⑤秦雍：古秦地，今陕西省西安市、宝鸡市一带。

⑥陂（bēi）：池塘。

⑦说：同"悦"。

⑧渐摩：亦作"渐磨"，浸润；教育感化。

⑨虚器：谓有其器而无其位。器，古代表示等级的车服、仪制等。

拙庵①记

张文振②

壶关杜敩氏，儒林之师表也。以拙庵别名字而为号。一日过予，请为记。

予谓致道不风云月露山川花木是取，而惟拙庵是取；不高堂大厦上栋下宇是居，而惟庵是居，可以觇③其志矣。夫庵，草阇也，且以拙言之；拙，巧之反也，而乃自目之。於戏！致道岂暧昧④墨屎⑤，拙于时者乎？咿嘤嗫嚅，拙于言者乎，抑椎鲁⑥木强⑦拙于文者乎？观其方矩圆规，仰高俯下，随时之宜，循循雅雅，谓致道之拙于时不可也；博古通今，伟谈清辩，泻江河之滔滔，吐云霞之姿姿，谓致道之拙于言亦不可也；挥毫对客，视人无前，绨章绘句⑧，累牍连篇，谓致道之拙于文尤不可也。非拙谓拙，意其何如？致道曰："吁，子之破吾拙则然矣，抑不知吾今日之所见也。昔之时谓吾为拙，则忿然切齿，谓吾为巧，则欣然而喜。今之时谓吾为拙，则悦其知己；谓吾为巧，则走而掩耳。岂不闻复命归根，乃知物理，霜降水涸，如见涯涘。与其巧而劳吾心，何若拙而颐吾神；与其巧而奔走乎风尘，孰若拙而保全吾天真？千言千中，不如一默；刻心镂肺，不如无识；器宇轩昂，不如退藏；知识聪明，不如坐忘。吾欲用吾拙存吾道，以养吾晚节，子勿巧为之说，以破吾之拙也。"致道辞去，庵中独坐，矮榻风清，虚檐月堕。

注释：

①庵：小草屋。
②张文振：阜城（今河北省衡水市阜城县）人。
③觇（chān）：窥视；观测。
④暧昧：立场和态度含糊，不明朗。
⑤墨屎（mò chì）：狡诈。
⑥椎鲁：愚钝；鲁钝。
⑦木强：质直刚强或质直刚强之人。
⑧绨章绘句（chī zhāng huì jù）：雕琢文辞，修饰章句。

拙庵记

张伯安①

巧视拙若愚，常情也。予独为不然。夫才辨知慧②，灼无不知，性之明也；吉凶悔吝③，皆由顺正所养，然也。君子知其性，故养以正而吉，小人不知其性，故养以邪而凶，理之常也。所养既正，而反是者时之变也。处乎时之变而不失乎理之常,惟南坡杜先生为然。

先生性婉而不阿,德直而不径,文正而不诡,言辩而不佞。行年六十,爵禄未沾于身,志气未伸于时,落落人世,不知所以,因额其所居曰拙。是果诚然乎?曰非也。鸡鸣而起,待漏④东华⑤,珪璋满前,轩冕是华,簧鼓而舌,炫⑥辩矜夸⑦,子于是时,能耶,否也?奔走门墙⑧,争植桃李⑨,胁肩谄笑,恬无愧耻,车前拜尘,花村学吠,一资半级,骄人白日,子于是时,能耶,否也?逢迎辩给⑩,甘口如蜜,乡称原人,取媚权势,乘肥哜腴,荣耀闾里,子于是时,能耶,否也?文章藻丽,词句浮华,雕虫篆刻,捕织龙蛇⑪,务炙人口,专事淫哇⑫,子于是时,能耶,否也?富盛贵极,恩亡宠衰,盈满不戒,拥为祸胎,牵犬上蔡⑬,闻鹤华亭⑭,踌躇徘徊,奈何得存,于是之时,巧拙智愚,始得而分。故抱瓮浇畦⑮,不欲为机⑯;饼士止歌,利方孔多,彼得此失,巧拙云何?然则子当抱子之拙,以全其生,甘贫守分,以乐天命,吉月顺正,养而莫害。优游乎义理之场,虽遁世不见,知而不悔,何于是拙多乎哉!先生曰:"然,子言志也。请书以为拙庵记。"予于是书庵主壶关县杜敎氏致道,记者上党张伯安氏子寿。时次洪武癸丑⑰春三月也。

注释:

①张伯安:字子寿,上党(今山西省长治市)人。

②知慧:亦作"知惠",聪明;才智。

③悔吝:亦作"悔悋",灾祸。

④待漏:百官清晨入朝,等待朝拜天子。漏,古代的计时器。

⑤东华:明清时中枢官署设在宫城东华门内,因以借称中央官署。

⑥炫:(强烈的光线)晃人的眼睛;夸耀。

⑦矜夸:骄傲自满;自我夸耀。

⑧门墙:指老师之门。

⑨桃李:就是教师百年树人所得的硕果,往往比喻老师辛勤栽培的学生。

⑩辩给:便言捷给;能言善辩,泛指雄辩。

⑪龙蛇:❶《易经·系辞下》:"龙蛇之蛰,以存身也。"后因以"龙蛇"喻隐退。❷喻杰出的人或物。

⑫淫哇:淫邪之声,多指乐曲诗歌。

⑬牵犬上蔡:西汉司马迁《史记·李斯列传》载,秦相李斯尽忠秦廷,却被赵高、秦二世所害,临刑前,李斯"顾谓其子曰:'吾欲与若复牵黄犬俱出上蔡东门逐狡兔,

岂可得乎！'遂父子相哭，而夷三族"。后遂以"牵犬上蔡"表示后悔莫及或写离开官场的自由生活。

⑭闻鹤华亭：南朝宋刘义庆《世说新语·尤悔》："陆平原（机）河桥败，为卢志所谮，被诛。临刑叹曰：'欲闻华亭鹤唳，可复得乎？'"注引《八王故事》曰："华亭，吴由拳县郊外墅也，有清泉茂林。"

⑮抱瓮浇畦：《庄子·天地篇》载，子贡访问楚国，经汉水南岸，见一老者正灌溉田地。先开一条通到井底的坡道，然后抱瓮，一步步走到井边取水，再抱到田里去浇。如此一趟一趟，费力大而功效甚低。问他何不用汲水工具灌溉，回答说："我不愿用桔槔。我这样干快一辈子了，再说，我也习惯了。"后来讽喻安于拙陋、不求改进的落后保守思想，就常用"抱瓮灌畦"或"抱瓮灌圃"。

⑯机：能迅速适应事物的变化的；灵活。

⑰洪武癸丑：即明洪武六年（1373）。

《拙庵集》序

叶　盛①

《拙庵集》者，太学生壶关杜矩之所编也。矩大父敩，在高皇时以耆年硕德，布衣被召，授四辅官，兼太子宾客，司夏季上旬，累膺诏谕赓歌②之宠。名臣宋祭酒讷③，实敩所荐引，故具录圣制为一卷，尊居其前。平生著述多散逸，其仅存者为诗六卷，为文二卷。敩事行当在国史，今存于家有状可稽。拙庵自命，与凡出处交游，有题咏赠遗之作，并为附录一卷殿其后焉。矩恒持以自随，兹以公事来南中④，属为之序。

惟昔圣人在天子之位，莫不以和阴阳、顺四时为本。先王之制今不复存，然月令之书虽在暴秦莫之或废。汉高有赵尧⑤等四人各职一时，举所施行政事、恩泽、封赏、理狱、论囚，各有其时，从而至于服食之微，亦必顺四时，亦必法天地。所谓上自天子，下及庶民，以之而治国家，则身无害灾，年寿永久，所系岂浅鲜哉！下迨唐人，咏歌游衍⑥之际，犹能以乘阳气、行时令，言之自时。厥后，斯道渐衰，君臣上下，疲精役神，不出乎琐琐⑦，事为之末而治道之不足观，又何怪也！我太祖高皇帝以大有⑧为之资，行大有为之事，有如敩等侍⑨遇遭际，振古莫逾。观夫上之所以谕敩，敩之所以纳忠荐士，有如此者，则一时君臣之间，腹心之密、鱼水之欢，所以致太平之盛，能不于斯而想见乎！圣子神孙，贻谋燕翼⑩，垂百年而永鉴弗愆，宜哉！盛于是编，幸名德之有后，重有以感激乎高皇之盛休也。于是踖然⑪有言，而谨书之。

注释：

①叶盛（1420—1474）：字与中，号蜕庵，明代江苏昆山（今江苏省昆山市）人，礼部侍郎。编有《菉竹堂书目》6卷、《两广奏草》16卷、《菉竹堂稿》8卷，著有《水东日记》38卷、《水东诗文稿》4卷、《文庄奏疏》40卷、《秋台诗话》、《卫族考》1卷、《经史言天录》、《宣镇诸序》1卷等。

②赓歌：酬唱和诗。

③宋祭酒讷（1311—1390）：即宋讷，字仲敏，号西隐，元末明初滑县（今河南省安阳市滑县牛屯镇南宋林村）人。祭酒是其官职，元至正进士，任盐山府尹，后弃官归隐。明洪武初年应征编礼、乐诸书，事竣，不仕归。后经杜敩荐，任国子助教。洪武十五年（1382）超迁翰林学士，改文渊阁大学士，再迁国子监祭酒。讷为学严立学规，治太学有绩，颇受明太祖赏识。

④南中：在历史上指今天的云南、贵州和四川西南部。

⑤赵尧：西汉初年先后担任符玺御史、御史大夫。攻打叛将陈豨时，因功被刘邦分封江邑侯。在周昌被调任赵国相国后，被高祖封为御史大夫。西汉高后元年（前187），江邑侯国被吕雉废除。

⑥游衍：恣意游逛。

⑦琐琐：指疑虑不定。

⑧大有：即大有卦，是《易经》64卦之一。主方大有，有很多利益。例如，主方是一个强有力的领导者，获得一个聪明人的辅佐，得益很多。客卦可以代表一个聪明人，此卦卦爻辞的意思，着重于主方大有一个聪明人的辅佐。大有卦，阐释成功后的因应原则。因本卦唯一的阴爻处于君位，其余五个阳爻都听从指挥，为它效劳。国家昌盛，百姓富庶，这是普遍的愿望。

⑨侍：陪伴；侍候。此指杜敩陪王伴驾。

⑩贻谋燕翼：原指周武王谋及其孙而安抚其子，后泛指为后嗣做好打算。《诗经·大雅·文王有声》："武王岂不仕，贻厥孙谋，以燕翼子。"燕，安。翼，敬。贻，遗留。

⑪踖然（jí rán）：敏捷而恭敬貌。

壶关三老茂墓碑①

刘 龙

予观史册记古人事，有名存姓亡者，有姓存名逸者，亦有事存并失其姓名者。历世既远，简册磨灭，传写脱误，变故推迁，势则尔耳，存其一固幸矣。间有事关名教②，人品高越，后世所仰慕，乃不获识其姓名，憾可知也。故好古之士必欲访求遗迹，参互考订，无所不用其极，有以补之而后快于心焉。

按：孝武③时，壶关三老茂上书，史失其姓。邑之故迹虽见郡志，然实未得其地。三原张君友直来宰是邑，谓汉名贤不宜泯泯为千古阙典④，盖潜心数载，求之未释也。间尝以公事远出，过一村曰崇贤，意村以贤得名，必有贤者出乎其间。因以访诸父老，则曰："村左纯山之阳有古冢，不详所自至。"至则荒榛⑤寸草，无可征者。或言此地耕者，曾得一片石，隐隐有字，藏之近村古寺。取视，则唐人令狐璋墓志也。某序世系则曰："昔先祖茂，夹辅周室，光翼汉朝，封为壶关三老，谥云征君。"以茂为远祖，茂之姓当为令狐矣。颜师古注三老茂云："荀悦《汉纪》称令狐茂，不知于何所得此。"及考《汉纪》，乃止云壶关三老，并失茂字。不知师古复何以得此。又《后汉书·郡国志》引《上党记》亦云：令狐征君隐城东山中，去郡六十里，卒葬其山，即武帝末年上书讼戾太子冤者也。前史失其姓，亦无征君之号，据璋志之号与《上党记》合，而师古未为无据。《汉纪》传刻，或近时逸之，岂璋欲祖茂取纪为谱系，而附会之耶？令狐为姓罕，壶关小邑，盖不多得，虽汉唐相去之远，苟名贤后无绝，则璋为茂出亦理所有。况且志得于茂所隐山，假令妄以为祖，身后之石何以特出此地，其墟墓⑥相联，居昭穆相承，传宜非自外至者。但江充之祸，汉兴已百余年，三老之为官，必耆宿乃得。周制，五十命为大夫，夹辅又卿相之职，今跨秦而上，虽在周季，据上书已老之身，溯股肱先任之日，亦无虑二三百余岁，胡不伦如是也！况璋所取在姓，不在寿，使三老未及事周，当止以先翼为言，夹辅⑦之言可无庸矣。此则不可晓者，或谓周末贤者避世，若圯⑧上老人呼留侯孺子，后不复见，疑为鬼物。乃三老、董公遮说⑨，仅一见于册，其年皆不可考；钱铿⑩孔门所称，而寿阅夏商之世，亦安敢谓其必无也哉！

又按：高帝四年，举民五十以上有修行、能率众为善者，置以为三老，则三老亦不皆耆宿。璋既欲祖茂，侈⑪其民寿夸示⑫后世，容亦有之。所惜班氏⑬号古良史，不能为三老考姓；太史公足迹遍天下，最汉儒博雅，与茂同晋产，且目击巫蛊之事，而本纪不载。观史者类以先入为主，曰迁固⑭尚然，余复何望！虽记于上党、志于郡国、著于《汉纪》，略无究心焉者，坐是故也。张君乃千载后复得璋志，虽瑶瑶华胄，难以取必⑮，而茂姓益有征。其高蹈之所、首丘之地，皆因以考见，非其怀贤好古，物色之、表章之，何日完是旷古之阙典哉！自今过者敛衽⑯起敬，或低回不能去；岁时伏腊，将有以苹藻⑰祭者，君实为之，书于石，喜三老之遇也。若其讼太子冤、为汉家国本纲常计，则史备载、前人有论，予可略云。

明嘉靖八年孟秋吉旦。

注释：

①壶关三老茂墓碑：此碑明嘉靖八年（1529）勒石。原存壶关县晋庄镇东崇贤村，现在壶林书院。碑残断三截，碑文多漫漶。

②名教：以"正名分"为中心的封建礼教。旧时为维护和加强封建制度而对人们思想行为设置的一整套规范。

③孝武：即西汉武帝刘彻。

④阙典：残缺的典章制度。

⑤荒榛：❶杂乱丛生的草木。❷引申为荒芜。

⑥墟墓：丘墓；墓地。

⑦夹辅：辅佐。《左传·僖公四年》："五侯九伯，女实征之，以夹辅周室。"

⑧圯（yí）：桥。西汉司马迁《史记》："良尝间从容步游下邳圯上。"

⑨遮说：拦路诉说。西汉司马迁《史记·高祖本纪》："新城三老、董公遮说汉王以义帝死故。汉王闻之，袒而大哭。"

⑩篯铿（前2250—前2105）：是彭姓、钱姓、韦姓族人共同的祖先，因受封于彭城（今江苏省徐州市）建立大彭氏国而被后人尊称为彭祖。

⑪侈：夸大。

⑫夸示：向人吹嘘或显示（自己的东西、长处等）。

⑬班氏：指《汉书》作者班固。

⑭迁固：指司马迁、班固。

⑮取必：要求接受并坚决做到。

⑯敛衽：整整衣襟，表示恭敬。
⑰苹藻：苹与藻，皆水草名，古人常采作祭祀之用。

拙庵老人传略

吴源性①

拙庵老人者，壶关杜敩致道公也。齿宿②而德尊，人不敢以姓字呼之，故因其以"拙"自号，而称之曰拙庵老人云。拙庵老人家少陵老之世居，邻壶关三老之乡。紫团幽幽，庐以处休，真知实践，既藏且修，人劫劫③而无竞④，人汨汨⑤而无求。浮其言以夸大无忌惮者，则耻之；诡其行而越乎礼法之外者，则鄙之。古貌古心，世无知音，茫乎昔之追今，邈乎坠绪⑥之寻。惟用拙之是乐，而不知年迈之老侵。丹符⑦下宣，华使远临，浮云富贵，奚滥奚淫，谢辅相与宾客，乃归栖乎太行之阴，兹拙庵老人之大致，而付自然翁之钦钦。故略序次者人之行迹，而传之于儒林。翁谓谁，闽吴源性传父也。年月日不书。

注释：

①吴源性：闽南（今福建省南部）人。
②齿宿（chǐ sù）：喻年老。
③劫劫：❶犹汲汲，匆忙急切貌。❷犹世世。
④无竞：不争；没有竞争；不可争衡。
⑤汨汨：盛貌。唐元结《咸池》："至德汨汨兮，顺之以先。"
⑥坠绪：《尚书·五子之歌》："荒坠厥绪，覆宗绝祀。"孔传："太康失其业以取亡。"后以"坠绪"指行将断绝的皇统。
⑦丹符：帝王的符信。

重修文庙学宫记

吕 柟①

三原张君益之②，予年友也。既为壶关，痛士子之弗振也，乃于文庙学宫次第葺理，咸登完美，复创建名宦乡贤之祠，立城中及村落社学三所；而又督之以规课，示之以前箴③，士皆彬彬然向进。异时邑鲜科第，自君至后，壬午举三人、乙酉举一人，且连举丙戌进士，选为翰林吉士，皆此邑百余年所少有者也。于是壶关人士感君无已，且谓君治壶关，于其民抚善惩奸，慈谅严果，并行不悖，有古循吏风，乃遂以学记来请。

嗟乎！壶关，潞之隶邑也。而静林紫团之秀，麦积羊肠之奇，正梯槲林十八盘之险，皆诸邑所无，则亦群山之会而淑气之萃乎！其为显者，三老茂著于汉，左相苗晋卿盛于唐，元帅任志父子节于元，太子宾客杜歝及夫榜眼郭㪍并重于明初。英哲继开，远过黎潞，岂其尽得高深之助哉？则亦上之人有作之者耳。今兹壶关，盖非异时矣。其后之兴者，殆必蔼蔼多士，上下不可以媚天子、庶人者乎？夫物理无尽，贵在思身以为知；道路无穷，贵在定心以为行。若乃化出无穷，志存有恒，则又诸士子所大进于古之人者，是吾张子所深欲也。宣圣殿重修者五楹，庑及重门亦皆焕新，豆笾簠簋改造琉璃，爵斚炉镕锡为之，馔堂号舍罔不申饬。工始嘉靖癸未之春，落成甲申之秋。董其役者，阴阳训术阎思；协以相成者，县丞张经，主簿徐环，典史吴淮，教谕胡渊，训导张铨、上官楷，法皆当书。

注释：

①吕柟（1479—1542）：字仲木，号泾野，高陵（今陕西省西安市高陵区）人。明正德三年（1508），举进士第一，授翰林编修，累官礼部侍郎，持正敢言。学宗程朱，与湛若水、邹守益共主讲席30余年。

②张君益之：即张友直。

③箴：规谏劝诫的话。

重修庙学记

宿　椿①

壶关乃古黎侯之地，春秋时属晋，至秦始置县，隶上党。地形高耸，群峰环合，分野参井②之宿，其民俭，其俗淳。来牧者率多英俊之士，政行化洽③，靡不自兴学校始。壶之有学，自赵宋时始建，而庙之设，乃汉之先创于各郡焉。先时天下有学无庙，自是庙与学并建之，所以崇圣祀育人才，观法有其地矣。迨我明稽古建学，教养士庶。洪武初，吕侯士安，视前倾圮，始增修焉。继是者，如马侯兴辈，虽世代不同，而崇祀重本之意未始不同。

迨嘉靖丁未，段侯以进士擢宰是邑，释奠孔庙，环视木腐瓦摧，乃裕财鸠工，绚彩轮奂，一时改观。其庑与诸学舍谋画已周，方图修葺，值部檄征风宪④之选，自是再继者，急于簿书，未暇综理。

比己未岁，覃怀何侯登第，首铨兹土，莅政之初，遂以兴学育才为急务。仰视殿成孔⑤安，独于他所未及，不无缺略⑥之叹。于是重修明伦堂五楹，及大门、仪门二座。栋宇翚⑦飞，焕然为新。复辟仪门外地，创立启圣祠，极其华丽，乃以乡贤、名宦二祠旧寄附凤书院，春秋供祀未便。于是改建学宫，设主于中，望之莫不起敬。斋号廨舍，基址已定。至于圣制⑧敬一亭，创建虽久犹欲廓大其规模。何侯丁外艰，戒行其所未备者，独不有欲于后乎！于是邑丞李侯时用倅⑨武侯相⑩，相与赞襄，乃偕教谕刘君承芳、训导国君寿、马君体云，庠生牛继先、张凤梧、任应翔、杨承勋⑪，乐于从事，走书⑫征文。椿⑬不工，不敢没善。窃谓纪事贵求其实，兴学宜推其本，不求其实者，谓之诞⑭，不推其本者谓之悖⑮。诞固不可以垂后，悖则得罪于名教，将以诬天下之人而趋于末，二者大之大患也。方今皇上敦叙彝伦⑯，崇奉祀典，天下共仰文明之化。何侯乃能崇庙建学，激劝人才，有以祇承，真可谓贤有司矣。为有司知重学校，为生徒宜知作养，互相砥砺以求无负崇建之意。殆见懿献、致道、翀、敏诸贤，迥然杰出，相与赞化，端不有赖于斯耶？段侯锦，恩县人；何侯永庆，怀庆人，俱进士。是为记。

注释：

①宿椿：潞州（今山西省长治市）人，明嘉靖甲午年（1534）进士，嘉靖乙未年（1535）任河南知府。

②参井：参星和井星，位在西南方。

③化洽：教化普沾。东汉蔡邕《司空文烈侯杨公碑》："功成化洽，景命有倾。帝乃震恸，执书以泣。"

④风宪：古代御史掌纠弹百官，正吏治之职，故以"风宪"称御史；泛指监察、法纪部门。

⑤孔：副词，很；甚。

⑥缺略：欠缺；不完整。

⑦翚（huī）：❶飞翔。❷古书中指一种有五彩羽毛的野鸡。《诗经·小雅·斯干》："如翚斯飞。"朱熹集传："其檐阿华彩而轩翔，如翚之飞而矫其翼也。"后因以"翚飞"

形容宫室的高峻壮丽。

⑧圣制：古代圣人的法制；犹御制。此指明嘉靖五年（1526），"颁御制《敬一箴》于学宫"。各地学宫纷纷将这篇箴言刻成石碑，建亭供奉，所建之亭遂称敬一亭，成为文庙标志性建筑。

⑨倅（cuì）：副的；辅助。

⑩武侯相：即武相，临城（今河北省邢台市临城县）监生，明嘉靖四十年（1561）任壶关县主簿。

⑪杨承勋：杨洛之子，翼城训导、岚县教谕。

⑫走书：去信；来信。

⑬椿：指本文作者宿椿。

⑭诞（dàn），最早见于篆文，其本义为说大话，后引申为说谎话；欺诈；荒唐；放荡等。

⑮悖（bèi）：❶相反；违反。❷违背道理；错误。❸迷惑；糊涂。

⑯彝伦：❶常理；常道。❷指伦常。

重修县城记

张铎

嘉靖庚子秋八月，贼寇西鄙，肆贪婪也，掳掠无厌。越辛丑、壬寅，连岁大举，上党震惊。皇赫斯怒，事下廷议，核功罪，择官守，集兵粮，增堡寨，御戎安民，曲①为之所。岁癸卯，寇骑窥伺，不敢复逞。庙谟渊塞②，民始有宁宇矣。

先期云坡李侯，以甲第铨吾壶邑，首值多事，忧形于色。谓城匪坚，胡守？财匪劝，胡营？弗营，弗守，其能邑乎？孰为富而好礼以相予城？凡礼劝若干人董③厥役，爰及中产，各展其物。乃扩旧基，甃以砖石，城之上外雉内墉，可骑可舆。令出惟行，逾年而城完，言言④崇墉，惟壶赖之。侯志斯怿，其僚佐相与伐坚珉⑤纪成事，辱不鄙顾遗铎而委重焉。

人亦有言曰："邑介山阻壑，井泉孔艰，即寇至，出入汲爨，胡所于利？矧巨役重费，于旧贯何？"予曰："不然。常变，时也；重轻，势也。审势以权事，通变以济时，斯难于始，而贻休于终。古之人不务欢虞，不求近功，凡以此也。惟思虑预防，事事有备。今欲以防寇，缺然无备，若曰寇曷至，胡容役民以丛怨⑥？容容⑦申申⑧，侥幸于万一，毋乃玩势废时而溺人于难乎！且财者，民之心也；恩者，怨之府也。以其财治其事，任事任怨，有司之责也。吾闻之'为而不恃，成而不居'⑨。侯声实懋昭⑩，旦夕迁去，异时有警，民或以干城⑪颂远大之政。恩义在人，侯弗计也。"诗曰"赳赳武夫，公侯干城"，言得民也。又曰"訏谟定命⑫，远猷辰告⑬"，言得政也。诸向义者，分役于公损资废时，他日尚当有崇奖以励后人。法皆当书，纪于石，俾有考焉。侯名用敬，字仲学，号云坡，辛丑进士，青州之益都人。

注释：

①曲：偏僻的处所；乡里。唐蒋防《霍小玉传》："住在胜业坊古寺曲，甫上车门宅是也。"

②渊塞：深远诚实。

③董：❶监督管理。❷董事。

④言言：❶指欢言。❷高大貌；茂盛貌。

⑤珉：洁白如玉的石头。

⑥丛怨：怨恨丛集。

⑦容容：纷乱动荡貌。

⑧申申（yǒng yǒng）：也作"从申""怂恿""纵申"，鼓动、撺掇别人去做某事。

⑨为而不恃，成而不居：《道德经》第二章："为而弗恃，功成而弗居也。"本意为有所施为，但不强求、不强加自己的意志与倾向，转意为不依仗自己对别人有恩惠而达到利己的目的。

⑩懋昭：❶勉力宣明。❷褒美显扬。

⑪干城：指盾牌和城墙，比喻捍卫者。

⑫訏谟定命：胸中怀有大的谋略来确定政令，指处理军国大事。訏谟，大计；宏谋。

⑬远猷辰告：及时地把长远的谋划告诉大家。《尚书·康诰》："顾乃德，远乃猷。"孔传："远汝谋，思为长久。"

重修文庙记

张　铎

吾邑先师孔子庙创自元季，宣德间缘旧修饬，迨今又百二十祀矣。中虽数更圬墁①，仅支倾圮。嘉靖戊申夏六月，段侯莅止，睹庙宇之就颓也，喟然兴怀，亟图作新。时以用匮民疲，日事推会，岁己酉春三月，适监察按部至，面咨②计宜，遂伐官木若干，檄府若县，移帑银若干。于时遴董任，促徒佣，筑基惟崇，抢材孔良，凡宿甓③旧檼④，无所于用。不六阅月，剔故易新，焕然改观。戟门两庑，以次就序。猗⑤与閟宫⑥，固数十百年规也。事既竣，学谕王君宸，学训韩君升、薛君东儒，及庠生杨澜、张时敏、栗善继辈，相与征记于予。

予作而叹曰："务因循者，惮缔构；乐简易者，厌经久。一切目前之政要⑦，非所以为训也。故致力于神者略，则敷政于民者苟焉而已。矧崇功报本，化理用基，时祀月谒，制典攸重。而顾以欹敝，仳⑧琐从事，漫不加省，是亵庙貌为虚位，忘绅冕⑨所自出也。侯斯役也，知先务矣。由是而肃穆对越，以致如在之诚，崇祀以宣教，新庙以作人，俾弦诵⑩日奋，髦俊⑪汇征⑫。壶之人文，当有丕昭于异时者矣。奕奕新庙，兹实肇之，而况博士弟子员，职皆祗奉明禋，翕受教事，长日周旋庠序，得无琢词以纪成与。予昔为诸生时，登降于斯，以侑以献。目击芜陋，恒懊愲⑬然，冀有请也。乃今嘉乐成功，有羡心焉。《大易》语饬蛊⑭，《春秋》书屋坏⑮，良以进能而警惰也。莫为之述，后将奚征？因漫识岁月如左。侯名锦，字美中，别号二泉，丁未进士，东郡之恩县人也。

注释：

①圬墁（wū màn）：指涂饰墙壁；粉刷。

②咨：商量；询问。

③甓（pì）：砖。

④檼（yǐn）：屋栋；脊檩。

⑤猗：美好盛大的样子。

⑥閟宫：神庙。

⑦政要：施政要领。

⑧仳（pǐ）：等列；个个一样。

⑨绅冕：腰带和冠，借指士大夫。

⑩弦诵：指弦歌和诵读，泛指授业、诵读之事。

⑪髦（máo）俊：才智杰出之士。

⑫汇征：连类而进，引申为进用贤者。

⑬懊愲（bó bó）：烦闷。

⑭饬蛊：治理不好的现象。《易经·杂卦》："蛊则饬也。"

⑮屋坏：明刘基《郁离子·天地之盗》："一朝而屋坏，臣恐束薪不足以支之也。"意思是一旦房屋坏了，我担心捆起来的木柴是不足以支撑起它的。

游紫团山记

栗应宏

嘉靖戊子秋七月，予东游紫团山，自五龙信宿①而至，道路窈窕②，穿林木而上者几十里。及慈云寺，有僧数人，邀予观元人三十六景诗，碣在墙根，仳仳然，散且缺矣。由慈云石磴诘屈攀岩而下者，复几里，则衮然福地，为云盖寺。山势四壁巉兀盘绕，诸峰挺峙竞秀而变形，望之，郁然葱葱。西连王屋，东俯林虑，诸山南北相拱，带跨青莲白泉之胜，斯为太行枢要也。及抵寺，憩数日，山僧导予游。循石径，南渡溪，由东峰入屏山遮地，即为参园，已垦为田亩久矣。历西笔峰，缘石而出，时药物累累然，幽香沓至。复西转，观瀑布，泾淙成流，即采药、坐石、濯足、饮泉而归。

复数日，山僧言西峰石局③，予忻然从之。盘条觅步，陟两峰间，其地盘夷可屋，予意宜置石室，记刻于此。忽飘风飒至，西望大谷，烟瞑④苍翠，泉声泠泠，幽禽间作，予愕然久之，知即所谓瀑布者。边峰峙立，此得径观焉。乃左右顾盼，百景俱美，神爽而气逸，飘飘然，有丹台石室之相。峰巅峭峻，闻有弈局⑤覆松焉。北转观摩崖碑，旁数石孔，僧云："旧有招凉亭于此，复有故咸平阁余址。"至，则台砌颓没，基础相枕借，断柱石已俱扑于水中，惟蓬篱绕匝，牛羊栖之而已。如昔人诗所云者，多不可得。予然后慨然叹曰："悲夫！凿山石、垒土、刻木，彼固以为无穷之观，而山川独乃如此，草木种种，得在医篆⑥，若所谓经营一时，杰然⑦酣适于此中者，今则乌睹，其为谁也，虽与之俱朽，亦异矣。"悲夫！没世之惧，吾安得不重有感于斯游也乎。

注释：

①信宿：连住两夜，也表示两夜。
②窈窕：幽深的样子。唐杜甫《客堂》："舍舟复深山，窈窕一林麓。"
③石局：石棋盘。

④烟暝：亦作"暝烟"，傍晚的烟霭。
⑤弈局：围棋。
⑥箓：簿籍。
⑦杰然：❶用力貌。❷特出不凡貌。

重修凿龙雨池记

武有备

龙雨池，传言在县北寺左，盖为济民用而助文风，所系甚巨，岂宜湮塞。顾开凿有时，修起在上壶之昔也。风景未坏，士多显达，民颇富饶，后渐极衰疲，人心危惧焦思。

幸值大府①刘公祖②甫下车，即急图兴学育才，导利养民，洪恩渗漉③，自郡及邑。而邑侯梁④父母将究宣德意，莫或滞壅者也。故事务之暇，因阖学举呈修复旧景，乃云："天地间至足者水，此独不足，凿池其急务乎！始难其地，则庠生陈尚实、尚资以义输，既虑费无所出，不得已而申请。"蒙批："勿以为民者劳民，令计所费，府发银五十余金。"侯乃躬为经理，托劳乎尉，委金乡约⑤，侍⑥而畚挶⑦，募而强壮。开凿数日，见旧迹显然可循。刓⑧厥底止，则大石居中，水门即山麓，其石级叠浪之奇，宛若天造。周计五亩余，深计三丈许。加以代石甃堤，铁栅杜秽。府金之外，侯复自捐。阅四旬而功告成焉。

夫县之境，群峰环翠，北方则龙溪山也。山形偏西，故左建龙须桥，桥东即龙雨池也。山以龙称，龙以水神。古人命名，意固有在。第⑨湮塞不知几何年，而一旦疏通，岂非地脉⑩凑合、天运开霁、人谋协吉与？自县西北之水，不至澈瀑无情，淳⑪汎⑫而风景运，澄清而取用饶，波回而锦绣披；空涵日月，吞吐云雾，庶几他时必多龙翥蛟腾，霖雨天下者乎！一举而士民还盛，则固不朽之伟功，无穷之德泽也，不可无记。庠生乡约众征言于备，姓名不具，具碑阴。备愧不文，谨撮其实，更相延颈而望曰："公祖地理擅天下，安得山川有灵，徼神鉴、剖秘藏，使古迹尽复，破坏完修，则壶受福，宁有涯耶？若其防壅除淤，振育永久，则又深冀于后之莅斯土者。"

注释：

①大府：❶公府。❷泛指上级官府。此当为潞安府。

②公祖：旧时士绅对知府以上地方官的尊称。

③渗漉：❶液体向下滴流。❷比喻恩泽下施。

④邑侯梁：即梁云梯，太康举人，明万历二十三年（1595）任壶关县知县。

⑤乡约：明清时乡中小吏。由县官任命，负责传达政令，调解纠纷。

⑥偫（zhì）：积储；储备。

⑦畚挶（běn jú）：盛土和抬土的工具，泛指土建工具。

⑧刓（wán）：削；刻。

⑨第：前缀字。

⑩地脉：讲风水的人所说的地形好坏。

⑪渟：❶水积聚而不流动。❷（水）深。

⑫汎：水流声。

西林草堂记

文征明①

吴兴太守张公②，壶产也。壶之鄙多山，修亘萃郁，戟峙障列。草堂一区，凤凰丽其阳，乐祠镇其阴，佛耳表其西南，鸾山迤其西北。沃壤衍拓，可田而食；丰树翳合，可荫而息。平望有松亭桧结、氤氲③翠重者，山之西林也。公昔摧茅治蓁，爰构精舍，以处陈图列史，分艺考则，扬纯儒之素言，究圣哲之元德。人杰地灵，连举嘉靖丙戌科进士，空冀之群，为时伟器，由翰林吉士累官出守湖州，敦化醇俗，士钦其德，民乐其惠。公顾身被缨绂④，心慕泉石，不以出而忘处，进而忘退，乃介陆给谏粲⑤，属作西林草堂之记。

噫！达哉。公声绩茂著，登陟未艾，退处非其时也，顾乃兴怀旧业，不溺于仕，其视今之从宦者，以官为家，罔计所归，亦远不侔矣。西林有八景，别述赞于后。其阴森秀翘杂见，丹碧云烟之所出入，光景之所照耀，朝夕四时之所更代，惟公以虚襟高度，领略于元冲之表，未可纪也。公他年功成，让能赐老，其中治蔬灌园，出所藏书，训子若孙，或置酒高会，与西林之逸人，投壶弹琴，无所不乐者，是西林也。于公之藏修⑥，可以方⑦李供奉⑧之匡庐，范文正⑨之长白于公之引退；可以方裴晋国⑩之绿野，司马温公⑪之独乐园。地以人胜，将播传海内，虽与四公媲美，夫何过哉！歌曰：

晋之墟兮，壶之曲。山合沓兮，水涵蓄。敞荆扉兮，葺萝屋。
中有人兮，发其藏。扬兰芬兮，耀龙光。怀旧栖兮，不能忘。
桂树生兮，何檀檀。霜霰下兮，夕以寒。美人归来兮，乐千万年。

注释：

①文征明（1470—1559）：原名壁（或作"璧"），字征明，明代杰出的画家、书法家、道家、文学家。因先世衡山人，故号衡山居士，世称文衡山，长州（今江苏省苏州市）人。因官至翰林待诏，私谥贞献先生，故称文待诏、文贞献。正德末年因为岁贡生荐试吏部，授翰林待诏。诗文书画无一不精，人称"四绝"全才。

②张公：即张铎。

③氤氲：古代指天地阴阳二气交互作用的状态，形容云烟弥漫、气氛浓盛的景象。

④缨绂：亦作"缨黻"，冠带与印绶，亦借指官位。

⑤陆给谏粲：即陆粲，字子馀，长州（今江苏省苏州市）人。明嘉靖五年（1526）成为进士，选庶吉士，七次考试都是第一。张璁、桂萼将庶吉士全部调出任部曹、县令，陆粲因为才华独得工科给事中。

⑥藏修：亦作"藏脩"。《礼记·学记》："君子之于学也，藏焉，脩焉，息焉，游焉。"郑玄注："藏谓怀抱之。脩，习也。"后以"藏修"指专心学习。

⑦方：并列；并排。东汉班固《汉书·扬雄传上》："敦万骑于中营兮，方玉车之千乘。"颜师古注："方，并也。"

⑧李供奉：即李白，天宝初年，由道士吴人筠推荐进京，唐玄宗命他供奉翰林，职务是草拟文告。

⑨范文正：即范仲淹（989—1052），字希文，祖籍邠州，后移居苏州吴县（今江苏省苏州市吴中区与相城区），北宋时期著名的政治家、军事家、文学家、教育家，累赠太师、中书令兼尚书令、楚国公，谥号文正，世称范文正公。

⑩裴晋国：即裴度（765—839），字中立，河东闻喜（今山西省运城市闻喜县）人，唐代中期杰出的政治家、文学家。唐宪宗时累迁御史中丞，他支持宪宗削藩。后亲自出镇，督统诸将平定淮西之乱，以功封晋国公，世称裴晋公。

⑪司马温公：即司马光（1019—1086），字君实，号迂叟，陕州夏县（今山西省运城市夏县）人，官至宰相，卒赠太师、温国公，谥文正，世称司马温公。

友松亭小记

杨四重

鸾山峨峨，作镇壶邑，盖余乡柏林之西山也。有松生其巅，葱郁成林，望之若烟云缥缈，故称松峰云。处于松峰之间者，紫微祠也。不知建自何代，士人䏝腊①以修祀事，而乡子弟之俊秀者，咸诵读其中，以廊庑为书舍，由来尚矣。

余总角②时，从家大人③来习举子业，历冬涉暑，几十载。万历丙午，大人举于乡，以奉亲依子舍，所与共吾峰松者，余兄和字调鼎，友人宋君文英，亡兄开来及不肖重数人而已。家弟易固犹是松下问字之童子也。间尝与二三兄弟箕踞长松间，读而酒，酒而叫，叫而复读，伊唔声几与谡谡④风音相答。又或倚之而吟，据之而瞑，睇丹霞之朝荣，听清籁之夕响，未尝不叹此生与五大夫⑤有缘也。

一日和兄顾谓余曰："吾乡先进如郭、如张、如吾宗，科第相望，虽所就不同，而文章德业要皆亭亭独上。吾辈下帷攻苦，将以绍述前休。他日得时而驾，其何以答神贶而为诸松吐焰也！"余唯唯，相与有盟，一笑而罢。岁壬子，余继大人鸣。又十七年，而成进士。一行作吏，牛马风尘，每念昔游，了不可得。吏之能俗人如此！今不幸读《礼》，追惟往事，命工庀材⑥为亭。三楹于神之艮方，缭以藩垣，莳以花木，宁惟宿言是践。庶几与吾松共晨夕⑦焉，以托吾臭味云尔，因名之曰友松。

昔楚狂士陆通⑧，常高卧松间以受霞气，而唐杜工部⑨在流离琐尾⑩中，每每不忘四松。形之篇什，不一而足。盖高人韵士⑪，其遇物别有至性，匪第以其贯四时而不改柯易叶也。余之名斯亭也，意者其在斯乎！往吾松峰，由人樵牧，遂余苍然古干，不复如桐。有孙家弟辈，慨然禁不得往。年来所生弥⑫坂，其大者三尺强矣。倘徼神之灵，未即填沟壑，犹及见皆作龙鳞也，培植而呵护之，不无望于后之贤者。崇祯丙子秋七月记。

注释：

①䏝腊（lú là）：古代的两种祭名，其祭多在岁终，故常并称。

②总角：八九岁至十三四岁的少年，古代儿童将头发分作左右两半，在头顶各扎成一个结，形如两个羊角，故称总角。

③家大人：对他人称自己的父亲。此指其父杨梦龙，字文田，能元孙，明万历丙午（1606）举人，先任文安令，后为平山令。以子四重贵，晋封江西道御史。

④谡谡（sù sù）：象声词，形容风声呼呼作响。

⑤五大夫：此指五大夫松。西汉司马迁《史记》记载，秦始皇登封泰山，中途遇雨，避于一棵大树之下，因大树护驾有功，遂封该树为五大夫爵位。

⑥命工庀（pǐ）材：指命令工匠准备修建。庀，准备；具备。

⑦昕夕：朝暮，谓终日。北宋沈括《贺年启》："祈颂之诚，昕夕于是。"

⑧陆通：字接舆，春秋时楚人。西晋皇甫谧《高士传》云："楚昭王时政令无常，陆通乃佯狂不仕，时人称为楚狂。孔子适楚，楚狂接舆迎其门曰：'凤兮凤兮，何如德之衰也！'孔子欲与之言，通趋而避之。楚王闻其贤，遣使持金百镒，车马二驷往聘之，通不应；使者去，通妻从市来曰：'先生少而为义，岂老违之哉？门外车迹何深也！妾事先生穷耕以自食，亲织以为衣，食饱衣暖，其乐自足矣！不如去之。'于是夫妻变名易姓，隐蜀峨眉山。"

⑨杜工部：即杜甫（712—770），字子美，自号少陵野老，因任工部校检郎。被称作杜工部。唐代著名的现实主义诗人，与李白合称李杜。

⑩琐尾：亦作"璅尾"。《诗经·邶风·旄丘》："琐兮尾兮，流离之子。"朱熹集传："琐，细；尾，末也。流离，漂散也……言黎之君臣，流离琐尾，若此其可怜也。"后以"琐尾"谓颠沛流离，处境艰难。

⑪韵士：风雅之士。

⑫弥：满；遍。

六息亭记

杨四重

余归政之明年，与二三兄弟眺松峰而乐之，寻旧好也。

峰头西北有平原一区，广可坐五十余人，前临大松，阴森林立，无风而涛，野鸟鸣高枝，其声幽闲，有天然之致。俯睇人境，则烟霭青苍，庐木若点。

忆余髫年，与同志问业于此，每当溽暑，散发登临，或抱膝而长咏，或高枕而眠石，旷然不知人世有何乐事。去今三十余年，桑田沧海，于焉数变。而此山光景依然，未免有情，谁能遣此！因商之诸君，为亭其上以为栖息地，佥曰可。于是括友松社中余资，不足则益余鹤粮①之羡②。筑台为基，砌以砖石，四隅建础柱以象奠鳌，而以数椽覆之，盖高广不越丈余，而河山尽收吾座中矣。亭成，题以"六息"，取庄生鹏③以六月息之义也。

诸君作而前，曰："夫鹏之徙南溟也，水击三千，扶摇九万，而后息六月。吾子怀才未展，而遽求息机，不太早计④乎？"余曰："不然，鹏之飞也负天，鹦之飞也控地，大小殊矣，其为知息一耳。余性行薄劣，处无远志，出则小草，然受生之分唯此夫！且不敢与斥鹦矜能而斗捷，而欲编德于大鹏之林乎？饮河之腹既满，倦飞之羽知还，如是而已。盖息者，止也；又养生家以一呼一吸为之息，天地间气化相推，有行必有止，有往必有复，譬之人，固未有有呼而无吸者也。"诸君笑谓："息既得闻命矣，其以六月何居？"余曰："六，阴数也。阳数九，主动；阴数六，主静。动而与阳俱，辟人⑤之徒也；静而与阴俱，翕天⑥之徒也。且六月于卦为遁，遁者退也，知进而不知退，则亢而有悔矣。呜呼！息抑余更有进于是者。昔子产谓申屠嘉⑦曰：'我将出，则子止；子将出，则我止。'今我止矣，诸君独未可出而仕乎？天下事正须我辈担当，固不得以一丘一壑忘天下而终老也。"于是诸君改容太息曰："富哉，言乎！天道、人事、物理尽此矣。请书诸石。"因记其语于此。

注释：

①鹤粮：指隐居修道者的口粮。
②羡：因喜爱而希望得到；有余；剩余。
③庄生鹏：庄生即庄周。《庄子·逍遥游》："鲲之大，不知其几千里也，化而为鸟，其名为鹏。"
④早计：早做打算。
⑤辟人：指避开坏人，躲避无道之君。
⑥翕天：即"翕受天祺"，合受上天之吉祥。翕受，合受；吸收。天祺，上天之吉祥。
⑦申屠嘉：只有一条腿，与子产一起拜伯昏无人为师。子产长期执掌郑国朝政，政绩显著。不过，因为申屠嘉形体残疾，子产觉得自己作为郑国的执政大臣，跟这样的同门进进出出，很丢面子，就对申屠嘉说："以后啊，我出去，你就留在家里；如果你出去，那我就留在家里。"

邑令奈西田去思碑①

杨承勋

壶关，古黎地也。按：《一统志》曰"土质②民愚，风醇俗古"。然地僻而政繁，土瘠而赋重，故司牧是邑者，亦未易堪其任耳。

隆庆元年，关西奈公来宰此土。生之以仁惠之心，溥之以公物之治，率清直之性，抚凋瘵③之民。律己以廉，莅官以敬，御吏也严，接士也恭。胥④役无下乡之扰，田野兴乐土之谣。审编法、善催科，政拙⑤及时。招抚流移，动以千计，诚所谓冰蘗⑥映心、阳和铺地者也。其他如学校之作兴，坛庙之修饰，甃敌台以坚城墉，莳树木以荫濠隍。实心实政，种种在人口碑传颂。匪出阿私⑦，陟东城兵马指挥使，启行之日，士民遮送，不忍遽释。虽攀辕留舄⑧，未足以伸借寇⑨留苗之思矣。公讳邦奇，字钟秀，号西田，陕西凤翔县人，己酉乡进士云。

注释：

①去思碑：亦称德政碑，碑志之一种。旧时官吏离任时，地方士绅颂扬其德政，著文勒碑，表示去后留思之义。

②质：朴实；朴素。《韩非子·难言》："以质信言，则见以为鄙。"

③凋瘵（diāo zhài）：❶衰败；困乏。❷指困穷之民或衰败之象。

④胥：一种基层的办事人员，即政府将平民按户口加以控制，并从中选拔出有才智者加以管理。

⑤政拙：拙于政事，亦用为谦辞。

⑥冰蘗：亦作"冰蘖"，喻寒苦而有操守。

⑦阿私：偏私；不公道。

⑧留舄（xì）：舄，履也，即鞋子，重木底鞋（古时最尊贵的鞋，多为帝王大臣穿）。西汉刘向《列仙传》："安期先生者，琅琊阜乡人也。卖药于东海边，时人皆言千岁翁。秦始皇东游，请见，与语三日三夜。赐金璧度数千万。出于阜乡亭，皆置去，留书，以赤玉舄一量为报。曰：'后数年求我于蓬莱山。'"后以"留舄"形容仙家之事。

⑨借寇：东汉初年，上谷昌平人寇恂，家中世代为地方豪强。刘秀占据河内，任他为河内太守，又任颍川太守、汝南太守。后随刘秀出征经过颍川时，百姓拦着路恳求："愿从陛下那里再借寇君一年。"于是，寇恂被留下来抚慰百姓。后以"借寇"指百姓挽留地方官吏，亦作"借寇恂"。

题名碑记

张 铎

　　关中徐侯来令吾邑，四阅岁。兴废之余，以县缺题名诣予，请曰："邑有志则沿革征，名有题则氏里著。弗征弗著，令之责也。今将伐木砻石，次第举行，希以题名记先焉。"

予曰："壶，古黎国也。建治殆数千载，历世滋远，司牧者无所于稽矣。惟是我皇明继天立极，百九十余年，设官宰邑，灿如列宿，但题名久废，创始者劳。侯之声实年资，且夕又当迁陟①。乃今日披往牒②，咨故老，属情旷典③，推是心也，足以仁吾民矣。何也？名者，实之宾也；往者，来之鉴也。继自今者循名责实，将曰某也良，某也虐，某也诚，某也伪。丰碑在左，常目顾諟④。因宾以求主，因鉴以索照，警慕益切，而劝惩弥昭。凡崇爱厚生、道利剔蠹以为吾民者，当无往不用其情。呜呼！可以兴矣。"曩予自翰林代匮⑤三原，尝题名于兹石者也。承侯之请，惕然增畏，不敢饰浮辞以负委重，漫著其实如右云。

注释：

①迁陟：犹迁升。
②往牒：往昔的典籍。
③旷典：前所未有的典制。
④顾諟（gù shì）：敬奉，禀顺天命。
⑤代匮：匮乏时取以代用，此处为作者自谦。

重修摩云寺梵宇记

张 铎

伏以①阴阳结秀，列崧②岑③以镇四方；山川出云，兴雨泽而成万物。地藏灵异，载昔生辉，天启如来，于兹作宅。鉴群生之苦难，凄若于心；开普济于见闻，爰露其耳；层峦奇听，半栖定裹之声；幻质④忘言，尽化冈头⑤之石，不缘缁⑥众，衣钵⑦曷传？匪拓琳宫，经像⑧焉丽？

粤⑨惟佛岭，秀出壶关，视地无垠，与天为党。萧萧阴壑，悲风生六月之秋；郁郁乔林，慧日照三春之雪。纤尘不到，飘香露以溶溶；绝顶难扳，见祥云之霭霭。若为登百仞之峤⑩，遂将眄⑪万井之区，信潞境之俱瞻，太行之支秀也。伊予读《礼》之暇，亦尝往造其巅，六念⑫未消，徒羡招提⑬之胜；三遁⑭欲去，争如清净之缘。偶逢僧话，偷浮生半日之闲；眷彼法轮，赞圣世万年之永。于时⑮老衲法号圆澄,戒行⑯超群,谭空⑰入妙。茹冰咽蘗,朝暮无愆。伐鼓撞钟,晨昏不爽。高山仰止,拜遗像以增悲;梁木具颓,入空堂而太息。乃誓亿兆,爰用咨询。以岁癸卯⑱十一月二十八吉辰,募徒伐木,召匠抡材,鼎建阿弥之堂,面启观音之洞。钟楼兑峙,石雉离雄,轮奂一新,香火毕集。相兹神地,奠我民人。神妥而民斯安,地灵而人益杰。听沙门⑲之妙偈⑳,期共登仁寿之途;睹梵宇之宏开,知各效涓埃㉑之力。纪名书费,众志聿兴。镌石摘文,人代可考。吾乡胜迹,来高人景仰之词;千古名山,著今日表章之义。时嘉靖乙巳仲春之吉。

注释:

①伏以:同"伏惟",下对上论事之谦辞。唐韩愈《潮州刺史谢上表》:"伏以,大唐受命有天下,四海之内,莫不臣妾。"

②崧:同"嵩",高大的山峰。

③岑:小而高的山。

④幻质:佛教语,犹幻身。

⑤冈头:山梁

⑥缁:❶黑色。❷指黑色僧服,亦指僧侣。

⑦衣钵:禅宗师徒间传授道法,常付衣钵为信,叫作衣钵相传。后来把一般的传授思想、学术、技能等,也叫传授衣钵。衣,僧衣,即袈裟。钵,僧用餐具。

⑧经像:佛像。

⑨粤(yuè):古同"聿""越""曰",文言助词,用于句首或句中。

⑩峤(qiáo):❶尖而高的山。❷山道。

⑪眇(miǎo):同"渺",❶远;高。❷远看。南宋道士青元真人《元始无量度人上品妙经注》:"蜓宛素眇,玉梁澄烟。"

⑫六念:佛教语,谓念佛、念法、念僧、念戒、念施、念天。

⑬招提:源自梵文,意译为四方,民间私造的寺院。清宋应麟《杂识》:"私造者为招提、若兰,杜牧所谓山台野邑是也。"

⑭三遁:烟波钓叟赋之天地人分三遁名:天遁月精华盖临,地遁日精紫云蔽,人遁当知是太阴。

⑮于时:在这个时候;当时。

⑯戒行:佛教用语,指随顺戒体,在身、语、意三方面都能遵守戒律的行为。

⑰谭空:谈论佛教"空"理。

⑱岁癸卯:明嘉靖二十二年(1543)。

⑲沙门：出家的佛教徒的总称。

⑳妙偈（jì）：含义深远的偈语。偈，佛教用语。偈陀，佛教术语，意译为颂。颂，一种略似于诗的有韵文辞，通常以四句为一偈。

㉑涓埃：细小的水流和尘埃，比喻微小。

日中碑①

方应明

壶关，古节义之区，介潞泽两大间。市民无市廛②谷物之秩，财用之扩，四税③于天下，而有司莫为计，谓率民之勿径于利也，光以义也。

顾嗜利嗜义，情不甚远；行义而利导之，名教中亦有垄断；布利而义出之，市井之间仁义附焉。如五湖大夫④所居积致富、奇货辐辏⑤，九年三致千金，即分以与人，周其乏困，振其急难，不以多藏府众怨。市利也，市义也。或曰："如贾三倍，君子是识⑥，《小雅》讥焉。"夫诚如《小雅》讥，讥其识三倍也。若夫日中而市，踊贵屦贱，可以知秕⑦；朝趋暮去，可以知人情；贱极反贵，贵极反贱，可以知天道。此君子识之则君子，商贾议之则商贾，而市无罪。若号贪泉⑧者，为人受贪名，而不受贪实也。何者？市，百物之族也，通天下之膏以润民生者也。

《周官》⑨法至备而体国，经野必立司市以合百货，置泉府⑩敛市之不售，次其廛、陈其肆，滞者疏之，靡者奠之，利者阜⑪之，害者芟之。微价贾质剂市而归于平，岂野政疏、市政详，而先天下以利哉！盖野人质愚而守拙，市民恃智而运奇，拙则力本，奇则善变，故易动也，而不可弗为制。

古之治天下者，知民则嗜利如水之就下，不可遏止，不能禁民之不市也，而禁其豪夺。吾市者也，平其腾踊⑫；吾市者也，戢其攘窃⑬；吾市者也，经其杂沓⑭往来；吾市者也，程其权舆衡量；吾市者也，市平则野平。而杞、梓、皮、革、盐、筴、鱼、虾之利也平，市有何妨于义哉！厥后不韦以物卖起家，桓发以博戏⑮致富，雍乐以行贾成饶，雍伯以贩脂⑯千金，张氏积厚于卖浆⑰，郅氏鼎食于洒削⑱，浊氏连骑⑲于胃脯⑳，王戎贾利于钻核㉑，先货利而后行义，尽奸富也，君子所不齿者。谓壶民以是交相市乎？盖余所谓市必有不滓于市者，固愿壶民与廉贾市，不愿与贪贾市，以污吾治。因立其市曰三老市。

注释：

①日中碑：此文旨在论"日中为市"。古代，人们中午到集市上进行交易。日中，正午。《易经·系辞下》："日中为市，致天下之民，聚天下之货，交易而退，各得其所。"

②市廛（chán）：❶街市上的商店。❷商店集中的地方。

③四税：税课名。清代对关税之总称，各关征收关税主要分为四大项，即衣物税、食物税、用物税及杂物税，统称为四税。

④五湖大夫：春秋末越国大夫范蠡，辅佐越王勾践，灭亡吴国，功成身退，乘轻舟隐于五湖。

⑤辐辏：形容人或物聚集像车辐集中于车毂一样。

⑥如贾（gǔ）三倍，君子是识（zhí）：做买卖得三倍利润，君子的职责。

⑦秕：❶秕子。❷（籽实）不饱满。❸恶；坏。

⑧贪泉：古代一眼著名的泉水名，早在晋代已有盛名。其泉水明亮如镜，清冽爽口。相传人饮其水起贪心，即廉士亦贪。

⑨《周官》：《尚书·周书》的篇名。成王既黜殷命，灭淮夷，还归在丰，作《周官》。

⑩泉府：官职名。在《周礼》为司徒的属官，掌管国家税收、收购市上的滞销物资等，也指储备钱财的府库。

⑪阜：使之丰厚、富有。《国语·周语上》："行善而备败，所以阜其财用、衣食者也。"

⑫腾踊：物价飞涨。

⑬攘窃：盗窃；抢夺。

⑭杂沓（zá tà）：众多杂乱的样子。

⑮博戏：赌博。

⑯贩脂：贩卖油脂。

⑰卖浆：出售茶水、酒、醋等饮料，旧为微贱的职业。

⑱洒削：洒水磨刀。

⑲连骑：骑马跟随的人在路上接连不断，形容其富豪。

⑳胃脯：用动物的胃做成的卤干。胃，俗称肚。

㉑王戎贾利于钻核：南朝宋刘义庆《世说新语·俭啬》："王戎有好李，卖之恐人得其种，恒钻其核。"

治壶论

方应明

余初授壶关，未视事①，闻壶关之民健②，能制③有司法而去其官，诸当道未有不疾首以难予者，予弗然。

夫有司爵④于朝，分治于邑，监之以司道⑤，纠之以两台⑥，有定辖也。以豪民而制有司法去其官，是非制有司也，制制有司者也。然诸可制而有司之法，必不可制予有法在，予何好易而恶难为，及归依两月莅任受乃事，察风会⑦之所趋，而去其甚，酌其宜。予之所好者，又健民也。盖宇中有四民：嬴民敝，械民诡，健民争，平民驯。岂民有异性而滋生多族哉？盖风会之流，各从其土，刚柔偏至⑧，莫能全反。上矫民以变民，而不知因民以变民，则民易健而狡，险在内、夷在外，虽十尧⑨不能为治。何者？天惟健，故能运；人惟健，故能立。嬴民急其生而俗残，械民琢其性而俗凋，平民随其波而俗靡，健民振其气而俗悍。悍者，盛之机也，节仪之变也。鼓之以利则贪，鼓之以义则廉，纠之以猛则忿争而不平，隆之以礼则感激而思戢。故善治民者，使民畏法，勿使民畏吏。民畏吏而不畏法，民始有以用其健；民畏法而不畏吏，则民虽恶死不怨木石，民虽贪生不仇囹圄。何也？民死于法而不死于上，则健亦无所用之。故吾之所好者健民也，盖健民固雷厉而风行者也。然则吾惟慎守其法足矣，而何以仇吾民，何爱吾官？第自今以往，有犯吾二十四禁者，即以所犯等其罪。

注释：

①视事：旧时指官吏到职办公，多指政事。

②健：勇猛。

③制：控制；制服。东汉班固《汉书·赵广汉传》："威制豪强。"

④爵：爵位，君主国家贵族封号的等级。《诗经·小雅·角弓》："民之无良，相怨一方，受爵不让，至于己斯忘。"

⑤司道：清朝时期是隶属于巡抚的专设机构。

⑥两台：藩台和臬台的合称。清代地方最高行政长官承宣布政使和提刑按察使的俗称。

⑦风会：❶风气；时尚。❷时势；时政。

⑧偏至：偏颇而趋极端。

⑨十尧：十个像尧那样的圣人，谓圣人众多。

书郡乘山川志后

周一梧

志所载山川略备，亦万分一耳，然犹未著其奇，即五龙鹿谷望也。奇莫若紫团，其西二十里有凤台山，二仙冲举处也。西来诸山，至此忽变壮严峭拔之形、翱翔飞舞之态，列为屏障，水声树色，鸟语虫声，业已脱凡界而近仙都矣。

从此穿溪问径，陟险登危，傍崖则藤萝垂幕，席地则兰蕙铺茵。至于山之巅，则万壑疏风，群峰冒①日。其环卫趋拱之状，如三军屯塞，万马游空，重重嶂外，一望海天杳然无际。旁有翠微洞，即紫团真人面壁之所。洞口仅容一人，伛偻而入，转身而下，侧足而行，倏高倏低，倏宽倏隘，不但十二重关，且见三千大界②。其间山水与人间无异，而其水源如缕、如线、如盏、如碗，石髓琼浆，沁心浴魄。其气上腾为钟乳，融结如槟榔、葡萄穗。其垂垂至地者，如玉柱，大者合抱，秀者如人形，坐者如瞿昙③，立者如阿修罗④。蹲如虎豹，飞如游龙，闪烁变幻，不可得而名状已。亦多旁穴，歧径旋转即迷，必借乡导，深暗必借烛，甚至烛不能燃，故从来未有穷其际者。僧曰"直透太行外数百里"，亦未足凭。

紫团之麓，如缕分界，列为丹崖，古木悬空，异根插石，殆不可以寻丈⑤计。其下瀑布悬流，如喷玉、如垂虹，其溪水如带、如环、如箭，遇平沙则漫衍，遇绝壑则飞奔，冲激成潭，汇为龙府。其汤汤而往者，重山难障，终古如斯也。崖之回合处，为度世之兰若⑥，陡绝处为避世之桃源。寸云触石，即灵雨滂沱。深谷之中有殷雷，绝顶之上有烈日。至若群芳织绣，则心醉蓬壶⑦，六出⑧堆琼则神清。元圃朝暮四时，令人应接不暇有如此。但其地落一偏，人迹罕至，无锦心绣笔阐扬盛美。则山之奇，有幽禽潜蛰知之耳。呜呼！白云深锁，谷日⑨常封，无亦山灵沉寂，不欲竞奇胜于人世也与？

注释：

①冒（mào）：动词，戴帽。西汉刘向《战国策》："山东之卒被甲冒胄以会战。"

②三千大界：三千大千世界，是佛教的宇宙观。三千大千世界，即大千世界，因为三个千连乘，所以叫三千大千世界。后秦龙树《大智度论》中说："百亿须弥山，百亿日月，名为三千大千世界。"

③瞿昙：❶释迦牟尼的姓，一译乔达摩，亦作佛的代称。❷借指和尚。

④阿修罗：亦译为阿须罗、阿索罗、阿苏罗、阿素落、阿须伦、阿须轮，直译为非天，意思是果报似天而非天之义，也就是相对于天人（即天众、提婆）的存在。

⑤寻丈：泛指八尺到一丈之间的长度。

⑥兰若：兰草和杜若（也叫竹叶莲），指林中寂静处或佛寺。

⑦蓬壶：即蓬莱，古代传说中的海中仙山。

⑧六出：雪花的别称。

⑨谷日：吉日；良辰。

西林自制草堂记

张 铎

西林者何？以地号也。堂者何？学舍也。何言乎草堂？西林静以成学，结茅林麓，示幽寂也。何记乎？原堂之成以足志也。

既已，人或议之曰："西林子以弱冠登甲科，达而敏，优于政矣，不思贬损行权①，以阶膴仕②，乃抗直忤时，避恩敛怨，卒酿浮议，而堕危机。年当强仕③，为明时所摈弃，即优游城郭，与士大夫晤处，犹足以论往宣来，释毁延誉，曾是弗思顾，恋恋草堂，独行为洁，自信弥笃，兹其为志不已隘，而其为计不亦左乎？"

西林闻而解之曰："夫志以嗜彰，行由分定，故餍芹怡暄者，野农之高致也；选声兼味者，富贵之余事也。《语》不云乎'如不可求，从吾所好'。异时，西林备位郎署，握符郡邑，夙夜在公者，分也。今兹放归，左右图籍，栖息草堂者，亦分也。《大雅》曰'媚于天子，媚于庶人'，西林将移媚天子庶人者，以媚厥心。故嗜学以彰志，履素以昭分，堂之作如是而已。"堂凡向凡三楹，扁曰研经，语具在《研经堂记》中。左为斋曰致用，待士之穷经者；右曰养正，以为弟子正句读；前为坊，题其上曰西林草堂，统言之也。堂之侧翼以上屋各一，坊之侧翼以小屋各二。由坊而西，为"吾如楼"者一，取夫子"吾不如农圃"之义。西林耕灌以自给，不可一日废农圃，其寄望兹楼以受成也。在夫子则可不，在西林则可如，如于此，所以弗如于彼也。楼之下曰外门，佣司草堂之出入。凡百步许，以达于家。向晦④晏息惟其时；呻吟佔毕⑤惟其适。即物起兴，存乎感，倬彼草堂，可以约身心，可以豁性天。环顾林峦，图画出焉；对越坟典⑥，师友寓焉。尘鞅⑦不系，铅椠⑧日亲，起予何尽，匪耽归休，匪希明农。知其才之有不堪，而力之有难胜，因返吾初服，以遂其志而安乎分。

《易》曰"利幽人之贞"⑨，《诗》曰"独寐寤言，永矢弗谖"⑩，其庶几乎！君子以上栋下宇堂之，时义大矣哉。故以草堂隘西林者，昧乎分；以西林张大草堂者，惑于志。西林既为草堂，而复摛词记之。匪草堂能建西林，西林媚草堂也。西林匪媚草堂，学以自媚，征于志而发于草堂也。西林谓谁？壶关山人张铎也。

注释：

①行权：改变常规，权宜行事，使用势力。
②膴仕（wǔ shì）：高官厚禄。《诗经·小雅·节南山》："琐琐姻娅，则无膴仕。"
③强仕：40岁的代称。《礼记·曲礼上》："四十曰强，而仕。"
④向晦：傍黑；天将黑。
⑤佔毕：❶简策，古代用竹片或木条所编成的书本。❷诵读；吟诵。
⑥坟典：三坟、五典的并称，后转为古代典籍的通称。
⑦尘鞅：世俗事务的束缚。鞅，套在马颈上的皮带。
⑧铅椠（qiān qiàn）：古人书写文字的工具。铅，铅粉笔。椠，木板片。
⑨利幽人之贞：利在守妇人之正，指清心寡欲，与世无争的人。《周易·归妹》："九二，眇能视，利幽人之贞。"幽人，即妇人。贞，正。
⑩独寐寤言，永矢弗谖：独眠独醒独自言，永记快乐不言传。

牧羊说

牛 恒

壶地多山，饶刍牧利，山翁有号万羊者，其人与万户侯①等，俗目②其牧羊佣曰仆。

槐堂子③过野，逢其老者，问曰："仆乎，牧亦有道乎？胡为蕃于邻邑与？"对曰："野人不识他事。自吾祖以来老于牧矣，业尚专攻，艺缘世精，故主翁弗吾弃也。每见邻邑牧羊者，任悍仆恣捶击良者，罔弗戕也；任懦仆耽嬉戏狠者，弗克制也；兼瘠于饥渴、殒于痏④疜⑤、困于寒暑，折股裂蹄于狂奔尽气。故其羊日亡二三，月亡十五，比岁而亡者过半矣。吾牧异是，拣水草即养也，聆音声察病也，葺圈牢防逸也，剔毳毛⑥顺时也，入康壮散行徐，入阡陌序行疾。啮田者挞其背，抵藩者截其角，触邪者表其直，跪母者录其孝，歉茁者丰其料。久之，吾谙羊心，羊谙吾意，振鞭而动，应声而止。朝引出，暮引归，一竖前驱，吾尾其后。摩肩垂首，旅进无哗，村童望者，咸谓如细柳营⑦之军。然吾亦乐甚。"倚杖歌曰："羖⑧羷⑨在山兮，羯⑩者在田。吾复任性兮，物得其天。牝牡如云兮，月计以百，而岁计以千。富归主翁兮，吾独得其赁⑪直钱。沽酒狂歌兮，用以忘吾年。"

槐堂子闻而善之，曰："以仆之牧道，可通于六畜乎？"曰："可。昔者秦非子牧马，百里奚⑫牧羊，陶朱⑬以孳息致富，率精是道也。然六畜犹家产也。今夫鹤以凌云之翮，鹿以蹒⑭山之足，牧得其道，独弗见与鸡鹜争食、牛骥伏枥乎？然鹿若鹤，犹恒产也。今夫龙凭风云下水土，世有豢龙氏，是龙亦可牧也，然龙亦物耳，今夫民愚而神。宽牧易慢，猛牧易残。通吾牧道，良者弗诛，求狠者弗优假⑮，则流亡附，户口蕃。虽有健讼贪渔，武断里闾者，日将革面敛足，其畴⑯敢奸其间？由是当道荐焉，天子嘉焉，庶可以称为善牧之官。"槐堂子喜而识之曰："吾闻牧羊也，因得牧民之说以归。"

注释：

①万户侯：汉代侯爵的最高一级，享有万户农民的赋税，后来泛指高官贵爵。

②俗目：借指眼光平庸、见识浅陋的人。

③槐堂子：系作者自称槐堂学派弟子。槐堂学派由南宋傅梦泉、邓约礼等人创立。

④痏（yǒu）：病也。

⑤疜（líng）：瘦貌。

⑥毳毛：医学上指除头发、阴毛、腋毛以外，其他部位所生的细毛。

⑦细柳营：西汉周亚夫（名勃）将军屯兵处，在今陕西省咸阳市西南。西汉文帝巡视细柳营时，发现周亚夫治军有方，纪律严明，大加称赞。后用作咏军营，也用来咏军纪严明的将军。

⑧羖（gǔ）：黑色的公羊。

⑨羷（lì）：一种勇悍的羊。北宋洪皓《松漠纪闻·下》："善牧者每群必置羖羊历

数头，仗其勇很。"

⑩羯（jié）：斗羊。

⑪赁（lìn）：给人做雇工、赁工。

⑫百里奚（约前725—前621）：姜姓，百里氏，名奚，字子明，春秋虞国（今山西省运城市平陆县北）人。本虞国大夫，晋献公假途伐虢后，灭亡虞国，俘获百里奚，作为秦穆公夫人（穆姬）的陪嫁奴隶。百里奚逃到楚国宛邑，秦穆公用五张黑羊皮赎之，进入秦国成为大夫，人称五羖大夫。主持秦国国政期间，百里奚"谋无不当，举必有功"，辅佐秦穆公倡导文明教化，实行"重施于民"的政策，内修国政，外图霸业，开地千里，称霸西戎，统一西北地区，促进了秦国的崛起。

⑬陶朱：即陶朱公，后泛指大富者。

⑭蹣（lán）：越过。

⑮优假：宽容；宽待；优待照顾。

⑯畴：此指畴官，世代相传的专业性官职。

杨参政^①墓志

王 华^②

公字秀夫，别号寒泉。父能，由乡进士任东昌知府。母宜人牛氏。公颖敏绝人，十岁能文，有老成语，长老称为奇童。弱冠，名起诸生间。成化庚子中乡试高第，主司批其文曰笔力可扛龙门百斛鼎，录以为式。

明年辛丑，联捷进士，授户部河南司主事，简使犒军于独石，督盐于长芦，受刍^③于京场，选婚于内帑^④。廉公平简，后先一轨^⑤。弘治改元，上《裕国安民疏》，甚剀切。未几，奉敕处置居庸、紫荆诸关军饷。公复上疏，极言足食足兵之法在端本澄源而减冗除蠹。理不可缓，语侵贵近，识者韪之。癸丑，进四川司员外郎，连有淮扬督漕、九江造舟、河南视灾之使，俱建声迹。甲寅，进陕西司郎中。时甘肃弗靖，公奉敕整督军饷。将行，上疏言备边七事，上嘉纳之。至则太宰许公以都御史抚其地，与公同事。许公素器公，于是益重焉。事竣还朝，因有白金文绮之锡，以才任剧，调云南司主司，兼治顺天，奸悍者傍窥弗敢犯。寻以荐擢守嘉兴，改夔州。在四川，地僻民庞，公为书谕之，俾^⑥敦孝友、尚礼义，延问父老民所苦与所利，即罢行之。新庙学之制，月朔视学，进弟子问业，有师道焉，人士咸慕。其诸坛宇官署，支颓完毁，百废俱兴。民饮江水，远汲为难，公议凿井，出郡门数尺即得美泉，以公姓目之。

属大宁县，盐井在万山。井距邑治三十里，道阻于险，小舟入溪，夏涨则往往溺。米以鲜贵，民多饿殍。公凿山为道，得任负往来，民甚便之。夔吏多盗篆移属以图贿，公置籍付诸邑，俾验而行，宿弊遂息。在夔五年，人士感慕，至为公作生祠，貌公而尸祝⑦之。擢两浙盐运使，剔弊讲利，绩效方懋，前太宰马公以浙事简未足尽公，改两淮。公以浙治治之，升盐赋五十余万。司治旧在扬城东，浅艰守，公乃崇埤固藏，益防卒奸，无虞焉。明年，权参浙政，讲画⑧经理，将有施设而乃止，是知公者重惜之。以正德癸卯十一月七日卒，春秋五十有四。

注释：

①杨参政：名奇，字秀失，号松坡，别号寒泉，壶关（今山西省长治市壶关县）人。明成化十七年（1481）进士，授户部主事，弘治初上《裕国安民疏》，迁陕西司郎中，又上疏言备边七事，升浙江嘉兴知府，改夔州知府，历两淮盐运使，官至浙江参政。

②王华（1446—1522）：字德辉，号实庵，晚号海日翁，浙江余姚（今浙江省余姚市）人。明成化十七年（1481）辛丑科状元，授翰林院修撰，历任翰林院学士、詹事府右春坊右谕德、詹事府少詹事、礼部右侍郎，正德初年晋礼部左侍郎、南京吏部尚书，其长子为明代著名哲学家王守仁（王阳明）。参与预修《大明会典》《通鉴纂要》，著有《龙山稿》《垣南草堂稿》《礼经大义》《杂录》《进讲余抄》等，凡46卷。

③刍：谦辞，称自己的言论、见解等。

④内帑（nèi tǎng）：指皇室的仓库，也就是皇帝个人的钱财。

⑤一轨：❶政治上的统一。❷一种途径。

⑥俾：使（达到某种效果）。

⑦尸祝：古代祭祀时对神主掌祝的人。

⑧讲画：❶口说指画地论学。❷讲求；谋划。

张西林墓志

栗应麟

公讳铎，字邦敷，西林别号也。与兄镇乃出陶朱之室，同升孔孟之堂。

文采光仪，珠联璧映，人以元将、仲将①，大宋、小宋②拟之。

镇嘉靖壬午，公乙酉，相联举于乡。丙戌，公连举进士，选入翰林庶吉士，与平凉赵浚谷、西蜀王象山、平湖屠渐山、东平王岱麓，俱弱冠齐名。培植台衡③，陶镕中秘④，挥颖⑤则风云洒润，论心则兰蕙吐馨，经济⑥大成，弦歌⑦小试。丁亥出宰陕之三原，岁届裉辰，事多旁午⑧，处分容与⑨，剸决⑩精明。折强梗以秋严⑪，振弱英于春育⑫，赈苏待毙，泽遍饥民，婚及愆期⑬，惠先穷士，冠裳为之增色，纨绔⑭莫不敛容。政成考最，陟司徒主事。原人迎送出疆，攀留卧辙，偃双凫⑮于脱屣，萦四牡于征袑。其遗爱可知矣。庚寅，抵⑯部郎，校图天府，辨析鲁鱼⑰；监盐江都，涤清宿蠹。风采著于台垣⑱，声光弥于淮海。寻转武选主事，历迁车驾郎中。铨藻清妍，皇华杜滥，贤不遗于推毂⑲，命维重于出纶⑳。尘清九逵㉑，风动万户，此文武之具而将相之阶也。庚子，乃出守于浙之湖州，为东南麋丽之地，舟车辐辏，水陆要津，盘错富强，号为难治。公冰寒玉立，气夺繁华，电掣飙驰，威驯豪右，伏凶徒于漏网，察冤鬼于覆盆㉒。吏畏严于神明，民怀甚于父母。谈经进学，髦俊汇征，咏歌著言，琳琅骈集。虽文翁㉓化蜀、长孺治淮，不啻过矣。癸卯，以内艰归田，遂投散解绶，顿回镳于中路，收倒景于西林。完葺先庐，永怀安宅，迎兄嫂于逆旅，合子姓㉔以同居。终老育孤，友于曲尽。晚年卜居郡城，与王鲤泉、张鹤汀、鲍南田、王南野、宿谷泉、屈潞野结闲居之社于山水之间，燕游咏言，意颇真率，有潇洒出尘之风。且慕无穷之趣，博览轩岐㉕、星历诸家，得其要义。

尝谓可穷者理，不可为者命，人未必夺造化㉖也；亦为达生㉗，惜其所得，止于所见，而未及深入也。公为人性直气豪，刚介难合，若不拘于绳墨㉘。然质其生平伟行，大节则无一不中规矩者。与人虽山翁野叟，茅檐瓦盆，莫不尽其欢。退而叩其臧否，尽宇宙当其意为知己者，无数人耳。是故由进士而中秘，由司徒而司马，可以观才；以中秘而出令，以驾部而出守，可以观气。夫人情直则不能为物所容，豪则不能下人，亦为人所下。大畜㉙不尽，独复无朋，君子惜之。所著有《西林集》《警心要言》《全唐律诗》《明诗律选》《湖州府志》《壶关县志》若干卷，传于世。

注释：

①仲将：即三国魏韦诞，字仲将，官至光禄大夫，善书法，能篆、草，为草圣张芝弟子。

②大宋、小宋：北宋人宋郊及其弟宋祁，当时人称大宋、小宋。

③台衡：三公别称。南朝宋范晔《后汉书·安帝纪》："推咎台衡，以答天眚。"李贤注："台谓三台，三公象也。"衡，平也，言天下所取平。伊尹为阿衡，即其义也。

④中秘：中书省和秘书省的合称。

⑤颖：锥芒。西汉司马迁《史记·平原君传》："如锥之处囊中，乃颖脱而出。"

⑥经济：即经邦济世，指治理国家。

⑦弦歌：古代传授《诗经》，均配以弦乐歌咏，故称弦歌。后因指礼乐教化、学习诵读为弦歌。

⑧旁午：亦作"旁迕"，交错；纷繁。

⑨容与：闲暇自然的样子。

⑩剸（zhuān）决：专断；决断。

⑪秋严：谓秋气肃杀。

⑫春育：像春风一样滋养万物。

⑬愆期：失约；误期。

⑭纨绔（wán kù）：细绢做的裤子，泛指富家子弟穿的华美衣着，也借指富家子弟。

⑮双凫：❶两只水鸟；两只野鸭。❷南朝宋范晔《后汉书·方术传上·王乔》："王乔者，河东人也。显宗世，为叶令。乔有神术，每月朔望，常自县诣台朝。帝怪其来数，而不见车骑，密令太史伺望之。言其临至，辄有双凫从东南飞来。于是候凫至，举罗张之，但得一只舄焉。乃诏尚方诊视，则四年中所赐尚书官属履也。"后用为地方官的故实。

⑯抵：相当。唐杜甫《春望》："烽火连三月，家书抵万金。"

⑰鲁鱼："鲁""鱼"两字相混，指抄写刊印中的文字讹误。

⑱台垣：都察院、六科并称台垣，为监官、谏官机构。

⑲推毂：指推车前进，古代帝王任命将帅时的隆重礼遇。

⑳出纶：《礼记·缁衣》："王言如丝，其出如纶；王言如纶，其出如綍。故大人不倡游言。"孔颖达疏："言纶粗于丝……綍又大于纶。"谓帝王的话关系重大。后以"出纶"指帝王的诏命。

㉑九逵：四通八达的大道。

㉒覆盆：❶覆置的盆。❷西晋葛洪《抱朴子·辨问》："是责三光不照覆盆之内也。"谓阳光照不到覆盆之下，后因以喻社会黑暗或无处申诉的沉冤。

㉓文翁：庐江舒（今安徽省六安市舒城县）人。少好学，通《春秋》，以郡县吏察举。景帝末，为蜀郡守，仁爱好教化；乃选郡县小吏开敏有才者张叔等十余人亲自饬厉，遣诣京师，受业博士，或学律令。数岁，蜀生皆成就还归，文翁以为右职，用次察举，官有至郡守刺史者。又修起学官于成都市中，招下县子弟以为学官弟子。由是大

化，蜀地学于京师者比齐鲁焉。

㉔子姓：泛指子孙、后辈。

㉕轩岐：❶黄帝轩辕氏与其臣岐伯的并称，他们被视作中国医药的始祖。❷医术。

㉖造化：❶自然界的创造者，也指自然。❷创造；化育；福气；运气。

㉗达生：参透人生、不受世事牵累的处世态度。

㉘绳墨：木工打直线的工具，比喻规矩或法度。

㉙大畜（dà xù）：卦名。《易经·大畜》："大畜，利贞，不家食，吉。"孔颖达疏："谓之大畜者，乾健上进，艮止在上，止而畜之，能畜止刚健，故曰大畜。"又："（象曰）刚上而尚贤，能止健，大正也。不家食，吉，养贤也。"后因用为延揽贤士之典。

杨惟谦墓志

陈 音①

君讳能，字惟谦。先世自太原徙壶关之柏林。少有远志，不屑事家人产业。补邑庠弟子员，志锐学优。

天顺己卯，年二十六，领乡荐。自是三上春官，皆不偶②。成化辛卯，铨试第一，拜湖广武昌府同知。守制服阕，改授山东东昌府同知。公明断列郡，有疑狱难事，辄专檄委付，皆刻期集事，且惬③舆论。濮州民董宪等以妖言触罪，罡④事连无辜十余人，皆抵死，累岁称冤，无敢原释者。君独为平反，末减，家各像君祀之。历九载，阖郡兵民交疏吁请，遂升本府知府。东昌当两京逵道，旧例设伕厂，役民助贡献漕挽，岁久滋弊，民既罢力，复索钱以供厚馈，名曰顺流钱。贵宦道经，一体需给。吏胥夤缘⑤为奸，民不堪命，君下令顿革。成化癸卯，山东岁大祲，募民输粟赈饥者。予冠带⑥东昌，民愿输者，复索民赈充边储。君力请于藩⑦，以民前所输者代赈，民皆手额称庆。自是屡有年，君力仓劝民积粟备荒，凡得粟六万余斛。君凡所敷政⑧，惟欲为民造福。上司或有厉民者，君扬言抗论，颂声虽溢于里巷，毁言益腾于京都。时子奇已登王华榜进士，闻榜，驰书劝君少徇时⑨避祸。君贻书切责之曰："吾素以直道教汝，而汝乃若是！岂善遵庭训者？"其自持益力，竟用是见挤于当道。谪云南征江府通判，抵任，谂民隐、新政令。逾岁婴病⑩剧，遂以弘治己酉五月六日卒。君之宦业详《山东通志》，予为撮其略以志其墓云。

注释：

①陈音（1436—1494）：字师召，号愧斋，莆田（今福建省莆田市）人。明天顺八年（1464）进士，历翰林编修、南京太常寺少卿，兼翰林院掌院，官至太常寺卿。以文章气节名世。

②不偶：❶不遇；不合。❷引申为命运不好。

③惬：快意；满足。

④罟：❶渔网。❷法网。

⑤夤缘：攀附权贵，拉拢关系，向上巴结。

⑥冠带：比喻封爵、官职。西汉刘向《战国策·魏策四》："且夫魏一万乘之国，称东藩，受冠带，祠春秋者，以为秦之强足以为与也。"

⑦藩：封建王朝分封的属地或属国。

⑧敷政：布政；施行教化。

⑨徇时：曲全时局。

⑩婴病：缠绵疾病。

郭宗周墓表

张 铎

公讳份，字宗周，号紫团山人。含光柔嘉，秉性敦笃，见素抱朴①，智巧无所用其谋；知雄守雌②，躁妄③不能滑其虑。神栖静专之域，行在金石之间。

爰自弱冠，早策名于晋闱，洎乎入铨，遂领符于霸郡。贞固④干事，钩钜⑤未遑，平易近民，威棱罔耀。霸盗薮，又涝区也。于时卖剑买牛，林垌⑥解潢池⑦之警；菑耕杏耨⑧，闾阎兴乐土之谣。刑未滥乎一人，泽诞敷于二载。呜呼！习俗相沿而难移，所尚既定而不变。监司或不核惠爱之实，守令遂止以簿书为能。公也，敦大德以和民，烹小鲜⑨而为政，循良可绩，上下允孚。奈之何世薄老成，俗钦狷⑩利！执坦夷以自信，竟纬繣⑪而难容，宅忧而往，邸报⑫缘萋菲⑬而共成。读礼有闻，家居恒容与而自得；杜门谢客，长日惟左右琴书；扫径延宾，有时或徜徉棋局。年逾六衮，不失赤子之心，官居五品，惟存儒素之旧政。使期颐⑭享寿，厚重镇浮⑮，不为邑俗之助、善人之庆乎！天不慭遗⑯，以嘉靖戊申四月二十三日卒。用表其墓以旌硕德。

注释：

①见素抱朴：保持纯洁、朴实的本性，减少私欲杂念。《老子·第十九章》："见素抱朴。"

②知雄守雌：弃刚守柔，比喻与人无争。雄，雄强。雌，雌伏；不倔强。《老子·第二十八章》："知其雄，守其雌，为天下奚。"

③躁妄：急躁轻率。

④贞固：守持正道，坚定不移。

⑤钩钜：❶犹机谋。❷辗转推问，究得情实。

⑥垌（dòng）：田地。

⑦潢池：旧时对人民起义的蔑称。潢池，积水塘。

⑧菖耕杏耨：杏树开花，菖蒲长叶的时候，指耕种的最好时期。后用以比喻不违农时，及时耕种，必多收获。

⑨烹小鲜：《老子·第十六章》："治大国若烹小鲜。"河上公注："鲜，鱼。烹小鱼，不去肠，不去鳞，不敢挠，恐其糜也。治国烦则下乱。"后比喻治国便民之道。

⑩狷（juàn）：❶胸襟狭窄，性情急躁。❷洁身自好，性情耿直。❸拘谨无为，引申为孤洁，与"狂"相对。

⑪纬繣：乖戾；相异不合。

⑫邸报：也叫邸抄、邸钞，中国古代抄发皇帝谕旨、臣僚奏议和有关政治情报的抄本，宋代起发展成为一种手抄的类似报纸的出版物，明末开始发行活字版本，到清代称京报。

⑬蓁菲：花纹错杂貌，后喻谗言。

⑭期颐：一般指100岁老人。期是期待，颐是供养，意谓百岁老人饮食起居不能自理，一切需期待别人供养或照顾。古时称百岁为期颐之年。

⑮镇浮：抑制轻浮。

⑯慭遗（yìn yí）：愿意留下，特指前代留下的元老，泛指遗弃；遗留。

杨蓁夫墓表

龚用乡①

君讳森，字蓁夫。幼而英茂知学，举止异常儿。及卯②，补邑庠弟子员，辄默默于人下，志于进取，乃援例入太学，意欲有所事者。期满，登铨曹，授四川广元簿，改直隶盐山县。盐山县地多芜，民困于卤③荒，相诱为盗，出没不常，所至皆残破。君掩捕有力，分散其党，盐城赖以保全。邑人有李姓者，以被诬罪至死，狱成，欲救释，以百金潜馈于君。君心知其冤也，却而不受，而狱赖以平。其不贪且明如此。

岁甲戌④，升陕西肃州卫知事，不喜于逢迎奔走，遂谢事归，优游山林，雅好歌咏。邑行乡饮酒礼，与席者或有不类，礼请数四而君独不往。迹若务奇，而人服其高。伯兄奇，任浙江参政，君事之尽其恭敬。赴铨日，闻讣，不远千里走哭之。蕴瑜怀奇，虽不偶于科第，而恒出其素蕴⑤者，以教其子孙。惰者督之以严，惑者折之以礼，扞格⑥疑似者或豁如也。文士游学自远来者，必延致之。嘉靖壬午⑦，长子河顺天乡荐，次子洛本省乡荐，皆蔚有声誉，能世厥家。可以知杨氏之有人，而其施未艾也。以嘉靖六年三月二十一日卒。遗言戒子弟以丧事毋过奢，墓志毋溢美。此其见亦可谓高也已。

注释：

①龚用乡：明嘉靖五年（1526）丙辰会试第一名，有《龚用乡读书记》旧抄本传世。

②丱（guàn）：❶旧时儿童束发如两角之貌。❷年幼；未成年。

③卤（xiōng）：同"凶"，扰恐也。《春秋传》："曹人凶惧。"

④岁甲戌：即明正德九年（1514）。

⑤素蕴：素养。

⑥扞格：互相抵触。

⑦嘉靖壬午：即明嘉靖元年（1522）。

杨东之墓志

郭 鋆①

君讳河，字东之，别号素庵。幼而天资颖异，器宇沉静。弘治乙卯②，应省试，大为督学所赏，蔚有时名。学士荐绅之识君者，谓簪组可速化也。顾偃蹇③场屋④二十年，乃以家学淑其诸弟。正德丙子、己卯，两科俱拟君中式，以小嫌为有司所抑，卒以贡入成均。岁壬午，登顺天周䆁榜，名在高等，一时雅望翕然⑤归之。无何，丁继母忧，寻接父丧，哀毁几绝，士论贤之。

自是，家居读《礼》，课子弟者又数年。壬辰服阕赴铨，得肤施尹。肤为鄜延附郭⑥，路冲民疲，比岁不登。君勤抚字，缓催科，屡以年饥请于宪臣⑦，得减赋税之半。由是逋租⑧慝⑨役，归诚自出。丙申，调荥阳，下车即饬学宫，课生儒，优礼士大夫，政务宽厚。荥俗素眇，长吏谓君长者，无他术，可货取⑩也。有县民徐姓者，以孽子选宾藩府，惧事露，人教之怀金为馈，君厉色叱之，正法。一恶少妄请于县尉，云某地有金若干，某私识其处。尉信之，匿其人于公所者旬日。乘间以请于君，君谕以守官御下之道，不宜轻信少利，重伤大体，尉惭。又月余，尉竟以此报上官，乃发丁掘金，卒无所得。当道之素易君者，转敬服叹羡，以为不可及。君寥廓之志、贞洁之操、韬晦之行，多此类。相君素履福祉，未可涯也。胡⑪乃沦于一尹，不获寿以享为善之利。天之报施善人，为何如哉！

注释：

①郭鋆（1498—1563）：字允重，号一泉，山西高平（今山西省晋城市高平市）人，明嘉靖十一年（1532）进士，由行人授工科给事中，历户科都给事中，累疏建白，切中时艰。升太常少卿提督四夷馆，率教师督译生勤习艺业，累官至工部左侍郎，有《一泉稿》。

②弘治乙卯：即明弘治八年（1495）。

③偃蹇：❶难行貌。❷困顿；不顺利。

④场屋：科举时代试士的场所。

⑤翕然（xī rán）：形容言论、行为一致。

⑥附郭：❶近城的地方；郊外。❷属县。

⑦宪臣：指御史。

⑧逋租：犹欠租。

⑨慝（tè）：邪恶；罪恶；恶念。

⑩货取：以财货收买。

⑪胡：代词，怎样；何。

杨汝中墓志

牛 恒

公讳洛，字汝中，号立轩。天性孝友，歧嶷①秀发②。嘉靖壬午，以

《易经》领乡荐，是秋兄河亦荐北畿。时父官肃州，公思太夫人弗逮禄养，呜咽谢驾者，众为改容。比上春③，官屡弗第。

嘉靖壬辰就铨，宰山东单县，树利祛弊，崇俭禁靡。游宦有周恩、单文彪者物故，捐俸殡殓，遗赙其家。邑滨黄河，因策备患数条请诸上官，单人称利。君宿负气节，耻事趋谒，弗惬当道意。改官陕之渭源，翁稚追送，有泣下者。抵渭，行李萧然，几不周道里费。邑在西鄙，习尚剽悍，公论以先孝悌，植礼义。时教谕员缺，按部者闻公学行，传檄兼理，士习丕变。有渭川八政之咏，其典水利、弭虎患，为最著。当道以才优地陋，首列荐剡④。邑久敝，创理过劳，又闻兄河卒于荥阳，君哀毁逾节，感呕血疾，视医兰州，作歌自况⑤。遗书戒子于后事甚详，遂弗起。渭邑人士如哭私亲。后升庆阳府通判，命下，而公已不禄⑥矣。

注释：

①歧嶷：《诗经·大雅·生民》："克歧克嶷，以就口食。"《毛传》："歧，知意也；嶷，识也。"后谓幼年聪慧。

②秀发：指人神采焕发，才华出众。

③春：即春闱，科举时代会试于春季举行。

④荐剡：❶推荐人的文书。❷推荐。

⑤自况：拿别的人或事物来比自己。

⑥不禄：古代对士之死的讳称，意为不再享俸禄。

张邦靖墓志

赵时春①

君讳镇，字邦靖，翰林铎之兄也。幼学即驰声乡曲②，以远大自期。弱冠中省试，游成均，友天下名士，益肆力于学，博极群书，所著诗文稿甚富。十上《不偶士论》，惜之君性直而操严，行敏而言讷，道艺充然，有古人风。平生屈礼寒士，藐说大人，有一介不取之节，无不可对人之言。弟铎扬历③仕途、握符内外，君避嫌远迹，惟恐干谒④之及。侨寓泊头⑤，杜门自课，达官舆皂及庐，权词⑥避之。人议其偏，而士服其高。使其俯就官守，其持廉秉公，力行古道，必有大过人者。而乃皓首穷经，一命不沾⑦，悲夫！

注释：

①赵时春（1509—1567）：字景仁，号浚谷，平凉（今甘肃省平凉市）人，明代文学家。明嘉靖五年（1526）擢会试第一，选庶吉士，历兵部主事、翰林编修、御史、山西巡抚。著有《赵浚谷集》16卷，主修《平凉府志》。

②乡曲：远离城市的偏僻地方。

③扬历：指仕宦所经历。

④干谒：有所企图或要求而求见（显达的人）。

⑤泊头：河北省沧州市下辖的县级市。

⑥权词：亦作"权辞"，随机应变。

⑦不沾：得不到。

郭汝学墓志

孔天允①

壶有龙石君，讳忻，字汝学，太平里人。父修，以例授三品武职。君五岁就学，日记千余言。十九举辛卯乡试，魁多士。刻文五篇，主司批其文曰："疏通《尔雅》，馆阁之裁，经世华国之章也。"及见君年少，益惊叹焉。后曾试八次，不偶，人为君屈。君守道不携②，视屈信③泊如④也。

初，三品公被诬成狱，君青衿⑤抱恨曰："使吾父生子不如缇萦哉！"及中式，叩首谢天曰："是忻理父冤之日也。"于是极力陈救，十年损其家资之半，父不得冤，出狱时日，年老目盲，而君亦面鬓发脱矣。君子曰："孝哉！使龙石如陶朱公儿，不资存而父亡乎"？己未，当入试，以中寒不果行，而三品公适考终正寝，君力疾悲号，水浆不入口，遂感胁痛气郁不起矣。邑侯何君吊曰："天不憖遗，使孝子沦弃！"里中伤悼，皆抆泪⑥失声，以为孝子可赎，人百其身也。君禀清淑之气、纯孝友之心，温恭恺悌，端雅惠和，至于涵睿照于冲虚⑦，蓄英华于简澹⑧，若固而有介石⑨之贞，如懦而有不倚之操，则进于道远矣。兵宪汪北津与君旧，数欲邀置馆中不得，其介如此。文艺外，性喜作字，遂擅临池之工；又喜阴阳、地理、星命之学，言命则屡中，常自算午⑩运当厄，届期果以四十八岁卒。呜呼！以君之学行而数亦围⑪之，天其难问也已！

注释：

①孔天允（1505—1581）：允，原作胤，避清讳改。字汝锡，号文谷，又号管涔山人，汾州文同里百金堡（今山西省吕梁市文水县百金堡村）人。登嘉靖十一年（1532）进士，以藩戚外补陕西提学佥事，后官终浙江布政司参政。所著诗文，有《孔文谷集》16卷、续集4卷、诗集24卷及《霞海篇》1卷，均与《四库总目》并传于世。

②不携：无离心。

③屈信：❶屈曲和伸舒。❷犹进退浮沉。《易经·系辞下》："往者屈也，来者信也。屈信相感，而利生焉。"

④泊如：恬淡无欲貌。

⑤青衿：旧时读书人穿的一种衣服，借指读书人。

⑥抆泪（wěn lèi）：擦眼泪。《楚辞·九章·悲回风》："孤子唫而抆泪兮，放子出而不还。"

⑦冲虚：指恬淡虚静，又指升天成仙。

⑧简澹：简朴淡泊。

⑨介石：操守坚贞。《易经·豫》："介于石，不终日，贞吉。"

⑩忤：同"忏""迕"，逆；背。

⑪圉（yù）：本义为关押犯人的牢房，引申为禁；禁止。《逸周书·宝典》："不圉我哉"。

郭汝静墓志

路王道①

君讳恬，字汝静，别号壶山。晚年慕薛文清②之学，于《太极图》《通书》《西铭》未尝释手，潜心有得，乃撰《无庵吟》。父份，弘治甲子乡荐，授霸州守。

君生而丰姿骏整③，器宇端凝。十三龄入庠，十六廪食，肄业④河汾书院。每试辄冠多士，丁酉果俊秋闱，会试下第⑤。因趋省霸州，未几铨授兖府推官。兖号嚚剧难理，君摧豪申冤，明慎用刑，多所平反。如稽核侵渔，审编驿徭，代守署篆，惠威罩被⑥。尝手书厅壁有"不为利屈，而为义出"之句，其平恕⑦概可识矣。抚按交章荐剡，郡守特加敬重。甲子入帘⑧，识拔名士。曲阜圣裔为旁宗所诬，勘者率模棱不敢直，君廉情平反。寻以刚肠⑨疾恶，为人所忌，乘间有媒孽⑩者，于是谈笑丐体，潇然还里，放情丘壑。日与上党耆旧结社陶情，尝语儿辈曰："吾自束发迄今，讲学之功未始少辍，吾之燕诒⑪其在斯乎！"处家庭、临妻孥，严翼不苟；祠堂岁祀，惟谨悖信重义，睦族和邻。耻同流俗媕婀⑫之态，或有不平直言剖析，而胸次无少芥蒂。家有余资，推惠周急，不偿亦不之校⑬。邑令扁其门曰德寿并茂，盖称情云。辛未夏，无疾危坐而逝，非素养孰能然乎？有诗文若干卷藏于家。享年八十有二。

注释：

①路王道：字天德，屯留（今山西省山治市屯留区）人。以解元成进士，任南乐知县，累仕至光禄寺卿。立朝不避权奸，以直节触忤，罢归林下。年七十余，犹手一卷，日为捧诵。尝曰吾此生读不尽也，后以疾卒于家。

②薛文清（1389—1464）：即薛瑄，字德温，号敬轩，河津（今山西省运城市万荣县里望乡平原村）人，明代著名的思想家、理学家、文学家，河东学派的创始人，世称薛河东。明永乐十九年（1421）进士，官至通议大夫、礼部左侍郎兼翰林院学士。明天顺八年（1464）去世，赠资善大夫、礼部尚书，谥号文清，故后世称其为薛文清。明隆庆五年（1571），从祀孔庙。

③骏整：严肃庄重。

④肄业：❶虽已离校但并未学到规定毕业的年限或并未达到规定毕业的程度。❷正在学校学习。❸各就其业。

⑤下第：下等；劣等。科举时代指殿试或乡试没考中。

⑥覃被（qín bèi）：普遍施及。

⑦平恕：持平宽仁；公平正义；宽厚仁慈。

⑧入帘：科举考试时阅卷官进入试院履职。

⑨刚肠：刚直的气质。

⑩媒孽：比喻借端诬罔构陷，酿成其罪。

⑪燕诒：《诗经·大雅·文王有声》："诒厥孙谋，以燕翼子。"《毛传》："燕，安也。"朱熹集传："诒，遗；燕，安……谋及其孙，则子可以无事矣。"后以"燕诒"谓使子孙后代安吉。

⑫媕婀（ān ē）：依违阿曲，无主见。

⑬校：计较；考虑。《论语·泰伯》："犯而不校。"

杨文田墓志

张慎言①

公之先讳能者，以良二千石②显。大参③公讳奇，其子森，又其孙河，及其仲洛，同登贤书④，后先项背相望，悉列膴仕。

公以世阀⑤华胄，乃察其仆从居处，萧然如田舍翁。公后先文安、平山，悉赤县。文安去白沟河三十里，为九河下流，霸伯且用为壑。公经营指画，酷暑赫曦，躬先畚锸，庶民子来⑥，堤不致溃。郑国⑦、召信臣⑧之烈烂焉。徭役之累曰守陵、曰牧、曰解，率温室受役三千，编五百户有奇。餐壁为政不则，豪有力居其间。公综核而衰益之，先为簿正。人人厌⑨其意，吏不得因缘为奸利。辽左之警，既悉索敝赋⑩供亿，无逋负征缮，储备顺流，与之更始，吏习而民安之。茧丝保障，屹如也。当事者用循迹⑪启事，后先积三章。无何，邑卒遽中盗，直指循故事以闻，持其章曰："循令也，奈何！"公令无然，愿为法受过。邑父老扳辕轵道，父老挟缗扳舆，资廉府君薪水。寻补平山，仍取文安之治，轻重布之。廉里猾⑫舞，法付城旦⑬。有得地中钱千缗者，豪拟攘之不可得，首而请公，没诸官。公曰："田者自得之，他何与焉！"行格伯长法，免滨河之逋租。昔柳谕蒙治京兆、河南，一人而宽严异张，复之治蜀，一人一地而宽严异。公平山、文安之治，盖亦各有攸当⑭也。逆珰祠⑮将遍海内，檄且至，公力持不可，忤胥意，见诸声色。公遂投牒去，两邑口碑脍炙，循例随牒，冀得当用。公毅然拂衣，恬介⑯方幅⑰，终身以之。呜呼！迹其所设措，虽古之循吏何以加！期伸其志节而不恋夫名位，抑又非人所可及也已。公讳梦龙，字文田，号见吾。

注释：

①张慎言（1577—1644）：字金铭，号藐山，人称藐山先生，山西泽州阳城（今山西省晋城市阳城县）人，明代思想家、诗人，官至南京吏部尚书，加太子太保，为一品重臣。在书法上与董其昌齐名，明有"南董北藐"之称，著有《泊水斋文钞》《泊水斋诗钞》。

②良二千石：良，俸禄。二千石，汉官秩，又为郡守（太守）的通称。汉郡守俸禄为二千石，即月俸百二十斛，因有此称。

③大参：参政的别称。
④贤书：《周礼·地官·乡大夫》："乡老及乡大夫群吏献贤能之书于王。""贤能之书"，谓举荐贤能的名录，后因以"贤书"指考试中式的名榜。
⑤世阀：先世有功勋和名望。
⑥庶民子来：形容民心归顺。庶民，老百姓；人民。子来，如子女趋事父母，不召自来。《诗经·大雅·灵台》："经始勿亟，庶民子来。"
⑦郑国：战国时期韩国人，卓越的水利专家，曾任韩国管理水利事务的水工（官名），后来被韩王派去秦国修建水利工事，从而"疲秦"，而郑国渠修建之后，关中成为天下粮仓，赢得了"天府之国"的美名。
⑧召信臣：汉朝王成、黄霸、朱邑、龚遂、郑弘、召信臣等人，为官一任，造福一方，使百姓富裕起来，他们离开那个地方时深受百姓怀念。
⑨厌：❶嫌恶；憎恶；排斥。❷满足。
⑩敝赋：对自己军队的谦称。
⑪循迹：按照以前的（别人留下的）痕迹或形迹来行动，或遵循以前的规律来办事。
⑫猾：狡诈；狡猾。清姚鼐《登泰山记》："猾胥报充里正。"
⑬城旦：古代刑罚名，一种筑城4年的劳役。
⑭攸当：即各有所当，各有各的见解和独到之处。
⑮逆珰祠：旧指弄权作奸的宦官。此祠为魏忠贤生祠。
⑯恬介：恬淡平和而耿直方正。
⑰方幅：人品方正、端方。

杨会一墓表

周再动①

公，文田平山公之子、匏斋侍御公之弟也。生甫十月而失恃，稍长庭训甚严，授麟经②与侍御公。十七补邑庠弟子员，以冠军饩于庠。数奇，战屡北③。甲申国变，备罹闯贼之毒。皇清定鼎，纲罗俊杰，公以恩贡应选，授陕西城固县知县。比时声教④甫及，人心观望危疑⑤，兼以汉山七盘等二十余寨叛，民恃险梗化⑥。公推诚劝谕，投戈归附者数千家，地方渐获宁宅。邑故有堰，务凿山引泉出泄，俱有成例，灌溉维均。自师旅因仍，而野无稼穑；加以沮洳⑦之所湮塞，豪强之所兼并，成例已不可问。公清理疏通，计田限时，公水溉田，瘠土易为沃壤。于是荐剡交章，擢江南松江府同知，鲸鲵⑧出没之乡，盖海防重地也。

公自筮仕⑨以来，所遇者皆极难之时，所处者皆极难之事。心血枯于飞挽⑩，精神疲于簿书⑪。会秋风起，莼鲈兴思⑫，凡七请告归，始得致政。公其急流勇退者哉！归田杜门却扫，屏绝人事，手一编不释，或围棋赋诗，乐其天年而已。初侍御公扬历中外，家政悉付托于公，前后同爨者六十余年，始终无间。朴质俭素，绝无世宦贵介气。其待侍御二子，婚娶教训不啻所生。曰："吾以报吾兄拊循⑬教育之恩也。"平生所著有《静斋文稿》《檠阿心咏》诸集。病将革⑭，呼子豪前曰："学宫根本之地，听其倾圮，吾不能忘情。汝其勉为之。"豪受命，捐锾鼎新宫墙，成公志也。公讳四易，字会一，别号静斋。

注释：

①周再勋：长治（今山西省长治市）人，周一梧子，周再勋弟。

②麟经：《春秋经》的别称，古代一部编年史兼历史散文集，儒家六经之一。

③战屡北：指科考失利。

④声教：声威教化。

⑤危疑：怀疑；不信任；疑惧。

⑥梗化：顽固不服从教化。

⑦沮洳：低湿之地。《诗经·魏风·汾沮洳》："彼汾沮洳，言采其莫。"

⑧鲸鲵：比喻凶恶的敌人，借指海盗。

⑨筮仕：古人将出外做官，先占卦问吉凶。后称初次做官为筮仕。

⑩飞挽：同"飞刍挽粟"，迅速运送粮草。颜师古注："运载刍槁，令其疾至，故曰飞刍也。挽谓引车船也。"

⑪簿书：官署中的文书簿册。

⑫莼鲈兴思：比喻怀念故乡的心情。唐房玄龄等《晋书·张翰传》记载，苏州人张翰在洛阳做官，"因见秋风起，乃思吴中莼菜莼羹、鲈鱼脍，曰：'人生贵适志，何能羁宦数千里以要名爵乎？'遂命驾而归"。后来被传为佳话，"莼鲈之思"也就成了思念故乡的代名词。

⑬拊循：安抚；抚慰；护养。

⑭革（jí）：（病）危急。

杨侍御墓志

弟四易①

侍御讳四重，字凝一，号匏斋。生而骨相奇伟，精神端审，目所浏览辄记。七岁受胡氏②春秋，而十三经、史、汉诸编无不披寻博通。年十二，应童子试，冠曹偶③。年二十六，登贤能书。戊辰进士，令宜阳。宜处嵩岳麓，民顽梗逋赋，岁缺额二万金，前令目为坑堑。公下车，登进父老子弟于庭，劝诫乐输，仍禁火耗、清中饱，兴学造士，崇墉浚隍，务穑劝农，凡有益于民者，无不修举。不数月，而宜大治。以能胜剧④，移洛阳。洛为福王封国，且当川湖诸孔道，网密⑤而事繁。令疲于奔命，而荐绅巨室法尼不行。公事士大夫以礼，驭吏以法，抚小民以慈惠，夙兴夜寐，邑无废事。福藩以神宗爱子，其下人虎而冠⑥，诸中贵怙宠负气，道路以目。公以礼谕之，甚者则以法绳之，相戒无犯而礼其有行谊者，俾有所矜式⑦。

流寇窥渡，自沔口阑入⑧，兵使张皇无措，邑丞马密授公指，传致罗织⑨。公愀然⑩曰："杀人媚人，甘斧锧，不为一官乌足惜。"百计平反。司李⑪汤公大喜曰："使燕都无霜，齐地有雨者，洛令功也。"五载，上计故事，资俸深者留选清华。时贼渡河，台省合疏，中州入觐者宜留办寇，上报可。公明斥堠⑫，严阃阈⑬，战守互施，剿抚并用，民受其赐。已奉玺书，征召行次偃师，闻继母变，徒跣旋里⑭，葬祭悉如礼。服除，甫入都，忽心动，而先君子溘先朝露⑮矣。苍头⑯来，公抢地呼天，一痛几绝，匍匐奔归，日夕柩侧，肥甘不入口。逾岁不处内，日取家礼踧读。治木营葬，一遵先正⑰，内外姻党交称公孝子。禫除⑱，赴部拜南江西道御史。时南台乏员，公受事而视中东南三城，秣陵五方辏集，无赖子充斥彀下⑲，公下令绥良戢奸，夙夜匪懈。钱法大坏，敕官鼓铸，官商朋比为奸利，官炉私铸，递相侵渔，轻重错杂，低假相掺，名曰炉黄钱。钱无定质，物因无定价，市肆阒然⑳，喇棍㉑朱大举等乘机打抢，根本重地几成鼎沸。公单骑缉拿，立获首恶六名，具疏上闻，奉旨正法，人心始定。参㉒江中丞某公苟且玩愒㉓，置江防度外。公愤然曰："南宋粗安，恃此天堑耳。谁实司之疏忽至此！"抗疏指参，上赫震怒，语具南台疏草中。至所建白㉔，省烦扰、缓征缮诸便宜，赐嘉纳焉。崇祯末季,闯逆围汴阅七载,两河告急之檄雨下,公昏昼江干缉江防变。而张献忠、通天星等伙复盘踞豫章、三楚间,耽耽虎视。虎帅左良玉父子跋扈,举足动摇。公廉实,薄暮舣㉕舟巡警申饬,更移书开谕,东南半壁恃以无恐矣。拮据六年,甫获得代,报命入广陵,即闻逆闯据关中信,由开归㉖过邺,时山左㉗、河北悉为闯有,道路梗塞,微服抵里,家已先为伪师刘宗亮等抢掠殆尽。

中原板荡,先帝遇难。会大清驱除扫荡,闯贼殄灭,国朝征聘明宦,檄七下。公思区区此身皆清所留遗,且靖寇乱、清内地,先帝食德不赀,遂赴召以原官补江南道,入班行,即有经制,宜颁一疏部咨拨用,则有东兵续到频仍,一疏奉差督漕,催回空禁带货,条上诸要务不一而足。昼夜攒运,飞挽鳞次,粮数溢额。上色喜,拟特褒,而同官仓使以盗情劾运弁某。某者,则公报竣入剡章者也。令甲漕运问完欠仓储,问耗蠹,功过原不相掩。有求货而代为之解者,公愤曰:"吾以贿免,是再受参也。"竟拟削职拂衣㉘去。日偕诸兄弟戚友笑傲山阿,投壶歌饮,不半岁而病卒。呜呼!难罄所蕴,未竟其施。其可慨息也已!

注释:

①弟四易:即杨四易。

②胡氏:即胡安国(1074—1138),字康侯,号青山,原籍福建崇安(今福建省南平市武夷山市)人。学者称武夷先生,后世称胡文定公,南宋时期著名的经学家和湖湘学派创始人之一。主要从事学术研究,潜心研究《春秋》。其所著《春秋传》成为后世科举士人必读的教科书,自元延祐二年(1315)立于学官,明初纂《春秋大全》,沿而不改。

③曹偶:侪辈;同类。

④剧:繁多;繁忙。《商君书·算地》:"事剧而功寡。"

⑤网密:比喻繁苛的法令。

⑥虎而冠:虽穿衣戴帽而凶残似虎。

⑦矜式:敬重和取法。

⑧阑入:擅自闯入。

⑨罗织:虚构罪状,陷害无辜的人

⑩愀然:形容神色严肃或不愉快。

⑪司李:即"司理",官职名。

⑫斥堠:亦作"斥候",古代的侦察兵,起源时间不晚于商代。

⑬闉阇（yīn dū）：古代城门外瓮城的重门。《诗经·郑风·出其东门》："出其闉阇，有女如荼。"《毛传》："闉，曲城也。阇，城台也。"

⑭徒跣旋里：赤足步行，返回故乡。

⑮溘先朝露：指生命比朝露消失得还快，形容死得过早。

⑯苍头：奴仆。

⑰先正：亦作"先政"。❶前代的贤臣。❷泛指前代的贤人。❸前代的君长。

⑱禫除（dàn chú）：举行祭礼除丧服。

⑲毂下：辇毂之下，旧指京城。

⑳阗然：形容人声嘈杂。

㉑喇（lǎ）棍：流氓无赖及刁猾凶悍者。喇，即喇子，又称喇者、喇伙。棍，坏人。

㉒参：弹劾，封建时代指向皇帝告发官吏罪状。

㉓玩愒（wán kài）："玩岁愒日"的略语，谓贪图安逸，旷废时日。

㉔建白：提出建议或陈述主张。

㉕舣：使船靠岸。

㉖开归：即"开归陈许郑道"，清康熙五年（1666）置开归道，驻开封府，领开封府、归德府、河南府。开归道是省和府之间的一级地方政府，主官叫道台，正四品。

㉗山左：旧指山东，因在太行山左（东）而得名。

㉘拂衣：提起或撩起衣襟；挥动衣服。形容激动或愤激，振衣而去，谓归隐。

【国朝】

重修学宫记

朱　辅①

壶邑文庙，前志可考者，自洪武吕侯拓之，永乐马侯成之。越百余年，嘉靖戊申段侯再修，丁酉何侯成之，去今又一百余载矣。庙貌倾圮，两庑颓毁。

余莅任，来拜祀②，尚在榛砾间也。瞻仰榱③檐，徘徊廊庑，嗟叹久之。因岁歉，恐伤民力，乃与绅衿④商之曰："学宫之修废，人文之盛衰也。山峻则风雨兴焉，泽深则鱼龙集焉。学宫，固士人之山泽也，可不为振兴虑乎？况圣天子尊崇文教，嘉惠学宫。绣衣使者⑤檄文屡至，曷共勉之！余捐俸百金，乡绅士子咸乐输襄⑥事。"庠生杨振豪慨然起曰："予祖予父世膺显爵，科甲绳⁷芳，孰不出自学宫。水源木本⁸，敢自忘诸？工未竣者，予独任之。"乃捐资五百金，鸠工庀材⁹，废者起之，腐者新之，颓者补之。明伦堂、文昌阁、魁星楼，一时并兴，庙栋巍巍，崇瞻仰也；庑宇奕奕，隆陪祀也；两祠雍雍，敦风教也；门墙肃肃，焕观瞻也。于是讲集有堂，静业有室，金碧璀璨，耳目聿新⁽¹⁰⁾。洵⁽¹¹⁾哉！文明气象矣。《泮水》之诗曰："济济多士，克广德心。"于兹有焉。愿士子之游焉息焉，弦诵于斯焉，景行仰止，去厥旧习；幡然聿新，涤志修行，仰副圣朝崇文之运。其树骏流鸿⁽¹²⁾，联镳⁽¹³⁾奋翮，宁有暨⁽¹⁴⁾哉！杨生蒙各当事请旨擢贡，乡绅马万里倡率乐助，奉恩旌间。一朝举事，圣泽宠嘉，文运之兴，即此一征矣。时共事捐助者，学博⁽¹⁵⁾常在、训导侯谐、县尉魏济满，各有输工，例皆书名。

注释：

①朱辅：字泉庵，浙江崇德（今浙江省桐乡市崇福镇）人，府志作秀水（在今浙江省嘉兴市北），贡生，清顺治十一年（1654）任壶关县知县。为政慈祥，兴废举坠，多善政，升成都府简州知州。

②衽：衣前。战国楚屈原《离骚》："跪敷衽以陈辞兮。"

③榱（cuī）：椽子。

④绅衿（jīn）：旧时泛指地方绅士和学界人士。衿，读书人穿的衣服。

⑤绣衣使者：官职名。西汉武帝天汉年间（前100—前97），民间起事者众，地方官员督捕不力，因派直指使者穿绣衣，持斧仗节，兴兵镇压，刺史郡守以下督捕不力者亦皆伏诛。后因称此等特派官员为绣衣直指，后亦称绣衣使者。绣衣，表示地位尊贵。直指，谓处事无私。

⑥襄（xiāng）：帮助。

⑦绳：继续。

⑧水源木本：水的源头、树的根本，比喻事物的根本或事情的原因。

⑨鸠工庀材：招集工匠，准备材料。

⑩聿新：崭新的样子。聿，语气助词，无意义。

⑪洵：诚实；实在。

⑫树骏流鸿：树木生长迅速而茂盛，河流湍急而浩荡。骏，迅速。鸿，大。

⑬联镳：❶犹联鞭。❷喻相等或同进。

⑭暨：❶有及、至、到之意。❷从另一个角度来看，事物初具规模，却仍未成气候，故而"暨"也意为不及。此处当为不及。

⑮学博：唐制，府郡置经学博士各一人，掌以五经教授学生。后泛称学官为学博。

建文昌阁碑记

朱 辅

　　文昌阁曷为建乎？曰以崇儒也。曷崇乎尔？曰："士人文章，莫先德行。司文行为予夺者，惟文昌，故崇神即崇儒也。然则前此无有乎？"曰："有，一在东关外，阁虽隆而香火久废；一在南关庙右，阴幽面北，失向明之义，非所以扬奎光、尊懿圣也。"予乃择学宫旁芟隙地，鸠工饬材，而庠生杨振豪既修学宫，复慕义捐资，遹①观乐成，轮奂聿新，诚壶林之伟观，彼都人士所瞻仰而敬礼之地与。

　　予按《天文志》，斗魁戴匡六星曰文昌，在东方，为文明之象，故士子多祀之。夫星也，而以神事之；斗也，而以人事之，果古礼乎？以悬象著明之列宿，乃能下而与人通。其语言文字，果古者绝地天通②之义乎？虽然，天之有帝也，星之有君也，犹人世之有主也。星精降而钟为圣贤卿相，圣贤卿相骑箕尾而化为列星也。《诗》《书》所不讳，安见天人之不相通乎？抑思士受命于神乎，受命于己乎？如受命于神也，洁粢③丰盛飨神而神相之，未可知也？如受命于己也，世无不耕而获者。若在我修业有缺，而乞灵于冥漠之神，神其许之乎？天垂象，君子则之。诸士共仰迓天休，掞敷国华，为景星，为庆云，其为文昌，不更大也哉？且予读《文昌垂训》及《戒士子文》二篇，具于福善祸淫修身励行之旨，著明深切，有裨于儒教最大。今日取士者，文章耳。至纠德行，稽淑慝④，文昌实主之。所云三班四属，司厥行藏⑤；五部六台，考兹言行。理有必然，非虚语也。不愧于儒，斯不罪于文昌，是予建阁崇儒之旨也。愿告壶庠之多士，共为勉勖。乃勒珉薰沐而为之记。

注释：

①遹：句首语气词。《诗经·大雅·文王有声》："文王有声，遹骏有声。遹求厥宁，遹观厥成。文王烝哉！"

②绝地天通：天上地下、神与人各司其职，互不干涉。

③粢（cī）：古指供祭祀的黍、稷、稻、粱、麦、菰六种谷物的总称。

④淑慝：犹善恶。

⑤行藏（xíng cáng）：出处或行止。《论语·述而》："用之则行，舍之则藏。"

重修关帝庙记

朱　辅

圣天子厘正祀典，凡古今功德及民者祀之，节义纲常昭垂永者祀之，所以正人心，维风教也。

壶邑设有关帝庙，从来久矣，崇祀倍于他郡。每置圣诞，翠幄朱幡，笙歌盈巷。其雄镇南关，不特备春秋祭祀之典，且以重名义，萃风气，所系最重也。甲午夏，不佞①承乏②令壶，下车展③谒庙廷，见殿宇穹隆，轩廊耸峙，巍然巨观。但中门屏墙逼仄，径路屈曲，形势卑狭，非制也。

夫神有庙，犹朝廷必有宫殿也。庙有门，犹朝廷之有象魏④也。宫殿极其壮丽，而象魏乏崇闳之概，讵所以称答阳之义乎。丙申岁稔，诸耆老俱欢跃从命。不佞拼鹤粮之羡，易民田五亩，撤旧垣，拓百步许，直抵南陌⑤。社首乡宦知县马万里、庠生连擢等、乡约耆老等，遂各捐资，移大门而辟之。广其制度，叠石盘基，入者咸扱衽⑥而登焉。左右崇坊并峙，建钟鼓二楼。晨昏鼍⑦音鼍响，隆隆若出天半。门逼仄者，广而敞矣；路屈曲者，正且直矣。气象光昌，规模旷远，质之形家⑧，蓄聚风气，始无遗议云。且使后人瞻礼庙貌，仰景威灵；黄童白叟，咸谈节义，喻名分，凛凛于君臣之纪，其有裨风教其微哉！若夫香亭之饰以巍轩也，庑殿之列于东西也，崇墙之屏于南岸也，歌台舞榭之增以雕栏也，诸美毕备。一时同事者，学博常在、训导侯谐、县尉魏济满，及诸社首，善成予志，图度周详，董治勤苦，贤劳之不可泯者，例镌石并书，用示来兹。

注释：

①不佞（nìng）：❶没有才能。❷谦辞，自己。

②承乏：谦辞，表示所在职位因一时没有适当人选，只好暂由自己充任。

③展：省视；瞻仰。《周礼·春官·肆师》："大祭祀展牺牲。"郑玄注："展，省阅也。"

④象魏：❶古代天子、诸侯宫门外的一对高建筑，亦叫阙或观，为悬示教令的地方。❷借指宫室、朝廷。

⑤南陌：南面的道路。
⑥扱衽（xī rèn）：插衣襟于带。
⑦鼍（tuó）：一种爬行动物，吻短，体长2米多，背部、尾部均有鳞甲，皮可以蒙鼓。
⑧形家：为人选择宅基、墓地为业的人。

复修三老祭祀并立祠记

朱　辅

余莅壶邑，询以壶关三老之名，皆云三人。及读刘公碑记，始知三老乃汉时官名，非三人也。碑文辨论甚核①，必有所据，令狐其姓，茂其名也。公余之暇，远访遗迹。去城二十里，见山陇宏敞，碑珉耸矗，知为先贤古墓。神灵应为呵护，但树木凋残，荒烟蔓草，渐为牛羊牧竖地矣。前朝春秋有祭，像祀有祠。兵燹之后，废弛已久。因令狐氏无后裔，而奉祀无传，亦有司之责也。

夫壶关以三老重，而三老不仅以壶关重，所关纲常大义非小也。乃择城中官地创立庙祀，崇瞻仰也。修墓祭，复春秋享，循旧典也；清估②地，筑水道，防侵塌也；植松杨，禁樵牧，肃神道也。庶不忘地因人重之义乎！令狐氏在汉帝时，未尝如贵旧戚畹③，倾动宫廷也；未尝有拾遗补过，备员禁闱④也。乃知者不敢言，大臣不敢诤，而讼太子冤者，独令狐氏上书数言，夺宏主之心，振满朝之色。千载而下，诵义不朽者，岂非以父子至性感格君心哉。后巫蛊事白，田千秋有封侯之赏，而令狐氏无闻，岂徒薪与焦额殊科耶，抑令狐氏不愿居其名耶？虽江充之罪莫赎，思子宫之泪难收，而轮台一诏，未必不因此言启之，所关于纲常大义岂浅耶？乃议者不察，以为有战国侠士风。不知若辈，志在功名耳。读令狐氏之谏，议论恺切，心事光明，未始欣心爵禄。人品超绝群流，与商山之皓⑤，并重千古，岂可与权谋之士，同类并论哉！

注释：
①核：翔实正确。
②估：同"鼓"，凸起。

③戚畹（qī wǎn）：犹戚里，借指外戚、亲戚邻里，或帝王外戚聚居的地方。

④禁闱：宫廷门户，指宫内或朝廷。

⑤商山四皓：秦朝末年的四位博士：东园公唐秉、夏黄公崔广、绮里季吴实、甪（lù）里先生周术，四人因不满秦始皇的焚书坑儒暴行而隐居于商山。后用"商山四皓"来泛指有名望的隐士。

重修社学记

朱　辅

《周礼》："家有塾，党有庠。"此社学所自始，唐宋以来因之，所以育一乡之俊民，童而习之，长而安之，乃培养人才之本也。

近日社学多废，不复知养蒙①之功。即庠序圜桥②之礼，尚置不讲，况乡社乎？壶邑城东一区，堂宇数楹，尚存社学之名。予甚嘉之，嘉其得古人之遗意也。偶过其地，闻读书声甚善，遂入其室，搴其帷，见童子彬雅，执经问字，庠生吴上游课读严恪③。予欣叹曰："有是哉！壶邑风俗淳也，敦古礼也，吴子善迪教也，能育才也。"惜规制湫隘④，不堪布席谈经。思有以广之，而居民麟集，不便扩地，仅度其颓缺者补筑焉。堂之旁构廊舍，堂之上加粉垩，稍增数椽，以待来学，庶不失古者党庠之风乎。但不能多置义田以广膳读，予又甚愧于古人矣。予三试⑤士，其尤者荐之学使⑥，升之庠官，皆隽髦⑦也。安知异日伟才大器增光乡国者，不储于此乎？皆有裨于风教之事，不可不一言以记。

注释：

①养蒙：以蒙昧自隐，修养正道。

②圜桥：即"圜桥教泽"，指后面辟雍四面环水，水周流不断，象征教化不息。为了便于出入，又在辟雍四面各架一座桥梁。

③严恪：庄严恭敬。

④湫隘：低洼狭窄。

⑤三试：即院试、乡试、会试。

⑥学使：即学政，提督学政的简称，又叫督学使者。

⑦隽髦：杰出之士。

南关创建准提阁记

周再勋①

今有循良于此，有能毕任罢土木之役者乎？不能也。但为地方起见，劢众劳民，则虽灵台辟雍，咸有子来之乐。白非然者，即章华②柏梁，齐云落星③，祇筑愁思怨耳。况乎创起无因，以神道设教乎！

在今日，壶关隶上党，为偏僻下邑。然秦置上党郡，壶独踞巅而扼险要，俯视中原，辟一郡挈领之势。当日秀灵磅礴，岳峙渊停，甲于天下者，今乃稍稍陵夷④也。夫山河如故，环拱依然，岂地气有转移与，抑人事之不臧也。说者谓补偏救弊，存乎其人。而传舍具官者，往往借口，惮于改作。泉庵朱侯，以顺治甲午来宰是邑。当兵火凋残之后，一意辑柔⑤，深见夫一方缺陷，应修补者甚伙，乃曰："民信未孚，不可使也。"先为涤去烦苛，行其所无事，因其俗而利导之。又以标的象指，为刻韦弦⑥自佩，家传户诵，壶邑始知圣贤真实之学焉。乃属其绅衿耆老而告之曰："古有望景观卜，相阴阳向背之宜者，官师得意恒于斯，版籍蕃庶恒于斯，物力挚赢恒于斯，人文彪炳恒于斯，非特青鸟氏⑦一家私言也。"

于是凭睥睨而眺广原，循沟涂而观水利。则见龙山不起，虎山太昂，衣带无情，流泉缩涩。其甚者南关近郊一带，尖冲直射，洪水穿贯城门，大犯形家所忌。以今逊昔，职此之故，其亟图之便。众唯唯。于时，众心蒸动，群力辐辏，陑陑登登，是营是度。创建杰阁四楹，虔奉准提大士⑧。旁构兰若一区，一资焚修⑨常住。蟠基巩固，体势嵯峨，规制崇宏，结构䂞密。莲台与雉堞⑩羋，离照⑪丽佛光同耀。涣散者于焉关锁，澅漫者得此含蓄。如罘罳⑫屏障，聚气藏风。又如砥柱中流，狂澜效顺。厥功伟矣，岂止新万民之耳目，耸九衢之大观也哉。况大士为真言之母、神咒之王，凡有所求，随意可得。泉侯平日精信，发兹洪愿。长公霞登乙未会魁，次公雯领丁酉乡荐，三年两隽，皆当侯治壶之日。虽其家传之秘，而冥福显佑，良有不可诬者。蠢愚汨没⑬，尽有刑驱，法制所不能格对，西方化人油然辄兴起善念者，则神道设教之说也。

登斯阁也，千岩竞秀，万井含烟。熙熙攘攘，蕃衍生聚者，可为教养资。其视荒山白草，鸡犬萧条之日，当必有间矣。奋土于顺治十六年九月，观成于十七年七月。凡金石竹木，黝垩丹青，皆侯割俸平价所置。乃闻风景从者，输将之恐后焉，不待督责，集兹鸿钜，则侯平日信惠之孚可知。且人定胜天，从此物华天宝，吐其英，可渐望比隆于往昔，侯实具有挽回造化手。愚民锢蔽于俗习，日瞻仰七宝楼台，因莫不回心向导，亦以佐政教所不及。一举而三善皆备，允惟不朽。至于百废俱兴，不宁惟是，详载各碑记，余兹不赘。侯讳辅，浙江嘉兴府崇德县人，三科副榜，戊子贡士。顺治十一年任，十八年升成都府简州知州。

注释：

①周再勋：字仲赐，号雷泽，长治（今山西省长治市）人，明按察司副使周一梧子。明崇祯丙子（1636）举人，清顺治丙戌（1646）授刑部司务，参校大清律，后升户部主事至金华知府。老归贫约如故，杜门却扫，著书自娱，工书善吟咏，时作山水写意，参修府志，笔力简严，有古良史风。著富，有《娱斋诗集》14卷。

②章华：即章华台，又称章华宫，是楚灵王六年（前535）修建的离宫，后毁于兵乱。这座"举国营之，数年乃成"的宏大建筑，被誉为当时的"天下第一台"。

③齐云落星：作为古代豪华建筑中高楼的代表。

④陵夷：衰微；衰落；衰败。

⑤辑柔：❶和顺；和悦。❷引申为安抚。

⑥韦弦：比喻外界的启迪和教益，用以警戒、规劝。《韩非子·观行》："西门豹之性急，故佩韦以自缓；董安于之性缓，故佩弦以自急。"

⑦青鸟氏：神话传说中的古官名，为历正的属官，掌管立春、立夏。

⑧准提大士：即准提菩萨，为佛教中显教、密教所共尊的大菩萨。准提，清净。

⑨焚修：焚香修行，泛指净修。

⑩雉堞：又称齿墙、垛墙、战墙，是有锯齿状垛墙的城墙，可作为守御城墙者反击攻城者时的掩蔽之用。

⑪离照：太阳。

⑫罘罳（fú sī）：也作"罦罳"。❶古代的一种屏风，设在门外。❷设在屋檐下防鸟雀来筑巢的金属网。

⑬汩没（gū mò）：淹没；沉沦；沉溺。

重修玉皇宫记

章 经

邑治之南，沙窟之村，有玉皇祠焉。祷雨辄应，远近庶黎，秋冬报赛①，扶老策幼，相接道路，莫不祗恭，罔敢怠豫②。钦惟昊天上帝，主宰九天，发育万物。四民仰好生之德，百谷荷时雨之滋，尊崇无上，称述难名。

爰稽邑志，宫祠创自元季③。香火告虔已非一日。壶邑界在山陬，地瘠民贫，他无营业，惟力勤稼穑，为治生计。所赖年登岁稔，用资衣食。若雨旸失顺，则百姓流亡，原野丛为荒榛④。莅斯土者，虽蒿目⑤拊膺⑥，欲图裕国足民之道，兴仁崇礼之化，不亦戛戛⑦乎其难哉。自频年⑧来，邑境内外，雨不破块，风不鸣条。岁时顺序，耕凿遂生，具赖皇穹默佑，亦此邦积善竭诚，有以感乎昭格⑨也。今仰睹上帝行宫，殿宇虽复巍峨，而金碧不加璀璨。山门香亭日就颓圮，殊非所以壮玉宸之居，肃入敬之容。有司祭谒，能不兴惕于中乎？乃捐资创修，而城乡之乐善者，非由劝输，子来如市。于是诹吉鸠工，不异灵台之筑，倏焉告竣。祠旁有巨冢，不知卜兆何代。简册无稽，虽故老相传，亦属疑似，不敢诬惑，并封累之，题其名曰古陵。工毕勒珉，薰沐敬记。

注释：

①报赛：❶古时农事完毕后举行谢神的祭祀。❷泛指谢神。

②怠豫：贪图安乐而懈怠。

③元季：通常指元朝末年。元，元朝。季，指一个时期末了的意思。

④荒榛：❶杂乱丛生的草木。❷引申为荒芜。

⑤蒿目：极目远望，犹言蒿目时艰。

⑥拊膺：捶胸，表示哀痛或悲愤

⑦戛戛（jiá jiá）：❶拟声词，鸟叫声。❷形容困难。

⑧频年：连续几年。

⑨昭格：降临吉祥；勤勉地感通上天，又引申为神灵；美德。

重修城隍庙碑记

章 经

盖闻明幽异路，而阴阳之理则同；劝惩彰教，而典守之职非殊，是神与令均有司民之责者也。邑令奉天子命，莅斯土；邑神钦承封号，亦司斯土。抚绥辑和，除暴安良，令之政也；水旱疾疫，转祸为祥，神之事也。故邑令设署舍以听断，邑神建祠宇以照临，此一定之至理，不易之恒论也。

壶邑虽山陬残瘠，民风亦颇浑朴，率皆秉虔乐善，至其奉神尤加诚谨。何况司土之神，聪明正直，日鉴在兹，讵敢慢忽乎！今庙之栋宇庭楹，两廊及门垣坊表[1]，岁久颓缺，非惟不足以肃观瞻昭敬礼，抑亦悖神道设教之意矣。实缘民力维艰，不克整葺。幸今岁雨旸时若，书有秋，此神贶之庇我下民也。城乡之绅衿耆老，众口金谋，来告余曰："宜答神庥，敬将报赛。但庙貌弗焕，亟应崇饬，敢以是请。"并丐[2]言于余。余甚义其举，而惬吾夙志。尝岁时朔望，行香祭谒，及讲约议事时目击意惕，为簿书拂格而未逮。今此足以成余之志，特出捐金，汇诸阖邑中好施之资，鸠工修理，而庙之前后左右皆金碧飞色，丹雘[3]翔采，不月余而大功告成。立碣叙述，凡趋事者，并得勒其姓名。

注释：

①坊表：又称标或望柱，华表的一种，柱顶不设云板。

②丐（gài）：本义是乞求，引申为请求。

③雘（huò）：赤石脂（一种粉红色陶土）之类红色或青色的矿物，古代用作颜料，泛指好的色彩。

重修县北城碑记

章 经

壶关，岩邑也。分太行之支，踞上党之左。山高于城，溪回壤错，土燥而冽[1]。年久屡倾，时修时圮。康熙十七年夏六月，予奉简命莅兹邑，兢兢以固圉保民为念。是秋九月大雨，坏北城，楼橹②并歆。予悚然亟思修治之。

询壶邑故事，城坏辄报，上行牒督修。有司遵牒，集里民出资力。及事行，往往滋弊累民。而胥役里蠹，率喜事好功，借公行私。嗟此残黎而令朘削③耶，余深悉此弊，痛绝之怀，拳拳不置。

康熙十八年，适遇北城之役。即日躬履其地，肇图修葺之举。不敢邀功以报上，不忍悉索以剥下。乃召土石各工，循故址，因旧物，出捐金，鬻新料各若干。至夫工役，按名廪给，丝毫不烦民力。予日偕广文张君瑞锦，县尉同君习正，视工城上，劝劳进力，越三月而告成。四乡之民，不知有城圮城修者。瞻彼巍然其崇，矻然其巩，翼然其飞，焕然其新矣。余亦可以告无罪于兹役，可以告无罪于兹民矣。聊志岁月，用示工竣云。

注释：

①冽：冷。
②楼橹：亦作"楼樐"，古代军中用以瞭望、攻守的无顶盖的高台。
③朘削：剥削。

重修县南城碑记

章　经

城者，御暴保民之所。王公设险以守，故筑城伊淢①，维丰之垣，诗什著美。城不逾制，役不违时，春秋垂戒。

自秦汉以来，壶邑县治，建立屡更。后魏时，移治于颖阳冈。唐武德间，置治于高望堡。贞观中，又移治于清流川，即今治也。五代宋金元，并仍其旧。故明洪武二年重修，景泰初兰侯②补筑，至嘉靖年李侯③劝输，甃累巍然。城虽斗大，而其地形实有足称。清川绕带，壶水环襟。千村拥护，万嶂拱朝，况羊肠之厄北当燕赵，是诚山溪固国，灵秀毓贤之区。但频婴兵火，四望荒圮，兼之积岁既久，坚者摧之，矻者颓之，非复畴昔④之雄观矣。康熙二十年夏，南门闉门坏，敌楼倾。若弗加修筑，曷以防御！守土之义谓何，而敢视如传舍⑤哉？余捐资，购买木石砖灰，量功命日，相度鸠工，乘农隙时遵制修筑。虽陕陕⑥冯冯⑦，不两月告竣，而言言仡仡⑧，将千载巩固矣。爰为记以立石。

注释：

①洫（xù）：同"洫"，沟渠；护城河。《诗经·大雅》："筑城伊洫。"

②兰侯：即兰兴，于明景泰初任壶关县知县。

③李侯：即李用敬，山东益都（今山东省潍坊市益都县）进士，明嘉靖二十一年（1542）任壶关县知县，翌年劝谕捐金修南城。

④畴昔：往日；从前。

⑤传舍：古时供行人休息住宿的处所。

⑥陾陾：众多貌。《诗经·大雅·绵》："捄之陾陾，度之薨薨。"

⑦冯冯：墙坚声。《诗经·大雅·绵》："筑之登登，削屡冯冯。"《毛传》："削墙锻屡之声冯冯然。"

⑧言言仡仡（yì yì）：高大貌。

重建启圣祠记

章 经

圣王以孝治天下，圣人以孝教天下。本立道生，此天地古今不易之至理也。

壶邑文庙创辟，宋元频更修饬，以故栋宇常新，不致废坠。独启圣公祠没为荒榛，寄祀于敬一亭中，相沿既久，恬不知怪。及考邑乘，明季嘉靖间，覃怀何侯铨授兹土，兴文洽化，崇礼报本，创立启圣祠，极其华丽。后万历间，邑令齐公改创于殿右西北，迄今不过百余年间，而仅余故址，绝无片瓦寸椽，竟附诸敬一亭而祀之。其何以妥先圣之灵，肃观法之地，不亦重可慨哉！

余时与司铎①张君谋之，防事于辛酉之维夏，迹仍其址，铲除芜砾，因其旧而开拓之，亟为重建。一切丹臒木石，捐俸购备，择吉兴工。祠构三楹，墙高数仞，雍雍奕奕。有事在庙者，仰榱桷②以思源本，虔谒祀而奉献奠，绝风雨之虞，无湫隘之虑，正所以遵圣训孝治孝教之意，使凡为士者知先师之所自出，礼不可不隆。尊启圣，即以尊夫子；敬夫子，益当知所以启圣也。是岁仲夏工毕，董斯役者，司铎张君瑞锦；协以成者，弟子员王锡畴、吴上游诸人，例当并书于石。

注释：

①司铎：掌教化的官。相传古代颁布新令时敲木铎警众。明清时期成为府学教授、州学学正、县学教谕等学官的别称。

②榱桷（cuī jué）：屋椽。

重修三老墓记

章 经

尝读汉史，至壶关三老上书讼戾太子冤，令人有旷百世之感。当是时，三纲几于沦斁①。而在廷公卿大夫，咸钳口结舌，莫敢建白。独三老一草莽之臣，奔赴阙下，慷慨謇谔②，竭诚沥悃③，不避铁钺，卒能悟主，以安社稷。俾君臣之谊正，父子之道全，而江充奸邪之罪，一旦昭著于天下。此真英伟卓荦④、忠志致身之士哉！

戊午之夏，余奉朝命来兹土。爰稽祀典，三老有祠，春秋展礼。载考上党诸记，令狐其姓，茂其名，三老其封秩，征君其谥也。但名贤钟出，地以人重，故闾之里宜表扬，庙祀之所宜尊礼，首丘之处宜封植。今三老故里久矣湮没，即其庙祀亦皆芜陋，纯山茔兆，鞠为榛莽。后之怀贤好古者，能不动凄怆之叹哉。余捐俸立碑，颜其故里，昭敬式也；修其庙祀，崇瞻仰也；筑其窆⑤墓，肃神道也。虽三老声名，垂之今古，麟炳霄壤⑥，不借余为生色，而余则因三老以风世云尔。

注释：

①沦斁（lún yì）：败落。明归有光《金君守斋墓志铭》："世道沦斁，为善者兢兢惧不能免。"

②謇谔：亦作"謇鄂"，正直敢言。

③沥悃：倾吐至诚。北宋苏舜钦《投匦（guǐ）疏》："盖以陛下开言路，塞讦门，采瞽说，纳愚虑，是以析肝沥悃而具述之。"

④卓荦（luò）：也作"卓跞"，超出一般。

⑤窆（biǎn）：本义是把死者的棺材放进墓穴，引申为埋葬、墓穴等义。

⑥霄壤：天和地，一极在上，一极在下，比喻差别极大。

捐置义冢记

章 经

为令守土，凡境内之利当兴、弊当革者，无不宜惓惓诸怀。所谓一民饥，我饥之也；一民寒，我寒之也。民生休戚，系于令者甚切。至夫疾病死丧，尤宜矜恤。昔文泽枯，仁政所及，迄今千古犹思慕之。

余忝牧壶邑，目击凋残，虽四郊瘝瘾，务求详悉。特虑未尽周知，穷民无告，死者有憾，保无暴骨荒残、风凄日炙之惨乎？相彼隙地，庶或殣①之。则黯磷无夜泣，幽魂慰泉台矣。兹购地于城南之墟，四至埋石，永为漏泽之园，聊作暴露者归窆之所。至立碑之位，坐卯向西兼庚三分，俾葬者望为坐山，知所趋吉。此按青乌②家诸书，兼示迷途一指。非敢博誉沽名，而为此掩骴埋骼③之举，亦存吾恻隐之心尔。

注释：

①殣：掩埋。

②青鸟：古典文学中借指信使。

③掩骴埋骼（yǎn zì mái gé）：收葬暴露于野的尸骨，古代的恤民之政。

修社学记

章 经

三代皆有乡学，今之社学即其遗意也。盖社学之设，所以教育一乡之俊颖，而使之明伦砥行，善俗厚风。譬之美玉不琢，无以成宝器；佳木不培，无以成良材。端蒙之功，岂可忽乎？

近世贫富不同，富者自有家塾，父兄督课；贫者不克自给，愿学未能。往往见闾阎编民中子弟，高资秀质，无力延师，弗遑负笈，竟尔沦弃。亦有流入污下者，予尝深为惋惜。又见郡邑社学，在在有之，仅存其名，未核其实，虽有社学与无社学等耳。倘布席之地非静雅，训迪之师非善诱，亦安望其造就有成哉？予身膺分符①，职悉化理②，若歧视吾民之子弟而不加教育，窃愧父母③之名矣。今堂舍颓缺者补筑之，敝陋者葺理之。复得纯儒吴生上游，朝斯夕斯，教之诲之。后之来学者，谅亦不负予心。

注释：

①分符：犹剖符，谓帝王封官授爵，分与符节的一半作为信物。

②化理：教化治理。

③父母："父母官"一词来源于《礼记·大学》："《诗》云：'乐只君子，民之父母。民之所好好之，民之所恶恶之，此之谓民之父母。'"知县掌管一县的政事，当如父母一样爱护子民。

改南关水道记

章 经

自古及今，凡为民上者，土木役众，快一己之私，为游观之所，百姓未有不咨嗟①敛怨者。若民事所当举，虽劳民为重，而亦不遑恤②也。

邑城南有水，自西山奔注，入惠泽池。池隘，非巨浸，且势亢，水溢则背城南去，散折漫溠，风气不藏，最为形家所忌。但救弊补偏，人实为政。余叨③令斯土，周览既详，亟欲改作，为壶邑久远计，犹恐民信未孚，难以谋始。今绅士及耆民等，佥称："故明时南关西山水注，率由东向逶迤而去。当年士多显达，民颇殷富。今岁久改流，狂湍逆溯，士庶日就陵替。前幸朱侯建准提阁镇之，究不若导水故流之为愈也。"余忻然曰："人谋既协，事不可已。"余乃捐资鸠工，公买民地，移阁于东南，改水返故道。从此碧波环带，清澈绕襟，自西而东，有拱护之概；引源合派④，无回汩之虑。又中创石桥，以通往来。且观澜濯缨⑤，自饶佳致。俯仰锦川，虹彩交辉，振士风而厚民俗，庶两有裨乎。因刻石纪之，以垂永久。

注释：

①咨嗟：赞叹、叹赏。

②遑恤：闲工夫忧虑。遑，闲暇。恤，担忧。

③叨（dāo）：东汉许慎《说文解字》："叨，俗饕。从口，刀声。今俗与饕分别异用。"口如刀贪食是叨之范式。本义同饕，指贪，后引申为承受、话多等义。

④派：江河的支流，泛指分支。

⑤濯缨：洗涤帽缨。《孟子·离娄上》："沧浪之水清兮，可以濯我缨。"

鼎建凤山塔记

章　经

壶邑踞太行之巅，俯视鸿蒙①，层峦叠峰，列翠环奇，此固宇内之雄区，非特一邑之胜概。其间英贤辈出，代不乏人，在昔三老四辅，懿献鼎元②，班班可考。他如诸杨济美③于仕途，二张竞爽④于云路⑤，人文蔚起，由来久矣。而近时科第稍逊，弦诵亦衰，城郭依然，山川犹是，岂灵秀之气独萃于前而不钟于后乎，抑运数使之也？

余心窃疑之，乃缘簿书之暇，究稽堪舆⑥之理，登陟周览，相度形势。城之巽方所称凤凰山者，山之巅处宜造浮屠，为邑内文峰。及询荐绅父老，金言凤山建塔实此邦厚幸，特以厥费甚巨，虑难鼎创。余念慨然一举而有关文风，岂可坐视颓靡。因独任之，亦不计其力之有无也。遂捐资卜日，甃累肇工，不阅月而告成。遥瞻文笔巍矗云表，直与夫子宫墙、奎阁⑦藜火⑧，相为辉映焉。抑余更有进者，人文赖塔之建，形家之说则然矣。而济济多士，更自励其志，不涓俗趋，不竞外诱，潜心正学，期与其乡先生，先后继武⑨，则人杰而地自灵，又岂徒区区风脉之说哉。

注释：

①鸿蒙：中国神话传说的远古时代。传说在盘古开天辟地之前，世界是一团混沌状，因此把那个时代称作鸿蒙时代，后来该词也常被用来泛指远古时代。

②鼎元：科举制度中状元的别称之一，因居鼎甲之首而得名。此指榜眼郭翀。

③济美：在前人的基础上发扬光大世济其美，不陨其名。

④竞爽：精明强干。

⑤云路：比喻仕途、高位。

⑥堪舆：即相地术，俗称风水术，是一门历史悠久的玄术，属于占相阳宅（生人住宅）和阴宅（死者墓葬）的地形、环境、结构、坐向以测断吉凶休咎的方术。

⑦奎阁：收藏珍贵典籍文物的楼阁。

⑧藜火：东晋王嘉《拾遗记·后汉》载，西汉刘向校书天禄阁，夜默诵，有老父杖藜以进，吹杖端，烛燃火明。取《洪范五行》之文，天文舆图之牒以授焉，向请问姓名，云"太乙之精"。后以"藜火"指夜读或勤奋学习。

⑨继武：足迹相接。比喻继续前人的事业，亦比喻事物相继而至。武，足迹。

重修章公堰记

马　溥①

　　章公堰者，志其始也。贤人君子莅此邑，其有功德于民，则咏歌鼓舞，假于物以示不谖②甘棠之爱，及所憩矣，况是堰为万世永赖者哉。

　　盖壶踞龙山之阳，屹然起群峰间，山耸水环。每夏秋，其水自西北来者，众潦齐汇，由城隍而东注，其为蓄泄也急矣。而大河一带，自龙潭而东奔，蜿蜒于此，距城甚近，时有汪洋震荡之势，其为堤防也又急矣。夫固完然壶也，而其东北隅偏缺，岂非天造地设，以待贤有司之补救耶？在昔章公，经之营之，基之累之，石堰一城，金汤③永固矣。后之人见章公而不得，睹斯堰如见章公焉。但自辛酉以来，七十有余年，日削月磨，土解石裂，堰之基址几没。前任詹公④，甫至壶，相阴阳而观地势，利生民而奠流泉，重兴力役，旧模复新，邑甚利之。奈比年来山水涨溢，波臣⑤肆虐，而堰又冲决矣。虽物之成败有数，其赖后此之增修者，不又急耶。

　　庚午⑥冬日，我清翁宋老父台⑦，绾⑧纶⑨是邑。始下车，即以修举废坠为己任，然以他务未遑也。公以山左阀阅⑩，名世魁才，试烹鲜于小邑。因地制宜，其所以治我壶者，即以章公为前辙。章公持己以廉，公之薪水不饶如之。章公莅事维勤，公之案牍不留如之。章公爱壶民也以仁，公之恤鳏寡、赈贫乏如之。章公成壶民也以义，公之锄强暴、禁宵小如之。前曰召父⑪，后曰杜母⑫，其谓是哉。阅期年余，政既成矣，民既和矣，可以举大事而不疑于众矣。乃属其绅衿耆庶而告之曰："是堰之筑于章公，非偶然也。不修，且无堰矣，其何以壶？"于是慨然捐俸以倡。而首事诸君子，各相劝勉，慕义如响，其事因大举云。

　　是役也，规则由旧，谋更图坚。卑者杵之，厚其植也；高者增之，峻其防也；凿深池于西隙，预蓄潴也；为水簸于东面，防冲决也；殿宇而饰以丹腰，崇观瞻也；亭台而植以松柏，备游览也。其功若浩，其成较速，所谓举得其义而庶民子来者与。自今以往，斯堰不朽。河顺其道而震荡不忧，水归其泉而蓄泄得法，章公之泽，不益著乎。虽然，莫为之前美不彰，莫为之后盛不传。后之戴章公者，皆以颂我公述之功较重于作也。则以为章公堰也可，即以为宋公堰也亦无不可。是为记。

注释：

①马溥：字清溪，号肤臣，壶关（今山西省长治市壶关县）人，乾隆辛酉科（1741）举人，壬戌（1742）进士，官泽州府教授。

②谖（xuān）：忘记。

③金汤：形容城池险固；道家语；金汁，古代守城时粪便煮出来用于泼洒防御敌人的液体。

④詹公：即詹绍文，四川筠连拔贡，清乾隆二年（1737）任壶关县知县。

⑤波臣：水族。古人设想江海的水族也有君臣，其被统治的臣隶称为波臣。

⑥庚午：即清乾隆十五年（1750）。

⑦宋老父台：即宋熙，胶州（今山东省青岛市胶州市）进士，清乾隆十一年（1746）任壶关县知县。

⑧绾：把长条形的东西盘绕起来打成结，此指控制。

⑨纶：动词，治理。南朝梁吴均《与朱元思书》："经纶世务者，窥谷忘反。"

⑩阀阅：❶功绩和经历。❷有功勋的世家、巨室。❸泛指门第、家世。

⑪⑫召父、杜母：召父，西汉召信臣。杜母，东汉杜涛。二人先后为南阳太守，博得百姓爱戴。

创建龙王庙记

冯文止

吾邑，盘太行之曲，土瘠水深，民艰于汲。雨雪不时降，则井泉涸竭。然当崖谷幽阻之会，灵秀所钟，往往有神物栖泊于内，兴云致雨，每祷辄应。盖天之分奇割异，不绝于僻壤也。以故居斯土者，尤重龙神之祀。乡鄙报赛，每庙而祠之，按《周礼》以鼯辜①祭四方百物。《祭法》曰："能出云为风雨皆曰神，龙能致云雨，为民御灾患。"其祀之也，宜矣。

粤自有唐以来，池渊湫涛之祀兴，时以显应，叠加宠号。我国家怀柔百神，增入祀典，凡直省州县有其举之，莫敢废也，况于兹邑也与？顾附郭者，其典独缺。绅士合辞请于邑侯杨公②，公曰："灾祥所系，官此土者之职也。"乃因署右隙地，创龙王庙一所，周垣袤延。又因余资为旁舍若干楹，洪整密致，以为朝典庆贺之所会集。凡七阅月而告成，民睹而乐之。或曰："禾黍之墟，诛茅除秽，是断是迁，乃丹乃臒，可以观治。品从群祀，仪准雨师，鼓钟舞袯，散酒豆笾，非其类者，不在祀典，可以观教。"或曰："求民之瘼，勿屯其膏，饮以醴泉，沃以甘露，有闵其容，载赫其光。我侯戾止，百礼具举，可以观化，且以观事。治成教立，化行事举，公其亦可以不朽矣。於戏，亦乌知公之所以不朽乎！"

吾邑当晋豫襟喉，天设之险也。用武之际，游骑之所不至。盖石起水伏，难以趵泉而饮；人习劳苦，率有固志。昔刘正之难，杜牧谓："河阳至天井关，距百里无井。"李文饶谓："昭义一军，素号忠顺，非河北比。"公于此通地之穷，因俗之宜，亿兆饮和，百灵效顺，主封内之山川，润泽生民，则所以留于不朽者，尤必有在，曾一庙之建云尔哉！然而，公方谦让未遑，于财则归诸一邑士民之所乐输，于工则归诸邑尉祝君率在城乡约之所督理，并此功亦不有也。余谓公于是役也，劳不负官，善不违地，功不专己，可谓得政本矣。是不可以不记云。公字榆眠，江南武进人，己卯科举人。

注释：

①䃣辜（pì gū）：分割，肢解牲体。
②杨公：即杨宸。

紫团拾遗记

冯文止

《抱朴子》①记天下名山，言抱犊不言紫团，紫团之山，徒以产人参著名。今观山之灵秀，紫团为胜。抱犊乃名不称实，何也？紫团，山也，编户者借以名其乡。

余其乡之古任村人也，记事自古任始。他村落皆在山畔，独此平敞，为一乡巨镇。村之西曰龙备山，周围数里，南北各有洞一，岈岈②张裂，曰龙眼。突兀而起者曰角，蜿蜒而垂者曰须，穹隆诘屈③而下者曰鼻。鼻下有小山圆累累然，则颔下珠。谓龙体略具，故曰备。东南曰凤凰山，横身昂首，两翅舒张，盖飞凤形。其阴多松，有泉甚甘，下则悬崖如割，分裂为峡，广数丈，袤延半里余，曰崩洪穴。数十里河水皆从此出，水势猛激著人衣，则乾石为之穿。俯视有门，门外有井，曰天井，深不可测。河水微则石填转浅，水大则石随水出，乃益深。渐下有凹蓄水，曰第一浜、第二浜、第三浜，盖居人于平河滩水处曰瀹。阴崖绝险，有神居之，曰潭；凹坳冲激，水过而留，曰洪。出而东，则清晴河。河水无源，此处有泉，盖凤山泉之下流也。言水晴则清，清于晴耳，东入沾水。流入于洪出，水经其北，则莲花山、摩云山。山有洞，白东谷④题诗刻石焉。摩云山西十里，曰雷石山，有佛殿。佛座下有风穴，以物投之，或吸而入，或吹而出，其期不定。莲花山之东三里曰大脑山，村曰黄柏崖，其上多葱。明季为石堡以避盗贼，遗址犹在。由龙山而南，有若介而立者，曰将军山。其深处草木经冬不凋，尝于积雪中开红花数本，识之者曰：耐冬花也。支分而下，则有宋时所建二仙真人庙。庙侧有池，池底无泉源而有水孔，河水发则渗而入。盖自其西南十余里，水每流入地伏，而凿池者乃适当其汇。庙之对山翠微山，山凡三分，攒合为屏，嵌空如刻琢。其满山皆窍，雨则水皆入窍，从山根出。旁有洞曰翠微洞，洞口有台，相传为二仙真人飞升地。连虎尾达参掌，复与凤山接。唐昭宗乾宁二年，改葬真人父母于此，碑尚存，颇有正史未备者。

又东二十里，则紫团洞。洞之中，千门万户，头头是道，擅往辄迷不能出，盖一玲珑山也。石笋幻状不一，其最奇曰玉女盆。盆上有盖，盖上有口，口广才可容手，探之四面浑圆如盆，有水不涸。参园在洞之东北六里，大可数十亩，周遭石墙天成。其北墙拱云盖寺，天设一照壁，盖此实紫团深处。山之灵秀，钟聚于此，故产人参，今则无矣。九峰山在洞之东南三十里，由崇云寺侧缘山廉⑤而上曰锯齿，上有娲皇庙，坐山如葫芦，其小石亦如之。对蜡烛山，危峰拔地，若蜡烛然。其西有村曰土池，居民皆倚山为田，田与山皆高于其居。雨大，疑有水患，然凡田皆有窟，投以石，则硁硁⑥然，良久渐没。将雨则云出其上，既雨则水归其中。其两山界处，石潨水流，自然成桥，曰天桥。桥下悬石瓮，积水常满，自七里栈望之如画。七里栈者，通道之穷者也。旧道由紫团洞侧，历参园⑦下庄子。河水暴至，人畜无能免者。乃于其北山凿以为窟以通道，道绝则接以飞栈，凡七里。栈不能施，又接以桥。桥屡筑，皆为河坏，乃请教于先高祖耆德公。公乃亲往相度，铸铁柱约万余斤，破山石横植之，遂成。初以举柱，众力不支，濒于险。公亲救之，致压一指于下，血淋漓，众鼓力乃起。桥成，因为立碑，后人以为落指碑。至是，则距古任六十里矣。今呼其山曰窟窿山，实古之黄羊山也。由黄羊而东，诡⑧列万状，震骇心目。或刻削如利剑，或怒涌如云气，或伛偻如老翁，或纤秀如美人，或冠簪俨列如冕而坐。山益奇，道益穷，虽好游者或未能至焉。

注释：

①《抱朴子》：东晋葛洪编著的一部道教典籍，内外篇共8卷，内篇20篇论述神仙吐纳符箓勉治之术；外篇50篇论述时政得失、人事臧否、词旨辨博，饶有名理。

②岋岈（yǐ yá）：参差耸立。

③诘屈（jí qū）：曲折。

④白东谷：即白胤谦，阳城（山西省晋城市阳城县）人，明癸未（1643）进士，入清后仕至刑部尚书。

⑤廉：堂屋的侧边。

⑥硁硁（kēng kēng）：拟声词，敲打石头的声音。

⑦参园：种植人参的田园。

⑧诡：奇异。

重修乌泉山广慈寺记有序

冯士翘①

巅壶关东南三十五里，山曰乌泉，寺号广慈。名锡于有宋太平兴国二年，而初建实始于元魏。山分太行，宛转南来，曲而少西，再北突驻。曲之际，为寺之座垣，乱石围绕，北高南下，遥望楼阁殿宇参差，如箕托物。山门三楹，左右列金刚。北而南向，为九华地藏殿，西南其步十五，为伏魔大帝殿，而东向。东而少北，为天王殿。北出，西有殿曰毗卢。东有巍楼，实下而空上，上有钟，制甚古。观其古及书迹，皆唐人笔势，口径七尺，高以倍，以巨木撞之，声彻数十里。楼殿之北，为当阳殿，面各尺六十，南向释迦文佛②，北向观音大士。北之北，三阶七级，为水陆殿，中座如来佛像，左文殊师利像，右普贤像，像皆雕木而虚中。北出一武③，劈石为级，级三十七，上为七世诸佛殿，殿之脊与山之北巅并肩。水陆殿南，左右有庑。东庑北上客堂院一，再东而联南精舍院二，在立壁垂藤下蒙蒙然深且幽。西庑之西南净室院一，皆寺僧所栖。再西而南而东，环以石栏，栏高等腰，外临绝壑，壑深丈数百，被松数千。尽松梢东上，有池三亩，旱不干，潦不溢。

自池而北入寺，东偏有石井，深三尺，窥之墨墨，故曰乌泉。循井畔东登，石崖绕精舍，客堂七。佛殿背而西，有松七，号曰七星，皆合抱。攀松越石垣北出，居巅而眺，村树若研绿，长川若铺掌，远山若波涛。自下望者，若海市化城，幻变莫测。维那某僧某虑久且圮，集四方布施施功。自乾隆二十七年春，费日八百有奇，竣事，縻金钱若干，以修以葺，以黝以垩。起山门至当阳殿，罔弗新，因记厥地厥时厥人于古碑之次。

粤稽化城缥缈，玉光腾竺国之墟；幻宇参差，金色照神州之域。先天之先而已有，经来海变桑田；后地而后不能无，阅尽世沉灰劫。遍八垠而著像，统六合以现身。寸茎化作千寻，万刹总归一致。是以法轮终古，毓性四生；谛妙无方，感灵千界。银瓦作宫，处处依舍卫④之国；金砖布施，人人仿给独⑤之园。楼殿悬珠，固辉城郭；轩廊联碧，亦耀山林。

乌泉山广慈寺者，壶关之胜境也，名锡宋宗之世，址开元氏之朝。脉派⑥行山，峰居巽位。超羊肠而上峙，抗参井以下临。列嶂凌霄，盘基跨险；元藤纲礐，绿树荡崖。曲洞幽房，杳冥⑦于嶔⑧岫；柱虎杉楹，豁敞乎寥空。松风净碧汉⑨之尘，日星常霁；池水洒苍天之泽，原野时新。塔影圆空，面面登临无挂碍；钟声入细，心心梦觉破因缘。且时逢献果之猿，烟移怪石；每遇衔花之女，颭⑩动彩林。铺晨雾于幽严，僧去偕航云海；留暮霞于绝峤⑪，鸟归惊舞赤城，斯固鹿苑可双，鸡园有二矣。有时踏瑷⑫冲雯⑬，攀藤拊葛，缘蜿径，步虹蹊。世宇欸⑭超，岂止舟梯十二；尘寰迥出，已如紫府⑮三千。坐净域而伏魔，浣肠非雨；封香城以驱毒，馨骨岂花。劈万壑之蒙蒙，觉剑挥于何古；观恒沙⑯之历历，智珠⑰悬在匪今。籯启丹台⑱，明辟双轮之表；灯然珠阁，烛周八柱之乡。始信须弥⑲非高，天地运乎一掌；乃知睫巢岂暂，古今统以含毫⑳。岂非清凉三界之奥区㉑，消纳五行之净土也哉。但世湮代远，瓦乱鱼鳞；月易岁迁，椽凋翚羽。青猊白象，渐隳昼夜之风；珠凤丹虬，半落春秋之雨。虽金身之未化，已琅槛之偶消。鹦鹉有情，依菩提而忾叹；鸰鸰无语，栖幢盖以兴悲。况谢公之屐齿㉒常临，慧远㉓之锡环久卓，可熟视无睹，而习听罔闻？

爰有某等，质蕴山川之秀，品标松柏之姿，一乡号曰先生，到处称为长者。早服诗书，不入鹤烟㉔之市；旁通典偈，亦来虎渡之溪。仰画栋之栖云，襟怀不爽；瞻雕棁之宿雨，沾滞冈销。幸而智启山灵，因之慧生法界。材即遍生此地，难望鬼斧雷施；石虽不借他山，岂有神工电布。于是与寺僧某等，字仿石苔，册编贝叶㉕。沿门募化，仿佛王城持钵之年；伏户结缘，依稀祇圃㉖借枝之日。撮米可化珠玑，何待天飞玉粒；寸丝亦成贝锦，不须月落金钱。白马呈材，黄牛效驾。班师㉗施准，墨子㉘引绳。砌甓缀甓，泥和龙天之雨；雕楹刻桷，斤㉙挥飓海之风。泄珠纲于星津，雕栌鹤矞；吐瑶珰于月径，绣桷虹伸。彩漾轻霞，光含薄雾；绿房黛护，紫阁青疏。鳌背楂而九地㉚不摇，娲皇补而三天无漏。尔乃大辟神光，华严布于琼宇；宏开觉路，妙丽发乎金甍。鹏翅之中，妆点千寻幻相；象牙之表，鼓吹八部真音。九璎七宝之宫，垂天毕现；四相三乘㉛之路，拔地俱呈。此固师子龙孙之会，共转梵帝金轮；亦由优婆阇比之饭，咸成法王宝阙㉜焉耳。斯时殿阁起于空中，楼台寄乎象外㉝，云环雾绕，高拥芙蓉之城；月朗星辉，旁悬蛟蜃之市。掌上之珠光百八，烘日月而同明；毫间之金彩万千，照都城而并丽。树树结成甘露，香浸群生；峰峰化作慈螺，影庇庶类。山禽载喜，谱婆罗月殿之歌；林鹿胜欢，垂星观天魔之舞。慧性洽乎犬股，灵根寄以豕牙。无显不微，有空皆实。虽超超而在上，仍隐隐而皆通。是以阙号流霞，因之宫同明月。天童居守，海圣弥缝，应百古而常全，宜一新之罔旧。然而抱犊仙迹，石室久传凤篆；紫团妙谛，洞天长载龙文。况阆苑天开，高回车之峰以岌岌；亦鹫峦地接，并晒金之石而同同。若字缺娜嬛㉞，或词微琳珞，则山花笑其少色，而岸草叹其孤芳矣。于是六七比丘，二三居士，旁求翠琬，远播鸿徽。螭首钩银，龟文琢玉。毫濡沧海之波，蛟鲸鳍笔；策展青云之迹，鸾鹄舞笺。抒思忉利㉟之天，纵目无生之境。心泉涌而不竭，性锁辟而愈宽。实大觉之助华，馥飞林麓；岂寸灵之生彩，光印琐珉。

注释：

①冯士翘（1718—1784）：字怀远，号柜山，长子（今山西省长治市长子县）人，清代著名书法家。出身书香门第，擅长书法，兼蓄王、欧、颜、柳众家之长，一生书写了大量匾额、碑文、墓志铭。著有诗集《柜山草堂遗咏》《重修乌亲山广慈寺记》等。

②释迦文佛：即释迦牟尼佛。牟尼，文。

③武：半步，泛指脚步。

④舍卫：即舍卫国，为中印度古王国名。

⑤给独：即给孤独，古中印度憍萨罗国舍卫城豪商，性慈善，好施孤独，故得此名，也称给孤独长者。

⑥沽（gū）：古河名，源出山西，流至天津入海。

⑦杳冥：指天空，高远之处。

⑧嶔：❶山高峻的样子，形容品格特异，不同于众。❷小而高的山。

⑨碧汉：碧天、银汉的合称，即天空。

⑩飐（zhǎn）：风吹物使其颤动、摇动。

⑪峤（qiáo）：❶尖而高的山。❷山道。

⑫瞹（ài）：云彩很厚的样子。

⑬雯：有花纹的云彩。

⑭欻（xū）：❶突然；忽然。❷急速；迅速。

⑮紫府：道教称仙人所居之处。

⑯恒沙：即恒河沙数，意思是像恒河里的沙粒一样，无法计算，形容数量很多。

⑰智珠：智慧圆妙，明达事理。

⑱丹台：道教指神仙的居处。

⑲须弥：古印度神话中的名山。

⑳含毫：含笔于口中，比喻构思为文或作画。

㉑奥区：腹地；深处。

㉒谢公之屐齿：谢灵运（385—433）登山时穿的一种木鞋。鞋底安有两个木齿，上山去其前齿，下山去其后齿，便于走山路。

㉓慧远：东晋高僧，南朝梁释慧皎《高僧传·晋庐山释慧远》："释慧远，本姓贾氏，雁门楼烦人也，弱而好书。""时沙门释道安立寺于太行恒山，宏赞象法，声甚著闻，远遂往归之。"

㉔鹤烟：隐居人家的炊烟。

㉕贝叶：古代印度人用以写经的树叶，亦借指佛经。

㉖祇园：亦祇园，祇树给孤独园的简称，印度佛教圣地之一。相传释迦牟尼成佛后，憍萨罗国的给孤独长者用大量黄金购置舍卫城南祇陀太子园地，建筑精舍，请释迦牟尼说法。祇陀太子也奉献了园内的树木，故以二人名字命名。玄奘去印度时，祇园已毁。后用为佛寺的代称。

㉗班师：此指鲁班（前507—前444），春秋时期鲁国人，姬姓，公输氏，字依智，名班，人称公输盘、公输般、班输，尊称公输子，又称鲁盘或鲁般，惯称鲁班。

㉘墨子：战国初期宋国人，著名的政治家、思想家，同时也是墨家学派的创始人。墨子对光学原理和杠杆原理都有研究。

㉙斤：古代砍伐树木的工具，与斧头相似。

㉚九地：指地的最深处。南朝梁江淹《遂古篇》："九地之下，如有天兮。"

㉛三乘（sān chéng）：佛教用语，一般指小乘（声闻乘）、中乘（缘觉乘）和大乘（菩萨乘），三者均为浅深不同的解脱之道。亦泛指佛法。

㉜宝阙：宫阙的美称。
㉝象外：犹物外，物象之外，即尘世之外。
㉞娜嬛（láng huán）：神话中天帝藏书的地方。
㉟忉利：即三十三天，六欲天之一，即一般所说的天堂。佛教谓须弥山顶四方各有八天城，合中央帝释所居天城，共33处，故云。

佩德记①

钱国玺②

余昔披舆图，潞泽形胜，实居天下之脊，以太行一山绵亘而耸峙也。虽不能至，心向往之。夫山之高而深者，其人必敦以厚；山之远而曲者，其人必旷以远；山之丽而秀者，其人必俊而逸。太行之间，有王屋焉，有林虑焉，有紫团焉，始兼备诸胜概也。自当笃生瑰异，郁③为名儒，若得班荆④而遇其人，诚一快事。及谒选⑤，得上党之壶关，因而交学博常先生⑥，夙昔登名山访高贤之志，为之大慰。

先生，泽之高平人，以丙戌高魁，振铎⑦兹邑。士之晋而谒者，光风霁月，乐与讲求，娓娓无倦容。茞蓿斋头⑧，春风四被矣。月有课，甲之乙之，故士知研穷理奥，砥砺行谊。学宫日就颓圮，率庠之好义者，经之营之，庙貌肖然，规制改观矣。曾署长治庠篆，模模范范，亦如模范壶庠者，不忍曰黉序一毡而蘧庐⑨视之也。余于簿书之暇，得与先生纵谈经济。窥先生之学，诚有如记所云"大叩则大鸣，小叩则小鸣"，岂易窥其蕴藉哉！乃知梗楠之材，厥根孔固；澎湃之势，厥源孔深，先生盖有自来矣。大父存仁公，以进士备兵榆林。父衍祚公，以明经佐理姑苏。两世功绩，至今烂焉。先生备九载政绩，上诸铨部，铨部注上考。多士正虑先生之迁而去也，会朝廷更制改度：县之大者曰教谕，孝廉任之；县之小者曰训导，明经任之。壶关，小邑也，例当改选，先生虽未迁而已去也。多士不能日奉大雅之诲，佥谋伐石以志不忘，逮余室而请记之，余安能记哉。虽然，师之道，得胡瑗⑩而尊，得阳城而亲，师之尊焉容忘，师而亲焉容忘，先生且兼之矣。多士之思良师，与余之思良友，不同谊而同情，余又安能不记载。但嘉言懿行，未易罄述，先生之不朽者，宁借此太行一片石已耶！先生名在，号祺斗。

注释：

①佩德记：此文系碑铭，记壶关县教谕常在的嘉言懿行。

②钱国玺：丹徒（今江苏省镇江市丹徒区）拔贡，清顺治十八年（1661）任壶关县令，升本府通判。

③郁：积聚。东汉班固《汉书·宣帝纪》："朕不明六艺，郁于大道，是以阴阳风雨未时。"

④班荆：谓朋友相遇，共坐谈心。

⑤谒选：官吏赴吏部应选。

⑥常先生：即常在，高平举人，清顺治十二年（1655）任壶关教谕。

⑦振铎：摇铃，意思是从事教职。

⑧斋头：书斋。

⑨蘧庐：古代驿传中供人休息的房子，犹今旅馆。

⑩胡瑗（993—1059）：字翼之，泰州如皋（今江苏省南通市如皋市）人。北宋时期学者、理学先驱、思想家和教育家。"为今之计，惟是广厉学官，独重经术，必如阳城之在国学，胡瑗之在乡学，斯昇重寄焉。"出自明万历二十六年（1598）状元赵秉忠的殿试卷——殿试题目《问帝王之政和帝王之心》。

鼎建章公堰记

张瑞锦

志称上党居天下之脊，壶关居上党之脊，天候早寒，三月始和，多崇山峻岭，乏曲湖幽渚。夏秋大雨，溪壑注若奔雷，浃日①成石田，行人以溪为道，终岁车辙马迹，非荇②藻凫雁可依止，地瘠民贫，所自来也。县署在壶山之阳，龙峰蟠左，神山峙右，厥钟灵异。自汉三老首著直声，迄明四辅被召燮理，及苗太师、侯司徒、王荆州、郭鼎元、张太史、马、贾、秦、杨诸侍御，勋业文名，奕芬史册，夙推潞之名邦。近数十年来，甲第寥寥，识者疑之。

康熙十有七年，岁戊午夏六月，恭值章侯下车，轸恤荒残，极力拯济。三载于兹，课士息讼，蠲俸重农，粥饥弭盗。凡养之教之者，一秉实心实政，地方兴剔③，靡不毕举，通国之颂，神君④慈父已载道。侯复念城壕无水，有失毓秀利厚之义，每向余曰："大易，泽有水曰节，无水曰困。周公相洛必从瀍涧，亟宜聚之善。"今岁花朝⑤，侯招余步自东郊，相度形胜，询诣诸生父老辈，咸言明时畜水，人多殷庶；后开东港，民乃渐落，正与形家言神合。侯遂视故道，毅然独任，诹吉鸠工，离东港旧址数十武，高建石堰一所，计需石百有余丈。时县尉同君习正⑥，日督理，劳瘁罔倦，工匠并力，不阅月而告成。堰西偏民地数亩，侯念水积妨农，出俸金照券易之。四城水道高下不一，难以周流，更加浚，叠石桥下，因涨势而启泄焉。自此西北诸秀川环汇城河，而东港有巨浸烟波之概。沙禽水鸟，柳碧苹青，不数欧阳醉乡⑦之香泉万斛、白云千顷矣。美哉！地脉渊通，人文鹊起，澄波长注，民利霞兴。将见懿献考功诸名乡，累累若若，复见今日，正自靡涯，所关风气甚巨且远。初，侯大修文庙，特建凤山塔。及此役也，一切木石丹雘诸费，工匠夫役，不烦民力，日捐俸钱不稍懈，尤见公忠狷介⑧，千古名贤，何多让焉。邑绅士氓群讴歌勒石，名之曰章公堰，志所始也。书载：既载壶口治梁及岐，神禹治水，自吾晋始。考列史以水利治晋名者，后鲜其人，岂视同传舍与。他若楚叔敖之筑芍陂，黄歇之浦春申，邺令西门豹之凿十二渠，刺史杨元颖之合肥堰，又子贡陂、六一泉以别字传，吕公滩、渔公陂、苏白二堤以姓传，皆千百年间治水利，而下民沐其泽者，指不多屈。今侯之盛事，并垂不朽，是不可以不名，不可以不记。余，晋人也，司铎于壶，犹壶之人也。躬履上党之脊，目睹河流之润，溯水知源，讵忘所自！爰因壶之人之请而为之记。侯名经，号理斋，由贡监，浙之杭州富阳人。

注释：

①浃日（jiā rì）：自甲至癸一周十日。

②荇（xìng）：多年生草本植物，叶略呈圆形，浮在水面，根生水底，夏天开黄花，结椭圆形蒴果，全草可入药。

③兴剔：即兴利剔弊，兴办有利的事业，除去各种弊端。

④神君：神灵；神仙，古时也称贤明官吏为神君。《韩非子·说林上》："不如相衔负我以行，人以我为神君也。"

⑤花朝：农历二月十二日（有说是二月初二或二月十五日），相传为百花生日，所以叫花朝。

⑥习正：即周习正，华州（今陕西省渭南市华州区）人，清康熙十三年（1674）任壶关典史。

⑦欧阳醉乡：出自北宋欧阳修《戏书示黎教授》："终老仙乡作醉乡。"

⑧狷介：性情正直，不肯同流合污。介，孤高；特出。

窗中望五龙山记

牛 俊

潞南巨山，雄山为最，五龙次之。五龙居郡之正南，自郡门望之，如五马奔驰而至，形家谓为一郡之屏障，诚胜概也。

余开窗即见之，其山凡五支，起伏屈曲，云气往来，草木葱茏，苍翠欲滴，晦明变化，气象万千。如贤主嘉宾揖让酬酢于几案间，盖五年于此矣。客岁①，余友苏云盛、王六章曾携榼提壶，邀余登其巅，科头②披襟③，长歌短啸，飘飘乎有遗世之想。年来奔走劳碌于尘缘俗务中，迩日④始静坐斋头，推窗一视，斯山宛在，顿觉烦襟尽涤。顷刻间，骤雨如注，潇潇可听。雨止日霁，清风振林木，燕子飞天半，莺啼蝉语相间杂，而山容益觉可人。探壶中，存白酒数盏，向山林饮之，如立海上望方丈瀛洲⑤，不知身之在人世间也。回思客岁之游，曾几何时，云盛已溘先朝露，而六章又羁绁⑥于外，转增悒闷。虽然朋友不必常聚也，试观之天，朝则日来，夜则月至，何必日月共临乃为快乎！况六章每归省⑦，必来斋中，共坐窗下，各以其所领会于此山者相证，而山之形态愈尽，昔人所谓好山宜与故人共也。山距斋十余里，予或他适，窗则不启，是予有时而负此山。然龙山之麓，多名刹福地，游山时曾历数处，及他便道往观者亦数处。彼一丘一壑，虽极幽栖之盛，而山之全像，竟于小窗毕见之，亦快矣哉，故为记。

注释：

①客岁：去年。

②科头：不戴冠帽，裸露头髻。

③披襟：敞开衣襟，多喻舒畅心怀。

④迩日：近日；近来。

⑤瀛洲：传说中的仙山。

⑥羁绁（jī xiè）：❶马络头和马缰绳。❷拘禁；系缚。❸控制。❹滞留。

⑦归省（xǐng）：旧指回家探望父母。

真泽二真人庙记

杨 宸

真泽二真人庙甚夥①，而紫团为其冲举之地，故庙祀特盛。唐乾宁间旧碑近俚②，又残缺不可读；宋李元儒及元宋渤记亦剽华无实，皆不足以慰二仙之灵也。

真人，屯留人，先世家陵川，商微子之后，姓乐氏，父讳山宝，母杨氏感宝光而娠育。继母吕氏虐使二女，严冬令采菇，单衣跣足，而二女益孝谨，泣血沾土，苦苣皆生血斑。移家于壶之紫团山益阳里，母又令拾麦，无所得。至罗神山曲，仰天号诉，倏有黄龙垂而引之上升，仙乐缭空，天香散路。土人感其孝而得仙，群立庙祀。唐僖宗时，因巫降言，迁葬其亲于樱桃掌。维时士庶云屯，财施山积，卜迁于樱桃郊东坡。乡人酹酒于真人，祈以符验，俄尔旋风起于墓所，取石于古任村西山，有白蛇盘护其下，载石时仙鹿长鸣，卜地之日，闻空中有悲泣声，盖真人之倦倦于亲而默求宁顺之也。

北宋崇宁间，显灵于边戍。大观三年，县令李元儒祷雨立沛，遂以上闻。政和元年，赐号冲惠、冲淑。元至元五年，魏人郏朗宰斯邑，请雨不逾夕而足。盖自唐宋以来，其诚应之载诸志乘而非渺茫者，历历不爽如是。夫守土之官，为神人主，纲维伦纪，小善片长，弗忍其不彰也。况二真人孝于亲、惠于民，所谓立德立功与日星比烈者，是乌可不亟为表章③，使人知所崇奉哉！余故撮其要而垂之记。

注释：

①夥（huǒ）：多。西汉司马迁《史记·陈涉世家》："夥颐，涉之为王沈沈者。楚人谓多为夥，故天下传之。"

②俚：民间的；通俗的。

③表章：封建时代臣子呈交帝王陈述意见的文字。

磊庵张夫子墓志铭

杜又密①

先生讳琏，字维商，别号痴翁。其先滏水人，始祖官于潞，遂卜居壶关。高祖元静公，两任少尹。曾祖登仕郎②进亭，祖令教，父临山，世有隐德。

顺治己亥二月十七日，而先生生焉。生而聪颖，头角崭然，双眸炯炯，光如点漆，太老师③翁甚钟爱之。稍长，从景朴先生游，即先生之从伯父也。先生既受业，励志勤学。癸亥，补博士弟子员；甲子，即食饩焉。先生夙负豪迈之性，不屑作模棱侧媚态，遇事敢为，遇庸龌龊辈辄面叱之，乡里有不平事，力为人排解，既而幡然曰："吾侠肠傲骨，虽不愧古人，然固宜潜修邃养，而无容狃④于是也。"及辛未仲春，遂设绛⑤于吾家之淡园，日与家世父⑥、先君子把酒论文，相得甚欢。后与诸先生联时社，其为文浑浩流转，有韩海苏潮⑦之观，岁科试辄冠军。庚辰春，携同人游泰岱，至曲阜，登至圣之堂，泊归，学益进，而文日益有名。壬午秋闱，受知于内翰⑧岳文江、孙松坪两先生，同考官则绛邑宰楚黄卢紫潭先生也。一时有贾董⑨之目，佥谓如斯人者，洵不愧科名矣。

先是，先生少孤，受德于其伯父叙五公。及叙五公即世，抚其子楚白，教之诲之，婚娶游庠，悉先生之力。更可述者，壬申仲冬，先君子卧病且笃，先生往视，先君子把先生之臂，谆谆以又密读书事为托。先生慨然曰："君休矣，凡吾之所知者，无不以教而子。"及又密入邑庠，先生赠以诗，有"付托从来不可轻，死生如一见交情"之句。呜呼，密记斯言，至今犹耿耿也。

先生幼失怙恃⑩，密未知其事父母者何若，然见其祭先也，致爱致悫，思诚之意见于颜面。即在学馆邸舍，值先人忌诞之辰，亦必焚香奠礼，拜跪尽哀，亦可以想其事生矣。先生既登贤书，仍教授生徒，非公事不履公庭。素不营生计，只以一经教子，不欲以多财损其志。困有余粟，惟酿醇醪，日延知己，开怀畅饮，醉则长啸高歌。呜呼，此先生平生之梗概也。密得于亲炙⑪，固不敢一语阿其好。又其自叙云："看榴关门，少妇不能施其诱；同舍三宿，佳妓不得污其操。"此先生往事也。其他阴德懿行，为人不及窥者，类如此。所著有《留余堂四书讲义》《五经通鉴》及《诸史子辑要录》，无力剞劂，故未行世。以康熙癸巳正月十八日卒，享年五十有五。植行⑫负才而不获显其用，士论惜之。配牛孺人，夙娴⑬内则，与先生相敬如宾。子昌裔，邑庠增生。以卒之年，葬盘驼村南原祖茔之次。铭曰：

壶山有人，厥德靡悔。其文珠玑，其品金玺。岁在龙蛇，哲人其萎。

赴玉楼耶，抑乘箕尾。其人虽逝，其名不已。尔昌尔炽，施于孙子。

注释：

①杜又密：长治（今山西省长治市）人，乾隆年间（1736—1795）岁贡。

②登仕郎：不是实职，在清朝，只要官位达到九品，都会被授予登仕郎，也可以通过封赠获得。

③太老师：即太先生，指老师的父亲、父亲的老师或老师的老师。

④狃：拘泥；因袭；习惯了不愿改变。

⑤设绛：即设置绛帐，别人设立教馆讲学叫设帐。东汉马融设绛帐授徒，前面教导弟子，后面却有女乐为伴。

⑥世父：大伯父，后用为伯父的通称。

⑦韩海苏潮：指唐朝韩愈、北宋苏轼的文章气势磅礴，如海如潮。

⑧内翰：❶唐宋称翰林为内翰。❷清代称内阁中书为内翰。

⑨贾董：西汉贾谊和董仲舒的并称，二人以文才著名。

⑩失怙恃：父母双亡。怙指父亲，恃指母亲。

⑪亲炙：亲身受到教益。

⑫植行：所立的品行。

⑬夙娴：形容女子天生就很有教养。

杜母李孺人墓志铭

牛　俊

孺人姓李氏，考某，妣某氏，醇谨①有家法。孺人生而端凝，幼承姆教②，言笑不苟，动有圭臬，而气和量宽。归③封公杜兴之，琴瑟调和，如宾如友。当翁姑健在时，孺人事之维谨，饮用供奉不以诿娣姒。与娣姒共爨数十年，毫无间言。封公治生计，尝往来燕豫间，恃孺人无内顾忧，故能一意营运，而家道遂臻饶裕。厥后生齿④渐繁，一门之内，男妇三百余，各事其事，咸禀承于孺人，岁终不闻一诟谇语，虽析箸后亦如之。当是时，孺人已老矣，精神强健，不倦于勤。二子劝以少休，孺人曰："吾事不亲理，即恐其误，身虽逸而心弥劳，必目睹乃释然。我之所以劳其身者，正所以逸其心也，尔辈勿复言。"凡姻戚馈问之事，宁数勿疏，且致其丰腆。间有贫不能自存者，尤为加惠。里妇有所求，必如其愿。岁祲，家有婚娶事，丐者填塞街巷，孺人以数釜给食，命一力掌之。及娶曾孙妇，仍如前，而丐者寥寥，孺人喜曰："岁果丰耶，何丐者之少也。惟天能养人，人奈何作孽干天怒耶。"既膺诰封之后，尝聚子若孙而命之曰："吾家以农贾起，得丰于衣食，皆朝廷之赐也，今又沐此殊荣，吾何德以堪之。但愿尔曹砥行立名，为端人正士，他日绾一纶半绶，恪恭乃职，是即所以报也。"

昔丙子岁，孺人年七十有五，其二子与其侄楫尝征文以侑觞⑤。至是，已八十春矣，将复举，孺人不可，曰："福宜惜，奢宜戒。"乃止。自封公殁，长子枢继主生计，每外出，孺人欣然道之。是岁又当复出，孺人色凄然，送至门，泪涔涔下，盖虑其年高也。俄染疴，枢心动，即归，卒不起。属纩⑥时，嘱二子以后事甚详，以次呼男妇长幼，一一敦谕之，且曰："吾言尽此矣，事务丛生，岂言所能了，尔辈其善体之。"遂卒。嗟乎，生死之际，惺惺不昧。计周于后，言适乎理，虽读书学道者犹难言之，而孺人顾能若是，非其天资有过人者哉。

孺人生于康熙二十一年五月二十三日，得寿八十。子男二人，曰枢，曰模。枢，岁贡生，候铨训导。模，太学生，候铨同知。孙男五人，曰绍圣、曰绍曾、曰绍诗、曰绍仁、曰绍孔，皆枢出。曾孙二，曰维新、曰维藩。嗟乎，孺人享既耄⑦之年，受甘脆⑧之养，兰桂盈阶，恩荣宠锡，亦可以无憾矣。以卒之年，祔葬封公之圹。铭曰：

无基厚墉，弗克永久。惟我孺人，其德孔厚。克顺于先，克慈厥后。
一堂四世，绥厥眉寿。褒锡煌煌，懿德维彰。生也何荣，没也何宁。
徽音可嗣，尚考斯铭。

注释：

①醇谨：淳厚谨慎。

②姆教：❶女师传授妇道于女子。《礼记·内则》："女子十年不出，姆教婉娩听从。"❷女师的教诲。清王闿运《女箴》："古之姆教久格不行。"

③归：女子出嫁。《诗经·周南·桃夭》："之子于归，宜其室家。"
④生齿：长出乳齿，古时把已经长出乳齿的男女登记入户籍，后来借指人口、家口。
⑤侑觞：劝酒佐助饮兴；佐餐下酒。
⑥属纩：❶用新棉置于临死者鼻前，察其是否断气。❷指临终。
⑦耄：八九十岁的年纪，泛指老年。
⑧甘脆：味美的食品。

向明府^①修学记

冯文止

乾隆四十七年壬寅，邑侯蜀涪向公，以文庙漏污，学官倾圮，蠲清俸倡修，一邑士民响应，至今年甲辰，乃得落成。督修绅士以公之有成劳也，咸谓宜记其事。

窃以为凡事必图其本根，而后枝叶茂盛。学校者，王政之本也。古之时，道德一而风俗同，自天子以至庶人，皆为学之人也；自王国以至党塾，皆建学之地也。学为君臣父子长幼，以化民成俗，终身于其中而不去。故凡养老习射，献馘②献囚皆在于学。其文则《诗》《书》《礼》《乐》，其业则德行道艺，其法则兴贤能、戒不率，以考其成。而要其所以广励学宫者，皆使人各发其性情之所有，使无弃其天而窳③其器，非敝敝④焉强人以不乐也。当是时，上以学养士，士亦以学自养，期之也厚，故有待用之才。养之也深，故无必用之志，无桀骜不可驯之气，而有临难不可夺之节。士习端，人心正，礼乐兴，此二帝三王⑤之传所以若合一契也。至周衰，庞言⑥起而道术⑦纷，夫子以生安⑧之资，倡天下以学，学者至今宗之。然先圣先师，昔无定位，故释奠之礼有合而无尸⑨。后乃更先圣为至，先师仍之，专祀夫子，配以四子十哲，而祠先贤先儒于两庑，道统归于一，学校之制，于是为大备。但唯释菜⑩释奠⑪春秋行事，其余政令专制于有司，虽有废缺，视为不急之务。是以吾壶学校，经百年而未治。公下车，即以修复为己任，卒底于成⑫，可谓得为政之本矣。夫事得其本则末无不举，况学问之出于其天性哉。吾知一时学人，必有蹶然兴起者。夫言学始于《说命》，言性始于《汤诰》，虽曰性道⑬不可得闻，然其贵于物者可知也。自后儒信道不笃，以仁义为外铄⑭，以礼乐为强世之具，此适为暴弃者借之口耳。故吾愿与一邑之士，尊闻行知，返诸性命。学之久，则其天者全而其器利。同之以仁，则不操尺柄，天下之事惕然如切肌肤焉。习之以事，则不出堂阶，天下之事了然如在指掌焉。上以储国家之用而不戚戚于穷通⑮，下以副黔黎⑯之望而不营营于温饱。将视于学而士皆良秀，观于乡而户敦孝友，道德一而风俗同，庶几乎古人之学至今在也。我既嘉公能得政本，又足以广一时乐学之心，于是乎记。

注释：

①明府："明府君"省称，是唐以后知县的代称。此处是对知县向郜的尊称。
②馘（guó）：古代战争中割掉敌人的左耳计数献功，也指上述情况割下的左耳。
③窳（yǔ）：(事物) 恶劣；坏。
④敝：本义指破旧，引申为败坏；衰败。
⑤二帝三王：指唐尧、虞舜，夏禹、商汤、周文王（或周武王）。
⑥庞言：拉杂的话。
⑦道术：治理国家的方法。
⑧生安：安定的环境。
⑨尸："尸"字甲骨文是一个屈膝或侧卧的人形，是死后享祭之人的象形。对于死去已久的先祖，则由生人化妆后充任尸主接受祭祀，亦称为尸。后来，祭祀中的受祭之尸逐渐被陈列木刻牌位、画像所替代，并沿用至今，尸亦因此引申为神主、神像。
⑩释菜：古代凡始入学，用芹藻之类的植物礼敬先师，称为释菜。《礼记·月令》："上丁，命乐正习舞释菜。"
⑪释奠：原是古人奠祭有德行的先师的一种纪念仪式。据《礼记》记载，早在周朝时，学校每年都要按四季释奠于先圣、先师，来表示尊师重道。
⑫卒底于成：终于达到成功。卒，最后；终于。底，同"抵"，达到。
⑬性道：❶禀性。❷人性与天道。
⑭外铄：犹外力。
⑮穷通：❶困厄与显达。❷阻隔与通畅。
⑯黔黎：平民百姓。黔，黔首。黎，黎民。

章公堰改修石池劝捐序

李元镶

壶邑之有章公堰，自康熙二十年始也。章公宰是邑，体察县境形势，迤东西而城壕东北隅控扼西北上游，夏秋大雨时行，汗漫①奔腾，兼环南超北之水而翕受之，以汇注于震方。形家谓乘离应坎，文运于此焉启。而水行所旺，聚宜设池，堰为关键。上流不竭，斯下泽不枯，一邑之肥瘠均托命焉。

章公毅然起而作堰，当时赖之。一修于詹公②，再修于宋公③，享其利者百余年矣。顾以历年久远，石堰沉埋，淤为平陆。龙神庙之耸峙于堰上者，亦渐颓落。故老④登临，徘徊叹息，虽地运有废兴，抑亦守土者之责也。

余莅治七载，无一善政可以惠民，采访舆情，甘棠斯在。窃拟追寻遗迹，展堰城池，常怀之而未敢发。今岁秋成丰稔，为数年来仅见之岁，爰延众绅耆而告之以其意。咸以无废前功，争先从事，乃诹吉于月之十三日卯时兴工。是役也，工巨费繁，估计一万有奇。余与同寅诸君子请于郡宪，虽悉力捐俸，犹不逮十之一。尔都人士，其各追思章公立堰初指，好义乐输，共襄斯举，庶几有基勿坏，风脉固而四民世世蒙庥也哉。

注释：

①汗漫：❶广大；漫无边际；❷渺茫不可知。

②詹公：即詹绍文，四川筠连拔贡，清乾隆二年（1737）任壶关县知县。

③宋公：即宋熙，胶州（今山东省青岛市胶州市）进士，清乾隆十一年（1746）任壶关县知县。

④故老：❶元老；旧臣。❷年高而见识多的人。❸前朝遗老。❹泛指老人。《诗经·小雅·正月》："召彼故老，讯之占梦。"

述堰池记

李元镶

丙辰秋九月望日，章公堰改修石池成，名之曰述堰。诸绅士请记于余，余辞以弗文。既而思之，自癸丑秋承郡尊命凿是池，其间始终难易，若有天意存焉，非人力所能强。余将记实事以诏来许①，其何可以弗文辞？

始废堰之议改池也，席平地、浚深渊，弥望②荆榛，凡百草创，估需工料费不赀③，众有难色。癸丑月，绅士还报，四乡捐四千余金，在城四约亦捐二千余金。司事之自备资斧者不在此数，而余公暇劝谕，垂二年，共加捐五千余金。噫，民力甚难，竟乐输如此。按修池之法，慎防渗漏，宜底厚岸宽，用红土八九、矸土一二，匀铺三寸许，每聪④二人执铁锨前平土，一人举石杵继进，十人举小大铁杵循次轻重叠碾至寸半，结实为准，仍加石杵整理，参错层层铺碾如前法。故成一池，碾工费多，而红土费尤多。始自韩村购买，道远价昂，猝不易致，司事者忧之。

甲寅春三月，穿土二丈许，及堰旧石基，基尽，越五尺，忽得红土六七尺。二仙庙东南置地九亩，先亦穿得六七尺，于是碾堤碾渠碾庙基，终不可胜用矣。大池在东距龙王庙石桥水口三丈，隘于南北岸，始议筑两围，余窃以为小。夏六月望，下围岸石甫镶竣，大雨，河骤至，水溢土岸崩，工几废。穷日夜沟桥下决水，南北涧出地开广，乃可筑三围，而池益大，虽然泥浊可淤冲激可坏也。乙卯夏四月，于其西筑两围，小池以澄清之，而于上围券东西桥洞各一以通水。又西跨桥洞，则横石堤捍御之，又北环池，则引石渠分杀之，堤渠并致闸板蓄泄之。犹虑经理无人，弗能久也。秋七月重建龙王庙，扩而大之，规与池称，为三十四里，公所俾永久无斁焉。

是池也，始于乾隆五十八年，成于嘉庆元年，岁凡四改，费逾万计。在工司事二十有九人，襄事九十有三人，或始之，或终之，咸弃家务不辞劳怨。匠作埔工，日以一二百数，指挥弹压，赖有县尉。其主持而提挈者，实惟郡尊。或进曰："池成若斯其难，述堰云乎哉。"余瞿然⑤曰："乡城踊跃不言同，然红土应时，阵雨扩地，是皆天也。"苏文忠公所谓"归之太空，太空冥冥；归之太守，太守不有"者，予敢贪为己力？且壶邑居上党之脊，山高水缺，章公作堰，虑周蓄水，岂徒风脉。今池犹前志也，作云乎哉。爰历叙始终难易大略，附记命名之由。若池浅深广狭，堤筑庙工，别详于图，故弗复赘云。

注释：

①来许：后进；后辈。
②弥望：充满视野。
③费不赀：花费的钱财不计其数。

④聎：同"聚"，村落。

⑤瞿然：❶畅厉貌；惊视貌。❷惊骇貌。❸惊喜貌；惊悟貌。

补修庙池建南石岸记

张惟忠①

壶邑章公堰，创自康熙岁之辛酉，阅数十年，重修于詹公，又十三年，修于宋公。厥后李公②戾止③，相其阴阳，度其形势，因旧址而恢阔之，规模始大备，碑载甚悉，毋庸赘述。

而池之南岸，土高数丈，每遇淫雨，土解池淤，为害匪浅。彼时李公即欲修筑，乃有志未逮，而升迁豫省，不无缺略之憾焉。比来年山水涨溢，而堰又冲决矣。庙之东廊，坍塌殆尽，牌坊亦就倾颓。虽物之成败有数，事之兴废有时，其有待于修葺者，不又急乎。嘉庆六年，我邑侯程公④来莅兹土，百度俱新，谒庙之余，睹神居之不壮，念池堰之将残，不禁窃有感焉，曰："兴废举坠，我之职也。此堰不修，其圮愈多，其费愈大，其遗累于壶人者，亦非小也。"因与少尹⑤赖公⑥捐俸首倡，更属公董⑦其事。公亦不负所委，日夜勤劳罔懈，而首事诸君子，各相劝勉，慕义乐输，匡襄⑧恐后。于是卜日鸠工，以甓以筑，倾者正之，朽者易之，塞者疏之，缺者补之，一时池堰门廊牌坊焕然一新。而于池之南岸，尤加意焉，外则砌以青石，内则筑以赤土，不数月而高壁倚云，层台拔地，较昔倍觉巩固矣。

夫堰之修也，宋公去詹公十有三年，我公去李公亦十有三年，岂造物仁爱斯民之心，必待我公而后补救之耶？抑何前与后之适相符耶？工成之日，阖邑绅士耆庶，咸请制文勒石，以志不朽。余忝司铎，弗能以不文辞，因撮其始末而为之记。侯名安，字勉之，号敦夫，安徽和州含山县人。赖公名桐，字鹓臣，号竹农，江西宁都瑞金县人，寄籍顺天。备书诸石。

注释：

①张惟忠：清嘉庆七年（1802）任壶关县教谕。

②李公：即李元镳。

③戾止：来到。

④程公：即程安，字勉之，顺天（今北京市）人，祖籍安徽，清嘉庆六年（1801）

任壶关县知县。

⑤少尹：官职名。唐初诸郡皆置司马，开元元年改为少尹，是府州的副职。至宋，名存实亡。后为州县辅佐官如县丞、典史、吏目、巡检之类的别称。

⑥赖公：即赖桐，字鹓臣，清嘉庆十一年（1806）任壶关县典史。

⑦董：监督管理。

⑧匡襄：辅佐；帮助。

重修永济桥碑记

王遐龄

仁者以济人利物为心，利济在天下者仁周乎天下，利济在一国者仁周乎一国，利济在一乡者仁周乎一乡。故虽乡曲之中，克尽其力之所能为，分之所当为，皆可以利济于无穷。

常平村在壶邑之东北，山河环绕，每当夏秋之间，水之自北而来者，汪洋震荡，势甚峻急。村之东有永济桥，邑人秦公学珍独力创修，工示①及竣。数十年来，上流冲突，旧石渐倾，沟区益深，涂路益狭，虽架木为桥以通往来，而险阻艰难，时有临崖而返者矣。己酉春，村人公议重修，设法募化，度地权势，经之营之。削高岸之土以填深谷，而道路之倾者以平。取他山之石以筑圮堰，而水势之涣者以聚。于是向之崎岖险阻者，今且遵路②荡荡矣；向之徘徊顾虑者，今且履道③坦坦矣。是役也，历时二年余，费资千余金。董其成者，村人盖之功、程敏、韩天章、韩景文等，并心协虑，始终其事，可谓乐善不倦者矣。

在昔先王之教曰："雨毕而除道，水涸而成梁。"《夏令》④曰"九月除道，十月成梁"。此先王之所以不用财贿而广施德于天下者也。今兹役之成，值十月之期，何其适于古今耶！将行旅往来，莫不欢欣忭舞⑤，幸危者之易而为安也。其利济乎人者，岂特仁周一乡已哉。爰因其请而为之记。

注释：

①示：告诉；告知。西汉刘向《战国策·秦策二》："医扁鹊见秦武王，武王示之病。"

②遵路：遵循道路前进。

③履道：所行的路。

④《夏令》：相传为夏代的月令之书。
⑤忭舞：高兴得手舞足蹈。

增修永济桥碑记

栗祖望①

桥之为言趬②也，其势矫③然也。《说文》曰"桥，水梁也"。又悬绳渡曰緪桥④，至劈石磴而为之，则曰石桥。

壶邑常平村有永济桥，固一方风脉所关，实东西行人之通衢也。粤自乾隆五十五年重葺，废者修之，坠者举之，新砌翻井⑤，为蓄势泄水计，既为桥梁巩固计也。迄今数十年来，经大雨滂沱，溪水冲决，渐次倾圮，不少坍塌，往来途人每望而心恻焉。

嘉庆二十一年，维首盖景智、关玺慨然身任，努力修理，复捐四方资财，共勷斯举。翻井南边，创立墙墉，以图久远。复改修碑庭，以避风雨飘摇。庶车行徒行，攸往咸利，而前人之经营缔造，可赖以不坠矣。至于以利济雅意，永远而裕久远之化，则补修之功，未始非济众之一端也。工程告竣，勒石永垂，以志不朽。是为记。

注释：

①栗祖望：壶关（今山西省长治市壶关县）人，邑痒生，拔贡。
②趬（qiáo）：行。
③矫（jiǎo）：直。西汉司马迁《史记·平津侯传》："矫矢累弦。"《注》："正曲使直也。"
④緪桥（gēng qiáo）：绳索桥。
⑤翻井：在雨水冲刷后形成的沟边，用石头、白灰砌一井桶，井桶直伸沟底，井桶底还要低于沟底平面，并用石头、白灰硬化，当雨水从井口直泻而下时，硬化了的井底既不会被雨水冲坏，还能缓冲雨水的冲击力，保护沟底的黄土不被冲走。井桶外用黄土、白灰混合后夯实，乍一看有如天然形成一般。

重修黉宫暨文昌①宫落成碑记

茹 金

尝考学校之设，三代以前，存其名而未详。其制自汉始，诏天下郡国皆立学。唐宋及明，制渐详矣。至我朝文教昌明，制尤备而典益崇。上以释奠先师，下以育养人才，其立意至深远也。况壶邑为上党名区，山右②才薮。三老四辅诸贤，彪炳史册者，代不乏人。则学校之废兴，所关不尤重乎？然而创始难，善后亦不易。余以戊子冬来宰斯土，甫下车，首谒圣庙，次及文昌宫。见夫殿庑门墙，巍然焕然，窃叹前人之修坠举废，诚有先得我心者。询诸藻香张公，公曰："此非余一人之力，邑中富于财、能于事者，咸与有力焉。"

壶邑黉宫，自乾隆四十七年重修，迄今四十余年，规模虽云完善，而由两庑各祠以及泮池戟门③诸处，风雨飘摇，俱就塌损。以圜桥观德之地，为巷间征逐之场，甚非所以光俎豆④，励风俗也。商诸邑人，类皆踊跃乐输，鸠工庀材，计捐金九百余两。饬土以砖，易柱为石，阅二载而工以告竣。向之蓬蒿满目者，今则芹藻芬香矣；向之剥落不齐者，今则金碧辉煌矣。颓者峙，倾者兴，培持风教，守土之责，余今而后庶可告无愧于壶人与。

噫，张公之言，固云善创始矣。然莫为之前，虽美弗彰；莫为之后，虽盛弗传。善后之谋，余方惜有志而未逮。继而督工者请于余曰："黉宫之修，不勒诸石，无以劝善。"爰与邑绅南村申君谋捐资以纪其事，而问记于余。余愧弗与其事，而念张公谋事于始，邑众成美于终，均宜垂诸不朽也。爰举得诸耳目者，敬撰鄙言，襄成盛举。俾邑人睹斯石也，念先事之维艰，思乐善而不倦，于未竟之功，与有待之举，从此次第而咸新之。应国家棫朴⑤之休，导人文蔚起之路。小大从公，争自琢磨，彬彬乎以与汉明诸贤达后先而辉映，则黉宫创始与善后，其功所系，岂不巨哉？余不敏，窃愿附众君子之后焉。是为记。

注释：

①文昌：星名，即北斗魁前六星的总称，亦称文昌六星、文曲星，主文运。
②山右：旧指山西，因在太行山右（西）而得名。

③戟门：设戟于门，故谓之戟门，引申为显贵之家或显赫的官署。

④俎豆：古代祭祀、宴飨时盛食物用的礼器，亦泛指各种礼器，后引申为祭祀和崇奉之义。

⑤棫朴：❶白桵和枹木。❷《诗经·大雅》中的篇名。该篇诗序称咏"文王能官人也"，故喻贤才众多。

重修天池村后土庙关帝庙及建魁星楼各社工碑记

申 瑶①

《礼·祭法》："大夫以下成群立社曰置社。"《郑注》："大夫不待特立社，与民族居，百家以上则共立一社。"若今时里社是也。《孔疏》："周法，百家以上得立社。"秦汉来，二十五家以上则得立社也。律载义社注云："以时祈报者。"其亦前代里社之义与。

壶邑北乡天池村，旧有后土庙，以岁时肸蚃②及事之隶于众，与村有营缮，咸集议于此，又呼为后土社云。庙正中为后土殿，东祀五岳，西为广生祠，次祀群神，大殿两翼有夹殿③，其创置盖均在元明以前。东夹殿肖像祀纯阳真人，则始于乾隆三十一年，余能记忆矣。各祠续修年久，墙壁多脱落，庙门上乐楼渗漏特甚。村西头关帝庙，盖瓦并多绽裂，乡人展拜各宇下者，恒惴惴焉，虞不克襄事。因集众议修，坐次，语及吾乡居此土已久，前世率力农商之业，百年来渐知向学④，每岁时祈报，及偶有水旱疾痛，吁请有所，而魁星尚无专祠，殊无以策励青衿，仰副朝廷导养群生不遗乡曲之至意，众咸唯唯。然建祠先须筮地⑤，且与庙工一时并举，尤难藏事。乃缮疏分募，闻者踊跃，遂于嘉庆己卯夏开工，彩饰殿庑及余房共三十五间，揭瓦关帝庙一所、乐楼三间，村东南隅建魁星楼一座。工将告竣，输资者方殷，因于庙背少西购石池一，又西百步许甃石池一，广深倍之。所费坐有支绌，益以称贷，赖捐金有续到者，维首⑥又各竭力交济，故零星工程，于道光八年春杪始讫。村素艰于汲，至是无载渴之患，仰邀神贶，群情大和。

维首以众善不可没，欲竖碑社中，勒名其上，嘱余记之。窃社之说不一，俗咸即庙为社，而以祀后土名社，与古里社、今律义社祈报之旨尤合。里人世荫兹土，遭际升平，服先畴而食旧德，尤宜各务修本业，庶荐馨无慝，得成民致神之义也，故为之记其概如此。此举倡始者，瑶同怀弟附贡生珩，同事者介宾增广生王化南、乡耆王之和、里民张言兴也，例得并书⑦。

注释：

①申瑶（约1759—1836）：字鹤翔，号南村，壶关（今山西省长治市壶关县）人。清乾隆己亥（1779）科举人，己酉（1789）进士，授兵部主事，历员外郎中、河南道监察御史，授庐州府知府，调安庆府、苏州府，历署安徽、芜湖、庐凤兵备道。在皖任，校刻元余忠宣公《青阳集》和明任金宪《山海漫谈》，并同邑孝廉李苇庄制艺。甲申归里，搜刻冯东山先生遗集。闭门教子，手不释卷。清道光辛卯（1831）重游泮宫士林，荣之时年七十有三，又五年而卒。

②肸蚃（xī xiǎng）：散布；弥漫，多指声响、气体的传播，引申为连绵不绝，比喻灵感通微。

③夹殿：佛殿前方左右各一面积较小的方形配殿。

④向学：立志求学；好学。

⑤筮地（shì dì）：筮卜庙地的吉凶。

⑥维首：即"维那社首"。维那，古时寺院管理寺院的唱念、规矩等。社首，村里中祭社活动的首领。

⑦例得并书：依例应当一并书写。得，应当。

重刊元余忠宣公《青阳集》序

申 瑶

余校刊名金宪①任复庵先生集已竟，复校元余忠宣公《青阳集》付雕，盖夙志也。

余少读史，至危素履声橐橐②事，辄祈向忠宣公不置。嘉庆丁卯，铨授庐州。庐，公桑梓地，公故读书之青阳山在焉。壬申，调官安庆，则又公遂志致命之地也。公裔孙之在安庆者存有《青阳集》本，癸亥，庐州守张君祥云曾刊行之。道光辛巳，张璿华、陈祥熊两广文再刊于松江，江淮间往往有其书，北方之学者向多未之见也。

公全家殉节，论者以比晋卞壶③；其障蔽江淮，比诸唐之张巡④。然睢阳以孤军掎角⑤，旋成克复之功。公血战六年，而卒无救于元社之屋。岂果功有高下哉，当以公能为张许⑥，而同时无李郭⑦故耶。元史称公诗体高视鲍谢⑧，宋金华称公篆隶皆精致，余谓公文原本经术，劲达而不苟作，盖亦不减虞伯生⑨,而扬诩者少,亦为节之所掩耳。余读《青阳集》,悲公之遇,壮公之节。而所最不释者两事:一上贺丞相书,贺当时所称贤者,公感激知遇,慷慨披陈,以求济师拨饷,乃四上书而迄无一应,卒至援绝溃陷,几与贺兰进明⑩之嫉巡远者等,意贺公必不至此。岂其时路多梗塞,前二书以广陵道阻而还,余或亦未能达耶,抑时事孔棘⑪,贺公亦左右支绌,或其身臬兀⑫,匆匆无暇及此耶。一与危太仆书,太仆与公同以文学负重名,预修辽宋金三史,游处甚习,当其侃侃批鳞⑬,义形于色,言事不报,弃官归卧房山,岂不毅然烈丈夫哉。而乃遇难逡巡⑭,委蛇⑮朝列,卒为明祖⑯所轻,诏谪和州,为公守祠。

始同臭味,继乃霄壤,何也?孔子论仁,必基于审富贵,安贫贱,而后能极之造次颠沛,以无违于终食之间。昔者管幼安、华子鱼⑰,皆东京名士,华且龙头也,而流芳贻臭,不可同日语。此其相判,不待于管之辞严诏,华之捽后发也,盖自其掷金垄上之时,而优劣已较然矣。吾特附论之,以质世之读《青阳集》者。时道光四年,岁在阏逢涒滩⑱,三月上浣⑲五日。

注释:

①金宪:金都御史的美称。明代设左右都御史各一人,为都察院长官,正二品,负责监察、纠劾事务,兼管审理重大案件和考核官吏。清代改以左都御史、左副都御史为都察院主官。

②危素履声橐橐:危素穿了和服木屐,履声郭橐,溢于堂外。危素(1303—1372),字太朴,号云林,江西金溪(今江西省抚州市金溪县)人,唐朝抚州刺史危全讽的后代,元末明初历史学家、文学家。元至正元年(1341),出任经筵检讨,负责主编宋辽金三部历史,并注释《尔雅》。履声,走路时鞋与地面的敲击声。

③卞壶(281—328):东晋时期,卞壶为保卫国土,抵抗叛贼苏峻的进攻,与两子均战死沙场。

④张巡(708—757):字巡,蒲州河东(今山西省运城市永济市)人。唐开元末年,张巡中进士,历任太子通事舍人、清河县令、真源县令。安史之乱时,起兵守卫雍丘,抵抗叛军。唐至德二年(757),安庆绪派部将尹子琦率军南侵江淮屏障睢阳,张巡与许远在内无粮草、外无援兵的情况下死守睢阳,前后交战400余次,使叛军损失惨重,有效阻遏了叛军南犯之势,遮蔽江淮,保障了唐朝东南地区的安全。最终因粮草耗尽、士卒死伤殆尽而被俘遇害。后获赠扬州大都督、邓国公。

⑤掎角:比喻互相配合,夹击敌人的态势。

⑥张许:唐张巡、许远的并称。

⑦李郭：唐代名将李光弼与郭子仪的并称。
⑧鲍谢：❶南朝诗人鲍照和谢朓的并称。❷南朝诗人鲍照和谢灵运的并称。❸唐人鲍防和谢良弼的并称。
⑨虞伯生（1272—1348）：即虞集，字伯生，号道园，世称邵庵先生，临川崇仁（今江西省抚州市崇仁县）人，元朝学者、诗人，南宋左丞相虞允文五世孙。
⑩贺兰进明：复姓贺兰，河南洛阳（今河南省洛阳市）人。唐开元十六年（728），登进士第。安禄山叛乱时，以御史大夫，迁临淮节度使。他见死不救，导致张巡陷没。
⑪孔棘：❶很紧急；很急迫。❷艰危；困窘。
⑫杌陧：也作"阢陧"，不安定。
⑬批鳞：❶谓敢于直言犯上。❷削除鱼鳞。
⑭逡巡：有所顾虑而徘徊或不敢前进。
⑮委蛇（yí）：❶敷衍；应付。❷同"逶迤"。
⑯明祖：即明太祖朱元璋。
⑰管幼安、华子鱼：即管宁和华歆，皆三国时人，少时同席而读，轩冕过门，歆废书往观，宁即与其割席分坐曰："子非吾友也。"
⑱阏逢涒滩（yān féng tūn tān）：古月份的别称，用以纪年。《尔雅·释天》："太岁在甲曰阏逢。""太岁在申曰涒滩。"
⑲上浣：也写作"上澣"，上旬。

明金宪任复庵先生《山海漫谈》①序

申　瑶

自古操觚之家众矣，往往雕琢肝肾②，卒无当于不朽之业。惟忠孝之人，至行渊默，不必汲汲思自见于天下，而时会所迫，动于其中之不容已，遂以协人心之所同然，虽一时不免龃龉③之者，而其究也，圣人复起而不能易。

如吾郡明金宪任复庵先生，弱冠，恂恂④诸生耳，其题书壁上曰："营私者无上，亏行者无亲，止兢兢然蕲完为子为臣之分而已。非有卓越之行，以求异于众也。"即释褐⑤畿辅，三宰剧邑⑥，亦未尝斧藻⑦其政，以务赫赫之名也。逮佐郡吴中，倭寇内犯，正值文恬武嬉之时，当事者方缩手汗颜，先生独投笔而起，以书生提弱卒亲冒锋镝，决死生于蒙冲⑧飓舶之中。家人惶遽涕泣牵衣，而慷慨诀别，义不返顾。既而鳄浪潜息，幕府上功，先生则衔恤陈情，力请卒服，不俟终日，此岂暗于利害之涂而趋舍故与人殊哉，一权于义之所在而发于中之不容已也。

  先生所著《山海漫谈》，皆宦直隶时及海上酾酒⑨横槊之作。其《平倭纪事》，则身后纪战伐之功，多吴人题咏。翁宪祥合刊之，序云："得之先生乡人吉侍御而刻于吴中者。"乾隆丁丑间，吴中蒋时庵侍郎以提学按潞，询郡中有无存本。同郡庾氏兄弟得遗稿于先生裔孙，为之刊行。岁久漫漶，先大夫⑩欲重刊之而力不逮，曾谆命不肖兄弟。向⑪余移守吴中，到郡，首谒先生祠，祠尚完好，吴人岁时每有荐奠者。与语嘉靖年倭来犯郡，男妇争命闉门，及公杀贼海上事，父老往往为泣下。计先生宦吴，距今已近三百年，而尚为人思慕如此，此自其功德之在吴，而亦忠孝之性，固不约而同然乎。先生殁后，颂功者以荫止外卫⑫，缺于易名，惜其功高酬薄。顾余观明世宗之朝，一时经营倭事，如李天宠、张邦辅、张经，往往有战功可纪，而张经瞿重辟，张邦辅婴谪戍，李天宠后虽得谥，其先亦下请室⑬，大抵皆失贵臣意耳。

  先生既秉正孤立，内无奥援，而鞠躬尽瘁，所谓求仁得仁者也，成败利钝且所不计，而官之高下，荫之厚薄，谥之有无，又岂足为先生憾乎！或者又以先生三十八得请⑭，越二年卒于家，惜其年之未永。嗟乎，人非金石，不朽之故，岂关寿殀。严分宜固当时龂龁先生者，青词⑮媚进，不能守钤山冰雪，致后人有颜回⑯寿考⑰之慨，孰与先生之得正而毙乎，则年又非所论也。乾隆三十七年，诏购遗书，晋抚以《山海漫谈》进呈。提要中特标其功伐，而推原于忠孝，仰蒙睿览，得刊四库，此正子与氏所谓"圣人复起，不易吾言"⑱也，从此而潜德遗烈，长与日月争光矣。此集，吾乡及吴中版均已毁失，因重为校刊，恭录《四库全书提要》于简首，并补列明史本传，俾后之立言者知所本焉。时道光四年，岁在阏逢涒滩，阳月中浣二日。

注释：

①《山海漫谈》：明任环撰，环字应干，号复庵，长治（今山西省长治市）人，明嘉靖甲辰（1544）进士，历任广平、沙河、滑县知县，迁苏州府同知。以御倭功，擢按察司佥事，整饬苏松二府兵备道，进山东右参政。

②雕琢肝肾：比喻写作的刻意锤炼。唐韩愈《赠崔立之评事》："劝君韬养待征招，不用雕琢愁肝肾。"

③龂龁（yǐ hé）：侧齿咬噬，引申为毁伤；龃龉；倾轧。

④恂恂：诚实谦恭的样子。

⑤释褐：脱去平民衣服，喻始任官职。
⑥剧邑：政务繁剧的郡县。
⑦斧藻：指梁楹上刻画的文饰图案；修饰。
⑧蒙冲：又作"艨艟"。东汉刘熙《释名·释船》："外狭而长曰蒙冲，以冲突敌船也。"可见蒙冲船形狭而长，航速快，专用以突击敌方船只。
⑨酾（shī）酒：斟酒。北宋苏轼《赤壁赋》："酾酒临江，横槊赋诗。"
⑩先大夫（xiān dài fū）：❶已故的大夫。❷犹先父。
⑪向：副词，从前；原先。《谷梁传·成公二年》："今之屈，向之骄也。"
⑫外卫：明代卫所制度，南北两京各卫之外的卫所总称。
⑬请室：清洗罪过之室。请，通"清"，即囚禁有罪官吏的牢狱。
⑭得请：犹言所请获准。
⑮青词：又称绿章，是道教举行斋醮时献给上天的奏章祝文。一般为骈俪体，用红色颜料写在青藤纸上，要求形式工整、文字华丽。
⑯颜回：孔子最得意的弟子，极富学问。《论语·雍也》说他"一箪食，一瓢饮，在陋巷，人不堪其忧，回也不改其乐"。为人谦逊好学，"不迁怒，不贰过"。孔子称赞他"贤哉，回也"，"回也，其心三月不违仁"。不幸早死。
⑰寿考：年高；长寿。《诗经·大雅·棫朴》："周王寿考，遐不作人。"郑玄笺："文王是时九十余矣，故云寿考。"
⑱圣人复起，不易吾言：意即圣人再生，也不会反对我说的话。

李苇庄制义序

申 瑶

丁丑春，余由吴门展觐①北上，乞假过里中，亡友李苇庄之子伯勋来谒。苇庄者，以制义闻于时，余久与同笔研，幼即兄事者也。故急询其遗稿，越日，伯勋持手录本来，余携以来南。甲申，养疴皖上，乃能校而刊之。

初，苇庄与余同应童试，继同试诸生，丙申，同肄业郡院，师事壬辰进士武安杨又山先生。先生工制义，能剖析天崇②国初名家源流，又究心唐宋八家古文法。苇庄文少即工整，得杨先生指授，堂庑渐辟矣。先是，甲午、乙未间，余同怀兄佩行偕余负笈晋阳，从常熟苏太史园公先生游。丁酉，余兄弟及苇庄并其兄攀月同赴省试，试均报罢③，两兄以家计返里授徒，命两弟留省肄业。时园公先生以当代名德，久主讲省院，三晋才俊之士，辐辏其门，先生独击节④苇庄之文。苇庄亦益自磨厉⑤，潜研钦定各经，而尤寝馈⑥于周礼左氏传，手自缮录，由是其文益奢丽⑦鲸铿⑧，一时少辈矣。

　　苇庄连不得志于省试，余己亥幸捷，旋黜于南宫，则亦各馆里中。馆相距不二三里，不数十日辄相过，过则各质所疑，如是者数年。癸卯，余奉先大人讳⑨，越岁而有幽忧⑩之疾，延医诊视不效，自检方书调治亦无验。苇庄以书见规曰："顷过候⑪，似无大恙，不过因闲生闷，因闷生疑耳。扫室默坐，常令胸膈无宿物，暇则散步旷野，取得意诗古文辞，朗吟长松巨石之间，疾当自解。若拘拘较量寸匕⑫，毋乃梦⑬神明而益其疾乎。"余得书瞿然，疾旋已。余既屡格⑭礼闱⑮，顾不喜丰缛绚烂之文，微叩之苇庄。苇庄曰："士之得圭臬⑯于先正⑰也，犹其受染濡于朋友也。汇前辈文之典，实宏赡者，朝夕枕葄⑱焉，而微渺淡远者姑置之。耳目日习，性情自化矣。君之中有实德，而随事规益如此。"

　　戊申，苇庄举乡试第二人。己酉，以兄有微疾，遂不赴会试。盖苇庄幼孤，由其兄督成之，故相友爱如此。其后屡赴会试不见录，不懈益张，而文乃益深细，静穆⑲从容，命中格律又一变矣。己未，君被放出都，适余亡儿青麟方婴危疾，仓皇握别，相顾失欢，不日，乃更得君保杨驿舍告逝之耗。嗟乎，以苇庄之才，竟未得少见设施，既艰一第，复窘于年，吊止苍蝇，魂游旅馆，则信乎命之穷而理之不可解者。江干⑳兀坐㉑，检校遗文，百感交集。回忆破帽蹇驴，突烟㉒黄茅，闻鸡起舞，耿耿若昨日事，然苇庄墓门宿草已三十有五年，而余之身亦将老矣。为序而刊之，以复于伯勋，并贻同学诸子焉。苇庄名一楷，字端臣，壶关县优贡生，戊申举人，所居宅西苇丛生，因自号苇庄云。

注释：

①展觐：敬辞，朝见。

②天崇：即《天崇百篇》，分上下两册，清嘉庆甲子（1804）春刊印，文锦堂梓行。书籍扉页右起首行印有"吴氏八铭家塾课本"字样。

③报罢：❶古谓批复所言之事作罢，即言事不准。❷科举时代考试落第。

④击节：打拍子，后用来形容对别人的诗文或艺术等的赞赏。

⑤磨厉：磨炼砥砺，形容刻苦钻研。明李东阳《成斋记》："学必穷日夜磨砥刻厉，久而后有得焉。"

⑥寝馈：❶寝食；吃住。❷谓时刻在其中。

⑦奢丽：奢侈华丽。
⑧鲸铿：形容铿锵如击巨钟。东汉班固《东都赋》："于是发鲸鱼，铿华钟。"
⑨奉先大人讳：此句义为先父居丧。
⑩幽忧：过度忧劳；忧伤。
⑪过候：拜访。南朝宋范晔《后汉书·王良传》："时司徒史鲍恢以事到东海，过候其家，而良妻布裙曳柴，从田中归。"
⑫寸匕：《伤寒论》中常用的一种计量单位，此书为东汉时期的医圣张仲景所著。根据赵有臣对"铜律撮"铭文的考证及《隋书·律历志》的记载，一方寸匕的容量约为5毫升。
⑬棼：纷乱。
⑭格：阻止；搁置。
⑮礼闱：会试由礼部主持，因而称礼闱，考试地点在礼部贡院。
⑯圭臬（niè）：古时测日影的器具，比喻准则、法度。臬，测日影的表。
⑰先正：❶亦作"先政"，前代的贤臣。❷泛指前代的贤人。❸前代的君长。
⑱枕葄（zhěn zuò）：犹枕藉，意思是枕头与垫席，引申为沉迷。
⑲静穆：安静而严肃。
⑳江干（gān）：江边。干，水边。
㉑兀坐：独自端坐。
㉒突烟：烟囱里的炊烟。

邢家掌村创修关帝庙碑记

王华浙

古今庙祀之隆，无如宣圣。宣圣而外，厥惟关圣帝君。帝君之庙祀，较宣圣更夥。当汉季鼎沸，帝君奋其神武，以拨乱反正，勋业著当时，声名传后世，威灵显赫，津津挂人齿颊，虽妇人小子，无不共知之。然人之知帝君者，第知其武功之著，至其文德之原于宣圣，或未必深知也。

宣圣以素王笔削①，著为《麟经》。帝君潜心玩索，深识允衷②大义，一一见之躬行。素王偕鲁维周，帝君偕昭烈扶汉，诚可谓心尼父③之心矣。是其文德以武功而显，武功实以文德而愈彰也。不然，即号为万人敌，亦不过温侯都督者流耳，乌睹所谓正气凛凛，塞天地，贯古今，历千秋百代，虽死犹生，而血食无穷哉。或者犹疑之，谓夫帝君，将才也，非文士也，以帝君称其封号可耳，乃儒者尊之为圣贤，亲之曰夫子，是何说也？余因窃取前人之意而论定之曰："以帝君心事，一一符合圣贤，不特汉寿亭侯，一宣圣春王正月之意也；其不死曹兵之围，一颜渊子在何敢死之心也；其降汉不降曹，一闵子不臣季氏之心也；而且大破黄巾，一曾子往千万人之心也；效死荆州，一子思不去齐寇之心也。使得问道洙泗，品岂不在升堂上哉？或者又疑之，谓夫骂权绝婚，词语太峻，轻贤慢士，所以取败。不知曹权诸人，原贪利不顾纲常者，帝君胸次高洁，眼界清朗，安得不以族类目之？且糜芳、傅士仁乃狙诈小人，原非贤士，安得不轻慢？倘大儒若武侯者，自将改容礼之矣。孟子于战国诸人，或目之为公乞墦，或目之为登垄，或目之为妾妇穿窬，帝君之骂权绝婚，轻慢糜傅，亦是浩然正气发露于外，不可不谓一孟子之胸次也。经学信孔，气魄类孟，而心事又符合颜、闵、曾、思，群然而圣贤之、夫子之，夫复何疑！"

先儒于帝君读麟经图题一赞曰："秉烛达旦，挂印封金。义理之勇，圣贤之心。游神鲁史，尼父知音。凡有血气，莫不尊亲。万年俎豆，吾道常新。"是诚足以状帝君矣，其庙祀也固宜。然帝君庙祀之夥，遍于寰区，无论通都大邑，祠宇辉煌，即遐陬僻壤，山居陋巷，亦皆户祝惟谨，如睹其凛凛之英风，况帝君为吾乡解州人，同地相接，而有不旷世相感者乎？如邢家掌村落虽小，懿德之好则同，乡民感帝君之灵，欲崇报功，而栖神无所，乃于村外隙地计一亩余，公议维首数人，董理其事。剪除茅茇，经之营之，捐资三百余金，富者输财，贫者出力，创建帝君庙三楹，左个右个，东庑西庑，一时并举，饰以丹雘，崇以亭台，凡五阅月而告竣。落成之日，父老问记于余，余即以帝君之德之感人者告之，知帝君之深识宣圣，而后人之所由以深服帝君也。爰为记。

注释：

①笔削：古时在竹简、木简上写字，要删改需用刀刮去，后用作请人修改文章的敬辞。笔，记载。削，删改。

②允衷：恰当。

③尼父：亦称"尼甫"，对孔子的尊称。孔子字仲尼，故称。

大河口村重修求子阁记

侯祖锠①

　　《左传》叔孙豹之言曰："太上有立德，其次有立言，其次有立功。"夫立德立言者尚已，若立功之说，正不必穷高极远，以矜侈博也。即随时随地而有其人焉，要在吾力所能为，与夫众心所欲为者而克为之，则亦可谓之立功。

　　若吾邑求子阁之建，岂非所谓立功者与。夫求子之事，自古有之。《礼》所谓祠于高禖②者是也。吾邑素无祷祠祈求之所，村人祈嗣者往往走数十百里以为常。阁者，邑人王君凤舞之所建也。其南向者为求子阁，其北向者为文昌阁。王君昔艰于子嗣，今年过耳顺③，而瑶、环、瑜、珥，称其佳儿者有四人焉，宜其善念之感而获报之速有如是矣。

　　余与王君为葭莩④亲，闻有是举，心窃韪之。始而询诸里人，则曰："经营之始基之矣。"次而询焉，则曰："勤垣墉涂既茨矣。"又次而询焉，则曰："勤朴斫⑤涂丹臒矣。"至是而金碧辉煌，焕然伟观焉。盖始于嘉庆二十五年庚辰，而成于道光元年辛巳，其间未浃岁⑥耳，非其志之专，力之勇，而能然乎？约计砖瓦木石之费共钱九百余缗⑦，工匠佣赁之费共钱六百余缗，绘塑彩画之费共钱一百五十余缗。其出于王君之囊橐者十之八九，出于众力之捐输者十之一二也。阁成，属余为记，余因为之叙其颠末如此。襄其事者，为邑人原文炳、赵克礼、王畅、王适。由斯以往，将见绳绳振振，咏《螽斯》⑧而日新；继继承承，绍家传于不替，皆于此举培其基焉。是为记。

注释：

①侯祖锠：壶关（今山西省长治市壶关县）人，由明经任定襄（今山西省忻州市定襄县）教谕，登庚午（1750）贤书，解组（解绶）归里，杜门不出。性嗜古，潜心经籍，博览子史，所著《读诗今韵辨音》《字学笺》《表解易》行世。

②高禖：古帝王求子所祭之神。其祠在郊，故称郊禖。

③耳顺：指60岁，也为花甲之年。《论语·为政》："六十而耳顺。"

④葭莩（jiā fú）：芦苇秆内壁的薄膜，比喻关系疏远的亲戚。

⑤朴斫（zhuó）：砍斫，削治。

⑥浃岁：一年；经年。

⑦缗：❶穿铜钱用的绳子。❷用于成串的铜钱，每串1000文。

⑧《螽（zhōng）斯》：《诗经·周南》中的一首诗，全诗三章，每章四句，前两句描绘螽斯的翅膀及其飞翔的声音，后两句颂祝多子多孙。螽斯，或名斯螽，一种直翅目昆虫，常称为蝈蝈。

西柏林重修北极庙记

王应凤①

衙县治之南四十里，有聚落曰柏林，明翰林张公邦敷所由自号为西林子也。西林之西，自佛耳山迤东里许，厥惟鸾山，亦号松峰。其巅有古庙岿然，紫微祠也。年久罔知建始，搜剔遗碣，自金泰和元年、元元统二年及明正统十一年屡有重修之举，而基址仍旧，未经恢廓。迨弘治壬子年间，更加葺补，而规模渐敝。参政寒泉公为之碑记，题其徽号曰北极紫微大帝云。

夫北极者，天之枢也。枢之下无星处谓之辰，故亦谓之北辰，与钩陈第三星相连而成其位焉。紫微者，帝星也。帝星之属凡五，一太子，三皇后，四庶子，五曰天枢，而帝星居二，与钩陈第六星相对而悬其象焉。由是言之，似北极自北极，紫微自紫微，不得合而为一神矣。虽然，北极者，紫微之极也，言紫微而必系以北极，所以尊紫微也，犹《洪范》之称皇极焉云尔。且自左枢右枢，以及上承、少承、左右垣十有五星，皆得以紫微名，则北极之名以紫微也，复奚疑！其称大帝者何在天之神，惟上帝为至尊。紫微为上元中宫，众星环拱，有万民趋附之众，故配上帝而特称为大帝也。虽魁星亦称北极，而列于紫微垣外，固不得与紫微而并尊矣。

据杨秀夫旧志，迄今盖三百于祀，瓴甓倾颓，丹青剥落。维虑久而且圮，父老聚议其事，咸曰："是役也，即问之松峰可也。"于是鸠工伐木，择日经始，以修以葺。中为紫微殿三楹，拜庭三楹。殿之侧翼以角殿各三楹，东为真泽祠，西为圣母祠。角殿而下为东西庑，各十二楹。自中而南，与正殿相向者为舞楼。舞楼下为山门三楹。起紫微殿及山门，髹以金碧，焕然改观，因其旧也。旧制外新所创建，山门前出厦三楹，左右角门各三楹，东西串楼各三楹。楼之外翼以钟鼓一楹，拜庭傍为东西小厅各三楹，山门外月楼一所，环以花墙，以石为栏。紫微殿后为先师孔子殿，殿之下东厅三楹、西厅三檩，自西而北为敞棚八檩，又自北而西为山房五檩。起正门及山房，经之营之，黝之垩之②，创其新也。合而观之，或因或创，功始于乾隆五十三年春。费金四千七百三十有零，于五十九年九月告竣。

越嘉庆九年甲子秋，梓材杜公、永寿张公、世勋杨公、磐石杨公问记于余，余弗敢违诸公之请，又思夫胜国③时，吾邑中固多显者，而人文蔚起，后先济美，未有盛于西林一村者也。阅邑乘及鲍斋公《友松亭记》，乃知故明先进，以廊庑为书舍，为俊为秀，咸肄业其中。如能奇之父子，河洛之昆仲，凡三百余年，联翩而上者，无不发迹于紫微祠焉。又岂特郭子翔借筯一事，然后传为北极灵迹也哉？文成之夕，斗转参横，仰见紫微垣帝星炯炯，光照鸾山，知神灵呵护之区，必有伟人迭出，克绍前徽，以上达天贶，而下为松峰吐焰也。时嘉庆九年重阳前六日记。

注释：

①王应凤：字翔廷，壶关（今山西省长治市壶关县）人，华浙子，清嘉庆间岁贡。

②黝之垩之：涂以黑色和白色。

③胜国：郑玄注："胜国，亡国也。"按：亡国谓已亡之国，为今国所胜，故称胜国，后因以指前朝。

西柏林村仰止亭记

李本立①

西林鸾山有庙焉，盖古所建紫微宫也。峰回路转，迤逦而北，见有瓦砾纵横，则古碑存焉。扪萝剥藓，伏而读之，乃知山之石磴绵亘东西，为其村杜氏所修，而碑，其表记也。夫修路有碑，亦事之常，果奚为而异之？盖此碑之勒，溯厥由来，乃漳源冯公之所书，东山冯公及诸名士之所咏也。

嗟夫，记事载言允矣，钟王②之笔；歌功颂德，居然李杜③之章。脱琐珉无恙，篇什长留，不且与高山流水同寿千古哉！无何，文成珠玉，半消磨于苦雨凄风；字绕龙蛇，胥埋没于荒烟蔓草。乃知人事代谢，往来古今，虽岣嵝④奇文，燕然⑤古石，不能不寂寞于一时，则此碑之见厄，固亦时势之常，无可如何矣。顾徒为惜之而不能安置之，情犹虚也。当是时，郭公厚庵适馆此山，余从过访之余，偶语及此，公遂引为己任。同社诗友捐资济美者,则峪镇之侯鸣皋、郭英立也,东林之马正始,本里之杨荫溪也。虽然,睹遗迹而感素心者志之所同,兴土工而勤荒度者才之所短。于是商之社约,而常公玉箱、原公寿仙等,亦皆好义人也。不辞疆理之劳,更益捐输之力,工不逾月,事已告成。颜其额曰仰止,亦足以见景行之志,有同然矣。且夫遇合殊途,人须量力。往者兴非常之创建,鸟道于以潜通;今兹尽随意之经营,鸿文因之不坠。事虽不同,情则一也。自今以往,人之登斯山者,观先贤之遗碣,常临古帖数行;憩曲径之草亭,爰胜浮屠七级⑥。则是亭之建,固所以光辞翰⑦,亦所以庇行旅也。是乌可以善小而不为哉!时清和⑧月望日记。

注释:

①李本立:长治(今山西省长治市)人。

②钟王:钟繇和王羲之的合称,他们树立了楷书、行书、草书美的典范,此后历代学习书法者都以钟王为宗法。

③李杜:李白和杜甫的并称。

④岣嵝(gǒu lǒu):即"岣嵝之字",岣嵝山上古人留下的碑刻文字。岣嵝,衡山七十二峰之一,在湖南省衡阳市北。为衡山主峰,故衡山又名岣嵝山。古代传说,禹曾在此得金简玉书。相传为夏禹纪功的《岣嵝碑》,有77字。

⑤燕然:东汉将军窦宪率领汉军及南匈奴、东胡乌桓、西戎氐羌大破北匈奴之后,封燕然山,勒石记功。《封燕然山铭》碑文上记载:"上以摅高、文之宿愤,光祖宗之玄灵;下以安固后嗣,恢拓境宇,振大汉之天声。"燕然勒功、勒石燕然作为重要的典故成为后世功臣名将向往的功业巅峰。

⑥浮图七级:七层塔。在佛教中,七层塔是最高等级的佛塔。

⑦辞翰:❶文章;著述。❷书翰。

⑧清和:农历四月的别称。

西林杜氏创修塔河坡记

平天秩①

工无巨细,随地可施;德无穷通,因时皆著。待时而布德,择地而建功,此悭②夫之所私是,而儒者之所公非也。圣天子在上,无偏无陂③,四海普荡平之乐;遵道遵路,群黎遍视履④之详。极之通都大邑,表垂道理,固勤奠丽⑤于良有司；至于穷谷深山，蹊径往来，亦劝平除于乡善士。

塔河坡与刘家脑者，太行之脊，羊肠之巅也。虽非秦燕通衢，实为晋豫便径。齐云千尺，高若虹悬；拔地百寻，曲如蜒转。夏则山霖崩圮，冬则泉雪冱凝。行者每嗟布德之无人，而思施工其谁氏自？西林杜氏，京兆世家，司铎建中大学素庵文公，乡贡维舟司马作范继梁，诗礼相传，咸知观我而观物胞与⑥为量，各识达己而达人，慨兹雁旅之艰难，奋尔鸠工为补葺。琢石铲崖，历乎冬夏；梁溪砌壑，讫于东西。险阻既平，车马登高而忘危；泽淤已辟，负担临下而罔屯。功斯巨矣，德焉穷哉。然而经之营之，虽昆仲之擘画不少；若夫乃左乃右，实作范之宣劳为多。此又一时所共见，而又与兹地为永传者也。然吾因之而慕者，复因之而感矣。夫括囊为守，怀宝自私。睹蹶砾之当前，惮烦一手；任崎岖之载道，谁慷千金。建中诸公，体仁人为雅怀，随时著德；广施济之宏量，因地敷功。上辅朝廷荡平之治，下辟斯人视履之观。岂不与高山而并峙，流水而同长哉！绅士牛天佑，耆民石生蕙、张海禄、僧源浦等，恐口碑之易湮，请勒石以为记。遂记之。

注释：

①平天秩：壶关（今山西省长治市壶关县）人，贡生。

②悭（qiān）：吝啬；小气。

③无陂（bēi）：❶没有邪曲。❷不倾仄。

④视履：❶观察其行为。❷察看巡行。

⑤奠丽：言德政之美。《尚书·禹贡》："奠高山大川。"丽，美好。东汉班固《汉书》："以道德为丽。"

⑥物胞与：即"民胞物与"的省称，指以民为同胞，以物为朋友。

济旱池碑记

张步载①

闻之太上立德，其次立功，是之谓不朽。盖德之厚者，时历久而必发；功之茂者，年虽远而弥光，未有终于湮没而不彰者也。

我固镇旧有土河一区，东北倚龙山之峻，源之所自来也；西南还②淘清之河，流之所由归也。盛绩所存，万姓汲饮于斯焉。第基址虽具，而蓄水易泄；根底未坚，而移时辄涸。每届冬春之际，辄有干渴之忧。家负瓮而衔③渴，户积雪而藏冰。男妇老幼，每岁苦之。

乾隆五十年间，先辈诸父老同兴修池义举，蓄钱粮，备材用，如是者盖亦有年。至嘉庆元年兴工，阅五年告成，计费五千余金。负土运石，鸠工庀材，经营尽瘁，畚锸齐兴。其形之双也，象若合璧；其渊之深也，筑以重台。中有石梯券道，上列门户栏杆。为水簸于巽隅④，备蓄潴也；修石渠于乾方⑤，防冲决也。西修影壁，固元气也；东移舞楼，广市场也。迄今三十余年，乐汲取之便，无旱干之嗟。蒙其休者，习为固然，盖先德之湮久矣。自道光四年，有维首诸公，缘池南岸倾颓，重为修葺。因综前后姓名，备勒诸石，非夸美也，惟恐代远淤塞，后之人将无从而观感矣。是为序。

注释：

①张步载：壶关（今山西省长治市壶关县）人，邑庠生。
②还（huán）：通"环"，环绕。
③衔：遵奉；接受。《礼记·檀弓上》："仕弗与共国，衔君命而使，虽遇之不斗。"
④巽隅：东南角。
⑤乾方：乾卦所在的方位，即西北方。

补修奎楼碑记

王华龄

邑城之巽隅，旧有魁星楼一座。上耸云霄，俯临燕水。凤岭峙其东，黉宫接乎北。所以肇灵秀，培科名，前人之创修，意深远矣。

道光乙酉七月，大雨如注，燕池之水涨溢数丈。楼前砖岸与楼下石台，浸润倒塌，楼上四柱空悬无所附丽，其危险不啻千钧一发，而卒不至倾圮者，咸谓冥冥之中若有神佑焉。邑令张①勘验，急命修理。众工俱有难色，盖恐杵声震动，不免栋折榱崩之虞。再三筹画，用大木将四柱撑持，铁索拽出城外，以大铁橛挽之，然犹未敢筑之登登也。搜寻根柢，内则尽甃以砖，每砖一层，用灰灌注。外则多备石料，自下而上，层层积累，较昔之石台，其高数倍。岸有所辅，不至外倾；楼之基址，益以巩固。望之耸然屹立，诚一邑文风之冠也。

因念此楼创自前人，迄今四十余年。当日辨方正位，奔走捐输，举凡土木金石之工，不知若何勤劳。今复经好善君子，踊跃从事，俾得巍然焕然，不日而成。倘非书而志之，其何日启人文崇祀事，使后之留心风化者，有所借以兴乎？时同事者，余与介宾阎檀、牛宿，庠生阎庭芳②。是为记。

注释：

①邑令张：即张文麟，湖北罗田（今湖北省黄冈市罗田县）举人，清道光元年（1821）任壶关县知县，详名宦。

②阎庭芳：壶关（今山西省长治市壶关县）人，清道光年间（1821—1850）庠生，曾参与编纂订正《壶关县志》。

壶邑考

王华龄

壶邑在古为黎地，晋并婴儿①，则为晋地，韩赵魏三分后始属韩，后属赵，在秦则又为上党郡地也。旧无为县名，自汉吕后立孝惠后宫子②为侯国，始称壶县。后以地有壶山口，因险置关，又称为壶关县。地宇峻绝，览舆图知太行为天下之脊，读壶志又知上党居太行之巅，而壶邑复在上党之最高处。

当日左通岱恒，右连崤函，南接汴洛，北驰燕赵，固圉重镇，控制扼弭，故说者称为虎豹③金汤，历唐志、金志、通典地形志悉载之，则地之险要可知矣。汉魏以降，晋与北魏、后魏、隋、唐，忽郡忽县，废置无常。

今之治，实自唐贞观十七年从高望堡所移。彼时犹设令丞各一员、教谕一员、训导二员。至壶口故关，早入黎城，即今之吾儿峪移置东阳者。明嘉靖七年，因平青羊贼，升州为府，割壶邑东郡置平顺县。十年，又置长治县，壶邑渐成蕞尔矣。虽乾隆二十七年，裁平顺县，拨还壶关地十里。较通志所载长治即隋唐以后之上党县，上党即古壶关者，相去远甚。然地虽褊④小，而有事之秋未得安息。崇祯十五年，叛将任国琦夜逾壶关以袭北董，流贼老回回入境相延数十里。十六年，闯贼伪官张弦至壶。顺治六年，叛贼姜壤伪官胡宓至壶。嘉庆十八年，滑县贼牛亮臣串入壶邑十八盘。是地之僻，盖有不可忽者焉。今槲林隘、十八盘隘、河交口均系要地，而玉峡关旧名风门口,在隆虑万山之巅,为两河三晋界,尤为天作之险。幸承平日,圣天子以德化民,而绾绥斯土者,又皆循良茂著,风淳俗美,则山溪之险,封疆之界,殆有不必言者矣。

注释:

①婴儿:即潞子婴儿(前6世纪),是潞国(在今山西省长治市潞城区东北)国君。潞子婴儿系参卢之后,参卢是炎帝之后,被黄帝封于潞,以奉先祀。因衣尚赤,所以称赤狄。《左传》宣公十五年(前594),晋景公令荀林父率大军伐潞,"败赤狄于曲梁(今山西省长治市潞城区石梁村),辛亥,灭潞"。《春秋》载,晋灭潞,"以潞子婴儿归"。

②孝惠后宫子:即刘武(?—前180),汉惠帝之子,生母不详。西汉高后元年(前187)四月,被立为壶关侯。五年(前183),改封淮阳王。八年(前180),周勃、灌婴等功臣和齐王刘襄杀诸吕外戚,称刘武不是汉惠帝的儿子,将他杀害。

③虎豹:比喻勇猛的战士。

④褊(biǎn):狭小;狭隘。

卷十　艺文志下·诗类

【魏】

苦寒行

武　帝①

时来围壶关，故经羊肠坂。
北上太行山，艰哉何崔巍。羊肠坂诘屈，车轮为之摧。
树木何萧瑟，北风声正悲。熊罴对我蹲，虎豹夹路啼。
溪谷少人民，雪落何霏霏。延颈长叹息，远行多所怀。
我心何怫郁，思欲一东归。水深桥梁绝，中路正徘徊。
迷惑失故路，薄暮无宿栖。行行日已远，人马同时饥。
担囊行取薪，斧冰持作糜。悲彼东山诗②，悠悠使我哀。

注释：

①武帝：即曹操（155—220），字孟德，小字阿瞒，沛国谯县（今安徽省亳州市）人，东汉末年杰出的政治家、军事家、文学家、书法家，三国时曹魏政权的奠基人。曹操曾担任东汉丞相，后加封魏王，奠定了曹魏立国的基础。去世后谥号武王，其子曹丕称帝后，追尊为武皇帝，庙号太祖。

②东山诗：《豳风·东山》是《诗经》中的一首诗。此诗以周公东征为历史背景，以一位普通战士的视角，叙述东征后归家前复杂真挚的内心感受，发出对战争的思考和对人民的同情。

【唐】

赐崔日知①往潞州

李隆基②

潞国开新府，壶关宠旧林。妙旌循吏德，持悦庶氓心。
礼乐中朝贵，神明列郡钦。扬风非赠扇，易俗是张琴。
藩镇讴谣满，行宫雨露深。会书丞相策，先赐颍川金。

注释：

①崔日知：字子骏，滑州灵昌（今河南省安阳市滑县）人，有吏干。景云（唐睿宗年号，710—711）中，为洺州（北周宣政元年，即578年置，洺州辖域今邯郸、邢台二市）司马，以讨谯王重福功，累迁京兆尹，为御史李如璧所劾，左迁歙县丞，后为太常卿。自以历任年久，每朝士参集，常与尚书同列，时人号为尚书里行。

②李隆基（685—762）：即唐玄宗，唐高宗与武则天之孙，唐睿宗李旦第三子，故又称李三郎，母窦德妃。唐先天元年（712）至天宝十五年（756）在位，因安史之乱退位为太上皇，是唐朝在位最长的皇帝，亦是唐朝极盛时期的皇帝。

奉和圣制早登太行山中言志①

苗晋卿

金吾戒道清，羽骑动天声。砥路当南绝，重岩始北征。
关楼前望远，河邑下观平。喜气回舆合，祥风入旆轻。
祝尧三老至，会禹百神迎。月令农先急，春蒐礼后行。
仍亲后土祭，更理晋阳兵。不似劳车辙，空留八骏名。

注释：

①此诗是奉和唐玄宗《巡省途次上党旧官赋》之作。

游灵显观

吕 岩

素衣丘壑①寄生涯,相近衡茅②共几家。
卧听松音临水石,坐看山色老烟霞。
林中有鹤窥来客,岩畔无人见落花。
但把琴书消白昼,不须炉里炼丹砂。

注释:

①丘壑:山峰与河谷;山野幽僻的地方,比喻深远的意境。
②衡茅:即衡门茅屋,简陋的居室。

壶关道中作

韦 庄①

处处兵戈路不通,却从山北去江东。
黄昏欲到壶关寨,匹马寒嘶野草中。

注释:

①韦庄(约836—约910):字端己,长安杜陵(今陕西省西安市附近)人,晚唐诗人、词人,五代时前蜀宰相。早年屡试不第,直到唐乾宁元年(894)年近60岁时方考取进士,任校书郎。

【宋】

紫团山三十六景诗

王 寀

迎旸峰

阳燧①初升八极②车,飞光犹带赤城霞。

山英固有葵心在，不许群峰取次遮。

注释：

①阳燧：古代用铜制作的镜子形状的利用太阳取火的器具，此指太阳。
②八极：八方极远之地。八方，指东、西、南、北、东南、西南、西北、东北八个方向。

倚秀峰

山形叠叠掩禅关，长薄萧森落照间。
天女欲夸新结束①，都将翠藻簇烟环。

注释：

①结束：装束；打扮。

天　柱

不分苍梧①西北倾，只将一柱与支撑，
而今六幕②安然处，应教斯人乐太平。

注释：

①苍梧：即苍梧山，一般指九嶷山，位于湖南省南部永州市宁远县境内。
②六幕：天地四方。

摩　崖

家山本与语溪①接，使节曾过砥柱游。
见说紫团铭勒处，西风千里重回头。

注释：

①语溪：地名，位于浙江省北部，乃桐乡市崇福镇古称。春秋时为吴越边界之地，称御儿。镇西郊有何城遗址，相传为当年吴拒越所建。汉时又称御儿为语儿。镇东有南沙渚塘，古时即称语儿中泾，又称语溪，镇亦别名语溪。

濯缨溪

江上老人终独往,尘中孺子果何知。
溪翁欲识沧浪意,看取青霄浸月时。

东华表

借问辽东鹤①,归来得许悲?
浮生随念变,何待冢累累。

注释:

①辽东鹤:辽东丁令威学道成仙后,化作白鹤回到家乡。后用来表示怀着思恋家乡的心情久别重归,慨叹故乡依旧,而人世变迁很大。

西华表

寄谢西朝相,神奸古有图。
如何延客处,庭燎①照丰狐。

注释:
①庭燎:古代庭中照明的火炬。

碧萝峰

风曳山妃带,云穿木客衣。青松容袅袅,红叶半飞飞。
月为幽人①罢,春从旧处归。明朝碧峰外,试与绊斜晖。

注释:
①幽人:❶幽隐之人;隐士。❷幽居之士。

金屋山

云拂层峰四面朝,朝阳北过更岩峣。

金仙自合居金屋,不为胶东贮阿娇①。

注释:

①阿娇:汉武帝刘彻的表姐陈氏(小名阿娇)。据野史《汉武故事》载,汉武帝为胶东王时,曾说:"若得阿娇作妇,当作金屋贮之也。"

鸱尾山

天借溪山奠佛居,全将帝所作规模。
汉光①不识真鸱尾,何笑区区问越巫。

注释:

①汉光:东汉光武帝的省称。

山翁崖

仙翁爱山居,留形在东岭。风林度啸声,云壑漾飞影。
华发欲萧萧,青瞳犹耿耿。追踪有名流,回首发深省。

驻云亭

尘迹初从世网收,一丘一壑此优游。
却应化作飞云片,长向亭前伴客留。

老人峰

江庐已别游河侣,商洛休陪谒汉宾。
独立南山千嶂里,长将万寿祝严宸①。

注释:

①严宸:帝王的威严,亦喻指君王。

南极园

清徽有逸仙，畴昔下南极。紫气远成图，照此大白域。
芝田手所耘，地灵亦知啬。云根一十八，斸掘安可得。
惟余乱峰间，乔林竦寒色。

紫团胜赏①，闻之旧矣。壶关大夫俾图作赞，欲得予诗。时在管城②锦绣谭上，自食至晡③，已赋三十六景，因以草卷寄之。时政和六年秋九月既望乙巳，辅道书④。

注释：

①胜赏：快意地观赏。

②管城：管城县于隋开皇十六年（596）分内牟县置，治今河南省郑州市，为管州治。大业初为荥阳郡治，唐、宋、金、元为郑州治。明洪武初废入郑州。

③晡（bū）：中国古时把一天划分为12个时辰，每个时辰等于现在的两小时。晡时是十二时之一，即申时，又名日晡、夕食等（相当于现在的15—17时）。

④辅道书：此文系王寀所撰跋。

郡志曰①："辅道书字神奇，原刻十二石，亦以拓本累僧，碎之埋于山麓。后人踪迹掘之，止得八石，嵌之慈云寺壁间，后止存四石。顺治十八年，知县朱辅移置学宫。"

按：壶关志②，紫团山三十六景诗，宋政和中王寀字辅道者所作，以应邑大夫之请者也。原刻十二石，即其手稿，书法神奇可爱。始以拓本累僧，埋于山麓。后人踪迹掘之，止得其八，嵌慈云寺壁间，后又止存其四。国朝顺治间，县令崇德朱公移置学宫。盖是石之不全已久，而珍重爱惜之者，后先一辙也。余始至壶学，即访求之，闻止有一石，亦无觅处。今年秋，忽以无意得之。拂拭之余，如获珍宝。窃谓此石既置学宫，当垂永久。乃仅百有余年，又复渐就湮没。岂爱与不爱，人情固有不同耶？抑此石之显晦，亦有数存其间耶？余不忍既得复失，又望后人因其一而更留意于其三也，因葺之斋舍壁间，并志其颠末如此。乾隆辛亥③中秋，解梁吕天培识，邑人王遐龄书。

注释：

①郡志曰：此文俱载于康熙、乾隆《壶关县志·艺文志·诗类》"题紫团山三十六景"后，系清康熙二十年（1681）知县章经编修县志时将郡志所记补于诗跋后。

②按：壶关志：此文系道光《壶关县志》编者将吕天培撰三十六景刻石流转事之跋，补于前县志"郡志曰"后。

③乾隆辛亥：即清乾隆五十六年（1791）。

【金】

宝岩僧舍

宗　道①

寂寂钟鱼②相满轩，午风轻扬煮茶烟。
西堂竟日无人到，只许山人借榻眠。

注释：

①宗道：僧人，俗姓金，字本如，号一庵，吴淞（今上海市吴淞区）人，住白沙西林寺。持戒律，工诗书画。入白沙社，挥毫泼墨，清言娓娓人，拟之莲社远公，有《西林草》。

②钟鱼：寺院撞钟之木，因制成鲸鱼形，故称。亦借指钟、钟声。

北极山①

连　繁②

撑破白云积翠环，孤峰遥倚北辰间。
黎川历历凭高望，几点村烟落照间。

注释：

①北极山：壶关古八景之一。

②连繁：字士征，元代黎城（今山西省长治市黎城县）人。淹经史，通韬略，辞赋自成一家。中河东乡进士，授河南儒学提举，不受。卒，赠集贤直学士，朝列大夫。

和前题

江受益①

奇峰翠崒②出云霄,更比终南③太华④高。
万壑烟霞深有意,向人招隐莫徒劳。

注释:

①江受益:元代人,与连縈友好,相互唱和。
②崒(lù):通"律",山高峻貌。司马相如《子虚赋》:"隆崇崒崒。"《诗经·小雅》:"南山律律。"
③终南:即终南山,在陕西省西安市长安区西50里,东至蓝田,西至皋兰,绵亘800余里。
④太华:即华山,在今陕西省渭南市华阴市,因西有少华山,故华山又称太华山。

【明】

游东苑诗

高皇帝①与四辅

踞蟠龙虎肇贤豪,高帝　　五色卿云炫日明。臣杜敩
王气莹然垂景象,臣吴源　　民风乐耳见升平。臣龚敩
山河百二金陵最,臣赵民望　宇宙千秋帝业成。臣杜祐
暗忆六朝②兴废事,高帝　　祯祥未尽又加祯。臣杜敩

注释:

①高皇帝:即明朝开国皇帝朱元璋。
②六朝:一般是指中国历史上三国至隋朝的南方的六个朝代,即孙吴(或称东吴、三国吴)、东晋、南朝宋(或称刘宋)、南朝齐(或称萧齐)、南朝梁(或称萧梁)、南朝陈这六个朝代。又因六朝皆以建康(今江苏省南京市)为京师,所以后世许多文献皆以六朝或南朝来代指南京,所以南京又称六朝古都。金陵是南京的别称之一。公元前333年,楚威王熊商于石头山(相传系今清凉山)筑金陵邑,金陵之名源于此。

紫团山

沈宪王①

紫盖云霞合,青天石壁开。禅僧坐溪畔,幽鸟下山隈②。
地有长生药,门多隔岁苔。鸣钟天向夕,清响半空来。

注释:

①沈宪王:即朱胤栘(?—1549),号南山道人,明太祖朱元璋七世孙,沈简王朱模六世孙,第五任沈王。明嘉靖二十八年(1549)薨,谥沈宪王。性喜读书,好文士,善音律,著有《清秋唱和集》《保和斋诗》5卷。

②山隈:山的弯曲处。

应召上京

杜 敩

符使星驰到荜门,草茅何者敢踰①垣,
鞠躬出拜王言辱,策杖来朝上位尊。
辇御六龙登黼座②,楼栖双凤叫天阍③。
方今复睹勋华盛,荡荡巍巍至道存。

注释:

①踰:同"逾",越过;超过。

②黼座:❶帝座。天子座后设黼扆(屏风),故名。清末民初赵尔巽等撰《清史稿·礼志七》:"乾隆五十年,设宴于清宫……年最高者,如百五岁司业衔郭钟岳等,得随一品大臣同趋黼座,亲与赐觞。"❷借指天子。北宋林逋《送范希文寺丞》诗:"黼座垂精正求治,何时条对召公车。"

③天阍:❶天帝的守门人。❷天宫之门。❸帝王宫殿的门。

题紫团山二仙庙

梅之尹①

山到紫团高万丈,半空楼阁二仙祠。
天台刘阮②非今世,湘浦皇英③望九嶷。
旭日窗棂青琐闼④,晴岚檐瓦翠琉璃。
乡民尽说格天孝,香火能供不断时。

注释:

①梅之尹:安徽宣城(今安徽省宣城市)人,明洪武元年(1368)以宣城县训导,推荐任壶关县主簿。

②刘阮:即刘阮传说,典出南朝宋刘义庆《幽明录》:"汉明帝永平五年,剡县刘晨、阮肇共入天台山,取谷皮,迷不得返。"后遇到仙女,并与之成婚的神话爱情故事。

③皇英:又称娥皇女英。长曰娥皇,次曰女英,是古代神话传说中帝尧的两个女儿,同嫁帝舜为妻。舜继尧位,娥皇、女英之其妃,后舜至南方巡视,死于苍梧。二妃往寻,得知舜帝已死,埋在九嶷山下,抱竹痛哭,泪染青竹,泪尽而死,因称潇湘竹或湘妃竹。

④琐闼(suǒ tà):镌刻连琐图案的宫中小门,亦指代朝廷。

寄壶关县丞郭柏

杜敩

独员县丞才三月,雷厉风飞见设施。
日夕华封①犹听政,月明松院正哦诗。
康庄当展龙媒②足,枳棘非栖鸾凤③枝。
卓鲁④到今千载远,料应德教有光辉。

注释:

①华封:华州这个地方,此指壶邑县衙。华,古地名。封,疆界;范围。

②龙媒:❶骏马。❷喻指才俊。

③鸾凤:❶鸾鸟与凤凰。❷比喻贤俊之士。

④卓鲁：东汉卓茂、鲁恭的并称。均以循吏见称，后因以指贤能的官吏。

送致道先生诗三首并引

申 甫

聘君南坡致道先生朝京，潞郡大夫庭芳李先生、士龙郭公歌诗以华其行。甫，南坡笔砚友也，讵容缄默，勉裁三诗，布鼓雷门①，实自惭耳。

其一曰南坡

南坡老明经，鬖髿②鬓如雪。
智囊深无底，眼孔大如月。
乐天安土卧东山，义胆忠肝凛如铁。
芝香薇嫩蕨芽肥，及时自酿松醪酹。
衣裁荷芰佩纫兰，枕石漱流尚高节。
富贵恶能淫，威武安能折。
丈夫真诚天下奇，襟怀玉鉴冰壶洁。
乱世保身脱网罗，克刚克柔克明哲。
治朝符使天上来，幡然应聘朝京阙。
京阙遥遥一千里，骑鲸远涉吴江水。
吴江滔滔浪泊天，一着神鞭上鹑尾③。
叩阊阖④，瞻天颜。
敷奏万言策，字字锵琅玕。
行道济时素志酬，周公梦复非邯郸⑤。
黄袍虚席久矣，望子为稷契⑥，岂止为谢安⑦！

注释：

①雷门：古代会稽（今浙江省绍兴市）城门名。因悬有大鼓，声震如雷，故称。
②鬖髿（sān shā）：毛发下垂貌。唐韩愈《辛卯年雪》诗："白帝盛羽卫，鬖髿振裳衣。"
③鹑尾：星次名，指翼轸二宿，古以为楚之分野。
④阊阖（hé）：传说天宫的南门，也指皇宫的正门。

⑤邯郸：指邯郸梦。唐沈既济《枕中记》载，卢生在邯郸客店中遇道士吕翁，用其所授瓷枕，睡梦中历数十年富贵荣华。及醒，店主炊黄粱未熟。后因以邯郸梦喻虚幻之事。

⑥稷契：稷和契的并称，唐虞时代的贤臣。

⑦谢安（320—385）：字安石，陈郡阳夏（今河南省周口市太康县）人，东晋时期政治家、名士。他治国以儒道互补，作为高门士族，能顾全大局，以谢氏家族利益服从于晋室利益。

其二曰太行路

太行路，何崎岖，相逢尽道能摧车。
冷云直上三万丈，一线之宇百折通天衢。
飞猿健鹘不得上，古雪空嵌岩，
但见巅峰叠献，宛如快剑削出青芙蕖①，
霞吐云蒸如画图。
天坛②王屋遥相望，洞府往来飞仙居。
元气老不死，挺然南坡君子儒，
居仁由义力有余，闭户琅琅勤读书。
三老策杖道相访，珊珊离佩锵瑗琚。
敛容拱手趋坐隅，山鬼③独脚呼揶揄④。
秋风拂焦尾⑤，夜月弹昆吾⑥。
物欲净如扫，玉鉴与冰壶。
岂是蓬蒿人⑦，真诚大丈夫。
何奈时不偶，笑彼三匝乌⑧。
熙熙暮景垂桑榆，夜来天使赍敕符。
策杖遥遥下太行，应聘远朝天子都，
致君尧舜歌唐虞。

注释：

①芙蕖：荷花的别称。

②天坛：即天坛山，又名阳洛山，位于今河南省济源市城区西北约31公里处，海拔1711米，为王屋山主峰。绝顶有坛，传为轩辕帝祈天之所，故名天坛。

③山鬼：山神；山精。传说中的一种独脚怪物，泛指山中鬼魅。

④揶揄：嘲笑；戏弄。

⑤焦尾：东汉著名的文学家、音乐家蔡邕亲手制作的一张琴。蔡邕在"亡命江海、远迹吴会"时，曾于烈火中抢救出一段尚未烧完、声音异常的梧桐木。他依据木头的长短、形状，制成一张七弦琴，果然声音不凡。因琴尾尚留有焦痕，故取名焦尾。焦尾以它悦耳的音色和特有的制法闻名四海。

⑥昆吾：古代宝剑名。《列子·汤问》："周穆王大征西戎，西戎献昆吾之剑，火浣之布。用之切玉，如切泥焉。"

⑦蓬蒿人：草野间人，指未仕。这里也指胸无大志的庸人。

⑧三匝乌：化用东汉曹操《短歌行》中诗句："月明星稀，乌鹊南飞。绕树三匝，无枝可依。"

其三曰清时

清时贤路开，旷达平如砥①。州县忽传宣，召彼古君子。
猗与②南坡翁，灵台湛秋水。学问际天人，有德复有齿。
居易依中庸，言行相表里。俾之展经纶，允克慎终始。
霖雨苏丘民③，足以歌恺悌④。征书下五云⑤，天使来亲礼。
猿鹤惊离群，扶杖幡然起。行行诣神京，前程难但已⑥。
调鼎⑦志不伦，阴阳可燮理⑧。功成拂袖归，流芳播青史。

注释：

①砥：细的磨刀石。

②猗与（yī yú）：叹词，表示赞美。

③丘民：❶丘甸之民。《公羊传·成公元年》："讥始丘使也。"何休注："讥始使丘民作铠也。"❷泛指百姓。

④恺悌：和乐平易。悌，顺从兄长。

⑤五云：五色瑞云，多作吉祥的征兆。南朝梁萧子显《南齐书·乐志》："圣祖降，五云集。"

⑥但已：仅此而已，谓不复深究或就此了事。东汉班固《汉书·淮阳献王刘钦传》："纵不伏诛，必蒙迁削贬黜之罪，未有但已者也。"

⑦调鼎：❶烹调食物。❷喻任宰相治理国家。西汉韩婴《韩诗外传》："伊尹，故有莘氏僮也，负鼎操俎调五味，而立为相，其遇汤也。"

⑧燮理：协和治理。《尚书·周官》："立太师、太傅、太保，兹惟三公，论道经

邦，燮理阴阳。"

送致道杜先生应召赴京

张　肃①

人生应有观光日，公去金陵八月时。
秋色一江杨子渡，天香万里桂花枝。
草堂事业知工部，御史风流说牧之②。
自古冶城③登眺地，好诗相寄莫相违。

注释：

①张肃：壶关（今山西省长治市壶关县）人，明洪武乙丑（1385）科进士。

②牧之：即杜牧（803—852），字牧之，号樊川居士，京兆万年（今陕西省西安市）人，唐代杰出的诗人、散文家。唐大和二年（828）25岁中进士，授弘文馆校书郎。

③冶城：位于江苏省南京市秦淮区朝天宫一带，是春秋末年吴王夫差在今南京城西的一个小土山上筑起一座土城，是南京最早的土城。

喜雨篇送杜致道先生赴召有引

梅之尹

时亢旱，喜雨，黉舍举酒饯别，因作诗赠焉。同会者，有吴兴吕侯士安，三山郭公永龄，幕宾绛阳冯遵道，税使观津李思敬，邑庠生王进城、曹九龄，馆下诸生马文渊辈二十人，俱书壁间，以记岁月云尔。

去年五月祷即雨，今年七月犹虔虔。
行香三日乃小雨，五日甘澍始沛然。
不才愧摄百里政，民命实系苍苍天。
君恩有诏甚优厚，天下大复秋租全。
雨旸时若又丰稔，康衢①击壤②雍熙③年。
吴兴吕侯有善政，余波流泽无后先。
三山郭公兴利永，两池水满欢声传。

邑中官曹与学校，彬彬人物俱时贤。
太行杜公近被召，恩波万顷天池边。
非熊之兆④后车载，白头拾遗⑤黄麻宣。
朝廷鸠杖⑥作图画，谠论献纳近御筵。
泮宫诸生此饯别，赋诗因赠喜雨篇。

注释：

①康衢：宽阔平坦的大路。

②击壤：相传盛行于帝尧时的击壤之戏，实际上就是一种非常古老的投射游戏活动，谓歌颂太平盛世。

③雍熙：和乐升平。南朝宋萧统《文选·东京赋》："百姓同于饶衍，上下共其雍熙。"

④非熊之兆：周文王将田猎，行前占卜，卜辞曰："田于渭阳，将大得焉。非龙非彨，非虎非熊，兆得公侯，天遗汝师。"果遇姜太公于渭水之滨。后人或讹"非"为"飞"，传卜猎为占梦。因以"飞熊兆"指隐士将被起用的预兆。

⑤拾遗：唐代谏官名，唐垂拱元年（685）置，置左右拾遗分属门下、中书两省，职掌与左右补缺相同，同掌供奉讽谏、荐举人才，位从八品上，稍低于补缺。

⑥鸠杖：杖端刻有鸠形的手杖。相传鸠不会被食物噎到，故以鸠杖赐年高之人以扶老。

送杜征君先生致道赴京

任　理①

老成文物②出山林，天上君王降德音。
鹓鹭阶前趋白玉，凤凰台上筑黄金。
星星苍发三千丈，耿耿丹衷一寸心。
不是傅岩劳版筑③，未应梦寐起商霖④。

注释：

①任理：壶关（今山西省长治市壶关县）人。

②文物：此指文人；文士。唐骆宾王《夕次旧吴》："文物俄迁谢，英灵有盛衰。"

③版筑：古代筑墙时把土夹在两块木板中间，用杵捣坚实，即成为墙。

④商霖：《尚书·商书·说命上》载，商王武丁任用傅说为相时，命之曰："若岁

大旱，用汝作霖雨。"后遂以"商霖"称济世之佐，用于称誉大臣。

前 题

马文渊①

邦国征贤此有光，扶舆②清淑③产忠良。
甫申④降诞维嵩岳，泽潞连城拥太行。
金马门高晨待诏，木樨花发早生香。
朝廷侧席⑤需求急，学问渊源为发扬。

注释：

①马文渊：壶关（今山西省长治市壶关县）人。
②扶舆：亦作"扶于""扶与"，犹扶摇，盘旋升腾貌。
③清淑：清和；清美；秀美。
④甫申：❶周代名臣申伯和仲山甫的并称。《诗经·大雅·崧高》："维申及甫，维周之。"❷借指贤能的辅佐之臣。唐姚思廉《梁书·元帝纪》："大国有蕃，申甫惟翰。"
⑤侧席：指不正坐。楚文公为求得贤臣子玉、得臣，为之侧席而坐。东汉章帝亦下诏表示侧席以待贤士。后遂用为求贤之典。

前 题

牛景凤①

林泉杖履自春秋，征诏今从上国游。
舟楫一江南北堑，车书②四海帝王州。
差差屋比乌衣巷③，荡荡波平白鹭洲④。
此去先生登眺后，珮声鸣向凤池⑤头。

注释：

①牛景凤：壶关（今山西省长治市壶关县）人。
②车书：❶泛指国家的文物制度。❷推行制度。
③乌衣巷：在今江苏省南京市，东晋士族名门聚居区。
④白鹭洲：古人所说的白鹭洲位于现南京市城西2.5公里处的长江中，因当时洲上

多聚白鹭而名。李白曾有咏其名句"二水中分白鹭洲"。

⑤凤池：即凤凰池。南朝齐谢朓《直中书省》："兹言翔凤池，鸣佩多清响。"

前 题

程 亮①

草庐龙卧②七旬高，丹诏③星驰起凤髦。
梦协傅岩贤易显，气冲牛斗剑难韬。
细毡侍讲应前席，大厦经筵或赐袍。
天下苍生望安否，好将甘澍普林皋④。

注释：

①程亮：壶关（今山西省长治市壶关县）人。
②龙卧：喻高士隐居。
③丹诏：帝王的诏书，以朱笔书写。
④林皋：指林野和水岸之地，泛指山野。林，泛指山林；林野。皋，泛指岸边，水旁陆地。

前 题

李惟馨

金陵王气正繁釐①，方是明良际遇时。
礼乐车书南北混，江山形势古今宜。
凤雏麟趾盈郊薮，虎踞龙盘壮帝基。
敛锷藏锋待时用，此行不负带经②为。

太行山水有余清，相对琴书适性情。
州县忽传天子使，丘园谁识欸符名。
踵门已备尊贤礼，遇主应抒报国诚。
幸际风云千载会，好将霖雨济苍生。

注释：

①釐（xǐ）：同"禧"，吉祥。
②经：《周礼·天官·大宰》："以经邦国。"注："经，法也。王谓之礼经常所秉以治天下者也。"

前 题

郭 柏

晦迹山林俟世清，岂知白首尚穷经。
金门玉笋①开尧日，银汉仙槎②起客星。
致治有为惟一语，求贤何必待三征。
此生好慰苍生望，尽把经纶彻圣聪。

注释：

①玉笋：形容才士众多杰出，如笋般并出。
②仙槎：神话中能来往于海上和天河之间的竹木筏。

受 官

杜 敩

应聘叨联宰辅班，九重宫阙幸跻攀。
时论风化岩廊①上，日近天颜咫尺间。
紫禁进趋冠岌岌，青宫步履佩珊珊。
人臣补报心浑赤，方得称为不素餐②。

注释：

①岩廊：亦作"岩郎"，高峻的廊庑，借指朝廷。
②素餐：不做事而白吃饭。

辞秩

杜敩

老我为儒族本寒,使符飞下促征鞍。
朝班窃位三公次,齿序叨居四辅端。
雷夜被宣谟紫禁,雨晴承制赋金銮。
只因溺殿东方朔①,犯得天颜许挂冠。

注释:

①东方朔:西汉武帝时,玩世不恭的东方朔,以太中大夫身份入殿,因醉酒在殿内小便,有失礼仪,被劾不敬,免为庶人。后遂用为有失礼仪之典。

紫团山

杜敩

磴道崎岖云作梯,登峰环抱古招提。
何时得解黄尘①鞅②,卜筑紫团深处栖。

注释:

①黄尘:❶黄色的尘土。❷比喻俗世;尘世。唐聂夷中《题贾氏林泉》:"岂知黄尘内,迥有白云踪。"
②鞅:古代用马拉车时安在马脖子上的皮套子。

题杜四辅

刘钦顺①

前山②伤槁木,昭代③闻人出。一战胜河东,独步广寒宫。
胡元吞六合,不在眼孔中。飞龙瞻淮甸,夜夜梦豹变④。
山樊⑤入天使,大人时利见。黄幄⑥则为臣,青宫⑦则为友。

鱼水欢莫既，素丝⑧梳满手。

注释：

①刘钦顺：荆南（今湖南省荆州市一带）人。

②前山：此指元代。

③昭代：政治清明的时代，常用以称颂本朝或当今。

④豹变：❶谓如豹文那样发生显著的变化。幼豹长大褪毛，然后疏朗涣散，其毛光泽有文采。❷喻人的行为变好或势位显贵。

⑤山樊：山旁，亦指山中茂林。

⑥黄幄：黄色的帐幕，天子所用。

⑦青宫：太子居东宫，东方属木，于色为青，故称太子所居为青宫，借指太子。

⑧素丝：❶本色的丝；白丝。❷"素丝羔羊"之省，用作对清廉者的誉词。❸比喻白发。

中书省与吴伯宗唱和

郭　翀

凤凰城阙紫霄间，历数丕承王气还。
旧说图书①符洛邑②，载瞻玉帛会涂山③。
太平有象耕桑盛，边奏无闻甲胄间。
自古英才跻盛美，愿歌天保④达龙颜。

注释：

①图书：指河图、洛书。

②洛邑：周朝都城洛阳的古称。《孝经·授神契》："八方之广，周洛为中，谓之洛邑。"

③涂山：指涂山之会，一般被认为是中国夏朝建立的标志性事件。涂山位于今天安徽省蚌埠市禹会区，传说禹建都阳翟（今河南省禹州市），后召集夏和夷的部落首领于涂山。

④天保：即《小雅·天保》，《诗经》中的一首诗。这是大臣祝颂君主的诗，表达了作为周宣王的抚养人、老师兼臣子的召伯虎对新王的热情鼓励及殷切期望，即期望周宣王登位后能励精图治，完成中兴大业，重振先祖雄风，同时也表现了召伯虎作为一个具有远见卓识的政治家的政治理想。

闻壶关寇平侍臣勘功寄赠

李梦阳①

岩峣上党接壶关,仗钺东行历万山。
岩冻雪堆擒虎窟,壑腥云裛斫龙湾。
崭巘路透渔樵入,荟蔚林清鸟雀还。
为问登高能赋者,霜毫几扫白云间?

注释:

①李梦阳(1472—1529):字献吉,号空同子,祖籍河南扶沟(今河南省周口市扶沟县),出生于庆阳府安化县(今甘肃省庆阳市),明代中期文学家,复古派前七子的领袖人物。他所倡导的文坛复古运动盛行了一个世纪,后为袁宗道、袁宏道、袁中道三兄弟为代表的公安派所替代。

题江村鱼乐图卷

杜 敩

一叶之舟,其为屋也悠悠,曾不葺修。
百尾之鳞,其为粮也陈陈,曾不囷困。
是为葛天、无怀氏①之民。
有客倚杖而歌之曰:
采春江之毛兮,彼茁者蒲。
捕秋江之鱼兮,彼肥者鲈。
左琴与书,右樽与壶。
贫与富与,宠与辱与,夫何知与?

注释:

①葛天、无怀氏:传说中的上古帝王,借指上古的淳朴社会。

谢友送菊二首

杜 敩

清晓秋香入梦魂,呼童携菊到衡门①。
金英采采沾衣袖,翠树低低可瓦盆。
欲疗枯肠供一嚼,且从案上寄孤根。
等闲不使西风笑,犹对余花酒满樽。

客遇中秋叹我生,眼空节物坐茅亭。
老天万古此明月,故友几人如晓星。
南北连天犹战伐,衣冠何地不凋零。
呼童旋贳②西邻酒,拚却③今宵醉不醒。

注释:

①衡门:❶横木为门,指简陋的房屋。❷借指隐者所居。
②贳:❶出赁;出借。❷赊欠。
③拚却(pàn què):甘愿;宁愿;愿意。

杖

杜 敩

齿豁眉庞气血衰,常扶五尺瘦筇①枝。
世途赖尔无倾跌,心地于予不险危。
乡饮每陪先出礼,殿班尝预早朝仪。
归山惟爱跏趺坐,何复携君有所之。

注释:

①筇(qióng):即筇竹,古书上说的一种竹子,可以制手杖。

赠卜者张云溪

杜 敩

云溪老人八秩翁,发如老子颜如童。
身世浮云薄四海,胸怀列宿森九宫①。
坎离②颠倒炼金鼎,象数③推演敲铜钟。
君平货卜④劝忠孝,百钱闭肆名无穷。

注释:

①九宫:古代中国天文学家将天宫以"井"字划分乾宫、坎宫、艮宫、震宫、中宫、巽宫、离宫、坤宫、兑宫九个等份,在晚间从地上观天的七曜与星宿移动,可知方向及季节等资讯。

②坎离:犹言铅汞、水火、阴阳。

③象数:易学术语,是《易经》的组成要素。在《易经》中象指卦象、爻象,即卦爻所象之事物及其时位关系;数指阴阳数、爻数,是占筮求卦的基础。

④货卜:卖卜;卖卦。

赠道士

杜 敩

闭口懒言天下事,读书求见古人颜。
龙祥道士无人识,欲炼长生九转丹。
猿鹤晓参风露冷,松筠晚对水云闲。
酿成白酒春生醉,读罢黄庭①月满坛。
愧我寻真犹未得,空留名性②在人间。

注释:

①黄庭:指《黄庭经》,又名《老子黄庭经》,是道教养生修仙专著,道教重要经典。

②名性:董仲舒言:"圣人之性,不可以名性;斗筲之性,又不可以名性;名性者,中民之性。"其意是:圣人的"性",不可以用来确定"性"的名称;小人的"性",

也不可以用来确定"性"的名称;确定"性"的名称,是根据平常人的"性"。"中民之性",是绝大部分普通人的本性,是董仲舒所说的"名性"的对象。

上郭丞凿池

杜 敩

混沌既开辟,清浊乃奠位。水居五行始,生成一六配。
其气升乎天,其质行乎地。流者以为坎,止者以为兑。
险则滔不测,说则通且济。既云为至足,此邑何难致。
引泉无津源,掘井极深昧。汲挹苦长绠,瓶罂①恨虚器。
夫何免渴饥,是宜惜沐颒。伟哉贤大丞,忧民形梦寐。
为凿方圆池,修治绝污秽。至诚感必通,甘澍忽滂沛。
水潦②注以盈,浤澄清乃汇。月浸波光平,风皱水纹细。
汲之意随足,取者力为易。远近既通润,上下尽惠利。
农民歌诸野,商贾忻于市。谁如公之仁,亦见公之智。
泽期施无涯,讴颂名弗坠。

注释:

①罂(yīng):小口大肚的瓶子。
②水潦:大雨;雨水。

玉峡关铭①

夏 言

玉峡关者,夏子②创焉而命之名也。旧曰:风门口在隆虑万山之巅,为两河三晋之界,盖天作之险也。前此弗设守,庸氓往往凭阻以拒命吏。乃即是关焉,关成而系之以铭。

太行盘盘,横厉中原。近引河朔,遥缀昆仑。
太原大梁,为国雄藩。壶关林虑,界于花园。
鸟道崎厌,轮摧马烦。怪石离列,熊攀豹蹲。

　　　　连崖壁立，屹如墉垣。绝顶中断，是曰风门。
　　　　俯临夜壑，仰逼朝暾。一夫挺身，万骑空屯。
　　　　设险甚固，王者道存。乃告守吏，爰作键阍。
　　　　勒铭岩阿，宠以瑶琨。匪昧在德，用戒嚣昏。
大明嘉靖戊子贵溪夏言书

注释：

①玉峡关铭：此碑铭明嘉靖七年（1528），由兵科给事中夏言撰文书写，字体楷行相兼，遒劲有力，刻工精细。2010年，此残碑（两块）由花园村移至关口之上最大的村——王斗崖村，该村改名为玉峡关村。清朝官修《清一统志·潞安府》载，玉峡关"在壶关县东南一百二十里。旧曰风门口，在隆虑万山之巅，势极险峻。明嘉靖八年置"。玉峡关位于今山西省平顺县东南50公里。

②夏子：即夏言。

虹梯关铭①

夏　言

　　玉峡关西来余百里，近蚁尖砦，千峰壁立，中通峭峡，状如风门而小，下则无底之壑，石蹬齿齿，盘回霄汉，望之若虹霓然，比岁青羊之寇，凭负以拒汴师者，此也。故号洪梯，予易以今名，亦因以关焉，从而铭焉。

　　　　石崖攀天，仄磴千回。仰干塞明，俯临蔽霾。
　　　　铁壁勾连，谽谺中开。观者骇魄，行子心摧。
　　　　亘如长虹，横绝天阶。彼昏者氓，肆其喧豗。
　　　　爰据培塿，以抗震雷。卒干大刑，亦孔之哀。
　　　　太行之阿，大河之隈。关门弗严，惟帝念哉。
　　　　北山有石，南山有材。经之营之，突焉崔嵬。
　　　　侍臣作铭，以诏后来。
大明嘉靖戊子贵溪夏言书。

注释：

①虹梯关铭：铭碑位于山西省长治市平顺县虹梯关乡碑滩村，1986年被列为山西省重点文物保护单位。铭碑高7米，宽2.25米，厚0.3米，碑座埋于地下，碑身近方

形，碑帽呈半圆形。明嘉靖七年（1528），陈卿义军失败后，兵部给事中夏言奉旨赴潞州处置善后事宜，奏请开设平顺县，升潞州为潞安府并设附廓长治县，设王斗崖、白云谷、虹梯关、潘溪峰四巡检司等。夏言此行，在平顺县留有两通碑刻——《虹梯关铭》和《玉峡关铭》。关铭以楷书篆刻，每字半尺见方，笔法流畅，刚劲有力，刻工精湛。两铭文将立碑事由及当地环境风貌描绘得淋漓尽致。目前，《虹梯关铭》保存完好，《玉峡关铭》残存两块。

紫团八景有序

张　铎

紫团三十六景，宋政和中，王寀字辅道者，应邑大夫之请者也。诗刻半存，得景二十有二。伊昔象形命名，意各攸寓，人代寥阔，兵燹荐①经，词客幽人游赏罕继。今诸峰虽罗列，而名号湮没。残碑所遗，亦漫无可指，遂使名岳儿孙憯焉失传。予慕昔贤之高致，怜真景之娱人，参彼诗义，符此近称。取其尤彰著者，列为八景，擒词勒之，聊以当博弈云尔。

桥楼淙

淙，去声，即辅道之仙翁崖也。

径转桥楼出，骀嘶猿鹤惊。扪萝防磴滑，拄杖看云生。
仙去楼空闭，桥深淙自清。临风操绿绮，山水独含情。

云盖寺

即驻云亭也。

下马礼空王②，逍遥步法堂。名山雄晋魏，绀宇③自隋唐。
云拥诸天④湿，风生六月凉。阆仙当日事，踪迹已微茫。

注释：

①荐：❶推举；介绍。❷引申为频仍；屡次。②空王：佛教用语，对佛的尊称。佛说世界一切皆空，故称空王。

③绀宇（gàn yǔ）：即绀园，佛寺之别称。

④诸天：佛教用语，指佛教众神。为轮回流转中的善趣之一，其果报比人类殊胜，他们寿命长久，身体清净光明，能飞行虚空，变化自在，常享胜妙快乐。

将军峰

即东西二华表也。

招提依绝壁，门拱二将军。受职镇灵境，荷戈凌紫氛。
威名千古著，梵宇半空闻。仰止钦高躅①，徘徊散夕曛②。

注释：

①高躅（gāo zhú）：❶崇高的品行。❷有崇高品行的人。
②曛：日落时的余光。

照壁山

即屏墙山也。

真僧已入定，群动欲开颜。天启如来钥，门扃①照壁山。
翻经忘色相②，说法掩禅关。苍翠空相对，巉岩不可攀。

注释：

①扃（jiōng）：❶从外面关闭门户用的门闩、门环等，借指门扇。❷关门。
②色相：佛教指一切物体的形状外貌。

倚秀峰

乃照壁前山最高而秀者，辅道所著，今名无称焉。

屏墙相对峙，突兀见高峰。玉女新妆出，山峦翠黛浓。
云霄横绮縠①，河汉插芙蓉②。不费寻幽力，尘寰那得逢。

注释：

①绮縠（qǐ hú）：绫绸绉纱之类，丝织品的总称。
②芙蓉：荷花的别称。

濯缨溪

辅道所著名。

小溪分瀑布，素练静无声。到此谢尘鞅，因之濯冕缨。
名因孺子重，水得圣人清。剩有观澜兴，怜君欲结盟。

参　园

即南极园，昔有传服参飞仙者，《本草》亦品紫团参为上。今园已垦而田矣。

瑞草象人形，名园倚画屏。百年仙迹迥，此日法轮停。
市药僧常系，巡山户尽扃。贪婪诉小吏，哀怨若为听。

摩崖碑

旧名与今异。

悬崖镌古籀，拂石辨虫鱼①。壁立人难近，光莹玉不如。
僧能问奇字，佛亦护名书。读罢迷心悟，山灵若启予。

注释：

①虫鱼：❶虫类和鱼类。❷泛指文字训诂。北宋王安石《详定试卷》之二："细甚客卿因笔墨，卑于《尔雅》注鱼虫。"按，《尔雅》有《释鱼》《释虫》篇。

佛耳摩云二首

茅　坤①

百道飞泉绕翠微，四围丹嶂映禅扉。
时看斗雀污经案，似解真僧已息机。

狭径前村人去独，长空斜日鸟飞双。

凭轩一幅春山画,漫学丹青写北窗。

注释:

①茅坤(1512—1601):字顺甫,号鹿门,归安(今浙江省湖州市吴兴区)人,明嘉靖十七年(1528)进士,明代散文家、藏书家。茅坤文武兼长,雅好书法,提倡学习唐宋古文,反对"文必秦汉"的观点,编选《唐宋八大家文钞》,对韩愈、欧阳修和苏轼尤为推崇。茅坤与王慎中、唐顺之、归有光等,同被称为唐宋派。著有《自华楼藏稿》,刻本罕见,行世者有《茅鹿门集》。

前 题

张 铎

胜概分黎国,崇冈俯柏林。到来天逼近,坐久气萧森。
白日生灵籁,青云接地阴。尘机①何日息,从此听禅音。

注释:

①尘机:犹言尘俗的心计与意念。

前 题

茅 坤

插汉①如来境,相参高木林。壑深云出没,堂邃气萧森。
怪石生苍藓,疏松转绿荫。晓来堪听处,梵语杂禽音。

注释:

①插汉:插入河汉,极言其高。

前 题

杨 溉①

禅开绝壁迥清幽,洗钵焚香任客留。

岫吐白云浓淡出，溪停碧玉浅深流。
松吟丝竹偏宜夏，地远炎蒸剩有秋。
闻说寻真还遁世，何如结宇此山头。

注释：

①杨溉：壶关（今山西省长治市壶关县）人，太守惟谦（杨能）先生孙，明嘉靖（1522—1566）时府庠岁贡生，新城训导。程二漳曰："惟谦先生以乡举，任东昌府同知，时有妖狱，连无辜千余人，为辨释之。子奇成进士，有令名。孙河洛，玄孙梦龙俱孝廉，孙潜溉澍澜，曾孙承恩承勋皆贡生，裔孙四重进士，官御史；四易贡士，官邑令。五桂三槐皆阴骘之报云。"

前 题

杨 湘①

路隔红尘俗眼稀，闲云幽鸟总忘机。
山僧镇日②无他事，独坐松阴补衲衣。

注释：

①杨湘：明嘉靖年间（1522—1566）壶关诸生。
②镇日：从早到晚；整天（多见于早期白话）。

前 题

张 镇①

扣萝直上费跻攀，暂憩禅宫②心自闲。
山岫云归明月夜，栖松鹤去紫团山。

注释：

①张镇：字邦靖，壶关县西柏林村人，翰林张铎之兄，明嘉靖壬午（1522）科举人。父张隆，赠兵部武选司主事。赵时春撰有《张邦靖墓志》。
②禅宫：僧人所住的房屋；寺院。

前 题

朱云凤①

佛耳高插天，掩冉②云满谷。吉人玩奇变，昕夕③看不足。
迎风翠盖翻，映日锦屏矗。晓摩雾影红，晚荡黛光绿。
卷舒总无心，悠然润林麓。苍生渴霖雨，迟尔生百谷。

注释：

①朱云凤：明嘉靖年间（1522—1566）人。
②掩冉：❶亦作"掩苒"，披靡；偃倒。❷摇曳貌。❸萦绕貌。
③昕夕：朝暮，谓终日。北宋沈括《贺年启》："祈颂之诚，昕夕于是。"

北极灵迹二首

陈 霆①

峰迥松风长，危磴出萝茑②。上有紫皇殿，碧瓦耀青昊。
帝尊俨庙坐，祝史严氾扫。风云拥舆卫，日月照龙藻。
达人慕真境，遗世叹不早。何当置短锸，住此种瑶草。

三晋古雄国，历世多异人。伟兹壶山贤，开国推文臣。
微时掇神筮，塑偶起欠伸。登龙首胪唱，气压三千群。
谁云貌不扬，便腹③皆经纶。何时拜遗像，千载瞻风尘。

注释：

①陈霆（约1477—1550）：字声伯，号水南，浙江德清县（今浙江省湖州市德清县）人，明朝学者。明弘治十五年（1502）中进士，官刑科给事中。为人耿直，明正德元年（1506），因上书弹劾张瑜，被其同党刘瑾陷害入狱。刘瑾被诛后，复官刑部主事，次年出任山西提学佥事。不久辞官回乡，隐居著述，著有《仙潭志》《两山墨谈》

《水南稿》《清山堂诗话》《清山堂词话》等。

②萝茑（luó niǎo）：女萝和茑，两种蔓生植物，常缘树而生。

③便腹：肥满之腹。北宋苏轼《宝山昼睡》："七尺顽躯走世尘，十围便腹贮天真。"

前　题

刘　麟①

翩翩玉堂子，迢迢湖水滨。眷彼取筼者，结屋乃比邻。
大君昔造命，况复圣且神。郭公②会其逢，易置如转轮。
于何幽冥中，默定良以勤。永怀世上事，梦卜真何人。

注释：

①刘麟（1474—1561）：字符瑞，号南垣，江西安仁县（今江西省鹰潭市余江县）人，家金陵（今江苏省南京市），与顾琳、徐祯卿称江东三才子。明弘治九年（1496）进士，明嘉靖七年（1528）工部尚书致仕。历官大司空，生平廉洁，不苟且附炎，因忤逆阉党刘瑾，挂冠而去，隐居于吴兴南垣，教授学生。晚好楼居，而贫不能构，悬篮舆于梁，曲卧其中，名曰神楼。文征明绘其图，明嘉靖四十年（1561）卒，赠太子少保，谥清惠。著有《刘清惠集》，《明史》卷百九十四有传。

②郭公：即郭翀。

游紫团山

孔　荫①

武夷山下紫团开，曾见元朝司马来。
浓淡山妆西子②貌，浅深波浸梵王③台。
鹿衔芝草归僧院，莺蹴④桃花落酒杯。
风景似非人世界，却疑魂梦到天台。

注释：

①孔荫：金陵（今江苏省南京市）人，明正德十二年（1517）丁丑科进士，嘉靖间曾任潞州同知。

②西子：即西施（约前503—前473），子姓施氏，本名施夷光，春秋时期越国美女，一般称为西施，后人尊称其西子。

③梵王：色界初禅天的大梵天王，亦泛指此界诸天之王。

④蹴（cù）：踏踩。

过壶关

孔 荫

壶关三月气萧森，满地风尘接暮阴。
行过溪桥问春色，数株松柏对孤岑。

翠微仙洞

顾应祥①

乐家二女此登仙，留得芳名百世传。
岂有灵丹能蜕骨，只因纯孝自通天。
云軿②鹤驾秋空远，涧草溪毛岁事虔。
欲向翠微问消息，归来华表是何年？

注释：

①顾应祥（1483—1565）：字惟贤，号箬溪，王阳明弟子、思想家、数学家，祖籍长州（今江苏省苏州市）。一生勤奋好学，手不释卷，九流百家，无所不窥。少年时曾随阳明、增城二先生游学。喜藏书，先后收集先代著作数千种，并编撰有《顾氏书目》，收录其家藏图书。

②云軿（píng）：神仙所乘之车。以云为之，故云。

佛耳山

刘 麟

佛有骨，亦有齿，世贤不用轻相訾。

晋岭蟠空天下无，择胜呈聪露其耳。
当时养性误养身，宛转形容尚孤峙。
佛今已入无何有，化作青峰常住此。
闻人附语或厌凡，侵肌烈烈长风起。
入寺烹茶烟火生，僧家半道人群是。
何时幻质复西来，共开清听探元始。

县居诗有序录四首

牛 恒

予未第时，阅姚武功县居诗，心窃慕之。嘉靖丁酉冬，来知壶林。山幽道僻，颇多暇日。每有感遇，辄兴吟咏。率用其韵，积若干首，因题曰县居诗，亦效颦意云尔。

武屋终南下，别来迹渐疏。自知山县印，羞见故人书。
蕙帐空惊鹤，苔矶想钓鱼。终朝刀笔里，何处觅元虚。

龙溪遥献翠，壶口旧开关。三老已云去，今人兹未闲。
幽崖花自发，落日鸟空还。乐氏二仙女，飘飘出世间。

凉风生岭下，秋思与谁论。松菊荒三径，渔樵自一村。
思亲时望远，卧病暂关门。何时从微宦，久违庭下言。

驱驱临远陌，父老出村迎。一见识淳俗，十年不入城。
禾麻连遇雹，儿女尽吞声。重愧余为令，民艰早未明。

送紫团山人归山，山人能诗，每梦与李白游

王云凤[①]

紫团山涌千寻碧，处处云霞老松柏。
涧底春逢石乳垂，洞中时见仙翁奕。

君能游之不惮远，梦中谈者仿佛李姓而名白。
仰攀日月明，俯瞰天地窄。
乐莫乐兮兹一游，至今瞻眺情无极。
君停雕鞍，我歌紫团。
柳线垂堤绿，桃花映水丹。
我歌紫团，君停雕鞍。
君归兮浩浩，我愁兮漫漫。
望紫团兮曾不咫尺，太行崔嵬兮羊肠艰。
仙翁袖有餐霞②编，欲往从之是何年。
安得与君跨两鹤，山头长诵逍遥篇③。
此行若见谪仙④语，谪仙授予以仙谱。
果然假寐梦青莲⑤，恍如握手传仙诀。
春雁来时寄我书，莫待长安飘素雪。

注释：

①王云凤（1465—1518）：字应韶，号虎谷，山西省晋中市和顺县前虎峪村人，户部尚书王佐仲子。明成化十九年（1483）中举，二十年（1484）中进士。二十三年（1487），任礼部主客司主事，累迁礼部祠祭司员外郎、国子监祭酒、都察院右佥都御使（正四品）。明隆庆元年（1567），追赠右副都御史（正三品）。著有《小学章句》《博趣斋稿》《读四书札记》等，今仅存《博趣斋稿》14卷，收于《虎谷集》中。

②餐霞：指餐食日霞，修仙学道。

③逍遥篇：《庄子》书分内、外、杂篇，原有52篇。内篇七：《逍遥游》《齐物论》《养生主》《人间世》《德充符》《大宗师》《应帝王》。

④谪仙：受了处罚，降到人间的神仙。古人用以称誉才学优异的人，后专指李白。

⑤青莲：唐代诗人李白别号青莲居士，此处借指李白。

登宝岩寺观金灯

崔士荣

太行千里亘地轴①，隆虑西来群峰矗。
锹峪岭下梵宫开，景象端严拟天竺②。
玲珑乱垂如倒莲，石龛空洞似华屋。

栋宇追琢皆文章，千佛万佛骇人目。
神工运巧如巨灵③，泉水涓涓绕佛足。
昔闻清夜现神灯，半信半疑心未服。
花朝携友一登临，诗囊酒榼随童仆。
晓行红日上高岑，俯瞰白云满空谷。
行行杖履近青霄，寥寥尘寰真一掬。
半山雨落湿樵薪，山上朝暾凝树绿。
来来往往人攀跻，香火朝神相陆续。
辘轳千尺下琼浆，岩底行人消吻酷。
洞垂佛手浴清泠，顶偃古松苍盖覆。
平生癖性爱烟霞，天下奇观可称独。
夕阳对酌发高歌，近夜看灯试密祝。
忽然对山一星明，清辉晃晃如行烛。
须臾数点起四山，眼底涧中五灯簇。
乍明乍暗焰荧荧，还远还近光煜煜。
分明出现摩尼④珠，龙女呈来照林麓。
游人大咤号佛声，果是山灵酬我欲。
僧人邀我坐禅床，手捧清茶奏梵曲。
细问此山开何时，住持谁者留芳躅。
云昔修定芊上人⑤，石窟端居虎自伏。
示寂一性返灵山，百年遗骨香如玉。
宝塔幽堂卧俨然，过客咨嗟尽瞻肃。
圣境须生圣者成，梵天巍峨表亭毒⑥。
闻言不觉竖颠毛，胸中愁烦消万斛。
禅宗⑦我悟最上乘，睹此佛灵莫敢渎。
同行俱是青云流，纪胜教予书柬牍。
西山奇迹满襟怀，归家可作卧游录。
灯下走笔思若狂，漫吟只恐大家辱。
小窗一枕醉春风，清梦夷犹伴猿鹿。

注释：

①地轴：❶古代传说中大地的轴。❷泛指大地。

②天竺：古代中国以及其他东亚国家对当今印度和其他印度次大陆国家的统称。

③巨灵：神话传说中劈开华山的河神，称巨灵神。

④摩尼：❶唐人称佛教徒为摩尼。❷梵语宝珠的译音，也作"末尼"。❸泛指佛珠。

⑤芊上人：北周高僧，彰德府（今河南省安阳市）曹马村人。最初出家于山西兴国寺为僧，拜名师清果为徒，法名净真，又到山西悬山寺修真养性，后又转到陕西两当山苦练，然后云游四方，夜眠虎穴，以虎为伴，每天拽虎携钵沿途募化。最后落脚宝岩寺，为金灯寺的开山鼻祖。

⑥亭毒：《道德经》："亭之毒之。"高亨正诂："亭"当读为"成"，"毒"当读为"熟"。后引申为养育；化育。

⑦禅宗：中国佛教的一个重要派别。要求修行时静坐敛心，止息杂念，认为这样持之以恒即能达到某种神秘境界。相传南朝宋末天竺僧菩提达摩来华传经时创立。至唐代分为南北两派，南宗主张顿悟，北宗主张渐悟。后南宗顿悟说盛行，对宋明理学有很大的影响。

同贾廉父游紫团山四首

周一梧

二仙祠

一水千山转，琳宫天际开。仙娥冲举地，香火岁时来。
洞口留丹灶，峰头余凤台。知君有遐想，临去更徘徊。

白云寺 时遇雨

鹫岭转三车①，深林景足嘉。禅林无外户，僧饭有胡麻。
一雨消尘障，连朝落宝花。慈悲如爱客，故遣白云遮。

注释：

①三车：佛教用语，喻三乘，以羊车喻声闻乘（小乘），以鹿车喻缘觉乘（中乘），以牛车喻菩萨乘（大乘）。

云盖寺

白马来从天竺西，寰中胜地尽招提。
阆仙曾借禅关隐，云盖因留兰若题。
落日荒山迷草径，连天绝巘拥虹梯。
雄文古刹消残劫，忍听愁猿半夜啼。

游紫团山总赋

　　紫团山峭拔翠耸，俯瞰云烟，中间瀑布流泉，霞城洞府，求之海内，不可多得。而诸刹又创自隋唐，当重佛崇文之世，宜诗文摩刻，无少逊于少林诸胜境。乃宫殿皆委于兵燹，而云盖又先为崩崖所压，仅得摩崖一碑。至慈林有辅道三十六诗，而已亡其十四。舟车不通，人迹罕至。居人鲜探奇揽胜之士，是以作者既湮，述者未接。地主乏九方①之识，而山灵负盐车②之泣矣。使此山移之长安、吴会，则阐扬点缀，操管城而纪灵异者，将汗牛充栋，岂至寥寥若此哉。抚景增叹，总赋一律而返。

　　　薄游寻胜迹，穷探入幽深。断碣虫书③缺，孤碑草色侵。
　　　泉声喧急涧，阴雨蔽秋林。惆怅随归雁，空怀吊古心。

注释：

①九方：即九方皋，春秋时相马家。九方皋曾受伯乐推荐，为秦穆公相马三个月。他相马看重内在精华，不求表面，注重本质，去掉现象，只注意那应该审察研究的方面，抛弃了那不必审察的方面。

②负盐车：源见"骥伏盐车"，意谓良骥已老，艰于拉车爬坡。比喻才华受到抑制，处境困厄。元欧阳玄《天马赋》："负盐车而上太行者，慨未遇乎伯乐；伏皂枥而志千里者，又何惭乎老骥！"

③虫书：又名鸟虫书，秦八体书之一。王莽变八体为六体。东汉班固《汉书·艺文志》："六体者：古文、奇字、篆书、隶书、缪篆、虫书。"颜师古注："虫书，谓为虫鸟之形，所以书幡信也。"

题风穴

郭 恬

古祠王岭下，一穴自虚中。独擅吹嘘力，因知神妙功。
时闻疑沸水，秋至若鸣虫。造化有奇秘，探之缈未穷。

约游紫团山

郭 恬

达人①谢尘鞅，誓将名山游。瞻彼紫团麓，竞传风景幽。
悬崖藏古寺，瀑布泻寒流。何日松云下，得陪杖屦②游。

注释：

①达人：❶显贵之人。❷通达事理之人。❸豁达豪放之人。
②杖屦：❶手杖与鞋子。古礼，50岁老人可扶杖；又古人入室鞋必脱于户外，为尊敬长辈，长者可先入室，后脱鞋。❷对老者、尊者的敬称。❸拄杖漫步。

登栲栳山

郭 恬

西南壶邑镇，栲栳有名山。虎踞真形胜，仙坛亦壮观。
吾侪此眺望，终日共跻攀。觞咏情何极，烟光夕未还。

游紫团慈云寺

郭 忻①

深云幽寺隐山隈，古柏青松荫石台。
草据参园仙女去，云遮龙洞暗泉来，

风生幽鸟穿林出，雨过闲花对酒开。
世事浮名何用绊，此身今夕到蓬莱。

注释：

①郭忻：壶关（今山西省长治市壶关县）人，明嘉靖辛卯（1531）举人，恬之弟。

送人还壶关

明 周[①]

林花未吐怯轻寒，人在天涯送客还。
千里好山迎马首，白云飞处是壶关。

注释：

①明周：僧人，号懒云，黎城（今山西省长治市黎城县）人，住持法住寺，与西池（安庆端懿王）、养虚、存斋（程应登）诸先生为友。诗律精工，王公大人皆重之，《除夕》一诗谢茂秦山人最为称赏。

友松亭

杨四易

呼童挈壶榼，来酌松峰亭。嬉笑对良友，待月临前庭，
野旷天气高，白露凄以零。回念平生欢，短发已星星。
长啸凌霄汉，醲饮而酩酊。酒阑醉扶归，齁齁不能醒。

【国朝】

题宝岩寺

程之珆

花园村踞太行巅，上有古刹栖枯禅[①]。
入夜金灯往往出，乍明乍灭树林边。

观灯佛子归佛力，自我思之恐不然。
中土无佛山即有，此灯灿烂几千年。
非从白马驮②来物，不稽之语莫轻传。
暇日偶看草木子③，谓灯皆是山灵宣。
明珠一颗皆润浦，良玉一片能辉田。
宝藏之典萃陵谷，自然光怪冲云天。
峨眉简州衡岳地，匡庐天章④太白前。
到处有灯惊耳目，岂皆天竺种奇缘。
儒者所言良不诳，雾释冰消何惑焉。
邺下崔生名下士，流连咏物题诗篇。
才华俊逸但佞佛，佛日⑤岂借灯增妍。
我作此言告来者，读书明理莫牵缠。
山归山兮佛归佛，鉴朗衡平两不偏。

注释：

①枯禅：❶指老僧。❷枯坐参禅。

②白马驮：指汉朝时佛教第一次传入中国，用一匹白马驮经，建造白马寺纪念这匹白马，所以有了白马驮经的传说。

③草木子：元末明初人叶子奇的一部笔记。

④天章：❶犹天文，指分布在天空的日月星辰等。❷泛指好文章。

⑤佛日：比喻佛能破除众生的痴暗，如红日能破除一切的黑暗一样。佛法慈悲广大，普度无私，如日之遍照大地。

游紫团山

朱　辅

紫团如盖锁山隈，石磴层层曲径开。
万木萧森环古寺，一潭澄澈曳青苔。
升仙姝子餐霞邈，揽胜游人蹑屐来。
只此徜徉堪永岁，不须园里问参苓。

玉　峡

牛　倬

上党崔嵬甚，羊肠鬼斧开。
路从云里出，人自日边来。

宿宝岩寺

牛　倬

岩间清梦醒，窗外白云飞。
世事浑忘却，钟声入翠微。

送马令瑑赴任壶关

汪由敦①

绾绶临关右，双凫送阙前。
地为天下脊，人拟邺中仙。
旧俗仍唐魏，新猷②在诵弦。
勉旃③民社重，莫谩诩烹鲜。

注释：

①汪由敦（1692—1758）：初名汪良金，字师苕，号谨堂，又号松泉居士，安徽休宁（今安徽省黄山市休宁县）人。清雍正二年（1724）进士，改庶吉士。乾隆年间（1736—1765），累官至吏部尚书。老诚敏慎，在职勤劳。金川用兵，廷谕皆出其手。卒，加赠太子太师，谥文端。学问渊深，文辞雅正，兼工书法，著有《松泉集》。

②新猷：新的谋略，指建功立业而言。

③勉旃（miǎn zhān）：努力。

乌泉寺

章 经

曲嶂转幽径,盘回入长松。殿角悬云汉,树杪度疏钟。
寺以泉得名,山半流淙淙。我欲极大观,飞攀佛耳峰。
遥睇西山紫,层云徐荡胸。暮归成短歌,因之纪游踪。

河交道中

章 经

山回路不穷,驱马行将夕。远村入烟霞,返照翻山脊。
彳亍历层巅,去天不盈尺。下际临深涧,削壁如列戟。
迤逦尽岸屻①,其境较坦适。间以苍苍树,缭以累累石。
岩花不知名,或黄亦或白。何由谢尘鞅,长此着游屐②。

注释:

①屻(qiè):崖岸。
②游屐:出游时穿的木屐,亦代指游踪。

题澹宁堂壁

章 经

结庐数椽傍城阴,古木萧疏映碧岑。
疑在中条①岩屋下,悠然一片白云心。

注释:

①中条:即中条山,位于山西省南部,黄河、涑水河间。横跨临汾、运城、晋城三市,居太行山及华山之间,山势狭长,故名中条。

登升仙台

章 经

凭虚直上最高峰,天半台悬云影重。
鹤驭九霄劳怅望,万山暮霭动疏钟。

福岩寺

章 经

长啸招提境,公余蹑屐游。白云孤寺晚,红叶乱山秋。
幢影无风动,经坛有月留。尘机能顿悟,身世复何求。

登抱犊山同诸子各赋

章 经

携尊登抱犊,远眺且停杯。野草争先发,林花独晚开。
青霞悬峭壁,细雨过荒台。欲觅泉源处,遥从山底回。

登抱犊山

周 骧①

石室容登眺,千峰覆酒杯。孤城春色晚,荒寺夕阳开。
鸡犬同村径,烟萝护玉台。当年嵇叔夜,空问《素书》回。

注释:

①周骧:字从进,周之翰子,慈溪(今浙江省宁波市慈溪市)人,由国子生出为奉圣州判官,擢中书掾,历都护府都事,迁南台御史。元至正九年(1349)为广东佥宪。

春日登壶关城作

周 骧

壶关城古太行连，南望春迟忆杜鹃。
萧寺①半悬青嶂外，烟村多住绿杨边。
上书三老家何处，抱犊仙人姓不传。
犹说频年经战伐，棠梨开遍草芊芊。

注释：

①萧寺：寺院之异称。梁武帝萧衍笃信佛教，多建寺院，而冠以己姓，称为萧寺。

福岩寺

周 骧

苍凉关塞迥，野寺白云通。积雪孤城外，空山夕照中。
磬声归洞壑，塔影乱飞鸿。垂老耽禅悦，围炉话远公①。

注释：

①远公：即东晋高僧慧远，居庐山东林寺，世人称远公。

集饮章公堰

寿恒成①

新障沙堤水绕城，远山晴翠入波明。
雨余夹岸烟光合，云度中央练影②生。
剩可衔杯同适意，何妨作赋各言情。
地灵早识流应汇，争颂贤侯百世名。

注释：

①寿恒成：暨阳（今浙江省绍兴市诸暨市暨阳街道）人。

②练影：指日、月、水波等的白色光影。

登栲栳山

马 溥

栲栳山巅倚翠微，凭栏长啸对晴晖。
疏钟疑向云中落，野鹤时从寺外飞。
青接太行梯有路，蓝拖漳水带成围。
兴来扫石题新句，月满岩阿未肯归。

紫团山杂吟有序

李之华①

紫团诸胜，予总角时闻之趋庭者稔矣。及冠游苏门②，读夏峰孙静荣先生记，如置身岩壑间，每憾不能一探其奇，如东坡之梦匡庐者四十年矣。老大佐郡上党，兹山乃壶关境，列在属邑。抵任六载，欲游者数次，而皆为簿书留。作吏之俗以至如此，可叹也。乙丑五月，自辽州代庖旋潞，乃决意往焉。适孙羽斯门人道及其盛，即以为导，令之先行周驰，迓余于中途，因得遍历诸胜。记以小诗，意少暇详为之记，以畅平生之想慕云尔。

　　晓雨疏疏浥路尘，东来山色更怡人。
　　千回百折盘旋去，满眼莺花特地新。
　　　　　　　　自西河发紫团，晨浸小雨。

　　爱花成癖事搜寻，王者香中贵素心。
　　争似此花雪色好，孤芳移取在遥岑。
　　　　　　　　得雪兰喜成。

　　十二峰高列若屏，仙媛峻阁蔼青青。
　　佩声每与松声答，拟向高阳月下聆。
　　　　　　　　二仙祠望翠屏。

寰海人争羡濯缨，溪头石上几题名。
我来其畔徘徊久，想见行藏今古情。
濯缨溪。

凭高每爱夏峰奇，此地奇峰冠四时。
瑷碟③终须成幻迹，浮沉身世一心知。
摩云岭。

古寨环山一水洄，万松郁郁翠成堆。
阴森六月清无暑，我欲持筇日日来。
松阴清暑。

浪卷千峰望欲迷，一峰孤峙众峰西。
煮泉小憩风生腋，鸟不知名远近啼。
小峰绝顶，啜茗得句。

万峰拱立一峰疆，怒竦青冥意气昂。
望里风云堪呵护，乾坤应自净榆枪。
将军峰。

云蒸近午渴思茶，偃盖虬松当路斜。
怪得风来香袭袂，满岩开遍紫兰花。
松下小憩。

升仙台上忆仙姝，缥缈云旗拟步虚。
坐月吹箫风露冷，紫霄何日赍鸾书。
升仙台。

百尺苍崖铁立坚，银钩玉箸旧流传。
我来空自增惆怅，满壁苔花缀绿钱。
摩崖碑。

古洞云封昼亦沉，探奇直欲竟幽深。
蟹行蠖屈随周折，别有壶天物外心。

紫团古洞。

注释：

①李之华：直隶沧州（今河北省沧州市）进士，清乾隆四年（1739）冬任潞安府同知，历署平阳、凤台、武乡、辽州事。能文工书，佐李太守训起文书院，多士景从。士之经其品题者多掇巍科，郡中诸名胜留题最多云。与僧人海峰友好，互相唱和，留诗甚广。

②苏门：又名苏岭、百门山，在河南省新乡市辉县西北。东晋孙登曾隐居于此，后借指孙登。

③暧靆（ài dài）：云彩很厚的样子，形容浓云蔽日。

登龙溪山

牛 俊

家在龙溪山下住，时来龙溪山上游。
龙溪山上可远眺，高阁危槛凭清秋。
秋风凌空阵阵起，雁字斜飞白云里。
临风把酒一放歌，名利纷纷奈我何。

赋得日中静无事

王华浙

喜见邑中静，恬然一事无。质常安饮食，闲岂迫追呼。
鸡犬千村乐，桑麻百里纡。公庭谁复扰，雀角①不相诬。
明月琴堂照，清风花县②敷。神君饶德化，传诵遍吾壶。

注释：

①雀角：狱讼；争吵。

②花县：东晋潘岳为河阳令，满县遍种桃花，人称"河阳一县花"。后遂以"花

县"为县治的美称。

佛耳摩云

李天植①

西来法相自氤氲,幻作青山护紫雯。
犹剩不生不灭耳,用摩乍卷乍舒云。
当年梵语临窗听,此日松涛隔岸闻。
一朵插天峰岈崿,羊肠细折路斜分。

注释:

①李天植:清乾隆年间(1736—1795)壶关(今山西省长治市壶关县)人。

北山雪霁

李天植

碎铺玉屑漫高峰,失却巉岩翠几重。
红耀赤城霞已散,白明瑶岛雪犹封。
烘晴烟拥孤村树,带冷风飘野寺钟。
试启轩窗聊北望,别开生面荡心胸。

紫团山

马士桂①

紫气团团绕太空,危峰壁立郁葱葱。
石坛缥缈云藏日,琪树萧疏雨带风。
百丈飞泉溅曲径,一轮明月挂仙宫。
拟登绝顶为舒眼,三晋河山指顾中。

注释:

①马士桂:清乾隆年间(1736—1795)人。

濯缨溪

马士桂

千古争传孺子歌①，紫团山下泛微波。
纤尘不动苍苔净，一色无痕白练拖。
此日濯缨绿忽净，当年洗耳②意如何。
晚来更觉清辉溢，明月娟娟挂薜萝。

注释：

①孺子歌：作者为先秦诗人无名氏，其全诗如下："沧浪之水清兮，可以濯我缨。沧浪之水浊兮，可以濯我足。"《孟子·离娄》中说孔丘曾听到有小孩子唱这首歌，并没有指明在何处听到此歌。

②洗耳：典出东汉蔡邕《琴操·河间杂歌·箕山操》。许由听到尧让位给自己而感到耳朵受到了污染，因而临水洗耳。后遂以"洗耳""许由洗耳"等表示以接触尘俗的东西为耻辱，心性旷达于物外。

翠微洞

马士桂

翠微深处远红尘，能得胡麻有几人。
仙迹沉沉青嶂在，洞门隐隐白云屯。
风生榻外松何古，雨洒灶旁草自春。
读罢残碑思往事，灵风疑下玉京①宾。

注释：
①玉京：❶道家称天帝所居之处。❷泛指仙都。❸指帝都。

杜四辅祠堂

冯士翘

昔闻壶关四辅名，今来展拜思先生。

老从黄屋依龙衮，终卧紫团课鹤经。
阶藓空临遗像古，松风犹忆曳筇轻。
可怜当日诸名将，谁向秋泉啸月明。

佛耳山

冯士翘

秀拔东南独此峰，晴开扶步向遥空。
高卑天地平分里，远近山川一气中。
细草常依云外露，幽葩不入世间风。
楼传十二①何方见，呼吸遥遥帝坐通。

注释：

①十二：即《十二楼》，明末清初文学家、戏曲家李渔著章回体白话短篇小说集，又名《觉世明言》，成书于清初。《十二楼》共12卷，每卷各有一情节独立的故事，因为每个故事里都有一座楼阁，人物命运和情节的展开也与楼有关，故全书命名为《十二楼》。每卷回数不一，内容多写才子佳人，情节曲折，语言也较生动。其中虽有告诫世人之意，也不过是要人们遵守封建礼教而已，其现实意义不强。

摩云寺

冯士翘

鹿苑岩峣横碧空，白云生处辟梵宫。
画龙壁蚀三春雨，铁马塔抟午夜风。
僧去烟霞仍槛外，鸟归苔石自山中。
从来静境谁常住，谷口幽泉岭上松。

凤山徐真人祠

冯士翘

壶天深处碧嶙峋，传道仙家炼药频。

柏染灶烟千古翠,花含丹气四时春。
岭头云驻疑银鹤,石上露栖想玉宾。
独立高峰空怅望,一川浮霭上松榛。

好事近[①]·问心轩

周 骧

碧柳叫黄鹂,玉砌朱樱红药。山县放衙时早,无意随琴鹤。　告天夜半静焚香,露浥绯衣薄。消受壶中日月,许觥飞河朔。

注释:

①好事近:词牌名,又名［钓船笛］［倚秋千］［秦刷子］［翠圆枝］等。双调45字,前后段各四句、两仄韵。以北宋宋祁《好事近·睡起玉屏风》为正体。代表词作有秦观的《好事近·梦中作》、魏夫人的《好事近·雨后晓寒轻》等。

朝玉阶[①]·前题

周 骧

初晴雀噪牡丹天,春城含翠黛,一庭烟。曲池双燕舞翩翩,轻风吹柳浪,落榆钱。　醉翁亭上雪堂边,劳心多少事,恤民艰。荒村犬吠趁花眠,依稀忘晋魏,住桃源[②]。

注释:

①朝玉阶:词牌名,此调近［散天花］,但换头平仄较异。调见北宋杜安世《寿域词》。以杜安世《朝玉阶·帘卷春寒小雨天》为正体,双调60字,前后段各五句、四平韵。代表词作有陈维崧的《朝玉阶·曲径斜桥涧影迤》等。

②桃源:即《桃花源记》,东晋文学家陶渊明的代表作之一,是《桃花源诗》的序言。此文借武陵渔人行踪这一线索,把现实和理想境界联系起来,通过对桃花源的安宁和乐、自由平等生活的描绘,表现了作者追求美好生活的理想和对当时现实生活的不满。

锦堂春① · 题亦隐斋壁

寿恒成

芳径寻花缓步，画栏听鸟娇啼。耕云钓月他年事，切莫预寻思。　　且对眼前好境，还看石上留题。朝飞仙鸟青云处，退食②自委蛇。

注释：

①锦堂春：词牌名，又名［圣无忧］［乌夜啼］［乌啼月］等。

②退食：❶食量减退，不进食。❷退朝就食于家或公余休息。❸归隐；退休。

醉花阴① · 问心轩同九逸诸子填词

郑瑞南

绣帘宝篆香初透,花雾笼雕牖。宓子②正调弦,皓月清风,对影双携袖。呼童命酒薰金兽,趁蟾光如昼。一饮百千杯,看剑检书,再把南华③读。

注释：

①醉花阴：词牌名，又名［醉春风］［醉花去］。以北宋毛滂《醉花阴·孙守席上次会宗韵》为正体，双调52字，前后段各五句、三仄韵，无变体。代表词作有李清照的《醉花阴·薄雾浓云愁永昼》、辛弃疾的《醉花阴·黄花谩说年年好》等。

②宓子：即宓氏，名不齐，字子贱，春秋末期鲁国人。有才智，仁爱，孔子赞其为君子。孔子的学生，七十二贤人之一。曾在鲁国做过单父（今山东省菏泽市单县）宰，宓子贱治理单父时，每天弹琴取乐，悠然自在，很少走出公堂，却把单父治理得很好。

③南华：即《庄子》，又名《南华经》，是战国中期庄子及其后学所著道家经文。

亦隐并序

章　经

古云：大隐在山林，小隐在城市。余令壶邑，不敢当蒙庄①吏隐②，小筑数椽，暇时携琴而入，亦寄意尔。

会心何所见，小筑迥幽然。虚牖凝花雨，空阶暗竹烟。
亲人鱼鸟在，托意水云前。不必南山下，咏歌蒙叟③篇。

注释：

①蒙庄：指庄周。庄子（约前369—前286），名周，战国宋蒙（今河南省商丘市东北）人，是继老子之后，战国时期道家学派的代表人物。

②吏隐：谓不以利禄萦心，虽居官而犹如隐者。

③蒙叟：即"蒙瞍"，❶盲人。❷指乐官，古代多以盲人充任，故名。明刘基《述志赋》："前蒙瞍以指途兮，强杨子使操辕。"

问心轩

章　经

昔贤焚香告天，白衷无愧。余颜之问心，亦自励云：

万虑纷无极，空疑祇寸心。追思三缄口①，抚对一鸣琴。
昼入图书静，春余草色深。此中有所托，聊以涤烦襟。

注释：

①三缄口：成语为三缄其口，意思是在嘴上多次贴了封条，形容说话谨慎。现在也用来形容不肯或不敢开口。三，是多次的意思。孔子崇尚周礼，曾专程到周王朝考察文物礼仪制度。据西汉刘向《说苑·敬慎》载，孔子在参观周王祭先祖的太庙时，看到台阶右侧立着一个铜铸的人，但嘴被扎了三道封条，在这个铜人的背面，刻着一行字："古之慎言人也。戒之哉！戒之哉！无多言，多言多败；无多事，多事多患。安乐必戒，无行所悔。"

冬日壶关郊行

章　经

驱寒踏雪游，野望一登楼。云影缘山尽，钟声隔岸收。
荒林知径曲，乱石咽泉流。为念关河远，萧萧古潞州。

庚子九日登佛耳山

周再勋

六根①尚未脱筌蹄②，九日犹将佛耳跻。
法界圆通风过树，声尘寂灭水平溪。
闲敲鬼火招松语，自剔蝌文读苏题。
为问野僧生活计，黄花翠竹尽天倪③。

注释：

①六根：指六种感觉器官（眼、耳、鼻、舌、身、意），或认识能力，佛教中眼是视根，耳是听根，鼻是嗅根，舌是味根，身是触根，意是念虑之根。

②筌蹄：亦作"筌蹏"。筌，捕鱼竹器。蹄，捕兔网。《庄子·外物》："筌者所以在鱼，得鱼而忘筌；蹄者所以在兔，得兔而忘蹄。"后以"筌蹄"比喻达到目的的手段或工具。

③天倪：❶自然的分际。❷犹天边。

壶口旧关

章 经

逶迤叠翠到壶山，控制中原虎豹关。
村市谁堪经战伐，农桑那处问民艰。
河流万里青天迥，云影千重紫塞闲。
我独情深舒醉眼，春晴幽壑听潺湲。

亦 隐

张瑞锦

谁云官舍乏幽居，此际真堪卜结庐。
花气氤氲拂卧榻，云光缭绕袭行裾①。

门无俗客尘无扰,座有清樽架有书。
独羡使君成吏隐,壶阳处处颂悬鱼②。

注释:

①行裾:出行时所穿的衣衫。

②悬鱼:南朝宋范晔《后汉书·羊续传》:"府丞尝献其生鱼,续受而悬于庭;丞后又进之,续乃出前所悬者以杜其意。"后以"悬鱼"指为官清廉。

十八盘

徐 贲①

土谷既深入,高山复巑岏②。微径才百尺,下转十八盘。
俯临涧壑险,势陡不可看。乱石斗磊砢③,置足恐不安。
长镵那可托,藤蔓无由攀。寸步每千虑,举动如蹒跚。
心胆掉欲碎,毛发亦为寒。战兢尚未足,何暇发慨叹。
平生行路心,此日方知难。

注释:

①徐贲(1335—1380):字幼文,直隶毗陵(今江苏省常州市)人,后迁平江(今江苏省苏州市)城北,自号北郭生,元末明初画家、诗人。著有《北郭集》6卷。

②巑岏(cuán wán):❶山高锐貌。❷形容其他尖锐之物。❸耸立貌。❹高峻的山峰。

③砢(luǒ):山上的大石。

翠微仙洞

陈 霆

青天白日腾祥云,天风翼翼吹飞轮。
海天从许叱霞驭,尘世那复遗仙裙。
从来纯孝感天帝,帝遣西池①列名位。
何年来看唐昌花,却道云軿玉峰去。

注释：

①西池：❶池名。❷相传为西王母所居瑶池的异称。

苦旱得大雨

王 达

乾隆丙寅年五月壶关苦旱，乃仿《春秋繁露》①法，精心祈祷得大雨，因纪以诗。

南郊步祷手拈香，如堵争观祈雨方。
五老黄衣朝斗极，两行缁羽奏笙簧。
龙头礼罢施膏泽，猪尾烧残格上苍。
大沛甘霖坛墠②里，官民交庆兆年康。

注释：

①《春秋繁露》：西汉董仲舒所作的政治哲学著作。《春秋繁露》推崇公羊学，发挥"春秋大一统"之旨，阐述了以阴阳五行、天人感应为核心的哲学—神学理论，宣扬"性三品"的人性论、"王道之三纲可求于天"的伦理思想及赤黑白三统循环的历史观，为西汉中央集权的封建统治制度奠定了理论基础。

②坛墠（tán shàn）：古代祭祀的场所。

西林杜氏修塔河坡咏义诗

杨体信

峪坡遥接柏林巅，水石崎岖自昔然。
义表高山君肯后，情垂古道孰居先。
嵯峨断岸疑无路，缭绕幽蹊别有天。
若向此中占视履，考祥①字字重雕镌。

注释：

①考祥：推究吉凶的预兆。

前 题

原凤诏

瞻彼柏林，西峙一岑。行人来往，马戒骎骎。
瞻彼柏林，西阻若嵌。问谁凿险，行免惊心。
瞻彼柏林，林下多阴。杜陵①古族，荫息至今。
瞻彼柏林，杕杜②堪钦。随山开径，不吝囊金。
瞻彼柏林，过者讴吟。岩巉铲削，锡以好音。
瞻彼柏林，对之摅忱③。履道坦坦，沛泽恩深。
瞻彼柏林，吉士可寻。琼珉克建，永不湮沈。
瞻彼柏林，柏节森森。与杜并懋，其勿斧浸。

注释：

①杜陵：❶秦置杜县，西汉宣帝筑陵于东原上，因名杜陵，并改杜县为杜陵县。晋曰杜城县，北魏曰杜县，北周废。❷西汉宣帝陵墓。❸指唐杜甫。

②杕杜（dì dù）：《诗经·唐风》篇名，共二章。杕，孤特的样子。杜，赤棠。根据诗序："杕杜，刺时也。"或以为此无兄弟者，自伤其孤特而求助于人之词。首章二句为："有杕之杜，其叶湑湑。"

③摅（shū）忱：表达真诚的情意。摅，表示；发表。

前 题

张天宠①

东来灵气走西林，大峪坡高接翠阴。
凿破羊肠千尺路，修成鸾尾一条岑。
人行天际浑忘险，马踏云中不畏深。
荒草乱藤应蒉却，好磨碑版记君心。

注释：

①张天宠：字锡四，号花舫，长治（今山西省长治市）人，清乾隆间诸生，著有

《花舫诗草》。其诗清新俊丽,吟咏宏富。

前 题

张天宠

西来谷口疑无路,今到山腰别有天。
凿港平开三里雾,划崖高络数层烟。
泉声自和阳关曲①,松色间垂游子②鞍。
分坐石栏问姓字,一条古道照心传。

注释:

①阳关曲:❶琴曲名,即《阳关三叠》。❷词牌名。因唐王维《送元二使安西》诗"西出阳关无故人"句而得名。单调28字,四句、三平韵,北宋苏轼有《阳关曲》词。

②游子:通常指出门在外或者离开家乡在他乡生活的人。东汉班固《汉书·高帝纪》:"游子悲故乡。"

前 题

冯士翘

路绕青冥出耸峦,迩来不闻唱行难。
云根迥辟三千界,水脉潜回十八盘。
马下秋风霜足稳,人归晓月露旌端。
高峰欲识转坤手,鸟迹离离印石盘。

前 题

王步月

名辈西林起,竣功东岭陈。疏渠回涌瀑,凿石静涂尘。
晓度无濡轨,莫登岂曳轮。原偕遵路者,相与识深仁。

前 题

冯士甄①

太行之山东南来,丹崖碧嶂齐奔回。
峪口正当两峰起,中有一线路悠哉。
一线悠悠通车马,伤尔征人尽嗟者。
风落雨摧乱落砢,谁念水泥互潆泻。
有杜兄弟住山垠,须眉丈夫六七人。
倾囊倒箧总不惜,疏瀹②滑淤削嶙岣。
更夸六郎真气有,夏暑冬寒忙奔走。
手擘巉岩笑巨灵,地轴安来何日朽!
不朽盘盘入晴空,山腰浑如驾长虹。
车驰马骤谁知险,时闻笑语落山风。
君不见漳源贱子③最清闲,耽山爱水时过此山湾。
苦被农樵强相扳④,为读碑碣夕阳大道边。

注释:

①冯士甄:长子(今山西省长治市长子县)人,字古陶,清乾隆年间(1736—1795)贡生,清嘉庆庚申(1800)科钦赐举人,辛酉(1801)钦赐国子监学正,著名书法家冯士翘的胞弟。

②瀹(yuè):❶煮。❷疏导(河道),亦泛指引导使畅通。南朝梁刘勰《文心雕龙》:"疏瀹五藏,澡雪精神。"

③贱子:谦称自己。

④扳(pān):攀谈。

前 题

冯文止

青峰数里扼壶关,古道重开水石间。
斾绕云溪人步稳,鞭扬雾峤马蹄间。

胸罗二酉①明坤轴，手转五丁②辟地环。
刬得碧崖题姓字，长共流水对高山。

注释：

①二酉：指大酉、小酉二山，在今湖南省怀化市沅陵县西北。二山皆有洞穴，相传小酉山洞中有书千卷，秦人曾隐学于此。后即以"二酉"称丰富的藏书。唐陆龟蒙《寄淮南郑宝书记》："五丁驱得神功尽，二酉搜来秘检疏。"

②五丁：神话传说中的五个力士。在蜀开明王朝时，负担劳役的劳动人民被称为五丁或五丁力士，后来传说为五个力士。

前 题

陈虞裔

平生道里间，载履州寒暑。前途思伸步，往往多险阻。
偏此岩壑际，悠然开通衢。车马一何适，征徒一何娱。
问为谁之力，有杜兄与弟。高义踵前徽，同心以利济。
更道六郎贤，壮往世所希。鸠工并督匠，不惜亲指挥。
功与道路长，声逐往来众。徒行任步趋，扬鞭好磬控①。
此间忘颠蹶，何处愁欹倾。寄语行行者，真修道自平。

注释：

①磬控：指驰马与控马。《诗经·郑风·大叔于田》："叔善射忌，又良御忌，抑磬控忌，抑纵送忌。"《毛传》："骋马曰磬，止马曰控。"

前 题

王朝卿①

岸合峰回峻坂长，盘纡几里意茫茫。
曾经险阻千山外，那更摧残一径旁。
踟蹰犹然愁马骨，优游忽已忘羊肠。
坦途须识幽人履，遥指前林姓字香。

注释：

①王朝卿（1729—?）：壶关（今山西省长治市壶关县）人，自幼家财丰厚，庄田颇多。

匏斋杨老父母招饮友松亭感赋

傅景星

海内惊元草，归来伴赤松。壮心催短鬓，生事剩明农。
五岳看图壁，三山识峻峰。神仙如可学，及此一相从。

君呼松是友，我以客为家。行李充山市，年光阅钓槎①。
太行新道侣，少室②旧烟霞。乱后谁堪问，荒村有树鸦。

卜宅南村近，丛筠傍小庐。当窗翻旧帖，对屿读方书。
矫首豢粮鹤，惊心避饵鱼。闲云与倦鸟，幽意竟相如。

折柳③灞亭日，榴开又一时。区中缘不断，世外几相知。
竹月高僧语，松风国手棋。床头剑影动，千里共离思。

注释：

①钓槎：亦作"钓差"，钓舟；渔舟。

②少室：山峰名，因山中有石室而得名，在今河南省郑州市登封市西北，属嵩山。东与太室山相对，上有三十六峰。

③折柳：唐朝时，灞桥上设立驿站，凡送别亲人好友东去，一般都要送到灞桥后才分手，并折下桥头柳枝相赠。

同匏斋静斋①两年兄松峰秋眺

李萃秀②

展兴寻秋挂角巾③，肃然依倚踏嶙峋。

烟岚古澹兄兼弟，松月苍凉主共宾。
飙起流空香远近，峰来拥碧靓新陈。
斋心同向空冥里，语默相将情自亲。

注释：

①鲍斋静斋：杨四重、杨四易的别号。
②李萃秀：壶关（今山西省长治市壶关县）人，入监院读书。
③角巾：方巾；有棱角的头巾。为古代隐士冠饰，借指隐士或布衣、归隐。

乙丑夏日无待①杨社兄邀集友松亭

宋 荃②

飞甍③秀拔鸾山首，蚴蟉④故作蛟龙吼。
香风晓夜吹帘幕，碧云寒暑栖窗牖。
探奇偶逐谢临川⑤，潦倒松阴俨若仙。
移席更邀蟾兔影，洗盏再试葡萄鲜。
醉歌慷慨耳欲热，意气纵横起弹玦。
半世浪掷怜余老，一代风流让君绝。
几年曾负名山期，荏苒穷年恨独迟。
此日相逢须尽饮，杖藜⑥重到复何时？

注释：

①无待：《逍遥游》中，庄子通过隐喻的方式表达了"有待"和"无待"的差别和不同境界。在庄子看来，不论是"抟扶摇而上者九万里"的大鹏，还是"翱翔蓬蒿之间的斥鴳"；不论是"辩乎荣辱之境"的宋荣子，还是"御风而行"的列子，都没有达到逍遥游的境界，因为它们都"有所待"。庄子的逍遥游却不是命运在某个瞬间的馈赠，它是无待的，无待于风，无待于外在事物，它是自由自在的。
②宋荃：又作朱荃，字子年，号香南，桐乡（今浙江省嘉兴市桐乡市）人。清乾隆二年（1737），丁巳补试博学宏词二甲第一名，授翰林院庶吉士，散馆后授翰林院编修，著有《香南诗钞》。在担任四川学政时，因匿丧赶考，贿赏生员，为御史储磷趾弹劾，宋荃遂弃官逃跑，此事牵连至亲家张廷玉入狱。
③飞甍（fēi méng）：❶飞檐。❷借指高楼。
④蚴蟉（yòu liú）：❶亦作"蚴虬"。❷蛟龙屈折行动貌。❸树木盘曲纠结貌。

⑤谢临川：指南朝宋谢灵运，因其曾为临川内史，故称。
⑥杖藜：拄着手杖行走。藜，野生植物，茎坚韧，可为杖。

紫团杂咏录二十四首

冯文止

何人浩劫悟真空，幻境迷离笑转蓬。
独有乡思挂云树，随风吹到紫团东。

洞 顶

紫团山色锁天荒，湿翠沾衣暑亦凉。
石骨玲珑云出没，千门万户此中藏。

钟 乳

空蒙元气孕真精，水筋依稀壁上成。
闻说柳州称上药，石钟乳向玉床生。

玉女盆

裁冰镂雪妙无痕，四面浑圆任手扪。
一派①灵源探不尽，遗来玉女洗头盆。

注释：
①派：江河的支流，泛指分支。

石 笋

满地浮屠满壁花，参差石笋乱如麻。

插空玉砫①龙文活，尽是空蒙水气加。

注释：

①砫（zhù）：同"柱"，今作"石柱"。

洞　府

洞府清幽倚碧霄，神仙无事自逍遥。
山灵不许尘埃入，莫向凡人叹寂寥。

二仙遗迹

相传众口岂无讹，巧出天成物亦多。
何事真仙逞幻术，偏留手印在山阿。

真人父母墓

空中哀哭有遗声，指点灵风葬穴成。
一自高坟华表立，二千年后事如生。

天　桥

神施鬼设此天桥，石瓮何曾匠巧雕。
七里栈南飞瀑布，轻烟一抹画图遥。

凤　山

盘古于今老凤凰，羽毛两翅欲朝阳，
纵然不觅人间食，忍使知音属楚狂①。

注释：

①楚狂：即楚人。昭王时，政令无常，楚人乃披发佯狂不仕，时人谓之楚狂也。后

常用为典，亦用为狂士的通称。

龙　山

不为舟楫不为霖，蟠屈荒皋岁月深。
独有余威传草木，风来皆作老龙吟。

落指碑

耆德应知无愧辞，淋漓血渍铁梁时。
行人感叹思前事，落指碑成坠泪碑。

参　园

瑶光华采毓人参，天设园林得气深。
一自政和灵瑞绝，空山寥落到于今。

古贡人参，自宋徽宗政和间遂绝，明初除其贡。

云盖寺

前施华表后围屏，照壁遥连似列星。
向背阴阳天设巧，恨无人复志山经。

寺前对照壁山，东西两华表山，后十二围屏山。

翠云洞

翠微仙洞翠微中，石窦玲珑万窍通。
暑雨行时悬瀑布，蒙泉山下出无穷。

二仙真人修炼之所，其山石皆有窍相通，大雨则水自山根出。

摩云洞

古洞云埋碧草丰,侍郎遗迹字朦胧。
自从燕邸①弹冠去,不记当年野客丛。

注释:

①燕邸:❶指燕王在京师的邸舍。❷泛指旧时官员在京师的邸舍。

道嶂岭

虫声花色尚依然,四面萧条十月天。
荣悴寿夭皆若此,武陵人①忆避秦年。

山南向,东西回抱,西北风不止。故十月草木不凋,昆虫鸣跃,如七八月时。

注释:

①武陵人:出自东晋陶渊明《桃花源记》。

熊耳顶远望

群山出没乱如争,怪幻无端万状成。
世上奇峰安有此,我疑尽是夏云横。

五指崖

五朵危崖五指开,亭亭玉立绝尘埃。
惊涛忽涨清泉水,是否翻云覆雨来。

黄花寺

紫团尽处入烟霞,萧寺荒凉释子家。
高隐先生持晚节,合将身事托黄花。

元进士王延筠隐黄花寺,自号黄花老人。

白龙潭

老龙窟宅接神渊，粉暗丹陈不计年。
呼吸真堪通帝座，白云常伫寺门前。

真人面壁处

面壁人何许，令威化鹤①时。元谈惊虎眼，丹诀授龙眉。
世事花常谢，仙踪石不移。太行千里外，争忆紫团师。

　　　　怀庆等年年来洞取水，旱则往祷，塑像祀之，土人称为师傅爷。

注释：

①令威化鹤：东晋陶渊明《搜神后记》："丁令威，本辽东人，学道于灵虚山。后化鹤归辽，集城门华表柱。"

秋山即事

仄径费盘桓，猿愁接度难。马蹄惊木末，人语落云端。
地锦铺轻翠，天花吐薄寒。山珍争采取，相顾失林峦。

题　壁

石磴盘纡欲到天，紫团风景伫神仙，
红稠几树三春雨，翠远群山万点烟。
过客何心惊伏鹿，居人无事看飞鸢。
可能半亩营荒宅，长此披云伴月眠。

西塔夕阳

郎克谦

文笔高悬映摄提①，斜阳流景曜城西。

光连七级新开觉,照彻三乘旧指迷。
玉弹②回丸飞绛阙,金乌③捷足蹑丹梯。
河干日夕胭脂染,鹫岭增辉万象低。

注释:

①摄提:中国古星官名,司职定四季,列于大角星两侧,皆位于牧夫座。
②玉弹:玉制的弹丸,喻启明星。
③金乌:古代神话传说太阳中有三足乌,故用金乌作太阳的别称。

山路晴岚

郎克谦

朝行古道意闲闲,无限冈峦翠霭间。
露浥青莎沾石发,风梳碧柳腻云鬟。
轻拖远岫萦松鬣①,淡罨平林逗竹斑。
路转前村迎晓日,氤氲五色覆闉阓②。

注释:

①松鬣(sōng liè):松针。
②闉阓(yīn huán):此指城垣。闉,❶古指瓮城的门。❷城。

忆抱犊山

郎克谦

拈韵濡笔手自删,不成腔调却消闲。
灌婴①城外火云起,湛母②峰头朱鸟还。
昼永只应莳蕙圃,客稀无碍闭柴关。
雪鸿③沙上空留迹,何日重归抱犊山。

注释:

①灌婴:西汉开国功臣,官至太尉、丞相。公元前208年参加刘邦军队,以骁勇著称。在随刘邦由汉中进取关中时,参与攻塞王司马欣,围雍王章邯。楚汉彭城之战后,

被刘邦选为骑兵将领。

②谌母：又称婴姆，是中国民间信奉的女神。姓谌，字婴，三国时吴人。据《太上灵宝净明宗教录》称，谌母居丹阳郡黄堂，潜修至道，童颜鹤发，时人称为婴姆。

③雪鸿：即"雪泥鸿爪"的省语，比喻往事遗留的痕迹。北宋苏轼《和子由渑池怀旧》："人生到处知何以？应似飞鸿踏雪泥。泥上偶然留指爪，鸿飞那复计东西。"

壶关早发

郎克谦

言辞抱犊山，而别羊肠坂。坟墓隔渺茫，田园随旷远。
子侄送行人，牵衣情缱绻。长途万里程，跨骡嗤驽骞①。
怅怅将何之，自笑多疏舛。回首十八盘，白云迷苍巘。
春暮过壶关，杏花开石堰。小村柳眼青，征路红尘软。
出门欲托谁，亲友作郊饯。三杯嘱临岐②，保重加餐饭。

注释：

①驽骞：劣马。东汉班彪《王命论》："驽骞之乘，不骋千里之涂；燕雀之畴，不奋六翮之用。"

②临岐：❶亦作"临歧"。❷本为面临歧路，后亦用为赠别之辞。

元日得雪志喜

郎克谦

元夜①雪飘花满天，瑞雪凝处柳飞绵。
高低屋上铺银瓦，远近墙头砌玉砖。
树树恩沾征乐岁，村村泽被兆丰年。
朝来鹤氅行郊外，爱看甘能润麦田。

注释：

①元夜：又称上元节，即农历正月十五的元宵节。

己巳秋定襄赋别归里

侯祖锠

沱水蒙山尺五天，鳣堂①欲别意殷然。
秋风苜蓿霜应老，明月青毡②坐未穿。
科第文章称盛事，宫墙美富有余妍。
三年鹿鹿③无长处，芹藻菁莪④待后贤。

夜雨萧萧动客思，吟成元亮⑤去来辞⑥。
自惭南郭吹竽⑦后，犹记齐门操瑟⑧时。
未遂青云观上苑⑨，欣逢黄菊到东篱⑩。
此行应与随阳雁⑪，轩翥⑫高飞共羽仪⑬。

注释：

①鳣堂（zhān táng）：古时讲学之所。
②青毡：❶青色毛毯。❷指清寒贫困者，亦指清寒贫困的生活。明徐复祚《投梭记·闺叙》："卑人绿蚁一生，青毡半世。志存丘壑，梦断岩廊。"
③鹿鹿：❶平凡。❷车轮转动声，引申为奔走于道途。❸忙碌。
④菁莪：❶《诗经·小雅》中《菁菁者莪》篇名的简称。❷《诗经·小雅·菁菁者莪序》："菁菁者莪，乐育材也，君子能长育人才，则天下喜乐之矣。"后因以"菁莪"指育才。
⑤元亮：即陶渊明，字元亮，曾任彭泽令，因不愿为五斗米折腰而归隐。后常用为隐居不仕。
⑥去来辞：东晋陶渊明创作的抒情小赋。全文叙述了作者辞官归隐后的生活情趣和内心感受，表现了他对官场的认识以及对人生的思索，表达了他洁身自好、不同流合污的情操。
⑦南郭吹竽：《韩非子·内储说上》："齐宣王使人吹竽，必三百人。南郭处士请为王吹竽，宣王悦之。廪食以数百人。宣王死，湣王立，好一一听之，处士逃。"
⑧齐门操瑟：在齐王门外弹琴。唐韩愈《答陈商书》："齐王好竽，有求仕于齐者操瑟而往，立王之门三年不得入。客叱之曰：'王好竽而子鼓瑟，虽工，如王不好何？'"

⑨上苑：皇家园林。
⑩东篱：东晋陶渊明《饮酒》："采菊东篱下，悠然见南山。"后因以指种菊之处；菊圃。
⑪阳雁：亦作"阳鴈"，大雁。《尚书·禹贡》："彭蠡既猪，阳鸟攸居。"孔传："随阳之鸟，鸿雁之属。"
⑫轩翥（xuān zhù）：飞举。
⑬羽仪：《易经·渐》："鸿渐于陆，其羽可用为仪。"孔颖达疏："处高而能不以位自累，则其羽可用为物之仪表，可贵可法也。"后因以"羽仪"比喻居高位而有才德，被人尊重或堪为楷模。

喜 雨

侯祖锠

丁亥夏秋，久旱无雨，村人迎神虔祷，既而甘霖普降，鼓乐导从以志喜，因赋此以纪其事。

玉皇时夜降仙敕，普霈甘霖苏喘息。
海若龙神济济来，黑云飞空走霹雳。
玉女投壶①天公笑，冯夷击鼓②鲛人泣③。
旱魃潜藏黑蜮④跃，九天云垂海水立。
转瞬西成大有秋，蔀屋⑤穷檐皆粒食。
好生恰是上帝心，为霖亦是龙神力。
香花黍稷为报功，钟鼓铿锵⑥以崇德。
我闻昔时李卫公，曾因行雨到龙官。
暂借青骢施膏泽，排空驭气游苍穹。
神明岂必重官职，荣耀不与凡俗同。
试看喜雨亭中记，太守功仍归太空。

注释：

①玉女投壶：中国神话传说中东王公与玉女投壶玩耍，投不中时，上天为之笑而成电。后遂用"玉女投壶""投壶起电""金壶电""投壶笑""电笑""笑电""天笑""天一笑"等借指闪电，或称雷雨等。

②冯夷击鼓：南朝梁萧统《文选·洛神赋》："冯夷鸣鼓，女娲清歌。"

③鲛人泣：南海人鱼出玩，住在人家多日，眼见米缸见空，主人将要去卖绡纱，人鱼向主人要一器皿，哭泣的眼泪成为珍珠装满一盘子，赠给主人。

④黑蜧（hēi lì）：传说中的神蛇。

⑤蔀屋（bù wū）：草席盖顶之屋。

⑥铿鍧（kēng hōng）：形容声音洪亮。

重游泮宫

侯祖锠

申南村前辈甲申从皖归里，辛卯荣预重游泮宫，赋此呈政。忆先君子亦系辛卯入庠，怆然有感，故末句及之。

频从绛帐接清光，况复京华旅食常。
欣闻画舫临江左，自裹青毡赴晋昌。
犹留皖水棠荫①暖，尚带清风蔷露香。
黉宫六十年重到，杖国②于今又杖乡。

泮水重游盛事希，文章鸾掖③仰师资。
衣冠济济新人物，揖让雍雍旧礼仪。
咳唾珠玑光麈尾④，追随杖履识皋比⑤。
几回惆怅趋庭日，犹记春风鼓箧时。

注释：

①棠荫：❶棠树树荫。唐戴叔伦《抚州对事后送外生宋垓归饶州觐侍呈上姊夫》："石壁转棠荫，鄱阳寄茅室。"❷喻惠政或良吏的惠行。

②杖国：《礼记·王制》："七十杖于国。"谓70岁可拄杖行于都邑、国都，后作70岁的代称。

③鸾掖：❶宫殿边门，借指宫殿。❷犹鸾台，门下省的别名。

④麈尾（zhǔ wěi）：古人闲谈时执以驱虫、掸尘的一种工具，后古人清谈时必执麈尾，相沿成习，为名流雅器，不谈时亦常执在手。

⑤皋比：❶虎皮。❷古人坐虎皮讲学，后因以指讲席。

天中节①前二日游紫团山二仙庙

茹 金

年来久抱看山情，此日登临结伴行。
况是麦秋天气好，花香鸟语雨初晴。

一片烟霞望紫团，好山疑是画中看。
壶林别辟壶天境，翠滴飞来五月寒。

胜地天开卅六峰，峰峰攀惹翠华浓。
红尘莫怪飞难到，身在瑶台第一重。

琼仙原本住仙村，石上飞升有旧痕。
几朵慈云垂梵宇，肯容俗子漫敲门。

琳宫即此是天台，雨洗阶除半绿苔。
袖拂天花香不断，始知人自翠微来。

仙居遥望紫云封，日暮山光落影重。
静坐回廊浑不寐，晚钟直听到晨钟。

暂却风尘万虑清，仙风吹过一身轻。
只因偶入莲花座，误听松声作雨声。

娜嬛福地辟何年，古洞曾闻尚有仙，
世外春秋都不管，飞霞餐罢抱云眠。

摩崖碑峙几经秋，绿字斑斓最上留。
天外笔峰凌万古，何须岣嵝问源流。

仙源参圃旧留名，若个仙成换骨轻。
我为黎元无别祝，家家饱暖即长生。

注释：

①天中节：又称端阳节、端午节、重午节、龙舟节、龙日节、正阳节、浴兰节等，是起源于中国的传统节日。

壶林学署写怀

邢 铨①

最是壶林地，清幽寄我怀。闲情观画本②，冷意入诗牌③。
短发年知到，痴儿梦与偕。春风虽满座，孤影共空斋。

注释：

①邢铨：忻州（今山西省忻州市）人，清道光年间（1821—1850）任壶关县训导，协助知县茹金参辑编纂《壶关县志》。
②画本：用于绘画的本册，泛指画册，也指画幅后面的衬纸，或在文书上签署。
③诗牌：❶用以题诗的木板。❷题上诗的木板。❸韵牌。刻诗韵上下二平声为纸牌式，每韵一叶，总30叶，山游分韵，人取一叶，吟以用韵。❹文人游戏，各以牌分取杂字，缀成韵语，是牌，亦曰诗牌。

游述堰池

邢 铨

我闻上党据上游，壶林更据上党头。
汲水水涸不可得，每当盛夏便生愁。
缓步放城曲①，层层石堰束。
父老为余言，云是章公筑。
清池聚众流，李公继芳躅。
饮水思源人欲笑，利赖生民有实录。
吁嗟乎，试读古来循吏传，几人德著不能忘。

胡为后之李，前之章，
治迹炳郁相颉颃②，奕祀千秋日月光。

注释：

①城曲：城角。

②颉颃（xié háng）：本指鸟上下飞翔，后指双方比较，不相上下。

夏日登北寺山消暑

邢　铨

登临来胜地，拜佛放诗豪。殖学钦吾辈，参禅悟法曹。
平畴生众绿，绝壑响松涛。相约联同志，忘言醉浊醪。

北寺披襟日，南熏①拂暑天。个中无俗韵，有客力书田。
万壑松风满，一樽酒绪牵。逃名非欲学，物外寄神仙。

注释：

①南熏：❶熏，指《南风》歌。相传为虞舜所作，歌中有"南风之熏兮，可以解吾民之愠兮"句。❷借指从南面刮来的风。唐邵载《送萧颖士赴东府得君字》："和风媚东郊，时物滋南熏。"

春日壶林写怀

张鼎铭①

一天淑气普壶林，酒味诗情两不禁。
生意窗前看宿草，新声郭外听鸣禽。
感时频有还家梦，集益常怀下士心。
共说春风能鼓物，含芳桃李自成荫。

注释：

①张鼎铭：洪洞（今山西省临汾市洪洞县）人，清道光年间任壶关训导，协助知县茹金参辑编纂《壶关县志》。

翠微仙洞

王宣政[1]

仙居缥缈最清幽,翠色苍茫洞口收。
孝德感天超万古,灵山采药历多秋。
竞传淑女乘龙去,遥忆长空驾鹤游。
踏遍白云看不厌,此身合拟到瀛洲。

注释:

[1]王宣政:壶关(今山西省长治市壶关县)人,清嘉庆年间(1796—1820)军功议叙同知,加捐盐运司运同,诰授朝议大夫,现存古壶十景诗最为著名。

风穴秋音

王宣政

山灵万窍宛相通,一片宫商[1]响远空。
石眼吹嘘生爽籁,岭头呼吸引金风。
休疑飒飒来天外,始信轰轰奋地中。
半枕新凉频度处,秋声欲赋愧难工。

注释:

[1]一片宫商:一片和谐的音乐声,形容文辞如乐声一样优美、悦耳。宫商,皆为古代五音。

燕池浮碧

王宣政

方塘半宙翠氤氲,燕子浮空剪断云。
水面青萍香半绕,城头碧草影平分。

菱丝鸭浴添波色，荇带鱼吞起浪纹。
地接奎楼饶瑞气，文光遥映对晴曛。

团峰倚秀

王宣政

文笔蘸天峙紫团，高峰秀拔倚云看。
腰藏鸟道回环转，坂接羊肠曲屈盘。
日映林峦泉泻白，霞蒸洞壑灶流丹。
仙风妙引游人趣，纵目灵山得大观。

佛耳摩云

王宣政

白云生处露真形，象外摩挲足未停。
佛耳遥遮孤月小，山头远眺数峰青。
玲珑石上留真偈，兜率宫中贮宝经。
为步禅林参妙谛，高僧说法静中听。

乌泉夕照

王宣政

潺潺遗响绕山林，倒射波光夕照侵。
暮霭迎人常炳耀，仙声入耳欲登寻。
丹流日脚①通岩畔，墨泻泉头接树荫。
壁挂水帘长不卷，直留胜迹到而今。

注释：

① 日脚：太阳穿过云隙射下来的光线。

北极灵迹

王宣政

借筯鸾山事绝伦,偶从游戏识才人①。
勋名赫赫留简册,意气洋洋动鬼神。
举止原能惊耳目,胸襟早已裕经纶。
竞传灵迹今犹古,莫讶传奇未必真。

注释:

①才人:才子;有文学才能的人。

玉峡通天

王宣政

玉峡崔巍壁立齐,巉岩直许上高梯。
云霄昂首天光近,羊坂停骖日影低。
三晋云山都拱北,五陵衣马①尽来西。
双峰偶断关津险,领略风烟拟旧题。

注释:

①五陵衣马:形容富贵奢华。唐杜甫《秋兴》:"同学少年多不贱,五陵衣马自轻肥。"汉元帝以前,西汉皇帝每筑一陵,要设一个陵县,将王孙豪富迁去。西汉高祖长陵、惠帝安陵、景帝阳陵、武帝茂陵、昭帝平陵,都在渭水北岸今兴平市东北至咸阳市附近塬上,合称五陵,又称五陵塬。

琳宫仙笔

王宣政

御风琳宇扫云烟,翰墨淋漓色尚鲜。
本爱高吟多入妙,偶挥椽笔宛成仙。

真人自昔留鸿迹，游士于今榻锦笺。
满壁尘封僧指顾，风流韵事个中传。

梵宇金灯

王宣政

庄严古刹气冲触，彻夜灵珠照不穷。
灯影辉煌原属幻，金精炳耀总归空。
诗家妙谛参禅座，佛顶圆光落梵宫。
闻到文明征巽地，壶林甲第路遥通。

团峰倚秀

赵咸正[①]

太行一带耸奇观，倚秀宜人是紫团。
绝顶云遮倚翠盖，当头日照踊金丸。
碧萝掩映峰常静，华表平分势永蟠。
欲访长生来洞府，应知仙灶尚留丹。

注释：

①赵咸正：清嘉庆年间（1796—1820）乐平（今江西省景德镇市乐平市）举人，现存古壶十景诗最为著名。

佛耳摩云

赵咸正

兜率西天不久停，三生[①]石上现真形。
山如有耳孤峰碧，云本无心几点青。
静对柏林常面壁，斜依鸾寺欲闻经。
天花每逐余霞散，片片摩挲想性灵。

注释：

①三生：佛教用语，指前生、今生、来生。

翠微仙洞

赵咸正

仙人本性爱山丘，谁识飞升在女流。
洞口云封迷旧迹，潬①心水止悟清修。
成丹不待团参炼，证果全因野苣收。
度世由来凭孝德，黄龙下降说终浮。

注释：

①潬（tān）：同"滩"，水中沙堆。

风穴秋音

赵咸正

曾闻玉峡名风脑，此穴如何更有风。
习习常疑来啸虎，凄凄却似引征鸿。
未谐暖律吹燕谷①，每听秋声起兑宫。
幸值瑶琴歌解阜②，从今不必辨雌雄。

注释：

①燕谷：❶即寒谷，在古燕地，传说为邹衍吹律生黍之处。❷借指寒冷的天气。
②解阜：民生富足安详。《孔子家语·辩乐解》："南风之熏兮，可以解吾民之愠兮！南风之时兮，可以阜吾民之财兮！"

乌泉夕照

赵咸正

乌泉闻说倚松阴，景色偏宜夕照沉。

墨泼山腰通暗水，丹流日脚闪遥岑。
斜穿树影千层翠，倒射波光万道金。
胜地晚来添逸兴，随人月又上东林。

燕池浮碧

赵咸正

青萍点点逐波纹，谁浚芳池特地分。
蒲剑低磨腾宝气，奎楼倒映焕奇文。
宁惟鸭褥浮红掌，定有龙宫拥绿云。
一自前朝疏凿后，临流几度忆兰君。

北极灵迹

赵咸正

蕊榜谁推第一人，当年北极早通神。
传言借笏原非幻，预卜簪花信有因。
意属英才文必达，祥开福地武惟真。
西山庙貌今犹古，灵迹传闻在搢绅。

玉峡通天

赵咸正

自古太行称上党，谁知玉峡与天齐。
俯瞰林虑孤城渺，回望花梯万井迷。
陟辟风门严堡塞，高同剑阁销云霓。
因思恃险何如德，幸际承平息鼓鼙。

琳宫仙笔

赵咸正

岳阳三醉①在何年,又见题诗古圣传。
昌老无心消日月,真人有笔灿云烟。
依然浪迹疑逋客②,偶尔清吟笑谪仙。
一自青蛇飞去后,琳宫片石尚留镌。

注释:

①岳阳三醉:琴曲,道家题材,取意于吕洞宾三醉岳阳飞渡洞庭的神话故事而作,反映了神仙道化、超脱现实的道家思想。曲调情趣逸致,音韵流畅,为琴曲中之大操。
②逋客:❶逃亡的人。❷避世隐居的人。

梵宇金灯

赵咸正

灯明古刹太行东,闻说飞来自远空。
时岂月中珠蚌耀,地非海外烛龙烘。
虽关佛力依禅座,总是文星①出巽宫②。
归院金莲③从此兆,祥开科第属壶中。

注释:

①文星:即文昌星,又名文曲星。相传文曲星主文才,后亦指有文才的人。
②巽宫:八卦中巽为风,属木,是顺而入,代表困极生福之兆,是上签。其中,巽宫第一卦主名利,象征利名称意,求财得利。
③归院金莲:唐宣宗朝,翰林学士令狐绹常被宜人便殿召对。夜晚归院,诏令以御用金莲花炬烛送归。后常用此典咏翰林学士,也借以表示受到皇帝宠遇。

游紫团山

王华龄

策马名山看紫团,烟花三月春未阑。

茅亭我欲峰头结，尺五天光到广寒。

紫团山下问仙村，苦苣今犹带涕痕。
莫道飞升多幻境，满山风雨护柴门。

路转峰回望翠台，探奇随意坐莓苔。
乡人说是升仙处，为访遗迹去又来。

无计优游乐晚年，修真每忆紫团仙。
清风明月凭消受，采药归来自在眠。

绝顶高寒夏亦秋，寻芳谁把古碑留。
摩崖有字传千古，信是人间第一流。

闲云幽鸟晓风清，性分重时世分轻。
路隔红尘真福地，笛声才罢又松声。

贺申秦先生恭逢道光皇帝五旬万寿盛典

王华龄

道光辛卯，恭逢皇上五旬万寿，恩诏加科。郡伯饬县修重游泮宫故事，壶邑以侍御申南村瑶、明经秦书三秀，举两先生例预盛典，七属[①]所无也。士林荣之，赠诗者甚众。时予初膺岁荐，蒙县尊招陪，勉赋七律二章，以纪其事。

巍科恩绰下神州，推广皇仁德意优。
眉寿天将纯嘏[②]锡，泮池人又旧宫游。
文章轩翥早翔鹤，岁月绵延老杖鸠[③]。
五马[④]归来称盛事，簪花相伴足风流。

八十三龄地上仙，伴游底事宛同前。

恭逢圣寿恩多士，广布皇仁礼大年。
品卓一方人矫矫，经明卅载腹便便。
白头二老簪花处，争似耆英洛下⑤传。

公十三岁入泮，吴文宗锡字鹤翔。

注释：

①七属：七种美属的人，指贵、贞、长、师、宗、主、贤。
②纯嘏（chún gǔ）：大福。
③杖鸠：在古代，鸠首杖为尊老敬老之物，汉代更是以拥有皇帝所赐的鸠杖为荣，故鸠首杖又称王杖，顾名思义，鸠首杖就是扶手为一只鸠鸟的手杖。
④五马：太守的代称。
⑤耆英洛下：洛阳城的硕德者。耆英，硕德者之称。洛下，指洛阳城。南朝梁刘令娴《祭夫徐悱文》："调逸许中，声高洛下。"

七里栈忆七盘关咏怀

王华龄

昔闻西蜀险，今上七盘关。屏列山千仞，秋澄水一湾。
马蹄游子急，牛背牧童闲。极目舒怀处，思将俗虑删。

福岩寺吊古

王华龄

南渡金人事已终，名山宝刹此犹雄。
桑田沧海悲何限，默默无言坐晚风。

寺系金人创建。

柏林怀古

王华龄

几度南行望柏林，低回往事情难禁。

烟霞如昔松风古，一代名人何处寻。

佛耳山吊古

王华龄

当年庙貌竟如何，此日登临感慨多。
香火无人钟尚在，残碑断碣认岩阿。
钟镌沈府香火院。

道光八年重修文庙忆历代前辈

王华龄

记得当年庙貌成，辨方正位最分明。
宫墙美富松声古，金碧辉煌泮水清。
处处捐输存厚道，家家弦诵奋科名。
碑镌历代巍峨在，补葺增修望后生。

团峰倚秀

王泰魁①

秀出群峰外，团团紫气重。崖牵青薜荔，岫削碧芙蓉。
十二楼台接，三千境界逢。纵观频指点，岩畔水淙淙。

注释：

①王泰魁：字符六，号瀛溪，壶关（今山西省长治市壶关县）人，遐龄三子，学生。

佛耳摩云

王泰魁

佛耳高无极，亭亭不计年。听经来福地，聆乐奏钧天①。
洗借银河水，倾依玉殿烟。会须临绝顶，身到白云边。

注释：

①钧天：❶天的中央，古代神话传说中天帝住的地方。❷"钧天广乐"的省语，指天上的音乐。

玉峡通天

王泰魁

不识通天路，今临玉峡关。晴峦青窈窕，远水碧潺湲。
日月摩肩过，烟云绕膝还。蟾宫①兴有借，翘首愿登攀。

注释：

①蟾宫：❶月宫；月亮。❷唐以来称科举及第为蟾宫折桂，因以指科举考试。

北极灵迹

王泰魁

北极通灵日，儿嬉迹著奇。神呼黄甲①龙，人许白丁②辞。
姓字登龙榜，声名到凤池。壶林文运启，利见愿乘时。

注释：

①黄甲：❶科举甲科进士及第者的名单。因用黄纸书写，故名。❷进士及第者。
②白丁：封建社会里指没有功名的人。

翠微仙洞

王泰魁

见说升仙事，于今上翠微。人曾乘鹤去，花尚伴溪飞。
洞敞寒烟锁，林深古月围。千秋钦孝德，苦荁认依稀。

梵宇金灯

王泰魁

暮钟才响罢，灯火满山林。朗映层层石，光流点点金。
寒凝珠蛤耀，明讶烛龙侵。梵宇攻书好，良宵兴不禁。

风穴秋音

王泰魁

古穴何年辟，秋风阵阵生。山疑穿二酉，地不伏三庚①。
飒爽和松韵，飘萧杂雨声。亭前才小立，凉意满轩楹。

注释：

①三庚：❶夏至后第三庚，为初伏之始。❷三伏。

乌泉夕照

王泰魁

夕阳无限好，返照到山隅。古寺云飞白，寒泉水泻乌。
石排红玛瑙，树架赤珊瑚。不借丹青手，天然一画图。

琳宫仙笔

王泰魁

识得仙家趣,琳宫妙笔留。烟霞山色古,芦荻水声秋。
句摘三唐①秀,书传两晋②遒。禅房清梦绕,恍似到瀛洲。

注释:

①三唐:诗家论唐人诗作,多以初、盛、中、晚分期,或以中唐分属盛、晚,谓之三唐。

②两晋:西晋和东晋的合称。两晋是战争频繁、政权分立、民族融合、思想活跃、文化灿烂的时期,是秦汉和隋唐的转折时期。

燕池浮碧

王泰魁

何处春光好,携壶到小汀①。莺啼堤上柳,燕掠水中萍。
静纳楼阴碧,空涵草色青。几番看不厌,拟结一茅亭。

注释:

①汀:水边平地。

西林草堂

王泰魁

不辨山光与水光,云烟深处忆行藏。
他年了却尘中事,定向先生借草堂。

过三老墓

王泰魁

古墓荒凉鸣野禽,几番感慨欲长吟。

苍松诘屈烟光锁，宿草迷离月色侵。
片牍足回贤主怒，千秋共见老臣心。
夜来台畔飞蟒①度，渺渺英风自古今。

注释：
①蟒：萤火虫。

过灵显观忆纯阳祖师并用原韵

王泰魁

阅尽山巅与水涯，移人情处即为家。
蝉音嘶断前溪雨，鹤影冲开峻岭霞。
采药云中烟满袖，挥毫石上笔生花。
诗成欲问蓬莱客，果否壶中可炼砂？

鸦门山

王泰魁

上有废寺，在邑东南乡，人迹罕至，有堡岩遗迹。
峻岭盘空策马过，鸦门古寺势巍峨。
松林硙曲临青涧，石径荒凉绕碧萝。
明月清风谁管领，残碑断碣自摩挲。
搔头欲共诸天语，路到蟾宫有几何？

壶林书院杂咏

王泰魁

瑟瑟宵凉透帐前，短檠①悬壁乐陶然②。
夜深妙检诗家品，最爱青莲第一仙。
书中意味本深长，船得真珠愿始偿。

默坐不知更漏尽，鸡声报到读书堂。

玉宇无烟亦无云，水轮彻夜散奇芬。
月明偏觉壶林好，那许扬州占二分。

注释：

①檠（qíng）：❶灯架，也指灯。❷矫正弓弩的器具。
②陶然：喜悦、快乐貌。东晋陶渊明《时运》："迟迟迟景，载欣载瞩。称心而言，人亦易足。挥兹一觞，陶然自乐。"

玉带桥

王鼎魁①

当年内翰过金山，方丈曾留玉带还。
此地名桥应有自，坡仙②何日到壶关。

注释：

①王鼎魁：字立三，号铭轩，壶关（今山西省长治市壶关县）人，遐龄长子，学生。立三与弟震魁、从弟泰魁皆髫年入泮，蜚声艺林，时人多以大成期之，乃年俱不永，先后早逝，诚可惜也。
②坡仙：即苏轼，号东坡居士，自号玉堂仙，眉州眉山（今四川省眉山市）人，北宋文学家、书法家、美食家、画家，文才盖世，仰慕者称之为坡仙。

雨后登高望山

王鼎魁

云梯矗矗丽晴辉，览胜闲游上翠微。
雨后山光堪画处，农人披得一蓑归。

团峰倚秀

王震魁

峭拔上云端，名山紫气团。真人何处觅，仙草古春残。
秀绘东西表，岚凝远近滩。几时临绝顶，一览豁心肝。

注释：

①王震魁：字希戴，号鉴塘，壶关（今山西省长治市壶关县）人，遐龄次子，廪生。

燕池浮碧

王震魁

东风飞絮逐，燕掠一池萍。淡碧浮城堞，余香绕水亭。
三分春霭霭，九子种青青。几度奎楼望，疑铺翡翠屏。

玉峡通天

王震魁

玉峡高无际，登临暮色凄。危崖通地腹，绝壁映天脐。
关逼青霄壮，铭疑碧落题。广寒宫阙近，尺五尚嫌低。

游章公堰

阎庭芳

偶步章公堰，乘凉坐晚堤。水光涵凤岭，川脉溯龙溪。
渠浚常疏北，城高倒映西。碧空天一色，望断暮烟低。

燕池浮碧

阎庭芳

春深沧海绿萍稠,燕子池边景色幽。
溅落珠玑浮水面,铺来翡翠映楼头。
地临学舍通芹藻,客忆槎仙泛斗牛①。
漫道风光容易老,才思归去又勾留。

注释:

①斗牛:二十八宿中的斗宿和牛宿。

狮石歌

连国珠①

天下山形多变相,奇峰怪石纷难状。
五岳大观未获游,胸中丘壑时相向。
三晋云山遥亘连,壶关高踞太行巅。
其间往往多异迹,荆榛芜没埋村烟。
北珏山头凤岭麓,居人缭绕山出没。
侧峰转入北庄村,村跨山腰枕河腹。
村南有石一丈余,形如狮子镇山轴。
沐日浴月几千年,狰狞攫挐②盘陵谷。
闻说临村厌狮唊,斧斤夜半试鬼胆。
月黑火光触处来,恍见殷血流狮颔。
此时村人皆怖栗,作其之而其谁敢。
乃知天造地设之殊观,俱有神呵鬼护在幽暗。
余性素好探灵奇,攀萝扪藓每忘疲。
一峰一石有如此,名山大泽更萦思。
何当蜡屐买千两,洞天福地恣清赏。

归来斗室作卧游，会投足迹遍天壤。

呜呼！我作北庄狮石歌，旷怀宇宙寄遐想。

注释：

①连国珠：长治（今山西省长治市）人，清嘉庆年间（1796—1820）拔贡，曾协助常煜汇辑《潞安诗抄》。

②攫𪘏（jué shā）：亦作"攫杀"，抓取噬杀。

前 题

申青桂①

狻猊本神物，万里威风逞。何时西域来，蹲伏北村岭。
陋哉②邻村氓，畏其吞噬猛。率众持斧斤，敲齿复系颈。
讹传钟鼓鸣，妄谓血光炳。群心惊灵异，声息一齐屏。
甚矣人好怪，令我笑齿冷。石火岂无光，草本疑风惊。
心中有鬼神，耳目不遑省。从兹怪事传，此路几荒梗。
妄言因妄听，畏形兼畏影。狮峦耸灵秀，威镇珏山永。
旧志绘殊姿，遗趾尚完整。邑乘好搜奇，异说不徒骋。
愿言秉笔者，并入壶中景。

注释：

①申青桂：长治（今山西省长治市）人，廪生。

②陋哉：北宋苏轼《瓶笙诗》："孤松吟风细泠泠，独茧长缲女娲笙。陋哉石鼎逢弥明，蚯蚓窍作苍蝇声。瓶中宫商自相赓，昭文无亏亦无成。东坡醉熟呼不醒，但云作劳吾耳鸣。"

前 题

任炳章①

上党之东十余里，一带峦峰称特起。
中有狮子踞山腰，威靖熊彪与虎兕。

不知钟毓自何年，生气凛凛动壶天。
爪牙隐约多神异，比邻环顾竞后先。
忆昨灵迹动山村，眈眈西视气欲吞。
不期人心生狡计，静待更阑夜月昏。
接踵来时同蚁聚，携锄击处拟兵屯。
欲试戈头钢百炼，霜刃一落星星见。
赤焰闪灼照眼明，遍体淋漓疑血溅。
未几族众尽慑心，忽闻比户②正鸣金。
入耳有声人济济，回头不辨夜沉沉。
何暇人人联比耦③，摩肩而来夺路走。
回顾不见奇石蹲，犹是余音临风吼。
试问此夕计何施，正是良音假寐时。
寂无人知犹有威，凛乎难犯此为奇。
精灵于今传不朽，揽胜之笔肯相遗。

注释：

①任炳章：壶关（今山西省长治市壶关县）人，廪生。
②比户：❶家家户户。❷形容人多而普遍。❸一户挨着一户。
③比耦：❶并肩耦耕。《左传·昭公十六年》："庸次比耦，以艾杀此地。"❷耕田者。

前 题

任炳章

揽胜临高顶，芳塘一鉴开。客因消夏至，山欲送秋来。
狮岭排丹壁，龙溪涌翠隈。同人游赏处，清绝似蓬莱。

前 题

孙希绰①

文殊东访紫团仙，身骑青狮踏云烟。

顽石点头来听讲，法中龙象秘真诠。
遗将狮形肖岩石，至今灵迹人间传。
大狮高踞珏山顶，小狮伏蹲北庄前。
千载神通殊寂寂，吼来毋乃成羊眠。
夜半一声狮怒叱，金毛玉爪白光悬。
天骨奇诡若将去，众生罗拜佛山巅。
乃知佛法多幻相，全力搏归大愿般。
我闻谈虎欲变色，又闻说鬼亦欣然。
有客告余狮石异，石不可凿诗莫镌。

注释：

①孙希绅：阳城（今山西省晋城市阳城县）人，清嘉庆戊寅（1808）举人，长治教谕，卓异加一级。

狮子岭杂咏外三首

吴应杰①

残碑断碣渺无传，庙貌巍峨不计年。
四十余家崇报享，元君佛力永壶天。

注释：

①吴应杰：壶关（今山西省长治市壶关县）人，清嘉庆戊寅（1818）科举人，拣选知县。

石　狮

狮子山前狮子形，须眉活现立亭亭。
天生峭石休言怪，寄迹烟峦偶效灵。

池上小憩

同人酌酒小山巅，酒后新诗次第联。
愧我无诗空有酒，漱流枕石且安眠。

松下纳凉

狮子岗头数百松,松前列坐影重重,
涛声忽送东山月,照入池潭欲化龙。

和前题

吴守钰①

此我常游处,今朝伴客来。天光攒翠碧,地势绝尘埃。
手撷芳花馥,眸凝倦鸟回。摩挲狮子石,托咏愧鸿裁。

注释:

①吴守钰:壶关(今山西省长治市壶关县)人,清道光壬辰(1822)科副贡,曾参与编纂《壶关县志》。

初伏游风亭

李燮元①

夏至三庚火未流,良朋伴我共晨游。
丘亭气爽何妨暑,石窦凉生将近秋。
脱帽披襟憩瓮牖②,论文载酒醉星楼。
不须羽扇频相引,自有清风阵阵投。

注释:

①李燮元:号面山,壶关(今山西省长治市壶关县)人,庠生。清嘉庆年间(1796—1880)倡众重修县东北王岭村风穴庙。

②瓮牖:以破瓮为窗,指贫寒之家。

佛岭殿角得无字碑

李燮元

佛岭峰高境最奇，清秋晚霁更相宜。
烟拖原野平岚合，夕照禅林斜影移。
寒岫花残山绉面，澄潭月印水沉眉。
追寻古迹浑难觅，殿角还留无字碑。

摩崖碑籀书歌

王令德[①]

古崖高峙俯群溜，依石磨碑字刻籀。
籀不少延籀字存，余怀渺渺抚碑候。
祖龙[②]煽虐燎诗书，字法尤嗤周史旧。
重命斯为小篆[③]书，蜗涎鸟迹改原构。
风流云散嗟茫茫，贠勋[④]危崖独未仆。
剥六阴深硕果存，毫端骨力峻嶒瘦。
深山或虑传闻讹，仔细摩挲不少谬。
世代沧桑人事非，剜形深浅如新镂。
鸾翔凤翥下群仙，虎卧龙盘辉列岫。
缥缈岚光拂石来，枝枝玉树临风秀。
非以大亭遮，非以深檐覆。
非以居民巡，非以山僧守。
天教宝物寿人间，特著秦家改制缪。
泰峄遗镌秦望碑，愿将此碣比妍陋。
吁嗟乎，伏生[⑤]在世书难烧，籀字尤多山鬼佑。
嬴氏纷更竟若何，摩崖古碣山同寿。
君不见岌岌太行巅，白云漠漠常封岫。

注释：

①王令德：壶关（今山西省长治市壶关县）人，王秉铎子，清道光甲午（1834）科举人。性脩谨，动止必以礼法自持，主讲邑书院10余年，时以读书立品激励后进，造就甚众。清咸丰元年（1851），诏举孝廉方正，当事欲以其名应，劝驾甚力，卒辞不就。

②祖龙：出自西汉司马迁《史记·秦始皇本纪》，是当时的人对秦始皇的特指。南朝宋裴骃《史记集解》引苏林曰："祖，始也；龙，人君像。谓始皇也。"

③小篆：是在秦始皇统一六国后（前222），推行"书同文，车同轨"，统一度量衡的政策，由丞相李斯负责，在秦国原来使用的大篆籀文的基础上，进行简化，创制了统一文字的汉字书写形式。

④屃赑（xì bì）：蠵龟的别名。金刘从益《搊金石峕作建除体》："破碑字仍在，屃赑卧深荆。"明沈德符《野获编·列朝一·赐外国诗》："屃赑宏文，昭回云汉。"

⑤伏生：即伏胜，字子贱，济南（今山东省滨州市邹平市韩店镇苏家村）人，曾为秦博士。秦时焚书，于壁中藏《尚书》。汉初，仅存28篇，以教齐鲁之间。文帝时求能治《尚书》者，以年九十余老不能行，乃使晁错往受之，世传今文《尚书》皆出于他，享年100岁。

前 题

王佩莲①

太行岘崿俯群岫，石磴云梯风翏翏②。
上有危崖空际悬，依形磨碣字镌籀。
籀家书法李斯更，秦政以来已不觏。
此碣蜿蜒留古文，惜哉解事人多陋。
或言宝刹镇名山，白马真经碑与寿。
东汉永平迎佛来，佛来尚在此碑后。
或言旧此驻仙人，啸咏烟霞丹篆就。
朗朗琳官仙笔存，亦殊一十五篇旧。
称仙称佛总茫茫，索解敢承众说谬！
岣嵝遗辞石鼓文，古碑大抵古人镂。
古人不作古书存，剔藓刓苔认旧构。

奕奕风神宛转间，鸾翔凤翥虺蛇走。
俶奇③不似楞严经④，佛子传钞字半缪。
亦异山阴写道经，右军⑤真本今难购。
天留法物禅文人，雨雨风风石不仆。
仔细摩挲逸兴生，细将不律摹肥瘦。
摹形容易摹神难，历久才堪驰与骤。
得意疾书发浩歌，身依日月手扪宿⑥。

注释：

①王佩莲：清道光年间（1821—1850）贡生，令德子。父子二人同撰有《摩崖碑籀书歌》，风格迥异，堪称一绝。

②翏翏（liù liù）：象声词，长风声。

③俶奇（chù qí）：奇异。

④楞严经：全经名《大佛顶如来密因修行证理了义诸菩萨万行首楞严经》，一部极为重要的佛教经典。

⑤右军：即王羲之（303—361，一作321—379），字逸少，琅琊临沂（今山东省临沂市）人。东晋时期著名的书法家，有书圣之称。王羲之任秘书郎、宁远将军、江州刺史，后为会稽内史，领右将军，所以也称王右军。其书法兼善隶、草、楷、行各体，精研体势，心摹手追，博采众长，备精诸体，冶于一炉，摆脱了汉魏笔风，自成一家，影响深远。风格平和自然，笔势委婉含蓄，遒美健秀。

⑥宿（xiù）：星宿。

咏孤山

李德制①

孤峰耸似柱，风击石飞舞。
超然云霭中，不与群山伍。

注释：

①李德制：壶关（今山西省长治市壶关县）人，清道光年间（1821—1850）庠生，曾接受编纂《壶关县志》采访。

慈云院摩崖碑刻，位于壶关县大峡谷镇参园村。石窟南面的摩崖石刻为"新修潞州壶关县紫团山慈云院碑铭"。慈云院始建于北宋初年，太平兴国七年（982），宋太宗赵光义御赐院额名

光绪《壶关县续志》

光緒辛巳續鐫
壺關縣續志
官衙藏板

序

胡燕昌①

自《上党记》于石赵，昭义录于唐人，羊头②、鸠水述于宋、元，为志潞权舆。有明中叶，作者竞起，莫不近备辑询，远绍晋乘。栗仁甫佥事《潞安府志》③、张西林太史《壶关县志》其最著者也。栗书见录于《明史·艺文》，潞属诸志咸取材焉，而原本罕传。张书自国朝康熙初县令朱君重纂时已称仅见。今又更百余年，书经五易，粟陈相因，薪积愈上，编残简断，搜获益艰。而方乘久为官书，载笔者辗转相袭，貌旧为新，有所征引皆不注明，又无从别其孰为太史遗文也。

余自承乏斯土，读道光中茹君新志，数年来欲稍加考订，求以前诸作竟不可得，独乾隆末秦君所辑以时代较近犹有存者，两书相参，颇为详备，则又未尝不叹诸公记载之勤，搜罗之力也。会纂修通志，奉檄采访，集乡先生相与谘诹，综核近事，踵继成书，佥以为宜。乃取茹志别类分门，因仍其例，以次排纂，通为一卷；复撷其漏遗，正其舛讹，广其篇目，别为一卷，而属稿于郡学博杨君凤冈详加厘订，时逾一稔始付剞劂。盖县志于是乎六修矣，余故未知其足以方驾西林上追作者否耶？而不掩前人，不泥旧说，实事求是，于昔贤明述之旨亦庶几其有合也。光绪七年④正月既望，知县会稽胡燕昌序。

注释：

①胡燕昌：会稽（今浙江省绍兴市）人，清咸丰庚申（1860）科进士，壶关县知县。

②羊头：即羊头山，位于山西省晋城市高平市北的神农镇，海拔2000米，因山之巅有羊头状巨石而得名。

③《潞安府志》：明万历《潞安府志》年代久远，在国内已经无存。2004年，长治市民主促进会委员武炳昆先生与夫人受长治史志办委托，在日本东京图书馆找到此书，

先行垫付资金后复印回国。该书共 20 卷，约 50 万字，为研究明代长治的政治、经济及社会各个方面的历史提供了丰富史料。

④光绪七年：即 1881 年。

姓 氏

鉴辑

山西潞安府知府加五级随带加二级记录五次　　　　　　何林亨
山西潞安粮盐总捕清军府加五级记录十次　　　　　　　银　沆

纂修

山西潞安府壶关县知县加六级随带加一级记录十二次　　胡燕昌
代州繁峙县儒学训导甲子科举人辛酉科拔贡　　　　　　杨　笃 平阳府乡宁县人。

参考

山西潞安府壶关县教谕　　　　　　　　　　　　　　　阎梦兰
山西潞安府壶关县训导　　　　　　　　　　　　　　　常　周

监刊

山西潞安府壶关县典史　　　　　　　　　　　　　　　胡　诒

同修

同知衔拣选知县癸酉科举人　　　　　　　　　　　　　焦凤翔
候选直隶州州判辛酉科拔贡　　　　　　　　　　　　　万宗敏
候选儒学训导廪膳生员　　　　　　　　　　　　　　　陈裕新

校对

丁酉科拔贡　　　　　　　　　　　　　　　　　　　　陈汝明
廪膳生员　　　　　　　　　　　　　　　　　　　　　雷声宏

采访

增生	阎照和	廪贡	阎双林	岁贡	张恒太	岁贡	魏　秀
廪生	韩士俊	生员	宋兆琳	生员	李世太	岁贡	郭　盘
廪贡	侯儒贺	附贡	任致远	廪生	张业先	岁贡	牛光祖
廪生	郭　桢	岁贡	郝承勋	生员	秦懋勋	廪生	赵炳青
岁贡	赵相玉	生员	阎双槐	生员	马步雯	生员	王魁仁
生员	张吉临	附贡	万选青				

绘 图

县境全图

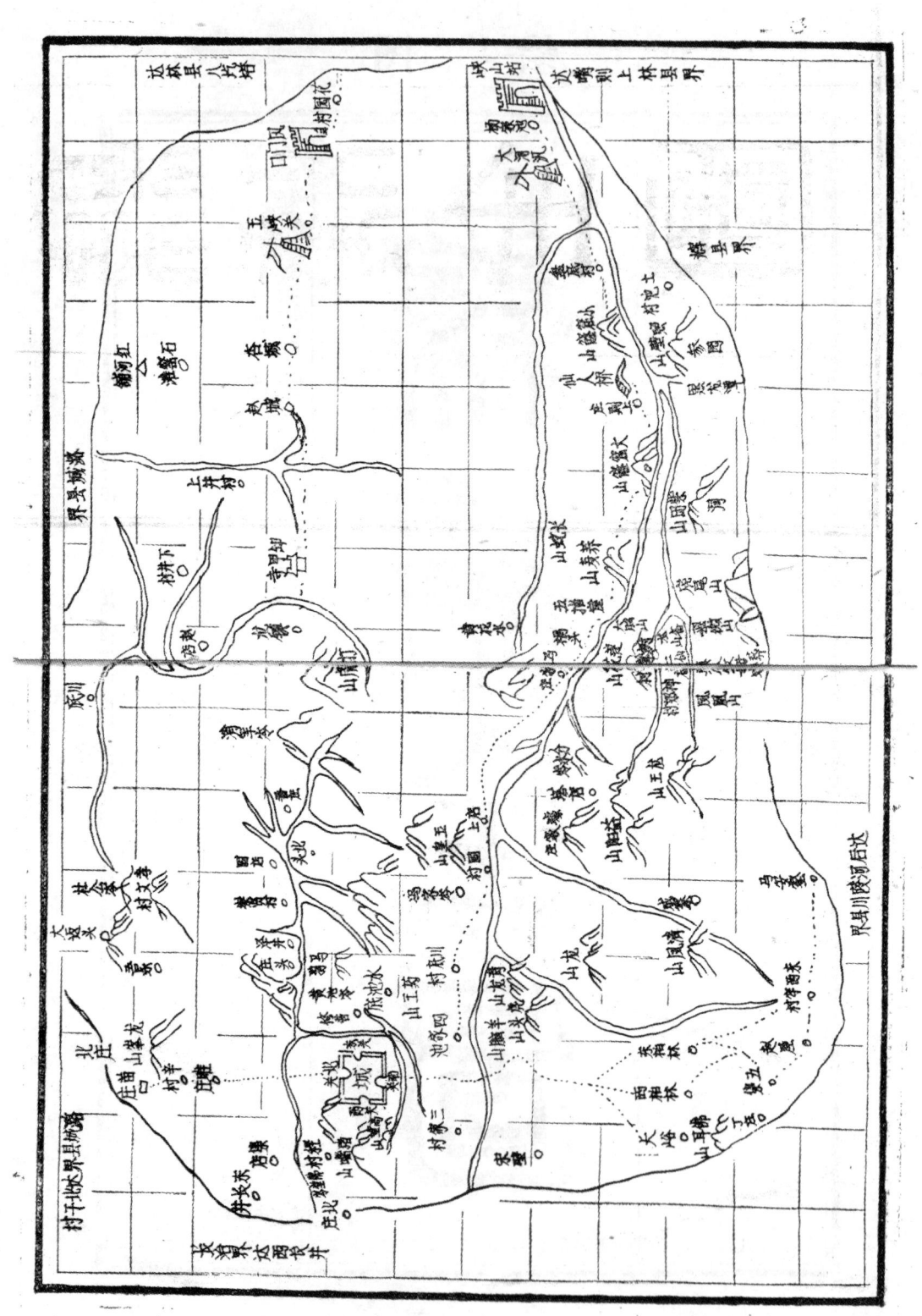

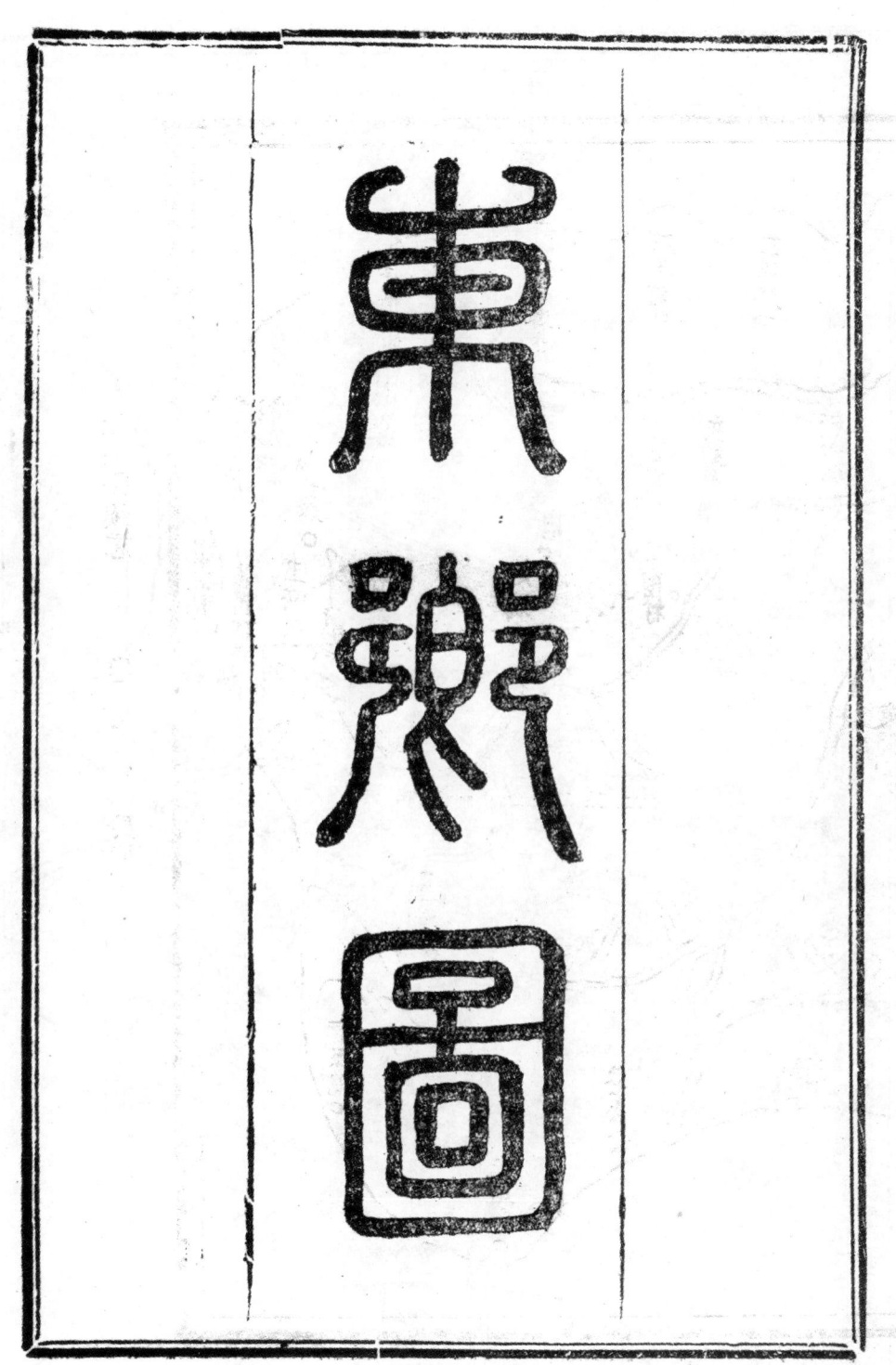

東鄉圖

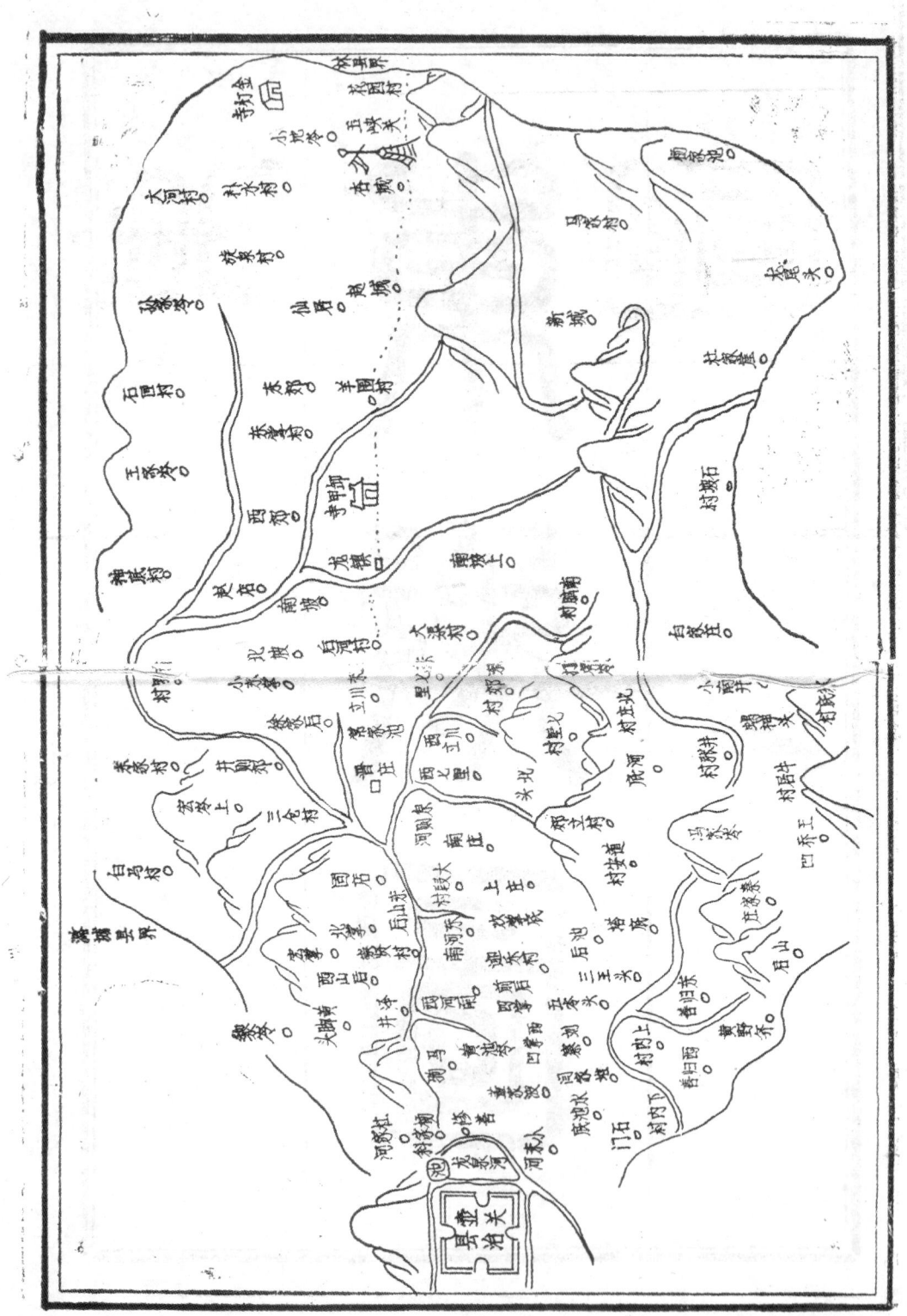

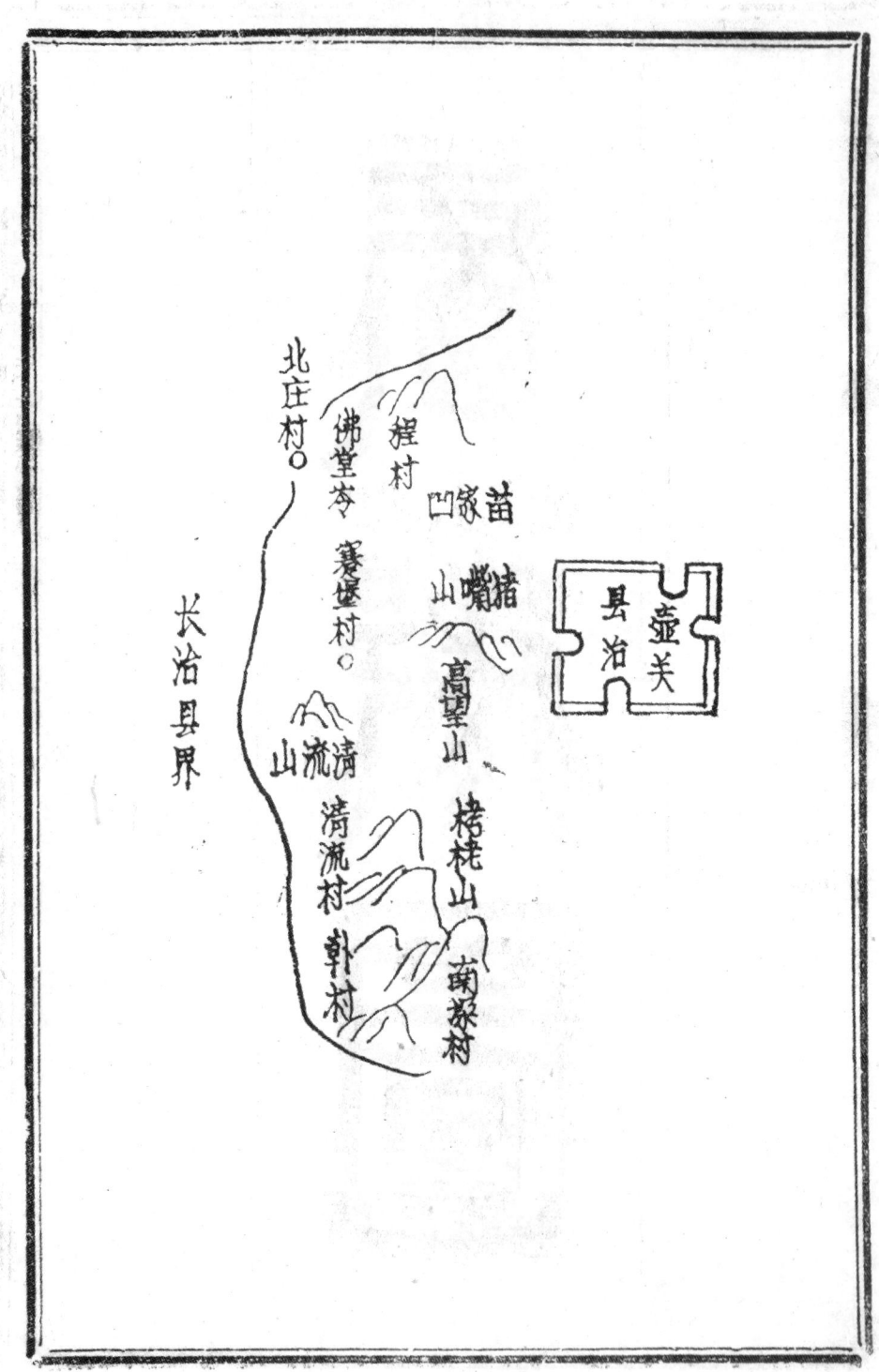

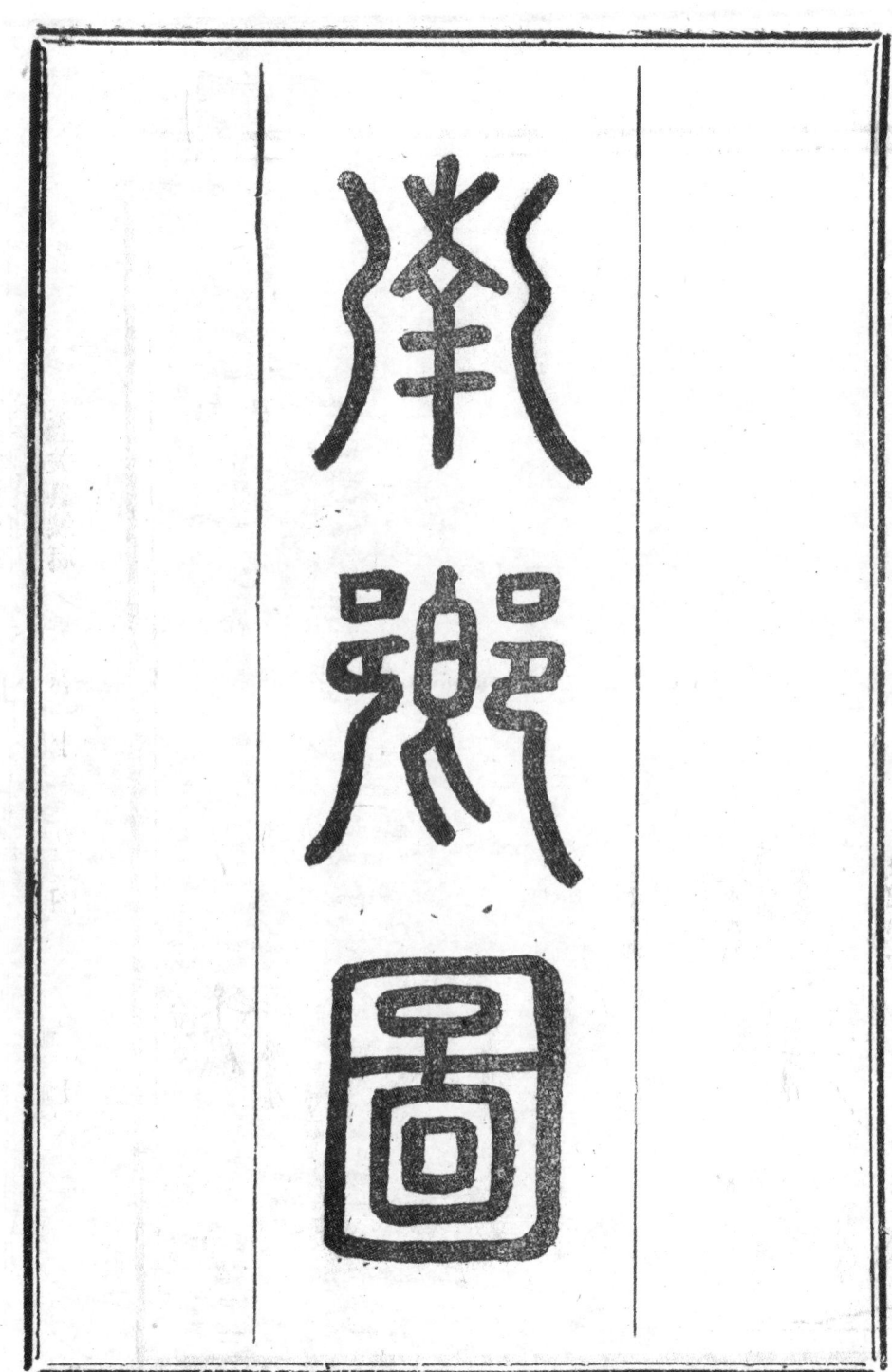

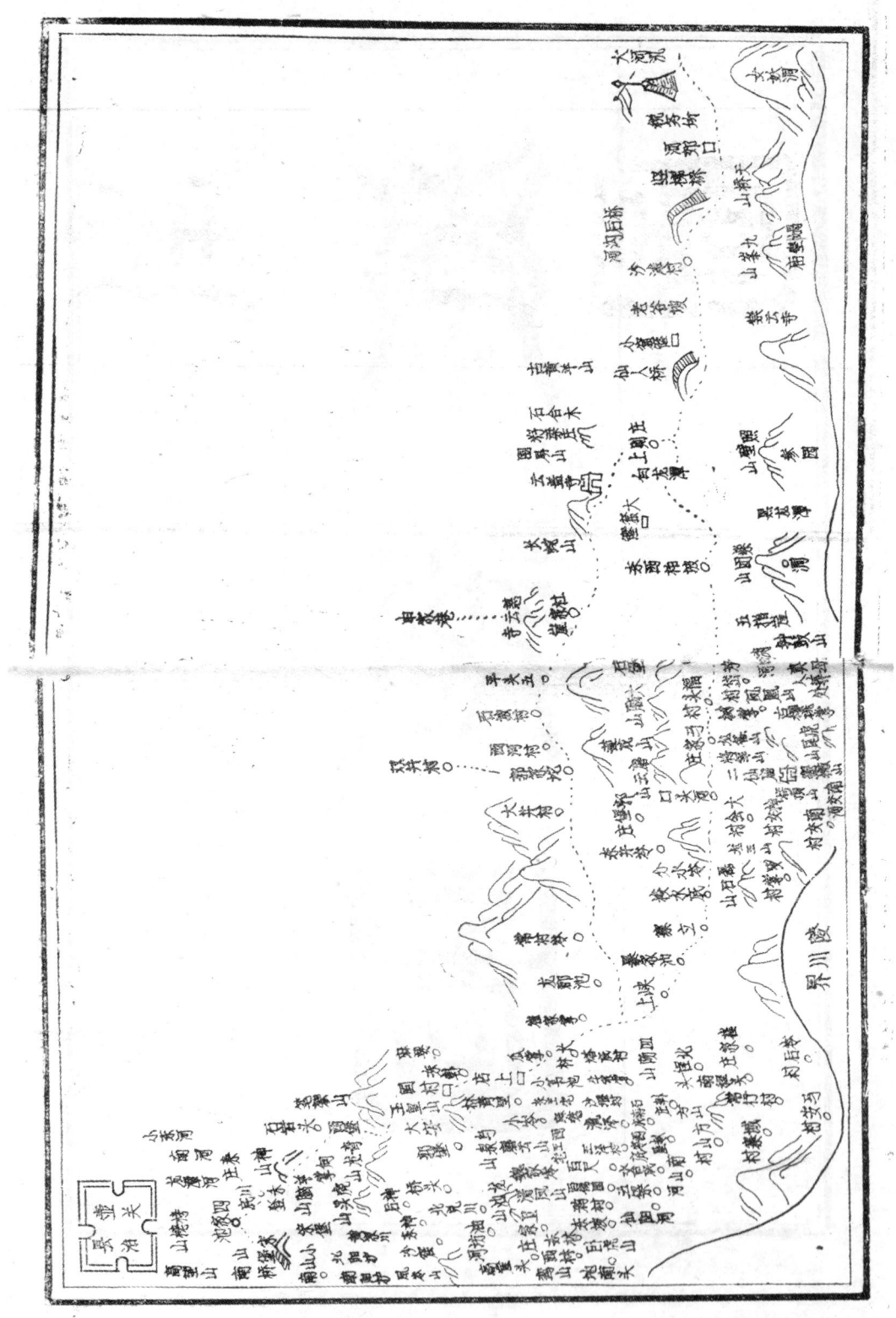

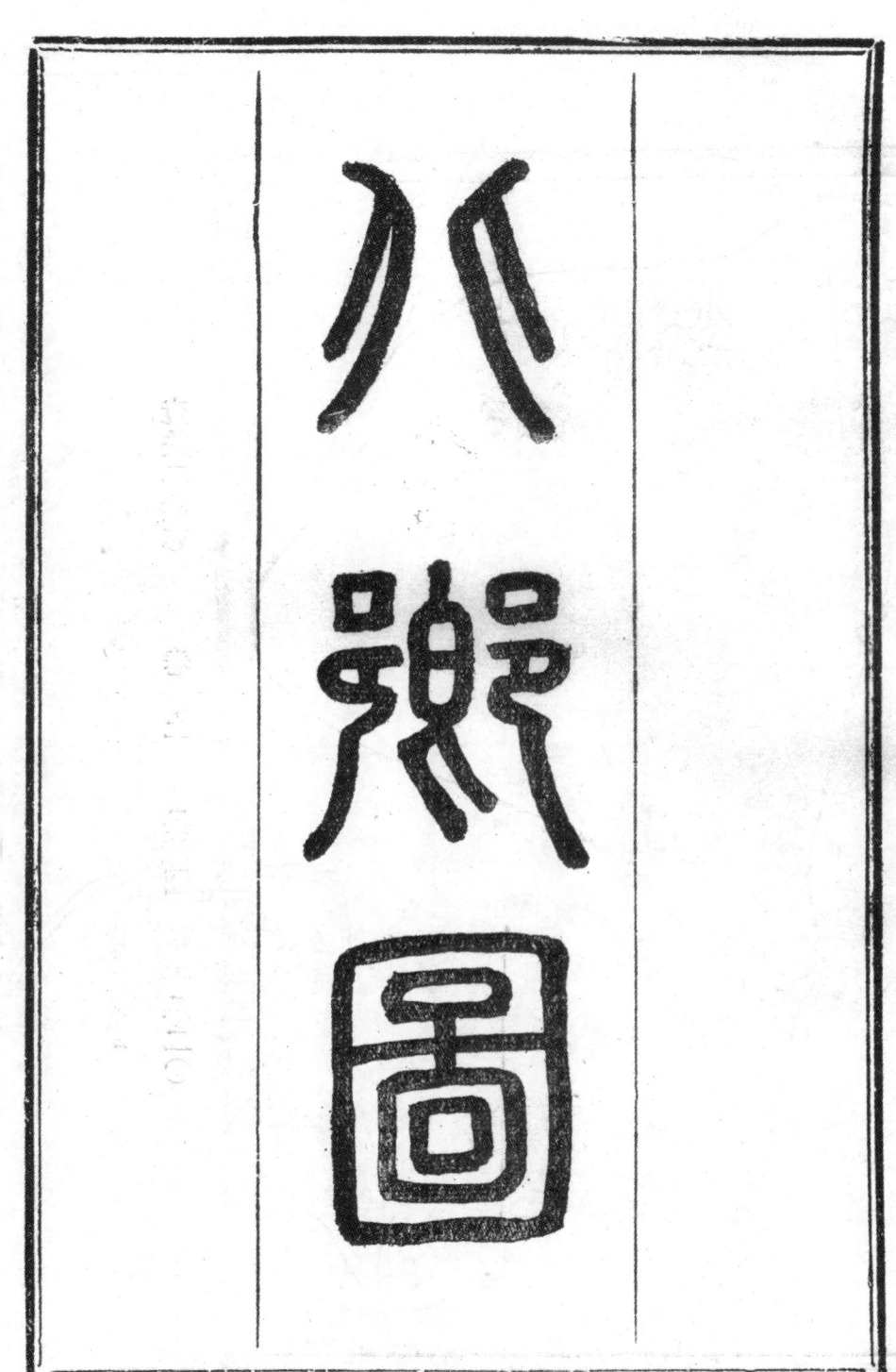

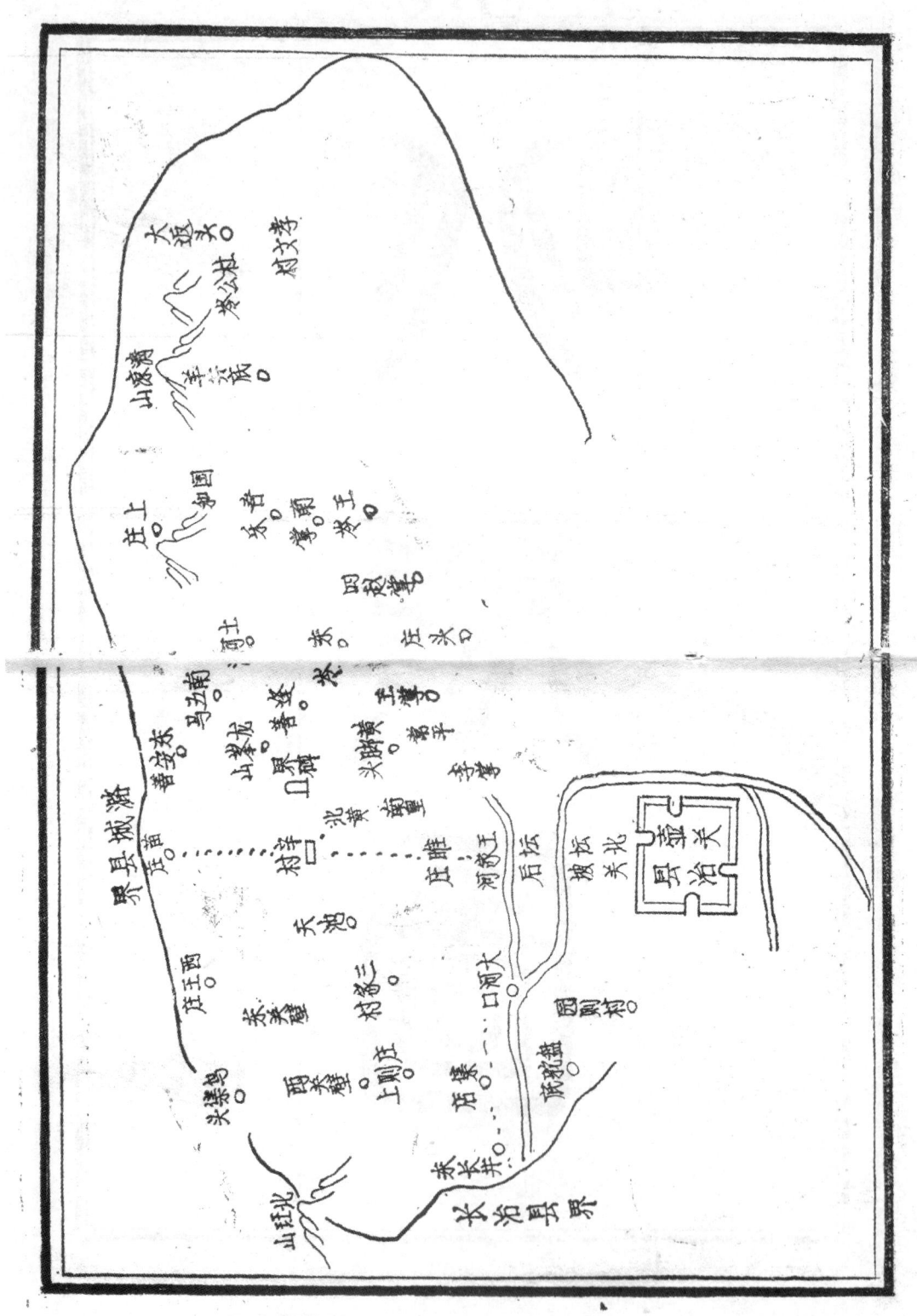

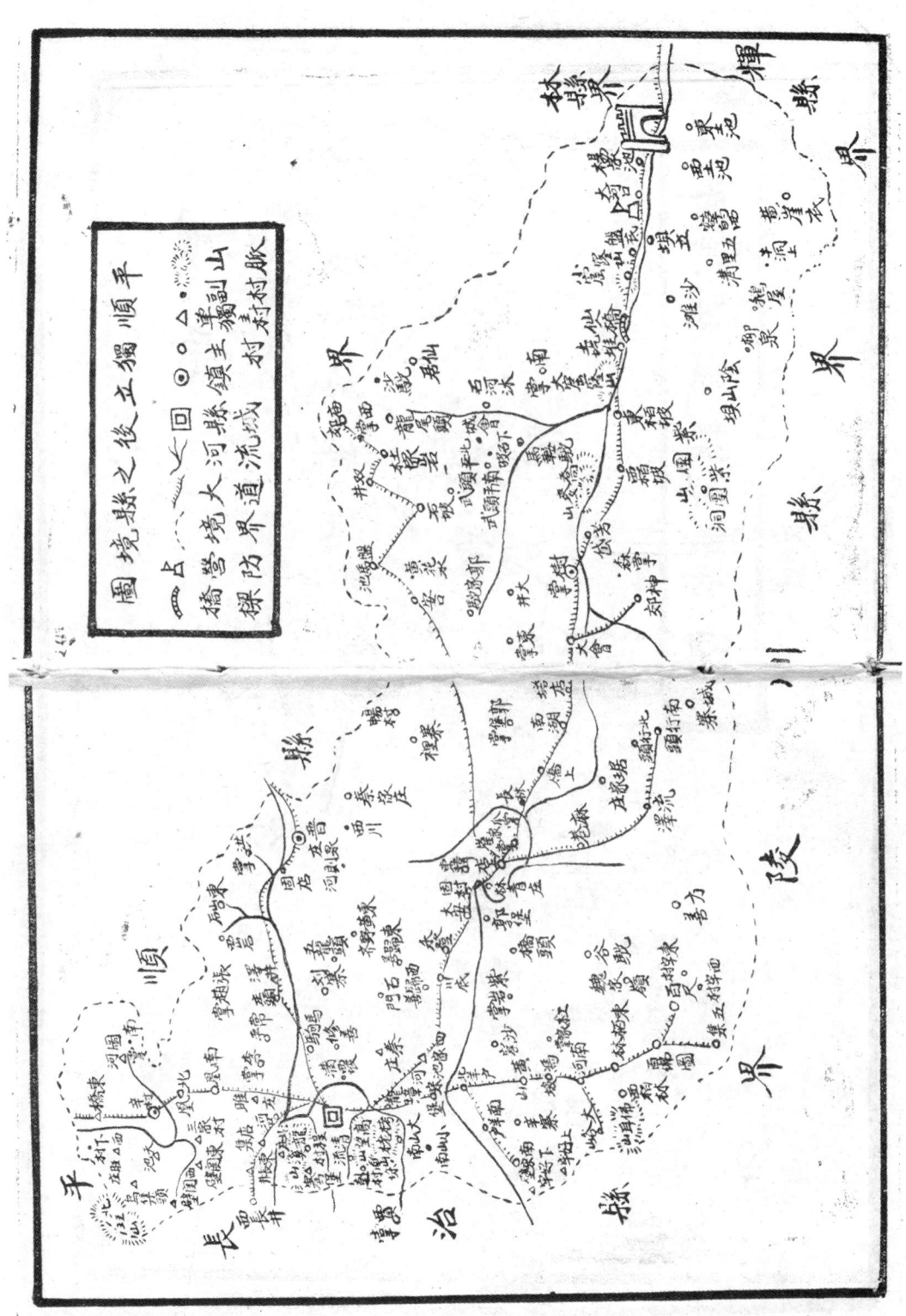

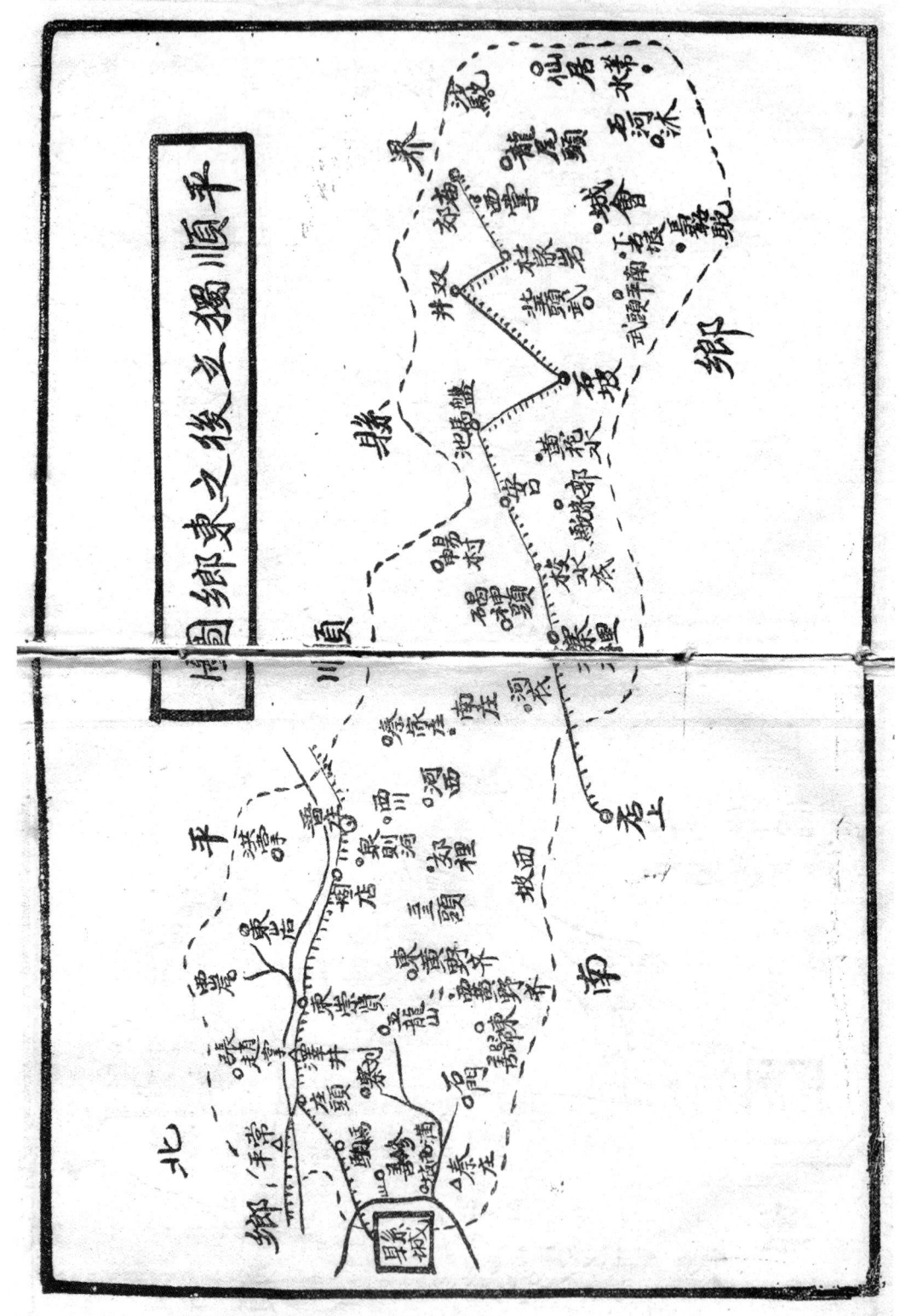

平顺独立后之北乡图

目 录

卷 上

疆域志
　　山川　纪事　祥异　遗事
建置志
　　书院　兵防　坛庙　寺观　桥梁　城池　牌坊　仓廒
食货志
　　田赋　户口　仓储　杂税　盐引　旧章节寿季规原额
官师志
　　官制　名宦
选举志
　　进士　举人　贡生　例仕　武举　武仕
人物志
　　名德　循良　孝义　耆善　方技
列女志
艺文志·文类
艺文志·诗类

卷 下

补遗
　　沿革　山川　古迹　纪事　官制　选举　人物　杂记
艺文·文类

艺文·诗类

纠误

经籍

金石

乌泉夕照遗址。乌泉夕照系壶关古十景之一，是壶关城出南门去往河南彰德府（今河南省安阳市）官道上视野极佳的一处名胜。山顶上的建筑，因有涓涓而流的泉水四季不涸，形成一片水域，旁有一井，深三尺，水色墨绿，称为乌泉，得名乌泉寺

卷　上

疆域志

山　川

孤山，在县东二十里崇贤村，纯山之支峰也。山形高耸特立，四无所依。

益阳山，在县东南六十里，山下有行头村，古益阳城在焉，故又名城头。世俗谓此山居太行之首，遂有其称，疑非。盖即后魏壶关县所治之颖阳冈也。《括地志》[①]后魏壶关县当羊肠坂羊头山之厄。然则行头乃羊头之讹，益阳则颖阳一声之转也。山上有三峻庙，又有慕容祠，俗传慕容永避暑于此。

垒石山，在县东南七十里大会村之西，山前为晋豫通衢。宋政和中，有大蛇，色赤，蟠身岩洞，时出为行人害。一异僧过此，掷钵斩之。世传僧乃佛化身也，因建寺。山侧当佛座有石穴，深不可测，俗称为斩蛇洞也。寺有碑纪其事。

方山，在益阳山西南八里，东十余里与磊石山接，有村与山同名。

荞麦山，在县东南百里，以形似名。其西即五指山也。

黄崖，在静林山，壁立千仞，下临巨壑。当壑之半，有石高丈余，形类人，俗呼为石婆。山有洞出丹砂而采之不易，往往为毒蛇所蛰，其洞常封锢，勿敢犯云。

风岭，在赵城东十里，四时风常不息，虽盛夏过之皆栗然。岭上乱石堆连，互若垣堞，盖古城垒也。

佛岭脑，在县东杏城村。山最高峻，为静林、马驹诸峰之祖干。有古塔，高五丈，为雷火所圮。村人修复之，未几，又毁。当岭半有苍龙洞，洞口巨石悬空，类钟形，水声汍汍，流出其下，气候寒甚，仲夏冰犹未释。

千佛洞，在风门口北二十里，崖石悉佛像，大小不一。又采访册云百佛图在紫团乡。金时尝掘地得石，高六尺四围，悉佛像，约百数，天然生成，无斧凿痕，村以此得名。石今存。

清风山，在县南四十里，上有玉皇祠。祠中古松虬干蟠屈，大数十围，不知何代植也。

赵屋河，在县南赵屋村东北，流三十里经固村，为固村河。

马江河，出县南岭底村东北，经流崔家庄，又东十里经大会村，又东十里至树掌村，入晴清河。

上河，自南乡来，经教掌村东流，五里至上河村，又五里入神郊河。

神郊河，自南郊村来，北流五里至神郊村。村有升仙台，即淑惠二真人上升处也，真人祠在焉。其水北流入晴清河。

龙溪河，在白家庄。

三汊河，在羊围村东坡下三里。

南河，在龙镇村迤东沟涧，诸水皆汇于此，为县中巨川，北流六十余里入于漳水。

西池，在县城西，康熙时所凿，岁久湮塞。光绪三年知县鹿[②]重浚之，砌池以石，甃砖为栏以固其基，民便汲焉。

白龙潭，在河郊沟云盖寺西南半崖中，积流成渊，其广数亩，水色长碧。又有转碾水在河郊沟，水出悬钟山下，声淙淙然。其西为鼓山，亦有泉流石瓮中，激高数丈，土人名为小潭沟。

鲲化池，在县东韩村，广亩余，深三丈。

二石池，在县北土河村。村居山巅，民艰于汲。乾隆中，掘地三千尺犹不及泉，乃凿南北二池以蓄水潦。

永逸池，在县北东关壁村，同治九年筑。

过水井，在县北苗庄，遇岁旱，他村井泉多涸，惟此井养不穷[③]，味亦甘冽。

鲲池，在县南凤塔西。同治中，开渠引山泉注池，建轩其上。

济众池，在县东南六十里郭堡村。

沙湾泉，在县南三十里苏掌村。

巍巍池，在三教口村，大十余亩，土人以池之盈涸卜年丰歉，多验。

注释：

① 《括地志》：唐代地理学专著，唐太宗李世民第四子魏王李泰主编，全书555卷，以州为单位，分述各县沿革、地望、得名、山川、城池、古迹、神话传说、重大历史事件。

② 知县鹿：即鹿学典，清同治庚午（1870）优贡，直隶定兴（今河北省保定市定兴县）人。

③ 井养不穷：把水井治理保护好，则水源不尽，比喻不断得到别人的恩惠。

纪　事

咸丰三年八月，粤逆①窜入潞境，有贼目率众数十，冒称差官至县，知县彭②闭门拒之，旋去。居民闻风惊避，数日始定。

同治六年，岁饥，奸民乘间劫掠，聚党数百人据莲花山。知县李③捕其魁，置诸法，余众解散。

光绪三年，大旱，秋无禾，麦皆失种，斗米钱千六百文，民大饥。十月奉旨蠲缓钱粮并发仓赈济。知县鹿倡士民捐输助赈。

县册，东崇贤等五十九村勘明成灾六分，奉文蠲免下忙地丁银三百九十八两有奇，其蠲余银三千五百八十三两有奇，分作二年带征④。至四乡店上等三十村庄，虽勘不成灾，究属歉收，除上忙钱粮已完外，其未完并下忙皆缓至四年带征。贫户约三万，照例先行正赈一月，户给仓谷一斗五升。

县中绅富共捐钱一万一千二百二十二缗，除未交钱六百千有奇，余并按户给散。

四年夏，无麦，秋收亦歉。奉旨普蠲免钱粮，并上年蠲余原缓民欠一律蠲免，发粟普赈。

县册，署知县鹿借放籽种谷一百四十七石，知县胡⑤接赈谷一千三百四十五石八斗，又接放籽种谷二千九百六十四石六斗，又禀请续借仓谷二千石以资接赈。

七月，领到东阳关转运局苏漕米一千七百石，设赈局三处。贫民二万九千二百四十五名，每名给五升，共用米一千四六十二石二斗，余米存仓。十月，又领到清化镇转运局东漕米九百石，储仓备来岁青黄不接时赈济。

五年春，发漕米接赈贫民，秋拨马五十匹资农耕作，冬豁免荒田地丁钱粮。

县册，正月东阳关局拨到东漕米八百石，三月续拨米一千五百石，又拨东漕米一千一百石。五月于本城及长林、龙镇续设三局放赈，计贫民五万八十七口，每口给米九升，共用米四千五百七石八斗；又贫生五十二名，每名给米二斗七升，共用米十四石四升。尚余米十五石八斗，储仓备冬设立粥厂。

九月，由善后局拨到马五十匹，每匹定价银八两，给农民领买以资耕种。所售之银，即散给贫农，为购赎器具籽种之资。

善后局遴员清查荒田，共查出新旧荒田二十三顷八十四亩三分，而其丁徭地粮银尽数奏请豁除。

注释：

①粤逆：指太平天国农民起义军。因太平天国领袖洪秀全为广东花县（今广东省广州市花都区）人，广东简称粤，故清廷蔑称其为粤贼、粤匪、粤逆、粤寇等。

②知县彭：即彭翌，清道光壬午（1822）恩科进士，福建侯官（今福建省福州市）人。

③知县李：即李长华，清咸丰壬子（1852）举人，直隶望都（今河北省保定市望都县）人。

④带征：古代财政名。各省应征之钱粮，凡因故而积欠，即将其匀为数份，分年与各该本年钱粮一同征收者，称为带征。

⑤知县胡：即胡燕昌。

祥 异

道光十五年，旱，秋八月陨霜伤稼。

十七年，东乡民申毓海妻一产四胎，三男一女。

十九年十二月十九日，夜半有火陨于城西南，声如炮震。

二十年，大会村民家有雌鸡化为雄。

二十六年，饥。

咸丰七年七月，飞蝗自陵川入境，伤稼。次年四月，蝻①生，有乌鸦无数自西飞集啄食及半，人以为神。县令吴有《驱蝗记》。

同治元年七月，飞蝗自林县入境。

七年夏，旱。

八年秋，桃李华②。

十三年春，牛疫。秋九月十五日，大雪二尺余。

光绪二年冬十月，杏复花。

三年五月十四日，大雨雹，东乡诸村麦皆失刈。秋旱，九月朔，南程头村夜有火光自天而下，光烛数十里。流泽村民李三胖家牛产犊二首一身，阅三日毙，是岁大饥。

四年夏，无麦，斗米钱一千六百。大饥，人相食。秋八月，雨雪复淫雨，至月终方止，禾尽伤。

注释：

①蝻（nǎn）：蝗虫的幼虫，形似成虫而较小，头大，仅有翅芽，常成群吃稻、麦、玉米等禾本科作物。

②华：开花。《礼记·月令》："（仲春之月）始雨水，桃始华，仓庚鸣。"

遗　事

元延祐三年，禾登村建灵泽王祠。村人张某者素好义，募资于他乡。一日归，出簿籍畀同事，匆匆去。众访诸其家，则某固未归也。方疑讶①，忽得凶耗，某于数日前已客死他县矣。众执簿敛所募资而感其义，附祀之祠中。采访册。

县东宝岩寺有金灯，前人诧为灵异。道光乙未三月，罗掌村之龙王山亦夜有光，若灯往来无定，照岩谷皆明，远近争观以为神。乃于山阿建白龙王祠，凡三年始成，而灯不复见矣。至今六月中旬，附近诸村赛会最胜，遇年旱祷雨亦多应。同上。

乡宦某者，喜藏书，为郡守归，宦囊②颇裕，广市金叶置书中而箧封之。临终，嘱其子曰："书内有黄金之言，尔慎识之。"后其子以游荡倾产，货书于人，每箧四金，购者发书得金叶，方悟某遗嘱。其子闻之悔无及矣。志此，以为纨绔之戒。同上。

同治十三年九月，大雪，人畜多冻毙者。有平阳商东行过古风岭，主仆四人并所策骑同时僵死。安阳村有娶妇者，中途妇及舆夫皆毙，越夜始苏。东坡村有张姓二人肩货鬻之林县，久不归，家人寻之得其尸于东关岭窖雪中。同上。

光绪三年冬，东乡民某家一夕忽有砖石自空飞堕，以为儿童戏也，出视则乱抛如雨，次夕复然。某村皆穴土崖而居，莫知砖石所自。远近喧传，观者云集，抛掷如故，而皆自人隙而过，亦无身膺其伤者，月余乃止。同上。

注释：

①疑讶：疑惑惊奇。
②宦囊：因做官而得到的财物。

三嵕庙，位于壶关县黄山乡南阳护村北。2001年6月25日，三嵕庙被列为第五批全国重点文物保护单位。该庙创建于金大定十五年（1175），明嘉靖三年（1524）重修。该庙原为二进院落，现存一院，占地1140平方米

建置志

书　院

壶林书院，同治八年，知县叶①移建于署西官廨；同治十三年，知县胡倡士民捐金二千，发商生息增益膏火，并设宾兴经费。

立案书院义学章程启事②

知县胡原详敬禀者：窃念移俗移风化，先端乎士习；通经致用，功必密于党庠。卑县僻处偏隅，素称瘠土。虽民勤恒业，颇无挑达③之风，而士乏通儒，尚少诗书之气，良由饥寒之念，迫诵读之功荒也。卑职忝任以来，于今三载，型方训俗，愧乏良才，学道爱人，尝怀圣训。因查卑县向设壶林书院，内有存当生息本银二千五百八十二两五钱二分，岁得利息即为山长④脩膳、诸生膏火之资。嗣因经理不得其人，亏空若干，遂至兴讼。而当事者又未能速为清结，年复一年，诸生皆观望不来，书院几成虚设。卑职履任，整理而振兴之，另公举老成绅士以为董事，查前项生息甚微，不足以鼓励生童。当经卑职捐分廉俸以为之倡，并邀请殷实之户亲面⑤公议，均各踊跃输将。共集捐二分七厘库平银二千两，仍交前存之当商，中立、公合、在城三当行具领在案。约计两次生息，每岁共得利银七百零八两三钱四分九厘六毫。遇闰，该得利银七百二十八两零一分六厘四毫。除山长脩膳仍旧外，而诸生膏火之添增、乡会试之川费⑥、五贡⑦之喜金，皆取给焉。再者，成材固宜陶淑⑧，蒙养⑨尤贵渐摩。查卑县北街旧有义学⑩地基，荒废已久，当经卑职会同绅士商议重建，遂于书院经费内每年酌提钱六十千，轮举城关生员以为师傅。现在肄业者不下五六十人，庶目染耳濡渐消其稚鲁⑪之气，而家弦户诵愈敦乎乐易⑫之风。其一切事并与书院董事经理另善条款呈核。伏思有治法，又贵有治人，弊当防其渐，可一日，即可百年，事必垂诸久。诚恐日久弊生，污吏劣绅或借公以济私，或东挪而西扯，致将培养之镃基⑬，竟饱贪婪之欲壑。理合禀请大人查核，俯赐批示立案，以便刊石垂诸久远，实为公便云云。

书院义学章程

一、书院旧本纹银一千三百一十一两一钱二分，照月一分五厘生息，按二、五、八、十一月四季在当行收利。每一季得利息银五十九两四毫，遇闰加利。

二、书院旧本纹银一千五十九两四钱，照月一分二厘五毫生息，按二、五、八、十一月在当行收利。每一季得利息银三十九两七钱二分七厘五毫，遇闰不加利。

三、书院旧本库色银二百一十二两，照月一分生息。遇乡试年，在当行收利作宾兴费用。

四、书院新本库色银二千两整，照月一分二厘生息，按三、六、九、十二月四季在当行收利，每一季得利息银七十二两。

五、每季收来利息银除送山长脩金外，存在当行。遇有用项，由署内时估换钱存在城当行。官吏绅董概不得经管收存。

六、每年除山长脩膳金、义学先生脩膳金、生童奖赏膏火、置买家具一切花费外，余银钱若干具存当行，以备宾兴公车出贡等项应用。官吏绅董概不得挪借厘毫分文，如有假借情弊惟三当行头是问。

七、请山长并义学先生系官长与绅董商办，官长不得自专，绅董也不得擅举，必官绅商妥然后延请。

八、每月月课额，取超等生员四名，每名膏火大钱一千五百文。特等生员八名，前四名膏火钱各一千二百文，后四名膏火钱各一千文。上取童生四名，每名膏火钱八百文。次取童生八名，前四名各膏火钱六百文，后四名各膏火钱四百文。其余生童均无膏火，各发饭钱一百文。

九、生童奖赏：超等第一名奖赏钱五百文，二名奖赏钱四百文，三、四名各奖赏钱三百文。上取第一名奖赏钱四百文，二名奖赏钱三百文，三、四名各奖赏钱二百文。

十、每月斋课超等生员第一名奖赏钱四百文，二、三、四，三名奖赏钱各二百文；上取童生第一名奖赏钱二百文，二、三、四，三名各奖赏钱一百文。

十一、凡书院义学用钱必有花条印，用署内戳记与绅董图章方许发给。

若无戳记、图章，即系私借，算账时书院决不认账。

十二、书院义学花费，于十二月十五日公同五斋长核算。通年花费算毕，署内用印过朱、粘榜示众以杜弊窦。

十三、董事先生倘有架搁及用少报多情弊，立即更换，另举公正者办理。

十四、山长每年脩金纹银一百二十两，膳金银六十两，三节节仪⑭每一节二两，开馆散馆每一次酒席钱八千文，随封二千文。由署内请三节，每一节酒席钱四千文，由董事处请。

十五、每年应收地租钱入书院公用。

十六、义学先生每年脩金钱四十千文，膳金钱十千文，三节节仪每节钱二千文，开馆散馆每一次酒席钱二千文，由董事处请。

十七、宾兴之年书院共发银三百两，到省城按人数均分。倘人数过少，每人以八金发给，余归书院。

十八、宾兴资费总以三年内所剩之利息银三百两为准，如遇有乡会、恩科则减半发给，下余一百五十两即归下届正科，尽数发给以昭节制。

十九、举人进京会试，书院共发银一百两，按人均分。倘人数过少不敷三人者，每人以三十两发给，余归书院。

二十、遇会试、恩科亦照乡试减半发给。

二十一、拔贡进京朝考，书院发银十两。

二十二、廪生出贡，书院发银八两。须考正贡者预支，贡者不予。

二十三、每年董事二人，共薪水钱十六千文。

二十四、书院院夫每月工食钱二千文。

二十五、每年礼房笔费钱十千文。

二十六、本金、利金，倘有不公官长、不正绅董，假公提用侵挪，准合邑绅民连名具禀上控。

注释：

①知县叶：即叶兆晋，道光丁酉（1837）举人，浙江萧山（今浙江省杭州市萧山区）人。

②立案书院义学章程启事：本文系知县胡燕昌所作，校注者依文拟此标题。

③挑达：亦作"挑闼""挑挞"，❶往来相见貌。❷引申为自由自在，放纵不羁。

④山长：系五代以降，掌书院者之职称。主持书院者，除山长外，亦有洞主、洞

正、堂长、山主、院长等名目。元代，书院改由官设后，设山长一人，由礼部、行省或宣慰司任命。明清则由地方官礼聘。清乾隆三十一年（1766），诏改山长为院长，择经明行修，堪为多士模范者充任，唯习惯上仍称山长。清末，复名为山长。

⑤觌面（dí miàn）：看见；见面；当面。

⑥川费：路费；川资。

⑦五贡：清代科举制度中对五类贡生的总称，包括恩贡、拔贡、副贡、岁贡和优贡。这五类都是正途出身资格，另有捐纳取得的贡生，称为例贡。

⑧陶淑：谓陶冶使之美好。

⑨蒙养：潜心修养。《易经·蒙》："蒙以养正，圣功也。"孔颖达疏："能以蒙昧隐默，自养正道，乃成至圣之功。"

⑩义学：也称义塾，中国旧时靠官款、地方公款或地租设立的蒙学。义学的招生对象多为贫寒子弟，免费上学。

⑪稚鲁：契丹语音译，拜舞之义。余靖在北宋庆历三年至五年（1043—1045）先后三次使契丹，益晓契丹语，曾在辽兴宗设的筵席上，作汉语与契丹语交杂的《北语诗》，内有"微臣稚鲁祝若统"句，自注："稚鲁，拜舞也。若统，福佑也。"

⑫乐易：和乐平易。

⑬镃基：❶农具名，大锄。❷基业；家业。

⑭三节节仪：古时候对塾师习俗，逢端午节、中秋节、年节各增束脩一月。

兵　防

本城外委把总，见管兵十二名。内战兵三名，守兵九名。岁支俸饷马粮银一百六十八两七钱四分，米四十六石八斗，豆五石四斗。

大河汛驻防把总一员，咸丰六年增设额兵四十名。马兵四名，战兵十八名，例马一匹，营操马四匹。岁支俸饷马粮银八百六十两四钱。

玉峡关汛分防兵五名，咸丰六年增为十名，仍属平顺旧城外委管辖。

坛　庙

文庙，道光后从祀者：

东庑　先贤公孙侨位第一。　　　　　　先儒许慎位后苍次。

　　　先儒谢良佐位司马光次。　　　　先儒李纲位罗从彦次。

　　　先儒方孝孺位陈澔次。　　　　　先儒吕楠位罗钦顺次。

先儒张履祥位孙奇逢次。　　　先儒张伯行位陆陇其次。
西庑　　先儒辅广位黄干次。　　　先儒曹端位许谦次。
崇圣祠　　先贤孔氏孟皮位东配第一。

关圣大帝，咸丰四年升入中祀，加封忠义神武灵佑仁勇威显护国保民关圣大帝。五年加封帝曾祖光昭王、祖裕昌王、父成忠王。行礼义节，陈设祭品，均同文庙。

春秋二祭祝文：惟神星日英灵，乾坤正气，允文允武，绍圣学于千秋；至大至刚，显神威于六合。仰声灵赫濯①，崇典祀于馨香。兹当仲春/秋用昭时享。惟祈昭格，克鉴精诚。

五月十三日祝文：惟神九宇承庥，两仪合撰。嵩生岳降，溯诞圣之灵辰；日午天中，届恢台②之令序。聪明正直一者也，千秋征肸蚃③之隆；盛德大业至矣哉，六幕肃馨香之荐。爰循懋典，式展明禋。苾芬④时陈，精诚鉴格。

后殿春秋二祭祝文：惟王世泽覃⑤庥，令仪裕后。灵钟河岳，笃生神武之英。诚溯渊源，宜切尊崇之报。班爵⑥超躬桓而上，馨香肃俎豆之陈。兹际仲春/秋爰修祀事，尚其昭鉴，式此苾芬。

五月十三日告祭祝文：惟王迪德承家，累仁昌后。嵩生岳降，诚毓圣之有基；水源木本，宜推恩之及远。封爵特超于五等⑦，馨香永荐于千秋。届仲夏之令时，命礼官而将事。惟祈昭格，鉴此精虔。

文昌帝君，咸丰六年升入中祀，礼节祭品同文庙，舞用六佾。

春秋二祭祝文：惟神道阐苞符⑧，性敦孝友。并行并育，德侔天地以同流；乃圣乃神，教炳日星而大显。仰鉴观之有赫，示明德之维馨。兹当仲春/秋用昭时享。惟祈歆格，克鉴精诚。

二月初三日祝文：惟神功参橐籥⑨，撰合乾坤。溯诞降之灵辰，三台⑩纪瑞，庆中和之令节；九宇承晖，若日月之有光明，阐大文于孝友。如天地无不覆载，感至治于馨香。爰举上仪，敬陈芳荐，精禋罔斁，神鉴式临。

后殿告祭祝文：惟文昌帝君道备中和，神超亭毒。禀贻谋而允绍，钦毓圣之有基。云汉昭回，际岳降嵩生之会；馨香感格，兴水源木本之思。式肇明禋，用光彝典，尚祈神鉴，享此清芬。

乐章迎神丕平之章：秉气兮灵躔，翊文运兮赫中天。霓旌兮戾止，雕俎兮告虔，迓神庥兮于斯年。

奠帛初献俶平之章：神之来兮笾簋式陈，神之格兮几筵式亲。极昭彰兮灵贶⑪，致蠲洁兮明禋。升香兮伊始，居歆兮佑我人民。

亚献焕平之章：再酌兮瑶觞，灿烂兮庭燎之光。申虔祷兮神座，俨陟降兮帝旁。粢醴洁兮斋遬⑫，将绥景运兮灵长。

终献煜平之章：备物兮惟时，告彻兮终礼仪，神悦怿兮鉴在，兹垂鸿佑兮累洽圣熙。

送神望燎蔚平之章：其一，云軿驾兮风旗招，神之归兮天路遥。瞻翠葆兮企丹霄，回灵眷兮福我朝。其二，氤氲降兮元气和，神光烛兮梓潼之阿。化成耆定兮櫜弓戢戈，文治光兮受福则那。

先师庙，在县池则掌村。殿三楹，梁以紫荆木为之。
炎帝庙，在县东晋庄集。三月二十日祭。
西岳庙，在县东固店村西。
圣母庙，在县东塔底村。四月十八日祭。
三嶕庙，在县东南益阳山。道光十五年重修。
青龙宫，在县南方山。光绪元年重修。

注释：

①赫濯：威严显赫貌。濯，❶光明的样子。《诗经·大雅·崧高》："钩膺濯濯。"❷盛大。《诗经·大雅·文王有声》："王公伊濯。"

②恢台：亦作"恢炱""恢胎"，旺盛貌；广大貌。

③肸蚃（xī xiǎng）：❶亦作"肸蠁"。❷散布；弥漫。❸引申为连绵不绝。❹比喻灵感通微。

④苾芬：祭品的馨香或祭品。

⑤覃（tán）：❶延及。❷深。

⑥班爵：武王伐纣成功以后，为了犒劳联军，酬谢功臣和巩固政权，便"裂土田而瓜分之"，将天下按大小等级分给诸侯，这就是"西周封建"。具体地说，则有公、侯、伯、子、男五等。

⑦五等：五等之爵。《礼记·王制》："王者之制禄爵，公、侯、伯、子、男五等。"
⑧苞符：指河图、洛书。西汉末、东汉初《春秋纬》曰："河以通乾出天苞，洛以流坤吐地符。"
⑨橐（tuó）龠：古代鼓风吹火用的器具，比喻肺主气、司呼吸，具有调节气息的功能。
⑩三台：汉代对尚书、御史、谒者的总称。尚书为中台，御史为宪台，谒者为外台，合称三台。隋代，炀帝置司隶台，与谒者台、御史台，合称三台。唐代，尚书省又称中台，中书省又称西台，门下省又称东台。
⑪灵贶（líng kuàng）：神灵赐福。
⑫遫（chì）：开；张。

寺　观

明光寺，在县东西川村山巅。

雪光寺，在白家庄。明嘉靖年重修。寺有铁醮楼，铸造甚精。

甘泉寺，在龙镇村南。寺系危岩，岩半有石楼，登之可望远。其下水泉，味极甘，俗称为净池寺。

古佛寺，在县东。有碑书晋王香火院。

水陆殿，又名水萝殿，在宝岩寺南。凿崖石为之，户牖、佛像胥石也，镌琢极精，崖石色赤。其巅有泉涓涓滴殿檐前，入冬则结为冰柱，无数天然宝缨珠络也。

玉皇观，在县南城寨村。道光三年重修。观侧有济渎庙。

诸神观，在南程头村。咸丰八年重修。

三官庙，在县东晋庄。庙前有泉，产金鱼。

桥　梁

崇贤桥，在县东二十里，构木为之，俗称鲁班桥，路通玉峡关。同治八年岁贡阎蒙恩倡众重修。

双桥，在县东二十里固店村。桥上复甃石为洞，若重阁然，故名。路通玉峡关。

断筋桥，在桃园梯山径绝壁间，熔铁为柱，铺石其上而覆以亭，旁有祠，供佛曰小西天。

太平桥，在县南六十里程头村。道通陵川桥，广及丈，长三倍之，乃独石横互涧中，人凿以醑水者。

荆掌桥，在东韩村。道光十四年村人修。

鸾翔桥，在县南四十里西柏林村鸾山之麓。

凤源桥，在县南五十里硖上村。

绿杨桥，在县南禾登村。同治十三年重修。

宋堡桥，在县南十五里。同治十三年村人重修，知县胡有记。

清源桥，在县南芳岱村。道光二十五年村秦姓创建。

龙尾桥，在县南大会村。桥有二，一在村东，一在村西。旧皆土筑，咸丰九年改砌以石，邑人郝世俊①有记。

栈道桥，在县南河郊口。地为晋豫孔道。桥五处系凿崖贯以铁柱，砌石为栈，称奇险。乾隆末为水冲圮，郡守赵、县令李倡众复修，并平治山崄②五十余里，有邑人郎克谦碑记。

仙人桥，在县东南百里七里栈之西。

竖梯桥，在县南百三十里。地名桥上，有大桥三，小桥二，悉凿山通道，架石绝壑以通行旅者。同治四年修。

注释：

①郝世俊：壶关（今山西省长治市壶关县）人，清同治十三年（1874）登进士，任太原府教授。

②崄（xiǎn）：东汉许慎《说文解字》："崄，阻难也。"

城　池

东南北三门城楼三座，西门平房三间。光绪六年春，知县胡燕昌筹款重修，勒石以记。城壕年久堵塞，亦于是年重凿。

牌　坊

节孝坊，在南关厢。光绪六年，知县胡燕昌筹资建立。

仓 廒

东廒中字廒九间,正字廒六间,和字廒六间。

西廒礼字廒九间,仁字廒七间,义字廒七间,智字廒中敞厅一间,两旁廒各两间,共四十九间。光绪六年,知县胡燕昌由善后局领款承修。

曹公垒遗址,位于壶关县回车村五指峡北口的悬崖绝壁之上。据传,曹公垒为三国时期曹操北上太行山围壶关而剿高干,完全用石头垒砌的寨垒,占地面积600多平方米。堡寨虽已经坍塌,内仍可以分辨出有石床、石屋等生活设施

乐氏二女父母墓碑，现存壶关县树掌镇森掌村，碑下四分之一处断裂，文字缺失。碑拓载于《三晋石刻大全·长治市壶关县卷》（张平和主编，三晋出版社2014年版）第10页，名之"□当兴□君堆记"。经考释，该碑额篆体九字虽漫漶，辨认之，当为"大唐迁乐府君□堆记"

食货志

田 赋

壶关县原额民田三千七百四顷八十四亩有奇。光绪五年豁免无主新旧荒田二十三顷八十四亩三分。实在熟地三千六百八十顷九十九亩七分，其丁徭银向系另款征收，兹除豁免绝丁外，全数摊归地亩①，共征银三万六百六两一钱七分二厘，内有免耗及匠价银九十四两五分，遇闰加征起解银四两外，征酒课银三十两五钱。

上地九百三十五顷四亩五厘有奇，并入丁银每亩征银九分六厘三毫零；中地二千四百五十七顷六十九亩一分有奇，并入丁银每亩征银七分九厘四毫零；下地二百七十七顷二十四亩二分有奇，并入丁银每亩征银七分三厘二毫零；下下地十一顷二亩五分一厘有奇，并入丁银每亩征银二分五厘九毫零。

分隶平顺并入民田实在熟地四百五十九顷三十七亩四厘有奇，摊入丁银共征银三千六百三两八钱九分。内有免耗及匠价银二两四钱五分二厘有奇，遇闰加征起解银四两八分四厘外，征酒课银六钱。

上地一百四十八顷二十亩七分五厘有奇，并入丁银每亩征银九分一厘零；中地二百六十顷二十亩一厘有奇，并入丁银每亩征银七分五厘六毫零；下地五十顷九十四亩二分七厘有奇，并入丁银每亩征银五分八厘八毫零。

黎潞二县移交转解地丁银十一两九钱六分三厘。

以上本县并平顺合计共地四千一百四十顷三十六亩七分四厘有奇，共征地丁匠价银三万四千二百一十六两二厘有奇，酒课银三十一两一钱，并黎潞移交三项共银三万四千二百五十三两一钱二分五厘，遇闰加征起解银八两四钱八分四厘。

注释：

①摊归地亩：即摊丁入亩，又称摊丁入地、地丁合一。中国封建社会后期赋役制度的一次重要改革，是清朝政府将历代相沿的丁银并入田赋征收的一种赋税制度，标志着中国实行了2000多年人头税（丁税）的废除。

实起运银三万三千二百一十六两七钱一分六厘。

户部颜料银并脚价共银五十一两九钱二分六厘，农桑造绢银十二两五钱一分六厘。

都水司京料并脚价银三百五十五两九钱七分六厘。

新旧改折颜料银八十五两九钱五分六厘。

时宪书纸价银二十四两三钱三分五厘。

举人牌坊银三十六两，饯送旧举人盘费银五两五钱。

匠价银九十六两五钱二厘零。

黎潞二县移交转解地丁银十一两九钱六分三厘，地丁正耗银三万二千五百零四两九钱四分二厘。

存留银一千零三十六两四钱七厘。

黄丝木柜银三十两零三分三厘。解司。

采买本色颜料银十三两六钱四分一厘。解府。

知县俸薪银四十五两。门子二名，工食银十二两，内拨给禁卒银九钱一厘；快手八名，工食银四十八两，内拨给禁卒银三两六钱六厘；皂隶十六名，工食银九十六两，内拨给禁卒银六两五钱三分五厘；仵作①一名，工食银六两；学习一名，工食银三两；禁卒八名，原额工食银四十八两，加添银十六两；轿夫四名，工食银二十四两；扇夫三名，工食银十八两，内拨给禁卒银一两三钱五分二厘；库子四名，工食银十八两，内拨给禁卒银一两八钱三厘；斗级②四名，工食银二十四两，内拨给禁卒银一两八钱三厘；民壮十六名，工食银一百一十五两二钱，内奉文扣拨清军府民壮三名工食银二十一两六钱；捕役六名，工食银三十六两；更夫五名，工食银三十两。

注释：

①仵作：旧时官府中检验命案死尸的人，工作性质如现代的法医。

②斗级：主管官仓、务场、局院的役吏。斗，斗子。级，节级。

典史俸薪银三十一两五钱二分。门子一名，工食银六两；皂隶四名，工食银二十四两；马夫一名，工食银六两。

教谕俸薪银四十两，训导俸薪银四十两，廪生二十名饩粮银六十四两。门斗三名，工食银两十八两；斋夫三名，工食银十八两；膳夫二名，工食银十三两三钱三分三厘。

文庙春秋二祭银四十两。

崇圣、名宦、乡贤各祠祭银一十一两一钱八分。

风、云、雷、雨、山、川、社、稷、八蜡各坛祭银二十四两。

雩礼、邑厉二坛祭银十二两。

关帝庙祭银二十两八钱三分。

文昌祠祭银十五两七钱八分。

迎春神牛酒席银六钱二分五厘。

朔望行香等银五两六钱。

起送赴考贡生酒席盘费并考中正贡旗匾银十二两。二年一办，每年六两。

新中式举人花红等银二两五钱。

新中式进士旗匾等银三两三钱三分三厘。

誊录书手盘费银十五两。三年一办，每年五两。

铺司兵八名工食银四十四两。扣六成。

孤贫冬衣花布银二两八钱三分二厘。

屯田额征兵米一石三斗六升一合，由县解交清军府仓。

文庙地十二亩四分。在西门外一处四亩，一处八亩四分。

学田二十七亩三分。睢庄地十三亩三分，三家村地八亩，龙潭河滩地六亩，岁收租米二石二斗。

户　口

实在土著民人二万六千七百三十八户，男妇大口五万一千一百四十四口，男女小口四万四千六百二十一口。

仓　储

常平仓旧存谷一万四千三百十二石四斗九升四合，于光绪三年冬盘清。除支口粮及霉变谷一百七十七石五斗四升四合外，实存谷一万四千一百三十石五斗。前后放赈及借用共动谷一万二千五百四石五斗五升。支给孤贫口粮谷三十一石五升，交代案内盘出霉变谷一百七十七石五斗四升四合。三次放赈共动谷八千七百二十七石。二次出借籽种共动用谷三千一百三十三石五斗。大河汛并城守营兵丁借用谷七十八石。太义清军府借用谷五百石。

杂 税

平好二铁税银，同治年奉文裁减，见解税银一百四十六两八钱二分。

当税银，盈缩无定，见解税银一百八十两。

盐 引

县食河东盐向系商运，咸丰四年改归官运，定额每岁销盐三十六名，符引六十八道，共课银一千三百八十八两，由县解交河东道库。

咸丰三年冬，巡抚恒奏准变通盐务改为官运、官销，令各州县自派妥人领运纳课、按名亲交道库，务必先课后盐，不准悬欠。课项封足，令监掣同知督同库弹收贸就出场，随时发运，领引运销，各就地方情形，酌定价值，不许有抬价、短秤、掺和硝土、勒售病民等弊。行销完竣，申交河东道衙门，凿孔注销。

本县额销三十六名。每名计引一百二十道票，四千三百八十八张，名三万斤。应征课银一百二十两，销价银三两三钱四分六厘。盐价每名银十五两，出池脚价银十五两，由安邑发至曲亭，由曲亭发至县，每盐壹斤销售市价制钱三十七文。

潞府每年办解户部生素绢及绸匹并由府委员起解，壶关向系在官捐廉帮办并附载。

县额办黄丝价银二百五十七两七钱一分，解丝杂费银三十四两四钱三分三厘。

造绢黄丝三十三斤，每斤价银七两六钱。工价银三十两三分零。

帮委员费银三两九钱九分零，缎匹库清吏司饭食银四钱零。

解泽绢潞绸杂费银，单年一百八十五两八钱零，双年二百一十两八钱一分零，闰月加银三钱五分八厘。呈文纸价、脚价、饭食银八十一两一钱一分零。解绢帮费①银二十六两三钱一分零，有闰加银八钱二分零。加增帮费银十六两六钱五分零。解绢饭食银一两八钱七分零，有闰加银二分八厘。解绢单年添帮银二十八两，双年无。解绸单年帮费银二十一两八钱三分，双年六十二两七钱四分。典史单年摊解绢帮费银十两，双年摊解绸帮费银二十二两。

又省摊平好铁银五百五十九两八钱。

京饷帮费银一百五十两。

科场经费银七十五两。

秋审部费银一十七两。

臬司书吏饭食银十三两八钱七分。

三监繁费②银三十二两。

学院岁考棚费银一百八十二两，科考棚费银一百四十三两，又供给费钱三百二十五千文。

本府岁考棚费银一百六十九两五钱，科考棚费银一百一十三两。

以上各款于光绪八年，蒙前巡抚部院③张奏准，自光绪八年十月初一日起，筹款裁抵一律免其摊解，另有案卷存户房。

现在惟剩常摊缺荒银一款，每年摊银二十四两一钱九分八厘，暂摊平好铁一款，两次共摊银一千二百一十五两。自光绪七年正月初一日起摊，分作十八年摊完，每年该摊银六十七两五钱。

注释：

① 帮费：清政府支给承漕粮帮船贴费的一种。

② 繁费：费用繁多。清江藩《汉学师承记·洪亮吉》："故福郡王所过繁费，州县供亿，致虚藏帑。"

③ 部院：清代各省巡抚多兼兵部侍郎和都察院右副都御史衔，故称巡抚为部院。

旧章节寿季规原额

三节二寿①每年五次，每次送银一百两。

季规每年四季，每季送银一百三十两。另加门报银六两四钱，又另加门随银六钱四分。

以上通年共银一千零五十五两二钱，于光绪八年四月初一日蒙巡抚部院张裁减，改节寿季规为公费，按四季备公文批解。

每季解公费银一百一十八两一钱二分五厘，又另解小费银十一两八钱一分二厘五毫。

每年四季共解银五百一十九两七钱五分。此外，不准擅加丝毫，违者照脏私论。另有案卷存礼房。

注释：

① 二寿：古时候对塾师习俗，逢孔子诞辰、塾师生日，均各加送束脩一月，称为二寿。

《增修白云寺碑记》，冯文止撰文，申瑶书丹，清嘉庆八年（1803）勒石，现存壶关县大峡谷镇紫团山白云寺。内容记增修白云寺之缘由及布施者芳名。碑拓载《三晋石刻大全·长治市壶关卷》（张平和主编，三晋出版社2014年版）第172页

官师志

官　制

知　县

茹　金 陕西汉阴厅人。余详旧志。
黄　荣 嘉庆辛酉举人，贵州安平人。
车仁达 嘉庆己卯举人，湖北汉阳人。
彭　翙 道光壬午恩科进士，福建侯官人。
牟衍骙 道光丙申进士，山东日照人。
王德棻 道光丁酉拔贡，顺天永清人。
钱济元 道光丁酉举人，云南昆明人。
郭廷肇 道光辛丑进士，正蓝旗人。
宋用中 道光癸卯举人，湖北汉阳人。
叶兆晋 道光丁酉举人，浙江萧山人。
沈福谦 浙江人，监生。
胡燕昌 咸丰庚申进士，浙江会稽人。
卢寿昌 宗人府供事，直隶河间人。
鹿学典 同治庚午优贡，直隶定兴人。
刘应昌 嘉庆庚申举人，奉天承德人。
刘　叙 道光戊子举人，建昌南丰人。
孙立生 道光壬辰举人，山东蓬莱人。
钱　溶 户部供事，直隶大兴人。
伊麟泰 镶蓝旗人。
鲁奉垚 顺天大兴人，监生。
吴辉珇 安徽怀宁人，举人。
存　楷 正黄旗人，笔帖式。
李长华 咸丰壬子举人，直隶望都人。
李嘉谟 山东聊城人，附贡生。
丁嘉琳 顺天通州人，廪贡生。
苏兆魁 咸丰辛亥举人，直隶永年人。
张德立 道光壬辰举人，直隶沧州人。

胡燕昌同治十年十一月十八日到任，十三年十二月二十七日调石楼县，光绪四年四月初六日回任。

教　谕

吕鸣岐 见旧志。
李光乾 忻州人，廪贡。
石建绩 介休人，举人。
张　炘 太平人，举人。
王　悫 阳曲人，附贡生。
贾道济 代州人，举人。

阎梦兰孝义人，优廪生。

训 导

宋　藩见旧志。　　　　　　　朱连镰绛州人，岁贡生。
房元吉天镇人，岁贡生。　　　秦汉章太原人，附贡生。
陈鼎勋灵石人，举人。　　　　杨济堂平遥人，廪贡生。
翁锡书阳曲人，举人。　　　　傅钟智寿阳人，举人。
李　铨太原人，举人。　　　　杨维镛河津人，举人。
常　周怀仁人，举人。

典 史

鲁兆奎　　　　　　　　　　　王家彦大兴人，监生。
劳锡恩钱塘人，监生。　　　　陈锡绵大兴人，监生。
朱云衢　　　　　　　　　　　严　骧大兴人，监生。
陆钟龄定兴人，监生。　　　　许发堃
席学毅清苑人，吏员。　　　　任原霖大兴人，监生。
陈　淇山阴人，监生。　　　　来凤仪通州人，太常寺则例馆供事。
赵宝善肃宁人，监生。　　　　陈其倬大兴人，监生。
刘荣遐临桂人，考取内阁供事。华冠英历城人，吏员。
陈永清大兴人，监生。　　　　朱廷凯嘉兴人，监生。
蔡光铣江宁人，监生。　　　　李　振郑州人，监生。
平德树山阴人，监生。　　　　吕能瀚大兴人，监生。
江　鉴钱塘人，太常寺供事。　杨德荣洛阳人，监生。
胡　诒庐江人。

大河营驻防把总咸丰六年设

刘炳南

城守外委把总

孟德禄永济人。　　　　　　张炳霞洪洞人。
刘洪发临汾人。　　　　　　刘　钰临汾人。
杨际元临汾人。　　　　　　张新成临汾人。

名　宦

茹金，陕西汉阴厅人，道光八年由进士任。性仁恕，勤求民瘼，陋规浮费多所裁革，在职七年吏民无敢以私相干者。尝重辑县志，时称详备。

彭翊，福建侯官人，道光壬午进士。严毅有为，尤长听断，事至立决。咸丰癸丑，粤逆窜入潞境时，城中仓促无备，民闻警大扰。翊终日危坐城楼，示以镇静，召耆老谕令安堵，脱有不虞①，某即授命当语以无伤吾民耳。闻贼自黎涉去始归。在官甚有廉声，下车时值粟贱银贵，民困征输，为酌定章程刊之石，正供外无所私尝。调署安邑，富民李某以讼事感其惠者也，将行某阴持重金为贶，却弗受。

吴辉珇，安徽怀宁人，咸丰五年由举人任，以廉慎称。遇讼事必反复晓譬，不轻笞决，株连者概置弗问。乡俗妇女多轻生，每因小故自尽，母家借以居奇，戚党及胥吏因缘为利，往往有死一妇而至倾家荡产者。辉珇力矫之，有以此兴讼者，概从末减，其风渐息。七年夏，飞蝗至境，躬祷于神，为文自责，露宿风餐，捕瘗甚力，遂不为灾。其年冬调汾阳去。

宋用中，湖北汉阳人，同治初任。有吏才，善折狱，虽为所左者，悉服其明允。捻②匪窜晋，集乡民团防，措置得宜，事集而民不扰。

注释：

①脱有不虞：如果发生意外。

②捻：即捻军，清朝的一支农民起义队伍，咸丰二年至同治七年（1852—1868），活动在安徽北部和河南一带，主要领袖有张洛行、赖文光等。曾在太平天国领导下和太平军配合与清军作战，同治五年（1866）分为东西两支，最后被清军镇压。

《西林公游南硙崇云寺诗引》，明万历十年（1582）勒石，现存壶关县红豆峡洪底村。碑拓载《三晋石刻大全·长治市壶关卷》（张平和主编，三晋出版社2014年版）第69页。张铎三首诗收录于康熙《壶关县志·卷之四　艺文·诗》

选举志

进 士

同治甲戌科　　郝世俊现任太原府教授。

举 人

道光丁酉科　　秦资明
　　己酉科　　李成蹊
咸丰乙卯科　　郝世俊
同治癸酉科　　焦凤翙

贡 生

王廷魁	连青云	郭人鹭
陈汝明丁酉拔贡。	张德化拔贡。	郭维峻
秦　林	许士谟	杨北山
任炳章	宋登云光绪七年重游泮宫。	秦秉仁
郝世俊拔贡。	陈作相	王佩莲
杨荫源	秦彭龄	栗泰林
王佩芸	赵子方	王　煜
阎蒙恩	秦占元	秦秉彝
万宗敏辛酉拔贡。	王近贤以上咸丰年人。	王毓秀
陈云锦	关维群	张恒泰候选训导。
冯懋松	阎玉班	李嵩峤
秦秉智	张　焜	秦鸿磐

郝承勋候选训导。　焦凤翔癸酉拔贡。　秦本利以上同治年人，恩贡。
李东璧　　　　　　马负图　　　　　郭　磐
赵相玉　　　　　　魏　琇　　　　　王继长以上光绪年人。

例　仕

冯汝龙附贡，任永宁州训导。　　杨逢时候选同知。
阎双林廪贡，候选同知。　　　　刘士元军功六品顶戴。
赵全质生员，恩赐八品衔。　　　栗凌雯廪贡，候选训导。
粟培基附贡，候选训导。　　　　张永恭咸丰元年恩赐九品。
张三元议叙翰林院待诏。　　　　张长春议叙五品衔。
王人凤候选盐运司知事。　　　　栗培元翰林院待诏。
崔恩单候选知县。　　　　　　　陈裕新廪贡，候选训导。
侯儒贺廪贡，候选训导。　　　　栗占元廪贡，候选训导。
郑连璧监生，候补州吏目，代理磁州州判。

武　举

道光丁酉科　　张鸿魁
咸丰己未科　　阎梦熊　　刘化龙

武　仕

阎聚魁武生，候选千总。

人物志

名 德

申瑶，字鹤翔，祖承烈，父尔卿，居乡并有行义。瑶少颖悟嗜学，举乾隆己亥乡试，己酉成进士，授兵部主事，转河南道监察御史，出为庐州府知府，迁知安庆，调苏州，再调安庆，引疾归。年七十七卒。瑶性勤谨，熟于掌故①，在部曹能举其职；居言路以伉直②称，连典大郡，所至多惠绩。其初守安庆，值水灾，督所属昼夜巡视，至废寝食，被灾之区咸赈恤得所。甲戌江南大旱，饥民遍野。瑶时调知苏州，捐俸倡赈，得金数十万，全活无算；喜文士接引后进，孜孜不倦，庐州学安庆试院，悉出资新之。劬学③至老弗衰，所得俸尽易书。归里后，谢绝人事，课子侄为娱。常语人："少时得《汉书》一部，如贫儿暴富，今签④度颇裕，足以自豪，恨老不能遍读耳。"子湛恩亦以文学知名。

王信贤，字尚之，诸生化南子也。少贫弱，苦于学，文誉噪一时。馆申太守瑶家，多见异书而笃嗜宋儒之学，最深于《易经》。尝言："读书人当完得读书人面目，若徒以文士自命，无足观矣。"故其平生践履笃实，于人世荣利，视之泊如。道光壬辰举于乡，不复求仕，隐居教授以终。常佐县令茹纂修邑志，卓节奇行多赖以表见云。

王令德，道光甲午举人。性恂谨⑤，动止必以礼法自持，主讲邑书院十余年，时以读书立品激励后进，造就甚众。咸丰元年，诏举孝廉方正，当事欲以其名应，劝驾甚力，卒不就。

注释：

①掌故：关于历史上的典章制度、人物事迹等的传说或故事。
②伉直：刚直。北宋司马光《涑水纪闻》卷六："（冯拯）无文学而性伉直。"
③劬学（qú xué）：勤奋学习。
④签：书签。

⑤恂谨：恭顺谨慎。

循 良

郭辉，字子实。举乾隆己酉顺天乡试，选知县，需次①广东。历署阳春、高明诸县，并有循声。钦州居粤之极边，接壤越南，辉常摄知州。值土司有相侵争者，边民悚动②。辉亲驻天南桥弹压抚慰，遂皆帖然③。以亲老辞，归林泉怡志④，时以色养称之。侄春龄，字寿征，亦由举人官江西泰和知县，以事落职⑤，从罗忠节公泽南⑥克复义宁，奏复其官，即檄摄义宁。在职招集流亡，团练义勇，甚有治声，遭母忧归，教授以终。

注释：

①需次：旧时指官吏授职后，按照资历依次补缺。
②悚动（sǒng dòng）：犹震动。唐李百药《北齐书·杨愔传》："愔辞气温辩，神仪秀发，百僚观听，莫不悚动。"
③帖然：顺从服气，俯首收敛。
④怡志：怡养神志，使之安适愉快。
⑤落职：罢官；贬职；降职。
⑥泽南：即罗泽南（1808—1856），字仲岳，号罗山，今湖南省娄底市双峰县人，晚清湘军将领、理学家、文学家。清咸丰元年（1851）由附生举孝廉方正。太平军进犯湖南后，罗泽南从咸丰二年（1852）开始以在籍生员的身份率生徒倡办团练，次年协助曾国藩编练湘军，自此率湘军转战江西、湖北、湖南三省。因战功卓著，历迁任知县、同知、道员（加按察使衔），卒谥忠节。著有《罗忠节公遗书》，又名《罗山遗书》，书中反映了罗泽南的学术思想和生平事迹，书后附有罗泽南年谱。

孝 义

侯如恒，事亲以孝闻。父疾侍汤药不稍解，晨夕吁神，祈以身代。奉继母尤得欢心，乡党群称之。

冯汝龙，字云中，性慷慨尚义，甚为乡里推重。以贡选永宁州训导。州故有学田，校官岁食其租，汝龙至清厘之，为文庙岁修费。在职六年，清操甚励，士翕然宗之。

韩永德，韩村人，幼孤，事母甚孝。贫服贾①城中，去家二三里，每夕归省，风雨无阻。时或值母寝，必从窗外告复乃退。母卒，哀毁骨立②，几不胜丧。

申铎，字梵珍，家中资③，同里以贫乏告者悉拮据以贷，或负之亦不较也。性朴直，不妄谈。遇人有遗行④，必援道以正之。及卒，乡人群惋惜，吊者甚众。

杨洁，字本澄，倜傥有行义。尝游南阳，道遇遗金，坐待其主还之。其人大感，坚出金为寿，笑弗纳。都中大贾某者，携重资求寄，洁以素昧平生，请书券。某曰："君一诺足矣，奚以券为？"竟置之去。邻有魏某，遭变废耕，解牛与之无吝色，乡里群啧啧，以善人称之。

许占宽，业农，家贫，而事亲必洁甘旨。善承颜色⑤，晨昏定省，造次未尝或缺。乡人至今称之。

来凤鸣，东河南村人，事亲素孝。同治末，父母相继逝，哀毁鸡斯⑥，营葬既毕，疾遂不起。时以死孝称焉。

阎聚魁，诸生，性慷慨。遇里中有营建，力成其事，尝出资葺二仙祠。子梦熊武举。

王景川，小十里人，隶平顺乡学。同治癸酉选贡。肫⑦实嗜学，内行⑧纯挚。授徒于外，岁必节其脩脯⑨所入，分给昆弟。同怀五人，时有龃争，景川友爱备至，终其身无介嫌⑩。少负文誉，累举不得志。某科已入额矣，已而复摈。自是绝意进取，年未四十，遽卒，时论惜之。

李群法，盖家川底，农家子也。光绪戊寅大饥，饿殍遍野，群法出资倡众为掩骴⑪之举。所瘗以千百计，时多其义。

注释：

①服贾（fú gǔ）：经商。《尚书·酒诰》："肇牵车牛远服贾，用孝养厥父母。"

②哀毁骨立：旧时形容在父母丧中因过度悲伤而瘦得只剩一把骨头。

③中资：中等资产。清蒲松龄《聊斋志异·瑞云》："余杭贺生，才名夙著，而家仅中资。"

④遗行：有失检之行为。

⑤承颜色：顺承尊长的颜色，谓侍奉尊长。

⑥鸡斯：《礼记·问丧》："亲始死，鸡斯徒跣。"郑玄注："鸡斯，当为笄纚，声之误也。亲始死，去冠，二日，乃去笄纚括发也。今时始丧者，邪巾貊头，笄纚之存象也。"

⑦肫（zhūn）：诚恳；真挚。

⑧内行：平日家居的操行。战国卫吕不韦《吕氏春秋·下贤》："世多举桓公之内行，内行虽不修，霸亦可矣。"

⑨脩脯：旧时称送给老师的礼物或酬金。脩，干肉。

⑩介嫌：有小的摩擦，心中耿耿于怀。

⑪骴（cī）：肉未烂尽的骸骨。

耆善

申尔卿，字汉九。父承烈，有行义。县俗婴儿殇者皆弃之中野，承烈尝捐己田，甃砖石为攒冢①，人惠之。尔卿少补诸生，治经②有法。乡居以扶植善类自任，后进多从之游，造就甚众。累举不遇③，循序贡太学，以校官注选，未仕卒。子五，瑢、瑶最知名。瑢字佩行，嗜学工文，天性纯挚，与诸弟少同学友爱备至，白首无间，亦以岁贡终。瑶，别有传。

任秉德，字心泉，由拔贡官灵石教谕。勤于其职，士翕宗之。预修灵石志，采辑甚力，以疾归。年七十四卒。

李安宇，字宽和，事母孝。少为儒，贫无以养，弃去。谋生甚勤，既稍裕，则日市书潜心读之。子成蹊，幼慧，课之甚严，乡荐后犹时督之读，不少懈。每云："一物不知，学者所耻，少年者当努力，老而炳烛，则悔晚矣。"

冯汝诚，字扑斋。为学不尚浮夸，见者以为有先辈典型。累举不遇，以岁贡终。

李玉莲，诸生。性谨愿④，恒以礼法自绳，里有争讼，得其言立解。

李福，字洪范，性喜施给⑤。以耆德为乡里所重，年七十九，尝预乡饮酒礼。

牛直方，幼贫，弃儒而贾，时以不克卒读为憾，乃以佣贩所得，延师课弟德方，后为文学。子光祖亦诸生。

杨振东，字维周，幼颖敏嗜学，补诸生食饩。性俭约，恂恂然规行矩步，教授乡里多所造就，循序贡太学以终。

王继恒，字成性，贡生。居家以孝友称，教授生徒以植品⑥为先，尝曰："读书与圣贤晤对，须心体力行，非特为荣世计也。"故游其门者多有法度，嗜学至老不衰。年六十余卒。

郭进贤，读书通大义，处乡党有忠厚称。尤喜施予，扶困济危，常若不及。

张德化，道光丁酉拔贡。家颇裕，动必依礼。晚年精医，求诊者常盈门，馈以金帛，辄谢不受。

王锡旌，贡生。以善书名，豪宕⑦自喜。子遐龄诸生，嵩龄贡生。

段添嗣，岁贡。有子五人，督课甚严，时称为义方⑧。子汝昭、汝明、汝哲、汝鸿、汝聪。汝明以选拔贡太学，余并诸生，有声场屋。

赵建模，年逾八十，尝预乡饮酒礼。性敦朴，持家有法。孙曾林立，雍睦⑨相习⑩。

旧志⑪孝义，后立乡饮一门，所列百余人皆无事实。按：耆老题名，当附之选举末。人物具传，体羼⑫人非，兹易为耆善。凡乡先生言行有可述者，悉类次之。耆民非有事迹不载。

注释：

①攒（zǎn）冢：攒，凑集；聚拢。晚唐张蠙《吊万人冢》："兵罢淮边客路通，乱鸦来去噪寒空。可怜白骨攒孤冢，尽为将军觅战功。"

②治经：研究；《易》《诗》《书》《礼记》《春秋》等儒家经典。

③不遇：不得志；不被赏识。

④谨愿：谨慎；诚实。

⑤施给：亦作"给施"，接济施舍。

⑥植品：树立人品；培植好品行。

⑦豪宕（háo dàng）：❶亦作"豪荡"。❷意气洋溢，器量阔大。❸指文艺书画作品感情奔放，不受拘束。

⑧义方：行事应该遵守的规范和道理。

⑨雍睦：亦作"雍穆"，团结；和谐。

⑩相习：互相沿袭。

⑪旧志：此指道光《壶关县志》，后同。

⑫羼（chàn）：混杂；掺杂。

方　技

李彭，字永年，伉直有气概，事亲以孝闻。因母患足疾，遂究心于医，延请者一视之，不以资财计也。年四十余无子，一夕梦人告曰："尔命应绝嗣，以活人甚多，当得子矣。"醒而异之。妻杨氏年亦逾四十，素不育，是岁竟生一男。益力行不怠，以耆寿终。子世泰，诸生。

郭丰裕，监生，业贾①。邃②于医，造请辄往，不以人异也。晚年行益力，时蓄药饵以济贫困。

侯寅升，字炳菴，少任侠，喜拳勇，与人无畛域③。父故善医，寅升继其业，技益精求，诊者无虚日。同治初，捻逆方炽，寅升尝携家入豫，道遇数贼连毙之，卜居豫之某县。村人方议筑寨御贼，即捐资为倡。大姓某，患脑漏④垂危，延之诊治，一药而愈，酬以千金，却不受。

赵兴仁，儒家子也。精堪舆之学，年逾八十卒。

马聘登，字学优。善医，问疾者户外履恒满。乡里重其行义，遇有争讼，得其言立解。以耆寿终。

注释：

①业贾（gǔ）：经商；做买卖。
②邃：精深。
③畛域（zhěn yù）：❶界限；范围。❷指划分界限。❸比喻成见或宗派情绪；隔阂。❹境域；区域。❺犹规矩。
④脑漏：胆移热于脑，脑漏黄浊之水，由鼻而出，甚则腥秽，亦有鼻塞不闻香臭者。

列女志

赵氏，王尔英妻。南脑村。廷赞女也。归尔英甫生子而孀。家贫，姑亦老，乃去妆，庸女工，为仰事俯畜①计。子心珍，谆之綦②严。姑卒，心珍克树立家，遂中资。卒年八十四岁。里人咸慕其义，捐资扁旌之。

注释：

①仰事俯畜：上要侍奉父母，下要养活妻儿，泛指维持一家生活。《孟子·梁惠王上》："是故明君制民之产，必使仰足以事父母，俯足以畜妻子。"

②綦（qí）：文言副词，极。

郭氏，马天宝妻，东坡村郭雪女。性淑慧，事舅姑能承颜色。二十三岁夫亡，有以改适劝者，正色曰："妇人从一而终，岂宜复事他人！"遂入室自经，救之苏后，以乏嗣故，目皆失明。寻嗣侄德昌为子，鞠之成立，年七十四岁卒。

李氏，韩连鹏妻，北兑川村李肖白女。连鹏卒年二十九岁，家贫甚，糊口不给，事亲抚孤，艰苦备尝，守节五十余年。

贾氏，申将孩妻。桥头村。年二十七岁夫亡，家窘甚，姑遇之虐，茹苦抚孤，略无怨色，八十一岁卒。

盖氏，张思忠妻。事姑孝，年二十四岁思忠卒。子进善甫六岁，即欲以身殉之。姑窥其意，谓之曰："吾老，孙幼，依者汝也，奈何欲从此拙计？"至泣下，乃止。性俭约，奉姑暇必纺织自勤。姑殁，祭葬依礼，年八十卒。

郭氏，宋稳成妻，生女甫两月而寡。稳成性素孝，卒后体夫志，事姑益谨。兄弟有劝改适者，辄绝迹不与往来。姑病，服侍药饵废寝食，病笃，叹曰："初所以不获从夫者，以姑故也，今姑不起，余将相依于地下矣！"因得忧疾，先姑卒，年四十余岁。

赵氏，马兴功妻。兴功卒年二十岁，奉舅姑克遵妇道。无子，以侄纯修为嗣，鞠甚勤，舅姑殁，亦成立。年七十余卒，里人扁旌之。

杜氏，马国瑞妻，年二十八岁而孀。家贫，姑亦衰老，借十指为仰事俯畜计，年五十七卒。族里闻于学，广文①扁旌焉。子二文彬、文彝皆成立。

注释：

①广文：唐天宝九年（750）设广文馆，设博士、助教等职，主持国学。明清时因称教官为广文，亦作广文先生。

杨氏，杜修孔妻。年二十修孔亡，励志坚贞。父母欲夺其志，曰："夫妇之情，本不存亡易，况姑亦年衰，忍生死两负耶？"竟不听。性孝姑，身边所需无不备给，病则百方调护，至废眠食。姑殁，寄食于侄天龄。年五十八卒，无子。

韩氏，贾长孩妻，山南村韩绪女。长孩死年二十三，姑以贫故劝令改适，面从而志不移，姑窥其意不复言。性严肃，持身凛然。年七十七卒，子小有。

朱氏，成霞女，幼适琚小贵。南垛村。年二十五夫亡，苦节六十年卒，子九成。

王氏，苗增福妻，鸾堡村王纲女。二十八岁增幅亡，守节六十年卒，子天秀。

郭氏，长治人，诸生会汾女也。幼适邑监生栗丕绩，十九岁而孀，卒年六十一，子福庆成立。庄头村。

张氏，马克俭妻，泽井村张进苗女。二十九岁而寡，家甚窘，坚贞自励，训子二稳、稳保皆成立，守节四十七年卒。

梁氏，程文玉妻，兴业女。年二十文玉卒，或以改适劝，志益坚。家贫，躬履地亩，采野蔬以自给。寿七十二而卒，嗣子继善。迎乐村。

杨氏，宋魁秀妻，大峪村九乐女。适魁秀，甫笄，未逾年而孀。嗣族子根锁，劬之成立，年五十七卒。

张氏，韩令孩妻。黄山村。适令孩年甫十六，二十五岁而寡。守节六十四年卒，子记。

郭氏，秦德荣妻。明自掌。夫亡年二十五，守节四十余年。继子三元早逝，妇杜氏亦以节著。

杜氏，秦三元妻，明自掌。二十二岁夫亡，守节五十年卒。

阎氏，开先女，幼适程秋长。二十八而寡，坚贞自矢。六十五岁卒，子来喜。迎乐村。

郭氏，阎占魁妻，己酉女。年二十夫卒，父母欲夺其志，锐意不从。寿年五十余卒，无子。晋庄村。

刘氏，梁长孩妻，世法女。二十九岁夫亡，诲子高魁成立，年七十卒。欢掌底。

张氏，秦士魁妻，石门村张九长女。归士魁年十五，十载而孀，守节二十余年卒。子树举，入武庠。

秦氏，诸生张润汉之妻。及润汉殁年三十，苦节六十二岁卒，子登月。黄家川。

宋氏，张文增妻，禾登村宋福临女。二十九岁而寡，卒年六十六，子玉昌、其昌俱成立。

张氏，刘丑妻，寨上村兴亥女。十六岁归刘，三年而孀。守节五十五年卒，子德盛。

宋氏，刘德懋妻，寨上村宋士超女。二十五岁夫故，守节三十余卒，子地中。

苏氏，刘连元妻，寨上村苏恒女。三十岁夫殁，守节几四十年卒，子德升。

牛氏，焕章女也，幼适陈吉祥。吉祥卒年二十三，自矢靡他。贫借纺织糊口，事姑以孝闻。姑病，衣不解带，调护备至。殁后，哀毁灭性，未几亦死。

李氏，秦汝楫妻，诸生李占元之姊。年二十一岁夫亡，遗腹生一女。寻嗣侄秉义为子，鞠之不异己生。寿六十九岁，平顺训导杨扁旌之。龙镇。

晋氏，王新端妻，贡生晋文炳女。性严肃，知孝道。年十七适新端，五年而孀。子绍仁，训甚殷。家不中资，恒佣纴自给，守节三十年而卒。南关厢。

程氏，王四孩妻，程亨泰女。二十七岁夫殁，守节四十三年卒，子世耀。

张氏，吴起昌妻，凤春女。二十岁夫故，守节三十七年卒，子焕章。

刘氏，武根连妻，刘仁玉女。二十五岁而孀，守节三十一年卒，无子。

秦氏，赵烈炽妻，秦金焕女。二十八岁守节，年四十五卒，子戊辰。

王氏，赵为琮妻，添旺女。三十岁守节，持家勤俭，教子不事姑息。年八十卒，邑令扁旌之。子梦弼以孝著，孙蓝玉、良玉并以诸生知名。

路氏，赵梦阳妻。三十岁守节，六十二岁卒，子继文。

魏氏，琚迎桂妻，国林女。年二十一岁孀，无子。迎桂叔夫妇俱逝，遗子五岁赖以抚养，卒成立。年六十五岁卒，邻里贤之，扁其门焉。岭南底村。

高氏，魏文发妻。年二十五岁夫卒，贫，时佣纴以养姑，寿七十四岁而终。魏家岭。

张氏，张福妻，张二喜女。年十八而寡，矢志守节。事舅姑孝，六十二岁卒。高家圪坨。

秦氏，张二喜妻。二十七岁夫故，守节四十二年卒。鸦村。

平氏，王明川妻，平七女。年二十五岁夫亡，坚贞自矢，始终无间，六十二岁卒。东坡村。

张氏，王振声妻，振声死年二十六。持家勤俭，事姑甚孝，邻里无不称之，卒年六十九岁。岭南底村。

李氏，杨盖锁妻，李裕通女。二十六岁孀，守节四十一年卒，子文忠。

杜氏，赵连城妻，杜老孩女。三十二岁夫殁，守节十七年卒，子守先。

侯氏，李小黑妻，廷献女也。十六岁归小黑，三十岁而孀。家贫，偕子自身躬履田亩，寿七十三岁而终。女一，适丁姓，亦以节著。

平氏，关三保妻。二十二岁夫亡，矢志守节。七十五岁而终，无子。常平村。

贾氏，李增芳妻。年十七适增芳，二十八岁而寡。课子严谨，子二长英年，监生；次彦年，以诸生知名。年六十一岁卒。东黄野齐村。

程氏，李惠妻。惠卒年二十四，矢志守节，七十二岁而终。东黄野齐村。

李氏，丁含英妻，李小黑女。性孝，二十九岁夫以贾客死他乡，榇归痛不欲生，姑慰之止。家贫，井臼躬操。卒年五十二，子有金。

张氏，李牛成妻。牛成死年二十一，坚贞自励。六十二岁而终，无子。东黄野齐村。

平氏，栗顺妻。二十六岁夫亡，子选青甫四龄，矢志抚孤。年四十六卒。庄头村。

陈氏，程光智妻。年十七适程，二十四岁而寡。鞠遗腹子顷枝成立，守节三十四年卒。

贾氏，王守业妻。年二十五守业卒，苦节六十岁而终，子如意。东河村。

李氏，万攀桂妻，伯勋女。年二十八攀桂贸易他境，音遂杳。贫，茹苦自励，八十一岁卒。

郭氏，万仁魁妻。二十九岁夫故，佣纴抚孤，迄无他志，年五十九卒。

徐氏，杨邦柱妻。年二十七夫亡，遗腹生子卯，鞠之长。事姑谨，六十七岁卒，乡论伟之。

弓氏，张时元妻，弓合年女。十九岁丧夫，以节自励。家贫，亲老，时佣纴以佐旨甘，自采野蔬杂糠而食。守节五十年卒，子兴魁。黄山村。

杜氏，王道广妻，杜永盛女。道广卒年二十八岁，子小孩甫二龄，鞠之成立。寿七十三岁而终。店上村。

阎氏，牛堆妻，阎世禄女。二十七岁守节，七十八岁卒，子豹。屋集头村。

路氏，郭文明妻，路开泰女。年十四守节，四十七岁卒，子招俊。苗庄村。

牛氏，郭春妻。二十九岁寡，年七十五卒，子敬拴。苗庄村。

申氏，郭壬戌妻。年十九夫故，守节四十一岁而卒，无子。苗庄村。

贾氏，阎鹤升妻。二十八岁守节，年五十八而终，子宗屿。苗庄村。

高氏，申天鹏妻。年二十九夫亡，守节三十五年而卒，子廷佩。苗庄村。

郭氏，刘根存妻。二十七岁夫故，守节三十年卒，子二抢则、元则。苗庄村。

郭氏，申毓凤妻，郭肯构女。二十一岁而寡，初以死自誓，因身有遗腹子，思继宗祧，遂茹苦抚孤。子名起彪，渐长，延师教之，骑射入武庠，守节六十年而卒。

李氏，武举张鸿魁妻，诸生德全女。二十八岁鸿魁卒，奉姑督子略无怨色。子名树本，入武庠，寻夫妇俱逝，遗子二，皆赖其力以成。

侯氏，和贵庆妻，侯根丑女。年三十岁夫亡，六十五岁卒，子天德。

许氏，和志仁妻，许双喜女。二十九岁守节，年六十卒，无子。

邢氏，许士朴妻。年二十七士朴卒，子五人皆成立，寿七十二而终，邑广文吕鸣岐扁旌之。

牛氏，许策勋妻。年二十四守节，五十五岁卒。

王氏，赵元忠妻，王玉法女。二十三夫故，守节二十五年卒，子金山。

杨氏，赵生华妻，杨自新女。二十九岁孀，守节三十四年卒，子德魁，诸生。

杨氏，赵建勋妻，杨太林女。年三十岁建勋卒，守节四十二年卒，无子。

张氏，关秉仁妻，张岱龄女。年二十四岁夫故，守节十年而终，无子。

王氏，赵分劳妻，王迁乔女。夫死年二十三，三十而卒，无子。

王氏，赵达士妻，王发政女。年三十守节，七十四岁卒。

赵氏，吴银魁妻，赵抡士女。年二十八夫殁，守节二十二年卒。

姜氏，张大纶妻，姜聚财女。二十八岁夫殁，守节五十二年卒，子过孩。

平氏，宋世昌妻，平舞凤女。二十五岁而寡，守节四十年卒，同治十二年旌，子宝琳。

郭氏，梁有智妻，郭世举女。年二十九守节，七十九岁卒。

陈氏，吴兆年妻。兆年卒年二十四，家贫缝纫度日。子应远，课督严，后去读而贾，颇小康，孙亦成立，陈年已七十余矣。

阎氏，诸生张慎行妻。幼淑慧知孝道，适张年甫笄，数岁而孀。茹苦抚孤，井臼躬操，事亲深得欢心，族里无间言，子高升。

马氏，张存道妻。二十七岁而寡，守节历三十余年，子富荣。

马氏，牛存喜妻，马禄女。二十二岁而孀，课子光国成立，年七十余岁。

徐氏，郭六美妻，徐福桂女。二十九岁夫亡，茹苦鞠嗣成立，年五十余。

平氏，牛过继妻，平嘉绪女。十七岁适牛，月余，牛往京师贸易卒。家小有，同爨十余口，皆身任其劳。事舅孝，邻里称之，年四十余。

牛氏，贾克锦妻，牛焕女。二十三岁而寡，守节历三十三年，子永茂。

秦氏，冯其敏妻，诸生显扬女也。笄年适其敏，二十七岁而孀。矢志不他，奉姑勤。子守真，时教之义。年六十余。_{川底村}

贾氏，郭恒裕妻，贾光宦女。恒裕卒年二十八，贫甚，亲事耕耘。子启明，延师教读，弱冠以诸生知名。

郎氏，陈云梯妻。二十七岁而寡，守节历二十九年，子郎孩。_{石门村}

李氏，李银柱妻。十七岁归银柱，二年而寡，子根福甫襁褓，矢志抚孤，守节四十一年。西黄野齐村。

张氏，郭连重妻，张兴发女。二十五岁夫亡，守节历四十七年。谷驼村。

张氏，武春妻，张俊女。二十四岁夫故，守节历三十六年，子转光。北阳护村。

宋氏，张扬达妻，宋贰严女。二十八岁夫故，守节历三十二年，无子。四家池。

韩氏，韩引敬妻，发喜女。三十岁夫故，家窘，仰给十指，守节历三十五年，无子。清流村。

吴氏，裴小敬妻。小敬殁，子兴甫离怀抱，舅姑亦衰，时忍痛佯欢以慰之。家贫，矢志抚孤，守节历二十七年。韩村。

晋氏，贾思明妻，晋士昌女。二十六岁守节，家贫奉舅姑尽孝道，年六十二。子小有亦遵母教，能树立。

郭氏，田锡林妻，郭秋保女。三十岁夫故，守节历三十年，子世云。

贾氏，田运贵妻，贾二明女。三十岁夫亡，守节历三十九年，无子。

徐氏，张新庆妻，徐永贵女。二十九岁而孀，守节历二十年，无子。

侯氏，王永川妻，侯执举女。夫亡二十九岁，守节历二十余年，子金魁。

李氏，焦凤翔妻，李万泰女。适凤翔年十七，六年而寡。矢志抚孤，始终不贰，守节二十七年。

王氏，赵起凤妻，王朝议女。年十八夫卒，守节历七十一年，无子。

晋氏，路俊杰妻，晋敬来女。年三十夫故，守节历三十六年。

王氏，张马锁妻，王三林女。二十八岁夫故，守节历四十四年，无子。

张氏，张岱龄妻，万秀女。二十六岁而寡，守节历三十三年，无子。

李氏，路春卯妻，李来招女。三十岁夫卒，守节历二十八年，无子。

张氏，庞新芳妻，张过女。二十九岁夫故，守节历三十三年，子福元。

李氏，程过盛妻，二娃女。三十岁夫故，守节历三十一年，子增禄。

苏氏，监生任继昌妻，耆民苏希文女。素禀闺训，年二十继昌卒。子思温，延师教读，以诸生知名。守节历三十六年。泽井村。

牛氏，宋鸣和妻，牛信孔女。三十四岁而孀，贫，时采野蔬食。子二景玉、景春皆赖成立，苦节历二十四年。

杜氏，李道平妻，杜承基女。夫卒年二十五，守节历三十五年，子运来。

　　韩氏，赵宝仁妻，韩添龄女。十七岁归宝仁，二年而孀。家贫，兄嫂欲夺其志，时借他端以试之，迄不动。光绪三年岁歉，以糠秕杂树叶而食。守节历二十九年，无子。

　　张氏，阎士英妻。二十七岁而寡，守节历四十三年，无子。西旺村。

　　阎氏，王不礼妻。十七岁夫故，守节历四十一年，子马群。西旺村。

　　申氏，牛和尚妻。十九岁夫亡，守节历四十年，子引昌。屋集头村。

　　贾氏，秦懋德妻。年二十二夫亡，守节历三十四年。旌，学使朱以"松筠劲操"扁其门。子金和。辛村。

　　李氏，张天福妻。二十九岁夫亡，守节历四十九年，子二全则、胖则。辛村。

　　王氏，阎国珍妻，王继贤女。二十二岁夫故，守节历二十九年，无子。

　　张氏，姜汝兴妻，张秉枝女。二十八岁夫亡，守节历三十八年，子义源。

　　王氏，路过成妻，王兴裕女。二十八岁夫故，守节历二十九年，无子。

　　李氏，郝建文妻，李起山女。年二十九岁建文卒。性孝，姑病，药饵必尝。子三，延师教读，督之甚严。寿七十二岁而终，次子即世俊也。郭堡庄。

　　马氏，李玉庄妻，二十二岁而孀。性勤俭，事姑孝，守节历四十九年，无子。

　　李氏，郝世铭妻，李玉琇女。世铭卒年二十五，性严正，持家勤俭，仰事俯畜，略无怨色，守节历四十年卒。

　　刘氏，秦庆祥妻。二十八岁而寡，守节五十年卒，无子。芳岱村。

　　刘氏，秦祥珠妻。夫亡二十三岁守节，年四十九年卒，子贵新。神郊村。

　　赵氏，盖贵成妻。年二十九贵成卒，守节十四年终，子保藏。

　　徐氏，杨邦柱妻。年二十七岁夫故，事姑孝，遗腹子卯，鞠之成立，七十六岁终。

　　杨氏，阎福则妻，城北关堡则里步高女，集店村。年二十余岁孀守，其夫亡时遗子扎根甫六阅月。家贫如洗，难以存活，而矢志靡他，赖以针指度日，难苦悉历，人无间言。现年四十余岁，其子亦成童焉。

　　郭氏，王全孩妻，郭甲午女。二十六岁守节，六十二岁卒。

　　阎氏，靳继昌妻，阎贵仁女。二十二岁守节，遗腹生一子。畅村岭。

武氏，陈恭之妻。二十九岁守节，父武仪。武氏今七十一岁。清流村。

焦氏，崔秉钧妻，焦永桂女。十九岁守寡，同治间年五十五岁卒。

宋氏，儒童李成吉妻，从九品宋广立女。二十四岁守寡，今五十七岁。川底村。

马氏，阎克敬妻，马振基女。二十二岁守寡，光绪间年八十三岁，继子阎旌关。

申氏，儒童王体仁妻，知事申列垣女。二十四岁守节，今年六十二岁，子王义质。河口村。

李全兴之女，适韩永发。二十九岁守节，至咸丰六年身故。氏年五十六岁，守节二十七年。

张氏，朱毓龄之妻。二十五岁孀居，子方三周。家贫如洗，井臼亲操，训子成立。刘寨村。

杨烈妇，秦崇五妻，杨可德女。适崇五年甫笄，数岁夫故，以死自誓，视敛毕，遂绝粒七日而卒，时咸丰十一年也。龙镇。

李烈妇，王道全妻。嫁二年而夫亡，视敛毕，即往厨下具亲友饭略无戚容，人咸疑之。饭毕，不见入室，视之已自经矣，卒年十九岁。坛后村。

杨烈妇，董三庆妻，杨运成女。夫亡痛不欲生，视敛毕坠崖死，年四十三。

《重修真泽庙记》，乡贡进士韩仲元撰文，元至元七年（1270）勒石，现存壶关县树掌镇神北村。碑拓载《三晋石刻大全·长治市壶关卷》（张平和主编，三晋出版社 2014 年版）第 25 页

艺文志·文类

孝子杨承上小传

佚 名

杨承上，字子安，号仰峰，四重之大父也。生而颖敏，幼而从父沧州公攻举子业，治礼经①。然于河图、洛书，三十六宫②之说，心有悟而口能传之，以吾家之世受《易经》故也。初沧州公宽仁雅量，与物无竞，若叔度千顷③波。兄弟折筯④，众争取金帛财物，公独阖户自戢，不手一钱，所得仅屋数椽，硗确⑤田十余亩。会族人不胜赋税，官督日急，计画无俚⑥，公解别舍三楹与之无吝色，其驾懿亲振人急类如此。以故家日落，窘无以生。大父遂废学明农，赡八口已矣。

大父性至孝，能得亲心欢。父笃爱之，每出入，必以随。沧州贡于廷，谒选于都，宦游于秦，再迁于渤海，后先十有二年，无旦夕膝下之离。父卒于官，扶榇抵里，襄事易，戚兼至，称孝者无间言。嗣是治盐芙海上，转鬻柏乡，值岁祲下多逋负蹉⑦，使者行有司也，追偿之。大父度穷民不任捶楚，弃不负雇，吾有子可教何须此也。贫居三十余载，虽不自给，见颠连⑧无告，解衣推食恐后，室人交谪勿雇也。万历甲辰，汝南方公以名进士令吾邑，先时文林猷诸生方侯察大父懿行，延为耆宾，邑之冠裳列下座，一时称旷举焉。生平幅⑨信守道，不作负心事，不效世人纤悉趋故态。与人交，持大体。面如盘，身如瓠，髯如戟，吐音如钟。春秋八十有六，犹及见子若孙登贤能书也。览葵奏觞，贺者问寿源，只道耕心田三字可了。噫！尽之矣。斩艾稂莠，封值嘉种，于以长年，长子孙有余也。

注释：

①礼经：《仪礼》本名，汉代对《礼记》的一种别称，是先秦六经之一。

②三十六宫：极言宫殿之多。东汉班固《西都赋》："离宫别馆，三十六所。"唐温庭筠《郭处士击瓯歌》："吾闻三十六宫花离离，软风吹春星斗稀。"

③叔度千顷：人心胸宽广。南朝宋范晔《后汉书·黄宪传》："黄宪，字叔度。……林宗曰：'奉高之器，譬诸泛滥，虽清而易挹。叔度汪洋若千顷陂，澄之不清，淆之不浊，不可量也。'"北宋黄庭坚《汴岸置酒赠黄十七》："初平群羊置莫问，叔度千顷醉即休。"

④折筯（zhù）：折断筷子，意指兄弟分家。筯，同"箸"。

⑤硗确（qiāo què）：土地坚硬瘠薄。

⑥无俚（wú lǐ）：百无聊赖；没有寄托。

⑦醝（cuó）：盐。

⑧颠连：困苦。

⑨愊（bì）：至诚。

塔河坡修路碑记

杜 枢

塔河坡与刘家脑者，吾西柏林朝夕往来路也，高而险，逼而深，自先世以来苦之久矣。予家于乾隆己卯秋，东理七百尺。越五年癸未，复理其西，视东坡之数而四之，并及刘家脑。叠石高尺者五十，而广如其高之数，中通暗梁，再夏而竣。后先费工日六百之多，劳人十千有余，亦聊以便人己于行也。

绅耆牛笃生等记其事于石，余延之坐而告之，曰："於戏！乡人事之，观其终而不推其始，专于己而不原于人，言虽美无当也。予祖膏之公与吾乡先世上下往来，苦斯一坡一壑久矣，尝欲令予伯昌之甫①、仲伯盛之甫、父兴之甫、季叔育卿甫，平其险而塞其深。无何，伯与叔相继逝，先严惧先志之终湮也。思乎成之，特不欲先于人，迟之又迟，亦遂赍志以殁。此乡人所未知，予兄弟所共识也。夫先人未为之而予兄弟为，僭也；然先人有志而兄弟成之，亦宜也。但予弟朴若恒也，务于商楛；若灏也，习乎儒；予又将縻于官，遂共责其事于模模②也，亦罔有怠心。险者平，深者塞，求便己之行，便人之行，以成吾诸先人志。不然，予亦犹先人也，岂能家非素封③，博乡人之誉哉！且人固不可掠先之功以为功，亦不可殁人之美以为美。斯役也，用石数万，因旧材者什之一，余则取于诸杨与杨得川之祖山坡畔北上石窟是也。至于朝夕督作，使役匠急事而赴功，则又赖鸾山沙门心从及源普其人焉。设④也，非杨氏之慷慨，心从之殷勤，予兄弟虽欲便已便人，以成吾先人志，难矣！今乡人不推其始，而徒观其终；不原于人，而专归于予家，不适遗予兄弟于愧与？"乡人于是起而言曰："信如子言，记所谓善则称亲，其斯之谓与！"遂退。予因序与乡人言者，勒诸石以记。记者为谁？西林杜枢也。书者为谁？漳源冯士翘也。

注释：

①甫：也作"父"，古代对男子的美称，多附于表字之后。《仪礼·士冠礼》："伯某甫，仲叔季，唯其所当。"

②模模（mó mó）：❶犹漠漠，形容昏暗不明。王重民、王庆菽等编校《敦煌变文集·破魔变文》："忙忙浊世，争恋久居。模模昏迷，如何拟去。"❷犹缓缓。《敦煌变文集·下女（夫）词》："主客难发遣，展褥铺锦床。请君下马来，模模便商量。"

③素封：无官爵封邑而富比封君的人。

④设：假设。

重修宋堡桥碑记

向 崶

壶关，岩邑也，踞上党之左，分太行之支，峻岭深涧，每多阻绝。此固造物生成之险，非有人力大为干济，几欲负轭兴嗟，驾鼍无术矣。

治之南有宋堡桥者，当南北冲途，邑人往来，商贾贩运胥攸赖焉。余于戊戌冬来宰是邑，以事适乡郊，见桥之西偏缺其半，殆将倾圮。而水自东来，波涛汹涌，曲折冲突，下与淘清河合。噫嘻，险哉！设后水潦何以堪此，此非济世利民之一端，而有司之急当有事者与？乃下车伊始，簿书丛集，明年又有甘饷之役，越岁庚子，政务少清，方将与父老共议修补，而郭生振唐慨然以首事是任。第工费浩繁尚待众擎，遂与杨、徐、马、武、郭、张、石、原等姓耆老士庶共襄盛举。邑人之高其义，稔其事之不可缓，争先输纳，得若干数。于是鸠工庀材，砌砖甃石，基址仍旧而坚固过之；上复栏其两旁，以卫车马之奔驰。役计万余，费计千二百有奇，期年而告竣。

郭生请记于余，余因述其颠末，盖深嘉士民之好善乐施，更幸郭生等为之领袖以成此事也。粤稽是桥创于前代，重修于万历年间，今其碑几磨灭不可读。郭生增修而规模益焕,殆所谓"莫为之前,虽美弗彰;莫为之后,虽盛弗传者耶!"嗟乎!后之视今,亦犹今之视昔,更数百年,安知不有与诸人同志者嗣而葺之哉?若曰历叙成劳,用垂不朽,理固有然,然非诸人意也。是为记。

重修婴儿冢记

申　瑶

吾壶风俗古朴,丧祭诸仪虽不尽如古,然亦鲜大谬戾。惟于婴儿之夭殇不为埋瘗,率径举而弃之于野,惨毒之状莫可名言!凡邑宰莅此土者,诸切晓谕,而奉行者绝少,盖俗之相沿久矣。

阎君讳顺者,慨然倡首,乡人皆倾囊焉。乃择地于龙溪山之左,与同志者佥谋为冢,惟阎公日监工其旁,晨出晚归,婴儿佳城遂以告竣焉。

夫古制殇皆有服,惟七岁以下无服,然亦必葬以瓦棺,重人类也。是役也,亦是行古之道也,是能体邑侯之志,而挽颓风者也。余故嘉其善事,称其义,因记之而告来者。

重修灵泽王庙碑记

冯文止

壶关灵泽王庙在县治之北一里,祠唐之李卫公靖。武德中,突厥寇太原,公新平辅公祐①,诏公以江南兵屯太原道,由潞城驻兵于微子岭,秋毫无犯,民感其惠,立庙祀之。祷雨辄应,由是诸邑争为立祠,壶关尤甚。石晋封灵显王,元增灵泽,此庙之所从起也。

呜呼!壶邑上党之穷谷也,凡田皆石,有河皆涸,凿山则无泉,岁旱挹注无所,或远汲于数十里之外。他邑所重者在秋成,此邑所急者已在朝夕。故多为甃井②、潴池③蓄水,以备缓急。益斯地之民望之尤急,愈亦甚矣。而公之英灵犹在,能令祈甘雨者,随其时而沾濡之。韩子④谓孔子以德句龙⑤,周弃⑥以功者,此非其类也与!且夫所谓神者,聪明正直而一者也,公则以一身备之矣。

夷考⑦公之为人也，初仕隋为殿内直长，大业末为马邑丞。高祖讨突厥察其有非常之志，自因上急变及为高祖所得，则曰："公欲为天下除暴乱，以就大事乃以私怨杀谊士乎？"秦王为之请，得释入唐。降萧铣、擒辅公祏、破突厥、定吐谷浑，决机制胜，料敌如神。舍匹夫之小谅，就格天之大业，公如是乎不朽矣。然当入唐事之初，高祖旧憾不释，欲因事诛之。破突厥还，萧瑀馋以释；定吐谷浑，高甑生⑧诬以谋反，而公弗辩也。卒能使君谅其诚悃⑨，以功名终。初，吐谷浑之入寇也，公已以老疾乞骸骨⑩矣。帝谓侍臣曰："靖能复起为帅乎？"公往见房玄龄曰："吾虽老，尚堪一行。"遂衔命奏凯而还也。帝将伐辽，诏谓曰："公南平吴，北破突厥，西定吐谷浑，高丽未服亦有意乎？"对曰："往凭天威，得效尺寸功。今虽疾衰，陛下诚不弃，病且瘳矣。"帝悯其老不许。是其为人也，在隋忠隋，在唐忠唐。智足以料敌人之情，勇足以定非常之变，忠足以回人主之怒。生死以之，惟君所命，马革裹尸之志至老不衰。此非所谓聪明正直而一者乎？血食万年固其宜矣。而况雨旸所祈，捷若影响一邑之民，望泽孔急，则斯庙之修又乌可以已乎哉！

庙之创始不知何时，元皇庆元年之碑，其续修者也。乾隆辛酉，县宰黄平刘公汝翼捐俸补葺，后渐污漏毁及神像，东西垣墙筑土而成，坍塌无余，乐楼残敝，材木为人盗去，满目荆榛充塞，见者凄恻。邑太学生平君如阜倡众重修，百废俱举，垣墙易以砖甓，则加备矣。工起于辛亥，今年癸丑告竣。请余记其颠末，曰："吾辈邑人虽费力费财，诚不足异，然刘公之功不可没也。向非刘公修之于前，今且为瓦砾场矣。乃以公去官，碑版不立，使后世无考，余心恝⑪焉。祈先生备详之。"余既重神之赐，又嘉平君推功贤宰，有劳而不伐者，足以为后来劝也。于是乎记。

注释：

①辅公祏（？—624）：齐州临济（今山东省章丘市西北）人，隋末唐初江南地区农民起义军领袖。隋大业九年（613），辅公祏跟随杜伏威亡命为盗，起兵反隋。唐武德二年（619），辅公祏与杜伏威归附唐朝。唐武德六年（623），杜伏威入朝，留辅公祏守卫丹阳。同年八月，辅公祏称帝，国号宋。不久，唐岭南道大使李靖等率领大军讨伐辅公祏。唐武德七年（624），唐军屡次击败辅公祏军，将辅公祏处斩，传首长安。江南地区遂全部平定。

②窨井（yuān jǐng）：干枯的井。

③濬池（jùn chí）：深池。

④韩子：即韩非子著《韩非子》。

⑤句龙：即后土氏，相传为共工氏之子。句龙"能平九土"，因治水土有功，颛顼任命其为土正官。句龙被后世祀为后土之神，是掌管社稷、土地的社神。

⑥周弃：被后世周部落奉为先祖，大约生活在舜禹时期。他曾协助大禹治水，为大禹的农官，故世称后稷。

⑦夷考：考察。

⑧高甑生：唐贞观九年（635），盐泽道行军总管、岷州都督高甑生，因违李靖节度而获罪。他为求解脱，便诬告李靖谋逆。按：唐律，诬告者反坐其罪。

⑨诚悃：真心诚意。

⑩乞骸骨：古代官吏因年老请求退职的一种说法，使骸骨得以归葬故乡。

⑪怒（nì）：忧思；伤痛。

十小里免一切杂项碑记

牛 俊

《诗》云："乐只君子，民之父母。"①父母云者，谓能为民除害，而使闾阎安居乐业，而无所受其扰累也。

况我新安乡十小里，旧属平顺，地处山僻，石厚而土瘠，野无足耕之田，宅无可蚕之桑。居是间者，甚矣惫斯，即不劳民力，犹恐民力之易竭；不伤民财，犹恐民财之难继。若令受额外之催科，凡父母斯土者具不忍也。故自分拨壶邑以来，蒙郡守张公、邑侯杨公皆以父母为心，念十小里地瘠民贫，优免六畜税务及一切杂派等项，永不支应，载在碑记，至今炳然。

讵开设骡柜之后，柜头瞒官舞弊，擅拉骡马，讹索贴备，而使父母斯民之心将湮没而不彰矣。幸逢邑侯胡公、程公及捕廉②赖公莅任斯邑，查照旧章，优免十小里永不支差，而民之被其恩渥者，莫不颂"南山有台"之诗而欣然以喜，曰："是诚谓'乐只君子，民之父母'也！"乐斯爱，爱斯传，勒诸琐珉，永垂久远，使后之居斯土者知受福之有自，除害之有由，并使柜头人等无从滋弊云尔。

注释：

①乐只君子，民之父母：言能以此化民，从民所欲，则可为民之父母矣。只，辞也。

②捕廉：即攒典，典史署（也称巡捕衙）内设攒典一人协助办事，攒典在知县、

县丞、典史之后,百姓俗称司爷、捕廉老爷、四爷等。

重修圣帝庙记

王 极①

圣帝庙之附廓而建也,盖数百年于兹矣。顾规模虽具,颓敝颇多,甚非所以妥神明、肃瞻仰也。况乎圣帝之威灵,历百代而弥形赫;濯国朝之祀典,合三公而荐以馨香,不有寝宫何由昭格?

溯自雍正八年间,合社捐输,谋为修置,奈工程浩大,费用殷繁,构成砖窑三串,卒以资力不给,而中道辄止。及乾隆十二年间,曾将东西马庑易陈而新,惜其中之废而未举者尚多也。所幸同社陈马两先生同心勷力,筹划经营,费则募诸四方,罔惮跋涉。功则继以积岁,不避勤劳。迄今十余年而工乃告竣,不独正殿五楹去栋梁之朽敝,易墙垣以砖石,使实实枚枚②,永为神所式凭③也。凡内外廊庑、钟鼓、楼台,均有以葺其倾颓焉。后之窑庭,东之别院,更有以补其缺略焉。由是而环以垣墉,饰以丹艧,而帝之庙貌弥觉焕然一新,侐④然深广矣。

夫壶邑庙制,此为独巨。构造之费,此为最繁。借非帝德之潜乎,则观成诚未易易⑤。然而首事者之殚心竭力,与诸君子之尚义乐施,正未可没也。爰勒石而为之记。

注释:

①王极:清乾隆壬子(1792)科举人王修龄之父。

②实实枚枚:细密貌。《诗经·鲁颂·閟宫》:"閟宫有侐,实实枚枚。"《毛传》:"枚枚,砻密也。"

③式凭:依靠;依附。

④侐(xù):清静;寂静。

⑤易易:很容易。

重建壶关县大安桥碑记①

秦之柄

桥名大安，因村也。村距县治之东南二十五里，倚山汇水。夏秋雨集，劈村为沟，深且阔。旧有桥，筑以土，高以丈计八，长以丈计二十，而广不及丈，行者蹜蹜②危矣。乾隆三十七年，儒士郭如汾、马蓉、管昌业，耆庶任九卿、管尚稳、牛兆瑄四十一人等，依桥之东，辅而加筑，半上砖，半下石，叠孔釃③水。高长视旧而广于旧三倍，复翼石栏如其长之数。而两之费，以工计二万钱，以缗计二千二百有奇，阅四岁始竣厥功。昔蹜蹜，今坦坦矣。往来其上，向非举目凝眺，几忘桥之高、沟之深濡且阔也。古人因村命名而载在邑志，宜哉。

铭曰：

高山立壁，迅水建瓴。劈地洶壑，潆阔洞溟。飞桥引土，如缘木行。

负担骑步，惝恍难凭。爰有儒庶，斯经斯营。嵌琬甃甓，度薨④捄陾⑤。

如鸟比翼，如鱼比睛。罗浮铁贯，仿佛厥形。于今四年，告厥功成。

汹涛骇浪，既安且宁。骈毂齐辔，不絓⑥不惊。补地之缺，若天降生。

无陂无侧，王道平平。

赐同进士出身文林郎知壶关县事秦之柄撰，赐同进士出身山西解元即选知县冯文止篆，署大尚子冯士翘书，匠义常大中、常大纶刻字，大清乾隆四十九年九月之吉。

注释：

①重建壶关县大安桥碑记：秦之柄撰文，清乾隆四十一年（1776）勒石，额篆"磐石长歌"，冯士翘书丹，现存壶关县店上镇大安桥碑亭。

②蹜蹜（sù sù）：形容小步快走。

③釃（shī）：滤酒；斟酒；疏导；分流。

④薨（hōng）：嘈杂声。

⑤捄陾（jiù réng）：捄，盛土于器。《诗经·大雅》："捄之陾陾。"《笺》："筑墙者，抒聚壤土，盛之以蕢，而投诸版中。"《毛传》："陾陾，众也。"一说为筑墙声。元王恽《玉堂嘉话》："爰构爰缔，筑之陾陾。"

⑥絓（guà）：绊住；阻碍。

环山阁记

刘　锞①

闻之父老云，昔我邑侯贵筑马公②曾愿卜居于山南。山南距壶关县治二里许，在栲栳山南，故曰山南栲栳。东与凤山并峙，北连神山、高望诸峰。陡而突，缕而蹙。山南又当其凸，俨若赘疣，拥肿③暴露，莫之环抱，是固山灵所隐憾也。

居人贾栋、雷林等创运谋甃砻石，从山东麓缭以周墙，迤逦而南，直抵路隅，构画阁以镇之，飞甍悬宇，巀嶪④高骞，望之蔚然而深秀，为山南东口锁钥。先是栲栳虽为山南主，磅礴轮囷⑤，溢溢歧出，鲜顾盼之情。此阁一建，延青拱翠，势若环而相应矣，因名为环山阁。且谓是山也，自我昭代百余年来，未闻渠精英所萃焉，岩峦之蓄积弥久弥厚，有所凭而将泄理，尚循环亦应尔也。

夫山南曰阳，阳者发生之气，南者文明之方。吾见地虽僻、人虽稀，殆必有魁梧奇杰之彦⑥出于其间，以启环山阁之先兆也。栲栳无憾于山南矣，宜乎马公原卜居于兹也。辛卯三月经始，甲午十月告成，勒诸琬琰，以垂不朽云。

注释：

①刘锞：字铁崖，号海田，壶关（今山西省长治市壶关县）秦庄人，清乾隆乙酉（1765）拔贡，著有《海田诗草》。

②贵筑马公：即马璘。

③拥肿：隆起；不平直。《庄子·逍遥游》："吾有大树，人谓之樗，其大本拥肿，而不中绳墨。"

④巀嶪（jié yè）：高耸。

⑤轮囷（lún qūn）：盘曲硕大貌。

⑥彦：有才学、德行的人。

禁赌碑记

杨相文

天地生一人，自有一人之事；吾人有一时，各有一时之功。赌博云乎哉？抱娼酗酒云乎哉？①

然而风俗渐颓，人心日坏。我朝本天地之已心以为心，不得已而有所谓刑罚。而执迷不悟者，犹恬不知所戒，往往寡廉鲜耻，辱身贱行，遂无不为己，及陷乎罪，谓能免于刑戮耶？抑谓兴家立业能从此中得来耶？不惟人心难服而岂天道哉？况其为害非浅鲜也，因邪途废正事而失仁义者有之，丧人品而坏心术者有之，且危妻子而累邻里者有之，戮父母而辱祖宗者有之，甚至败其家破其产者有之，杀其身亡其命者有之，种种不一之弊，曷可胜数，岂不惧哉！

总约②洞悉其弊，深为忧之，意以放辟邪③侈④伊于胡底⑤，因欲力挽昏迷，悉改旧习，将为奉官严禁。故合三社人等委曲周旋，宛转成就，则虽习惯自然，究不难骤夺已成之局，此岂非振风扶俗而同然甚美之意哉？乃为余嘱，余曰："甚善。"遂欣然任己意而动于笔，以无体之词承至美之意，而特患不足以相当，然适有所感也。识者幸勿论其言词，而第羡其美德也。可度旧染之污，悉其日新之机渐开，老幼勤俭以务正，地方清净以为安，于是耕读勿闲，物我胥化，人饮天和，俗敦古处，则亲贤乐利，礼训之俗成，争竞之风息。一是皆以修身齐家为本，不居然恬熙⑥之日月，太平之景象也乎？予虽他乡之客，事权未属而窃喜为斯人道也。于是乎书。

注释：

①赌博云乎哉？抱娼酗酒云乎哉：此碑记于1983年翻印时，点校者于原文眉批"文意似有不顺"，疑有缺失文字。今予校注，亦感与前后文之意不通，抑或是原碑漫漶，当初录者无法识之所致。今仍依之，留待考订。

②总约：即总乡约，大概相当于现在的乡长、镇长，管辖几个村的村主任。

③辟邪：我国古代神话传说中的一种神兽，似狮而带翼。西汉史游《急就篇》："射魅辟邪除群凶。"颜师古注："射魅、辟邪、皆神兽名。……辟邪、言能辟御妖邪也。"

④侈（chǐ）：放纵。《孟子·梁惠王上》："苟无恒心，放辟邪侈，无不为己。"

⑤胡底：到什么地步。胡，何。底，到。
⑥恬熙：安乐。

店坡修路碑记

栗英魁①

三义堂之建创自国初，盖亦有年矣。其前大路一条，为三村之要地，实邺潞之通衢也。东有秦公之桥，西有永济之桥，而兹介乎其中。每当夏秋之间，水之自北而来者，汪洋震荡，势甚峻急。久之沟益深，而途益狭，不惟无以通往来，而且无以固庙宇矣。

庚寅岁，庄头村偶起修路之见，遂协常平王章二村，并出疏②捐资，度地兴工。削高岸之土以填深谷，而道路之倾者以平；取他山之石以筑通渠，而水势之涣者以聚。至于砌石桥一座以利车徒，营土窑三串以避风雨，则又修路之类而不敢居功者矣。

总之，是役之举，非有羡秦公之首善，实欲偕永济以俱传。倡其事则栗正己、栗凌汉，而督其工则张广倡一人也。越二年，而工程告竣，共费钱六百七十四千九百七十文。又四年而募疏齐至，共捐钱二百七十八千八百文，另有碑记花开，除捐下短钱三百九十六千文，栗成林则如数补之。是为记。

注释：

①栗英魁：壶关（今山西省长治市壶关县）庄头村人。
②疏：旧时募化用的簿册。

重修乐善桥黄柏坡碑记

郝世俊

尝闻聚石为徛①，横木为礿②，徛与礿皆桥之谓也。桥名乐善，济道路之崎岖；路接朝真③，感神灵之保佑。进香者熙来攘往，实千百年所共有。想古人继长增高非一二日而能就，奈年湮代远，风雨交加，不补周行有阻，而谷变陵迁，杠梁最要不修，大路难通。从此村人费其心力，善人舍其余资，将见周道如砥④，行路过客不嗟难，万善同归功成，来人且讶速。工程告竣，以记其事。

注释：

①徛（jì）：石桥。
②彴（zhuó）：独木桥。
③朝真：道教谓朝见真人。
④周道如砥：指道路平坦，畅通无阻。《诗经·小雅·大东》："周道如砥，其直如矢。"

喜雨记

吴辉珇

壶邑土厚水深，无平川大泽，雨后山泉怒发，河涧皆盈，其涸可以立待。故民间皆汲井而饮，或凿池为堰以蓄水潦。稍旱则有行数里以汲水者，田畴灌溉之利概不可得。

凡谷既播种，惟望天降时雨以资长养，偶有愆期枯槁可虑。咸丰丙辰，余摄篆斯邑，先是中夏颇旱，求雨于龙神祠既应，迨秋初时又有蕴隆虫之象，田间黍稷稻粱或吐秀，或结实，需泽甚殷。复步祷龙神祠，三日未得甘澍，中心皇皇，夜不假寐①。因思民命系于造物神之监，观下土未尝不悯谷之将败，而民无以为生也。为民祈福，责在有司，或诚有未至，即不能有感应。乃率教谕石建绩、训导陈鼎勋、典史陈其倬、外委千总孟得禄斋戒沐浴，以十三日戊辰昧爽②祈于神祇坛，命廪生阎双林为文，深自引咎并歌乐府三章，冀邀神听。廪生张三元、附生陈自修左右相仪，莫不严恭寅畏③。礼成，而是日浓云四起，霡霂旋施，次日更继以滂沱，合境优渥。爰以十八日癸酉，率同僚仍诣坛祭，谢如初礼。本年农事竟获有秋。都人士咸欢欣鼓舞，谓非神力不至于此，用书其事而垂诸石。

注释：

①假寐：打盹儿；打瞌睡；不脱衣服小睡一下。
②昧爽：拂晓；黎明。
③寅畏：敬畏；恭敬戒惧。

重修龙尾桥碑记

郝世俊

　　大会村有两桥，一在村之东，一在村之西，屹然并峙，地居冲要，昔人取名龙尾，盖象形也。年湮代远，碣断碑残，创修不知始于何时，然只筑之以土，未尝坚之以石，历时既久，经风雨之剥蚀，河水冲激，盖几几乎有略约难支之势焉。况地距二仙真人庙十有余里，每逢夏初，远近进香者络绎不绝，形势逼仄，渐就倾圮，此行人之忧而实村人之责也。

　　于是董事诸君鸠工庀材，倡议重修。奈功巨费繁，非一村之力所能竟其事。因四方募化，共得布施一千余缗。昔筑以土，今坚以石，村西之桥基址不固，以石护之；东桥则增高数尺，长十丈，宽一丈七尺，近桥之路亦皆以石铺之，桥上增修栏杆十丈有余。昔之苦其险阻，今则尽履康庄焉。事经始于咸丰三年，越六年而功告成。首事诸君嘱为记，余曰："此善事也，亦义举也！尝读帝君《阴骘文》①，有曰'修数百年崎岖之路，造千万人往来之桥'。盖言能为此者功德无量。诸君重修西桥，其利赖于人者正非浅鲜。而一村之人皆能踊跃赴义，乐于从善，其事为可嘉，而其风尤为近古也。虽诸君未尝有沽名之心，望报之念，然能自始至终不辞劳瘁，要当使继起之人咸知此后之兴并非易易，而四方好善者之姓名亦未可湮没不传。"爰叙其颠末，昭兹来许云。

注释：

　　①《阴骘文》：全称《文昌帝君阴骘文》，是道教劝善书之一种。"阴骘"一词，其源盖出于《尚书·洪范》："惟天阴骘下民。"意谓冥冥之天在暗中保护人们，这是古代比较简单的天命论思想。

驱蝗记

吴辉珇

　　予自箕山调摄斯邑，丙辰夏秋颇患旱，幸祷雨辄应，乃克有年。是岁豫省州邑多生蝗，蔓延晋之边界。惟壶境尚未飞入，年终蜡祭①久废，予修而举之。丁巳春，大府严檄潞黎两县搜挖蝗种，发重价收买，剔除殆尽。河南因值用兵，守土者不暇及此，致蝻蘖萌生振振田野。予每遣人探视，知其渐次长翅，心甚忧之，屡移各汛弁②并谕村民防范。按：后汉五行志③，蝗虫贪苛之所致，尤不敢不兢兢焉，内自省察，深恐政未平、讼未理，或招灾异。闰五月朔，接大河汛许把总书言："前数日有蝗几欲临境，旋又飞去未落。"方窃为斯民幸，讵初三日午后，忽有蝗自东南飞来，集大河村山谷。予闻报不胜惕厉，夫循良如卓茂鲁恭④，则蝗断不入。予之失职既大有愧于古人，而敢不急为翦除⑤以安田亩？乃备牲醴，率寅僚⑥为文自责，即日祭八蜡庙。事毕，星夜驰赴边界督捕，既至则蝗已向东南飞去，所留仅一二，适天降时雨，且捕且埋，不三日而尽灭，农事得以无害。爰回城仍诣八蜡庙祭谢，邑人咸欢欣鼓舞，感□神之力。予既自惭而又不敢自讳，故叙其始末，以见蜡祭之不可忽云。

注释：

①蜡祭：祭名，年终合祭百神。《礼记·郊特牲》："蜡之祭也，主先啬而祭司啬也，祭百种，以报啬也。"

②汛弁：指汛地官兵。

③五行志：史书志篇目之一。东汉班固撰《汉书》始创，5卷，后历代正史继之，记载日食、月食、星体变异和各种灾害以及阴阳学说。

④卓茂鲁恭：东汉名臣，南朝宋范晔《后汉书·卓鲁魏刘列传》载，均以循吏见称，后因以指贤能的官吏。

⑤翦除：斩除；消灭。唐李德裕《讨回鹘制》："其回鹘已破灭，义在翦除，宜令诸道兵马，并进讨。"

⑥寅僚：同僚。

禁赌碑记①

郝世俊

赌博，习使然也。倡之者一二，从之者什百，久则积俗难挽，流弊日滋，良可慨也！吾村赌博日甚一日，良家子弟陷溺其中者比比然矣。父老睹其俗弊，感②然忧之。因阖社公议，量力捐资，勒片石立禁条，为将来者戒。议既同，使余为记。

余闻之，人心不正，由于补救之无人；风俗不端，由于维持之无力。赌博一事，使人倾家败业，恒产不保，尤害之显然者也。渐使人心日即于浇漓，风俗日趋于颓靡。廉耻丧，礼义亡，仁里也而为互乡③矣，害孰甚焉！今欲反其积俗，杜其流弊，斯善事，亦义举也。将见自禁之后，浇漓者易为仁厚，颓靡者从而振作，人心日正，风俗日端，讲让型仁④，一洗从前之污陋，则维持补救之力，正未可以泯没也。是为记。

郝世俊撰文，河南林邑郡庠生元念祖校阅，李高峤书丹，大清道光二十四年岁次甲辰六月谷旦，维首社首勒石，玉工秦永发、秦根祥镌字。

注释：

①禁赌碑记：此碑现存壶关县东井岭乡口头村。
②慽（qī）：悲哀；忧伤。
③仁里也而为互乡：明程登吉《幼学琼林·地舆》："美俗曰仁里，恶俗曰互乡。"
④讲让型仁：即"型仁讲让"，以仁爱为准则，讲求礼让。型，铸造器物的模子，引申为准则。仁，仁爱。让，礼让。《礼记·礼运》："著有过，型仁讲让，示民有常。"

重修宋堡桥碑记

胡燕昌

盖闻仁者①以济人利物为心，仁周乎天下，故利济乎天下；仁周乎一国，故利济乎一国；仁洽乎一乡，故利济乎一乡。即一村一堡，但能尽其分之所当为，力之所能为，与夫心之所乐为，皆可以利济于无穷。

壶邑南十五里有宋堡桥，为南北往来大道。每当夏秋之间，涧流冲突，梁石倾颓，自乾隆壬寅向公继修后百余年来又一变矣。介宾杨朝阳等急公向义，设法募化，克期重修。于是倾者正之，朽者易之，塞者疏之，缺者补之，平平坦坦告厥成焉。因而请叙于余，余忝②守兹土已三年矣，自惭凉德③未能利济斯民，而窃幸该绅等，竟能尽其分之所当为，力之所能为，与夫心之所乐为，所谓利济乎一乡者即斯仁也。推而广之，将以利济乎一国者，斯仁也；利济乎天下者，亦斯仁也。遂乐为之记，是为序。

注释：

①仁者：有德行的人；有恩情的人。东汉许慎《说文解字》："仁，亲也。"本义是

对人友善、相亲。《论语·颜渊》:"樊迟问仁。子曰:'爱人。'"后来发展为含义广泛的道德范畴,如儒家提倡仁爱、仁政等。

②忝(tiǎn):谦辞,表示愧于进行某事。

③凉德:❶薄德;缺少仁义。《左传·庄公三十二年》:"虢多凉德,其何土之能得!"❷后世多用为王侯的自谦之辞。南朝陈徐陵《为贞阳侯重与王太尉书》:"岂在余凉德,书不尽言。"

重修义学碑记

万宗敏①

尝读《易经》曰"蒙以养正,圣功也"。从可知养蒙即为作圣之基。无如壶邑地瘠民贫,往往有聪明子弟无力读书者,终于目不识丁,殊堪痛惜!

道光壬寅岁,车公②创立义学,捐置本金,每年得利以为延师之资,在文昌宫设馆,为肄业所。嗣后彭公③移于北街,创修东房五间,周以墙垣,门楹中启,欲永为讲学之地。乃日久弊生,维特④侵蚀其利,即本金亦荡然无存矣。以致学第虚设,琴书之堂遂为茂草之地,不亦有负二公之心哉!

邑侯胡公于同治辛未岁来莅斯土,整理书院讫,谈及义学废弛,深为惋惜。邀集绅士,妥为筹议,即于书院公项内提钱若干,以为延师脩金、添置家具之费,又创修北房三间,大门自乾移坤,较前更觉宽广,规模聿新。因历序颠末,以垂不朽。是为记。

注释:

①万宗敏:壶关(今山西省长治市壶关县)人,清咸丰辛酉(1861)科拔贡。

②车公:即知县车仁达,清嘉庆己卯(1822)举人,湖北汉阳人。

③彭公:即知县彭翊,清道光壬午(1822)恩科进士,福建侯官人。

④维特:此词费解,查《壶关县续志》原文为"微持",仍难诠。经考,或为"维首",抑或"住持"之误。两词义皆为主持某事项之人。

巡抚部院李禁传呈碑记

万宗敏

照得①民间户婚田土钱债细故,必按三八告期②收呈,不准逐日传递,所以杜刁告而清讼源也。

本部院访闻晋省各属，向有传呈坐差名目。传呈者不按告期，随时传递。坐差者即以本日传进之呈，坐签本日承值之差，其中房书有费，门丁有费，印签亦有费，即本官日需食物，即取给于值日头役③。甚有按日折交钱文者，遂致衙蠹讼师勾串诬控，肆无忌惮。朘小民之脂膏，以为上下分肥之计，若不严行禁革，何以挽颓风而保善良。合行出示，泐石严禁。

为此，示仰官吏胥役人等知悉，自示之后立将传呈、坐差名目永远革除。如有案关命盗及斗殴受伤，例应验讯保辜者，仍准随时呈控，其余皆按三八告期当堂收呈。所有值日头役供应食物、折交钱文一切陋规，概行禁绝。倘敢仍蹈故辙，许被害之家来辕呈诉，立予究惩，决不稍贷，各宜凛遵④无违！特示。

注释：

①照得：查察而得。旧时下行公文和布告中常用。
②告期：又称请期，俗称选日子。
③头役：衙役中的为首者。
④凛遵：严格遵循。

爵抚部院曾禁非刑碑记

万宗敏

为严禁非刑以重民命事。照得笞杖之设用，有等差扑①作之刑，名为愧厉②。其不如法者谓之非刑，地方官不准滥用，所以慎刑罚、示仁爱也。风闻近来州县审案因戒饬之旧，创为挞手心之法。其法用二尺余高木凳，将手腕缚在木凳之上，并将五指用皮条拴固，不令受责者稍有转动，再以寸厚板痛挞，自一百以至一千不等。往往有手心挞成两半而立时昏晕者，亦有断筋折骨而终身成废者，并有数日内伤重而死者。

因思宽予戒饬之人，纵非衣冠之望，不同强暴可知。今名曰戒饬，而惨毒之害实百倍于笞杖。用刑如此，实属上干天和③。嗣后地方官审案，遇有应行戒饬者，只可戒饬，不准再用前项木凳拴固腕指及用寸厚木板任意毒挞，以昭区别而重人命。其绅民人等，亦应仰体④朝廷慎刑、恤民之心，各安本分，切勿以身试法，各宜凛遵勿违！特示。

注释：

①扑：即榎楚，古时学校中用于体罚的一种器具。

②愧厉：使有所愧而自勉之。

③上干天和：上而冲天地和气。

④仰体：体察上情。

移建书院并增膏火重修义学记

胡燕昌

壶林书院旧基在儒学东偏文昌殿后身。同治己巳岁，邑令叶公兆晋相度形势，谓文昌先代宜有定所，遂将书院奉建文昌后宫，而以衙署西偏之公所改为书院，地址较宏，气象亦崇，诚一邑文风之萃也。

越辛未岁，余奉命忝守是邦，下车伊始，月课书院。肄业生童寥寥数人，诘其故，知膏火本微，而经理又未得人，几至废坠。于是捐廉以为之倡，劝邑绅量力乐输，共得二分七厘库平色银二千两，仍发在城、中立、公合三当行生息，连旧本二千五百八十二两五钱二分，共计新旧本银四千五百八十二两五钱二分。每年共得利银七百零八两三钱四分九厘六毫，遇闰该得利银七百二十八两零一分六厘四毫。除山长脩膳照旧外，而添增诸生膏火、乡会川资、五贡喜金各若干两，另刊规条，兹不复赘。当经禀请各宪①立案，皆蒙批示并勒碑石以垂久远。

至义学之设，久已湮废。余于整理书院之日，筹画及之，每年于膏火项内提钱六十千，以为义学先生脩脯之资。凡此修举废坠，皆守土者之责，惟原都人士争自濯磨②，互相砥砺，立功立德，为邦家光，是则余之共勉也夫。是为记。

注释：

①各宪：朝廷委驻各行省的高级官吏，如清代称巡抚、藩司、臬司为三大宪。

②濯磨：亦作"濯摩"，洗涤磨炼。比喻加强修养，以期有为。

重捐书院经费碑记

万宗敏

尝思莫为之先，无以启后人之志；莫为之后，无以继前人之功。

我壶林书院自嘉庆庚午邑侯汪公重加修饰，文教遂兴，历科登乡榜者不乏其人。乃日久颓废，整理无从，以致绛帐空悬，有名无实。自乙卯科郝君世俊登乡榜后，数年来继起无人。盖壶邑地瘠民贫，士多寒素，平昔既乏讲求，临试更鲜资斧，遂致省试者寥寥无几，应月课者不过一二十人，文运之衰几难复振。

迄同治辛未仲冬邑侯胡公来莅斯土，越明年政通人和，弊革废举，而于书院一事，尤拳拳首重焉。尝言欲士风之丕振①，须培养之宜先。于是悉心筹画，先捐廉俸二百金以为之倡。壶民感公之恩，戴公之德，有随请而即捐者，更有不招而乐输者，不数日共捐银二千金，仍发当商，照月一分二厘生息，每年得利银二百八十八两，合旧本金二千五百八十二两五钱二分，共得利银七百八两三钱有奇。除山长脩膳金仍照旧章外，增置乡会之川资、五贡之喜金、生童之膏火皆取给焉。又念蒙养弗端，人才多弃，遂创立义学，延请明师，而贫寒子弟无力读书者亦不至误其聪明，我公为壶民计者何深且远哉！事甫竣，属当癸酉乡试焦君凤翔以本科拔萃登贤书，郝君世俊亦以甲戌成进士，虽会逢其适乎，亦事吉有祥也。

近年来，应月课者不下六七十人，赴省试者不下四五十人，文风蔚起，蒸然日上。嗣后掇巍科②，享大名者，当不乏人，何莫非我公作人③雅化④所由致哉！公又恐积久弊生，复就废弛，除勒碑刊志外，更禀抚藩道府各大宪⑤存案，庶其垂诸久远，永为培植之需。所谓以实心行实政，嘉惠士林者我公有焉。至于条款另缮于后，用昭来许。后之人尚其加意维持，善为守护，以传诸无穷也。斯幸矣。

注释：

①丕振：大力振兴。
②掇巍科：高中科举。巍科，高第。
③作人：❶为人处世。❷培植人才。

④雅化：❶趋于文雅、高雅。❷纯正的教化。
⑤大宪：旧时府吏对上司的称呼。

重筑西池碑记

鹿学典

壶之西郊旧有水池一区，北枕龙溪，东凭雉堞，西南亦皆带螺峰，形势秀远，且池陂高旷，登而眺焉，宛然负郭之幽渚也。惜壅塞已久，蓄水无多，不足以供汲饮之用。

余自光绪二年十一月来权斯邑，公余之暇，周览县治，深以地多高燥、井泉缺乏为忧。然蓄水必先凿池，而创新不知因旧。考之志乘，城以外有池四：南曰惠泽，北曰龙雨，皆创于有明①，厥后两池相继淤废。国朝康熙初，县令章公经于壕之东北，创建石堰以束漫流。乾嘉时，李公元镶又因堰筑池，名曰述堰。自述堰池成，迄今已近百年，万民利赖其功，固较惠泽、龙雨为尤伟也。但池每患淤，岁须一淘，淘池之际，莫为之继，且间阎稠密，仅恃一池绠汲，仍虞不足。窃拟增修一池以资接济，而惠泽、龙雨基址就湮，难于修浚。惟兹西池相传凿自康熙间，而石门闸座未尽倾颓，察其地势，每值雨潦，西北诸山之水奔腾浩渺，皆先注于是池。池溢，始绕城而东汇入章公堰，盖述堰池之上游也。余欣然谓众曰："前当下车之始，庶政②未修，民心未服，不敢遽以皋鼓③营我编氓④。今幸雨雪时降，天兆康年，当集众力重筑是池，以备述堰不时之需。"遂商于同寅诸君子，并属绅耆士庶而筹画之，佥⑤以为善。余乃倡捐俸金，学博阎常两君，城守刘君、少尉吕君，亦皆慨挹康泉，加以绅商士庶之踊跃输将，共得制钱一千五百余缗。于是先集民夫，畚锸齐兴，不匝月旧淤若刮，较故址而稍拓之。继则鸠工庀材，兴造于二月，蒇事于八月。计周围三十五丈，深二丈，砌以巨石，碱⑥以矸红二土，用防渗漏，复添筑石台二层，匝以砖，堋口、门闸座之废圮者，亦补而新之，悉如述堰池式，夫犹是池也。向者污秽枯涸，满目荒芜，一旦而巨浸澄鲜，不减东泉曲江之胜。此其废兴之故，盛衰之理，莫之为而为者，固令人流连不置矣。试观东西辉映，秀启舆图⑦，彼涸此盈，既可相需为用，而波光云影润泽林峦，不更钟灵文运哉。抑是役也，虽肇意于余，而董劝勤能，督工劳瘁，则同寅诸君子谋维⑧之力，既经理诸绅董勖助之功也。池既成，爰泐诸石，以志颠末如此。

注释：

①有明：指明朝。有，词头。

②庶政：各种政务。

③皋鼓：❶大鼓，古代用于奏乐。❷大鼓，古代用于役事。皋，通"鼛"。

④编氓（biān méng）：编入户籍的平民。

⑤佥：❶众人；大家。❷全；都。

⑥碨（wò）：砸实地基或打桩等用的一种工具，通常是一块圆形石头或铁制的饼状物，周围系着几根绳子。

⑦舆图：古代指地图，或者疆域。

⑧谋维：谋虑。维，通"惟"。

戊寅秋迎铁牌灵验记

陈裕新①

光绪戊寅夏初，我胡公印燕昌复宰是邑。入夏以来风雨调和，田苗畅茂，方冀岁登，大有以济时艰。不意于六月下旬，旱魃施威，天又亢旱，禾苗将枯。

遍祷无灵，而岁当大祲之后，米价昂贵，至一千六百有奇，饿莩者道殣相望。若今岁再遇荒旱，民无孑遗矣。我公昼夜忧思，寝食不安，时有署理典史杨公德荣者，言邯郸县铁牌灵感异常，盍往一请之乎？公艰②其人，而典史杨公慨然直应曰："年岁之丰歉，人民之存亡，在此一举。事急矣，愿奉命而行。"公遂禀明各上宪，并遣邑人增生雷君声宏于七月初七日，偕杨公同往邯郸县圣井岗，恭请铁牌，往返皆兼程而行。

自起身后，每日密云不雨，似有待者。直至月之十四日夜间，铁牌甫入壶境，灵雨滂沱，四野均霑而且连朝迭沛，禾苗复苏。由是未秀者吐秀，已秀者结实，浡然而兴，共庆有秋于斯时也。忧者以喜，病者以愈，不旬日转歉为丰，四野欢忭③，虽神之灵感异常，亦我公及杨雷二君之诚心有以致之也。秋毕送神后，载诸县志，以昭来许，用彰我公之虔诚，并以志杨雷二君之劳绩云尔。

注释：

①陈裕新：壶关（今山西省长治市壶关县）人，廪贡，候选训导。

②艰：形容词，慎重。北宋欧阳修等《新唐书·陆贽传》："凡任将帅，必先考察行能……若曰不足取，当艰之于初，不宜诒悔于后也。"

③欢忭（huān biàn）：喜悦；欢乐。南朝宋谢庄《谢赐貂裘表》："臣欢忭自歌，而同委衾之泽。"

艺文志·诗类

佛耳山

陈裕新

佛耳镇坤维①,秀色当窗牖。磴道几回旋,排云渐登靓。仰瞻象纬②逼,俯睇众山陋。烈风韵松响,晨曦促禅候。空堂堪索居,烧丹消白昼。

注释:
①坤维:西南方。
②象纬:象数谶纬,亦指星象经纬,谓日月五星。

前　题

陈　霆

苍藤借上援,青壁费前仰。东瞻渺云海,下视夫寰壤。疲樵惮登陟,过鸟阻来往。不知云霭深,但觉衣袂爽。山人慕飞举,信步毕幽赏。长歌人不闻,天风振余响。

前　题

吕蒙义

插汉如来境,相参乔木林。壑深云出没,堂邃气萧森。怪石生苍藓,疏松转绿荫。晓来堪听处,梵语杂禽音。

前 题

俞 章

晴空相映玉岩峣，上有仙人弄玉箫。
拄笏①前窗纵遐瞩，白云缕缕在山腰。

注释：

①拄笏：旧时比喻在官有高雅情致。拄，支撑。笏，古代君臣在朝廷上相见时手中所拿的狭长板子，用玉、象牙或竹片制成，上面可以记事，后来只有大臣使用。

玉峡关

茹 金

巉岩直上太行巅，华表中分晋豫天。
玉峡关前遥望处，苍松一带锁寒烟。

桃花洞

茹 金

天外奇峰莫与俦，桃花洞口涌飞流。
从来不饮贪泉水，爱此清泠且泛瓯。

卷　下

补　遗

沿　革

　　《太平寰宇记》①壶关县，古黎国地，汉为县，属上党郡。山形似壶，于此置关，故曰壶关，今潞州府所理地是也。汉末董卓作乱，以上党郡移理于此。后魏宣武二年，移壶关县于颖阳冈，即今县理。隋开皇十六年，分壶关县置上党县。大业三年，省，唐武德四年又置。

　　按：壶关与长治本一县地，自北魏景明以前，县治在今府；景明以后，县治在今县。隋虽分为二县，不久复合为一。唐始各自为治。乐史记叙极为明晰，录之补前志之疏。

　　注释：

　　①《太平寰宇记》：古代中国地理志史，北宋乐史撰，记述了北宋的疆域版图。广泛引用历代史书、地志、文集、碑刻、诗赋以至仙佛杂记等，计约200种，且多注明出处，保留了大量珍贵的史料，是继《元和郡县志》后又一部现存较完整的地理总志。

山　川

　　沾水，《汉书·地理志》出壶关，《太平寰宇记》羊肠坂在县东南一百六里，一名洞口，沾水出焉。

　　按：县东南之河涧口也。三瓮水、盈盈水皆至此合而东流。《水经注》①云：沾水处沾台下，今本沾讹为玷。与金谷水会金谷，即沾台之西溪也。似即指三瓮、盈盈二水。去玉峡关不远，关或即羊肠坂与？

　　注释：

　　①《水经注》：古代中国地理名著，共40卷，作者是北魏晚期的郦道元。《水经

注》详细记载了1000多条大小河流及有关的历史遗迹、人物掌故、神话传说等,是中国古代最全面、最系统的综合性地理著作。

古　迹

汉壶关三老令狐茂墓,《元和郡县志》在县东一十九里。墓今在县东二十里纯山,与《元和郡县志》合。前志以《上党记》言去郡六十里为疑。

按:汉上党郡治长子。所谓郡者,据长子古城言之,长子古城在今长子县东二十里,则相去六十里耳。又汉武故事,以三老为郑茂。《水经注》以为公乘兴。冀州图云刁黄山在长子县西六十里。壶关三老上书明戾太子冤者,死于此而冢存,则记载之异也。

曹公垒,《元和郡县志》在县南一百二里,曹公攻高干所筑。

后魏壶关县故城,在县东南六十里,即益阳城也。《方舆纪要》[1]作五十里。

宋真宗御书阁,在紫团山。宋王寀有咸平御书阁诗。

注释:

①《方舆纪要》:原名《二十一史方舆纪要》,是古代中国历史地理、兵要地志专著,由明清时期的地理学家顾祖禹所撰,共130卷(后附《舆地要览》4卷),常简称《方舆纪要》,约在清康熙三十一年(1692)成书。

纪　事

《北史·齐高祖纪》初魏真君中,内学者奏言上党有天子气,云在壶关大王山。武帝于是南巡,以厌当[1]之,累石为三封,斩其北凤凰山以毁其形。后上党人居晋阳者号上党坊,神武实居之。及是行舍大王山,六旬而进。将出滏口,倍加约束,纤毫之物不得侵犯。将过麦地,神武辄步牵马。远近闻之,皆称高仪同将兵整肃,益归心焉。

《魏书·灵征志》正光元年五月,并州上言上党郡东山谷中木连理[2]。元象元年八月,上党郡上言木连理。

《北史·周本纪》大象元年五月,以上党郡为代国。代王达之国。

按:县自魏宣武时为上党郡治,历高齐、后周不改,故类记之。

注释：

①厌当：用迷信的方法阻止灾殃的降临。厌，以诅咒镇服或驱避可能出现的灾祸，或致灾祸于人。西汉司马迁《史记·高祖本纪》："秦始皇帝常曰'东南有天子气'，于是因东游以厌之。"

②木连理：不同根的树，其上部枝干连生在一起。旧时视为祥瑞。

官 制

后魏上党太守王超《北史·王超传》：太原人。超弟，孝静时。

北齐上党太守李希宗《北史·李顺传》：赵郡人。顺孙，文宣时。

后周上党郡守郭昇唐郭思谟墓志：太原人。思谟曾祖，志书党为傥。

按：《府志》①所载，北魏太守如常陟、吕温诸人，在郡县徙治之前者，例不及。

元壶关县尹阎庆，老教谕郭祖仪、韩仲元，典史郑洧。并见大德十一年重修潞州文庙碑阴。

注释：

①《府志》：即《潞安府志》，后同。

选 举

唐进士苗缵苗粲子，见《嘉话录》。　　苗耽粲子，见《玉泉子》。

国朝举人杨聪康熙辛卯科考，授内阁中书。

人 物

张思进，上党郡人。齐文宣受禅时，讹言上党出圣人，帝闻之将徙一郡。思进上言："殿下生于南宫坊，坊名上党，即是上党出圣人。"帝悦而止。《北史·齐本纪》。

韩祐，字景祚，上党壶关人。曾祖峻，安定太守；祖钦，北海太守；父尚，州辟主簿。祐以天保十年特诏征入禁闼①，转中常侍，又除中侍中，授开府仪同三司。历职恪勤恭敬，不交非类②，闻义必归。周师既平并州，诏王公以下若释然归顺，官荣次序依例无失公卿侯伯，一时皆降。祐怀节义致事③去，散志④山泉，终身不仕。隋开皇六年卒。齐侍中开府仪同三司韩祐墓志。

张纮，家裕好施。嘉靖中，县西城倾圮，输资葺之，群推其义。修城记。

杨承上，字子安。父澜，贡生，有行义，终于沧州学正。承上徒跣千里，扶榇归里，哀动行路，时以孝子称之。家贫，性耿介，取与未尝稍苟⑤。县令方初举乡饮酒礼，亲延之，时以为荣，卒年八十有二。子孙多以科第起家。孝子杨承上小传。

注释：

①禁闼：宫廷门户，亦指宫廷、朝廷。
②非类：❶身份、门第等不相类的人。❷志向不合、志趣不同的人。
③致事：上报施政情况，也指辞官。
④散志：闲散的情志、意趣。
⑤苟：草率；随便。

杂　记

《新序》①赵简子上羊肠坂，群臣皆偏袒②推车，而虎会担戟行歌。简子曰："寡人上坂，群臣推车，会独行歌不推车，是会为臣而侮其主，其罪何若？"对曰："臣侮主之罪当死。死者身死，妻子为戮也。君虽闻为臣侮主之罪，亦闻为人君而侮其臣者乎？"简子曰："何若？"对曰："智者不为谋，辩者不为使，勇者不为斗。夫智者不为谋，则社稷危；辩者不为使，则使不通；勇者不为斗，则边境侵。三者不使则难保。"简子乃罢推车。

注释：

①《新序》：由西汉刘向编撰而成的一部古代文献典籍。采集舜禹时代至汉代史事和传说，分类编纂，所记史事与《左传》《战国策》《史记》等颇有出入。原本30卷，至北宋初仅存10卷。后经曾巩收集整理，仍厘为10卷。
②偏袒：解衣袒露一臂；解衣露肉。

真诰嵇康，为中央鬼帝，治抱犊山。

《神仙传》①王烈者字长休，邯郸人也。年三百三十八岁犹有少容，登山履险行步如飞。少时本太学书生，学无不觉，嵇叔夜甚敬爱之。烈入河东抱牪山，见一石室，室中百石架，架上有《素书》两卷。烈取读，莫识其文字，不敢取去，却着架上，暗书得数十字形体以示康，康尽识其字。烈喜，乃与康共往读之。至其道径了了分明，比及又失其石室所在。烈私语弟子曰："叔夜未合得道故也。"河东闻喜人，多累世奉事烈者。

《北史·魏汝阴王传》：元修义②迁吏部尚书，铨衡惟事货贿，授官大小皆有定价。时中散大夫高居者，有旨先叙。上党郡缺，居遂求之。修义私已许人，抑居不与。居大言不逊，修义命左右牵曳之。居对众，呼天，唱贼。人问居曰："白日公庭，安得有贼？"居指修义曰："此坐上者违天子命诏，物多者得官，京师白劫，此非大贼乎？"修义失色，居行骂而出。

《嘉话录》③：苗粲子缵应举，而粲以中风语涩④，心绪至切。临试又疾亟，缵乃为状请许入试否。粲犹能把笔，淡墨为书曰："入，入！"其父子之情切如此。其年，缵及第。

《玉泉子》⑤：苗耽进士登第，间居洛中有年矣，不堪其穷。或意为将来通塞可以响卜⑥。耽即命子侄洒扫厅事，设几焚香，束带秉笏端坐，以俟一言。所居穷僻，久之无所闻。日晏，有货枯鱼者至焉，耽复专其志而谛听之，其家童速呼之，遂挈鱼以入，其实无一钱，良久方出。货者迟其出，固怒之矣。又见或微割其鱼，货者视之，因骂曰："乞索儿卒饿死，何滞我之如是耶！"初，耽自外游归，途遇疾甚不堪登升，忽见有轝棺而回者，以其价贱，即僦而寝息其间。至洛东门，阍者不知其中有人，诘其所由来。耽谓其讶己，徐答曰："衣冠道路得病，贫不能致他物相与，无怪也。"阍者曰："吾守此三十年，未尝见有解语神枢。"后耽终江州刺史。

按：《唐书·宰相世系表》：耽字毅臣，粲子也。表不著其官及举进士，又以缵为苗昌子，具疏舛多矣。

《梦溪笔谈》⑦：王荆公⑧病喘，药用紫团山人参，不可得。时薛师政自河东还，适有之，赠公，不受。人有劝曰："令疾非此不可，疾可忧，药不足辞。"曰："平生无紫团参亦活到今日。"竟不受。

注释：

①《神仙传》：由东晋道教理论家、医学家、炼丹术家葛洪所撰，共10卷。故事众多，情节大多复杂、奇特，想象丰富，记述生动。

②元修义（？—526）：本名元寿安，字修义，河南洛阳（今河南省洛阳市）人，北魏宗室大臣，景穆皇帝拓跋晃之孙，汝阴灵王拓跋天赐第五子，历任都官尚书、殿中

尚书、吏部尚书,卖官鬻爵,贿赂公行。

③《嘉话录》:又名《刘公嘉话》《刘宾客嘉话录》,笔记小说,1卷。书作于唐大中十年(868),记其早年在刘禹锡门下问学时,所闻刘氏之言谈。内容有唐代逸事掌故以及讨论经传、评价诗文之论。

④语涩:说话艰难;不流利。

⑤《玉泉子》:收录于北宋欧阳修等《新唐书·艺文志》,全书共1卷,唐佚撰。此书记中晚唐政治传闻和人物逸事,多可与史传相参证。

⑥响卜:占事神算,鬼谷子先生秘术。

⑦《梦溪笔谈》:北宋科学家、政治家沈括(1031—1095)撰,是一部涉及古代中国自然科学、工艺技术及社会历史现象的综合性笔记体著作。

⑧王荆公:即王安石(1021—1086),字介甫,号半山,抚州临川(今江西省抚州市)人,北宋时期的政治家、文学家、思想家、改革家。

艺文·文类

壶关县志序

周再勋

壶在今日为上党偏僻下邑，当时重关天险，俯视中原，固箭括之通天①，而秦、燕、晋、齐之门户也。自商封同姓为黎侯，壶即在其境内。乃负固②党恶③，西伯首戡之。克商之后，又欲筑宫于五行之山，眷眷乎上党不置者，可见凭高扼险，虽古圣人不能易也。后灭于狄，复并于晋，又为三晋裂而有之。先属赵，后属韩，野王之役复归于赵，遂有四十万长平之祸，而山东因之以致兼并矣。

鲍永误用田邑璧马④，遂输于洛阳。而光武以兴，拔邺进围壶关，不能卒下，辄重魏武屠城之怒，宁非以其险恶必争，得之则兴，失之则亡也哉。故上党不拔，天下不可以得志也；壶关不下，则上党不可得拔也。自晋室南迁，遭刘、石、苻秦、慕容以至魏、齐、周、隋相侵相并，皆以此为要冲。昭义之设，唐以制河北。终唐世，河北之镇不能侵尺寸之地，壶实为虎豹金汤也。自宋改隆德军⑤无事之镇，潞亦为无事之州矣。张开及元兵之大战也，即于壶关决胜；关保虎林赤之遏曹州贼也，亦大破于壶关。夫山河如故，设险依然，何以正德六年，蓟贼逾太行，自壶关南界入潞郡，大掠雄山乡而去！崇祯十三年叛将任国琦夜逾壶口，袭北董市镇，长驱歌舞而归！所谓"守或非其人，化为狼与豺"者非耶。

尝披往牒壶亦尝为郡矣，但后世代有沿革建置，屡更分割，渐成蕞尔。其实今之长治、潞城、黎城、平顺皆其故地也。自泽潞分，壶遂独为咽喉重地。承平日久，武备渐弛，而壶口一关，今亦分析于黎城县，并无一骑一兵。而城戍要害者，止有弓兵数名讯商盘诘，然皆有名无实，不堪御暴。未雨犹堪绸缪，堤决从何埋塞，是在当事者熟思而早计之耳。

注释：

①箭括之通天：箭括岭高可通天。清张晋《同游析城王屋山诗七首·其一·初入山失道宿箭括》。箭括，山名，即岐山，在陕西省宝鸡市岐山县东北。最高处曰箭括岭，岭巅有缺，形似箭括，故名。通天，上通于天，形容极高。

②负固：依恃险阻。

③党恶：结党作恶。

④田邑璧马：东汉世祖刘秀即位，遣宗正刘延攻天井关，与田邑连战十余合，延不得进。邑迎母弟妻子，为延所获。后邑闻更始败，乃遣使诣洛阳献璧马，即拜为上党太守。因遣使者招永衍，永衍等疑不肯降。帝怨衍等不时至，永以立功得赎罪，遂任用之，而衍独见黜。

⑤隆德军：宋朝的地方政府机构实行州（府、军、监）县二级制。北宋崇宁三年（1104）改隆德军为隆德府，治所在上党县，即今长治市。

艺文·诗类

宝岩纪行

元好问①

阴崖转清深，秋老木坚瘦。城居望已远，步觉脱氛垢。
宝岩夙所爱，丈室方再叩。曛黑②才入门，径就石泉漱。
遥遥金门寺，宝焰出岩窦。我岂无尽兮，昔见今乃又。
同来二三子，寝饭故相就。况有杜紫薇，琴筑终雅奏。
瞳瞳上初日，深樾炯穿漏。逶迤陟两巘，万里若迎候。
绝壁三面开，仰看劳引脰③。两山老突兀，屹立柱园覆。
诸峰出头角，随起随偃仆。不可无烟霞，朝暮为先后。
横亘连巨鳌，飞堕集灵鹫。九华④与奇巧，五老⑤失浑厚。
想当位置初，遂欲雄宇宙。太行有镼谷，胜绝无出右。
大似尘外人，眉宇见高秀。哀湍下绝壑，电击雷怒斗。
崩奔翻雪窖，莹滑泻琼甃。穷源得悬流，伟观骇初遘。
仙人宝楼阁，白雨散檐溜。天孙⑥拂机丝，素锦绚清昼。
永怀登高赋，意匠⑦困驰骤。窘于游暴秦，百说不一售。
林间太古石，稍复抔饮旧。已约铭洼樽⑧，细凿留篆籀。
兹山缘未了，僧夏容宿留。终当丐余年，奇探尽云岫。

注释：

①元好问（1190—1257）：字裕之，号遗山，金末太原秀容（今山西省忻州市）人。元好问7岁能诗，14岁时随叔父陵川县令元泰到陵川，跟随著名学者郝天挺学习。后来，侨居泽州净影寺，每日与山僧为伴，与山林为友，埋头学习，不闻世事，6年而学业有成，淹贯百家经史。自35岁中博学宏词科入选翰林院，饱经宦海浮沉。元好问是我国金末元初最有成就的作家和历史学家，是宋金对峙时北方文学的主要代表、文坛盟主，又是金元之际在文学上承前启后的桥梁，诗文词曲，各体皆工。著有《元遗山先

生全集》，词集为《遗山乐府》。

②曛黑：日暮天黑。

③引脰（yǐn dòu）：伸直脖子远望，形容盼望十分殷切。脰，颈。

④九华：山名，在今安徽省池州市青阳县。旧称九子山，因有九峰如莲花，故改为今名。唐李白《改九子山为九华山联句》："青阳县南有九子山，山高数千丈。上有九峰如莲花……予乃削其旧号，加以九华之目。"南宋陆游《入蜀记》："九华本名九子，李太白为易名。"

⑤五老：指五老峰，又名五老山。南普陀寺后的五个山头峥嵘凌空，时有白云缭绕，远远望去，好像是五个须发皆白的老人翘首遥望茫茫大海，这就是厦门八景之一的"五老凌霄"。石坡上镌刻着"五老峰"三字。

⑥天孙：❶星名，即织女星。❷传说中巧于织造的仙女。

⑦意匠：诗文、绘画等的构思设计。

⑧注樽：唐开元中李适之登岘山，见山上有石窦如酒樽，可注斗酒，因建亭其上，名曰注樽。

銍谷圣灯

元好问

金门寺前山突起，井底宝岩三十里。
旧闻圣灯在山上，紫微侍郎①宜不妄。
山空月黑无人声，林间宿鸟时一鸣。
游人烧香仰天立，不觉紫烟峰头一灯出。
一灯一灯续一灯，山僧失喜见未曾。
金绳脱串珠散迸，玉丸走桦②光不定。
飞行起伏谁抟控？华丽清园自殊胜。
北荒烛龙③开晦暝，南极入地④多异星。
岂知心光毫相有真遇，物外恍惚终难凭。
腐儒心魄为动荡，再拜中庭谢灵贶。
何曾办作刘更生⑤，下照仍辱青藜杖。
昨朝黄华⑥瀑流神所怜，今朝金门佛灯佛作缘。
纷纷世议何足道？尽付马耳春风前。

按：宝岩、銍谷在林虑山，为县东南界，故《通志》《府志》皆载入县。元刘祁有

《游林虑西山记》，节录于此："姚公茂诸君南来，相约同游猇谷。日昃⑦，出南城三十里，入槲林，林比黄华⑧颇大；林行四五里入山，路比黄华颇夷，谷亦旷；树木繁钜，水声比黄华差小。渡溪至宝岩寺，寺在竹间。旧有名刹冠一方，遭乱，惟二浮屠在。大殿、经阁址宛然新构，功未毕。其南崖号五松亭，亭亡，止余一松，王子端记之，碑阴刻刘治中涛诗，涛亦闻人⑨。东北石屋，号戒猴洞，洞中浮屠、石像及诸佛经刻在。石起高齐，峰端有檐甍隐隐，号金门寺，云有僧居，路险林深，游者罕到。会坐西轩，轩外竹成林，流泉琅琅，逾轩入竹，如檐溜声不绝。东南山缺，瞰川原，虽峭密不及黄华，而宏邈有过之者。寺有浴室，放泉以烧。旦入浴，神体爽健。饭余读张天觉《圣灯图记》及边德举寺碑文。顷之，复杖履西上。崖北转有大石，方丈余，雪莹掌平枕溪，号石席，上刻杜相公美所作铭。铭曰：'溪石齿齿，溪水潺潺。鸣玉跳珠，水流石间。涓涓溪月，冷冷溪风。风吟松梢，月湛杯中。欲醉而歌，既醒而卧。悠悠千古，浮云之过。'辞清婉，字画亦遒逸可爱，即共坐赋诗。起而前，山特变化出奇，林益深密，时时伫立从容，霜已降，树林有改色者，于青翠中间见红叶，如春华。清泉白石，举步入图画。又三四里，路穷岩合，势如黄华山，岩巅飞瀑下流，亦如黄华水。山凝楼阁，刻画削蜡；裁金水则络绎萦绵，千丝万络。岩下多大石，细流穿石䃣作金铁声。旧有亭，号知胜，王子端作记，今无余迹。归途，题大石龛。晚与公茂诸君别，第以不到天平为恨。"

注释：

①紫微侍郎：官名，即中书侍郎。唐开元元年（713）改，五年（717）复名中书侍郎。

②柈（pán）：同"盘"。

③烛龙：又名烛明，居住在钟山，北荒圣皇。烛明部落联盟首领，天皇时期，联合神民部落共同抵御来自女娲部落、西王母国、五大仙山及东皇部落的进攻。

④南极入地：唐房玄龄等《晋书·天文志上》："北极出地三十六度，南极入地三十六度，两极相去一百八十二度半强。"

⑤刘更生：即刘向。

⑥黄华：即黄华山，位于林虑山主峰东侧，山清水秀，云蒸霞蔚，风光绮丽，煞是壮观，集自然与人文景观于一体，汇古今奇观于一山。有"黄华流水颠倒颠""悬流千尺进珠帘""酷暑藏冰冰冰洞"等七十二胜景。

游宝岩寺诗

马锦堂

怪石参差画亦难，骚人提笔仔细看。

欲将此景书毫末，写满诗囊写石栏。

梵宇神灯自昔传，灵光闪烁想当年。
而今不见神灯现，月落乌啼星满天。

又题水陆殿

马锦堂

碧水清溪绕座流，洞中别贮小瀛洲。
分明辟破娜嬛境，信是神工鬼斧修。
宝岩灵迹妙无边，未稽工成几许年。
片石玲珑藏玉宇，半由神力半由天。
玉液琼浆滴碧空，云间铁马向丁东。
危楼上接三千界，古刹高悬百尺中。
碧水遍护罗汉座，丹霞普罩梵王宫。
洞通百窍何人辟，内里神奇数不穷。

游紫团山

尹 梁[①]

久慕云林好，偷闲今始来。危峰临水浒，古寺傍山隈。
草色连蹊径，松阴上砌台。凭高秋月下，把酒共徘徊。

注释：

①尹梁：号循墙，直隶晋州（今河北省石家庄市晋州市）人。明嘉靖辛丑（1541）进士，历任壶关县知县、长治县知县。性坦率，与百姓若家人父子，自奉甚菲，寒一褐，暑一布而已，升户部主事。

和张君八景诗录三首

郭 恬

桥楼淙

桥楼冒险下，淙绝旅魂惊。芳草皆前合，浮云马上生。
招凉人已远，架壑兴偏清。千载谁重拘，幽栖无限情。

照壁山

贝阙幽林畔，晨光辨佛颜。开门见照壁，选地设屏山。
僧定如安堵，身闲此闭关。翠微频入望，无路可跻攀。

濯缨溪

溪水一泓澄，东流不作声。览之莹若鉴，可以濯我缨。
皓月还须印，浮杯如许清。濠梁何旷达，招隐拟同盟。

诗十首并序

马丕瑶[①]

余于同治十一年壬申九月由安阳赴并。道出太行，自林虑至上党，见山水奇秀，马上口占，得诗十首。

杨家池道上

入山西壶关县境，九月十八日。
指顾南山下，泉流隔水涯。一池喷雪练，百尺泄银花。
入晋乡音变，吹豳[②]社鼓挝[③]。大河前渡望，岩上几人家。

大河口

不住河耳音，胥奔大口流。天开三晋险，云锁两山秋。

上党重关进，中原下界收。此心盟白水，仍作太原游。

潭　上

十八日晚宿此。

门前一曲绕清流，面对青山秀色收。
水碓几家尘世外，生涯宛是住仙洲。

桥上途中

十九日。

到此风光好，东来得未曾。路新千石砌，流合雨溪澄。
烟树遮前渡，人家列上层。饱看山色秀，马踏板桥腾。

桥上观额

谁家门写谦慎和，人己咸宜包括多。
策马我来桥上过，谨持三字免风波。

石嘴道上

两山夹水起嶙峋，峭壁苍然面目真。
只许丹青粗著色，霞江的是个中人。

崔霞江，邺下画师，画山水用粗笔头，恰是此画。

过窟窿山

此山名皇姑岭，系旧窟窿。

路转疑无路，惟看旭照明。忽通山右界，不隔太行横。
奇窟神工凿，危桥鬼斧成。天中穿一径，回首洞烟平。

栈道吟

仰观翠屏合，俯视青涧流。栈道来一线，飞插相连钩。
护栏仅容马，空梯上危楼。阴崖讶湿衣，大石纷当头。
不觉心目眩，徐行欲伛偻。鸟鸣山愈寂，树笼景弥幽。
忽惊飞泉响，清泠与耳谋。岩北千尺下，抛珠并晶球。

西壑俄开朗，一孔日光留。松排前面翠，石发波底稠。
拱拜逢石丈，黄花解客愁。诗思添驴背，道险心夷犹。
应接曾不暇，十里下河沟。牛羊见村落，圪堆临上游。
溪畔槐荫里，小憩话沧州。

过二层窟窿

此山名长蛇岭，系新窟窿。

已过皇姑岭，行行又窟窿。一天开嶂内，百步走云中。
似蚁形全小，长蛇尾半空。鞭声前面响，去路莫匆匆。

柏坡道上

山势自此渐平，十九日。

半日登高上，崎岖迥不犹。看来蜗舍聚，到此马蹄遒。
槲布前坡密，松藏古寺幽。山泉高望处，一穴半空流。

注释：

①马丕瑶（1831—1895）：字玉山，今河南省安阳市蒋村人。清同治元年（1862）进士，历任山西平陆县、永济县知县，解州（今山西省运城市）、辽州（今山西省左权县）知州，太原府知府，署理山西按察使和山西布政使。清光绪十三年（1887）任贵州按察使，接着又任河南省布政使。十五年（1889）秋，任河南省巡抚。创建官书局，惠及读书人而广施教化。倡办蚕桑，开设机坊。二十年（1894）十月授广东巡抚。时值中日甲午战争之际，积极修复海防设施，选拔任用有才能的得力将领，兴办团练，加强武器装备。后因忧愤国事卒于任上，终年65岁，两广总督谭钟麟奏报朝廷，诰授光禄大夫、威武将军。

②豳（bīn）：也作"邠"，古地名，在今陕西省咸阳市彬县、旬邑一带。

③挝（zhuā）：打；敲打。

《重修玉皇七佛庙记》，韩仲元撰文，元至元十八年（1281）勒石，现存壶关县黄山乡沙窟玉皇七佛庙内。碑拓载《三晋石刻大全·长治市壶关卷》（张平和主编，三晋出版社2014年版）第27页

纠 误

沿革云，唐、虞、夏为冀州、并州之域。按：《禹贡》止九州，《舜典》云：十二州。王肃谓冀州之北太广，分置并州，盖本马融之说。据《周礼》《职方式》并州山曰恒山，川曰滹池。乃今忻代以北地。上党在十二州，仍当为冀州之域，其属并州乃汉制，不可以例上古。

又云，汉始置县，曰壶关。按：《汉书·地理志》上党郡秦置。《魏书·地理志》秦上党郡治壶关城，谓汉始置县，非。且汉壶关故城，据《水经注》《元和郡县志》即今府城县，在尔时乃壶关地，非治所也。

又云，尉睦侯王嘉于后汉末，尝移县治于上党郡北。按：二汉上党郡并治长子，董卓之乱移治壶关。则汉末所移，乃郡治，非县治。《太平寰宇记》羊肠坂在县东南，王莽命五威将军王嘉曰："羊头之厄，北当燕赵。"旧有关亦谓壶山，后魏移县于此。尉睦侯之说盖因此文而附和者。

又云，魏晋为壶关县，属上党郡，北魏因之。按：魏晋之壶关皆在长治。《方舆纪要》晋永嘉二年，刘渊使子聪及石勒攻壶关，败刘琨将黄秀于白田、韩述于西涧、王肃于封田，其地并在今府城西可证也。《太平寰宇记》云，后魏宣武二年移壶关县于颖阳冈（颖阳冈，《方舆纪要》在县东南五十里）。《括地志》后魏移壶关县，当羊肠坂羊头山之厄是也。实为壶关治今县境之始，则不惟属上党，直为上党郡治矣。谓北魏因魏晋旧制，殊混。

又按：《水经注》漳水经壶关故城西，又屈经其城北云云，亦指今府城而言。道元，后魏人，书成于县徙之后，故云故城也。若今壶关，岂漳水所能经者乎？要之，县与长治自秦汉迄魏晋本皆一地，而治所则在长治。今县之得名自后魏中叶始，而废于隋初。其再立县自唐武德始，而定于贞观。志地理，必因山川以审疆域，因年代以考沿革。如循名以求合，失之远矣。

山川云，太原北乃羊肠山，非羊肠坂也。按：地理通释羊肠有三：一在怀泽间，即太行坂道也；一在壶关县东南百里，《战国策》韩兼两上党以临赵，即赵羊肠以上危，汉志壶关有羊肠坂是也；一在太原西北九十里，吴起曰："夏桀之居，伊阙在南，羊肠在北。"《淮南子》注："太原西北有羊肠坂，通河西上都关。"《通典·州郡九》阳曲县有乾烛谷，即羊肠坂是也，若羊肠山。《元和郡县志》云在交城县东南五十三里，不在太原之北。又《太平寰宇记》宜芳县亦有羊肠坂。古山名地名相同者众矣，不能以一隅之见概之矣。

又云，黎岭在县东北二十里，相传即黎侯国旧地。按：《方舆纪要》黎亭在潞安府西南三十五里黎侯岭上，相传黎侯所筑。应劭曰："黎亭，黎侯国也。"然则黎岭与县西诸山相接，不得云在县东北。

古迹云，令狐征君隐城东山中，终即为冢焉；诸生尊为师法，陪葬者三百余家。又云汉上党治长子之西南。据《上党记》茂隐城东山，卒葬其地，去郡六十里，则非崇贤之纯山明矣。按：壶关三老《汉书》不载其姓，荀况《汉纪》《上党记》并以为令狐。《水经注》以为公乘兴。颜师古注《汉书》从荀况说确。《汉书·高祖纪》举民年五十以上有修行、能帅众为善者，置以为三老，乡一人。择乡三老一人为县三老，与县令、丞、尉以事相教。《汉书·百官公卿表》凡县十里一亭，亭有长；十亭一乡，乡有三老；秦志也。茂为三老，或县或乡皆不可知，而志乃谓诸生尊为师法，似置以三老五更当之，附会无稽。长子故城《水经注》有三：一为尧水所经，一为梁水所经，一为淘水所经。注于淘水所经者，直称为长子城。盖魏晋以来徙治于此。其地在今长子县东二十里，去壶关之纯山亦不过六十里。《上党记》作于石勒时。所谓郡，即据此城而言。其云葬所去郡六十里，与《元和郡县志》在壶关东北十九里相合，确无可疑，不必援汉故县相稽难也。又按：冀州图谓三老冢在长子县西六十里刁黄山，则直记载之误也。

又云，颖阳冈今县治，后魏尝置县址存。按：《太平寰宇记》谓后魏宣武帝二年移壶关县于颖阳冈，即今县理似不为无据，特记。又云羊肠坂旧有关，亦谓壶山，后魏移县于此。而《括地志》亦云后魏移壶关县当羊肠坂、羊头山之厄。《方舆纪要》壶关旧城在县东南五十里是也。证以《魏书·地形志》所载，壶关山川大半皆今县东南地，而大王、凤凰二山则系之屯留。时长治、潞城皆屯留地。

帝纪①太平真君九年，诏于壶关东北大王山累石为三封，又斩其北凤凰山南足，以断之。今大王山在县东南二十三里，若其时县治已在今县，安得云壶关东北大王山乎？《魏书·地形志》上党郡皇始元年治安民城，真君中复治壶关。是颖阳冈之置县即在真君时，《太平寰宇记》宣武帝当是太武帝之误。窃谓县东南六十里有皿阳山，山下有城头村，旧志所谓慕容永所筑之益阳城者。益阳、皿阳当是颖阳之讹，因附近之阳护城、照城有慕容遗迹，遂并此城属之。而谓今治为颖阳冈，又为进流川。唐置县去隋郡时仅数十年，何地名遂歧异若是哉？

又云，周华阳君冯亭墓在壶关城西五里，汉太尉周亚夫墓在三老墓前。按：《元和郡县志》冯亭墓在上党县西五里。章怀《后汉书注》同。其云壶口乃汉壶关县也。入之今县，谬。周亚夫与此地尤不相涉，谓土人得石碑亦诬也。

纪事云，商封同姓为黎侯，纣为黎之蒐，西伯戡黎。春秋时，赤狄夺黎侯地为潞子婴儿国。按：黎《史记》作伊又作耆②。书传但云商时之诸侯，不详其始封。《六韬》决大疑，武王封汤后于黎，可证为商同姓。然在周时不得云商封也。《吕氏春秋》武王封尧后于黎，《路史》以为即伊耆氏，则《六韬》之文不足据。杜预注《左传》于黎氏曰："在上党壶关县，于黎之蒐曰东夷国③。"盖晋所立之黎侯，非复文王所戡者。今黎城东有黎侯之故城，府城西南有黎亭，相去百余里而中复间以潞子故国，明为二地。而浚县之黎，《水经注》以为黎侯所寓者无论矣，兹混而一之，而又谓赤狄夺黎侯地为潞子婴儿国，于《左传》原文亦不合，皆袭明《潞州府志》之说而不详核者。考县在春秋初当为皋落氏地，虽今垣曲有皋落镇，乐平有皋落山，《后汉书·郡国志》皆引为晋申生所伐者，而垣曲则逼近翼都乐平，又越国鄙远未见为是。惟《上党记》谓在郡城东南今名无皋者，确为今县。证以杜注晋东之说及当时事势，亦无不合。志于纪事不引内外传之文，而必符合黎亭于此，何耶？

又云，汉阳朔二年秋，关东大水，流民入壶关口。建安七年，袁尚将郭援囚绛州守贾逵于壶关；十年高干守壶关口；十一年正月，曹操亲征，克壶关。按：《汉书·成帝纪》关东大水，流民欲入函谷、天井、壶口、五阮关者，勿苛留。《汉书·地理志》上党有壶口关也，兹增易其文为壶关口，非。《三国志·贾逵传》逵以郡吏守绛邑！兹改邑长为州守，谬。且绛州之名始于后周，汉时并无其称。壶口见《左传》杜注在潞县东，乃今黎城之东阳关，旧名吾儿峪者。而壶关之得名，《元和郡县志》谓山形似壶，于此置关故名。则史所称壶关口其地，当在今县北及府城之东，所谓壶山、壶谷是也，与专称壶口者似有别。志概引为县地，亦非。

又云，晋永兴元年，刘渊遣子聪及石勒寇壶关云云。按：晋壶关即汉旧县，并在今府城。志并王猛、慕容永、苻冲、苻丕诸兵事并采入，殊失限断。苻丕率男女六万如潞川，误川为州。

又云，宋元嘉二年，诏于壶关大王山累石为三封云云。按：此及后魏世祖太平真君九年事也。《魏书·地形志》谓上党郡于真君初治壶关，与移县于颍阳冈当是一时事，乃更革之最要者，而系之于宋元嘉，殊为疏略。且真君九年，实宋元嘉二十五年，谓为二年，尤谬。夫南北朝无统，前人辨之已详。方乘纪事各从其世，与史家编年有异。志于北魏之初冠以东晋年号犹可也，至于宋梁亦一一书之，则陋矣。而读史不熟，动致舛讹。如所载魏天兴五年讨上党群盗事，而系以晋隆安十一年，隆安止五年已改为元兴，安得有十一年哉？

又云，隋改潞州复为上党郡，以襄垣东属，改壶关为上党县。唐武德九年，析上党县复置壶关。按：《元和郡县志》周武帝建德七年，于襄垣县置潞州，上党郡属焉。开皇十年罢郡，自襄垣县复移潞州于壶关，即今州是也。志谓隋改潞州以襄垣东属，在此时；其壶关自颍阳冈移置于今府城，亦当在此时。近府城掘地得隋仁寿二年舍利塔记，称潞州壶关县梵境寺可证也。若改州为郡，在炀帝大业二年。《隋书·地理志》云大业初复置郡，废壶关入焉。《元和郡县志》云开皇十六年分壶关置上党县，大业二年有壶关并入上党。则今县自壶关北徙后，仅六年又置上党县。置县仅十一年，又北徙合于壶关，而改壶关县为上党县，自是而府城为上党者至明始废。唐《地理志》武德四年析上党县置壶关，《元和郡县志》云重置是也。自是而今，县为壶关者至今相承。旧志殊不明了，而又误武德四年为九年。

官师：元达鲁花赤有都监晁仲璧、郭成二人。按：都监为杂职，当与办课官同列。达鲁花赤在县为监县，非色目人不得任也。

封爵：有微子黎侯、汉壶关侯。按：微子城在潞城东北，去府城五十里。志因魏《地形志》壶关有微子城列入，又谓地去壶关五十里，曲为附会。黎亭在长治西南三十五里，黎侯故城在黎城县东十八里。汉壶关侯刘武封邑亦在今长治。《水经注》于壶关故城引以为证，均不宜羼入。

名宦：有宋苗时中。按：时中官潞州司法参军，无壶关政绩。

选举：仕进有冯亭。按：《世本·氏族》冯氏郑大夫冯简子之后。郑至战国为韩所灭，故韩亦称郑亭。以韩人为韩上党守入赵，《汉书》冯奉世传谓其宗族或留潞，或在赵，而亭墓则在上党，与壶关无涉。

进士：有乾封元年幽素科苗神容。按：《通考》乾封元年幽素科登第者七人，神容与焉，而不详何许人。《唐书·宰相世系表》记晋卿家世亦无其名。

人物：循良有冯亭，壶关人。见《泽州志》苗时中其先壶关人，见《宋史》而实皆无确据，宜并删。

名德：有明张铎、杨四重。循良复见一人两传，史例所无。

流寓：有汉祝公道。汉壶关非今县也，辨详前。

方技：有元王天利，壶关阴阳教授。按：天利撰重修灵泽王庙碑记，结衔④书安丰路阴阳学教授，非壶关。

注释：

①帝纪：即唐李延寿《北史·太武帝纪》。

②耆：黎国是华夏最古老的地方，在黄帝之前的部落时期黎国称伊，之后又称作耆，之后又称黎。

③黎之蒐曰东夷国：《左传·昭公四年》："商纣为黎之蒐，东夷叛之。"是说在周人占领黎国后的次年春，商纣王立刻派人上太行，试图夺回黎国。此时，东夷人眼见机会难得，也在山东半岛发起大规模叛乱。

④结衔：旧时官吏签署官衔。

《赐真泽庙额诰词碑》，北宋崇宁四年（1105）勒石，现存真泽宫内。碑圆首，刻"敕赐真泽庙额诰词碑"。碑拓载于《三晋石刻·长治市壶关县卷》（张平和主编，三晋出版社2014年版）第20页

经　籍

【唐】

韩昱《壶关录》三卷。《文献通考》云：纪李密事而署名为太行山人，则昱当是唐初人而居于壶关者。

苗台符《古今通要》四卷。《唐书·宰相世系表》台符字节岩，蕃曾孙也。韩愈苗蕃墓志年四十二卒于太和二年，则台符之生必在唐末无疑。《通志》于选举载其年十六登乾符三年[①]进士，而又云宣懿[②]时人，误。

【元】

王天祐《虚舟集》。旧志艺文存《新塑文庙十哲记》一首。

王天利《三元正经》《三元节要》。按：天利尝官安丰路阴阳教授，盖精于术数者。

【明】

杜敩《拙庵集》八卷。集为其孙矩所编，诗六卷，文二卷。前一卷为圣制，备载太祖诏谕，末一卷则附录传略及交游投赠之作也，昆山叶文庄公为之序。盖成化时所刊者而遍访不获，仅文三篇、诗十二首及太祖四制，叶序。附录之作见于旧志艺文，余无传。

张铎《西林集》《警心要言》《湖州府志》《壶关县志》，墓志并载。铎有《明律诗选》《全唐律诗》，今俱佚。

【国朝】

杨四重《柏林征献录》。旧志艺文载四重友松亭、六息亭二记并在柏林，盖其祖居也，是书当亦归田后所作。

牛俊《且庵诗文集》。旧志存诗文各二首。

刘锃《海田诗草》。《山右诗存》[③]选二首。

王奇士《东崖诗草》。《山右诗存》选一首。

冯文止《东山遗集》。文止工制艺,河间纪文达公尝序而刻之。其诗古文邑人申瑶所搜辑者,旧志存记二首,紫团山杂咏二十四首。

侯祖锠《解易》《读诗今韵辨音》《字学笺表》。

按：乡先生著述例登志乘,县中专门之学寥寥不能备甲乙丙丁之录,而又大半散佚,将来且并其篇目卷数亦无述矣,哀录之,以征文献且为志学者劝也。

注释：

①乾符三年：即876年,乾符为唐僖宗李儇年号。唐僖宗本名李俨,唐懿宗李漼第五子。

②宣懿：即唐宣宗、唐懿宗,唐宣宗李忱847—859年在位,唐懿宗李漼859—873在位,唐宣宗李忱长子。

③《山右诗存》：刊刻于清嘉庆年间（1796—1820）的一部山西诗歌总集,具有非常重要的文献价值和地域性特点,是清人选清诗地域性诗歌选集的典范。

金 石

吉 布[①]

右皋落布二，皆方足，邑货[②]也。落字笔画小异，并摹之。按："皋""咎"古通用，《尚书·皋陶》《楚辞》及《史记》并作"咎""繇"可证。此文又省作"处"。《石鼓》文"大车出洛"，"洛"作"各"。此又与"咎"字同省口而移其草头于下，使两字相称，尤为离奇。古人用字，同声假借，

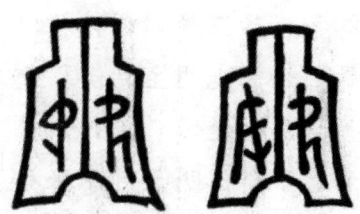

皋落氏铸币图

偏旁互易，见于金刻者极多，而布文尤从简。或释二字为"咎""如"似是。然廬、咎、如，系三字，地名廬字当下属，不能以长狄侨如例也。《上党记》东山皋落氏在壶关东南，晋申生所伐者，今名无皋。布当铸于其地者，与近人泉谱所载屯留、长子、襄垣、高都同是露字、涅字。诸布皆出上党，大都春秋晋、七国韩赵时物也。

注释：

①布：又称货布，古代钱币。《周礼·天官·外府》："外府掌邦布之出入。"
②货（huò）：本义为商品，后引申为钱币。

隋造像记[①]

佚 名

大隋开皇十三年，岁次癸丑，十月戊辰己卯日，张村阖邑义施人□首夫□□□寂法海，本自无穷像，教住世靡□不表其德，□不同值之如□，能致兴斯福，最□□□□□，阖邑义施人等敬造释迦像一躯。其功始记昼饬在

□□方异□□丽与□卒垂□郁，共洪与三光等耀，宁不刊石存铭□流后范。菩萨之家许□独愿国祚永隆。后为七世父母临生。父母□缘眷属□地众生难苦喜乐居时成佛□□□□□。阖邑义施人等住居干旱之地，愿甘泉于干地而生。

该碑勒于开皇十三年，正书，在大会村。

碑石分五层，文刻首层，存二十六行，行七字。首行大隋字高二格书。第二层刻佛像七躯，每躯之旁皆有题字，凡九行。中题当阳大像主，左题左相阿难主，□难陀左相菩萨主李遵，左相迦叶主张永贵及张广达侍佛时六字。右题大斋主静安阎敬贤、副像主张伎策、副斋主云嵩。末行泐，存人张二字。第三层亦刻佛像七躯，题字九行，为愿成记主□□买，都邑主程颜贵，开佛光明主刘洪，重发愿□□□伽都侯主张乾都、福德主郭惠明，右相菩萨主程逢容。末行泐，存广达二字。第四层题名八行，与第三层字相接，为邑子令狐明至邑子张楼、邑子□、邑子云难陀且□仁、邑子□□、邑子郭惠明、邑子张乾、邑子张苗。第五层题名二十一行，名皆冠以邑子，首行三行，并缺名，余为张里安、吕明目、张胜如、牛磨仁、程国胜、张杜□、□洪、秦□、赵□、□丑、秦锐丑、靳贵锁、张□如、张盆如、牛□、王阿□、张□有、田士林。其碑阴刻《妙法莲花经》普门品五百余字。经文不录。末书"大隋开皇十三年，岁次癸丑十月戊辰己卯日立石"。

注释：

①隋造像记：据碑记内容，当系记张村因干旱村民许愿而掘井，旱地得泉后刻石造像颂佛祖"致兴斯福"之功德事。

唐王府君①墓志

该碑勒石不详年月，旧在西柏林村，今亡。

按：府君名甡，仪凤二年官武连令。石于明时出土，旧志节略其文为立传。据甡授官在上元仪凤时，年八十有二，卒于私第，葬西柏林村。仪凤距中宗嗣位仅六年，似其卒当在武后世，而文中无新制字②，无从取决，亦不知西柏林村为原文否耶？

又旧志选举载有魏司徒侯绍、骠骑将军侯凤、隋朝散大夫侯瑜、南齐庐江太守令狐芬，考之史传皆无其人，亦当是得之志石者。而前人于古刻多不采录，易世而后，遂致湮没无征。按：刘龙三老茂墓碑云，纯山之阳有古冢，耕者得片石，隐隐有字，取视则唐人令狐璋墓志也。似令狐芬即璋之先世于志中者同，特其序世系所云，昔先祖茂，夹辅周室，光翼汉朝，封为壶关三老，谥云征君诸语，疑是妄人伪托，不足为据。此辑碑目亦摈弗录。

注释：

①王府君：即王甡，道光《壶关县志·循良》有传。府君，旧时子孙对其先世或人们对神的尊称。

②新制字：即则天文字，也称则天新字、武后新字、武周新字、武后遗字或武则天遗字，是指武则天时期（武后时期和武周时期）创制的汉字总称，是中国正史上唯一的女皇帝武则天基于政治理由及愚民政策等因素而命人创制的汉字。一般认为则天文字共有18个字，包括最初由宗秦客献给武则天的12个字和后来陆续颁行的6个字，这18个字的创造过程共经过五个不同的阶段，并且各有其政治目的及文化系统的内涵。

赠太师韩国公苗公墓志铭

永泰元年，旧在龙溪山北，今亡。文为李华撰，载旧志艺文。《唐书》本传云："晋卿自为父撰碑文，有鹊巢碑上。"云云，今石已亡。

乐氏二女父母墓碑①

（大唐迁乐府君□堆记）

□　瑜

大唐广平郡乐公之二女灵圣通仙，合葬先代父母，有五瑞记。师圣□奈通语□□□在樱桃郊东王家地□内，其灵一也。又三月七日，村人等再将酒脯香火于所通去处乞灵验，当有旋风指引，此□□□，其灵二也。又取石之日，于古任村西山，便见此石下有白蛇，其灵三也。又载石之日，有仙鹿二口于车前过，其灵四也。又卜地之日，闻空中悲声，其灵五也。

夫闻通天者，日月星辰而著象；观地者，山川海岳以成形。然则四时生焉，百物异焉。□□愚彼，虚历春秋，肃肃凡庸，潜过岁月，推论感应，几种澄祥。神祇昭彰，未有不遵乐女二神之圣德而著矣。不知□□□年也，不委化现何时。古墟任村□□废，踪留洞口，庙立兹川，坠落金钗，犹呈绣履。求恩者寀寮②皆至，祈福者俊豪齐臻。岁俭，求之即丰；时旱，求之即雨。名传九府③，声播三京④。致谢而有似云屯，列筵而如同雾集。□者，春祈之际，圣女通□□父母魂灵若要重葬，虽灵□□□□□显，羽师请通，灵验当行应瑞，异种祯祥，敢不虔诚。修营葬礼，棺□备□□□□，仪注皆成，奔驰道路。地名山号已有前衔⑤选择，明堂⑥永记。乐翁讳宝山，母杨氏，起立之松柏，其景也。生蛇屈曲，凤翼回翔，前□□□，后似群羊，一低一昂，状如走虎，具标仙景，史籍长存，缘有六雄⑦。

壶关，上皇地连三峦，灵药紫团，寺额雄山，仍通麦积静林□□。上党荒城，茔接秦关，川呈赤壤。是日也，感得祥云五色，慧日重轮；莺啼谷响，猿叫山昏；灵禽异兽，悲号惨闻。助葬者□□五县，赠财者千村万村。英旄秀士，文武官勋，排比威仪花队。辇舆十帐，罗□绣衣；烟霄逸路，车马骈骎，莫□□数。若乃奇寻，奥义不委，□代而兴，史籍无虞，未审何君□灭。既通名讳姓氏，咸依为缘，祥瑞频生，皆从指引。□□古人之语，万户钦尊。二女化身之时，寻至罗神之曲，红裙绣履便是本身。凡圣难明，几经亲现。违之者，灾祸交至；□之者，恩福俱兴。迁葬先□□□□□，□酬□愿，村人刘□、王美，阖邑长幼等。

村南二里地亦有凭众立封疆一亩二分，属以阏逢摄提格之岁，六合之年⑧，天地□同，阴阳并运。累代深远，今始昭扬。万人归心，敢不从之。农夫罢业，织妇停梭，云□千般，各施献礼。经过王仙芝□□□长聚兵，柴存起在江西，黄巢集于淮北，国章否泰，天下荒残，离落东西，分张南北。此地缘仙宫隐迹，神女呈威，虽度危亡不至伤戮。今以妖焚已息，百郡咸宁。韩魏停征，燕赵罢战，尚恐贤良未辨，难保岁寒，海变桑田，改移山岳。粤以乾宁元年甲寅之岁，为余之月节候朱明，甲午□晨，萁生二叶，瑳磨宝器，着思成文，琢石镌题，将为永记。其词曰：

　　猗与圣女，感德称仙。或游十地，或归九天。
　　创置松柏，广集群贤。故立碑记，徒标岁年。
感应诗五十六字：
　　圣女嘉祥推感应，葬仪伤恸几般情。
　　林中愁听黄莺啭，岩下惟闻白鹿鸣。
　　慧日流光重抱戴，瑞云频绕五化成。
　　莫言此地无松柏，刊石留将记姓名。

该碑勒于乾宁元年，正书，在樱桃掌。

碑后书"乡贡进士□瑜撰，镌□□□□武，都虞侯□□冯□书"。一泐其姓，一泐其名。

注释：

①乐氏二女父母墓碑：现存壶关县树掌镇森掌村，碑下四分之一处断裂，文字缺失。"□当兴□君堆记"，经考释，碑额篆体九字当为"大唐迁乐府君□堆记"。碑文虽漫漶，仍据之辨识增添和厘正多字。

②寀寮（cǎi liáo）：官吏；官僚。北宋苏轼《与陈季常书》："文武寀寮，常居禄位，亦如与季常书作戏耳。"

③九府：南齐设置的九个官署，犹汉之九寺。北宋司马光《资治通鉴·齐明帝建武三年》："于是郡县及六署、九府常行职事。"胡三省注："九府：太常、光禄勋、卫尉、廷尉、大司农、少府、将作大匠、太仆、大鸿胪九卿府也。"

④三京：古代都市西京、东京、北京的合称。唐以雍州为西京，洛阳为东京，太原为北京。宋以大名为北京，开封为东京，洛阳为西京。

⑤前衔：过去的官衔。

⑥明堂：风水中所谓明堂就是穴前水聚交流的地方。明堂分为小明堂、中明堂、大明堂，明堂之中最重要的是中明堂，属吉。

⑦六雄：指战国时韩、赵、魏、燕、齐、楚六国。

⑧六合之年：命局与流年相合，比如甲子年与乙丑年相合。

宋再修壶关县二圣庙记

张仪凤①

详夫舜妃②洒泪竹痕，得自于湘川；齐女③遗踪，蝉脱颇闻于海岱。弄杼④遇乘槎之客，浣纱逢避难之流。秦楼⑤忽化于飞烟，水府遽成于乌鸟。少姨、启母⑥灵祠胼胝于高峰，毛女、麻姑⑦往事昭彰于太华。其有不刊祀典、大洽民心、神鬼难明、阴阳争奥⑧者，垂名千载，何代无人？况按：据之有凭，见形声之可验者，即二圣之神与？

斯神者，本兹地乐氏之二女也。因同采药于深山，得共游仙于洞府，金丹玉液，服时而渐觉身轻；绛节霓旌，行处而方知□□。或命俦啸侣⑨，或驾欻乘飙⑩，丁令威⑪千载归来，人物非而城郭是；王子乔⑫双凫暂去，桑田变而陵谷迁。依人而无党无偏，致飨而为云为雨，名姓虽标于仙籍，林泉犹恋于丘园,既托梦于至人,亦假言于巫者。金声玉振,非不见以不闻;精气游魂,但惟为恍而惟为惚。邑人乃感兹灵应,创彼严祠,袝⑬祠蒸尝⑭。谅无远者、近者,牺牲、粢盛何妨以炮、以燔。神来兮,海静山空,若白日出扶桑⑮之东;神去兮,移星转汉,若明月落瀛洲之半。既吉蠲⑯之是享,谅生衅以无闻。祈若虔诚,应如响答。属以炎凉代序,宁观俎豆之容;霜露沾衣,非复弦歌之地。丹青岁古,风雨年深,栋宇方颓,尚荐芬芳之味;鼓钟斯设,空多滮灃⑰之音。何否极以泰来,忽鼎新而革故,真所谓利有攸往⑱,蒙⑲而后亨⑳,欲复宏规,必符昌运。

今我后纂承丕绪,廓定寰区。皇猷㉑塞而夷夏㉒同风;正化㉓敷而车书一致。品物咸遂,万民以康。德动天而宝箓垂祥,泽及地而灵芝荐瑞。武功甫毕,已归马于西山;文德告成,旋埋金于东岱。五星顺轨,百谷用成,荡荡巍巍,不可得而称也。矧以□府太傅忠贞许国,神武济时,实王者之腹心,乃邦家之柱石。约民以礼,御众以宽,行贤太守之清风,操上将军之重柄。伟哉,其惟我公得双全者也!复有展骥㉔宰君,鸾栖㉕侍御㉖,知三年,字民㉗有术。闻二圣应变无方,各减俸钱共为葳事,神道设教其在兹乎?

邑首都维那㉘等,得备四民,咸有一德,尝勤耕稼,敢负神祇?遍诣群情,必谋修葺。经营岁月,跋涉山川,冒寒暑于春夏秋冬,访椅桐于东西南北;推官置臬㉙,郢匠挥斤㉚;兴傅说㉛之功,展公输之妙。梁横蝃蝀㉜如蓬岛之晶莹,瓦簇琉璃若天空之错落;雕梁画栋,正殿回廊,栾栌㉝栉沐以飞空,槾桷龙骧而架险。既涂已备,赭垩㉞必鲜。翡翠帘褰㉟,椒酒奠克诚之子;珊瑚帐启,闺闱观如在之神。威稜则望而畏之,见崇祠之屹屹;正直则昭乎德也,宜降福以穰穰。颙昂㊱兮,神之、听之;炳焕兮,壮矣、丽矣。厥功告毕,斯愿乃成。琬琰既就于高山,纪事爰询于作者。如仆㊲也,雄能抱朴,莫得守雌;曾诣蟾宫,但折嫦娥之桂;罔知躔次㊳,难寻婺女㊴之星。陈思王㊵赋以告诗,未尝见也;郑交甫㊶解其佩带,莫我知之。多仲谋㊷麦菽之愚,乏郗毂㊸诗书之誉,丰采非同于宋玉㊹,梦魂不到于《高唐》㊺。方蔡伯喈㊻之雄文,仍多愧色;搜郑康成之经典,亦不着肩。非惟不让当仁,且务直书其事,鄙辞既出,诮让宁逃者乎?

大宋大中祥符五年九月十五日记。

该碑勒于大中祥符五年㊼,正书,在神郊村。

碑后书"前代州军事推官将仕郎、秘书省校书郎张仪凤撰,将仕郎守主簿李焕亭书"。

注释：

①张仪凤：灵璧（安徽省宿州市灵璧县）人，明嘉靖四年（1525）乙酉科举人。
②舜妃：即湘妃。
③齐女：五代马缟《中华古今注》："昔齐后忿而死，尸变为蝉，登庭树嘒唳而鸣，王悔恨。故世名蝉为齐女焉。"
④杼（zhù）：织布机上的筘，古代亦指梭。
⑤秦楼：传说秦穆公为弄玉所建之楼，泛指歌舞场所，多指妓院。
⑥启母：大禹之子启的母亲。相传大禹治水于嵩山时，化作大熊，打通了轩辕关。适逢怀孕的妻子涂山氏前来送饭，见夫是一大熊，惊恐逃去，至嵩山高峰下绊倒，随即变成巨石。现了真身的大禹追至，见涂山氏已化石，忙叫道："还我子来！"巨石当即破裂，跳出一男孩儿，此即大禹之子启。人们遂称那块巨石为启母石。涂山氏之妹，仰慕大禹和姐姐治水为民的精神，即赶到嵩山下，协助治理水患，并嫁给了大禹，经不懈努力，终于大功告成。后人为了纪念涂山氏姐妹的功绩，称嵩山东峰为太室山，把西峰叫作少室山，象征禹的两个妻室，又分别在山前建太室庙、少室庙，世代供奉。后来人们习惯把太室庙叫启母庙，把少室庙叫少姨庙，流传至今。
⑦毛女、麻姑：毛女，传说中得道于华山的仙女。麻姑，传说中的仙女，姓黎字琼仙，建昌人，修道于牟州东南姑余山，北宋徽宗政和中，封为真人。
⑧奥（ào）：含义深；不易理解。
⑨命俦啸侣（mìng chóu xiào lǚ）：招呼意气相投的人，一起从事某一活动。
⑩驾欻（chuā）乘飙（biāo）：意指圣女往来乘风迅疾。欻，迅速。飙，暴风。
⑪丁令威：东晋陶渊明《搜神后记》："丁令威，本（汉）辽东人，学道于灵虚山，后化鹤归辽，集城门华表柱。时有少年，举弓欲射之，鹤乃飞，徘徊空中而言曰：'有鸟有鸟丁令威，去家千年今始归。城郭如故人民非，何不学仙冢垒垒。'"后用来喻指世事的变迁。
⑫王子乔：神话传说中的仙人。西汉刘向《列仙传·卷上·王子乔》："王子乔者，周灵王太子晋也。好吹笙作凤凰鸣，游伊洛之间，道士浮丘公接以上嵩高山。三十余年后，求之于山上，见柏良，曰：'告我家，七月七日，待我于缑氏山巅。'至时，果乘白鹤驻山头。望之不得到，举手谢时人，数日而去。"
⑬礿（yuè）：祭名，夏商两代在春天举行，周代在夏天举行。
⑭蒸尝：本指秋冬二祭，后泛指祭祀，也泛指族人聚餐。《国语·楚语下》："国于是乎蒸尝。"
⑮扶桑：传为日出之处。日出扶桑为蓬莱十大景，景致壮丽磅礴，别具一格，历朝历代题咏颇多。苏轼述登州所见"宾出日于丽谯，山川炳焕"，写出了海上日出的壮丽。

⑯吉蠲：亦作"吉圭"，谓祭祀前选择吉日，斋戒沐浴。

⑰淰懘（zhān chì）：（声音）不和谐。元关汉卿《单刀会·第四折》："五者（宫、商、角、徵、羽）不乱，则无淰懘之音矣。"

⑱利有攸往：《易经》上常见的卦辞，意思是做此事是有利的，卜事得此卦辞，可以放心去做。

⑲蒙：字义源于《周易》蒙卦卦象。从卦象看，两个阳爻居于上爻、二爻，属于宗庙、家主之位，代表贵族身份。四个阴爻围绕两个阳爻，为贵族之子，理应受到相当教育，故"蒙"字义为教育。卦辞提出了如何教育的概念："蒙亨，匪我求童蒙，童蒙求我。初筮告，再三渎，渎则不告。利贞。"意思是从小就要进行教育才是好的方法，不是我要求儿童接受教育，而是儿童主动地要求我进行教育（指求知欲）。

⑳亨：通达；顺利。

㉑皇猷：帝王的谋略或教化。

㉒夷夏：少数民族地区与汉族地区，亦是夷狄与华夏的并称。

㉓正化：正统的教化。

㉔展骥：良马伸展足力，比喻发挥才能。

㉕鸾栖：鸾鸟栖止，比喻贤士在位。唐房玄龄等《晋书·苻坚载记上》："百姓歌之曰：'长安大街，夹树杨槐。下走朱轮，上有鸾栖。英彦云集，诲我萌黎。'"

㉖侍御：侍奉（君王）。

㉗字民：抚治、管理百姓。

㉘都维那：又作"维那"。北宋释赞宁《大宋僧史略》在"杂任职员"中解释："华、梵兼举也。维是纲，维华言也；那是略梵语，删去羯磨陀三字也。"意思是维那是汉语和梵语两种语言的结合，意译授事，即以诸杂事指授于人。维那为寺中统理僧众杂事之职僧，始于姚秦时中央僧官制中所设悦众。北魏亦设僧官以统理全国有关佛教之诸般事务，于中央设昭玄曹，以沙门统为最高僧官，维那为副官。唐朝以后为基层僧官寺院三纲（上座、寺主、维那）之一，由维那统御住僧。到了辽金两代，维那才由俗家弟子担任，是因为有了广大信徒自愿参与的千人邑组织，而在这种邑社组织中，维那是其首领，负责管理邑社事务。在民间，维那所主持的事项，也不单纯是佛教事务。

㉙置臬（zhì niè）：即"置槷"，设置测日影的表柱。

㉚郢匠挥斤：比喻纯熟、高超的技艺。

㉛傅说：中国古代的一位政治家、军事家和建筑学家。作为商代宰相，傅说辅佐殷商高宗武丁安邦治国，形成了历史上有名的武丁中兴，留有"非知之艰，行之惟艰"的名句，被尊称为圣人。

㉜蝃蝀（dì dōng）：虹的别称，借指桥。

㉝栾栌：斗拱的前身。栌，柱头，在栌之上，又有横木或冠板，称为枅，发展到后来，这种枅越来越弯，变成了向上弯曲的曲枅，名字也改成了栾，合起来就叫栾栌。

㉞赭垩（zhě è）：❶赤土和白土，古代用为建筑涂料。❷以颜料涂饰建筑物。

㉟褰（qiān）：撩起；揭起（衣服、帐子等）。

㊱颙昂（yóng áng）：肃敬轩昂，形容气度不凡。

㊲仆：谦辞，旧时男子称自己。

㊳躔次：日月星辰在运行轨道上的位次。躔，日月星辰的运行。

㊴婺女（wù nǔ）：星宿名，即女宿，又名须女、织女、务女。二十八宿之一，玄武七宿之第三宿，有星四颗。

㊵陈思王：即曹植（192—232），字子建，沛国谯（今安徽省亳州市）人，三国时期曹魏诗人、文学家，建安文学的代表人物。他是魏武帝曹操之子，魏文帝曹丕之弟，生前曾为陈王，去世后谥号思，因此又称陈思王。

㊶郑交甫：西汉刘向《列仙传·江妃二女》："江妃二女者，不知何所人也，出游于江汉之湄，逢郑交甫。见而悦之，不知其神人也，谓其仆曰：'我欲下请其佩。'……（二女）遂手解佩，与交甫。交甫悦，受而怀之中当心。趋去数十步视佩，空怀无佩。顾二女，忽然不见。"

㊷仲谋：即吴大帝孙权（182—252），字仲谋，吴郡富春（今浙江省杭州市富阳区富春街道）人，三国时期孙吴的建立者，229—252年在位。

㊸郄縠：晋大夫，《国语》："文公问元帅于赵衰，曰：郄縠可，行年五十矣，守学弥惇。夫学，先王之法，义之府也。"北宋张耒《送刘季孙赴浙东》："将军好书如郄縠，文史随船三万轴。"

㊹宋玉：字子渊，宋国公族后裔，楚国辞赋家，曾事楚顷襄王，与唐勒、景差齐名。

㊺《高唐》：战国末期辞赋家宋玉创作的一篇赋。此赋在序中通过对话写了楚顷襄王之前的某位楚王与神女巫山欢会的故事。

㊻蔡伯喈：即蔡邕。

㊼大中祥符五年：即宋真宗壬子年（1012）。

新修潞州壶关县紫团山慈云院碑铭并序①

董　淳②

按五毗尼③教说，安住法④云，应先筹量，静其出入，有好林树及清水泉，绝烦娆音声，无毒蜇风热，方结同意，共相安稳，坐禅说法，为真比丘。随时急须饮食医药，若不如是，得突吉罗⑤又波罗夷⑥法云：憍萨罗国⑦昔有比丘，深山林中洁志独住，为非人女，强欲求淫；复一比丘阿兰若处，处毗舍⑧遮鬼持在酒家。自是深山空可畏处，不许比丘独住，盖防魔娆所侵。

故高行苾刍⁹，拔离亵恼，必结同志，以择安居，斯佛教也。

紫团山者，隶壶关，西偏距潞府百里。袤岭崇巅抱其势，卑若舆台⑩，洪山雄岫辅其邻，仅如趋走。阴阳储其清邃，日月射其精明；拥翠干霄，无自柛之木；织文丽地，皆可撷之英。轰泉洒其清泠，层潭蓄其滋液。有霞驳⑪云蔚之异，无兽攫⑫虫毒之虞。实天作灵，非人可致。群山回合，中面谿开，寂无染物之尘，宛是修真之所。古德云往，遗景犹清，旧址将兴，属于能者。爰有缁侣殆二三人，以其胜地多奇，共念绵力难镇。今院主信琮上人，因授虚心之请，允答安众而居，乃薙蘙荑翳⑬，审曲面势，比物丑类，饬力揆材。新像设可以来焚修，周室庐可以待风雨。有扁⑭斯石，足以宴安⑮，洌彼下泉，于以挹注。旭日始旦，先丽东荣⑯。白露为霜，不劳墐户⑰。园有嘉草，其茂维葆⑱；厥植既灵，瘴气不作。郁有灌木，其秀维松；寒阴积繁，炎光不到。故居之者不疾，戾止者忘归。夫动不能制动，非寂本澄源，无以观乎至颐；尘不能息尘，非涤虑凝览，无以臻乎至净。况沙门者，勤息之善号；勤息者，栖真之大归。内无缘拘，所以勤修圣道；外无浮境，所以息染达源。若未能想念都忘，根尘不动，利用崇德，须择其居。有侣同心，免为魔娆之惑；考槃⑲自遂，不为愦乱所攻。斯院主上人茸是以居众者，盖遵天人师之教戒也。院主上人，以菩提本无心假心以为说，谓波罗蜜⑳无体托体以为修。以其说不可以法名，以其修不可以果证㉑，所以泯威仪相，不离道场，开方便门，无非善诱，为不请友，作利生因。仁者见之谓之仁，智者见之谓之智。故上人肇心崇建，众愿悦随。墉缩板以登登，材伐木而许许。工师献技肯构争奇，役徒忘劳鸣謦不息。悉檀㉒者脱五烧㉓之苦，随喜㉔者厌枫林之心。厥功告成，状闻邦长，邦长敷奏，格于帝聪。越太平兴国七年冬十月，敕赐慈云院额名，善利而福苍生也。上人以淳早契宿缘，回向佛法，见托论撰，敢无愧辞，稽首归依，谨为铭曰：

节彼崇山，峻极于天。蒸云泄雨，驿雾驰烟。
草维葆矣，天苗翠鲜。木维松矣，灌木森然。
凿石者涧，汇流者渊。乳洞藏邃，可宅灵仙。
岩斋闵寂，可以栖禅。邈乎往者，择兹居焉。
眷惟上人，气真朴全。谓欲盖厚，宁忘境牵。
谓欲盖重，能无情迁。爰与益友，确志励坚。
越与檀施，为增上缘。于采其木，景山之巅。

是度是断，是斫是掳㉕。乃立伉㉖门，不崩不骞。
乃宏正殿，孔幔孔筵㉗。既慎其处，式安且闲。
彼非人女，胡施其颜。彼魔娆鬼，胡为其患。
可以摧伏，投畀穷边。昔佛说法，会徒亿千。
或鹭池侧，或鹫峰前。尚远聚落，盖免纷缠。
故阿兰若，遗法相传。志士居此，谁其舍旃。
嘉乃丕绩，匪舌是宣。劫火煽炽，三界㉘洞然。
庶几不坏，永宅圣贤。志于岩壁，亿万秭㉙年。

朝奉郎太常博士直史馆权知潞州军州事柱国赐绯鱼袋董淳撰并篆额。

紫团山摩崖碑勒于□祐五年，正书，在云盖寺西。

碑后有"布衣施怀宝书，石匠王郎镌字"一行。又题名行有"高成章、沈希□、周来元"三人，后一行纪年书"□祐五年仲夏十六日记"。祐上一字缺，按：宋仁宗改元有景祐、皇祐、嘉祐，哲宗建元元祐，皆有五年。惟景祐仅四年，然至次年十一月始改宝元。碑刻于仲夏，则亦可称五年。莫能定为何时，惟至政和中已称为古碑，其刻与仁宗初又可无疑。碑为紫团三十六景之一，宋王辅道有诗，旧志所云摩崖古籀者乃碑额所篆"新修慈云院碑"六字也。

注释：

①新修潞州壶关县紫团山慈云院碑铭并序：此摩崖碑现存壶关县桥上乡下寺村，碑青石质，长方形，高290厘米，宽134厘米。碑边均有刻损。楷书，碑文14行，铭文8行，共800多字。

②董淳：字仲源，江西乐安县（今江西省抚州市乐安县流坑村）人，于北宋大中祥符七年（1014）中举，次年进士及第。初授南海（今广东佛山市郊）知县，历大冶（今湖北省黄石市大冶市）知县，升池州观察推官，又历昭信军节度推官、武安军观察判官。后被调入朝，任太常寺博士、秘书监秘书丞，迁殿中侍御史，赐绯鱼袋，朝奉大夫、尚书屯田员外郎兼太子太保。董淳"善为文章"，名入元脱脱等《宋史·文苑传》。

③毗尼：佛教用语，又作"毗奈耶"，意为律。

④安住法：如何安住身心。"安住若干天"，叫弟子休歇万事，什么修行的动作都放下，就是安住。身心世界都放松，把精神休息好，要睡就睡个透，叫安住若干天。安住，止；定。

⑤突吉罗：又作"突膝吉栗多""突瑟几理多"，佛教戒律术语，恶作。突，恶。吉罗，又作"小过""轻垢""越毗尼"，作。在戒律中，突吉罗是五篇之一。

⑥波罗夷：佛教用语，指比丘应避免的四种根本重罪。
⑦憍萨罗国：为印度列国时代的十六强国之一，存续期约为公元前6—前4世纪，疆域包括现在的印度北方邦和尼泊尔部分地区。
⑧毗舍（pí shè）：佛教用语，古印度种姓之一，从事农牧业、手工业和商业。
⑨苾刍（bì chú）：即比丘。本西域草名，梵语以喻出家的佛弟子，为受具足戒者之通称。
⑩舆台：舆和台是古代奴隶社会中两个低等级的名称，后来泛指奴仆及地位低下的人。
⑪霞驳：光彩斑斓貌。南朝梁萧统《文选·鲁灵光殿赋》："彤彩之饰，徒何为乎？澔澔涆涆，流离烂漫……霞驳云蔚，若阴若阳。"
⑫攫（jué）：鸟用爪迅速抓取。东汉许慎《说文解字》："鸷虫攫搏。"
⑬薙薉芟刈（tì huì shān yì）：除去荆棘荒草等阻碍道路之物。
⑭扁（biǎn）：物体宽平而较薄。
⑮宴安：安逸享受。
⑯东荣：正房东边的廊檐。
⑰墐户（jìn hù）：涂塞门窗孔隙。
⑱蓡（shēn）：同"薓"。东汉许慎《说文解字》："人薓，药草。"
⑲考槃：亦作"考盘""考磐"，成德乐道。《诗经·卫风·考槃》："考槃在涧，硕人之宽。"《毛传》："考，成；槃，乐。"陈奂传疏："成乐者，谓成德乐道也。"
⑳波罗蜜：佛教用语，到彼岸了。波罗，彼岸。蜜，到。
㉑果证：佛教用语，谓果地之证悟。果与因相对而言，在因位之修行曰因修，依因修而证果地曰果证。
㉒檀：在佛教中是布施的意思。
㉓五烧：佛教用语，由造杀生、偷盗、邪淫、妄语、饮酒等五恶，于其未来世受三途之报，称为五烧。
㉔随喜：佛教用语，见人做功德而乐意参加。
㉕掔（qián）：相援。
㉖伉：高大。《诗经·大雅·緜》："乃立皋门，皋门有伉。"
㉗孔幔孔筵：美好的幔帐和筵席。
㉘三界：即佛家所指欲界、色界、无色界。
㉙秭：《尔雅》："数也。"郭璞注："今以十亿为秭。"

静轩记

熙宁三年,正书,在县署。范钺文,载旧志。

乐氏二真人封号记

大观三年,正书,在神郊村。李元儒文,载旧志。

王寀三十六景诗刻

□□□□□壁府休光常照,实沈天晋人□首王灵及更状,壶关令尹傅□,咸平①御书阁□□□□神娲补天遗石此,在吴掖庭接蓝英。眉匀晓黛秋莓绣,金盘云表叠苍峰。此诗后书迎旸峰绝句已载旧志。解与天为党,此山亦壮哉!蟠根凌无逦发始□□。旧志载诗十六首,惟迎旸峰一绝见此石。据金贞祐石刻称,寀三十六咏兵火后得之民间。据府志,顺治中知县朱辅移置学宫,时尚存四石。辅尝修县志,所录之十六首,即四石也。而叠苍峰五古完好无缺,竟不寻及何耶?石不知何时又亡,乾隆辛亥训导吕天培披访一石,因嵌之文昌祠壁,并镌跋以识。跋见旧志。

该诗刻勒于政和六年,草书。原刻十二石,今存一石,在文昌祠。

又按:寀字辅道,好学工词章,登第至校书郎。忽若有所睹,遂感心疾。惟好延道流、谈丹砂神仙事。得郑州书生,托左道②,自言天神可祈而下,下则声容与人接。因习行其术,才能十七八,须两人共为乃验。外间欢传,浸淫③彻禁庭。徽宗方崇道教,侍宸④林灵素⑤自度技不如,愿与之游,拒弗许。帝召见,寀风仪既高,又善谈论,应对合旨。帝大喜,约某日即内殿致天神。灵素求与共事,又弗许。或谓灵素但勿令郑书生偕,寀当立败。及日寀与书生至东华门,灵素戒阍卒独听寀入,帝斋洁敬待。越三夕无所闻,乃下寀大理⑥,狱成弃市⑦。前人但诧其诗字神奇,而不知其立身始末,如此备祥之,可为才人放诞⑧之戒。

注释:

①咸平:宋真宗年号,北宋使用这个年号共6年(998—1003)。

②左道：邪门旁道，多指非正统的巫蛊、方术等。

③浸淫：逐渐蔓延、扩展。北宋欧阳修等《新唐书·张延赏传》："道路訾谤，浸淫闻于上。"

④侍宸：侍奉天帝之仙官。

⑤林灵素：字通叟，温州（今属浙江）人，为北宋著名道士，以神通威名于世，为神霄派领袖级人物，宋徽宗赐号通真达灵先生，加号元妙先生、金门羽客。北宋徽宗失国的原因，其中之一即"溺信虚无，怠弃国政，困竭民力"。其中促其达到"溺信"程度的首魁是林灵素，宋徽宗亲笔题字："太中大夫冲和殿侍宸金门羽客通真达灵元妙先生在京神霄玉清万寿宫管辖提举通真宫林灵素。"

⑥大理：即大理寺，官署名。相当于现代的最高法院，掌刑狱案件审理，长官名为大理寺卿，位九卿之列。

⑦弃市：古代的一种刑罚。在闹市执行死刑，并将尸体扔在大街上示众。

⑧放诞：放纵不羁；不守规范；浮夸虚妄，指浮夸虚妄的言行。

金慈云院僧清真修造记

僧清真

末释清真，俗姓牛，本邑程村人也。皇统元年①出家于慈云院，礼僧广寿为师。自到院，甘其苦，悦其众，颇好修造。皇统三年，始修归善大明院。此时众皆狐疑，岂深信也？遂勉力化缘，七年修廊殿一十三间并塑像彩画，功德全完。次修和磴桥，人事方和，一年了毕。

欲修慈云本院，诣彼观尔，殊无瓦木，惟存寺基，况山路弯远②，人迹全无。清真便命工修造，舍身负担，独步送粮十年。内修廊殿三十间并彩画功德一新，至正隆四年了毕。□□□有邑众路□等一百余人诣本院，请修八龙王院钟阁，清真不畏缘事浩大，□然□命。在后钟阁亦成，以图久住，偶值洪恩，清真又买八龙王庙院为福岩寺。止有钟阁，奈廊庙全无，四顾③荒残，心增惭感。本寺人无寸土□粟依附，修造不免化缘信士。自大定④初，命工修造二十余载，寒暑不畏。修□廊殿共三十七间，并塑像彩画功德，砖砌地面。由是僧徒一众，田土难赡，□院慈云院众议分付山庄三所，曰南洪底、板庵窑、孤山底，□□斛粟以凭供众□。乃惟勤节俭，□若修身立德，神人共喜，何畏众也？清真年七十有三，自幼有誓并不存分文，衣盂心忧常住，至今依然空手而已，故立兹记以□后流。

明昌四年九月初九日，僧清真立。

该碑勒于明昌四年⑤，正书，在紫团山。

碑无撰书人，盖即清真自记也。文鄙俚特甚，与后福岩寺石刻并录，以存古村墟祠宇名。

注释：

①皇统元年：即1141年。

②窎远（diào yuǎn）：（距离）遥远。

③四顾：❶环视四周。❷四面。

④大定：金世宗完颜雍的年号，共计29年（1161—1189）。

⑤明昌四年：即1193年。

福岩寺石刻

信 倧

右本院及燕京①普明院之下院也。具右先师信倧禅师行状②记，内都载一本院山林地里四至如后：东南至取树平、南洪底、南崖，南至陈成脚，西南至陈树驼并曹家壁、郭家脚、分水河，西至回车分水河，西北至孔山道，北至羊马脚，东至孤山国三度河，东北至子梁庄并三段。四至以里尽属本院寺封田地所管。

今开具本院并诸人本院僧数如后：本院山主僧净赞，司院僧净地，库主僧道果、道句，维那僧道纪，田顾僧道聚，典座僧德□、□望僧净果、净故。归善村大明院主僧净澄、净整。程寨村宝相寺净妙，库头僧道禧、道润，堂僧道用、道澄、道深。沙窟村龙泉院主僧诞浃、副院道喆。上党贾掌村嘉祥院主僧道禊，泽州高平县双井村圣佛山崇明寺住持僧净春，副寺僧道祺、库头僧道祥、法眷。本县东坊福岩寺主僧净宁、副寺僧净觉，解那净江。上下院僧，行计四十余人。

时大金崇庆二季，岁在癸酉三月丙辰望前十有五日，信倧禅师立石。

该碑勒于崇庆二年，正书，在紫团山。

按：崇庆为卫绍王，改元仅一年复改至宁，碑书二年，由深山鄙远，未遍知也。

注释:

①燕京:契丹在吞并了燕云十六州之后,于太宗大同元年(947)改国号为辽,并在幽州城建陪都,因其在疆域南部,称之南京,又称燕京。金太宗天会三年(1125),金灭辽。金天德三年(1151),海陵王颁布《议迁都燕京诏》,于金贞元元年(1153)改南京(燕京)为中都。从此,北京正式成为皇都——北中国的政治中心。

②行状:也称"状"或"行述",叙述死者世系、生平事迹的文章,常由死者门生故吏或亲友撰述,留作撰写墓志或史官提供立传的依据。

福岩寺补刻岑彦休游

左太冲作《三都赋》①,止说土地所出,杜子美②走两川,凡一篇之诗,皆道其事实。如杜鹃、蜀相祠堂之类,不苟牵合,故后人目之曰诗史,所贵人取信也。紫团寺有通判岑彦休题字,寺经兵火今则无矣。彦休学东坡③者,其文格非庸人可拟议,不到寺者读其题字可概见,今书之于后:

紫团在壶关东南盖百里,峰门而东路转山脊,下视壁立万仞,使人战栗不自持,慈云精舍如在井底。少北,阁道跨空,俗号道士梯。自此于丛林乱石间屈折而下者二里许,得平地至慈云诸峰,拔地倚天,四顾环合,水流湍激。其间松竹苍茂,山猿野鸟飞走鸣啸,□如僧居幽绝,殆与世隔,非潞之道□度涉之熊耳,号隆德东山胜处之可并也。予因坑冶事过此,凡三日裴回④不忍去,闻青龙潭□洞遽不果到,良为恨云。彦休记。

此题传之京师,两学⑤争诵。兵火后,□王寀三十六咏得之民间,□无字迹未见□本。今付任氏□辞想见其为人,弥夫□□□□□□□□□□□□□□杜门幽居以谢人事。一日忽被公□僧遭□秋军旅自黎历涉,既回道由熊耳接门寺,翌日周览胜境,过玉女泉,登耸翠亭,转层阁。其山间佳处,一寓目而尽得之矣。少焉,裴回廊庑,偶睹壁间弥夫所书岑彦休紫团题字并前后序记,爱玩不已,遂录以归。询诸耆旧,但不知弥夫姓氏及某官职之详,惜哉!暇日,因过福岩语主僧,江公命刻诸石,且使览之者不待穷足力而知吾乡甚概也。福岩盖紫团□寺公乐为之。是岁乙亥之冬,熊耳精蓝遽遭兵火,所幸此题不与烟尘俱□,因知物之废兴,文之显晦,盖亦存乎数耳,于兹乎书。

该碑勒于贞祐五年,正书,在紫团山。

贞祐五年二月上休日，乐静道人牛□祖□沐立石。碑文四段盖宋隆德府通判岑彦休过寺留题，金时弼夫得其文，自为序跋重书之壁间，乐静道人牛乐并镌之石者。据弼夫序，彦休在当时实负盛名，即乐静亦金末县人之能文者。惜石缺一字，与弼夫并佚其名。贞祐三年，元兵再破潞州，后跋所云乙亥之冬，熊耳精蓝遽遭兵火也，其贞祐五年乃兴定元年也，碑仍书祐，与前碑以至宁为崇庆同。

注释：

①《三都赋》：西晋时期左思的作品，分三个部分吴都赋、魏都赋、蜀都赋，历时10年所作，一时被传为经典，出现洛阳纸贵的现象。

②杜子美：即杜甫。

③东坡：即苏轼。

④裴回：❶亦作"裵回"，彷徨。❷徐行貌。❸留恋。

⑤两学：❶国学和太学的合称。❷国学及太学的学子。

元重修真泽二真人庙记

至元七年，正书，在神郊村。宋渤文，载旧志。

重修玉皇七佛庙记

至元十六年，正书，在沙窟村。韩仲元文，载旧志。

内王村大觉院兴修记

韩仲元

盖闻一心向善，檀越①之难能；勠力建缘，沙门之盛事。大觉院前充本县都纲②上座③僧洪宣谓予曰："本寺自兵荒以来，所存者正殿三门而已。予童年祝发④，居此者二十余岁，悯其残缺，常怀营葺之念。正以力微援寡，非可遽为，兼常住旧有田三十余亩，无以自赡。誓与僧众损衣节食，买及两顷。比年绘画功德三十余轴，买五大部经⑤文，创建油房一所。又因其故基兴造上僧堂三间、东厨三间，翻盖前僧堂五间、东厨五间，计为屋二十余间。旧有门高约六十余尺，层檐翚飞，壮丽端整，诚古良匠之所构，去岁大水，几顷圮焉。遂谋于善众，募工辇石，肇造崇阶，小有腐坏者，补完而增新之。噫！前后营造虽劳心在己，内则法兄弟实为股肱，外则乡邻清信檀越多所借力。工既成矣，将刻石以贻后人可乎？"予善其用心之坚，致力之久，特为直书其事云。

该碑勒于至元十七年，正书，在四家池。

碑前书"本县前教谕韩仲元撰文"，后列衔有敦武校尉壶关县达鲁花赤兼管诸军奥鲁劝农事换只、敦武校尉壶关县尹兼管诸军奥鲁劝农事牛天麟、壶关县主簿兼尉孙璋。左行由后而前次书本村郑毅书，潞州在城石匠孙广刊，次书本院僧众八人，共前题名一百三十二人。村名之见于碑者，曰东归、曰西归、曰元村东庄、曰秦庄、曰和磴、曰紫宴北庄、曰紫宴南庄、曰南阳户、曰石门、曰宋堡、曰靳庄、曰三家、曰下内、曰五岭、曰南百戈、曰塔地庄、曰东崇贤。

注释：

①檀越：佛教用语，称施主，即施与僧众衣食或出资举行法会等之信众。

②都纲：管理佛教事务之僧官。金朝设于各州郡，掌领州郡之僧众，理决僧尼词讼。元朝设于县，为各县都纲司之长官，掌理僧尼词讼。

③上座：比丘众中的宿德者，系三纲之一。三纲指寺院里统率大众、维持纲纪的三种职务，即上座、寺主、都维那三职。这是印度传来的职称，在拥有数十或数百住僧的大寺院中，为了方便经营寺务，乃设此三职，但并非每个寺院都有此职务。

④祝发：削发出家为僧尼。

⑤五大部经：学佛之人必读之经典，即《般若波罗蜜多心经》《楞严经》《妙法莲华经》《金刚般若波罗蜜经》《地藏经》。

新塑文庙十哲记

至元十八年，正书，在文庙。王天祐文，载旧志。

重修灵泽王庙记

王天利

神也者，阴阳不测之谓也。视之而弗见，听之而弗闻，体物而不可遗，使天下之人斋明盛服以承祭祀，洋洋乎如在其上，如在其左右。诗曰："神之格思①，不可度思，矧可射思。"夫微之显诚之不可掩如此夫。昔宋真宗大中祥符元季冬，上如泰山封禅礼。十一月次曲阜县，谒先圣庙，命有司定议上制，赞加谥曰"至圣文宣王"，追谥齐太公曰"昭烈武成王"，及封名山大川、五岳四渎②，历代名王忠臣列士各立庙焉。

考之惟神卫国公李氏有功于唐，列传书之神尧③。高祖武德四年，以公为行军总管，伐梁，下江南九十六州，得户六十余万。太宗贞观三年冬，以公请行，明年二月袭蒇④阴山而还，诏加光禄大夫，次七月为右仆射。八年冬十月公遘疾逊位，上曰："朕嘉公意。"始以为一代之楷模，故不相违，乃拜特进⑤。疾愈，加门下同中书平章政事。已而，复加西海道行军大总管，西戎乃平。二十三年五月病卒。噫，卫公生平之时，斡天关而旋地轴，华日月而回北斗，平寰宇定祸乱，表正万邦，混同六合，若指诸掌。如此之机也，没世之灵，御大灾，捍大患，兴云致雨，庇佑生民，以正其神居，庙堂之上享万民之血食者不亦宜乎？曩者天党潞子之邦，斯神庙貌是处有之，每岁四月二十日遐迩居民咸致敬以祀焉。

古壶林邑之北一里，有庙曰灵泽。值大兵之后，正殿廊庑烬灭不存，惟荆榛瓦砾而已。逮我大元国朝，以马上得天下，四海隆平，封五岳赠百神，诚敬如是也。于至元己卯春，本邑东坊马圭、陈让，北关秦秀、董秀等因时旸以致祷是庙焉。洎众相谓曰："斯庙之故基虽存，若不兴修，俾祭者无所瞻仰也。"慨然皆有兴废之心，遂命工规材度木，都监凤山刘甫，州吏李才、程世珍以助其力，及夫程忠、程琳、吴宣、平福、阎让、王吉、路荣、秦诠、王懿以集其腋，进士马温、阴阳王宽监督其功。如此经营五载，逐⑥之以栋梁，鞭⑦之以柱石，方成构架。未及厥功，维那郭秀等中道而止。至大德三年戊戌春，有王懿、王天利，再请到维那董安、阎让、王裕、程温、程赟，并甲首平忠、常显、司恩、董荣等，踊跃就役⑧斧斤者、陶壁者，及秋结瓦乃成。越五年秋八月，经值地震，是处山崩地陷，人之居舍少有完全者，惟斯庙之不坏，岂不为之灵焉乎？距皇庆元年春，前安丰路阴阳教授王天利之燕回，与兄王懿、弟王祐议之曰："斯庙之结瓦及今一十四年，若不再行葺理，久之颓圮，虚费先人之功也，甚可惜哉！予与汝辈共成之可乎？"答以为然。复命前维那社长阎让、陈温、董思诚、王思议，甲首平温、吴兼、程祥、王巨源、马之纲、张述古、陈仪、王让、李让、秦庆、陈忠、平玉、董旺、王兼、秦德辉、王天义、张忠义、张清、王人爵、秦裕，率领坊关大小人众鸠工计费，施财竭力，缺者完之，故者新之，绘材墁壁，雕甍画拱，嵌玉妆金，层檐接耸翚齐飞，彩桷映烟岚一色。纵广基址，内外华台俱以砖瓦磨砻，粲然而为一新，睹之无不骇然。顷者⑨，余虽此一时之用心，赖邑里建缘之者、谒乡邻好事之家，齐心协意共成盛事，自春徂冬，能事斯毕也。吁嗟！庙之始建自至元己卯经今三十四年，何成功之缓哉？大抵观万物之兴衰升沉，各有其数，斯亦驯致其道矣。

皇庆元年壬子孟冬五日，丁卯谨记。

该碑勒于皇庆元年，正书，在北关。

碑后书"前安丰路阴阳教授王天利撰，直学马之美撰书丹"。

注释：

①神之格思：神明来临难预测。

②五岳四渎：五岳，东岳泰山（在今山东）、西岳华山（在今陕西）、南岳衡山（在今湖南）、北岳恒山（在今山西）和中岳嵩山（在今河南）。四渎，江、河、淮、济，即长江、黄河、淮河、济水。

③神尧：唐代对唐高祖李渊的尊称。

④蒇（jì）：❶草多的样子。❷至；来。

⑤特进：官职名，始设于西汉末。授予列侯中有特殊地位的人，位在三公下。

⑥逐：一个挨着一个。

⑦鞭：督促；勉励。

⑧就役：就任。

⑨顷者：❶近来。❷往昔。

清凉院重修卢舍那像记

陈野民

洁瓶之智，守不假器①；寸长之善②，圣人不没③，况优此者乎？岂不足以勒美景钟，绸勋竹帛，炎功壁石，龟鉴后人者耶？记④曰"君子不以美没礼"，岂不然乎？

蒙大元国师，崇号政理大师者，讲摩诃衍⑤大论，主沙门辩功也，德以冠其首，王以世其系也。稚而祝发，嗣本院讲主，金公器其敏，勉以攻佛书。胁弗席累年，业就领衣盂，随方开堂，缁员目为论虎，其法属昆季荣之后，礼迎以归，请揆院事。虽曰不暇给而规模宏远矣。本朝隆信王宝诏帝师，设立僧首，以抚治缁庶，选推释门，铤⑥道德者以督其事焉。师性廉裕有吏能，诸山议以充都纲。连二任，僧民不忍欺，亦不敢代。莅事必以道，故举无过，事亦无遗策。其见机而作，道并行而不相悖者与？及官弛之日，杜门扫迹，课律愈严，虽增葺院具劳亦不废。其自励如此，可谓能为乎难为者也。

先是本院旧卢舍那像，岁月绵远，铁木疏腐，不相维持，相仪缺溃。师一瞻一礼，为之潸然，退而建众曰："事之兴废，在人之勤惰。诸圣之命脉、祖宗之遗绩，若弗克承构，但聚头养望⑦奚缁为？"于是揣囊橐、发肩镪，度可为曰："吾虑熟矣，计其劳费可用缗万，数不足难，先罄吾所有充其半，丐其余以补不足，则大事集矣。"既而募国工运剖木，革其故而鼎其新，增其材而易其制。剐⑧千相好承以优昙⑨，环背舍那，鳞疏翼间，绮互云合，殚工倕⑩之巧，极牢度之变，不可得而知也。其工也如此，其神也如彼。嘻，技至此乎？果匠之不世也。如是况金碧粉泽、飞光集目、鲜奕可镒，尤世不可多得之功绩氏也。师曰："吾原容已乎？使吾一息苟存，此志不容少懈，况春秋犹富者乎？"且嘱余曰："凡兹所能，皆吾法族、吾乡右与予有夙因缘，相资而成者也。"记曰："善则称人，过则称己。"公其有之，可谓贤也已！贤故书之于不朽之石，龟鉴后人云尔。

延祐四年岁次丁巳八月朔日立石。

该碑勒于延祐四年，正书，在清凉山。碑前署"闽川乡陈野民述"。

注释：

①洁瓶之智，守不假器：仅有一点洁瓶汲水的浅薄见识就能守住汲器不外借，比喻慎其所有，忠于职守。《左传·昭公七年》："虽有洁瓶之知（智），守不假器，礼也。"洁瓶，汲水用的小瓶。

②寸长之善：一点儿长处，形容微小的长处和优点。

③没：超过；超出。

④记：此指《礼记·坊记》。

⑤摩诃衍："摩诃衍那"的简称，译为大乘，自称能运载无量众生从生死大河之此岸到达菩提涅槃之彼岸，成就佛果。

⑥钰：西晋吕忱《字林》："钰，濡也。"

⑦养望：培养虚名；隐退闲居。

⑧削（yuān）：剜；挑取。

⑨优昙：因其花"青白无俗艳"被尊为佛家花。

⑩倕（chuí）：古代一个巧匠的名字。

重修广慈寺记

韩仲元

佛者西方大圣也，力掩造化，民无得而称；道冠古今，世莫穷其妙。以无量无边广大之洪福，被三千大千世界之众生，驾慈航①而普度群迷，霈法雨而均沾万汇②。其不可思议之功德，非言所能尽述，是以缁徒③置夏屋④以骈㠰⑤之，设形像而奉事之，佩其教者若子弟之敬父兄，非圣力之大，讵能致严致敬如此。

壶关东南二十余里有山曰乌泉，其地幽闲，迥出尘境。左揖紫团之仙洞，右瞰黄台之崇巘，面五郎之行祠，背阇黎⑥之遗庙。每凭高顾望，尽四山之胜概。至若春多嘉卉，夏少炎蒸，秋林绮靓于霜余，冬岭琼堆于雪后，四时物态今古常然。中有金田⑦一处，名曰广慈。据前贤刻石所载，云此寺肇于后魏，经陈隋历皇唐以及五代，至石晋高祖天福年间，有僧审真者创立殿宇。自尔以来，代谢年移，不知几兴隆替废矣。惟以阅岁之久，内则法像俨且完备，外则檐楹欹侧，梁栋腐朽，寻就倾坏。主此寺者讲经赐红，沙门先尊宿了晟参禅，洞究于玄微⑧，衍⑨法屦升于猊座⑩，赋性淳质，梵行⑪清高，为郡邑所敬信。常悯是殿宇将陨，当时已有荐修之议。方欲兴工，示疾⑫而化，勿果其愿，近于食言，后人欲继其志，以院门多故未遑也。

比年以来，上雨旁风，摧毁尤甚。有院主道深等，偶因暇日昭穆班行，咸萃其谟曰："此殿废之至易，再造诚难。若吾侪坐视弗顾，一旦有栋挠⑬之凶，悔将何及？"遂同寅协恭⑭议，复前人之功业，垂后人之准绳哉。肇我大元至大⑮政元初，有院主任浚等思处世在于禅宫，想聊生仰于梵行，谚云："穴翼虽坚，皆资付羽。"以此纠合于众，甫兴营缮，始自前殿。至大中，知天生万物也，惟人贵灵，履后土而戴皇天，垂衣裳而亦拱手，懵居幻化，于世无益，尚恐不堪重建，弥陀之大殿以成巨细之因园。

肆⑯皇上⑰皇庆政元初，有院主义源等谓缁徒，奕世根本宜先，我不敢知，曰侍佛将来因伊舍去合其宜也。故高构法堂，伟其功行。至延祐年间，有院主仁澍等觊前经簀进⑱之功，颇宜拭目，续建邱山之绩方称雄观，询谟佥同，遂建立三门。至延祐六年，有院主任湛等睹垣墉墅茨丹艧颇胜于故，尚缺洞废⑲之功，更期咸熙庶绩⑳。信乎云出无心，随在作雨；泉流有本，澈处济人。况托我佛之灵应，消我佛之衣粮。古云"天威不违，颜如咫尺"㉑，亦云"对圣如对严君"，或昧真形何所依俟，故绘画众圣法身形像。内外二殿，东西两壁，前后一新，综理无有亏缺，合圆满之道也。中间值皇乾㉒逾时之亢旱，殆缺甘泉，将上下二井之重浚，丰坎㉓得给，鸠工萃力，同时底绩㉔。遂遍谒乡豪及诸善知识㉕，壮者诚心而效力，富者倾财而喜舍。用有弗克，罄常住所有之资以佐其费，陶工梓匠咸精其能，腐木易以新材，仰栈代以瓴甋。当其师徒昆仲老幼有五十余众之多，殿宇房廊上下计百十余间之广，起功于至大元年之季春，相续数载。其梓材陶冶土石丹青工匠殿最所废㉖资粮默计万缗，虽罄膏脾，所取之实赖檀那明中施舍，苟得完美，比至厥功告成，岁次延祐六年之仲秋也。其轮焉奂焉，远胜于昔日矣。自今以始，足以庇荫众圣之遗像，上为祝赞万安之所，下则檀信㉗亦有瞻依。诸僧又议曰："此功一成，信为盛事。其乡社之劝功，众僧行之服劳，宜刻石以示后人。"意既同，遂以记见谒。余以乡曲之故，勉为摭实而书其事云。

时大元延祐六年十月。

该碑勒于延祐六年，正书，在乌泉山。

碑标目曰"修广慈寺缘起之说自来金石无其称例，文前署壶关县前教谕解南韩仲元撰，本县进士西保村郝秉成述，本县司吏王元亨篆额，本寺僧仁洪、仁澄书丹"。

　　按：唐龙华寺窣堵坡㉘塔铭题《布衣高墉述》，述即撰也。此碑末云"余以乡曲之故，勉为摭实而书其事"，则文实出于郜秉成。而前文题曰韩仲元撰，其书丹亦题僧仁洪、仁澄二名。种种乖谬，当由缁流无识妄为。文后列衔，上重首行为晋宁路壶关县尉宋赛因不花、典史刘舜元，次为登仕郎壶关县主簿劝农事韩思齐，次为承事郎壶关县尹兼管本县诸军奥鲁劝农事崔显，次为进义校尉壶关县达鲁花赤兼管诸军奥鲁劝农事塔里赤，次为宣授忠显校尉管军上副千户张庭杰，次为宣授会福院判奉议大夫王伯渊。每行下分列沙门僧名合二十余人，不备录。末行工匠多冠以村名，有百佛图村、冯坡村、郭堡村、黄山村。

注释：

①慈航：佛教用语。佛教认为佛、菩萨以大慈悲救度众生离开尘世苦海，有如舟航。

②万汇：万物。

③缁徒：僧侣。

④夏屋：大屋。

⑤帲幪（píng méng）：古代称帐幕之类覆盖用的东西。在旁的叫帲，在上的叫幪。

⑥阇黎（shé lí）：高僧，泛指僧人。

⑦金田：佛教指菩萨所居之地，亦为佛寺的别称。

⑧玄微：❶深远微妙。❷深远微妙的义理。

⑨衍：通"演"，推演；演述。

⑩猊座：亦作"猊坐"，佛教用语，即狮子座，谓佛、菩萨所坐之处，亦谓高僧之座。

⑪梵行：佛教用语，谓清净除欲之行。

⑫示疾：佛教用语，谓佛、菩萨及高僧得病。

⑬栋挠：亦作"栋桡"，❶屋梁脆弱曲折。❷喻形势危急。

⑭同寅协恭：此为皋陶在帝舜前对禹所说的话，后用为同僚恭谨事君，共襄政事之典。《尚书·皋陶谟》："百僚师师，百工惟时……同寅协恭，和衷哉。"孔传："使同敬合恭而和善。"

⑮至大：元武宗孛儿只斤海山的年号。

⑯肆：《尔雅·释诂》："肆，故也。"疏："肆之为故，语更端辞也。"又："肆，今也。"注："肆既为故，又为今，此义相反而兼通者。"

⑰皇上：古代臣民对皇帝的尊称。此指当朝皇帝元仁宗孛儿只斤爱育黎拔力八达（1285—1320），元朝第四位皇帝，在位时间为1312—1320年，年号皇庆、延祐。

⑱篑进：《论语·子罕》："譬如为山，未成一篑，止，吾止也。譬如平地，虽覆一篑，进，吾往也。"篑，盛土竹器。

⑲洞废：即洞鉴废兴，深入透彻地了解历代兴盛衰败情况。

⑳庶绩：许多事业都兴办了起来，形容政绩显著。庶，众多。

㉑天威不违，颜如咫尺：意指天子的威严不离开颜面咫尺之远。

㉒皇乾：犹皇天。南朝宋范晔《后汉书·黄琼传》："天维陵弛，民鬼惨怆，赖皇乾眷命，炎德复辉。"

㉓丰坎：水源丰富。

㉔底绩：获得成功；取得成绩。

㉕知识：相识的人；朋友。《墨子·号令》："其有知识兄弟欲见之，为召，勿令入里巷中。"岑仲勉注："知识，友人也。"

㉖废：同"费"，❶费用。❷花费；耗费。

㉗檀信：犹施主，谓修檀行（即修布施，是大乘修行道六度之首，以广结善缘，舍去悭贪，培埴善根）的信士。

㉘窣堵坡：又称"窣堵波"，源于印度塔的一种形式。印度的窣堵坡原是埋葬佛祖释迦牟尼火化后留下的舍利的一种佛教建筑，窣堵坡就是坟冢的意思。

慕容庙碑

李克明

尊王而不尊霸，报德而不报功，岂理也哉？传言有功于民则祀之，以劳定国则祀之，义不白乎？

若晋慕容者世本戎族，自先代迁居辽西棘城，始号为慕容部。至皝①于成帝之时，初封燕王，其势寖盛。传位数世，遂得割据偏方，妄自称帝，僭乃甚焉！至于用兵争强，以力相胜，有功斯世，其褒崇之也，宜矣！故立庙以祀之。

庙在壶关紫团乡北城头皿阳峰之上，旧焉，不知其几何而废。遗址尚存，居民有欲完复者多矣，惟乡豪司仁天资淳朴，秉性温和，能兴废补弊，率邻里之众而营辑之。其于正寝之旁增修太尉庙一间，经始于延祐七年之正月落成。于至治元年之十月，众复议曰："庙既完矣，丹楹刻桷，雕墙峻宇，然而无像设之严，则小人多有不知其敬畏者。"里人郭旺、司斌、郭泰鸠其工，司才、司实、田迁、郭德、郭忆、司颢董其事，司侃、张贵、司忠、司良、田亿助其力。心计手画，胚胎形质，备衮冕，具侍卫，不期日而成之。绘像甚盛，金碧骇目，使人皆有所瞻依。工既讫功，司仁、郭旺等遂约予为记，以志岁月。予亦辞其不敏，再三固请，度不可以终辞，故为书之。

呜呼！昔为榛芜瓦砾之区，今则以为祈祷祭享之所耳。若众虑之不协，何以得臻于此？是岁大旱，连延百有余里。河东之地，皆不熟，民饥而死者不可胜数，惟此乡之内油然而云，沛然而雨，其秋大成，家多储蓄，既庶且富，力乃有余。神之灵有验于人民之福，有赖于神是虽幽显不同，而相感应如此。昔季氏旅于泰山②，圣人直斥其非礼，今日感应者何也？然则圣人之意以谓神不歆非类③，虽祭无益。然而山川之望固，郡守之职所当，兼以其地傍而不暇及居民不以岁时致祭，则虚神惠矣。记曰："虽有恶人，斋戒沐浴则可以事上帝。谓凡民不可以事神，非不可也，惟在于诚敬洁己而已。诗曰'神之格思，不可度思，矧可射思'，又敕后世事神始勤终怠者也，况此一方地灵人秀，风清俗美，足知礼让又闻相警之言乎！故撰其事乃刻诸石以取信于来世。"

大元致和元年岁次戊辰八月初四日立石。

该碑勒于致和元年，正书，皿阳山。

碑标目云"晋宁路壶关县紫团乡北城头村创修慕容庙"，记文前署"乡贡进士百尺李克明撰文并书"。

注释：

①㒒（huàng）：即慕容㒒，东晋初年鲜卑族的首领，建立前燕国，计33年（337—370）。他为了纪念自己的功绩，自创"㒒"字。

②季氏旅于泰山：冉有（前522年—?）名求，字子有，鲁国人，孔子的学生，当时在季氏门下做事。季氏要去祭祀泰山，孔子对冉有说："你不能阻止吗？"冉有回答说："不能。"孔子说："唉！难道说泰山之神还不如林放懂礼吗？"在当时，只有天子和诸侯才有资格祭祀名山大川。旅，祭山。

③神不歆非类：神不享受不是应分的祭品。

警宵亭记①

王天利

天下之事无一物而不穷其理，见而知之者巨细悉举，闻而知之者疑信参半。圣人约②鲁史以作春秋，未免缺文。司马迁修《史记》，尚有歉辞。大抵有一物而述一事，无物何述焉？抑斯警宵亭见之矣。

泰定四年三月，公以寿阳尉来壶关。守官未期百里感歌四方，乃定敬事尊贤，安老怀幼，御寇宁奸，利用出入而自息也。暇日登临而望，龙溪倚西北之奇，凤凰翔东南之美，积水环城，林树蓊蔚。然市井依稀，必有忠信共处，视其所以谓左右，告之曰"是昔者高亭古基也"，慨然有新作之志。近城采木，不劳于民，良匠献功，弓兵赴役，瓴甓之类以俸金易之。兴建于泰定丁卯夏，落成于天历己巳秋。层台爽目，高出云霄，远接乎黄道③，迢遥乎紫微。助春光，重檐倒影，鸥鸭浮沉；迎秋日，彩桷插天，雁鸿侧度。观其华丽，装点壶林一新景耳。公亲书其额曰警宵。众曰"为此者，肃齐军政，严整弓兵，威伺暴客，声振奸邪，施号令，司昏晚，击钟拊鼓，测漏分更，则警霄之谓也"。不然，偶以诗序出之，有"休言江上景，未必若壶关"之句，众皆悦之，能之者继韵成轴。

当此之时，公之与同僚县尹孙达卿、主簿劼思恭、典史刘拊霄及会东岩隐者秦文德等，讲论书史，明致知格物之理及熙宁《静轩记》以静御动之说，不以物欲挠乎心者。易系辞④曰"天尊地卑，乾坤定矣。卑高以陈，贵贱位矣。动静有常，刚柔断矣"。窃谓专以静为主，动者若何用静与？动不失其时，其道光明。如古之人巢乎深山，钓乎野水，或耘之田，或筑之岩，四者贞静固守，一旦而加诸上位，诚以静制动，一理之功夫。

既而登是亭也，高朋满座，胜友如云，宴耄序齿，樽酒篚二。饮食以养其体，宴乐以养其和，斯须之间箫鼓盈耳，语笑喧哗，手舞足蹈，诸宾之乐也。公又不然，东视行山岚溪霞壑少有平田，得神农嘉种，遇灾常熟，鲜流殍之民；西观平水人物，淳古所辖之邦，有陶唐遗风焉；南睹河洛，思邵程⑤之业，循序教人进德成才；北瞻平定父母之邦，元赵杨李四贤，遵诲簪笏，后人钦仰。京师圣天子龙飞九五，应天地中和之气，出杜算入交通，不惟诸宾之乐，天下兆民之乐也。留连不忘，日夕而罢。

噫！公之谓谁也，赠中大夫冀宁路总管吕德成之曾孙也，朝请大夫陕西汉中道肃政廉访司副使允之孙也，河中府儒学教授瑞世之子也，之屏讳也，维藩者字也。

大元国天历三年少次庚午春三月壬子朔，龙溪东野仅庵阴阳教授王天利记。

将仕郎南阳府舞阳县主簿张德邻并坊廊社长耆老人等同立石。

本县僚属尉司人吏弓兵一十八名，黄山匠王元等刊。

该碑勒于天历三年，正书，在城内。

注释：

①警宵亭记：记述时任寿阳县尉吕之屏驻守壶关时创修警宵亭之事。

②约：简要。清章学诚《文史通义》："博而不杂，约而不漏。"

③黄道：地球一年绕太阳转一周，我们从地球上看成太阳一年在天空中移动一圈，太阳这样移动的路线叫黄道。它是天球上假设的一个大圆圈，即地球轨道在天球上的投影。黄道和赤道平面相交于春分点和秋分点。

④系辞：易学类著作，一般是指《易传·系辞传》或《周易·系辞》，总论《易经》大义，相传孔子作了七篇阐发和总结《周易》的论述，即通常所说的《易传》。

⑤邵程：即北宋道学五子中的邵雍与二程（程颢、程颐）。

广禅侯庙碑

元惟一

盖闻鬼神之道视之无形，听之无声，幽深玄远，未易窥测。然祭之尽诚，则亦有时而在，所谓有其诚则有其神焉。

至若壶林有聚落曰内王里，其里众老，有会曰乡约，约曰："凡我同会之人出入相友，守望相助，疾病相扶持，相亲睦①。勿以酒果嘉肴为乐，而以信忠孝悌为尚。"一日，众友议曰："兹约虽云美矣，然所以未尽善也。何则？无神以宗之。"众曰："将安适从？"中间会长姜添曰："牛王神。"往古来今，我农家之当祀，虽然当绘之以形乎，塑之以像乎，曰："绘之以形，此一时之伟观，未若塑之以像，以遗将来，俾后辈子孙□约。"众曰："诺。"于是辄鸠工集金，选大木、辇石以构大宇。厥功将兴，适丁事②阻，加以大维那宋宣天年终，而损经营焉。于是风雨摧败，而栋梁朽焉，岁月云迈，墙垣颓圮，前日之功遂狼借矣。

一日，宋宣男居先并姜添曰："祖宗经之营之，志未就而卒，是犹有遗，为人子为人后者，奈何不继志述事耶？"众奋然曰："我数人当同心协力乃能有功，我祖、我父在天之灵亦眷顾尔，不然虽在时甘旨之奉亦不得为孝也。"于是仍旧作新，未期而厥功告成。雕墙峻宇阶甩③一新，神像巍巍，诚一时之壮观。甫年载间，本社牛羊茁壮，皆曰："甚得我广禅侯庙之佑矣！岂非所谓有其诚则有其神与？然而功缘造作若兹壮丽，虽我数人之谋为，亦赖众人之力耳。俾将来者不知创自何代，特笔数语以志之云尔。"呜呼！兹宇之建，永为乡约踵蓝田之遗风，以致乡里敦睦之行。方之于不务民义，谄渎鬼神者，殆不同然耳。

岁在癸酉至顺季秋，哉生明越翌日记。

该碑勒于至顺四年④，正书，在四家池。

碑标目云"维大元国晋宁路潞州壶关县三老乡内王村新修广禅侯庙记"，下署"前乡贡士元维一撰"。按：潞城有广禅山。此云广禅侯未详所自，而祀为牛王，事涉不经，文亦鄙俚，录以存古，不因乡曲委巷之言而摈之也。

注释：

①出入相友，守望相助，疾病相扶持，相亲睦：《孟子·滕文公上》："死徙无出乡，乡田同井，出入相友，守望相助，疾病相扶持，则百姓亲睦。"

②丁事：即丁徭，古代成年男子所服的劳役。

③甩（shì）：台阶旁边砌的斜石。

④至顺四年：即1333年。

灵显观记①

马之美

夫道之为教久矣，始于黄帝崆峒之谒②，次于元元函谷之游③，关尹子请著其书。漆园公④继宏是道，由汉及今，天师传正一⑤之宗，大盛五教⑥。纯阳创全真之学，复嗣元风。逮我圣朝太祖御极之初，长春真人应诏之后，福地琳宫，星冠羽服，莫今盛也。

壶林艮方去城一舍，有聚落曰孝文村，东山阿有观曰灵显，莫知创始，地灵山秀，泉甘土肥，幽阔辽迥，地势非常。孝文庙据其东，书案山峙其南，清凉山崇其西，圣母庙壮其北。世传吕纯阳昔游至此，于观壁间题诗云："素衣丘壑寄生涯，相近茅衡共几家？卧听松音临水石，坐看山色老烟霞。林中有鹤窥来客，岩畔无人见落花。但把琴书消白昼，不须炉鼎炼丹砂。"虽年久岁湮，诗迹未泯。

有道士牛志信者，潞城西社人，年二十弃俗入道，众钦其戒行可取，礼请为是观主。志信芟荆剪棘，结茅为庐，虽手足胼胝⑦亦不惮其劳。四方善信，贫者输力，富者给财。不数载，旧者新，倾者树，圣真有殿，云侣有斋，缭以垣墉，植以花木，焕然可观，足为一方之游息地。享年八旬，倏然而逝。门人王从善者，继其业述其事，会其徒曰："若不刻诸琰翠以永其传，恐岁代绵邈，失吕真人诗翰及不知前人重修之艰难也。"遂请文于余，辞不获，已而为之记。

该碑勒于年月未详，正书，在孝文村。

碑文载旧志而删节过半，据平顺志录之。

注释：

①灵显观记：道光《壶关县志·卷十艺文志下·诗类》载此文时有删节。

②黄帝崆峒之谒：传说，华夏人文始祖黄帝曾经问道崆峒山，拜访这里的一位智者广成子，向他请教治国之道和养生之术。

③元元函谷之游：元元指老子。唐追崇老子为玄元皇帝，故称。老子是中国古代哲学家、思想家和道家学派的创始人。老子曾做周王室管理藏书的史官，后来隐居不仕，出函谷关时，长官尹喜知其云游，遂索著作。几天后，老子交给尹喜一篇5000字左右的著作，这篇著作就是后来传世的《道德经》。老子骑青牛西出函谷关后，"莫知其所终"。

④漆园公：即庄子，名周，尝为蒙漆园吏。

⑤正一："正以治邪，一以统万。"正一道又称正一派，其始祖是汉末张道陵及其开创的"正一盟威"之道，又称天师道，称张道陵为祖天师或老祖天师。

⑥五教：道教、儒家、佛教、耶稣教（基督教）、回真教。

⑦胼胝（pián zhī）：俗称老茧，是皮肤长期受压迫和摩擦而引起的手足皮肤局部扁平角质增生。

增修宣圣庙记

至正中，正书。张时髦文，载旧志。

明仪石碑阴记

洪武元年，正书，在县署。张时髦文。

重修神农庙记

洪武三年，正书，在安化二里。杜斅文。

新筑南池记

洪武九年，正书。杜斅文。

寿圣寺钟识

成化五年，正书，在常平里。文七十八字，皆俚语。

壶关三老茂墓碑

正德中，正书，崇贤村。刘龙文。

重修庙学记

嘉靖三年，正书。吕柄文，又有宿椿、张铎二碑，并见旧志。

重修摩云寺记

嘉靖二十四年，正书。张铎文。

重修县城记

嘉靖三十八年，正书。张铎文。

邑令奈西田去思碑

隆庆三年，正书。杨承勋文。

日中碑

万历中，正书。方应明文。

新凿龙雨池记

万历中，正书。武有备文。

前壶关令汝南方公生祠记

天启四年，正书。程正己文。

垒石山佛寺碑

天启七年，正书。在大会村东。

按：有明碑碣所在多有，时代既近，当以文论。而自旧志艺文著录外，可采者寥寥矣。列其目如右[①]，姑取备云。

注释：

[①]如右：原志文为竖排自右而左，故所列书目在右。校注本改为横排，列于上。

附：康熙《壶关县志》拾遗

詩

和唐太宗登太行山幸潞　　　太師苗晉卿

金吾戒道清歌騎動天聲砥路當南絕重巖始北征
關樓前望遠河邑下觀平喜氣迴與合祥風轉施輕
祝堯三老至會禹百神迎月令農先急春蒐禮後行
仍親后土祭更理晉陽兵不似勞車轍空留八駿名

遊靈顯觀　　　　　　　　　　　　呂洞賓

素衣丘壑寄生涯相近茅衡其幾家卧聽松音臨水

卷之四 艺文·诗

【明】

紫团山二仙庙

杜敩

树壤川南翠屏下,烟霞晻暧①古丛祠。
女流双姝当年事,仙籍联名或者疑。
紫府云轩金鹭鷟②,瑶池宫阙碧琉璃。
有无茫昧忘言外,只在仙神聚散时。

注释：

①晻暧（ǎn ài）：昏暗貌；盛貌；掩映。
②鹭鷟（yuè zhuó）：凤凰的别名，旧以为祥瑞之鸟。

紫团山

杜敩

紫团山景三十六,具载仙人石碣哦。
我欲挥毫续为咏,殊恨篇什不全何。

闻张壶关①政声有感

刘龙

自古壶关好上书,至今风气遍茅庐。
羊肠万折随山转,雀角千端傍屋舒。

桃李满城春不改,桑麻盈野乐何如。
清朝公论终难泯,旦夕征书下紫虚。

注释:

①张壶关:即张友直。

过壶关

孔荫

野县山城隐碧萝,居民家近虎狼窝。
停车欲看循良传,为问龚黄①意如何?

注释:

①龚黄:为汉循吏龚遂与黄霸的并称,亦泛指循吏。

佛耳摩云

陈霆

苍藤借上援,青壁费前仰。东瞻渺云海,下视夫寰壤。
疲樵惮登陟,过鸟阻来往。不知云霭深,但觉衣袂爽。
山人慕飞举,信步毕幽赏。长歌人不闻,天风振余响。

前题

顾应祥

如来已入灭度①去,此地空余佛耳山。
静洗六根还色相,历残千劫更孱颜②。
飞梯已入烟萝外,梵语如闻霄汉间。
拟问诸天参上乘,笑看九地自尘寰。

注释:

①灭度:佛教用语。灭烦恼,度苦海,即涅槃,亦指僧人死亡。

②屏颜：参差不齐貌；斑驳陆离貌；险峻、高耸貌，指高峻的山岭。

前 题

吕崇义

崇峰掩映一禅幽，携榼登临尽日留。
古木风停丝弦歇，远山日射鉴光流。
蒲团有衲耽渠寂，尘世无人识此秋。
屈指当时名利客，何如高枕卧山头。

佛耳摩云

杨 湘

嶒峨塔势空中起，嘹亮钟声天外闻。
禅室老僧真好静，日高三丈尚眠云。

北极灵迹

顾应祥

北极祠前山可怜，千崖万壑锁苍烟。
共传太帝栖神殿，犹记书生取笏年。
木偶缘何识英物，天公有意属隽贤。
鬼神妙用应难测，拟续齐谐①第几篇？

注释：

①齐谐：古书名，先秦神话集，记载奇闻逸事等志怪。《庄子·逍遥游》："《齐谐》者，志怪者也。"

县居诗二首

牛 恒

夜来春雨足,平野净无尘。花鸟媚时景,农桑问野人。
谋生从笑拙,忧国独伤神。不学山林士,区区养一身。

长妨胥吏幻,到野访民情。小户从征苦,豪家买税轻。
城狐未遁迹,野哭时闻声。终朝剪荆棘,须教蕙兰生。

游南硒崇云寺三首[①]

张 铎

三月已残四月来,崇云偕友共徘徊。
镜中白发今将满,梦里名山岁几回。
准拟晴峦舒望眼,却缘风雪滞吟怀。
村程累日淹羸骑,春思何时得细裁。

阒寂[②]真怜张孟阳[③],偶因春尽强寻芳。
弹棋尽日居庵静,载酒满庭竹叶香。
隔座折巾怜有道,傍岩骑马羡知章[④]。
留题不避山灵笑,须趁闲身共放狂。

鸟径萦回纵步难,悬崖冰雪透衣寒。
张骞手试乘槎势[⑤],郭隗[⑥]杯传曲水欢。
万古名山长突兀,百年佳兴几游观。
操觚漫拟寻春赋,留与幽人仔细看。

注释:

①游南硒崇云寺三首:载于《西林公游南硒崇云寺诗引》,勒石于明万历十年

(1582)，引文内容为赞张公西林之为人为事，碑现存壶关县红豆峡洪底村。碑文楷书，系"时万历壬午孟秋之吉致仕推官邑人壶山郭括拜手谨书，戊午暮春偕贺南湖阎竹亭张居菴郭小峰山行留题"。

②阒寂（qù jì）：寂静无声。

③张孟阳：约晋太康十年（289）左右在世。西晋文学家，安平（今河北省衡水市安平市）人。性格娴雅，博学多闻。官至中书侍郎，西晋末年世乱，托病告归。

④骑马羡知章：唐杜甫《饮中八仙歌》："知章骑马似乘船，眼花落井水底眠。"贺知章酒醉了骑马如坐船，憨态可掬。

⑤张骞手试乘槎势：即张骞泛槎。典故约成型于北朝初期，内容杂糅史实与传说，尤因主人公系世所公认丝绸之路开辟者，遂具有鲜明史地背景而影响广泛。

⑥郭隗（约前351—前297）：燕（今河北省涞水县，一说河北省满城县）人，战国时期燕国大臣、贤者，纵横家代表人物。周赧王四年（前311），燕昭王为报齐灭燕之仇，拜访郭隗，求计问策，尊郭隗为师。郭隗以古人千金买骨为例，鼓励燕昭王广纳社会贤才，建筑黄金台，此举引起天下震动。

佛耳摩云

张　铎

佛岩事事幽，归兴晚云留。樵径斜分树，溪泉暗作流。
终风无溽暑，六月有深秋。翻起吴江思，高吟望石头。

邑主邀游乌泉寺

张　铎

邑主招呼午梦残，起乘羸马兴诩然。
青生砷兀①云盖寺，黑泛潆洄水绕田。
涧鸟弄音还寂寂，松风随盖欲翩翩。
买山何日寻真隐，结驷登临望远天。

注释：

①砷兀：亦作"砷矹"，高耸；突出。

题风穴

郭恬

经行探奇处,王岭壶云东。石窦天然巧,灵飔地脉通。
漾雨寒生涧,鸣条乐奏松。山腰雄一宇,秩祀古今同。

游紫团慈云寺

郭忻

真泽祠前旧佛堂,俗尘不到菽花香。
山连梯井韩关险,路出桥楼沾水长。
白石依林窥醉客,紫云如盖锁禅房。
僧闲好事能传意,许我从今修石床。

同贾廉父游紫团山三首

周一梧

翠微洞

阴崖悬石磴,一窍透孤峰。地辟三千界,云关十二重。
气凝浑以佛,洞杳岂无龙。恍惚闻仙语,依稀见赤松。

崇云寺

万壑中开小有天,人传卓锡[①]已千年。
苍烟一抹丹崖合,灵雨低从树杪悬。
贝叶翻时龙护法,蒲团定处虎参禅。
一区净土乾坤设,早入青莲共往还。

注释:

①卓锡:卓,植立。锡,锡杖,僧人外出所用。锡杖又名智杖,即德杖,因为南北朝佚名《得道梯橙锡杖经》说,爱持锡杖可"彰显驾圣智""行功德本"。法师云游时

白龙潭

苍崖悬合处，中有一溪通。涧落天光窅，波旋地轴空。
汪汪成水府，隐隐见龙宫。莫怪崇朝雨，云来每自东。

感风穴漫赋

杨四重

大块①有噫气，飂飂②吐辉光。人言大荒中，折丹③司其藏。
又闻昆仑窍，高峙千仞岗。造化不自秘，终古任飙扬。
孰云传者妄，至理亦寻常。眷兹烛阴息，乃在壶山阳。
窈窕虚空里，动息固无方。乾坤归橐籥④，音响奏宫商。
嘘来雨露滋，泛尔蕙兰香。云何战马嘶，蹂躏肆猖狂。
猛虎谷中啸，纵横不可当。杨柳枝且鸣，其声复琅琅。
嗟此下民孽⑤，能勿感穹苍。君为万物首，何以起痹疮。
愿言五日⑥至，慰我思彷徨。

注释：

①大块：大自然；大地。《庄子·齐物论》："夫大块噫气，其名为风。"
②飂飂（liáo liáo）：疾风声或外出。
③折丹：《山海经·大荒东经》："大荒之中，有山名曰鞠陵于天、东极、离瞀，日月所出。（有神）名曰折丹——东方曰折，来风曰俊——处东极以出入风。"
④橐籥：古代冶炼时用来鼓风吹火的装置，类似现在的风箱。比喻自然、造化。《老子·第五章》："天地之间，其犹橐籥乎，虚而不屈，动而愈出。"
⑤孽：灾害。《诗经·小雅·十月之交》："下民之孽，匪降自天。"
⑥五日：❶指农历五月初五端午节。❷谓任职不会长久，即将去职。

前　题

杨四重

昔传宜都①穴，今移壶境东。轻盈少女宅，溥畅大王宫。

澹荡凝清昼，氤氲霭碧空。苍梧仿佛际，黄竹依稀中。
飔飔惊燕石，飓飓动乌铜②。愿吹寒谷里，大地颂神功。

注释：

①宜都：今湖北省直辖、宜昌市代管县级市。
②乌铜：赤铜。

前 题

申尚德①

我闻风有穴，曰在壶山陬。神居庙貌古，客到亭心幽。
霭霭云生岫，龙兴嘘气浮。旋讶②中谷吼，顷刻遍虞州。
呼吸阴阳理，鼓吹品物流。八方虽有异，一气还为周。
问从何处起，静元太乙③初。一动而在动，位定西南隅。
佐乾鸣化籥，先坎奠坤舆④。有窍通天地，无私合太虚。
壶天近朔土，南北讵云殊。能云亦能雨，善放还善收。
四时不同景，万物尽扶疏⑤。小小壶口关，王岭据胜游。
以象君子折⑥，乌用严刑纠。

注释：

①申尚德：潞城（今山西省长治市潞城区）人。
②讶（yà）：同"迓"，❶迎接。❷诧异；惊奇；惊讶。
③太乙：又作"太一""泰一"，本是哲学概念，后发展成星名、神名。❶指宇宙万物的本源、本体，又称道。❷古代指天地未分前的混沌之气。
④坤舆：因地能载万物如舆，故称大地为坤舆。后因以"坤舆"为地的代称。
⑤扶疏：枝叶茂盛，高低疏密有致。
⑥折：断也。《易·丰卦》象辞"雷电皆至，丰；君子以折狱致刑"。折狱致刑，就是能够决断诉讼，工细于刑罚。

前 题

宋之光①

壶山一窍透坤舆，万里风从此地储。

声震檐前零露落,气喷岭上卧云舒。
幽深好作封姨②宅,虚冷宜乘列子③车。
闻道化工犹橐籥,原从此穴用吹嘘。

注释:

①宋之光:壶关(今山西省长治市壶关县)人。
②封姨:又作"封夷""封家姨""十八姨""封十八姨",古时汉族神话传说中的风神。
③列子(约前450—前375):名御寇,战国前期思想家,郑国人。思想上崇尚虚无缥缈,生前被称作有道之士。其学本于黄帝老子,主张清静无为。

前 题

鲍 奇①

乾坤多蕴藉②,壶口睹培风。一窍通虚出,千林入化中。
披襟闻虎啸,抹句想神工。长女应无宅,天人大地同。

注释:

①鲍奇:壶关(今山西省长治市壶关县)人。
②蕴藉:(言语、文字、神情)含蓄而不显露。

前 题

平万心

峰危谷邃境多奇,路折羊肠客到稀。
唯有清风来两腋,披襟习习可忘归。

【国朝】

题壶关八景

朱 辅

团峰倚秀

紫云如盖锁山隈,石磴苔深幽径开。

万木萧森藏古寺，一潭澄澈老青苔。
采芝仙女餐霞邈，问谷骚人着履来。
只此徜徉堪永岁，不须园里觅参苓。

佛耳摩云
盘空曲径踏苍云，拂面藤枝溪雨分。
行到碧崖霞作幔，听来幽涧鹿呼群。
柏林渺渺炊烟湿，樵径深深花气殷。
倚徙禅房尘自谢，俯临万巘望朝昕。

濯缨清溪
因爱山深景色奇，野禽呼我步迟迟。
花盈四座岩能笑，涧响千湾石解吹。
欲枕寒流澄俗韵，漫烹幽泻涤诗脾。
再歌孺子沧浪咏，乐水清号濯我思。

壶口旧关
汉时三老久传名，万叠关山古树横。
几处寒云离岫暖，数峰崿崒入眸清。
莺啼万壑春光远，花发千峰淑景明。
石畔寻幽崎峿径，斜阳古道怆心情。

翠微仙洞
洞口流云覆落花，相传乐氏女仙家。
当年鹤驭风骈杳，今日猿啼树影斜。
岂是大还丹足慕，只缘纯孝德堪嘉。
年年祷祠樱桃坞，不止甘霖润野瓜。

乌泉夕照
古木苍寒幽绝群，涓涓瀹①沸漾清沄。
灌畦已自成膏壤，绕陌还能茂野芹。

赢得冰心消俗艳，漫夸玉骨濯玄文。
扪萝煞有观澜兴，卧听松涛醉晚曛。

注释：

①瀺（zāng）：水。

北极灵迹

簇簇层峦拥紫宫，清泉白石老丹枫。
仰瞻金阙云霄迥，肃拜玄堂钟鼓隆。
此日焚檀神可降，曩时掇笏帝能通。
琼楼缥缈翔玄鹤，恍似身依碧落中。

风穴秋音

王岭峰前起碧霞，巉巉古穴有龙蛇。
刁调①石里多奇籁，淅沥岩中拟奏笳。
不似狂飙号众窍，恰疑幽谷响寒挏。
灵飔泂是通玄窍，以息相吹未有涯。

注释：

①刁调：动摇貌，多形容草木。

友松亭

李萃秀

自是君孤尚，嵚崎①不世缘。以松为老友，置榻寄幽偏。
图史酬森肃，云霞媚秀娟。飒然玄对以，独得静中权。

注释：

①嵚崎：❶险峻；不平。❷比喻品格卓异。

鸾山访先子①读书处二首

周再勋

雷电深秋喧昨夜,快晴聊作踏松行。
寒花野庙犹数点,旅雁高天时一声。
先子读书踪迹在,状元借笏鬼神惊。
徘徊五六十年事,树老烟荒感慨生。

主人招我紫微宫,蹑景天门骑蟒蛛。
万壑风雷掀象外,一天星斗灿胸中。
玉虚高拱玄灵护,银汉无声绛节②通。
自是甫申嵩降地,从来奋发几英雄。

注释:

①先子:泛指祖先,称亡父。
②绛节:❶古代使者持作凭证的红色符节。❷传说中上帝或仙君的一种仪仗。

陪同朱邑侯祭三老墓

牛倬

秋风摇落北山陲,古木萧萧残墓碑。
一目明禋传配享,谁将黍稷继盘匜。
忠贞力勉君臣事,慷慨冤陈太子词。
策杖不辞凭吊意,欢同此日奠醇醨。

紫团倚秀

章 经

秀挺千峰上玉扉,紫团云气傍谁飞。
濯缨溪畔青鸾舞,金屋山前白鹿归。
地接两河余夕照,雪残上党动春晖。
匡庐衡岳风流远,时听瑶笙过翠微。

佛耳摩云

章 经

一朵芙蓉碧影移,千年佛耳玉轮垂。
非关面壁云偏绕,谁向谈经石亦知。
月里桂飘频入听,雨余翠拥一眉低。
化城原在层霄外,无数天花落地时。

翠微仙洞

章 经

两袖携云陟翠微,苍苍石壁挂斜晖。
鸾骖乍去金丹在,华表还传白鹤归。
何处采芝空载笔,更谁遗世顿忘机。
徘徊远出烟萝路,玉洞花飞香满衣。

濯缨清溪

章 经

千寻爽气满壶林,一道仙源带远岑。

洗耳更谁消俗语，枕流自可涤尘襟。
涧边幽草春归寂，石上青苔雨后深。
每忆沧浪歌者意，澄清何日慰豪吟。

北极灵迹

章　经

岩峣山势郁葱葱，翠削孤峰倚碧空。
天半朱霞随绛节，山头紫气绕丹宫。
当年授笏文星近，今日登坛帝座通。
自是地灵人亦异，不禁怀古想遗踪。

风穴秋音

章　经

深山古殿夕阳开，风穴风声自往回。
钟磬清时疑待月，林花吐处欲闻雷。
云扶少女鸣珰静，秋响空岩落叶催。
试一挥弦歌解阜，频来香路满苍苔。

乌泉夕照

章　经

落日苍茫翠霭中，流泉暗与墨池通。
晚凉西岭云多紫，返照东山树亦红。
远近烟村悬宿雨，归来鸿雁趁秋风。
应知天地浮沉里，长啸苏门万虑空。

凤塔凌霄

章 经

东南佳气自龙蟠,千尺浮屠耸碧峦。
三晋地形天际落,太行山色雨中看。
凤凰飞绕青云近,雁塔名高北斗寒。
呼吸知能通帝座,时生申甫盛衣冠。

燕池浮碧

章 经

万山雄峻俯层城,燕子池边芳草生。
半顷绿波春色早,一弯明月晚风清。
游鳞喜雨频窥镜,岸柳拖烟欲待莺。
自许会心濠濮①上,往来衣带碧云横。

注释:

①濠濮:古代濠水和濮水的并称。庄子曾游于濠,钓于濮,因以借指隐者的居处。

东港烟波

章 经

雨歇山城水不流,新成东堰护龙湫。
花朝修禊①频呼酒,月夜吹笙一放舟。
地脉从教回秀色,客心长自乐丹丘。
群鸥也解春风意,时唤烟峦照画楼。

注释:

①修禊:古时一种濯除不洁的节日。于阴历三月上巳日,临水洗濯,借以祓除不祥。禊,古代于春秋两季在水边举行的一种祭礼。

北山雪霁

章　经

寒钟萧寺白云闲，积雪初晴上北山。
千里埠台连雁塞，一天红日照壶关。
卧余高士登楼赋，酒载将军射猎还。
且喜丰年已有兆，村村箫鼓赛花间。

署斋荒隘捐俸建静深堂成漫赋

章　经

退食何妨刈草莱，疏烟幽石一堂开。
且清案牍迟离鹤，为计农桑早看槐。
几树绿云榆蔽月，满城春色客登台。
静中较古安吾拙，莫笑山公晚醉来。

前　题

章　经

闲来无事步庭除，花竹萧然兴有余。
扫径迎宾频请益，垂帘拂座暂绥居。
四邻雁羽归方集，万叠螺峰画不如。
欲为后人思补地，非关燕息自如如。

亦　隐

章　经

浮世审容膝，吾庐足易安。山风飘书幌，峦影落文竿。

深谷兰为佩,中天月独看。余情寄丘壑,旷达足游槃。

问心轩

章 经

虚怀如止水,斗室在深山。习静见天性,寻闲解俗颜。
立身期不愧,从政自维艰。坐看炉烟外,青天月一弯。

暮宿河交道中①

章 经

山回路不穷,驱马行将夕。远村入烟霞,苍霭浮空积。
赤日挂深林,返照翻危石。历度尽层巅,去天不盈尺。
下际邈临渊,云气凝溪碧。探奇固足论,何以施游屐。
忽讶疑武陵,渔樵前岸隔。寄语隐者流,此地堪久宅。
惭余役尘劳,转忆青云客。

注释:
①暮宿河交道中:此诗与道光《壶关县志》中《河交道中》相较,前四韵有同有异,后五韵当为"暮宿"时作,仍用前诗开篇。

谒二仙庙

章 经

长林大壑拥仙宫,滴翠层峦簇远空。
烟雾飞蒙化法雨,香云历乱散清风。
昔年孝道彝伦①重,今日明禋典礼隆。
更复庇民慰望泽,万年俎豆报丰功。

注释:
①彝伦:常理;常道;伦常;成为表率、典范。

登升仙台

章　经

飘然遐举邈云天，石壁瑶台空紫烟。
此地尚余留凤履，仙灵遗迹自年年。

谒三老祠墓

章　经

汉室耆英，立行超轶。义愤国奸，建言沥血。
器量浑金，心肠坚铁。悟主精诚，储君冤雪。
考诸记传，维壶之杰。余令是邦，获钦明哲。
垒墓修祠，颜榜立碣。风世范俗，以表忠节。

玉带桥观水

章　经

一水潆回绕县城，垂虹俯瞰见澄清。
急湍流处如环带，静汇凝时可濯缨。
远岫影翻青凤起，长桥卧控紫虹横。
为民欲效梁成①意，岂为名称愽②宦情。

注释：

①梁成：字克恭、克功，儋州（今海南省儋州市中和镇天堂村）人，明代成化年间（1465—1487）儋州有名的读书人。一生效力于地方的安定团结，深得地方官的敬重和群众的拥戴。史书记载，梁成"谨厚寡默，通经传百家子史，工诗能文"。

②愽（tuán）：忧虑。

昭 韵

章 经

四月四日，至王岭祠祭风神并和邑绅牛汉。

薰和此日祀风神，原草青青不染尘。
敢为劝农存省豫，聊将典礼见明禋。
山中高誉推摩诘①，谷口幽居忆子真②。
归路云深舒望眼，夕阳远色接城闉。

注释：

①摩诘：即王维（701—761），字摩诘，号摩诘居士。河东蒲州（今山西省运城市永济市）人，祖籍山西祁县，唐朝诗人、画家。

②子真：汉褒中人郑朴的字，居谷口，世号谷口子真。东汉班固《汉书·王贡两龚鲍列传》："其后谷口有郑子真，蜀有严君平，皆修身自保，非其服弗服，非其食弗食。"

前 题

章 经

曲曲峰回王岭祠，来禋未敢惜驱驰。
东皋①云碧看山远，南亩②风清策马迟。
谦德频年劳枉驾，名贤何日遂披帷。
徘徊正切空题壁，忽得隋珠③慰我思。

注释：

①东皋：东方的田野或高地，多指归隐后的耕地。
②南亩：谓农田。南坡向阳，利于农作物生长，古人田土多向南开辟，故称。
③隋珠：隋侯之珠，古代与和氏璧同为稀世之宝。

再登抱犊山

章 经

政闲偶复至，吾意乐樵渔。幽兴追王烈，高风问《素书》。
春城微雨暗，石室白云疏。桃李垂垂发，村前忆乱余。

玉皇宫

章 经

层巘开古殿，南面俯诸峰。烟市秋风里，云山夕照中。
万年来献寿，八月尽朝宗。时洒甘霖遍，欢呼豫晋农。

春日四郊劝农见妇子馌① 耘怀古之作

章 经

苍霭芳树绿，迟迟日正晖。柔桑集戴胜②，细草软临碕。
农人方举趾，播种时勿违。守土恐游惰，策马日骓骓③。
来至东南亩，妇子饷耘机。色喜如田畯④，行劝竟忘归。
道旁老人言，犹胜遗食衣。我愧无以补，曷能希流辉。
慨然寄遐想，熙世⑤忘隐嚎。

注释：

①馌（yè）：给在田耕作的人送饭。
②戴胜：戴胜科、戴胜属鸟类，共有8个亚种，依不同亚种体长26—28厘米，翼展42—46厘米，体重55—80克。头顶羽冠长而阔，呈扇形。
③骓骓：马行走不止貌。
④田畯：古代职掌农事的官。
⑤熙世：充满光明的世界。

秋日东堰观雨

章 经

云深山障雨，黛远树生烟。倾泻疑缟带，奔腾似化弦。
雪湍排岸直，月堰划川悬。暮霁临秋照，来观非兴偏。

中秋夜偕诸子登凤山塔玩月

章 经

豪吟立马凤山巅，空外诸天玉柱悬。
直上一层山月小，俯临百丈地形偏。
蟾光低洁楼台梦，桂影高寒城市烟。
招友携樽同庚兴，何须歌吹急繁弦。

九日同尚绸秀衡子方诸子登凤凰山三首

章 经

萸杯高泛凤山巅，禾黍秋登大有年。
万里凄清黄叶路，马蹄蹀躞碧云边。

携樽九日踏秋郊，倚塔千寻上石嶕。
忽忆慈恩献菊酒，登高有句共推敲。

凭望无云天气清，远山落水最含情。
黄花令节开嘉会，何日重来驻旆旌。

凤塔凌霄

张瑞锦

突兀嵯峨缈玉虹,群山环拱俯鸿蒙。
题名意切凌霄上,毓秀功成起巽东。
四面山城饶景色,千年泮璧振文风。
登高纵目壶林地,翠霭重重佳气中。

燕池浮碧

张瑞锦

一泓澄影静无波,春晓风微动绿莎。
剪水翻飞迷岸柳,蹴花轻逐绕烟萝。
赋怀祇切云龙语,酌酒还听鱼藻歌。
暇日临流凭槛望,鉴光遥映见青螺。

东港烟波

张瑞锦

屹然砥柱障回澜,地势雄踞磐石安。
风送碧流环雉堞,月临芳草护龙湍。
高人到此垂缨濯,逸兴还来拄笏看。
更忆恩波润百里,章公堰筑万人欢。

北山雪霁

张瑞锦

朔风霁色散寒林,玉立澄光对逸襟①。

欲效寻梅披氅意,拟同访友命舟心。
射雕猎骑归西塞,授简才人上北岑。
列坐衔杯清兴迥,浑如庚老月中吟。

注释:

①逸襟:高雅飘逸的襟怀。清方履籛《武陟县志·叙录》:"古迹志者,所以寄幽情于岩壑,荡逸襟于池榭。"

静深堂成纪颂

张瑞锦

甘棠赋召伯,千载系人思。调鹤冰心古,张琴雪案时。
署清留雅集,庭敞丽歌词。大厦忻初构,群情惬所期。

问心轩坐月小饮

张瑞锦

一庭榆影乱,夜气蒻①香清。刻烛应分韵,传觞欲共领。
素心钦直节,青眼佩高情。内省勤懿德,贤侯成令名。

注释:

①蒻(ruò):点燃;焚烧。

王　岭

牛　倬

风神载在祀典,邑侯省耕释奠,不惮崎岖。倬步履维艰,弗克陪祭,亵慢之愆,里言求恕。

谷口云蒸霞起时,仁侯祈享到荒陲。
山深雉驯翱翔集,臞①朽龙钟拜谒迟。
竹马儿童皆踊跃,杖藜衰蹇失追随。

岩阿但效华封祝②，翘首彤廷福履垂。

注释：

①臞（qú）：瘦弱的样子。

②华封祝：即华封三祝，华地人对上古贤者唐尧的三个美好祝愿，即祝寿、祝富、祝多男子，合称三祝。今以"华封三祝"为祝颂之辞。

凤塔凌霄

刘芳猷①

凤凰山下久龙蟠，喜见文峰耸翠峦。
释子已生飞锡②想，才人应作笔锋看。
秋高健翮凌风远，夜半流光射斗寒。
一自神君移造化，公门桃李尽弹冠。

注释：

①刘芳猷：明代宁夏（今宁夏回族自治区银川市）人，在山西为官。诗人，著有《澄安集》《归田诗草》等。

②飞锡：佛教用语，谓僧人等执锡杖飞空。

燕池浮碧

刘芳猷

雨满春山花满城，池塘飞燕草初生。
风牵萍荇摇深翠，波护鸳鸯弄浅清。
夹岸冶游方戏马，平桥密柳欲藏莺。
观鱼有得烹鲜理，坐下琴樽任纵横。

东港烟波

刘芳猷

盟心端的对清流，力筑东皋百丈湫。

郑子陂边歌雨露，苏公堤上竞莲舟。
天行补救迢三异[①]，地脉潜移踰二丘[②]。
最是引人形胜处，平添烟色上书楼。

注释：

①三异：指汉中牟令鲁恭行德政而出现的三种奇迹。
②二丘：❶圆丘与方丘。❷古时天子祭天地之处。

北山雪霁

刘芳猷

积霰初消风日闲，白云高卷识青山。
生烟乍失村前路，远树频移岭上关。
载酒好寻梅信息，开帘欣值鸟飞还。
犹余素影摇窗月，欲纳清飔入袖间。

静深堂成纪颂

周 骧

花县风清兴不孤，草堂堪补辋川图。
开樽尽日多高士，作赋于今让大夫。
苍石望来疑鹫岭，绿荫浓处即西湖。
当年金谷[①]平泉[②]主，曾问民间疾苦无。

注释：

①金谷：❶在今河南省洛阳市西北。❷指西晋石崇所筑的金谷园。❸泛指富贵人家盛极一时但好景不长的豪华园林。❹借指仕宦文人游宴饯别的场所。南宋陈著《三月二日醉中快活吟第二笔》："富莫如金谷，贵莫如平泉。"
②平泉：即平泉庄（今河南省洛阳市南伊川县鸦岭镇梁村沟）。唐白居易《醉游平泉》："洛客最闲唯有我，一年四度到平泉。"

亦 隐

周 骧

未敢劳民力，呼工散俸钱。榱题①从俭朴，户牖纳山川。
雅有登临兴，同归耕凿年。计时应报政，双舄②五云边。

注释：

①榱题：亦作"榱提"，屋椽的端头。通常伸出屋檐，因通称出檐。
②双舄：咏地方官之典，源见"王乔凫舄"。《广雅》："舄，履也。"唐骆宾王《饯郑安阳入蜀》："唯有双凫舄，飞去复飞来。"

静深堂成纪颂

寿恒成

雉堞萦回向北辰，琴堂敞丽峙平闉。
宾僚喜赋新丹臒，父老来歌美奂轮。
树有棠荫垂爱日，花多桃种偏阳春。
介眉①共颂称觞句，君子由来静者仁。

注释：

①介眉：《诗经·豳风·七月》："为此春酒，以介眉寿。"后以"介眉"为祝寿之辞。

亦 隐

寿恒成

悠然开别业，寄兴啸烟霞。藜火生书草，芸香动笔花。
澹怀非遁世，适志即为家。况乃风流宰，琴闲酌五车①。

注释：

①五车：即"五车书"。唐王维《戏赠张五弟諲三首》："张弟五车书，读书仍

隐居。"

冬日壶关郊行和韵

郑瑞南[1]

为忆寻梅去,寒云晓未收。塞风黯雉堞,野色冷鹬裘[2]。
残雪明山寺,清笳隐市楼。襄阳多逸意,策骑共追游。

注释:

[1]郑瑞南:鉴湖(今浙江省绍兴市)人。
[2]鹬裘:指鹔鹴裘。唐胡宿《雪》:"日高独拥鹔鹴裘卧,谁乞长安取酒金。"

乌泉寺

郑瑞南

石林返照涌寒流,临眺携樽济胜游。
青嶂无声天籁寂,乌泉迷影麓烟浮。
乱山云落残阳外,古寺风过暮雨收。
此地结庐堪招隐,拟将身世等巢由[1]。

注释:

[1]巢由:巢父和许由的并称。相传皆为尧时隐士,尧让位于二人,皆不受。因用以指隐居不仕者。

登抱犊山

郑瑞南

迹在仙风邈,凭高怅古今。晴烟四塞合,暮霭万山浑。
抱犊堪留览,求书不可寻。胜游遗世想,去住白云心。

静深堂成纪颂

郑瑞南

行岭山城天半开,郁葱佳气拂云堆。
座看星影当檐落,帘卷晴光入镜来。
岂为宴游成别馆,还将民物跻春台。
使君加惠深瘝隐,工巫无劳鼛鼓催。

亦 隐

郑瑞南

壶天仙史宅,可慰北山灵。云度虚窗白,峰来送槛青。
涉幽携菊谱,习静写心铭。更许西园集,应占太史星。

静深堂赋

郑瑞南

是堂肇启季春,维时竣工初夏。爰牧①爰而群趋而力作,唯子来而欢,贺厦方鲁山之治②,政埒③旌阳④之筑。舍陋彼燠馆⑤凉台,不过纵游观而侈休暇。若兹絜⑥楹易栋,殆将思民事布敷德化,于是土木备、结构成,位北向、敞南荣⑦,主人乃搦斑管⑧,锡嘉名曰静深。义实微精,静而不动,体造物之天机,深而有谋;审行藏之事,宜绵式徽⑨于往哲,庶可告于来兹,不特此也。

推而广之,尔其静如山兮,俯青涵碧;深若谷兮,留芳答响。春云丽兮,濯锦;夜雪凝兮,披氅。暮悬眸于东霭,朝拄笏于西爽⑩。手调绿绮,鹤唳彻于层云;耳奏笙簧,松韵飞于叠嶂。若夫开樽入座,无非延叔度之高朋;授简品题,端有赖林宗⑪之大匠。此固资仙令之优游,抑亦足达人之雅尚,复为之歌曰:

恺悌君子兮，绥锡无疆。跻彼公堂兮，颂祷称觞。

不日成之兮，俾尔炽昌。嘉宾式宴兮，乐只未央。

注释：

①牧：此指壶关县知县章经。

②鲁山之治：元德秀（约695—约754），字紫芝，唐朝河南（今河南省洛阳市）人，于唐开元二十一年（733），以"才行第一"考中进士，后到邢州（今河北省邢台市）南和县（今河北省邢台市南和区）任县尉，"施政有方"。唐开元二十三年（735）调任河南鲁山县（今河南省平顶山市鲁山县）令，上任后为官清廉，广施仁政，把鲁山治理得民风正，一派政通人和、欣欣向荣的景象，深得人们尊敬和爱戴，被世人称为元鲁山、元青天。

③埒（liè）：同等；（相）等。

④旌阳：即许逊（239—374），字敬之，西晋豫章南昌（今江西省南昌市）人，20岁举孝廉，屡荐不就。29岁，拜大洞君吴猛学道。36岁时，与文学家郭璞结伴遍访名山胜地，于南昌西郊的逍遥山隐居，只求修炼，平日以孝、悌、忠、信教化乡里。直至西晋太康元年（280）42岁时，因朝廷屡加礼命，出任四川省旌阳县令。他到任后去贪鄙，减刑罚，倡仁孝，近贤远奸，实行了许多利国济民措施。许逊在旌阳10年，居官清廉，政绩卓著，被人们亲切地称为许旌阳。

⑤燠馆：指暖室。北宋欧阳修等《新唐书·裴度传》："午桥作别墅，具燠馆凉台，号绿野堂。"

⑥絜（jié）：❶量度物体周围的长度。❷泛指衡量。

⑦南荣：房屋的南檐。荣，屋檐两头翘起的部分。

⑧斑管：毛笔。以斑竹为杆，故称斑管。

⑨式徽：隋佚名《大中祥符五岳加帝号祭告八首》："爰刻温玉，式荐徽章。"徽章，佩戴在身上用来表示身份、职业等的标志。

⑩西爽：西方山里的隐逸之气。唐王维《送李太守赴上洛》："若见西山爽，应知黄绮心。"

⑪林宗：字思孝，号世梅，明朝常熟（今江苏省常熟市）人。与弟完（字思勉，号梅屋）俱隐居事学，并善楷隶，世称二林先生。

《玉峡关铭》，《清一统志·潞安府》载玉峡关"在壶关县东南一百二十里。旧曰风门口"。该关位于今山西省长治市平顺县东南50千米。系明王朝于嘉靖年间（1522—1566）剿灭陈卿起义军后在此设关。碑铭明嘉靖七年（1528）由兵科给事中夏言撰文书写，立于花园村。2010年，此残碑（两块）移至关口之上最大的村——王陡崖村，该村改名为玉峡关村